RENLI ZIYUAN SHIZHAN BAODIAN

人力资源实战宝典

全方位签订劳动合同及人力资源筹划

王丽丽　著

中国海洋大学出版社

·青岛·

图书在版编目(CIP)数据

人力资源实战宝典 / 王丽丽著. —青岛:中国海
洋大学出版社,2021.9

ISBN 978-7-5670-2900-2

Ⅰ.①人… Ⅱ.①王… Ⅲ.①人力资源管理 Ⅳ.
①F243

中国版本图书馆 CIP 数据核字(2021)第 161687 号

出版发行	中国海洋大学出版社			
社　　址	青岛市香港东路 23 号		**邮政编码**	266071
出 版 人	杨立敏			
网　　址	http://pub.ouc.edu.cn			
电子信箱	cbsebs@ouc.edu.cn			
订购电话	0532－82032573(传真)			
责任编辑	孙宇菲		**电　　话**	0532－85902469
印　　制	青岛国彩印刷股份有限公司			
版　　次	2021 年 9 月第 1 版			
印　　次	2021 年 9 月第 1 次印刷			
成品尺寸	185 mm×260 mm			
印　　张	39.25			
字　　数	705 千			
印　　数	1～1600			
定　　价	198.00 元(全二册)			

发现印装质量问题,请致电 0532－58700168,由印刷厂负责调换。

前　言

2008 年 1 月 1 日起施行的《中华人民共和国劳动合同法》（本书简称《劳动合同法》）是为了完善劳动合同制度，明确劳动合同双方当事人的权利和义务，保护劳动者的合法权益，构建和发展和谐稳定的劳动关系而制定的法律。该法于 2012 年 12 月 28 日修订，2013 年 7 月 1 日起施行。

随着劳动用工法律制度的不断完善，劳动者维权意识的增强，企业在劳动用工领域的法律风险也日益凸显，同时给企业带来了用工成本增加、用工风险加大、用工难度增强、劳动纠纷等问题。如何防范企业劳动用工法律风险，如何构建和谐的劳资关系，如何降低人力资源管理成本，已成为企业在日常经营活动过程中不得不考虑的重大问题！

劳动合同的签订是风险防范的一项重要工作，是劳资双方权利义务的标志性文件，在劳动争议案件处理中具有举足轻重的作用，但是仍有很多用人单位对于如何签订劳动合同存在认识上的误区。比如，劳动合同的内容是否合法，劳动合同的必备条款有哪些，什么条款可以约定在劳动合同中，什么条款不宜约定在劳动合同中，劳动合同的附件可以有哪些，如何续签劳动合同，无固定期限的劳动合同如何签订，劳动者拒签劳动合同怎么办，二倍工资差额如何计算，倒签的劳动合同是否有效等问题上，很多用人单位的做法不恰当，从而引发了劳动纠纷。

你所签订的劳动合同是否存在上述问题？如何有效化解这些问题？如何规避劳动争议？如何尽最大的可能来维护企业或者劳动者的权益呢？为此，笔者希望通过 28 个法则指导各位人力资源工作者和企业管理者规范地签订劳动合同，提前做好人力资源的筹划，并指导劳动者合法地维护自己的权益。上册书涉及近 200 个知识点，为避免劳动合同出现问题，避免漏洞惹纠纷，为人力资源管理的流程打上补丁。

招聘管理是劳动用工风险预防的第一步，而员工的入职管理是劳动用工风险预防的第二步。很多企业的人力工作流程都不规范,主要表现在员工入职的手续办理不完善,员工在职的工作调整、考勤管理、假期管理存在问题,离职人员的沟通及离职交接不规范等,包括合同的解除、终止等也存在违法情形。因此,下册书的重点在于解决企业中存在的劳动风险,提前做好风险预防,防患于未然!完善入职、任职、离职的员工管理问题,构建和谐的劳动关系。

最后,跟各位分享一则故事《谁最高明》:

扁鹊,扁鹊的大哥、二哥,他们弟兄三个,谁最高明?

一天扁鹊被魏王召见。魏王问他:"我听说你们家兄弟三人都擅长医术,那谁的医术最高明啊?"

扁鹊回答:"我大哥医术最高,二哥次之,我的医术最差。"

魏王惊讶地问:"那为什么你天下闻名,而你两个哥哥却默默无闻呢?"

扁鹊说:"因为我大哥给人治病总能做到防患于未然,一个人的病未起之时,他一望气色便知,然后将其调理好,所以无人知道我大哥妙手回春之奥妙;我二哥能在病兆初现时药到病除,大家都以为他医的是小病,实不知这个病发展下去却是要命的大病;我常在人生命垂危时出手治病,起死回生,所以我的名声传遍天下。"

在火海中冲锋陷阵、光荣负伤者成为英雄、功臣。试想:火刚起时及时扑灭,未造成大的损失,及时灭火者算不算英雄、功臣?

预测企业可能发生的隐患并立即消除,避免了风险,做到了防患于未然,算不算是真正的高人呢?高明者不见得一定名声显赫,高手在民间!

目　录

第一章 关注前沿知识

身边有很多人都觉得学习很痛苦,不认为学习是一种享受。但是社会不断地发展变化,国家的法律法规层出不穷,尤其作为人力资源工作者或者企业的管理者,如果我们不去学习和关注,那么我们的工作就会很空洞,总感觉工作没有专业的支撑点。

因此我们要学会关注政府部门发布的各项数据、实时的政策法规,这样有助于开展工作,时时把握知识前沿,工作与时俱进。

笔者选取了常用的知识点,如社平工资、社保基数、最低工资、工资指导线等为大家进行解读。

一、什么是社平工资?

(一)社平工资的定义

社平工资是社会职工的平均工资的简称,通常指某一地区或国家一定时期内(通常为一年)全部职工工资总额除以这一时期内职工人数后所得的平均工资。

统计局现在已经不再有职工平均工资统计项目,而以在岗职工平均工资取代,因此一般将在岗职工平均工资称为社平工资。

在统计指标解释中,单位就业人员指在本单位工作,并由单位支付劳动报酬的人员,是在岗职工、劳务派遣人员及其他就业人员之和。

全社会在岗职工平均工资是指各类单位在岗职工在一定时期内平均每人所得的工资额。这里讲的"各类单位"包括国有、集体、股份制、外资、中外合资、私营等。也就是说我们统计的社会平均工资不仅包含了机关事业单位,也包含了各种各样的企业单位。

(二)发布的时间

一般每个省市、自治区都会在每年5—7月份公布上一年度的社平工资,比如青岛市统计局于 2020 年 7 月 1 日发布了 2019 年全市单位就业人员年平均工资为

75806 元,同比增长 11.2%。其中,青岛市单位在岗职工年平均工资为 76328 元,月平均工资为 6361 元,同比增长 11%。

(三)社平工资的作用

1. 社平工资决定了社保缴费基数的上下限:社保缴费以社会平均工资的 60%～300% 为基数。

2019 年之前,青岛市社保缴费基数的上下限都是由青岛市的社平工资数额决定的。2019 年 1 月 1 日起,根据《国务院办公厅关于印发降低社会保险费率综合方案的通知》(国办发〔2019〕13 号)、《关于公布 2018 年度全省全口径城镇单位就业人员平均工资的通知》(鲁人社字〔2019〕112 号)和《关于印发青岛市降低社会保险费率实施方案的通知》(青政办发〔2019〕4 号)有关规定,青岛市按照全省全口径城镇单位就业人员平均工资确定社保缴费基数。

也就是说,2020 年社保缴费基数最低基数、最高基数的具体数据,需山东省人社厅官方发布。

2. 社平工资决定了解除劳动合同经济补偿金的上限和免税起点:社平工资的 3 倍。

《劳动合同法》第四十七条规定,用人单位依法向劳动者支付解除或终止劳动合同经济补偿的,劳动者月工资高于用人单位所在直辖市、设区的市级人民政府公布的本地区上年度职工月平均工资 3 倍的,向其支付经济补偿的标准按职工月平均工资 3 倍的数额支付,向其支付经济补偿的年限最高不超过 12 年。

《财政部 税务总局关于个人所得税法修改后有关优惠政策衔接问题的通知》(财税〔2018〕164 号)规定,个人与用人单位解除劳动关系取得一次性补偿收入(包括用人单位发放的经济补偿金、生活补助费和其他补助费),在当地上年度职工平均工资 3 倍数额以内的部分,免征个人所得税;超过 3 倍数额的部分,不并入当年综合所得,单独适用综合所得税率表,计算纳税。

3. 社平工资决定了工伤人员本人工资的上下限:工伤待遇中所有涉及以本人工资作为计算基数的内容,均限制在社平工资 60%～300% 的幅度内。

《工伤保险条例》规定:本人工资是指工伤职工因工作遭受事故伤害或者患职业病前 12 个月的平均月缴费工资。本人工资高于统筹地区职工平均工资 300% 的,按照统筹地区职工平均工资的 300% 计算;本人工资低于统筹地区职工平均工资 60% 的,按照统筹地区职工平均工资的 60% 计算。

4. 社平工资决定了工伤人员一次性医疗补助金和一次性就业补助金的标准:工伤五至十级职工根据伤残等级以社平工资为基数对应不同的月份总额计算补助金额。

《山东省工伤保险条例实施办法》规定：工伤职工被鉴定为五级、六级伤残的，经职工本人提出，可以与用人单位解除或终止劳动合同，以其解除或终止劳动合同时统筹地区上年度职工月平均工资为基数，分别支付本人22个月、18个月的一次性工伤医疗补助金和36个月、30个月的一次性伤残就业补助金。工伤职工被鉴定为七级至十级伤残的，劳动合同期满终止，或者职工本人提出解除劳动合同，以其解除或终止劳动合同时统筹地区上年度职工月平均工资为基数，支付本人一次性工伤医疗补助金和一次性伤残就业补助金。一次性工伤医疗补助金的具体标准为：七级13个月、八级10个月、九级7个月、十级4个月；一次性伤残就业补助金的具体标准为：七级20个月、八级16个月、九级12个月、十级8个月。

5. 社平工资决定了工亡丧葬补助金和人身损害赔偿中丧葬费的标准：6个月的社平工资。

《工伤保险条例》规定：职工因工死亡，其近亲属按照下列规定从工伤保险基金领取丧葬补助金、供养亲属抚恤金和一次性工亡补助金；丧葬补助金为6个月的统筹地区上年度职工月平均工资。

《最高人民法院关于审理人身损害赔偿案件适用法律若干问题的解释》规定：丧葬费按照受诉法院所在地上一年度职工月平均工资标准，以6个月总额计算。

6. 社平工资决定了非法用工单位伤亡人员治疗期间的生活费标准：治疗期间生活费按社平工资标准确定。

《非法用工单位伤亡人员一次性赔偿办法》规定：职工或童工受到事故伤害或者患职业病，在劳动能力鉴定之前进行治疗期间的生活费按照统筹地区上年度职工月平均工资标准确定。

7. 社平工资决定了非法用工单位伤亡人员一次性赔偿金的标准：一到十级伤残，以社平工资为基数，对应各自的倍数计算赔偿数额。

《非法用工单位伤亡人员一次性赔偿办法》第五条规定：一级伤残的为赔偿基数的16倍，二级伤残的为赔偿基数的14倍，三级伤残的为赔偿基数的12倍，四级伤残的为赔偿基数的10倍，五级伤残的为赔偿基数的8倍，六级伤残的为赔偿基数的6倍，七级伤残的为赔偿基数的4倍，八级伤残的为赔偿基数的3倍，九级伤残的为赔偿基数的2倍，十级伤残的为赔偿基数的1倍。赔偿基数，是指单位所在工伤保险统筹地区上年度职工年平均工资。

8. 其他。

社平工资的用处还有很多，如已经评残的工伤职工需要生活护理的生活护理费标准，劳动仲裁终局裁决的标准，一审终审的小额诉讼标准，人身损害赔偿案件中受害人无固定收入时误工费的参照标准，基础养老金的计算依据……

二、什么是社保缴纳基数?

(一)定义

社保缴纳一般以员工上一年度本人月度平均收入为基数,最低基数为社会平均工资的60%,最高为300%。

(二)计算方法

缴费基数按当地劳动行政部门公布的当地上一年职工平均工资为缴费工资确定,以《山东省人力资源和社会保障厅、山东省医疗保障局关于2021年度社会保险缴费基数上下限的公告》为例:

1. 职工工资收入高于全省口径城镇单位就业人员平均工资300%的,企业2021年度社会保险费月缴费基数上限暂按18726元执行。

2. 职工工资收入低于全省口径城镇单位就业人员平均工资60%的,企业2021年度社会保险费月缴费基数上限暂按3746元执行。

3. 职工工资在60%~300%之间的,如实缴纳。如职工的应发工资为7000元,则根据7000元来缴纳社保。

> 2021年8月13日发布的《山东省人力资源和社会保障厅、山东省医疗保障局关于2021年度社会保险缴费基数上下限的公告》
>
> 根据省统计部门提供的相关数据,经测算,2020年度全省全口径城镇单位就业人员平均工资为74906元。按照国家和省有关规定,我省2021年度职工基本养老保险、失业保险、工伤保险、职工基本医疗保险月缴费基数的上限为18726元,下限为3746元。

(三)基数申报

每年社保都会在固定的时间(1—2月,各地不同)核定基数,参保职工个人缴费基数以本人上年度月平均工资收入确定,月平均工资收入按国家统计局规定列入工资总额统计的项目计算。

(四)社保缴纳比例(以青岛市2021年为例)

1. 企业(含单位参保的个体工商户)。

1)单位缴纳比例。医疗保险9.5%;养老保险16%;失业保险0.7%;工伤保险按行业分类共分为八类,分别是0.05%、0.1%、0.18%、0.23%、0.28%、0.33%、0.4%、0.48%。

2）职工个人缴纳比例。医疗保险 2％、养老保险 8％、失业保险 0.3％、工伤保险职工个人不缴费。

2. 灵活就业人员。

个人缴纳比例为医疗保险 10％、养老保险 20％。

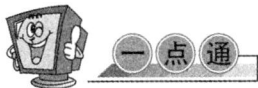

一点通

1. "五险一金"变成"四险一金"，即生育保险基金并入职工基本医疗保险基金，统一征缴。

2. 2020 年的新冠肺炎疫情期间，国家、省、市相继出台各类应对肺炎疫情支持企业稳就业保经营政策，从金融融资到财税支持、从稳岗返还到降费减负，条条干货、招招硬实。

2—12 月，中小微企业、按单位方式参保个体工商户：免征单位缴费社保"三险"（职工养老、失业、工伤保险）。

2—6 月，大型企业、民办非企业单位、社会团体、各类社会组织：减半征收单位缴费社保"三险"（职工养老、失业、工伤保险）。

三、何谓最低工资？

（一）定义

最低工资指劳动者在法定工作时间或依法签订的劳动合同约定的工作时间内提供了正常劳动的前提下，用人单位支付的最低金额的劳动报酬。最低工资不包括加班、中班、夜班、高温、低温、井下、有毒有害等特殊工作环境、条件下的津贴。大多数省市规定：最低工资也不包括单位缴纳的社会保险、公积金、福利待遇和各种非货币的收入，最低工资应以法定货币按时支付。

（二）发布时间

一般为每年 3—6 月，最低工资标准的调整幅度与当地经济社会发展密切相关。数据显示，截至 2020 年 3 月 31 日，上海月最低工资标准为 2480 元，为全国最高。此外，北京和深圳为 2200 元、广东 2100 元。以山东省为例，截至 2021 年 1 月，山东省仍旧执行下面的文件。

2018 年 4 月 26 日印发的《山东省人民政府关于公布全省最低工资标准的通知》(鲁政字〔2018〕80 号)

根据我省经济社会发展和职工工资水平增长等情况,经人力资源社会保障部审核,我省确定调整最低工资标准。现公布如下:

一、调整后的全省月最低工资标准为 1910 元、1730 元、1550 元;小时最低工资标准为 19.1 元、17.3 元、15.5 元(各市最低工资标准见附件)。

二、月最低工资标准适用于全日制就业劳动者;小时最低工资标准适用于非全日制就业劳动者。

三、调整后的最低工资标准从 2018 年 6 月 1 日起执行,鲁政字〔2017〕86 号文件同时废止。

四、各地要加强对《最低工资规定》(原劳动和社会保障部令第 21 号)和最低工资标准的宣传,在当地主要媒体上公布最低工资标准,让用人单位、劳动者和公众广为了解。要进一步加强对用人单位执行最低工资标准情况的监督检查,依法查处违反《最低工资规定》的行为,切实维护劳动者合法权益。

(三)作用

提高最低工资标准,有利于稳定就业岗位,维护劳动者合法权益,保护低收入者共享经济社会发展成果。比如,《劳动合同法》和《劳动合同法实施条例》关于试用期工资的规定:劳动者在试用期的工资不得低于本单位相同岗位最低档工资的 80% 或者不得低于劳动合同约定工资的 80%,并不得低于用人单位所在地的最低工资标准。

(四)涵盖范围

最低工资标准的涵盖范围见表 1-1。

表 1-1　最低工资标准的涵盖范围

最低工资不包含	下列项目不作为最低工资的组成部分,单位应按规定另行支付: 1. 延长法定工作时间的工资 2. 中班、夜班、高温、低温、井下、有毒有害等特殊工作环境、条件下的津贴 3. 伙食补贴(饭贴)、上下班交通费补贴、住房补贴
最低工资包含	个人应依法缴纳的社会保险费、住房公积金
具体详见当地《最低工资标准》规定	

(五)关于最低工资标准的两种解读

第一种:用人单位不得再扣除社会保险、公积金、个人所得税等任何费用(绝大多数省市的规定)。

第二种:用人单位可以扣除个人社会保险、公积金、个人所得税等任何费用(个别城市规定)。

《关于最低工资执行中几个具体问题的通知》(鲁劳社函〔2006〕387号)

六、下列各项在最低工资标准以外,由用人单位另行支付:

(一)延长工作时间的加班加点工资;

(二)中班、夜班、高温、低温、井下、有毒有害等特殊工作环境、条件下的津贴;

(三)法律、法规和国家、省规定的劳动者应当享受的福利待遇。主要包括:对劳动者进行培训的费用;按国家劳动安全卫生规定发给劳动者的费用和用品,以及用人单位自身规定的工作用品(如工作着装等);按国家住房制度改革规定由用人单位为劳动者缴纳的住房公积金;用人单位为劳动者支付的医疗卫生费、丧葬抚恤救济金、探亲路费、计划生育补贴、生活困难补助、冬季取暖补贴、防暑降温费等。

七、用人单位依法缴纳的社会保险费,以及通过补贴伙食、住房支付或提供给劳动者的非货币收入,不得抵扣最低工资标准。劳动者个人应当缴纳的社会保险费和住房公积金包含在最低工资标准之内。

《关于调整本市最低工资标准的通知》(沪人社综发〔2012〕18号)

各委、办、局,各控股(集团)公司、企业(集团)公司,各区、县人力资源和社会保障局,各有关用人单位:

经市政府同意,从2012年4月1日起,本市调整最低工资标准。现就有关问题通知如下:

一、月最低工资标准从1280元调整为1450元。下列项目不作为月最低工资的组成部分,单位应按规定另行支付:

(一)延长法定工作时间的工资。

(二)中班、夜班、高温、低温、井下、有毒有害等特殊工作环境、条件下的津贴。

(三)个人依法缴纳的社会保险费和住房公积金。

(四)伙食补贴(饭贴)、上下班交通费补贴、住房补贴。

四、什么是工资指导线?

(一)定义

工资指导线是政府对企业的工资分配进行规范与调控,使企业工资增长符合经济和社会发展要求,促进生产力发展的企业年度货币工资水平增长幅度的标准线。其目的在于调整、规范工资分配关系,逐步提高工资水平,保证所有的劳动者分享经济社会发展的成果,实现社会公平。

(二)作用

1. 为企业集体协商确定年度工资增长水平提供依据,有利于企业形成正常的工资增长机制。

工资过高,会侵害其他生产要素特别是资产所有者和经营者的利益;工资过低,会侵害劳动者的利益,导致企业无法维持经营。

2. 引导企业自觉控制人工成本水平。

政府在工资的宏观调控方面总的原则是实施企业工资总额的增长低于经济效益的增长,平均工资的增长低于劳动生产率的增长,同时在工资的调控上由总量控制向水平控制转变。实施工资指导线制度有利于实现这种转变。

3. 完善国家的工资宏观调控体系,体现了市场经济条件下的"政企分开"。

在市场经济体制中企业是市场的主体,企业工资分配是企业内部的事务,政府为实现一定的宏观经济目标,必须对经济运行实施某种干预和控制劳动关系管理。

(三)工资指导线的三条线:上线、基准线、下线

1. 工资指导线上线也称预警线,是对工资增长较快、工资水平较高企业提出的预警和提示。

2. 工资指导线基准线是年度货币工资平均增长目标,是对生产经营正常、有经济效益的企业合理的工资增长水平。

3. 工资指导线的下线主要适用于经济效益较差或亏损企业,这类企业的货币平均工资增长在工资指导线适用的年度内允许零增长或负增长,但向在法定工作时间内提供正常劳动的劳动者支付的工资不得低于当地最低工资标准。以 2020 年青岛市工资指导线为例。

　　2020 年 12 月 6 日青岛市人力资源和社会保障局《关于发布 2020 年青岛市人力资源市场部分职位工资指导价位的通知》(青人社字〔2020〕125 号)
各区市人力资源社会保障局,各有关单位:
　　为指导企业合理确定工资水平和引导劳动者有序流动,经抽样调查我市六区不同行业、不同规模、不同注册类型的生产经营正常企业在岗职工工资水平,确定了我市 2020 年人力资源市场部分职位(工种)工资指导价位,现予以发布,并就有关情况说明如下:

一、本次共发布 4 大类 508 个职位工资指导价位,分别为通用职位工资指导价位、主要行业部分职位工资指导价位、从业人员较多职位行业工资指导价位及部分缺工职位工资指导价位。

二、本次发布的各职位工资指导价位是在抽样调查我市六区 2.4 万户企业的 108 万名在岗职工 2020 年 1—11 月工资收入水平基础上,经过技术归类、汇总、分析、整理形成的。其统计口径为在岗职工工资总额,包括计时工资、计件工资、奖金、津贴和补贴、加班加点工资等。

三、各职位工资指导价位分高位数、中位数、低位数和平均数。不同职位工资指导价位的差异一般由人力资源市场劳动力供求关系和该职位人力资本投入大小等因素决定,同一职位工资指导价位的高、中、低位数水平,一般由企业经济效益和劳动者综合素质等因素决定。

四、工资指导价位是供用人单位和劳动者参考的指导性信息,可作为企业招聘、劳动者求职以及开展工资集体协商确定工资水平的参考依据。企业和劳动者在参考使用时,应结合企业的经济效益及经营状况,政府发布的工资指导线、劳动者素质、人力资源市场供求状况等因素合理安排职工工资水平。

第二章 常见的劳动纠纷类型

　　劳动纠纷又称劳动争议,是指劳动者与用人单位因订立、履行、变更、解除或者终止劳动合同而发生的争议。

　　其中,有的属于既定权利的争议,即因适用劳动法和劳动合同、集体合同的既定内容而发生的争议;有的属于要求新的权利而出现的争议,即因制定或变更劳动条件而发生的争议。

一、常见的劳动纠纷类型有哪些?

常见的劳动纠纷类型有七大类。

(一)订立劳动合同的争议

1. 未签订书面的劳动合同。

2. 试用期的争议。

3. 无固定期限劳动合同争议。

4. 劳动合同无效的争议。

(二)国家规定的薪酬、福利待遇

1. 关于劳动报酬方面的纠纷。

2. 关于休息休假方面的纠纷。

3. 未执行国家有关的劳动保护而产生的劳动纠纷。

4. 未缴纳社保、未如实缴纳社保等产生的劳动纠纷。

(三)解除或终止劳动合同合法性争议

1. 违法解除劳动合同的争议,如违法辞退、开除员工等。

2. 违法终止劳动合同的争议。

(四)经济补偿金争议

1. 补偿金标准的争议。

2. 补偿金支付的争议。

3. 双倍补偿的争议。

(五)劳动合同履行的争议

1. 变更工作地点的争议。

2. 变更工作内容的争议。

(六)培训服务协议、竞业禁止及商业秘密争议

1. 出资培训的争议。

2. 服务期限的争议。

3. 竞业禁止约定效力的争议。

4. 竞业禁止补偿的争议。

5. 商业秘密违约金的争议。

(七)工伤

1. 停工留薪期工资问题。

2. 单位非法用工伤亡人员。

3. 工伤认定、伤残鉴定、工伤赔偿。

4. 因工死亡。

因此,我们应当正确把握劳动纠纷的特点,积极预防劳动纠纷的发生。除了要熟知《劳动合同法》外,还要掌握以下重要的法律法规、规章。

---

1. 1995 年 1 月 1 日《中华人民共和国劳动法》

2. 2013 年 7 月 1 日《中华人民共和国劳动合同法》

3. 2008 年 5 月 1 日《中华人民共和国劳动争议调解仲裁法》

4. 2008 年 9 月 18 日《中华人民共和国劳动合同法实施条例》

5. 2009 年 8 月 17 日《北京市高级人民法院、北京市劳动争议仲裁委员会研讨会会议纪要(一)》

6. 2011 年 1 月 1 日《工伤保险条例》

7. 2011 年 7 月 1 日《中华人民共和国社会保险法》

8. 2014 年 5 月 7 日《北京市高级人民法院、北京市劳动争议仲裁委员会研讨会会议纪要(二)》

9. 2021 年 1 月 1 日《最高人民法院关于审理劳动争议案件适用法律问题的解释(一)》

一 点 通

1. 上面我们仅列举了几个比较重要的国家法律法规,实际上国家出台了很多跟劳动关系相关的法律法规,而且每个省市也都有相关的规定,因此具体问题还要参考当地的政策法规。

2. 本书引用山东省和青岛市的很多数据和法律法规进行举例,各位同仁可以融会贯通,结合当地的政策法规、企业的实际情况来运用书中的策略和技巧。

第三章　以《劳动合同法》为基准

《劳动合同法》共分 8 章 98 条,包括总则、劳动合同的订立、劳动合同的履行和变更、劳动合同的解除和终止、特别规定、监督检查、法律责任和附则。《劳动合同法》是规范劳动关系的一部重要法律,在中国特色社会主义法律体系中属于社会法。

第一章　总则(第一条至第六条)

第二章　劳动合同的订立(第七条至第二十八条)

第三章　劳动合同的履行和变更(第二十九条至第三十五条)

第四章　劳动合同的解除和终止(第三十六条至第五十条)

第五章　特别规定(第五十一条至第七十二条)

第六章　监督检查(第七十三条至第七十九条)

第七章　法律责任(第八十条至第九十五条)

第八章　附则(第九十六条至第九十八条)

一、企业和劳动者的权益,《劳动合同法》更侧重保护哪一个呢?

《劳动合同法》是为了完善劳动合同制度,明确劳动合同双方当事人的权利和义务,保护劳动者的合法权益,构建和发展和谐稳定的劳动关系而制定的法律。根据《劳动合同法》第一条规定,更侧重保护劳动者的合法权益。

现在很多劳动者懂法,善于运用法律的武器维护自己的权益,而很多企业却不懂法,只能被动挨打。并且很多企业负责人还一直抱怨劳动者维权意识太强了,其实根本问题在于企业的管理者法律意识薄弱,不重视国家的法律法规。

2013 年 7 月 1 日起施行的《劳动合同法》

第一条　为了完善劳动合同制度,明确劳动合同双方当事人的权利和义务,保护劳动者的合法权益,构建和发展和谐稳定的劳动关系,制定本法。

二、《劳动合同法》的适用范围有哪些?

《劳动合同法》第二条规定,中华人民共和国境内的企业、个体经济组织、民办非企业单位等组织(以下称用人单位)与劳动者建立劳动关系,订立、履行、变更、解除或者终止劳动合同,适用本法。

国家机关、事业单位、社会团体和与其建立劳动关系的劳动者,订立、履行、变更、解除或者终止劳动合同,依照本法执行。

《劳动合同法》的适用范围见表 3-1。

表 3-1   《劳动合同法》适用范围表

序号	用人单位	劳动者	适用	备注
1	各种类型企业	劳动者	√	
2	民办非企业单位	劳动者	√	《劳动法》没有规定 但是《劳动合同法》有规定
3	个体经济组织	劳动者	√	
4	国家机关	工勤人员(合同制)	√	
		公务员	×	《中华人民共和国公务员法》
5	社会团体	工勤人员(合同制)	√	
		参(依)照公务员人员	×	《中华人民共和国公务员法》
6	事业单位	实行聘用制劳动合同人员	√	无特殊规定的
		工勤人员(合同制)	√	
		参(依)照公务员人员	×	《中华人民共和国公务员法》
7	其他组织	建立劳动关系劳动者	√	
8	家庭或者个人	家政服务人员	×	
9	个体工匠 没有工商注册	帮工、学徒	×	《民法典》 雇佣关系
10	农村承包经营户	受雇人	×	
备注:打√说明是符合适用范围的,需要签订书面的劳动合同				

三、用人单位与用工单位的区别是什么?

用人单位与用工单位虽只有一字之差,但意义相差很大。

根据《劳动合同法》第五十八条、五十九条的规定,在劳务派遣用工中,用人单位是指劳务派遣单位,其有义务与劳动者签订劳动合同;用工单位是指接受劳务派遣的单位。

(一)用人单位

1. 用人单位是指具有用人权利能力和用人行为能力,运用劳动力组织生产劳动,且向劳动者支付工资等劳动报酬的单位。

2. 适用《劳动合同法》的用人单位包括企业、个体经济组织、国家机关、事业单位、社会团体。

3. 根据《劳动合同法》的规定,用人单位是与劳动者相对应的主体,要与劳动者签订劳动合同,为劳动者依法足额缴纳社会保险,提供劳动保护,支付工资,存在加班行为时需要支付加班费,符合法律规定时要依法支付经济补偿金,等等。

(二)用工单位

1. 用工单位是在劳务派遣协议中,接受以劳务派遣形式用工的单位。用工单位与被派遣劳动者不存在劳动关系。

2. 根据《中华人民共和国劳动争议调解仲裁法》第二十二条的规定,如果发生劳动纠纷,用工单位需负连带责任。

3. 根据《劳动合同法》第六十二条及《劳动合同法实施条例》规定,用工单位应履行以下义务:

1)执行国家劳动标准,提供相应的劳动条件和劳动保护;

2)告知被派遣劳动者的工作要求和劳动报酬;

3)支付加班费、绩效奖金,提供与工作岗位相关的福利待遇;

4)对在岗被派遣劳动者进行工作岗位所必需的培训;

5)连续用工的,实行正常的工资调整机制;

6)用工单位不得将被派遣劳动者再派遣到其他用人单位;

7)不得向被派遣劳动者收取费用。

在建筑领域经常出现工程承包商雇佣的工人受伤无法认定工伤的情形,根据《关于确定劳动关系有关事项的通知》第四条规定,由具备用工主体资格的发包方承担用工主体责任,在转包、违法分包后,工程承包商雇佣的工人与发包方不存在劳动关系,因此也就无法认定为工伤,因此,此处的"用工主体"责任就是民事范围的民事责任,应当适用人身损害赔偿的法律规定。

从以上两个词语的不同含义可以看出,法律上的用语是十分严谨的。

2013年7月1日起施行的《劳动合同法》

第五十八条　劳务派遣单位是本法所称用人单位，应当履行用人单位对劳动者的义务。劳务派遣单位与被派遣劳动者订立的劳动合同，除应当载明本法第十七条规定的事项外，还应当载明被派遣劳动者的用工单位以及派遣期限、工作岗位等情况。

劳务派遣单位应当与被派遣劳动者订立二年以上的固定期限劳动合同，按月支付劳动报酬；被派遣劳动者在无工作期间，劳务派遣单位应当按照所在地人民政府规定的最低工资标准，向其按月支付报酬。

第五十九条　劳务派遣单位派遣劳动者应当与接受以劳务派遣形式用工的单位（以下称用工单位）订立劳务派遣协议。劳务派遣协议应当约定派遣岗位和人员数量、派遣期限、劳动报酬和社会保险费的数额与支付方式以及违反协议的责任。

用工单位应当根据工作岗位的实际需要与劳务派遣单位确定派遣期限，不得将连续用工期限分割订立数个短期劳务派遣协议。

第六十二条　用工单位应当履行下列义务：

（一）执行国家劳动标准，提供相应的劳动条件和劳动保护；

（二）告知被派遣劳动者的工作要求和劳动报酬；

（三）支付加班费、绩效奖金，提供与工作岗位相关的福利待遇；

（四）对在岗被派遣劳动者进行工作岗位所必需的培训；

（五）连续用工的，实行正常的工资调整机制。

用工单位不得将被派遣劳动者再派遣到其他用人单位。

第六十三条　被派遣劳动者享有与用工单位的劳动者同工同酬的权利。用工单位应当按照同工同酬原则，对被派遣劳动者与本单位同类岗位的劳动者实行相同的劳动报酬分配办法。用工单位无同类岗位劳动者的，参照用工单位所在地相同或者相近岗位劳动者的劳动报酬确定。

劳务派遣单位与被派遣劳动者订立的劳动合同和与用工单位订立的劳务派遣协议，载明或者约定的向被派遣劳动者支付的劳动报酬应当符合前款规定。

2008年5月1日起施行的《中华人民共和国劳动争议调解仲裁法》

第二十二条　发生劳动争议的劳动者和用人单位为劳动争议仲裁案件的双方当事人。

劳务派遣单位或者用工单位与劳动者发生劳动争议的，劳务派遣单位和用工单位为共同当事人。

> 2008年9月18日起施行的《中华人民共和国劳动合同法实施条例》
>
> 第二十九条 用工单位应当履行劳动合同法第六十二条规定的义务,维护被派遣劳动者的合法权益。

案例

"用人单位"与"用工单位"有何不同?

【案情回顾】

常某在A建筑公司做安装工人,工程结束后,常某还有2000元的工资没有拿到,于是向当地劳动争议仲裁院提起仲裁,要求A建筑公司支付拖欠的工资。法院判决:被告并不是用人单位,故原、被告之间不存在劳动关系,被告不具有向原告支付劳动报酬的义务。驳回原告常某的诉讼请求。

A建筑公司称是和B劳务派遣公司签订了《××广场外墙安装劳务合同》,由B公司派遣员工进行安装工作并发放工资,建筑公司不掌握其雇佣情况及工资支付情况。

【案例解析】

在《劳动合同法》关于劳务派遣的规定中,明确了劳务派遣单位为"用人单位",而被派遣的劳动者工作的单位为"用工单位",也就是说派遣单位要承担为劳动者缴纳社保、支付工资的法律义务,而"用工单位"对劳动者提供劳动条件和劳动保护等义务。

万一发生劳动纠纷,用工单位需负连带责任。《劳动争议调解仲裁法》第二十二条第二款规定:"劳务派遣单位或者用工单位与劳动者发生争议的,劳务派遣单位和用工单位为共同当事人。"也就是说,劳动者与劳务派遣单位或者用工单位发生争议时,可将劳务派遣单位和用工单位作为被告,提起仲裁或诉讼申请。如果仅是起诉用工单位一方,因为用工单位对劳动者缴纳社保、支付工资无法律义务,由此发生的争议,仲裁院或法院一般不予受理。

因此该案中常某应当将劳务派遣公司作为被告,再次向劳动争议仲裁院提起仲裁。先找劳动监察大队,快速处理。再找仲裁委员会申请劳动仲裁,拖欠工资属于劳动争议,按照我国现行的劳动争议处理体制,必须经过"仲裁前置"程序。也就是说,劳动者必须先到劳动仲裁委员会提起仲裁,而不能直接到法院起诉。如果劳动者越过仲裁程序,直接向法院起诉,法院是不予受理的。如劳动者和用人单位对劳动仲裁不服,再向人民法院起诉。这里有一种特殊情况,劳动者是可以越过上面两个程序,直接向法院起诉的。

《关于审理劳动争议案件适用法律若干问题的解释(二)》第三条:劳动者以用人单位的工资欠条为证据直接向人民法院起诉,诉讼请求不涉及劳动关系其他争议的,视为拖欠劳动报酬争议,按照普通民事纠纷处理。也就是说,只要劳动者持有用人单位的工资欠条作为证据,而且仅仅涉及拖欠工资的争议,可按普通债务纠纷直接提起民事诉讼。

四、民办非企业单位招用劳动者,必须签订劳动合同吗?

(一)定义

所谓"民办非企业单位",根据国务院颁布的《民办非企业单位登记管理暂行条例》规定,是指企业、事业单位、社会团体和其他社会力量以及公民个人利用非国有资产举办的,从事非营利性社会服务活动的社会组织。

(二)特点

在我国现行体制下,民办非企业单位和社会团体、基金会一样,其实质均为民间组织的一种形式。其特点必须是非营利性的社会组织,民办非企业单位的成立登记由民政局负责。凡在检查年度 6 月 30 日以前经民政局登记成立的民办非企业单位,均应参加年度检查(图 3-1)。比如,笔者有很多会员的单位是艺术培训、教育机构,他们都是在民办非企业单位中工作。

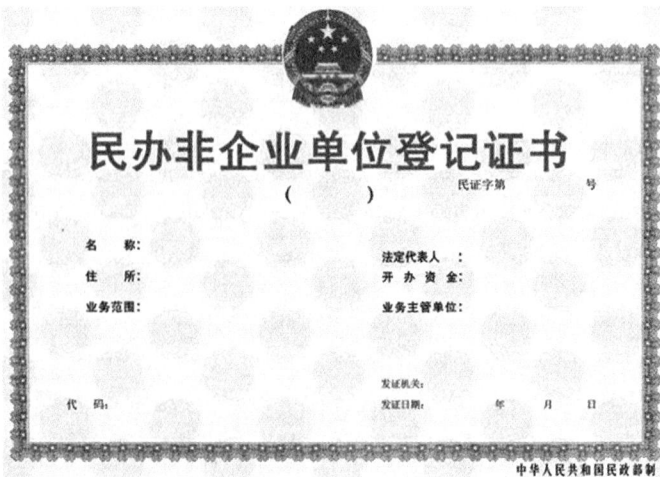

图 3-1 民办非企业单位登记证书

根据《劳动合同法》第二条的规定,民办非企业单位招用劳动者必须签订劳动合同,同时缴纳社会保险和公积金。

2013年7月1日起施行的《劳动合同法》

第二条　中华人民共和国境内的企业、个体经济组织、民办非企业单位等组织（以下称用人单位）与劳动者建立劳动关系，订立、履行、变更、解除或者终止劳动合同，适用本法。

国家机关、事业单位、社会团体和与其建立劳动关系的劳动者，订立、履行、变更、解除或者终止劳动合同，依照本法执行。

一点通

1. 很多年前个别省市的教育局（教体局）要求艺术培训教育机构必须办理"民办非"，从2020年开始国家规定可以直接注册营利性机构。

2. 建议：如果没有强制要求或者企业没有意向参加一些政府的招投标项目，那就办理公司性质（中小微企业）的学校（也要办理前置审批教学资质）。

3. 如果有多家分校（分、子公司）的企业，可以办理"民办非"、公司、个体工商户等多种性质的企业。

就如2020年的新冠肺炎疫情，2020年6月22日人社部、财政部、税务总局发布文件《关于延长阶段性减免企业社会保险费政策实施期限等问题的通知》（人社部发〔2020〕49号）：

1）中小微企业三项社会保险单位缴费部分免征的政策，延长执行到2020年12月底。

2）大型企业等其他参保单位（不含机关事业单位，下同）三项社会保险单位缴费部分减半征收的政策，延长执行到2020年6月底。

五、事业单位在编制外招用劳动者，必须签订劳动合同吗？

（一）定义

事业单位是指由政府利用国有资产设立的，从事教育、科技、文化、卫生等活动的社会服务组织。事业单位接受政府领导，其表现形式为组织或机构的法人实体。

事业单位是以政府职能、公益服务为主要宗旨的一些公益性单位、非公益性职能部门等。它参与社会事务管理，履行管理和服务职能，宗旨是为社会服务，主要从事教育、科技、文化、卫生等活动。虽然它是国家设置的带有一定的公益性质的机构，但不属于政府机构，与公务员是不同的。

(二)特点

事业单位的明显特征为：单位名称多以中心、会、所、站、队、院、社、台、宫、馆等字词结尾，如卫生监督所、司法所、银监会、保监会、质监站、安全生产监察大队等。

(三)人事管理制度

工作人员的编制虽然在事业编制序列，却按照公务员管理办法进行管理。《参照〈中华人民共和国公务员法〉管理的单位审批办法》第六条规定，参照公务员法及其配套政策法规的规定，对单位内除工勤人员以外的工作人员进行管理。

因此事业单位在编制外招用劳动者，适用《劳动合同法》，根据该法第二条的规定，必须签订劳动合同。

> 2020年3月3日发布的《参照〈中华人民共和国公务员法〉管理的单位审批办法》
>
> 第九条 经省、自治区、直辖市党委或者省级以上公务员主管部门审批，对符合条件的事业单位，批准列入参照管理范围。实行参照管理的，应当参照公务员法及其配套法规政策的规定对除工勤人员以外的工作人员进行管理，不实行事业单位的专业技术职务、工资、奖金等人事管理制度。

六、订立劳动合同的原则是什么？

《劳动合同法》第三条规定，订立劳动合同，应当遵循合法、公平、平等自愿、协商一致、诚实信用的原则。依法订立的劳动合同具有约束力，用人单位与劳动者应当履行劳动合同约定的义务。

只要双方签订了书面的劳动合同，都要依照《劳动合同法》执行。但是现在很多老板抱怨，个别劳动者没有契约精神，说走就走，来去自由，劳动合同如同废纸，劳动者支取工资后就跳槽了，企业束手无策。

实际上不然，只能说企业对《劳动合同法》理解不到位，并且没有相应的规章制度或者制度不完善。

一点通

　　1. 不管是国家机关、事业单位、以营利为目的的企业、个体经济组织，还是以非营利为目的的社会团体、民办非企业单位，只要与劳动者建立了劳动关系，就应当签订劳动合同。只要签订劳动合同，双方都要依照《劳动合同法》执行。

　　2.《劳动合同法》是指导我们构建和谐的劳动关系的法律。以《劳动合同法》为基准，出现了劳动纠纷（劳动争议）都根据此法进行裁决。作为人力资源工作者要熟知《劳动合同法》中的每项条款，工作中才可运用自如。

第四章 必须签订书面的劳动合同

很多劳动者因为自身维权意识不强,经常出现不签订书面的劳动合同就在单位上班的情况,甚至个别人认为与用人单位签署劳动合同太过"正式",因为有的企业一般要签订三年,如果将来自己找到了更好的工作,离职太过麻烦,遂主动向用人单位提出不签订劳动合同。

而许多企业管理者也打着自己的算盘——不签订劳动合同不就是给自己"减负"吗?错误地认为只要签订了劳动合同,就说明有事实的劳动关系,就必须给劳动者缴纳社保和公积金。如果不签订劳动合同,"四险一金"就不用交,可随时辞退劳动者,没有任何约束。请问:这样的想法和做法对吗?

笔者经常劝说企业管理者,一定要签订书面的劳动合同,"签订劳动合同"和"缴纳四险一金"是有一定的关联的,但不是一回事,是两个工作流程、两个步骤,适用于三部不同的法律法规。既然很多人在此方面有很多认识上的误区,本章就帮助大家去纠正这些误区。

一、订立劳动合同的时间有何规定?

《劳动合同法》第十条规定,建立劳动关系,应当签订书面劳动合同。已建立劳动关系,未同时订立书面劳动合同的,应当自用工之日起一个月内订立书面劳动合同。一般情况下,订立书面劳动合同的时间分三种:建立劳动关系前、建立劳动关系时、建立劳动关系后一个月内。

在这三个时间与劳动者签订书面的劳动合同都可以,只要不超过一个月就行。但是我们建议最佳的时间是建立劳动关系时。实践中,在第一个和第三个时间段内,往往会因一些特殊因素引发劳动纠纷,下面分享两个案例。

案例

人力资源工作交接不到位,引发劳动纠纷

【案情回顾】

某酒店入职了 4 位前台接待,入职 3 个月都没签订书面的劳动合同,原因在于

刚入职的时候，人力资源工作者要跟劳动者签订合同，但是劳动者说："我们干不了多久，先不签吧……"

恰巧这位人力资源工作者怀孕了，要离职回家生孩子，单位又招聘了1名新的人力资源工作者，两位人力资源工作者在工作交接过程中，对劳动者的劳动合同等员工档案未进行仔细的交接……

3个月后，4名前台接待一起去劳动仲裁，要求酒店支付未签书面劳动合同的二倍工资！新人力资源工作者这才发现还有4名酒店前台接待没有签订书面的劳动合同……

酒店总经理找到我，问有没有解决办法，我说没有。拿不出书面的劳动合同或者无法证明劳动者拒签等书面资料或者证据，就会面临败诉。

最后，仲裁结果支持劳动者的请求。

【案例解析】

与劳动者签订劳动合同是符合《劳动合同法》的立法精神，如果劳动者不签订书面的劳动合同，公司可以不录用。如果劳动者不签订合同，应下发签订劳动合同通知书，让劳动者写明拒签，同时可以在最佳时期1个月内终止劳动关系，这是无须支付经济补偿金的。

案例

员工不辞而别、没签订书面的劳动合同是否有风险？

【案情回顾】

2016年的某一天，一位学员吴女士咨询我："老师，我们公司有1名员工，入职1个多月之后突然失踪了，未签订书面的劳动合同，请问：这对我们企业来说有没有劳动用工风险？"

我了解了一下具体的情况，事情大概是这样的：这名劳动者赵四的籍贯是山东济南，但是在青岛工作，入职当月人力资源工作者没有跟他签订书面的劳动合同，某天赵四代表公司去公司客户那里进行财务结算，结果他带着10多万元突然失踪了……

学员吴女士赶紧联系了劳动者的家人包括他的父母和妻子，但都说没有回家，并且也联系不上，单位多次跟家人联系时，感觉家人好像也不着急。

于是单位报警，青岛当地派出所说赵四是济南的，应该在济南报警。打电话给济南当地派出所，对方说赵四是在青岛工作、在青岛失踪的，应该在青岛报警……

我跟学员吴女士说："我可以得出一个结论，就是赵四的家人肯定知道他的行踪，配合他演'苦肉计'，你们公司肯定不会有风险，因为如果赵四起诉公司，最多要求支付未签订劳动合同的次月的二倍工资和补缴 2 个月的社保,这些赔偿跟 10 多万块钱差距太大了,他不可能回来再找你们的麻烦了,否则是自投罗网!"

【案例解析】

无论何种原因,人力资源工作者都不能疏忽自己的工作职责,在一个月内一定要跟劳动者签订书面的劳动合同。

二、不签订书面劳动合同,到底有没有风险?

《劳动合同法实施条例》第七条规定,用人单位自用工之日起满一年未与劳动者订立书面劳动合同的,自用工之日起满一个月的次日至满一年的前一日应当依照《劳动合同法》第八十二条的规定向劳动者每月支付两倍的工资,并视为自用工之日起满一年的当日已经与劳动者订立无固定期限劳动合同,应当立即与劳动者补订书面劳动合同。

(一)不签订劳动合同的两种情形

情形 1:超过一个月不满一年未签订劳动合同

1. 用人单位:自用工之日起超过一个月不满一年未与劳动者订立书面劳动合同的,应当依照《劳动合同法》第八十二条的规定向劳动者每月支付两倍的工资,并与劳动者补订书面劳动合同。

2. 劳动者:不与用人单位订立书面劳动合同的,用人单位应当书面通知劳动者终止劳动关系,并依照《劳动合同法》第四十七条的规定支付经济补偿。

情形 2:满一年未签订劳动合同

用人单位自用工之日起满一年未与劳动者订立书面劳动合同的,视为自用工之日起满一年的当日已经与劳动者订立无固定期限劳动合同,应当立即与劳动者补订书面劳动合同。同时依照《劳动合同法》第八十二条的规定向劳动者每月支付两倍的工资。

综上所述,满一年未签订劳动合同,会令企业蒙受损失。所以,用人单位要及时跟劳动者签订书面的劳动合同。

(二)不签订劳动合同,用人单位将承担的法律风险

1. 二倍工资:超过一个月不满一年未签订劳动合同,向劳动者每月支付两倍的工资。

2. 无固定期限:满一年未签订劳动合同,补签书面的无固定期限的劳动合同。

3. 发生工伤、员工生育:用人单位自身利益无法得到保护。

2013年7月1日起施行的《劳动合同法》

第十四条　用人单位自用工之日起满一年不与劳动者订立书面劳动合同的,视为用人单位与劳动者已订立无固定期限劳动合同。

第四十七条　经济补偿按劳动者在本单位工作的年限,每满一年支付一个月工资的标准向劳动者支付。六个月以上不满一年的,按一年计算;不满六个月的,向劳动者支付半个月工资的经济补偿。

劳动者月工资高于用人单位所在直辖市、设区的市级人民政府公布的本地区上年度职工月平均工资三倍的,向其支付经济补偿的标准按职工月平均工资三倍的数额支付,向其支付经济补偿的年限最高不超过十二年。

本条所称月工资是指劳动者在劳动合同解除或者终止前十二个月的平均工资。

第八十二条　用人单位自用工之日起超过一个月不满一年未与劳动者订立书面劳动合同的,应当向劳动者每月支付二倍的工资。

用人单位违反本法规定不与劳动者订立无固定期限劳动合同的,自应当订立无固定期限劳动合同之日起向劳动者每月支付二倍的工资。

2008年9月18日起施行的《中华人民共和国劳动合同法实施条例》

第七条　用人单位自用工之日起满一年未与劳动者订立书面劳动合同的,自用工之日起满一个月的次日至满一年的前一日应当依照劳动合同法第八十二条的规定向劳动者每月支付两倍的工资,并视为自用工之日起满一年的当日已经与劳动者订立无固定期限劳动合同,应当立即与劳动者补订书面劳动合同。

案例

【案情回顾】

吕某称其于2012年1月入职某科技公司,担任中央大客户部经理,并于2012年4月离职。在职期间公司未与其签订劳动合同,未向其支付工资。公司则否认双方存在劳动关系。为证明双方存在劳动关系,吕某提交了多封电子邮件,邮件中包含通讯录、中央大客户部销售周报、业务费用报销明细等内容。公司对电子邮件的真实性均不予认可,并表示邮件中涉及的人员也均非公司员工。

为了解相关情况,承办法官与吕某一同前往公司进行实地调查。到达公司时,前台工作人员主动向吕某打招呼并称"吕总";吕某指认此工作人员即为邮件中涉及人员,该工作人员亦认可。法院又向工商行政部门调查核实公司的董事会及监事会情况,查明电子邮件中涉及的人员分别为公司经理、董事、监事。

法院认为,吕某为证明其与公司存在劳动关系,提供了工作邮箱往来电子邮件等证据,而法院进行的实地调查以及向工商部门调取的证据,较为充分地佐证吕某的主张。公司虽对吕某提交的证据不予认可,但未提供相反证据予以反驳,且公司主张相关人员均非公司员工,与法院实地调查所核实到的事实及向工商部门调取的证据相矛盾。

最终,法院采信了吕某的主张,确认吕某与公司在2012年1月至4月期间存在劳动关系,并判令公司向吕某支付工资、未签订书面劳动合同的二倍工资差额。

【案例解析】

该案因企业劳动管理不规范而引发,案件中涉及的未签订劳动合同二倍工资的问题是目前劳动争议领域非常普遍的争议。

《劳动合同法》第十条规定,建立劳动关系,最迟应当自用工之日起一个月内订立书面劳动合同。该法第八十二条规定,用人单位自用工之日起超过一个月不满一年未与劳动者订立书面劳动合同的,应当向劳动者每月支付二倍的工资。

用人单位不与劳动者签订书面劳动合同的法律后果十分严重,不仅需要按照用人单位应当正常支付的工资标准向劳动者再行支付一倍工资,而且根据《劳动合同法实施条例》的规定,如果用人单位自用工之日起满一年仍未与劳动者签订书面劳动合同,即可视为自用工之日起满一年的当日已经与劳动者订立无固定期限劳动合同。

而关于二倍工资适用的时效问题,因增加的一倍工资属于惩罚性赔偿部分,不属于劳动报酬,应当适用一年的时效,时效从劳动者主张权利之日起向前计算一年,实际给付的二倍工资不超过十二个月。

三、未签订书面劳动合同,二倍工资仲裁时效、计算方式是什么?

(一)法律依据

《劳动争议调解仲裁法》第二十七条规定,劳动争议申请仲裁的时效期间为一年。仲裁时效期间从当事人知道或者应当知道其权利被侵害之日起计算。前款规定的仲裁时效,因当事人一方向对方当事人主张权利,或者向有关部门请求权利救济,或者对方当事人同意履行义务而中断。从中断时起,仲裁时效期间重新计算。因不可抗力或者有其他正当理由,当事人不能在本条第一款规定的仲裁时效期间申请仲裁的,仲裁时效中止。从中止时效的原因消除之日起,仲裁时效期间继续计算。劳动关系存续期间因拖欠劳动报酬发生争议的,劳动者申请仲裁不受本条第一款规定的仲裁时效期间的限制;但是,劳动关系终止的,应当自劳动关系终止之日起一年内提出。

(二)两种不同观点

用人单位因未签订劳动合同而支付的二倍工资,适用哪种时效的前提是该二倍工资是否属于法律规定的劳动报酬。关于这一问题,各地法院存在两种不同的观点。

第一种观点认为:

1. 仲裁时效:从劳动关系终止之日起算,一般是指从离职之日起算一年内提起仲裁,即不超过仲裁时效,可以获得二倍工资。若超过此仲裁时效,法院一般不予支持。

2. 计算方式:自劳动者主张权利之日向前推算一年之日起至劳动关系满一年之日止。二倍工资数额=月工资×交叉月份数。

第二种观点认为:

1. 仲裁时效:自劳动关系存续满一年的次日起开始计算,往后推算一年,只要劳动者在该一年期间内提起仲裁,即不超过仲裁时效,可以获得二倍工资。若超过此仲裁时效,法院一般不予支持。

2. 理由:二倍工资中的加付一倍的部分属于用人单位违反法律规定所产生的责任,而非劳动者提供劳动的对价,是法律的直接规定,加付部分为惩罚性赔偿而非劳动报酬。应当适用劳动争议的一般仲裁时效。

3. 计算方式:二倍工资数额=劳动者月工资×11个月。

注:山东省、青岛市法院判决更倾向于第二种观点。

《青岛中院、青岛劳动人事争议仲裁委员会关于审理劳动争议案件会议纪要(三)》(青中法联字〔2012〕3号)第四条规定,未签订劳动合同的二倍工资的"仲裁时效期间从最后履行期限届满之日起算"。举例说明:

赵某2010年1月1日入职,企业应该在2010年1月31日前签订劳动合同,从2010年2月1日起至2010年12月31日止未签订劳动合同的话,企业应付给赵某11个月的二倍工资。

未签订劳动合同的仲裁时效从2011年1月1日起一年内,也就是至2011年12月31日止。如果在这段时间内提出仲裁,则获得11个月的二倍工资。若超过此仲裁时效,法院一般不予支持。

总之,选择哪种观点取决于每个省市各自的规定。

2012 年 5 月 8 日发布施行的《青岛中院、青岛劳动人事争议仲裁委员会关于审理劳动争议案件会议纪要(三)》

四、劳动者与用人单位初次建立劳动用工关系后,用人单位未依法与劳动者签订书面劳动合同,该未签订劳动合同的双倍工资系惩罚性赔偿金,不属于劳动报酬的范畴。

关于双倍工资的仲裁时效问题,不适用《劳动争议调解仲裁法》第二十七条第四款关于劳动关系存续期间因拖欠劳动报酬发生争议仲裁时效的规定。用人单位支付劳动者未签订劳动合同双倍工资的责任可视为同一合同项下约定的具有整体性和关联性的定期给付之债,仲裁时效期间从最后履行期限届满之日起算。

青中法联字〔2011〕第 2 号文第三条的相关规定,不再执行。

2019 年 6 月 10 日山东省高级人民法院、山东省人力资源和社会保障厅《关于审理劳动人事争议案件若干问题会议纪要》

二十一、关于二倍工资争议的仲裁时效适用问题

劳动合同法第八十二条规定的"二倍工资"中加付的一倍工资具有惩罚性赔偿金性质,不属于劳动报酬。用人单位自用工之日起超过一个月未与劳动者订立书面劳动合同,劳动者要求用人单位支付二倍工资的,劳动者申请仲裁的时效为一年。

劳动者请求用人单位支付未签订劳动合同二倍工资可视为同一合同项下约定的具有整体性和关联性的定期给付之债,应当作为整体之债对待,仲裁时效应从用人单位与其补订劳动合同之日或者视为双方已订立无固定期限劳动合同之日起计算。

2014 年 5 月 7 日发布的《北京市高级人民法院、北京市劳动争议仲裁委员会关于劳动争议案件法律适用问题研讨会会议纪要(二)》

第 28 条 《劳动合同法》第八十二条"二倍工资"的认定与起止时间、计算方法?

(1)依据《劳动合同法》第十条、第八十二条第一款规定,用人单位自用工之日起超过一个月不满一年未与劳动者订立书面劳动合同的,自用工之日满一个月的次日起开始计算二倍工资,截止点为双方订立书面劳动合同的前一日,最长不超过十一个月。

（2）用人单位因违反《劳动合同法》第十四条第三款规定，自用工之日满一年不与劳动者订立书面劳动合同，视为用人单位与劳动者已订立无固定期限劳动合同的情况下，劳动者可以向仲裁委、法院主张确认其与用人单位之间属于无固定期限劳动合同关系。在此情况下，劳动者同时主张用人单位支付用工之日满一年后的二倍工资的不予支持。

（3）如果劳动合同期满后，劳动者仍在用人单位工作，用人单位未与劳动者订立书面劳动合同的，计算二倍工资的起算点为自劳动合同期满的次日，截止点为双方补订书面劳动合同的前一日，最长不超过十二个月。

（4）用人单位违反《劳动合同法》第十四条第二款、第八十二条第二款规定，不与劳动者订立无固定期劳动合同的，二倍工资自应订立无固定期限劳动合同之日起算，截止点为双方实际订立无固定期限劳动合同的前一日。

（5）二倍工资中属于劳动者正常工作时间劳动报酬的部分，适用《调解仲裁法》二十七条第四款的规定；增加一倍的工资属于惩罚性赔偿的部分，不属于劳动报酬，适用《调解仲裁法》二十七条第一款的规定，即一年的仲裁时效。

二倍工资适用时效的计算方法为：在劳动者主张二倍工资时，因未签订劳动合同行为处于持续状态，故时效可从其主张权利之日起向前计算一年，据此实际给付的二倍工资不超过十二个月，二倍工资按未订立劳动合同所对应时间用人单位应当正常支付的工资为标准计算。

案例

【案例解析】

包某自 2013 年 7 月 15 日入职某幼儿园担任教师，月工资 2200 元，双方未签订书面劳动合同，某幼儿园也未为包某缴纳社会保险。

2015 年 4 月，某幼儿园通知包某解除劳动关系。另查明，包某以存在劳动争议为由，于 2015 年 4 月向某区劳动争议仲裁委员会提起仲裁，要求某幼儿园支付其未签订书面劳动合同的二倍工资等。后该委以包某为非劳动保障法律法规规定的合格用工主体为由，驳回了包某的全部仲裁请求。又查明，某幼儿园未在相关部门办理办学许可等注册登记手续，其实际出资人为刚某、李某。

【一审法院处理结果】

一审法院认为，《中华人民共和国劳动争议调解仲裁法》第二十七条第一款规定，劳动争议申请仲裁的时效期间为一年。仲裁时效期间从当事人知道或者应当知道其权利被侵害之日起计算。因某幼儿园、刚某、李某自包某 2013 年 7 月 15 日入职起至 2014 年 7 月 15 日，一直未与包某签订书面劳动合同，故包某主张未签订书面劳动合同的一年时效期间应自 2014 年 7 月 16 日开始至 2015 年 7 月 15 日结束。包某于 2015 年 4 月提起劳动仲裁，要求某幼儿园、刚某、李某支付未签订书面劳动合同的二倍工资的诉讼请求未超过诉讼时效。

一审法院判决某幼儿园、刚某、李某支付未签订书面劳动合同的二倍工资 24200元（2200 元×11 个月）。

【二审法院处理结果】

二审法院认为，《中华人民共和国劳动争议调解仲裁法》第二十七条第一款规定，劳动争议申请仲裁的时效期为一年，仲裁时效期从当事人知道或应当知道其权利被侵害之日起计算，包某与某幼儿园于 2013 年 7 月 15 日建立劳动关系，但直至双方于 2015 年 4 月解除劳动关系之日，一直未签订书面合同。

《内蒙古自治区高级人民法院、内蒙古自治区劳动人事争议仲裁委员会关于人事争议案件适用法律若干问题的指导意见》第 14 条第(5)项规定："二倍工资中增加的一倍工资属于惩罚性赔偿的部分，不属于劳动报酬，适用第二十七第一款的规定，即一年的仲裁时效，时效可从其主张权利之日起向前计算一年。"

鉴于包某于 2015 年 4 月提起仲裁，且其自 2013 年 7 月与某幼儿园建立劳动关系，故依据上述规定，包某有权主张二倍工资的期间应为 2014 年 4 月至 2014 年 7月。鉴于双方对于包某月平均工资 2200 元均无异议，故某幼儿园、刚某、李某应支付包某二倍工资的数额为 8800 元（2200 元×4 个月）。

一审法院适用法律错误，应予纠正。故判决撤销原审法院民事判决第一项，即某幼儿园、刚某、李某于本判决生效之日起十五日内支付包某未签订书面劳动合同的二倍工资 24200 元；改判某幼儿园、刚某、李某于本判决生效之日起十五日内支付包某未签订书面劳动合同的二倍工资 8800 元。

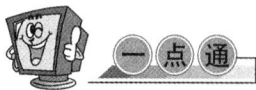

一点通

1. 二倍工资属于惩罚性赔偿，依据《劳动合同法》第十条、第八十二条第一款规定，用人单位自用工之日起超过一个月不满一年未与劳动者订立书面劳动合同的，自用工之日满一个月的次日起开始计算二倍工资，截止点为双方订立书面劳动合同的前一日，最长不超过十一个月。

2. 月工资标准为劳动者在劳动合同解除或者终止前十二个月的平均工资。

四、对不签订劳动合同的认识有哪些误区？

1. 试用期可以不签订劳动合同。

2. 只要未签订劳动合同，就必须支付二倍工资。

3. 劳动者不愿签订合同，就可以不签订劳动合同。

4. 试用期过后再签订劳动合同。

以上想法和做法都是错误的。下面给大家进行正确的解读。

误区1：试用期可以不签订劳动合同吗？

这种做法是错误的！

最终有可能令企业蒙受损失。试用期未签和过后签，次月开始就面临二倍工资的惩罚。所以说试用期也要签订书面的劳动合同。

误区2：试用期过后再签订劳动合同。

这种做法是错误的！

根据《劳动合同法》第十条规定："建立劳动关系，应当订立劳动合同。"第十四条规定："连续订立二次固定期限劳动合同，且劳动者没有本法第三十九条和第四十条第一项、第二项规定的情形，续订劳动合同的。"第十九条规定："同一用人单位与同一劳动者只能约定一次试用期。试用期包含在劳动合同期限内。劳动合同仅约定试用期的，试用期不成立，该期限为劳动合同期限。"

鉴于上述内容，如果试用期单独签订劳动合同，视为一次固定期限的劳动合同，那么再签一次固定期限的劳动合同，加上试用期的劳动合同，第三次就符合签订无固定期限劳动的条件了。譬如，某公司一份试用期为三个月的劳动合同，接着再签订一年的劳动合同，一年零两个月后就要签订无固定期限的劳动合同了。

试用期是劳动者和用人单位劳动关系的一种表现形式，所以也应当签订劳动合同。因此，劳动者与用人单位签订劳动合同的时间应在试用期之前。

2013年7月1日起施行的《劳动合同法》

第十条 建立劳动关系，应当订立书面劳动合同。已建立劳动关系，未同时订立书面劳动合同的，应当自用工之日起一个月内订立书面劳动合同。

第十九条 劳动合同期限三个月以上不满一年的，试用期不得超过一个月；劳动合同期限一年以上不满三年的，试用期不得超过二个月；三年以上固定期限和无固定期限的劳动合同，试用期不得超过六个月。

同一用人单位与同一劳动者只能约定一次试用期。

> 　　以完成一定工作任务为期限的劳动合同或者劳动合同期限不满三个月的，不得约定试用期。
>
> 　　试用期包含在劳动合同期限内。劳动合同仅约定试用期的，试用期不成立，该期限为劳动合同期限。

误区 3：劳动者不愿签订合同，就可以不签订劳动合同。

这种做法是错误的！

劳动者可能会出于某些原因的考虑，不愿与单位签订劳动合同，但是这给企业带来的风险很大。因为签订劳动合同是法律强制性的规定，不是双方是否自愿的问题。

劳动者拒绝签订书面劳动合同的，企业有不雇佣劳动者的义务和权利，且不承担任何惩罚性的责任，但应支付报酬。

误区 4：只要未签劳动合同，就必须支付双倍工资吗？

这种想法不一定是正确的！

大家可能会说，这不是自相矛盾吗？上述得出的结论是"未签订劳动合同，就必须支付二倍工资"，怎么又变了呢？

尽管《劳动合同法》第八十二条规定未签订劳动合同，用人单位支付二倍工资，但是在司法实务中，仲裁机构或法院也会考虑用人单位是否履行诚实磋商的义务以及是否存在劳动者拒绝签订等情况。

如用人单位已尽到诚信义务，因不可抗力、意外情况或者劳动者拒绝签订等用人单位以外的原因，造成劳动合同未签订的，用人单位不需要承担二倍工资，这个问题笔者会在下面的问题中具体讲解。

有些情况下的用工形式，不存在二倍工资问题。例如，非全日制用工，法律明确规定可以不签订书面劳动合同，因此，也就不存在支付二倍工资的问题。

五、企业不签订劳动合同，无须支付二倍工资的情形有哪些？

根据各个省市的规定，我们进行了汇总，得出企业不签订合同无须支付二倍工资的 23 种情形。

情形 1：劳动者主张未订立书面劳动合同的二倍工资时，超过了法定的仲裁时效期间无须支付二倍工资。

二倍工资属于惩罚性赔偿，不属于劳动报酬，因此适用《劳动争议调解仲裁法》第二十七条第一款的规定，即一年的仲裁时效。

2014年5月7日发布的《北京市高级人民法院、北京市劳动争议仲裁委员会关于劳动争议案件法律适用问题研讨会会议纪要(二)》

第28条第5款项：

二倍工资中属于劳动者正常工作时间劳动报酬的部分，适用《调解仲裁法》二十七条第四款的规定；增加一倍的工资属于惩罚性赔偿的部分，不属于劳动报酬，适用《调解仲裁法》二十七条第一款的规定，即一年的仲裁时效。

二倍工资适用时效的计算方法为：在劳动者主张二倍工资时，因未签劳动合同行为处于持续状态，故时效可从其主张权利之日起向前计算一年，据此实际给付的二倍工资不超过十二个月，二倍工资按未订立劳动合同所对应时间用人单位应当正常支付的工资为标准计算。

2008年5月1日起施行的《中华人民共和国劳动争议调解仲裁法》

第二十七条　劳动争议申请仲裁的时效期间为一年。仲裁时效期间从当事人知道或者应当知道其权利被侵害之日起计算。

前款规定的仲裁时效，因当事人一方向对方当事人主张权利，或者向有关部门请求权利救济，或者对方当事人同意履行义务而中断。从中断时起，仲裁时效期间重新计算。

因不可抗力或者有其他正当理由，当事人不能在本条第一款规定的仲裁时效期间申请仲裁的，仲裁时效中止。从中止时效的原因消除之日起，仲裁时效期间继续计算。

劳动关系存续期间因拖欠劳动报酬发生争议的，劳动者申请仲裁不受本条第一款规定的仲裁时效期间的限制；但是，劳动关系终止的，应当自劳动关系终止之日起一年内提出。

情形2：用人单位用工满一年后，仍未与劳动者订立书面劳动合同的无须支付二倍工资。

虽然《劳动合同法》第十四条规定了订立无固定期限劳动合同的三种情形，但是《劳动合同法》第八十二条第一款规定，用人单位违反本法规定不与劳动者订立无固定期限劳动合同的，自应当订立无固定期限劳动合同之日起向劳动者每月支付二倍的工资。

这里只是针对第二种"应当"订立无固定期限劳动合同的情形，所以并不包括第一种"可以"和第三种"视为"的情形(图4-1)。

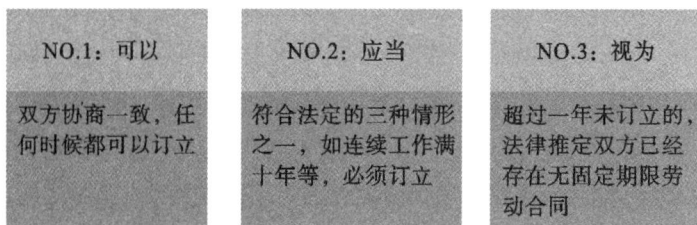

图 4-1　无固定期限劳动合同的三种情形

《北京市高级人民法院、北京市劳动争议仲裁委员会关于劳动争议案件法律适用问题研讨会会议纪要(二)》第 28 条明确无误地对于超过一年未订立书面劳动合同的二倍工资支付时间段进行了明确,支付至满一年为止,一年后视为无固定期限劳动合同,就没有下文了,那就意味着没有二倍工资了。在此情况下,劳动者同时主张用人单位支付用工之日满一年后的二倍工资的不予支持。

2013 年 7 月 1 日起施行的《劳动合同法》

第十四条　无固定期限劳动合同,是指用人单位与劳动者约定无确定终止时间的劳动合同。

用人单位与劳动者协商一致,可以订立无固定期限劳动合同。有下列情形之一,劳动者提出或者同意续订、订立劳动合同的,除劳动者提出订立固定期限劳动合同外,应当订立无固定期限劳动合同:

(一)劳动者在该用人单位连续工作满十年的;

(二)用人单位初次实行劳动合同制度或者国有企业改制重新订立劳动合同时,劳动者在该用人单位连续工作满十年且距法定退休年龄不足十年的;

(三)连续订立二次固定期限劳动合同,且劳动者没有本法第三十九条和第四十条第一项、第二项规定的情形,续订劳动合同的。

用人单位自用工之日起满一年不与劳动者订立书面劳动合同的,视为用人单位与劳动者已订立无固定期限劳动合同。

2014 年 5 月 7 日发布的《北京市高级人民法院、北京市劳动争议仲裁委员会关于劳动争议案件法律适用问题研讨会会议纪要(二)》

第 28 条第 1~2 款项:

(1)依据《劳动合同法》第十条、第八十二条第一款规定,用人单位自用工之日起超过一个月不满一年未与劳动者订立书面劳动合同的,自用工之日满一个月的次日起开始计算二倍工资,截止点为双方订立书面劳动合同的前一日,最长不超过十一个月。

（2）用人单位因违反《劳动合同法》第十四条第三款规定，自用工之日满一年不与劳动者订立书面劳动合同，视为用人单位与劳动者已订立无固定期限劳动合同的情况下，劳动者可以向仲裁委、法院主张确认其与用人单位之间属于无固定期限劳动合同关系。在此情况下，劳动者同时主张用人单位支付用工之日满一年后的二倍工资的不予支持。

情形3：在劳动合同期限法定续延期间，用人单位未与劳动者订立书面劳动合同的无须支付二倍工资。

法定延续的情形是指医疗期、停工留薪期、女职工"三期"等情形。二倍工资的形成是因为用工形成事实劳动关系而不订立书面劳动合同。但在医疗期、停工留薪期、女职工"三期"等期间，职工事实上没有提供劳动，双方实际上没有产生用工关系，自然就不存在二倍工资形成的基础。

2013年7月1日起施行的《劳动合同法》

第四十二条　劳动者有下列情形之一的，用人单位不得依照本法第四十条、第四十一条的规定解除劳动合同：

（一）从事接触职业病危害作业的劳动者未进行离岗前职业健康检查，或者疑似职业病病人在诊断或者医学观察期间的；

（二）在本单位患职业病或者因工负伤并被确认丧失或者部分丧失劳动能力的；

（三）患病或者非因工负伤，在规定的医疗期内的；

（四）女职工在孕期、产期、哺乳期的；

（五）在本单位连续工作满十五年，且距法定退休年龄不足五年的；

（六）法律、行政法规规定的其他情形。

2014年5月7日发布的《北京市高级人民法院、北京市劳动争议仲裁委员会关于劳动争议案件法律适用问题研讨会会议纪要（二）》

第30条　存在劳动者患病或者非因工负伤在规定的医疗期内，女职工在孕期、产期、哺乳期期间等《劳动合同法》第四十二条规定的情形，劳动合同期满时，用人单位未与劳动者续订劳动合同，是否认定为未订立劳动合同而支付二倍工资？

劳动合同期满，有《劳动合同法》第四十二条规定的情形的，劳动合同应当续延至相应的情形消失时终止，故在续延期间用人单位与劳动者无须订立书面劳动合同，故不应支付二倍工资。

情形4:未签订劳动合同的事实劳动关系因法定情形而延续的无须支付二倍工资。

与劳动合同期满因法定情形延续无须支付二倍工资一样。尤其在工伤案件中还存在特殊情形,如部分工伤职工在治疗工伤期间,尤其是处于神志不清、身体不便时,客观上也无法完成订立劳动合同的行为,而劳动合同属于人身性合同,也无法由他人代为订立。

2015年1月19日下发的《云南省高级人民法院、云南省人力资源和社会保障厅关于审理劳动人事争议案件若干问题的座谈会纪要》第(八)条规定,用人单位未依法与劳动者订立书面劳动合同的,应当依法向劳动者支付二倍工资,但有下列情形之一的除外:未订立书面劳动合同的因工负伤劳动者,因停工留薪期而延续劳动关系的无须支付二倍工资。

2015年1月19日发布的《云南省高级人民法院、云南省人力资源和社会保障厅关于审理劳动人事争议案件若干问题的座谈会纪要》

(八)用人单位未依法与劳动者订立书面劳动合同的,应当依法向劳动者支付二倍工资,但有下列情形之一的除外:

1. 劳动合同期满,劳动者有《劳动合同法》第四十二条第(一)、(三)、(四)项规定情形之一而依据《劳动合同法》第四十五条应当延续劳动合同的;

2. 未订立书面劳动合同的因工负伤劳动者,因停工留薪期而延续劳动关系的;

3. 用人单位法定代表人(或主要负责人)向用人单位主张二倍工资的;

4. 用人单位高管人员向用人单位主张二倍工资,用人单位能够证明该高管人员职责范围包括管理订立劳动合同内容的,但有证据证明高管人员向用人单位提出订立书面劳动合同而被拒绝的除外;

5. 用人单位的人事管理部门负责人或主管人员向用人单位主张二倍工资,用人单位能够证明订立劳动合同属于该人事管理部门负责人或主管人员工作职责的,但有证据证明人事管理部门负责人或主管人员向用人单位提出订立书面劳动合同而被拒绝的除外;

6. 确有证据证明,劳动者持他人身份证或假冒他人身份与用人单位订立书面劳动合同的;

7. 确有证据证明,劳动者委托他人订立书面劳动合同的。

情形5:劳动者书面授权他人或其亲属与用人单位订立书面劳动合同则无须支付二倍工资。

代签的劳动合同的两种情形：

第一种情形：劳动者为了便利而请其他人代为签字；

第二种情形：劳资人员为了便利而请其他劳动者代为签字。

对于代签的劳动合同，如果有证据能够证明劳动者委托他人订立劳动合同的，不应支持二倍工资。具体规定详见《云南省高级人民法院、云南省人力资源和社会保障厅关于审理劳动人事争议案件若干问题的座谈会纪要》（八），用人单位未依法与劳动者订立书面劳动合同的，应当依法向劳动者支付二倍工资，但有下列情形之一的除外：确有证据证明，劳动者委托他人订立书面劳动合同的。法律依据同上个问题。

情形 6：劳动者与用人单位订立了不限于标题为书面劳动合同，但具备书面劳动合同主要内容的其他有效书面文件则无须支付二倍工资。

用人单位与劳动者没有订立统一制式的劳动合同，而是签订用工协议、劳务协议、聘用协议等，但协议内容包括了双方履行的劳动权利义务的，只要具备《劳动合同法》第十七条规定的劳动合同必备条款，系劳动者与用人单位通过书面形式明确其劳动权利义务关系，就可以作为劳动合同。

2013 年 7 月 1 日起施行的《劳动合同法》

第十六条　劳动合同由用人单位与劳动者协商一致，并经用人单位与劳动者在劳动合同文本上签字或者盖章生效。

劳动合同文本由用人单位和劳动者各执一份。

第十七条　劳动合同应当具备以下条款：

（一）用人单位的名称、住所和法定代表人或者主要负责人；

（二）劳动者的姓名、住址和居民身份证或者其他有效身份证件号码；

（三）劳动合同期限；

（四）工作内容和工作地点；

（五）工作时间和休息休假；

（六）劳动报酬；

（七）社会保险；

（八）劳动保护、劳动条件和职业危害防护；

（九）法律、法规规定应当纳入劳动合同的其他事项。

劳动合同除前款规定的必备条款外，用人单位与劳动者可以约定试用期、培训、保守秘密、补充保险和福利待遇等其他事项。

情形7:用人单位发出具备劳动合同条款的录用通知而没有另行订立劳动合同则无须支付二倍工资。

用人单位在劳动者入职时发出的聘书、入职通知书、录用通知书等具有劳动合同条款内容,如对劳动者的聘用期限、岗位、工作时间、工资待遇等进行了详尽规定,只要其具有劳动合同必备条款的,可以作为劳动合同。法律依据同上个问题。

案例

〔2014〕昆民二终字第944号民事判决书认为:"上诉人与被上诉人签订聘书的内容载明了双方的名称、被上诉人的工作职位、聘用期限等条款,双方对被上诉人的劳动报酬亦认可为每月15000元,该聘书的内容已具备劳动合同的主要条款,且被上诉人的工作职位IT事业部总经理系上诉人的高级管理人员,与一般员工和用人单位签订劳动合同的情况相比应具有其特殊性,故本院认定双方签订的聘书具备劳动合同的性质,视为双方已签订了劳动合同。"

情形8:用人单位与劳动者补签了书面的劳动合同则无须支付二倍工资。

如果双方在补订劳动合同时将日期补订到实际用工之日起一个月内的,由于劳动者同意补订劳动合同,视为对劳动合同从用工之日起一个月内订立的同意和追认,且劳动合同订立期限已在用工之日起一个月内,不再符合支付二倍工资的情形,不应当支付。

但是如果补签的日期与实际用工之日有时间的差距,依法扣除一个月订立书面劳动合同的宽限期后,单位仍需要支付二倍工资。

2014年5月7日发布的《北京市高级人民法院、北京市劳动争议仲裁委员会关于劳动争议案件法律适用问题研讨会会议纪要(二)》

第29条　用人单位与劳动者补签劳动合同,劳动者主张未订立劳动合同二倍工资可否支持?

用人单位与劳动者建立劳动关系后,未依法自用工之日一个月内订立书面劳动合同,在劳动关系存续一定时间后,用人单位与劳动者在签订劳动合同时将日期补签到实际用工之日,视为用人单位与劳动者达成合意,劳动者主张二倍工资可不予支持,但劳动者有证据证明补签劳动合同并非其真实意思表示的除外。

用人单位与劳动者虽然补签劳动合同,但未补签到实际用工之日的,对实际用工之日与补签之日间相差的时间,依法扣除一个月订立书面劳动合同的宽限期,劳动者主张未订立劳动合同二倍工资的可以支持。

2019年6月10日山东省高级人民法院、山东省人力资源和社会保障厅《关于审理劳动人事争议案件若干问题会议纪要》

二十三、关于补签劳动合同情况下的二倍工资争议处理问题

用人单位与劳动者自用工之日起满一个月后未订立书面劳动合同，事后补签的，如果劳动者没有证据证明补签劳动合同存在欺诈、胁迫、乘人之危的情形，则视为当事人意思自治行为，劳动者以未订立劳动合同为由主张二倍工资的，不予支持。

一点通

1. "情形8"需要用人单位提供证据，如果用人单位不能证明的，只能认定为未与劳动者订立书面劳动合同，应当支付二倍工资。

2. 劳动者委托他人代签一定要劳动者本人出具的书面授权书，建议用人单位日后若有条件，最好还是要再让劳动者补上本人的签字并按手印，避免委托人和劳动者联合欺诈用人单位。

情形9：用人单位与劳动者订立的书面劳动合同，属于《劳动合同法》第二十六条规定的无效劳动合同也无须支付二倍工资。

劳动合同自双方签字盖章就成立，双方订立书面劳动合同的行为已完成。至于劳动合同是否有效，这是法律对其效力的评价，但并不影响劳动合同是否已经订立的客观事实。

因此，即使劳动合同被认定无效，由于劳动者已经和用人单位实际上订立了劳动合同，用人单位不应当支付二倍工资。

2013年7月1日起施行的《劳动合同法》

第二十六条　下列劳动合同无效或者部分无效：

（一）以欺诈、胁迫的手段或者乘人之危，使对方在违背真实意思的情况下订立或者变更劳动合同的；

（二）用人单位免除自己的法定责任、排除劳动者权利的；

（三）违反法律、行政法规强制性规定的。

对劳动合同的无效或者部分无效有争议的，由劳动争议仲裁机构或者人民法院确认。

情形 10:用人单位与劳动者订立的书面劳动合同是瑕疵书面劳动合同也无须支付二倍工资。

书面劳动合同有瑕疵,有瑕疵并不影响劳动合同效力,更不影响劳动合同订立这一事实,只能说明部分条款有问题或者无效,不能认定未签订书面的劳动合同,劳动者不能以此主张未订立劳动合同二倍工资。

> 2013 年 7 月 1 日起施行的《劳动合同法》
>
> 第二十七条　劳动合同部分无效,不影响其他部分效力的,其他部分仍然有效。

情形 11:尚未取得营业执照、营业执照被吊销或者营业期限届满仍继续经营等情形的用人单位,未与劳动者订立书面劳动合同的无须支付二倍工资。

用人单位正在筹备期间,此时还不具备主体资格,从法律意义上不能与劳动者订立劳动合同,即使订立也是无效劳动合同。

如果是没有营业执照、执照被吊销等没有主体资格的用人单位,则属于非法用工,非法用工的争议,仅符合《劳动合同法》和《工伤保险条例》等法律法规有特别规定的。

《工伤保险条例》第一条规定,为了保障因工作遭受事故伤害或者患职业病的职工获得医疗救治和经济补偿,促进工伤预防和职业康复,分散用人单位的工伤风险,制定本条例。只有当职工受到事故伤害或者患职业病的情形,才能纳入劳动争议处理的程序。此时用人单位还不具备主体资格,所以双方无法合法地建立劳动关系,发生的争议自然不属于劳动争议。

但是当出现工伤时,无营业执照或者未经依法登记、备案的单位以及被依法吊销营业执照或者撤销登记、备案的单位应当根据《工伤保险条例》第六十六条的规定进行赔偿。

> 2011 年 1 月 1 日起施行的《工伤保险条例》
>
> 第六十六条　无营业执照或者未经依法登记、备案的单位以及被依法吊销营业执照或者撤销登记、备案的单位的职工受到事故伤害或者患职业病的,由该单位向伤残职工或者死亡职工的近亲属给予一次性赔偿,赔偿标准不得低于本条例规定的工伤保险待遇;用人单位不得使用童工,用人单位使用童工造成童工伤残、死亡的,由该单位向童工或者童工的近亲属给予一次性赔偿,赔偿标准不得低于本条例规定的工伤保险待遇。具体办法由国务院社会保险行政部门规定。
>
> 前款规定的伤残职工或者死亡职工的近亲属就赔偿数额与单位发生争议的,以及前款规定的童工或者童工的近亲属就赔偿数额与单位发生争议的,按照处理劳动争议的有关规定处理。

情形12：用人单位未与法定代表人订立书面劳动合同的无须支付二倍工资。

法定代表人或主要负责人的特殊身份表明，其不同于普通劳动者，由于同时可以代表用人单位，因此，对于可以代表用人单位的法定代表人或主要负责人，以用人单位没有订立书面劳动合同而主张二倍工资的，与其代表用人单位的身份不符，不适合支持二倍工资的主张。

2014年5月7日发布的《北京市高级人民法院、北京市劳动争议仲裁委员会关于劳动争议案件法律适用问题研讨会会议纪要（二）》

第31条　用人单位法定代表人、高管人员、人事管理部门负责人或主管人员未与用人单位订立书面劳动合同并依据《劳动合同法》第八十二条规定向用人单位主张二倍工资的，应否支持？

用人单位法定代表人依据《劳动合同法》第八十二条规定向用人单位主张二倍工资的，一般不予支持。

用人单位高管人员依据《劳动合同法》第八十二条规定向用人单位主张二倍工资的，可予支持，但用人单位能够证明该高管人员职责范围包括管理订立劳动合同内容的除外。对有证据证明高管人员向用人单位提出签订劳动合同而被拒绝的，仍可支持高管人员的二倍工资请求。

用人单位的人事管理部门负责人或主管人员依据《劳动合同法》第八十二条规定向用人单位主张二倍工资的，如用人单位能够证明订立劳动合同属于该人事管理部门负责人的工作职责，可不予支持。有证据证明人事管理部门负责人或主管人员向用人单位提出签订劳动合同，而用人单位予以拒绝的除外。

情形13：高管、行政主管、人事经理、人力资源负责人等的职责范围包括订立书面劳动合同，用人单位未与订立书面劳动合同则无须支付二倍工资。

高管、人事管理部门负责人或主管人员的职责范围就包括订立书面劳动合同，主张二倍工资一般不予支持。

若以上人员的工作职责与管理订立劳动合同内容无关的，则没有订立书面劳动合同的，可以主张二倍工资。但是企业需要举证他们的工作职责、规章制度等是否有此规定。比如签订的劳动合同、签收的岗位说明书、公示的规章制度等。

但就其仍然作为普通劳动者的身份，如果以上人员曾经向用人单位提出订立书面劳动合同的请求，被用人单位拒绝的，用人单位应当支付二倍工资。法律依据同上个问题。

情形14：用人单位未与退休返聘人员订立书面劳动合同的无须支付二倍工资。

　　退休返聘人员不属于劳动者,双方没有劳动关系,属于劳务关系,用人单位自然无须订立书面劳动合同,没有订立自然无须支付二倍工资。用人单位应该与退休人员签订退休返聘协议或者劳务合同。

　　2021年1月1日起施行的《最高人民法院关于审理劳动争议案件适用法律问题的解释(一)》

　　第三十二条　用人单位与其招用的已经依法享受养老保险待遇或者领取退休金的人员发生用工争议而提起诉讼的,人民法院应当按劳务关系处理。

　　企业停薪留职人员、未达到法定退休年龄的内退人员、下岗待岗人员以及企业经营性停产放长假人员,因与新的用人单位发生用工争议而提起诉讼的,人民法院应当按劳动关系处理。

　　2014年5月7日发布的《北京市高级人民法院、北京市劳动争议仲裁委员会关于劳动争议案件法律适用问题研讨会会议纪要(二)》

　　第12条　依法享受养老保险待遇的人员、领取退休金的人员、达到法定退休年龄的人员,与原用人单位或新用人单位之间建立用工关系的,如何处理?

　　依法享受养老保险待遇的人员、领取退休金的人员、达到法定退休年龄的人员,其与原用人单位或者新用人单位之间的用工关系按劳务关系处理。上述人员可依据《最高人民法院关于审理人身损害赔偿案件适用法律若干问题的解释》第十一条,《最高人民法院关于审理劳动争议案件适用法律若干问题的解释(三)》第七条规定主张权利。

　　第13条　未达到法定退休年龄的内退人员、停薪留职人员、下岗待岗人员、企业经营性停产放长假人员在退休之前与新用人单位建立用工关系的,如何处理?

　　未达到法定退休年龄的内退人员、停薪留职人员、下岗待岗人员、企业经营性停产放长假人员在退休之前与新用人单位建立用工关系,应按劳动关系处理,但对于新用人单位因客观原因不能为其缴纳社会保险,该劳动者以此为由提出解除劳动合同并要求经济补偿金的,不予支持。

　　第14条　未达到法定退休年龄的内退人员、停薪留职人员、下岗待岗人员、企业经营性停产放长假人员在退休之前与新用人单位建立用工关系的,其与原用人单位的关系如何认定?

　　未达到法定退休年龄的内退人员、停薪留职人员、下岗待岗人员、企业经营性停产放长假人员在退休之前与新用人单位建立用工关系的,一般情况下可以认定原用人单位与其保持劳动关系,相关待遇依双方的约定。双方未约定或约定不明的,考虑国家法律法规和政策、同行业同类型劳动者保护标准,从保护劳动者的基本利益和用人单位现实情况进行综合判断。

情形15:用人单位未与在校学生订立书面劳动合同的无须支付二倍工资。

实习生不是劳动者,双方之间没有劳动关系,属于劳务关系,用人单位自然无须订立书面劳动合同,没有订立自然无须支付二倍工资。笔者建议为了避免不必要的纠纷,最好签订《实习协议》。

2014年5月7日发布的《北京市高级人民法院、北京市劳动争议仲裁委员会关于劳动争议案件法律适用问题研讨会会议纪要(二)》

第23条　在校学生在用人单位进行实习,是否应认定劳动关系?

在校学生在用人单位进行实习,应当根据具体事实进行判断,对完成学校的社会实习安排或自行从事社会实践活动的实习,不认定劳动关系。但用人单位与在校学生之间名为实习,实为劳动关系的除外。

情形16:劳动者冒用他人身份订立劳动合同,则用人单位无须二倍工资。

劳动者冒用他人身份的行为足以让用人单位认为已经和劳动者订立了书面劳动合同,因劳动者主观故意导致用人单位与劳动者订立的劳动合同无效,劳动者的行为属于以欺诈手段使用人单位在违背真实意思的情况下订立劳动合同,劳动合同无效的法律责任不宜由用人单位承担。

2015年1月19日下发的《云南省高级人民法院、云南省人力资源和社会保障厅关于审理劳动人事争议案件若干问题的座谈会纪要》

第(八)条:确有证据证明,劳动者持他人身份证或假冒他人身份与用人单位订立书面劳动合同的,无须向劳动者支付二倍工资。

情形17:用人单位安排子公司与劳动者订立劳动合同,则用人单位无须二倍工资。

劳动者的用工主体和订立劳动合同主体不一的两种情况:

其一,用人单位在异地开展生产经营活动的,为了办理合同和社保手续的便利,由在异地的子公司或关联公司订立劳动合同,但劳动者与用人单位建立劳动关系。

其二,用人单位将自己集团公司的劳动者交由其子公司或下属公司办理合同和社保手续,但劳动者与集团公司建立劳动关系。

以上两种情形下的劳动者通过订立劳动合同明确自身权利义务、作为建立劳动关系证明的目的已经实现,除非是集团公司利用这种方式逃避用工主体责任、损害了劳动者利益的,不再支持劳动者关于二倍工资的请求。

> 2008年9月18日起实施的《中华人民共和国劳动合同法实施条例》
>
> 第四条　劳动合同法规定的用人单位设立的分支机构,依法取得营业执照或者登记证书的,可以作为用人单位与劳动者订立劳动合同;未依法取得营业执照或者登记证书的,受用人单位委托可以与劳动者订立劳动合同。

情形18:劳动者连续工作满十年时,原劳动合同未到期而未订立无固定期限劳动合同,则用人单位无须二倍工资。

《劳动合同法》第十四条规定的连续工作满十年是应当订立无固定期限劳动合同的必要条件,但不是首要条件。

因为该款规定,在劳动者连续工作满十年时,还应当符合劳动者提出或者同意续订劳动合同,这同样是订立无固定期限劳动合同的条件之一。

> 2013年7月1日起施行的《劳动合同法》
>
> 第十四条　无固定期限劳动合同,是指用人单位与劳动者约定无确定终止时间的劳动合同。
>
> 用人单位与劳动者协商一致,可以订立无固定期限劳动合同。有下列情形之一,劳动者提出或者同意续订、订立劳动合同的,除劳动者提出订立固定期限劳动合同外,应当订立无固定期限劳动合同:
>
> (一)劳动者在该用人单位连续工作满十年的;
>
> (二)用人单位初次实行劳动合同制度或者国有企业改制重新订立劳动合同时,劳动者在该用人单位连续工作满十年且距法定退休年龄不足十年的;
>
> (三)连续订立二次固定期限劳动合同,且劳动者没有本法第三十九条和第四十条第一项、第二项规定的情形,续订劳动合同的。
>
> 用人单位自用工之日起满一年不与劳动者订立书面劳动合同的,视为用人单位与劳动者已订立无固定期限劳动合同。

情形19:劳动者为非全日制劳动者,未签订书面的劳动合同,则用人单位无须二倍工资。

《劳动合同法》第六十九条第一款明确规定:"非全日制用工双方当事人可以订立口头协议。"因此,非全日制用工没有订立书面劳动合同的,劳动者无权主张二倍工资。

笔者建议为了避免不必要的纠纷,最好签订《劳动合同》或者其他协议,进行约定。

> 2013年7月1日起施行的《劳动合同法》
>
> 第六十九条　非全日制用工双方当事人可以订立口头协议。
>
> 从事非全日制用工的劳动者可以与一个或者一个以上用人单位订立劳动合同；但是，后订立的劳动合同不得影响先订立的劳动合同的履行。

情形20：劳动者不满16周岁，未签订书面的劳动合同，则用人单位无须二倍工资。

劳动者的年龄下限为16周岁。如果用人单位使用未满16周岁的未成年人的，双方之间没有劳动关系，没有订立劳动合同自然无须支付二倍工资，但是对于已经付出劳动的应当支付劳动报酬。

> 1995年1月1日起施行的《劳动法》
>
> 第十五条　禁止用人单位招用未满16岁的未成年人，必须依照国家有关规定，履行审批手续，并保障其接受义务教育的权利。
>
> 第九十四条　用人单位非法招用未满16周岁的未成年人的，由劳动行政部门责令改正，处以罚款；情节严重的，由工商行政管理部门吊销营业执照。

情形21：用人单位已尽到诚实磋商义务，因劳动者个人原因造成未订立书面劳动合同的。

这种情形在一些地方出台的指导意见中有所体现。如用人单位能够证明已经尽到诚实磋商义务，系因劳动者一再拖延，拒不与用人单位签订书面劳动合同，则用人单位可不承担支付二倍工资差额的责任。如上海市、湖南省、广东省等。

> 2009年3月3日发布的上海市高级人民法院《关于适用〈劳动合同法〉若干问题的意见》
>
> 依据上海市的特殊规定，如用人单位已尽到诚信义务，因不可抗力、意外情况或劳动者拒绝签订等用人单位以外的原因，造成劳动合同未签订的不属于用人单位"未与劳动者订立书面劳动合同"的情况，则无须支付工资差额。
>
> 因用人单位原因造成未订立书面劳动合同的，用人单位应当依法向劳动者支付双倍工资；但因劳动者拒绝订立书面劳动合同并拒绝继续履行的，视为劳动者单方终止劳动合同。
>
> 湖南省高级人民法院发布的《关于审理劳动争议案件若干问题的指导意见》（湘高法发〔2009〕11号）规定

> 劳动者依据《劳动合同法》第十四条第三款、第八十二条第一款的规定，以用人单位自用工之日起满一年未与其签订书面劳动合同为由，请求确认其与用人单位自用工之日起满一年时已订立无固定期限劳动合同、由用人单位支付二倍工资的，应予支持，但用人单位能举证证明未签订书面劳动合同系劳动者一方原因引起的除外。
>
> 2008年6月23日发布的广东省高级人民法院、广东省劳动争议仲裁委员会联合发布的《关于适用〈劳动争议仲裁法〉若干问题的指导意见》
> 第二十一条规定　自用工之日起超过一个月不足一年，用人单位有足够证据证明其与劳动者未能签订书面劳动合同的原因完全在劳动者，且用人单位无过错的，用人单位无须支付两倍工资。

情形22：劳动者具有双重劳动关系，原用人单位与其订立书面劳动合同后，新用人单位未与其订立书面劳动合同的。

双重劳动关系指的是劳动者与两家用人单位之间存在形式上的或事实上的劳动关系。有以下两种情形：

一是非全日制劳动者可以同时在两家以上用人单位工作，形成多重非全日制劳动关系。

二是劳动者与一家用人单位保留劳动关系，并由该用人单位为其缴纳社会保险费，但劳动者却不为该用人单位提供劳动，而为另一家单位提供劳动，并领取劳动报酬。

《劳动合同法》第三十九规定，劳动者同时与其他用人单位建立劳动关系，对完成本单位的工作任务造成严重影响，或者经用人单位提出，拒不改正的，用人单位可以与其解除劳动合同。

> 2013年7月1日起施行的《劳动合同法》
> 第三十九条　劳动者有下列情形之一的，用人单位可以解除劳动合同：
> (一)在试用期间被证明不符合录用条件的；
> (二)严重违反用人单位的规章制度的；
> (三)严重失职，营私舞弊，给用人单位造成重大损害的；
> (四)劳动者同时与其他用人单位建立劳动关系，对完成本单位的工作任务造成严重影响，或者经用人单位提出，拒不改正的；
> (五)因本法第二十六条第一款第一项规定的情形致使劳动合同无效的；
> (六)被依法追究刑事责任的。

情形 23：用人单位与劳动者约定劳动合同到期续延，在劳动合同到期后劳动者继续工作，未签订劳动合同的则无二倍工资。

《北京会议纪要（二）》第 32 条规定，如果用人单位与劳动者在劳动合同中已经约定劳动合同到期续延，但未约定续延期限，在劳动合同到期后，劳动者仍继续工作，双方均未提出解除或终止劳动合同时，属于双方意思表示一致续延劳动合同，可视为双方订立一份与原劳动合同内容和期限相同的合同，故劳动者主张未签订劳动合同的二倍工资不应支持。

但是山东省高级人民法院、山东省人力资源和社会保障厅《关于审理劳动人事争议案件若干问题会议纪要》却有相反的规定，因此具体情形要依据当地的政策法规来执行。

2014 年 5 月 7 日发布的《北京市高级人民法院、北京市劳动争议仲裁委员会关于劳动争议案件法律适用问题研讨会会议纪要（二）》

第 32 条　用人单位与劳动者约定劳动合同到期续延，在劳动合同到期后劳动者继续工作，并主张未签订劳动合同的二倍工资是否支持？

因用人单位与劳动者在劳动合同中已经约定劳动合同到期续延，但未约定续延期限，在劳动合同到期后，劳动者仍继续工作，双方均未提出解除或终止劳动合同时，属于双方意思表示一致续延劳动合同，可视为双方订立一份与原劳动合同内容和期限相同的合同，故劳动者主张未签订劳动合同的二倍工资不应支持。

2019 年 6 月 10 日发布的山东省高级人民法院、山东省人力资源和社会保障厅《关于审理劳动人事争议案件若干问题会议纪要》

二十四、关于用人单位规避重新签订书面劳动合同义务争议的处理问题

用人单位与劳动者在劳动合同中约定"合同到期后劳动者继续在用人单位工作的，视为原劳动合同期限的延长"。原劳动合同到期后，劳动者继续在用人单位工作，劳动者以用人单位未与其签订书面劳动合同为由要求支付二倍工资的，应予支持。

以上 23 种情形，给未签订劳动合同的企业带来了一点希望，但笔者还是要提醒企业要跟劳动者签订书面的劳动合同。万一没有签订，一定要提前研究各个省市、区域的法律法规，找到支撑文件，方可化解二倍工资的风险。

案例

【案情介绍】

　　王某是上海某服装公司(以下简称服装公司)的一名检验员,于 2007 年 6 月 3 日进入服装公司工作,至今未签订书面的劳动合同。

　　2008 年 4 月 9 日,服装公司因订单减少,业绩下滑,要适当调低王某的劳动报酬,同时,鉴于《劳动合同法》已经开始施行,故要求与王某签订书面劳动合同,于是,服装公司当面交给王某一份书面劳动合同,该合同将王某原来的 3000 元工资调整为 2800 元,王某不同意 2800 元的月薪,故没有签订劳动合同。

　　同日,服装公司向王某发出终止劳动合同的书面通知,但没有对王某作出任何补偿。王某认为服装公司不与其签订劳动合同是违法行为,应当赔偿其损失,而且应当支付经济补偿金;服装公司认为是王某不愿意签订合同,不是公司不与其签订,鉴于双方没有书面合同,故随时可以通知王某解除合同,不需要进行补偿。

　　双方协商不成,王某诉至劳动争议仲裁委员会,要求服装公司支付 2007 年 7 月 3 日至 2008 年 4 月 9 日期间的二倍工资,并要求支付一个月工资的经济补偿金。王某的请求能否得到支持?

【案例解析】

　　上述案例是关于事实劳动关系期间的二倍工资以及终止时经济补偿的问题。

　　一、关于一个月的"宽限期"及二倍工资

　　《劳动合同法》第十条第二款规定,已经建立劳动关系,未同时订立书面劳动合同的,应当自用工之日起一个月内订立书面劳动合同。这里的一个月我们俗称为"宽限期",换言之,用人单位可以在这一个月内的任何一天与劳动者签订书面劳动合同,过了一个月未签订书面劳动合同的,用人单位就应当支付二倍工资了。

　　该案中,王某是在 2007 年 6 月 3 日进入服装公司工作的,此时双方已经建立了劳动关系,由于双方未签订书面劳动合同,那是否意味着从用工之日起的第二个月 (2007 年 7 月 3 日)开始,服装公司要向王某支付二倍工资?

　　答案是否定的。理由是:《劳动合同法》是在 2008 年 1 月 1 日施行的,该法规定的"一个月内"是指 2008 年 1 月 1 日至 1 月 31 日,即服装公司应当在 2008 年 2 月 1 日前与王某签订书面的劳动合同,否则,自 2008 年 2 月 1 日起,服装公司就应当支付王某二倍的工资。故王某主张自 2007 年 7 月 3 日支付二倍工资无法得到支持,仲裁仅能支持 2008 年 2 月 1 日至 4 月 9 日期间的二倍工资。

　　二、关于经济补偿

　　根据《劳动合同法实施条例》第五条、第六条的规定,在一个月的"宽限期"内,如果由于劳动者不签订书面劳动合同,用人单位终止劳动合同的,可以不支付经济补偿,超过一个月的,由于劳动者不签订书面劳动合同,而用人单位终止劳动合同的,用人单位须依法支付经济补偿。

该案中,服装公司是在与王某形成事实劳动关系一个月后,即2008年4月9日,与其终止劳动关系的,且终止劳动合同的原因是王某不签订书面劳动合同,符合《劳动合同法实施条例》的规定,服装公司可以通知王某终止劳动关系,但应当向王某支付经济补偿。至于经济补偿年限的起算时间应当自用工之日起,即从2007年6月3日起计算王某的工作年限,故服装公司应当支付王某一个月工资的经济补偿,该一个月工资的标准是王某在服装公司的月平均工资。

针对上述法律分析,关于应当签订劳动合同而未签订劳动关系所涉及的问题,对用人单位及劳动者做如下提醒:

在一个月的"宽限期"内,法律对于用人单位终止劳动关系作出了规定。根据《劳动合同法实施条例》第五条的规定,在一个月的"宽限期"内,如果劳动者不与用人单位签订书面劳动合同的,用人单位可以终止劳动关系,且无须支付经济补偿。

对于用人单位来说,应在一个月内及时与劳动者签订劳动合同,如果劳动者不签订,可以依法终止;对于劳动者来说,这一个月是个不稳定期间,其不稳定性尤甚于试用期,应注意保护自己的合法权益。

(一)对于用人单位的建议

1.用人单位在一个月的"宽限期"内与劳动者终止劳动关系,必须符合以下三个条件:

第一,书面通知劳动者签订劳动合同,但是劳动者不与其签订;

第二,书面通知劳动者终止劳动关系;

第三,必须在用工之日起一个月内,即在"宽限期"内,完成上述两个步骤。

2.用人单位在实务中,应当注意证据保留:

第一,留存两次书面通知及签收回执的凭证;

第二,留存支付劳动报酬的凭证。

3.用人单位应当在用工之日起一个月内及时与劳动者签订劳动合同。

(二)对于劳动者的建议

对于劳动者,在这一个月的"宽限期"内,应当注意保护自己。

1.尽量在用工之前与用人单位签订书面劳动合同,或者书面的录用信。

2.在这一个月的"宽限期"内,注意保留事实劳动关系的相关凭证,如工作证、考勤卡、工资条、工作服等。

3.注意保存用人单位对劳动报酬承诺的相关资料。

六、劳动者拒签书面的劳动合同，企业该如何进行风险防控？

当劳动者拒签书面的劳动合同时，企业应遵循以下三个防控技巧。

（一）把握拒签的最佳时机，入职一个月内及时签订

根据《劳动合同法》第十条建立劳动关系，应当订立书面劳动合同。已建立劳动关系，未同时订立书面劳动合同的，应当自用工之日起一个月内订立书面劳动合同。

（二）让劳动者签收劳动合同的文本，证明企业尽到诚实磋商义务

劳动合同签收制度虽然不是一项法定要求，但是《劳动合同法》第八条、第八十一条法律仅对用人单位明确告知劳动合同内容和将劳动合同交付劳动者有所规定。所以建议企业对不签订劳动合同的劳动者，让其签收劳动合同的文本，以证明企业尽到诚实磋商义务。

同时根据《劳动合同法实施条例》第五条规定，劳动者拖延不签订劳动合同的，用人单位应发出书面通知，通知劳动者终止劳动关系。

（三）依法在一个月内终止劳动关系

用人单位能够掌握如下法律规定，就可以有效降低赔付风险。

1. 自用工之日起一个月内，用人单位有证据证明劳动者拒绝订立书面劳动合同的，用人单位应当书面通知劳动者解除劳动关系，无须向劳动者支付经济补偿。

2. 自用工之日起超过一个月不满一年，用人单位有证据证明劳动者拒绝订立书面劳动合同的，用人单位应当书面通知劳动者解除劳动关系，并依照《劳动合同法》第四十七条的规定支付经济补偿。

3. 自用工之日起超过一年未签订书面劳动合同的，视为双方已经建立了无固定期限的劳动合同，无论用人单位是否有证据证明因劳动者原因未订立书面劳动合同，用人单位不得以劳动者不签订劳动合同为由单方解除劳动关系。

劳动者拒签书面劳动合同的，企业有不雇佣劳动者的权利，就应当在一个月内终止与该劳动者的劳动关系。否则，企业很难证明是劳动者不愿意签订劳动合同还是企业自身不愿意签订劳动合同，最终企业还需承担支付劳动者每月二倍工资的赔偿，造成企业的损失。

2013年7月1日起施行的《劳动合同法》

第八条　用人单位招用劳动者时，应当如实告知劳动者工作内容、工作条件、工作地点、职业危害、安全生产状况、劳动报酬，以及劳动者要求了解的其他情况；用人单位有权了解劳动者与劳动合同直接相关的基本情况，劳动者应当如

实说明。

第八十一条　用人单位提供的劳动合同文本未载明本法规定的劳动合同必备条款或者用人单位未将劳动合同文本交付劳动者的,由劳动行政部门责令改正;给劳动者造成损害的,应当承担赔偿责任。

2008年9月18日起实施的《中华人民共和国劳动合同法实施条例》

第五条　自用工之日起一个月内,经用人单位书面通知后,劳动者不与用人单位订立书面劳动合同的,用人单位应当书面通知劳动者终止劳动关系,无须向劳动者支付经济补偿,但是,应当依法向劳动者支付其实际工作时间的劳动报酬。

一点通

1. 最好是在办理入职手续时签订书面的劳动合同。同时在入职登记表或单位规章制度中备注或规定签订劳动合同的时间,逾期不签订的,视为职工拒签。比如在入职制度上加上公司要求员工在入职15日内必须签订劳动合同,逾期不签订的,视为员工拒签。

2. 为避免不必要的赔偿,企业必须对劳动合同的签收实行有效管理和记录。例如,要求员工在收到企业交付的劳动合同时填写劳动合同签收单。

3. 对拒签劳动合同的法律风险防范。

1)如果劳动者入职后拒绝签订劳动合同,且无正当理由的,用人单位应尽量避免招聘该员工。

2)要使员工拒签劳动合同的行为成立,企业必须提前履行"经用人单位书面通知后"的义务,也就是给员工下达《签订劳动合同通知书》或者用人单位发放劳动合同文本时,要求员工签字认可已收到劳动合同。

3)留存拒绝签订劳动合同的相关证据资料,并且保留期限不得少于职工离职后的两年。

案例

【案情回顾】

维权"小超人"是一名外地来杭工作的中年妇女,她在三年内从三家企业,共获得了3万5千元的二倍工资差额的赔偿。

前年,她应聘到一家企业做操作工,工作了一段时间,企业提出与她签订劳动合同,她以各种理由推脱。工作快一年后,她以用人单位不签订劳动合同为由提请劳动争议仲裁,获得1万多元的二倍工资差额赔偿。

去年,她又在一个家具厂找了一份工作,后以同样的理由拿到了1万多元赔偿。

今年,她去了一家纺织企业,企业要求她签合同,她还是拒绝。最终企业支付了她7千多元的赔偿。

【争议焦点】

劳动者拒签劳动合同,企业是否也需支付二倍工资?

【法律解读】

按照《劳动合同法》第八十二条规定:"用人单位自用工之日起超过一个月不满一年未与劳动者订立书面劳动合同的,应当向劳动者每月支付二倍的工资。"而现实中确也存在部分劳动者拒签劳动合同的情况,还有因不可抗力、意外情况等用人单位以外的原因,造成劳动合同未签订的。

2009年7月,杭州市中级人民法院民一庭《杭州地区法院审理劳动争议案件若干实务问题的处理意见(试行)》第二十四条规定:"因劳动者原因导致未能签订书面劳动合同的,用人单位仍应支付二倍工资。"据此,本案中的女工获得三次二倍工资差额的赔偿。

但需注意,上海市高级人民法院《关于适用〈劳动合同法〉若干问题的意见》(沪高法〔2009〕73号)规定:劳动者已经实际为用人单位工作,用人单位超过一个月未与劳动者订立书面合同的,是否需要双倍支付劳动者的工资,应当考虑用人单位是否履行诚实磋商的义务以及是否存在劳动者拒绝签订等情况。因用人单位原因造成未订立书面劳动合同的,用人单位应当依法向劳动者支付二倍工资;但因劳动者拒绝订立书面劳动合同并拒绝继续履行的,视为劳动者单方终止劳动合同。

第五章　判断是否建立劳动关系

劳动关系是指用人单位招用劳动者为其成员,劳动者在用人单位的管理下提供有报酬的劳动而产生的权利义务关系。

如何判断个人与组织之间是否存在劳动关系?如何判断建立劳动关系的时间?首先需要理解什么是劳动关系,其次需要弄清楚双方的举证责任,最后采取形式要件与实质要件相结合的方法对是否存在劳动关系作出判断。

一、如何判断是否属于事实的劳动关系?

我国司法实践对于事实劳动关系认定,可以归纳为以下四大标准。

(一)主体资格:用人单位和劳动者符合法律、法规规定的主体资格

根据《劳动合同法》第二条规定,与劳动者建立劳动关系的用人单位应具备合法经营资格,包括中国境内的企业、个体经济组织、民办非企业单位等组织,及与劳动者建立劳动关系的国家机关、事业单位、社会团体。

因此,作为自然人是不能与劳动者建立劳动关系的。依据此条规定,实践当中出现的大量个人之间的雇佣关系、承揽关系,自然不能归属于劳动关系。

从劳动者的角度而言,要想与用人单位成立劳动关系,同样需具备相应的主体资格,如果劳动者一方为未成年人、在校大学生、已达退休年龄的人等特殊主体,则同样不具备建立劳动关系的主体资格。

(二)从属关系:区分劳动关系与否的最核心标准就是劳动关系的从属性

用人单位制定的规章制度必须适用于劳动者,劳动者受用人单位的管理,从事用人单位安排的有报酬的劳动。也就是说,劳动者必须对用人单位存在一定程度的从属性或者依附性。

在劳动关系存续期间,劳动者向用人单位提供劳动时,需要将其人身自由在一定限度内交给用人单位,劳动者有服从用人单位规章制度与工作任务,接受用人单位的监督与过错制裁的义务;而劳动关系中需以劳动者提供的职业上的劳动力为内

容,并以报酬给付为必要条件,且劳动者需以该报酬作为其主要、稳定的收入来源,即经济上的从属性。

(三)用人单位的业务组成:劳动者提供的劳动是用人单位业务的组成部分

通过用人单位的业务组成来判定劳动关系。该条规定乍一看,与上条从属性规定内容相似,实则不然。事实上,该认定标准在司法实践中主要用于确定"谁是用人单位",尤其是在一名劳动者提供劳动但多方受益的情况下。

此外,实践中有时还把它作为劳动关系与其他关系的区分标准。譬如,用人单位临时聘请厨师做工作餐,或者聘请保洁员提供清洁服务,该厨师或者保洁员提供的劳动就很难认定为用人单位业务的组成部分,而属于提供临时性、辅助性的劳务。在这些情况中,则通常不认定双方成立劳动关系。

(四)存在劳动行为:劳动关系建立的标志是用工

劳动关系的对象指向的是实际付出劳动即用工,它的形成、存在以及终结是形成劳动关系的重要标准。

只有劳动者按照用人单位的要求,通过支付相当的体力和智力,完成用人单位布置的工作内容,创造了劳动成果,并归用人单位所有,才意味着劳动者已经向用人单位让渡了自己的劳动力使用权,提供了有偿劳动,从法律上形成一种劳动关系。

否则,既无口头约定又无实际付出劳动,不可能形成劳动关系。因此,已经存在劳动行为成为事实劳动关系的重要组成部分之一。

2005 年 5 月 25 日劳社部发布的《关于确立劳动关系有关事项的通知》(劳社部发〔2005〕12 号)

现就用人单位与劳动者确立劳动关系的有关事项通知如下:

一、用人单位招用劳动者未订立书面劳动合同,但同时具备下列情形的,劳动关系成立。

(一)用人单位和劳动者符合法律、法规规定的主体资格;

(二)用人单位依法制定的各项劳动规章制度适用于劳动者,劳动者受用人单位的劳动管理,从事用人单位安排的有报酬的劳动;

(三)劳动者提供的劳动是用人单位业务的组成部分。

二、即使没有书面的劳动合同,可以证明劳动关系的证据有哪些?

没有书面劳动合同,同样可以形成劳动关系。证明劳动关系的证据如下。

1. 工作证或工作牌(最好盖有公章)。

2. 有公司名称的工装。

3. 工资支付凭证,比如带公章或者负责人签字的工资条,单位发工资的银行转账记录,职工工资发放花名册。

4. 缴纳各项社会保险费的记录,比如社保中心开具的相关社保证明。

5. 用人单位向劳动者发放的"工作证""服务证"等能够证明身份的证件。

6. 劳动者填写的用人单位招工招聘"登记表""报名表"等招用记录。

7. 由用人单位统一办理的"暂住证""工作居住证"等。

8. 考勤记录,加班申请单、派工单等。

9. 用人单位开具的"介绍信",以单位名义与他人签订的各类合同。

10. 去税务局打印并盖章的个税完税证明。

11. 两个以上同事的证人证言(离职、在职的都可以)。

12. 单位收取"押金"等费用的单据。

13. 与用人单位法定代表人或者负责人的录音以及录像资料等证据。

14. 其他有劳动者名字和公章或用人单位负责人签字的书面材料等。

2005 年 5 月 25 日劳社部发布的《关于确立劳动关系有关事项的通知》(劳社部发〔2005〕12 号)

二、用人单位未与劳动者签订劳动合同,认定双方存在劳动关系时可参照下列凭证:

(一)工资支付凭证或记录(职工工资发放花名册)、缴纳各项社会保险费的记录;

(二)用人单位向劳动者发放的"工作证""服务证"等能够证明身份的证件;

(三)劳动者填写的用人单位招工招聘"登记表""报名表"等招用记录;

(四)考勤记录;

(五)其他劳动者的证言等。

其中,(一)、(三)、(四)项的有关凭证由用人单位负举证责任。

三、如何判断建立劳动关系的时间?

建立劳动关系的时间可以根据以下两方面进行判断。

1. 用人单位自用工之日起即与劳动者建立劳动关系。

2. 用人单位安排劳动者接受上岗前培训、学习的,劳动关系自劳动者参加之日起建立。

我们通过三个案例，来判断劳动关系的建立时间。

案例演练 1：

张某于 2009 年 1 月 20 日通过某公司在人才市场举办的招聘考试，2 月 1 日填写新入职人员登记表，2 月 3 日起在公司生产车间工作，公司一直未与其签订劳动合同。请问张某的劳动关系建立的时间？

回答：劳动关系起始日为 2009 年 2 月 3 日。

案例演练 2：

王某于 2009 年 3 月 5 日经某公司招聘入职，口头约定试用期 1 个月，2009 年 4 月 5 日王某如期转正，并于当日与公司签订了期限至 2010 年 4 月的劳动合同。请问张某的劳动关系建立的时间？

回答：劳动关系起始日为 2009 年 3 月 5 日。

案例演练 3：

某大学毕业生吴某，于 2006 年 11 月 25 日与某公司及所在高校签订高校毕业生就业协议书，约定违约金 2000 元，2007 年 7 月吴某去公司报到前体检查出为乙肝病毒携带者，公司拒绝接收并于 2007 年 7 月 25 日作出解除毕业生就业协议的决定。请问张某的劳动关系建立的时间？

回答：未产生实际劳动关系。

2013 年 7 月 1 日起施行的《劳动合同法》

第七条　用人单位自用工之日起即与劳动者建立劳动关系。用人单位应当建立职工名册备查。

2013 年 10 月 1 日起施行的《山东省劳动合同条例（修订草案修改稿）》

第十二条　用人单位自用工之日起即与劳动者建立劳动关系。用人单位安排劳动者接受上岗前培训、学习的，劳动关系自劳动者参加之日起建立。

建立劳动关系应当订立书面劳动合同；已建立劳动关系，未同时订立书面劳动合同的，应当自用工之日起一个月内订立书面劳动合同。

四、反驳劳动关系成立的依据有哪些？

反驳劳动关系成立的依据可从四方面入手：

1. 身份证明材料：有退休证、学生证的职工，这两类属于劳务关系。

2. 劳动关系建立文件：带有日期或者期限的劳动合同。

3. 年龄证明：16 岁以下的职工，不具备主体资格，属于非法用工。

4. 非劳动关系合同文件：比如实习、兼职、退休返聘协议、承揽合同等。

以上四种情况，笔者会在后面的内容中详细讲到。

五、在工伤认定中，关于劳动关系强调的是什么？

在工伤认定中，《工伤保险条例》第十八条强调的一项就是"事实劳动关系"。也就是说，无论是否签订劳动合同，只要有足够的证据证明个人与用人单位存在事实上的劳动关系，员工在工作时受到伤害就可以申请社保部门进行工伤认定。

事实劳动关系也是《工伤保险条例》所认可的。临时工与企业的职工一样，符合法定情形的，均应认定为工伤或视同工伤。

> 2011 年 1 月 1 日起施行的《工伤保险条例》
>
> 第十八条　提出工伤认定申请应当提交下列材料：
>
> （一）工伤认定申请表；
>
> （二）与用人单位存在劳动关系（包括事实劳动关系）的证明材料；
>
> （三）医疗诊断证明或者职业病诊断证明书（或者职业病诊断鉴定书）。
>
> 工伤认定申请表应当包括事故发生的时间、地点、原因以及职工伤害程度等基本情况。
>
> 工伤认定申请人提供材料不完整的，社会保险行政部门应当一次性书面告知工伤认定申请人需要补正的全部材料。申请人按照书面告知要求补正材料后，社会保险行政部门应当受理。

案例

保险经纪人与保险公司之间是劳动关系还是劳务关系？

【案情介绍】

2012 年 1 月，龚某与深圳某保险公司（以下简称保险公司）签订了《银保客户经理合同》一份。

合同约定："乙方（即龚某）同意专职从事推广甲方（即保险公司）的银行保险业务；乙方完成前条的服务工作，甲方按甲方规定计付乙方报酬……一旦本合同终止、无效或失效，甲方不再向乙方计付与之相关的报酬……本合同书不代表甲乙方之间有劳动关系……若甲乙任何一方欲终止本合同，需提前 15 天书面通知对方。"

合同签订后，龚某即开始工作。保险公司为其配发了工作证和名片，报酬每月一结,期间未办理社会保险。2013年3月,龚某到当地劳动争议仲裁委员会申请仲裁,要求保险公司为其办理保险,支付经济补偿金、加班费等。

您认为龚某与保险公司之间是劳动关系吗? 龚某的请求能得到支持吗?

【案例解析】

根据原劳动部颁布的《关于确立劳动关系有关事项的通知》第一条:用人单位招用劳动者未订立书面劳动合同,但同时具备下列情形的,劳动关系成立。

(一)用人单位和劳动者符合法律、法规规定的主体资格;

(二)用人单位依法制定的各项劳动规章制度适用于劳动者,劳动者受用人单位的劳动管理,从事用人单位安排的有报酬的劳动;

(三)劳动者提供的劳动是用人单位业务的组成部分等规定。

首先,龚某与保险公司在合同中有明确约定双方之间不是劳动关系;其次,合同中并没有约定龚某必须受保险公司的管理,保险公司只是为其提供了工作证和名片,他可以根据自己的需要和安排去工作,签回保单后只是按规定拿佣金而已,能不能签到保单完全由龚某自己做主决定,保险公司只按结果付报酬。

综上分析,龚某与保险公司只是代理销售保险的劳务合作关系,并不是劳动关系。既然不是劳动关系,保险公司就没有义务为其缴纳社保、支付加班费和经济补偿金了,故龚某的诉讼请求不合理,不会得到支持。

一点通

1. 建立劳动关系的唯一标准是实际提供劳动,标志是用工。

2. 书面劳动合同签订在前、实际用工在后的,劳动关系自实际提供劳动之日起建立。

3. 劳动者在实际提供劳动的同时签订书面劳动合同的,劳动合同签订期、劳动关系建立期和实际提供劳动期三者是一致的。

4. 用人单位应当建立职工名册备查。

第六章　确定劳动合同的双方主体

某单位跟物业公司签订了一份劳动合同,想让某专家帮忙看看。

专家问:"该劳动合同是你们单位跟物业公司签订的吗？是公司跟公司之间吗?"

人力资源工作者答:"是的,单位让物业给派遣了几名保安,为了让物业公司开发票而签订的劳动合同……"

专家回复:"劳动合同只能是单位与自然人之间签订,你们单位跟物业公司之间可以签订《劳务派遣协议》或者《服务合作协议》,这属于民事关系,遵循《民法典》的规定,而且前提是物业公司必须有派遣资质。如果没有,可以签订一份服务合同,同样能达到公司的需求。"

根据《劳动合同法》调整范围的规定,劳动合同的主体双方,一方是劳动者,另一方是用人单位,其他任何主体都不能签订劳动合同。

一、劳动合同双方的主体是什么?

劳动合同的主体是用人单位和劳动者(自然人)。劳动关系中的一方应是符合法定条件的用人单位,包括国家机关、事业单位、企业、社会团体或个体经济组织;另一方只能是自然人,而且必须是符合劳动年龄条件,且具有与履行劳动合同义务相适应的劳动权利能力和劳动行为能力的自然人。

(一)用人单位需符合法定条件

只有依法取得营业执照或者登记证书的,才可以作为用人单位与劳动者订立劳动合同。

(二)劳动者需符合劳动年龄条件

从以下五种情形进行分析,劳动者是否符合劳动年龄的条件。

1. 劳动者必须 16 周岁以上,未达到退休年龄。

1)《劳动法》《禁止使用童工规定》和《中华人民共和国未成年人保护法》都有规定,禁止用人单位招用未满 16 周岁的未成年人。

2)劳社部发〔1999〕8 号《关于制止和纠正违反国家规定办理企业职工提前退休有关问题的通知》中有关退休的规定:"国家法定的企业职工退休年龄是:男年满 60

周岁,女工人年满 50 周岁,女干部年满 55 周岁。"

3)我们在招聘和录用任何一个劳动者时,一定要让劳动者提供身份证,必须要看一下劳动者的年龄是否已经满 16 周岁或者是否已经到退休年龄。

4)如果是外籍人士的话,则必须年满 18 周岁。

2. 禁止使用童工。

童工不属于《劳动法》项下合法的劳动者主体地位。

1)根据《禁止使用童工规定》第六条的规定,如果用人单位非法招用童工,每使用一名童工每月处罚 5000 元,若在有毒物品的作业场所使用童工的,将从重处罚。若童工一旦患病或者受伤,用人单位将承担医疗期间全部医疗和生活费用。

2)根据《禁止使用童工规定》第二十三条的规定,除非学校、其他教育机构以及职业培训机构按照国家规定组织不满 16 周岁的未成年人进行不影响其人身安全和身体健康的教育实践活动、职业技能培训;或者文艺、体育和特种工艺单位招用未满 16 周岁的未成年人,其他任何用人单位均不得招用未满 16 周岁的未成年人。

3. 未成年工。

未成年人是指未满 18 周岁的公民。根据《劳动法》第五十八条的规定,未成年工是指年满 16 周岁未满 18 周岁的劳动者。对于这个年龄段的劳动者,如果用人单位拟聘用的话,用人单位必须做如下事情:

1)用人单位不得安排未成年人从事矿山井下、有毒有害、国家规定的第四级体力劳动强度的劳动和其他禁忌从事的劳动。

2)用人单位对未成年工应定期进行健康检查。

4. 达到退休年龄。

1)国家法定的企业职工退休年龄为男年满 60 周岁,女工人年满 50 周岁,女干部年满 55 周岁。

2)从事井下、高温、高空、特别繁重体力劳动或其他有害身体健康工作的,退休年龄为男满 55 周岁,女满 45 周岁。

3)因病或非因工致残,由医院证明并经劳动鉴定委员会确认完全丧失劳动能力的,退休年龄为男年满 50 周岁,女年满 45 周岁(图 6-1)。

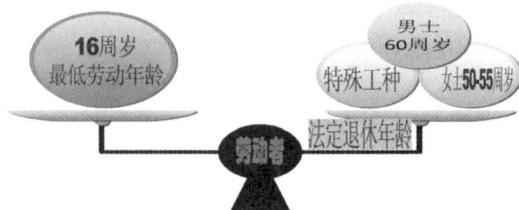

图 6-1　劳动者的劳动年龄和退休年龄

1995 年 1 月 1 日起施行的《劳动法》

第十五条　禁止用人单位招用未满十六周岁的未成年人,必须依照国家有关规定,履行审批手续,并保障其接受义务教育的权利。

第五十八条　国家对女职工和未成年工实行特殊劳动保护。未成年工是指年满十六周岁未满十八周岁的劳动者。

第六十四条　不得安排未成年工从事矿山井下、有毒有害、国家规定的第四级体力劳动强度的劳动和其他禁忌从事的劳动。

第六十五条　用人单位应当对未成年工定期进行健康检查。

2002 年 12 月 1 日起施行的《禁止使用童工规定》

第二条　国家机关、社会团体、企业事业单位、民办非企业单位或者个体工商户(以下统称用人单位)均不得招用不满 16 周岁的未成年人(招用不满 16 周岁的未成年人,以下统称使用童工)。

禁止任何单位或者个人为不满 16 周岁的未成年人介绍就业。禁止不满 16 周岁的未成年人开业从事个体经营活动。

第六条　用人单位使用童工的,由劳动保障行政部门按照每使用一名童工每月处 5000 元罚款的标准给予处罚;在使用有毒物品的作业场所使用童工的,按照《使用有毒物品作业场所劳动保护条例》规定的罚款幅度,或者按照每使用一名童工每月处 5000 元罚款的标准,从重处罚。劳动保障行政部门并应当责令用人单位限期将童工送回原居住地交其父母或者其他监护人,所需交通和食宿费用全部由用人单位承担。

用人单位经劳动保障行政部门依照前款规定责令限期改正,逾期仍不将童工送交其父母或者其他监护人的,从责令限期改正之日起,由劳动保障行政部门按照每使用一名童工每月处 1 万元罚款的标准处罚,并由工商行政管理部门吊销其营业执照或者由民政部门撤销民办非企业单位登记;用人单位是国家机关、事业单位的,由有关单位依法对直接负责的主管人员和其他直接责任人员给予降级或者撤职的行政处分或者纪律处分。

第十三条　文艺、体育单位经未成年人的父母或者其他监护人同意,可以招用不满 16 周岁的专业文艺工作者、运动员。用人单位应当保障被招用的不满 16 周岁的未成年人的身心健康,保障其接受义务教育的权利。文艺、体育单位招用不满 16 周岁的专业文艺工作者、运动员的办法,由国务院劳动保障行政部门会同国务院文化、体育行政部门制定。

学校、其他教育机构以及职业培训机构按照国家有关规定组织不满16周岁的未成年人进行不影响其人身安全和身心健康的教育实践劳动、职业技能培训劳动,不属于使用童工。

2007年6月1日起施行的《中华人民共和国未成年人保护法》

第三十八条 任何组织或者个人不得招用未满十六周岁的未成年人,国家另有规定的除外。

任何组织或者个人按照国家有关规定招用已满十六周岁未满十八周岁的未成年人的,应当执行国家在工种、劳动时间、劳动强度和保护措施等方面的规定,不得安排其从事过重、有毒、有害等危害未成年人身心健康的劳动或者危险作业。

第六十八条 非法招用未满十六周岁的未成年人,或者招用已满十六周岁的未成年人从事过重、有毒、有害等危害未成年人身心健康的劳动或者危险作业的,由劳动保障部门责令改正,处以罚款;情节严重的,由工商行政管理部门吊销营业执照。

1999年3月9日发布的《关于制止和纠正违反国家规定办理企业职工提前退休有关问题的通知》(劳社部发〔1999〕8号)

第一条 要严格执行国家有关于退休年龄的规定,坚决制止违反规定提前退休的行为,国家法定的企业职工退休年龄是:男年满60周岁,女工人年满50周岁,女干部年满55周岁。从事井下、高空、高温、特别繁重体力劳动或其他有害身体健康工作(以下称特殊工种)的,退休年龄为男年满55周岁、女年满45周岁;因病或非因工致残,由医院证明并经劳动鉴定委员会确认完全丧失劳动能力的,退休年龄为男年满50周岁、女年满45周岁。

一点通

延迟退休于2021年再次被提上日程,引发了不少争议。关于延迟退休方案的推出时间,中央是这样规定的:"十四五"规划和2035年远景目标纲要提出,按照小步调整、弹性实施、分类推进、统筹兼顾等原则,逐步延迟法定退休年龄。

据了解,我国要实施的是渐进性延迟退休方案。每年只延长几个月的退休时间,经过相当长的时间过渡,再达到法定退休年龄。

二、分支机构未取得营业执照可以跟劳动者签订劳动合同吗？

该问题的答案是不可以的。

(一)依法取得营业执照的分支机构如何签订？

1. 依法取得营业执照或者登记证书的分支机构，取得直接用工权，可以作为用人单位与劳动者订立劳动合同。这里的营业执照针对企业分支机构，登记证书针对社会团体的分支机构。

2. 从目前我国法律法规来看，除《民办非企业单位登记管理暂行条例》明确禁止民办非企业单位设立分支机构、个体工商户设立分支机构缺乏法律依据外，其他用人单位类型可以依法设立分支机构。

3. 即使是依法取得营业执照或者登记证书的分支机构，在法律上也不具备完全独立的法律地位。因此，当用人单位依法取得营业执照或者登记证书的分支机构无力承担由劳动关系产生的法律责任时，由用人单位承担。

(二)未取得营业执照的分支机构如何签订？

1. 未依法取得营业执照或者登记证书的分支机构，只能受用人单位(指作为独立的用工主体)委托与劳动者订立劳动合同，即分支机构不能直接作为用人单位，其设立单位才是用人单位，受托的结果归于委托单位，因此应有委托书。

2. 对于未依法取得营业执照或者登记证书的分支机构，由于这类分支机构实际上相当于用人单位内部的一个部门，对外以用人单位的名义开展活动，且没有在相关部门登记注册。因此，为使劳动者的权益切实得到保障，不允许这类分支机构直接与劳动者订立劳动合同，其应当受用人单位委托，以用人单位的名义与劳动者订立劳动合同。

2008 年 9 月 18 日起实施的《中华人民共和国劳动合同法实施条例》

第四条 劳动合同法规定的用人单位设立的分支机构，依法取得营业执照或者登记证书的，可以作为用人单位与劳动者订立劳动合同；未依法取得营业执照或者登记证书的，受用人单位委托可以与劳动者订立劳动合同。

2013 年 7 月 1 日起施行的《劳动合同法》

第九十三条 对不具备合法经营资格的用人单位的违法犯罪行为，依法追究法律责任；劳动者已经付出劳动的，该单位或者其出资人应当依照本法有关规定向劳动者支付劳动报酬、经济补偿、赔偿金；给劳动者造成损害的，应当承担赔偿责任。

一点通

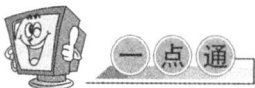

> 1. 即使单位不具备合法经营资格,因属于非法用工,劳动者也有权获得经济补偿。
>
> 2. 劳动者在找不到单位的情况下可以找出资人索赔,这是《劳动合同法》的一个突破。

三、未经注册的分支机构,如何规避风险?

1. 未经注册的分支机构,比如办事处聘用员工必须经总公司同意并备案,由总公司与其签订劳动合同,由总公司授权分公司进行员工管理。

2. 分支机构员工劳动争议的法律适用。比如,最低工资标准以及社会保险缴纳等以合同履行地的法律法规为准。

3. 为防止分支机构未经注册但私自招用员工使用人单位利益受损,用人单位可与分支机构负责人签订承包协议,并且明确约定员工录用及解聘均由分支机构负责人承担相应责任,与用人单位无关,然后由办事处负责人以个人名义签订雇佣协议,确认劳资双方的劳务关系。

【备注:此办法不得用于建筑装饰行业。】

四、用工主体发生分离,如何签订劳动合同?

劳动合同中盖章的单位即为用工的主体(用人单位)。如果存在劳动合同主体与用工主体分离的情况,应与总公司(合同主体)签订劳动合同,

比如,用人单位设立分支机构(分店分公司、分厂等),如果该分支机构没有独立的法人资格,虽然实际用工主体为分支机构,但是劳动合同的主体仍为总公司。劳动者应与总公司(合同主体)签订劳动合同。

五、个人承包经营违反规定,由谁担责?

根据《劳动合同法》第九十四条规定:"个人承包经营违反本法规定招用劳动者,给劳动者造成损害的,发包的组织与个人承包经营者承担连带赔偿责任。"连带责任实际上就是双保险,使劳动者的利益能够得到最大限度的保护。

地方的政策法规也有具体的规定,比如山东省。

2019 年 6 月 10 日下发的山东省高级人民法院、山东省人力资源和社会保障厅《关于审理劳动人事争议案件若干问题会议纪要》

一、关于建筑工程或者经营权违法发包、转包、分包或个人挂靠经营情况下劳动关系的确认问题

建筑施工、矿山企业等用人单位将工程(业务)或者经营权违法发包、转包、分包或个人挂靠经营的情况下,非法用工主体所招用的人员与发包方、转包方、分包方、被挂靠方不存在劳动关系。如果发生工伤事故,上述发包方、转包方、分包方、被挂靠方可以作为承担工伤保险责任主体。

社会保险行政部门以上述发包方、转包方、分包方、被挂靠方与劳动者之间无劳动关系为由,作出不予受理工伤认定申请或者决定不予认定工伤产生的纠纷,属于行政争议。

以上工伤保险责任主体承担赔偿责任或者社会保险经办机构从工伤保险基金支付工伤保险待遇后,向非法用工主体追偿产生的纠纷,不属于劳动争议。

六、社会保险缴纳单位与劳动合同主体,必须一致吗?

该问题的答案是否定的。

如果劳动者办公地点(合同履行地)与劳动合同主体的办公地点分离,为了便于管理,经劳动者同意或者劳动者提出申请,劳动合同主体可以委托劳动者办公地点所在地的其他机构,如社会保险代理服务机构代为缴纳社会保险。

2014 年 5 月 7 日发布的《北京市高级人民法院、北京市劳动争议仲裁委员会关于劳动争议案件法律适用问题研讨会会议纪要(二)》

10. 用人单位指派劳动者长期在北京市从事业务,劳动者以在北京市某区县的居住地作为劳动合同履行地而向该地仲裁委申请仲裁或向基层法院起诉的,如何处理?

劳动者因用人单位的指派而长期在北京市从事业务,如其在北京有固定的办公地点,可以视办公地点所在地为劳动合同履行地,如因业务原因没有固定办公地点,则可以视其在北京的居住地为劳动合同履行地。劳动者应当向仲裁委、法院提供用人单位指派其长期在北京从事业务的证据,以及其在北京有无固定办公地点和长期居住地点的证据。

如果劳动者的办公地点(合同履行地)与劳动合同主体的办公地点分离,劳动者提出在合同履行地缴纳社保,建议让劳动者填写《异地缴纳社保申请表》,这是为了避免不必要的劳动纠纷。

七、发生劳动争议时,如何确定劳动争议的用人主体?

在劳动争议发生之初,用人单位一定要确定自己是否是劳动争议的被申请人,一旦有证据证明申请人申诉的被申请人另有他人,一定要积极予以证明,以防发生赔付风险,即便劳动者书面同意或者签订合同时书面认可发生劳动争议时以第三方为被告,但这均属违法约定,不能发生法律效力。

因此,用人单位与劳动者书面约定以分公司、子公司某自然人为被诉主体的,均会被认定为无效。在确定劳动争议用人主体时要注意如下事项。

1. 如果用人单位欲由分公司、子公司承担责任,必须以该公司作为用工主体与劳动者签订劳动合同、缴纳社会保险以及发放薪酬。

2. 劳动者与未办理营业执照、营业执照被吊销或者营业期限届满仍继续经营的用人单位发生争议的,用人单位或者实际出资人为当事人,不能免除赔偿责任。

3. 劳动者与未办理营业执照、营业执照被吊销或者营业期限届满仍继续经营并且以挂靠方式借用他人营业执照经营的用人单位发生争议的,用人单位和营业执照出借方为当事人,不能免除赔偿责任。

4. 劳动者与被吊销营业执照、责令关闭、撤销以及用人单位决定提前解散、歇业的用人单位发生争议的,以用人单位的出资人、开办单位或主管部门为当事人。

5. 劳动者与派遣单位或者用工单位发生争议的,派遣单位与用工单位为当事人。

6. 劳动者与承揽合同的承包单位发生争议的,以发包单位和承包单位为当事人。

7. 劳动者与承揽合同的自然人、承包人发生争议的,发包单位为当事人。

8. 劳动者与被其他单位并购的用人单位发生争议的,并购后的用人单位为当事人。

9. 劳动者与分立为若干个单位的用人单位发生争议的,由分立后的实际用人单位为当事人。用人单位分立为若干单位后,对承受劳动权利义务的单位不明确的,分立后的单位均为当事人。

2014年5月7日发布的《北京市高级人民法院、北京市劳动争议仲裁委员会关于劳动争议案件法律适用问题研讨会会议纪要(二)》

15. 用人单位自动歇业、视为自动歇业、被撤销或吊销营业执照,如何确定当事人?

用人单位自动歇业、视为自动歇业、被撤销、被吊销营业执照应列该用人单位为当事人。如用人单位成立清算组清理债权债务的,由清算组负责人代表用人单位参加仲裁或诉讼;尚未成立清算组的,由原法定代表人代表用人单位参加仲裁或诉讼。清算组负责人或原法定代表人可以委托诉讼代理人参加仲裁或诉讼。

16. 劳动者向未办理营业执照、被吊销营业执照或者营业期限届满仍继续经营的用人单位提供劳动,如何处理?

劳动者向未办理营业执照、被吊销营业执照或者营业期限届满仍继续经营的用人单位提供劳动,劳动者有权依照《中华人民共和国劳动合同法》(以下简称《劳动合同法》)的规定向用人单位主张权利,用人单位不存在或者无力承担责任时,出资人应当依法承担相应责任。

18. 农民工向违法分包、非法转包工程给包工头的建筑施工企业主张追索劳务费、工资、劳动报酬时,仲裁委、法院是否需追加包工头?

建筑施工企业将工程违法分包、非法转包给包工头,包工头自行招工、自行管理,自发劳务费、工资、劳动报酬的,应当在仲裁或诉讼中追加包工头。

农民工没有将包工头列为当事人的,仲裁委、法院应向农民工释明,要求追加包工头为当事人。农民工在释明后不同意追加包工头的,仲裁委、法院可依职权进行追加。

19. 农民工在建筑施工过程中发生工伤损害的,如何承担责任?

建筑施工企业未为农民工办理工伤社会保险的,对在建筑施工过程中发生工伤损害的农民工承担工伤保险待遇赔偿。建筑施工企业将工程违法分包或非法转包给没有用工主体资格的单位或人员时,农民工不能享受工伤保险待遇时,建筑施工企业对工伤保险待遇赔偿承担连带赔偿责任。

20. 劳动者与用人单位签订劳动合同后,被该用人单位派往其他单位工作,发生争议时如何处理?

劳动者虽在被派往单位工作,应认定其与签订劳动合同的用人单位存在劳动关系。可根据案件审理情况,追加实际用人单位参加诉讼。在判决仅由签订劳动合同的用人单位承担责任,可能损害劳动者实际利益的情况下,可判决由实际用人单位承担连带责任。

26. 有关联关系的用人单位交叉轮换使用劳动者,根据现有证据难以查明劳动者实际工作状况的,如何处理?

有关联关系的用人单位交叉轮换使用劳动者的,根据现有证据难以查明劳动者实际工作状况的,参照以下原则处理:(1)订立劳动合同的,按劳动合同确认劳动关系;(2)未订立劳动合同的,可以根据审判需要将有关联关系的用人单位列为当事人,以有关联关系的用人单位发放工资、缴纳社会保险、工作地点、工作内容,作为判断存在劳动关系的因素;(3)在有关联关系的用人单位交叉轮换使用劳动者,工作内容交叉重叠的情况下,对劳动者涉及给付内容的主张,可根据劳动者的主张,由一家用人单位承担责任,或由多家用人单位承担连带责任。

八、当用工主体发生变化时,如何进行规避风险?

用人单位因改制、资产重组或合并、分立等原因而导致用工主体发生变化时,安置用工可以采取以下三种方式。

(一)解除劳动合同

新的用工主体不接收原单位员工时,需要与该员工解除劳动关系,并支付其解除/终止劳动关系的经济补偿金。

(二)变更劳动合同

新的用工主体如需使用新的劳动合同,不太建议重新签订劳动合同,建议用人单位对劳动合同主体、岗位、薪资等进行变更,且用人单位增加或者改变的条款添加到劳动合同的变更书即可,这样可以避免二次签订劳动合同期限不能终止的风险。

(三)权利义务全部承继

权利义务全部承继即完全依照原单位签订的劳动合同履行,如果被并购单位已经注销的,不适用该方式,因为没有被并购单位的授权,新的用工主体将会在解除劳动关系方面受到诸多限制。

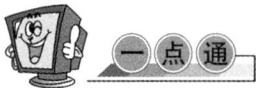

一点通

1. 用人单位出现改制、资产重组或合并、分立等情形时,一定要请专业人士进行合理的设计,根据人员结构、企业经营需求等,提前进行风险规避。

2. 从实战经验来说,不太建议采用第三种方式,除非全部劳动者面临即将退休的情况。某企业采用了第三种方式,结果后期引发了劳动纠纷,耗费企业管理者的时间和精力。

第七章　具有必备条款与约定条款

合同的必要条款,是指合同必须具备的条款,欠缺这些条款,合同就不能成立。它决定着合同的类型,确定了当事人各方权利义务的质与量。如果劳动合同必备条款严重缺失,一旦发生争议,实践中有可能被认为不符合劳动合同的形式要件,因此导致认定用人单位与劳动者未签订书面劳动合同,进而用人单位将可能承担未签订劳动合同的责任。

劳动合同包括必备条款、约定条款和其他条款。随意约定条款要合理合法,有一些用人单位无视劳动合同法的规定,在签订合同时私自制订"霸王条款"。比如离职必须提前3个月提出,否则赔偿单位10万元……

除了劳动合同必备条款外,用人单位到底可以与劳动者约定哪些事项呢?比如试用期、培训、保守秘密、补充保险和福利待遇等,是否都属于约定条款呢?

一、如何鉴别一份劳动合同是否合格?

根据《劳动合同法》第十七条规定,劳动合同应当具备以下条款:

(一)用人单位的名称、住所和法定代表人或者主要负责人;

(二)劳动者的姓名、住址和居民身份证或者其他有效身份证件号码;

(三)劳动合同期限;

(四)工作内容和工作地点;

(五)工作时间和休息休假;

(六)劳动报酬;

(七)社会保险;

(八)劳动保护、劳动条件和职业危害防护;

(九)法律、法规规定应当纳入劳动合同的其他事项。

劳动合同除前款规定的必备条款外,用人单位与劳动者可以约定试用期、培训、保守秘密、补充保险和福利待遇等其他事项。因此只有具备(一)~(九)项内容,才算是一份合格的劳动合同。

《劳动合同法》第十七条还规定了劳动合同的约定条款,如试用期、培训、保守秘密、补充保险和福利待遇等其他事项。

二、在劳动合同中,除必备条款以外还可以约定的条款有哪些?

根据《劳动合同法》第十七条的规定,用人单位在劳动合同中除必备条款以外,与劳动者约定一些操作性强的合同条款很有必要,只要不违反法律法规的均可约定,实践中用人单位应当活用"约定条款",可以在很大程度上保障用人单位的利益。劳动合同除前款规定的必备条款外,用人单位与劳动者还可以约定如下合同条款。

(一)试用期条款

用人单位根据劳动合同的期限与劳动者协商确定试用期的期限,并同时约定试用期的工资报酬标准。

(二)培训条款

用人单位为劳动者提供专项培训费用,对其进行专业技术培训的,可以与该劳动者订立培训条款,约定服务期以及劳动者违反服务期的违约责任。

(三)保守秘密及竞业限制条款

用人单位与劳动者可以在劳动合同中约定保守用人单位的商业秘密和与知识产权相关的保密事项。对负有保密义务的劳动者,用人单位可以在劳动合同中与劳动者约定竞业限制条款,并约定在解除或者终止劳动合同后,在竞业限制期限内按月给予劳动者经济补偿及劳动者的违约责任。

(四)离职交接条款

实践中劳动合同解除或终止时劳动者不办理离职交接的情况很多,有些对用人单位的利益造成很大影响。根据《劳动合同法》第五十条第二款规定:"劳动者应当按照双方约定,办理工作交接。"

既然是按照"双方约定"办理工作交接,如果双方没有就工作交接作出约定,可能会被某些劳动者作为不交接的借口。因此,为了保护用人单位的利益,劳动合同中约定离职交接条款很有必要,可以在劳动合同中约定工作交接的时间、程序、交接的内容等。

(五)损害赔偿条款

《劳动合同法》规定的劳动合同必备条款取消了违反劳动合同的责任条款,但用人单位可以在合同中约定违反劳动合同需承担的损害赔偿责任,比如故意损害公司设备,不当操作给公司产品造成损失之类的(《侵权责任法》)。

(六)补充保险和福利待遇等其他事项

比如,可以约定企业年金、补充医疗保险等。

2013年7月1日起施行的《劳动合同法》

第十七条　劳动合同应当具备以下条款:

(一)用人单位的名称、住所和法定代表人或者主要负责人;

(二)劳动者的姓名、住址和居民身份证或者其他有效身份证件号码;

(三)劳动合同期限;

(四)工作内容和工作地点;

(五)工作时间和休息休假;

(六)劳动报酬;

(七)社会保险;

(八)劳动保护、劳动条件和职业危害防护;

(九)法律、法规规定应当纳入劳动合同的其他事项。

劳动合同除前款规定的必备条款外,用人单位与劳动者可以约定试用期、培训、保守秘密、补充保险和福利待遇等其他事项。

第十九条　劳动合同期限三个月以上不满一年的,试用期不得超过一个月;劳动合同期限一年以上不满三年的,试用期不得超过二个月;三年以上固定期限和无固定期限的劳动合同,试用期不得超过六个月。

同一用人单位与同一劳动者只能约定一次试用期。

以完成一定工作任务为期限的劳动合同或者劳动合同期限不满三个月的,不得约定试用期。

试用期包含在劳动合同期限内。劳动合同仅约定试用期的,试用期不成立,该期限为劳动合同期限。

第二十二条　用人单位为劳动者提供专项培训费用,对其进行专业技术培训的,可以与该劳动者订立协议,约定服务期。

劳动者违反服务期约定的,应当按照约定向用人单位支付违约金。违约金的数额不得超过用人单位提供的培训费用。用人单位要求劳动者支付的违约金不得超过服务期尚未履行部分所应分摊的培训费用。

用人单位与劳动者约定服务期的,不影响按照正常的工资调整机制提高劳动者在服务期期间的劳动报酬。

第二十三条　用人单位与劳动者可以在劳动合同中约定保守用人单位的商业秘密和与知识产权相关的保密事项。

对负有保密义务的劳动者,用人单位可以在劳动合同或者保密协议中与劳动者约定竞业限制条款,并约定在解除或者终止劳动合同后,在竞业限制期限内按月给予劳动者经济补偿。劳动者违反竞业限制约定的,应当按照约定向用人单位支付违约金。

第二十四条　竞业限制的人员限于用人单位的高级管理人员、高级技术人员和其他负有保密义务的人员。竞业限制的范围、地域、期限由用人单位与劳动者约定,竞业限制的约定不得违反法律、法规的规定。

在解除或者终止劳动合同后,前款规定的人员到与本单位生产或者经营同类产品、从事同类业务的有竞争关系的其他用人单位,或者自己开业生产或者经营同类产品、从事同类业务的竞业限制期限,不得超过二年。

第二十五条　除本法第二十二条和第二十三条规定的情形外,用人单位不得与劳动者约定由劳动者承担违约金。

三、劳动合同上没有单位公章,是否生效?

根据《劳动合同法》十六条规定,劳动合同由用人单位与劳动者协商一致,并经用人单位与劳动者在劳动合同文本上签字或者盖章生效。劳动合同文本由用人单位和劳动者各执一份。

通常情况下只签字不盖章或只盖章不签字的劳动合同,可分为以下三种情形:第一,劳动合同上只有用人单位公章;第二,签字的是用人单位法定代表人;第三,签字的是用人单位的行政或人力资源管理部门负责人。

根据《中华人民共和国民法典》第一百六十二条关于代理的相关规定,劳动者完全有理由相信,行政或人力资源管理部门负责人签字前得到过用人单位授权,他们的言行也可以被视为单位真实意思的表达。因此,一般情况下即使没有单位公章,他们签字的劳动合同应认定有效。

2021年1月1日起施行的《中华人民共和国民法典》

第一百六十一条　民事主体可以通过代理人实施民事法律行为。

依照法律规定、当事人约定或者民事法律行为的性质,应当由本人亲自实施的民事法律行为,不得代理。

第一百六十二条　代理人在代理权限内，以被代理人名义实施的民事法律行为，对被代理人发生效力。

2013 年 7 月 1 日起施行的《劳动合同法》

第十六条　劳动合同由用人单位与劳动者协商一致，并经用人单位与劳动者在劳动合同文本上签字或者盖章生效。

劳动合同文本由用人单位和劳动者各执一份。

案例

只有签字没盖公章的劳动合同是否生效？

【案情介绍】

2014 年 6 月，女职工丁某与一家医药公司签订两年期限的劳动合同，但合同上只有人力资源部经理的签名，没有加盖公司公章。

2014 年 12 月，人力资源部突然通知丁某，公司为提高效率要精减人员，从下个月起丁某就不用来上班了。丁某以合同期限未到为由与经理据理力争。不料，经理却说劳动合同上没有公司盖章，表明合同还没有生效，公司可以随时辞退丁某。

经理的说法是否有法律依据？劳动合同上没有单位公章是否生效？

【案例解析】

《劳动合同法》第十六条这一规定，用人单位盖章并不是劳动合同生效的必备要件。在没有特别约定的情况下，劳动合同双方当事人签字即可表示劳动合同生效。

仅凭没有盖公章就认定劳动合同没有生效，在法律上是站不住脚的。在此特别提醒：为防止隐患，劳动者在签订劳动合同时，最好要求用人单位既签字又加盖公章，或者至少盖单位公章。

四、员工登记表能否代替劳动合同？

员工登记表与劳动合同并非同一概念，它只是一份员工档案，是劳动者单方登记的，用人单位未在该登记表上签字盖章，因此它不能代替劳动合同。

除非员工登记表具备了《劳动合同法》第十七条的（一）～（九）项劳动合同必备条款，并且双方盖章签字，符合第十六条的规定，那么就可以视为双方已经签订了书面的劳动合同。一般情况下，这样的企业比较少，因为企业在编制员工登记表时，若这项工作都做得如此详细，那么其他工作也会做得非常到位。

案例

员工登记表能否代替劳动合同?

【案情介绍】

姜某于 2008 年 2 月 28 日进某公司工作,双方未签订劳动合同,只签订了一份员工登记表,登记表上约定姜某工作期限为一年,即自 2008 年 2 月 28 日至 2009 年 2 月 28 日,同时约定姜某工作职务为内销主管,月薪工资为 6000 元,每日工作时间为 8 小时,但某公司未按月支付姜某工资,每月借支 50%工资作为生活费。

2008 年 7 月 28 日,姜某因某公司开发室合并而停工,姜某要求结算工资,某公司同意予以结算,姜某 2 月 28 日至 7 月 28 日工作期间工资总额为 30000 元,扣除已借支 15000 元,剩余工资为 15000 元,某公司于 2008 年 8 月 7 日出具了该工资结算单,并于当日支付了姜某工作期间的全部剩余工资 15000 元,姜某也在该工资结算单上签字注明"工资清"字样,姜某领取了该款项后便离开公司。

2008 年 9 月 3 日,姜某要求某公司支付其 2008 年 2 月 28 日至 7 月 28 日工作期间未签订劳动合同二倍工资共计人民币 30000 元(60000 元扣除已领取 30000 元)。请问:某公司是否应当支付姜某二倍工资?

【案例解析】

根据上述规定,员工登记表只是劳动者在向用人单位求职后,用人单位同意录用后在其进公司时所使用的登记表,属于员工档案的一部分。员工登记表是劳动者单方登记的,用人单位未在该登记表上签字盖章,且只有一份,其内容又不具备劳动合同中必须约定的九项内容,双方权利、义务约定不明确。

员工登记表与劳动合同并非同一概念,不能将其性质视为劳动合同,劳动合同的订立、形式、内容等方面都必须具备法律规定的程序及要件,故该案中姜某的员工登记表不能视为劳动合同。用人单位结清劳动者工资后,劳动者是否有权申请支付未签订劳动合同的二倍工资?

根据《中华人民共和国劳动合同法》第八十二条第一款规定,用人单位自用工之日起超过一个月不满一年未与劳动者订立书面劳动合同的,应当向劳动者每月支付二倍的工资。也就是说,用人单位必须支付一月二倍工资,这是法律对用人单位不签订劳动合同加大的责任,是一种惩罚性的行为,故劳动者同时可以申请支付未签订劳动合同二倍工资。

一些用人单位在劳动者入职时,不签订书面劳动合同,发生劳动争议时又试图以入职登记表、劳动者信息、花名册等替代劳动合同,以避免承担二倍工资的责任,这种行为是错误的。

五、聘任书是否是劳动合同?

仅发聘任书,不等于签订劳动合同,除非聘任书的内容具备了劳动合同的必备条款。聘任书如果明确了聘用期限、聘用人员的职责、工作内容、待遇,也就是劳动合同的必备条款,这样的聘书可以视为劳动合同。

案例

【案情介绍】

秦某在一家公司工作已经一年了,来公司的时候,没有签订劳动合同。公司聘任秦某为销售部总监,颁发了聘期为两年的聘任书,在聘任书中规定了秦某的职责、待遇、期限等。现在,公司领导班子调整,原来的经理调走了,新任的经理让秦某回家休息,只发生活费。

秦某不服质问公司,公司的答复是聘任书不是合同,秦某十分疑惑不知道该怎么办?

【案例解析】

这份聘任书应该被视为劳动合同。首先根据我国《合同法》的规定,合同是双方当事人意思表达一致,即合意,便构成合同,同时依据我国现行劳动法和相关法规规定,劳动合同应具备九项必备条款。

此案中,聘任书中明确注明了聘用期限、聘用人员的职责、工作内容、待遇等,已基本具备各项必备条款,并且已经执行了一年。所以,该聘任书应被视为劳动合同。

公司让秦某回家休息,是单方面变更合同,未经双方协商同意,属于违法行为,秦某可以在争议发生之日一年内,向劳动争议仲裁委员会提起申诉,以保护自己的合法权益。

一点通

用人单位最好跟员工签订正式的书面的劳动合同,而不要用《员工登记表》《聘任书》等来替代劳动合同,毕竟这些资料内容及条款不是很全面,既不能保证公司的利益,也不能维护员工的权益。

第八章　员工类别要分清楚

劳动者与用人单位之间的劳动关系是否成立、受到何种约束,主要标志之一在于签订劳动合同。签订了劳动合同之后双方的权益才能够得到保障,也是遵循《劳动法》的有关规定。那么,签订劳动合同的对象有哪些要求? 是不是所有的员工都必须签订劳动合同呢?

其实不然,有的员工无须签订劳动合同,有的可以口头约定,有的则是签订《实习协议》或者《退休返聘协议》,因此劳动合同的对象要分清楚。

一、常见的用工形态有哪些?

常见的用工形态的五种情形见表 8-1。

表 8-1　常见的用工形态的五种情形

用工形态	适用对象	法律性质	合同性质
标准劳动关系	全日制岗位	劳动关系	劳动合同
灵活劳动关系	非全日制岗位	非全日制属于劳动关系(存在多重劳动关系)	劳动合同 也可以口头约定
特殊劳动关系	停薪留职人员、未达到法定退休年龄的内退人员、下岗待岗人员企业经营性停产放长假人员	劳动关系	劳动合同＋社保协议
民事劳务关系	1. 兼职 2. 退休返聘 3. 实习生 4. 个人承揽	民事劳务关系/雇佣关系	1. 劳务合同 2. 退休返聘协议 3. 实习协议 4. 雇佣合同
其他用工关系	劳务派遣等	劳动关系:劳动关系主体与用工主体分离	1. 劳动者跟劳务派遣公司签合同 2. 用人单位与劳务派遣公司签协议

二、如何区分劳动关系或劳务关系？

劳动关系和劳务关系一字之差，但是意思大相径庭。

(一)定义

1. 劳动关系：是指机关、企业、事业、社会团体、个体经济组织（统称用人单位）与劳动者之间，依照《劳动合同法》的规定，签订劳动合同，使劳动者成为用人单位的成员，接受用人单位的管理，从事用人单位指定的工作，并获取劳动报酬和劳动保护所产生的法律关系。

2. 劳务关系：是指提供劳务的一方为需要的一方以劳动形式提供劳动活动，而需要方支付约定的报酬的社会关系（图8-1）。

图8-1　劳动关系和劳务关系的区别

(二)两者的区别

1. 主体不同。

1)劳动关系中的一方应是符合法定条件的用人单位，包括国家机关、事业单位、企业、社会团体或个体经济组织，另一方只能是自然人，而且必须是符合劳动年龄条件，且具有与履行劳动合同义务相适应的劳动权利能力和劳动行为能力的自然人。

2)劳务关系的主体类型较多，比如可以是两个用人单位，也可以是两个自然人，还可以一方是用人单位；另一方是自然人。法律法规对劳务关系主体的要求，不如对劳动关系主体要求的那么严格。

2. 双方当事人的关系不同。

1)劳动关系当事人一方劳动者必须成为用人单位中的一员，成为用人单位的员工，遵守用人单位的规章制度（如考勤、考核等），双方之间存在领导和被领导的隶属关系。用人单位可以对员工严重违反劳动纪律和规章制度、严重失职、营私舞弊等行为进行处理，有权依据其合法的规章制度解除劳动者的劳动合同，或者给予警告、记过、降职等处分。

2)劳务关系当事人一方中的劳务提供者不是用人单位的成员，不受用人单位规章制度的约束，双方之间不存在领导和被领导的隶属关系，双方是一种平等主体之间的关系。虽然劳务的需方有督促劳务提供者按约定劳动的权利，但这应属于对劳务质量的验收,而不是管理行为。

3. 劳动支配权、劳动风险责任不同。

1)劳动风险责任,如在劳务关系中,个人不必为其雇用的家政服务人员承担缴纳社会保险的义务。

2)如果劳务提供者在劳动过程中受到意外伤害,就不能按照工伤来处理,只能依据民事法律规范来解决。

4. 劳动报酬的性质和支付方式不同。

1)由劳动关系发生的劳动报酬称为工资,具有按劳分配的性质。工资支付方式为持续性的、定期的支付,一般是按月支付,有规律性。工资支付必须遵守当地有关最低工资标准的规定。属于劳动关系范畴的非全日制用工的工资计算和支付方式有特殊规定。

2)由劳务关系发生的劳动报酬称为劳务费。劳务费由双方协商确定,劳务关系多为一次性的即时清结或按阶段按批次支付,没有一定的规律。

5. 服务对象的要求不同。

1)劳动关系中的劳动者除了《劳动合同法》中规定的非全日制用工外,服务对象只能是一家用人单位。

2)劳务关系中的劳务提供者服务对象在法律上没有限制,可以是一家,也可以是多家用人单位。

6. 适用的法律和纠纷解决的途径不同。

1)劳动关系中产生的纠纷是用人单位与劳动者之间的纠纷,由《劳动法》和《劳动合同法》来调整。基于劳动关系发生的纠纷属于劳动争议纠纷,由劳动争议仲裁委员会来处理。

2)劳务关系中产生的纠纷是平等主体的双方在履行合同中所产生的纠纷,由《民法典》来调整。所发生的纠纷不属于劳动争议纠纷,当事人可以直接向人民法院起诉来解决。

7. 企业所承载的负担和压力不同。

1)劳动关系是为提供社会保险、加班工资、经济补偿金、休假制度等基于劳动关系才产生的待遇。

2)劳务关系不受劳动法律的调整和规范,即雇主与受雇人之间是平等的法律关系,雇主无须为受雇人提供社会保险、加班工资、经济补偿金、休假制度等基于劳动关系才产生的待遇,企业所承载的负担和压力要轻于劳动关系。

8. 发生工伤处理方式不同。

1)赔偿主体不同。

（1）劳动关系——工伤发生的大部分费用及人身赔偿大部分由社保基金支付，企业仍然要支付医疗补助金、伤残就业补助等少部分费用。

（2）劳务关系——雇主赔偿责任中，由雇主分担的比例部分全部由雇主自行承担。

2）计算方法不同。

（1）劳动关系——工伤赔偿按照工伤保险条例规定的方式计算。

（2）劳务关系——雇主的赔偿责任按照《侵权责任法》等民事法规规定的方式计算。

3）赔偿责任。

（1）劳动关系——工伤事故中员工能够得到的赔偿，不受员工在工作中是否有过失的影响。

（2）劳务关系——雇主赔偿责任，适用过错相抵原则，如果受雇人有过错，要相应减轻雇主的赔偿责任。

4）赔偿金。

（1）劳动关系——工伤赔偿中，不存在另外支付精神赔偿的问题。

（2）劳务关系——雇主赔偿责任，如造成身体伤残，可另外要求精神赔偿。

案例

签订劳务合同，能否认定存在劳动关系？

【案情介绍】

陈某 1985 年出生，有仓库管理的工作经验，在 2010 年 4 月 1 日与某有限公司签订劳务合同，合同期限为一个月，此后均是一月一签，合同内容相同，均约定陈某为某有限公司提供劳务，到某有限公司的清远仓库看管货物，须遵守某有限公司制定的《仓管工作守则》，劳务费按月支付，每月 3000 元，某有限公司不为其缴纳社会保险。

2013 年 3 月 31 日，最后一份劳务合同期满后，某有限公司不再与陈某续签。陈某申请劳动仲裁，请求确认与某有限公司存在劳动关系及请求支付经济补偿。

该案陈某与某有限公司每月签订劳务合同，双方是否存在劳动关系？

【案例解析】

《关于确立劳动关系有关事项的通知》（劳社部发〔2005〕12 号）第一条规定，用人单位招用劳动者未订立书面劳动合同，但同时具备下列情形的，劳动关系成立：

（一）用人单位和劳动者符合法律、法规规定的主体资格；

（二）用人单位依法制定的各项劳动规章制度适用于劳动者，劳动者受用人单位的劳动管理，从事用人单位安排的有报酬的劳动；

(三)劳动者提供的劳动是用人单位业务的组成部分。在该案中,首先,从案情可知陈某与某有限公司均符合法律规定的主体资格,这是毋庸置疑的;其次,从2010年4月1日开始,陈某一直被安排在某有限公司的清远仓库工作,工作时间具有连续性,工作内容是看管货物,并且陈某受到某有限公司《仓管工作守则》的约束,须服从某有限公司的管理,其每月的劳务费实质是劳动所得;再次,仓库货物的看管是某有限公司经营管理的一部分,陈某为其看管货物就是其业务的组成部分。

可见,某有限公司与陈某虽然签订的是劳务合同,但具备上述通知关于劳动关系成立的三个条件,两者存在管理与被管理的事实劳动关系。最终的处理结果为:确认双方存在劳动关系。

三、劳务关系有哪些表现形式?

常见的劳务关系有以下四类。

1. 实习大学生——应签订《实习协议》。

2. 退休人员返聘——应签订《退休返聘协议》。

3. 兼职员工——应签订《劳务或者雇佣协议》。

4. 个人承揽——双方签署《承揽合同》。

四、什么是非全日制用工?

(一)定义

非全日制用工,是指以小时计酬为主,劳动者在同一用人单位一般平均每日工作时间不超过四小时,每周工作时间累计不超过二十四小时的用工形式。非全日制用工属于劳动关系。

(二)合同签订

非全日制用工双方当事人可以订立口头协议。从事非全日制用工的劳动者可以与一个或者一个以上用人单位订立劳动合同;但是后订立的劳动合同不得影响先订立的劳动合同的履行。非全日制用工双方当事人不得约定试用期。

(三)合同终止

非全日制用工双方当事人任何一方都可以随时通知对方终止用工。终止用工,用人单位不向劳动者支付经济补偿。

(四)劳动报酬

非全日制用工小时计酬标准不得低于用人单位所在地人民政府规定的最低小时工资标准。非全日制用工劳动报酬结算支付周期最长不得超过十五日。

2013年7月1日起施行的《劳动合同法》

第六十八条 非全日制用工,是指以小时计酬为主,劳动者在同一用人单位一般平均每日工作时间不超过四小时,每周工作时间累计不超过二十四小时的用工形式。

第六十九条 非全日制用工双方当事人可以订立口头协议。

从事非全日制用工的劳动者可以与一个或者一个以上用人单位订立劳动合同;但是,后订立的劳动合同不得影响先订立的劳动合同的履行。

第七十条 非全日制用工双方当事人不得约定试用期。

第七十一条 非全日制用工双方当事人任何一方都可以随时通知对方终止用工。终止用工,用人单位不向劳动者支付经济补偿。

第七十二条 非全日制用工小时计酬标准不得低于用人单位所在地人民政府规定的最低小时工资标准。

非全日制用工劳动报酬结算支付周期最长不得超过十五日。

2004年1月1日起实施的《青岛市企业工资支付规定》

第二十三条 非全日制就业人员的劳动报酬支付,从其约定,可按周、日、小时支付,但不得低于当地最低工资标准。

非全日制最低小时劳动报酬标准由市劳动保障行政部门会同有关部门制定,按照规定程序批准后执行。

非全日制就业的最低小时劳动报酬标准包括小时工资收入和应当缴纳的社会保险费。

一点通

1. 建议用人单位录用"非全日制"的劳动者,也要签订书面的劳动合同,避免最终出现"口说无凭"的结果。即使不签订劳动合同,也应当在录用后到当地劳动保障行政部门办理录用备案手续。

2. 因为非全日制用工与全日制用工最本质的区别在于工作时间,超出法定工作时间,可能被认定为全日制用工。所以用人单位一定要注意考勤管理和工资的发放周期,避免变成全日制劳动用工。

3. 不但《劳动合同法》对"非全日制"有规定,各省市的规定也有所涉及,比如青岛市就有"非全日制就业人员的劳动报酬支付,从其约定,可按周、日、小时支付,但不得低于当地最低工资标准"等规定。

五、全日制和非全日制用工的区别是什么?

由于非全日制用工与全日制用工最本质的区别就在于工作时间,超出法定工作时间,可能被认定为全日制用工。非全日制用工制度的特殊性就在于"灵活性",即与全日制用工相比,有相对宽松的劳动关系。比如,劳动合同形式不限于书面形式,可以选用口头劳动合同;劳动关系存续时间不确定性,合同双方均可随时解除劳动关系,不必提前通知……

虽然非全日制用工制度存在特殊性,但劳资双方形成的仍然是劳动合同关系。因此,非全日制用工还是应当遵循《劳动合同法》的一般原则和一般规定。两者的具体区别如表 8-2 所示。

表 8-2　全日制和非全日制用工的区别

序号	区别	非全日制用工	全日制用工
1	合同形式	书面或者口头	书面
2	劳动者是否能与多个用工单位订立劳动合同	可以与一个或者一个以上用人单位订立劳动合同;但是,后订立的劳动合同不得影响先订立的劳动合同的履行	只能同一家用人单位建立劳动关系。《劳动合同法》第三十九条第四项关于用人单位对"劳动者同时与其他用人单位建立劳动关系,对完成本单位的工作任务造成严重影响"的情形可以解除劳动合同
3	试用期	不得约定试用期	可以约定试用期
4	社保缴纳	用人单位缴纳工伤保险,其他社保费可由劳动者以个人身份缴纳	用人单位缴纳全部社会保险费
5	工作时间	平均每日工作时间不超过四小时,每周工作时间累计不超过二十四小时的用工形式	分为标准工时、综合工时、不定时三种情形
6	工资标准	不得低于用人单位所在地人民政府规定的最低小时工资标准	不得低于用人单位所在地人民政府规定的月最低工资标准
7	工资支付周期	结算周期最长不得超过十五日	工资应当至少每月支付一次
8	劳动合同的解除和终止	双方当事人任何一方都可以随时通知对方终止用工	双方当事人任何一方均应依法解除或终止劳动合同
9	经济补偿金	可随时终止用工,用人单位无须支付经济补偿金	受到严格限制,大多数情况需要支付经济补偿金

六、非全日制用工的社会保险如何缴纳？

用人单位招用劳动者从事非全日制工作,应当在录用后到当地劳动保障行政部门办理录用备案手续。用人单位应为非全日制员工缴纳一险即工伤保险,若员工发生工伤,符合工伤认定条件的,享受工伤保险待遇。

员工也可以以个人身份参加企业职工基本养老保险和城镇职工基本医疗保险,享受相应的养老和医疗保险待遇。

> 2003年5月30日发布的劳动和社会保障部《关于非全日制用工若干问题的意见》
>
> 5. 用人单位招用劳动者从事非全日制工作,应当在录用后到当地劳动保障行政部门办理录用备案手续。
>
> 11. 从事非全日制工作的劳动者可以以个人身份参加基本医疗保险,并按照待遇水平与缴费水平相挂钩的原则,享受相应的基本医疗保险待遇。参加基本医疗保险的具体办法由各地劳动保障部门研究制定。
>
> 12. 用人单位应当按照国家有关规定为建立劳动关系的非全日制劳动者缴纳工伤保险费。
>
> 从事非全日制工作的劳动者发生工伤,依法享受工伤保险待遇;被鉴定为伤残5~10级的,经劳动者与用人单位协商一致,可以一次性结算伤残待遇及有关费用。

案例

【案情介绍】

2014年3月,马某被某公司安排到超市从事导购工作,双方签订了非全日制用工合同,约定其工资为底薪加提成。12月12日,马某在超市工作时,不慎摔倒受伤。马某受伤后,向人社部门申请工伤认定。该公司提出异议,认为双方之间的关系不属于劳动关系。

2015年8月14日,马某向当地劳动人事争议仲裁委员会申请仲裁,要求确认与该公司存在劳动关系。

【案例解析】

根据《劳动合同法》规定,非全日制用工与一般意义上的全日制劳动关系不同,但非全日制用工仍属劳动关系范围。

《关于非全日制用工若干问题的意见》(劳社部〔2003〕12号)规定:"用人单位应当按照国家有关规定为建立劳动关系的非全日制用工劳动者缴纳工伤保险费;从事

非全日制工作的劳动者发生工伤,依法享受工伤保险待遇。"

非全日制用工劳动者与用人单位因履行劳动合同引发的劳动争议,按照国家劳动争议处理规定执行。马某受伤前与该公司存在非全日制用工劳动关系。

公司没有为其缴纳工伤保险费,发生工伤事故后,应按照《工伤保险条例》规定支付相关待遇。

七、非全日制用工有加班费吗?

(一)非全日制用工制度的加班工资应当针对具体情况进行具体分析

1. 在每周二十四小时总的工作时间内,具体哪天工作一般可由双方协商确定。实行非全日制用工小时工资制的劳动者,若周六、周日提供了劳动,视为正常工作,不享受加班工资待遇。因此在非全日制中一般没有平时加班和双休日加班的概念,也不存在支付延时加班以及双休日加班的工资问题。

2. 用人单位如果在法定节假日安排非全日制员工加班,考虑到法定节假日的特殊性,仍然应当按照"三倍"的标准向员工支付加班工资。

以2021年清明节为例:2021年4月4日为清明节,非全日制的小时工4月4日加班可享受300%的小时工资,4月3日、5日加班则不能享受加班工资。

(二)劳动法未明确非全日制员工法定节假日的待遇,关于非全日制员工法定节假日的加班费,用人单位要参考国家和各省市、自治区的具体规定

1. 山东省青岛市和江苏省:非全日制用工没有加班费。无论是法定休息日,还是法定节假日工作的,均不认定是加班。

2. 北京市:用人单位安排其在法定休假日工作的,其小时工资不得低于本市规定的非全日制从业人员法定休假日小时最低工资标准。

3. 湖南省:非全日制员工法定节假日,时薪不低于当地最低时薪的三倍。

4. 湖北省:非全日制员工法定节假日工作不视为加班,另有约定的除外。

5. 四川省:支付非全日制员工法定节假日工资无法律依据。

6. 广西壮族自治区:安排非全日制员工在法定节假日工作的,应按其时薪三倍支付工资。

2007年11月23日起施行的《北京市工资支付规定》

第十四条　用人单位依法安排劳动者在标准工作时间以外工作的,应当按照下列标准支付劳动者加班工资:

(一)在日标准工作时间以外延长工作时间的,按照不低于小时工资基数的

150％支付加班工资；

（二）在休息日工作的，应当安排其同等时间的补休，不能安排补休的，按照不低于日或者小时工资基数的200％支付加班工资；

（三）在法定休假日工作的，应当按照不低于日或者小时工资基数的300％支付加班工资。

第十八条 从事非全日制工作的劳动者，实行小时工资制。小时工资由用人单位与劳动者协商确定，但不得低于本市规定的非全日制从业人员小时最低工资标准。

用人单位招用非全日制工作的劳动者，可以不执行本规定第十四条的规定，但用人单位安排其在法定休假日工作的，其小时工资不得低于本市规定的非全日制从业人员法定休假日小时最低工资标准。

非全日制从业人员小时最低工资标准和法定休假日小时最低工资标准由市劳动保障部门确定、调整和公布。

2020年6月1日青岛市施行的《关于规范劳动关系有关问题的意见》（青人社规〔2020〕4号）

五、其他规定

（二十七）非全日制用工不适用带薪年休假、加班、医疗期、防暑降温费等规定。用人单位和劳动者另有约定的除外。

一点通

1. 单位对非全日制员工的工作时间必须要有严格限制，若的确需加班的，需要经用人单位书面审批，并支付加班费。

2. 建议不要长期安排非全日制员工加班，以避免增加认定为全日制用工的风险。

八、如何做好非全日制的用工风险预防？

（一）适用范围

非全日制工虽然在某些程度上降低了用人单位的成本与用工风险，但由于工作时间以及计薪周期的限制，一般仅在临时性的、辅助性的工作岗位中使用，比如保洁员、展会推销员、促销员等。

(二)用工特点

非全日制工可以与多个用人单位建立雇佣关系,与兼职劳务关系比较相似。

(三)入职手续

一定要办理入职手续,填写《入职登记表》,同时收取员工的相关资料,比如身份证复印件、学历证书复印件等。

(四)关于合同

非全日制虽然可以订立口头协议,但是还需要留下书面材料,比如备忘录、声明函,最好还是使用书面协议的形式确定用工关系。

(五)合同约定

在签订非全日制用工协议时,对于是否发放各种福利待遇最好事先予以约定,以免带来不必要的纠纷。

(六)工资发放

非全日制用工对劳动报酬的计算、发放及工时等有其特殊要求,用人单位一定要严格执行法律法规针对非全日制用工的明确规定,比如工资支付周期为十五日,日工作时间不得超过四小时,周工作时间不得超过二十四小时等。

(七)社会保险

基于非全日制用工的上述特点,建议用人单位在确认使用非全日制工到当地的劳动行政部门办理备案手续,非全日制用工一般只缴纳工伤保险,或者用人单位可以根据公司的具体情况为其缴纳商业保险。

(八)劳动纠纷

非全日制用工属于劳动关系,发生纠纷时,仍然依照劳动争议的程序主张权益。若雇主为自然人,那么双方就属于劳务关系,发生的争议不属于劳动争议。

九、特殊的劳动关系有哪些用工形式?

《最高人民法院关于审理劳动争议案件适用法律问题的解释(一)》和《北京市高级人民法院、北京市劳动争议仲裁委员会关于劳动争议案件法律适用问题研讨会会议纪要(二)》规定,除了全日制和非全日制的用工形式外,特殊的劳动关系用工形式有:企业停薪留职人员、未达到法定退休年龄的内退人员、下岗待岗人员以及企业经营性停产放长假人员。

以上人员对于新用人单位因客观原因不能为其缴纳社会保险,以此为由提出解除劳动合同并要求经济补偿金的,不予支持。

2010 年 9 月 14 日发布的山东省高级人民法院、山东省人力资源和社会保障厅《关于审理劳动人事争议案件若干问题会议纪要》

二、关于双重劳动关系中新用人单位应履行的法律义务问题

企业停薪留职人员、未达到法定退休年龄的内退人员、下岗待岗人员以及企业经营性停产放长假人员,到新用人单位工作构成双重劳动关系情况下,新用人单位应履行的义务包括:

(一)依法为劳动者缴纳社会保险费(新用人单位非因自身原因无法为劳动者缴纳社会保险费的除外);

(二)发生工伤事故时承担工伤保险责任;

(三)在劳动合同解除或终止后依法支付经济补偿或赔偿金(用人单位按照本条第一项执行后,劳动者以用人单位未依法为其缴纳社会保险费为由解除劳动合同并主张经济补偿或赔偿金的除外);

(四)未签订书面劳动合同的二倍工资;

(五)其他按照劳动法律法规等应履行的义务。

2014 年 5 月 7 日发布的《北京市高级人民法院、北京市劳动争议仲裁委员会关于劳动争议案件法律适用问题研讨会会议纪要(二)》

第三十二条　用人单位与其招用的已经依法享受养老保险待遇或者领取退休金的人员发生用工争议而提起诉讼的,人民法院应当按劳务关系处理。

企业停薪留职人员、未达到法定退休年龄的内退人员、下岗待岗人员以及企业经营性停产放长假人员,因与新的用人单位发生用工争议而提起诉讼的,人民法院应当按劳动关系处理。

2021 年 1 月 1 日起实施的《最高人民法院关于审理劳动争议案件适用法律问题的解释(一)》

第三十二条　用人单位与其招用的已经依法享受养老保险待遇或者领取退休金的人员发生用工争议而提起诉讼的,人民法院应当按劳务关系处理。

企业停薪留职人员、未达到法定退休年龄的内退人员、下岗待岗人员以及企业经营性停产放长假人员,因与新的用人单位发生用工争议而提起诉讼的,人民法院应当按劳动关系处理。

一点通

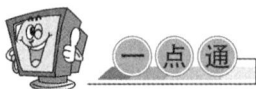

1. 上述人员被新的用人单位录用,一定要签订书面的劳动合同,需要新单位缴纳社保,则进行办理,若不需要则签订社保协议。

2. 若劳动者不需要缴纳社保,一定要让其出具缴纳社保的单据和填写《放弃社保声明书》。避免员工恶意欺骗单位,从而引发劳动纠纷。

十、民事雇佣关系有哪些用工形式?

民事雇佣关系的用工形式有:退休人员、兼职、实习生、个人承揽。这些用工形式,国家、各省市都有明确的规定,下面我以青岛市的规定为例说明。

(一)退休人员

根据我国《劳动法》第十五条的规定:"禁止用人单位招用未满十六周岁的未成年人。"从该条款的内容来看,我国法律仅规定了劳动者劳动年龄的下限,没有规定劳动者年龄的上限。目前,我国现行退休制度规定劳动者的退休年龄为男 60 周岁,女工人 50 周岁,女干部 55 周岁,依此规定法定退休年龄应视为劳动者劳动年龄的上限。

劳动年龄的法定性表明劳动者劳动年龄根据法律的规定,而不受劳动者自身实际劳动能力影响。因此,劳动者劳动年龄的法定年限届满之日,也是劳动者劳动年龄的终止之时。以下两种情形都是劳务关系:

第一种情形:用人单位与其招用的已经依法享受养老保险待遇或者领取退休金的人员发生用工争议而提起诉讼的,人民法院应当按劳务关系处理。

第二种情形:用人单位招用达到或者超过法定退休年龄但未办理退休手续、未享受基本养老保险待遇的劳动者的,双方之间的法律关系为劳务关系。

(二)兼职

兼职人员有三种:

第一种:可以称为"非全日制用工",上文已经讲过。

第二种:是从事全职工作的劳动者工作时间外再从事工作职务(第二职业)。

我国法律法规并不鼓励全职人员进行兼职,但在经济体制改革中允许职工在八小时工作任务外,可以利用业余时间从事第二职业,前提是不影响本职工作的完成。《劳动合同法》第三十九条第四款规定:劳动者同时与其他用人单位建立劳动关系,对完成本单位的工作任务造成严重影响,或者经用人单位提出,拒不改正的。对于此类人员从事兼职,法律法规并没有强制规定用人单位要与之签订劳动合同,只是规定了兼职工作如果对原用人单位造成损害的,如何对损害进行赔偿。因此,对于全职人员从事兼职工作的,用人单位不与之签订劳动合同是不违反法律的。

第三种:有些艺术培训教育机构的教师,在多家学校兼职,有课程就去上课,没有课程则无须上课,还有就是新兴职业——微商。

第一种属于劳动关系,第二种和第三种属于劳务关系。

(三)实习生

用人单位招用年满十六周岁的在校学生的,双方之间的法律关系为劳务关系。

(四)个人承揽

比如滴滴打车、美团等平台,网络平台经营者与其从业人员之间的法律关系,有约定的从其约定;实际履行与约定不一致或双方未约定的,以实际履行情况认定。

这些平台为了避免风险,降低管理费用,让网约司机、外卖员注册个人工商户,承揽业务。自 2021 年开始,国家市场监督管理总局等七部门联合印发了《关于落实网络餐饮平台责任切实维护外卖送餐员权益的指导意见》,对保障外卖服务员的合法权益提出了全面要求,明确了企业应承担的责任,其中就包括完善外卖员的社会保障,督促平台为外卖员缴纳社保。而在 9 月 10 日,人社部等四部门又约谈美团、饿了么、滴滴等企业,要求落实指导意见。

2013 年 7 月 1 日起施行的《劳动合同法》

第三十九条　劳动者有下列情形之一的,用人单位可以解除劳动合同:

(一)在试用期间被证明不符合录用条件的;

(二)严重违反用人单位的规章制度的;

(三)严重失职,营私舞弊,给用人单位造成重大损害的;

(四)劳动者同时与其他用人单位建立劳动关系,对完成本单位的工作任务造成严重影响,或者经用人单位提出,拒不改正的;

(五)因本法第二十六条第一款第一项规定的情形致使劳动合同无效的;

(六)被依法追究刑事责任的。

2013 年 10 月 1 日起施行的《山东省劳动合同条例》

第六十条　用人单位招用已享受基本养老保险待遇人员或者达到法定退休年龄人员,以及年满十六周岁的在校学生的,应当与被招用人员订立书面劳务协议,明确双方的权利义务。

2020 年 6 月 1 日青岛市施行的《关于规范劳动关系有关问题的意见》(青人社规〔2020〕4 号)

一、劳动关系确认

（一）企业内部退养人员、待岗人员以及经营性停产放长假人员，到新用人单位工作并符合劳动关系构成要件的，双方之间的法律关系为劳动关系。

（二）用人单位招用达到或者超过法定退休年龄但未办理退休手续、未享受基本养老保险待遇的劳动者的，双方之间的法律关系为劳务关系。

（三）用人单位招用年满十六周岁的在校学生的，双方之间的法律关系为劳务关系。

（四）网络平台经营者与其从业人员之间的法律关系，有约定的从其约定；实际履行与约定不一致或双方未约定的，以实际履行情况认定。

一点通

1. 上述人员被用人单位退休返聘、录用实习、兼职，或者承揽某项业务，一定要签订书面的劳务合同或者雇佣合同，约定相关事项，包括工作岗位、薪酬、工作时间、工作内容等，避免口说无凭，引发不必要的麻烦。

2. 单位虽然无须为劳务关系的员工缴纳社会保险，但是发生工伤要承担责任，因此单位可以缴纳工伤险，或者为其购买雇主责任险或者人身意外伤害保险，并在本合同中约定。

案例

【案情介绍】

职工王某，女，2008年1月参加工作，一直缴纳各项社会保险费。

2017年3月，她满50周岁，达到法定退休年龄，但缴纳养老保险费仅9年，不足国家规定的最低缴费年限15年，不能按月领取基本养老金。像这种情况应该怎么办？

【案例解析】

1. 2011年7月1日《社会保险法》第十六条规定：

参加基本养老保险的个人，达到法定退休年龄时累计缴费满十五年的，按月领取基本养老金。

参加基本养老保险的个人，达到法定退休年龄时累计缴费不足十五年的，可以缴费至满十五年，按月领取基本养老金；也可以转入新型农村社会养老保险或者城镇居民社会养老保险,按照国务院规定享受相应的养老保险待遇。

根据此条规定,劳动者可以选择续缴社保或者社保转移。

2. 2011 年 7 月 1 日《实施〈中华人民共和国社会保险法〉若干规定》第二条规定:

参加职工基本养老保险的个人达到法定退休年龄时,累计缴费不足十五年的,可以延长缴费至满十五年。社会保险法实施前参保、延长缴费五年后仍不足十五年的,可以一次性缴费至满十五年。

3. 2011 年 7 月 1 日《实施〈中华人民共和国社会保险法〉若干规定》第三条规定:

参加职工基本养老保险的个人达到法定退休年龄后,累计缴费不足十五年(含依照第二条规定延长缴费)的,可以申请转入户籍所在地新型农村社会养老保险或者城镇居民社会养老保险,享受相应的养老保险待遇。

参加职工基本养老保险的个人达到法定退休年龄后,累计缴费不足十五年(含依照第二条规定延长缴费),且未转入新型农村社会养老保险或者城镇居民社会养老保险的,个人可以书面申请终止职工基本养老保险关系。社会保险经办机构收到申请后,应当书面告知其转入新型农村社会养老保险或者城镇居民社会养老保险的权利以及终止职工基本养老保险关系的后果,经本人书面确认后,终止其职工基本养老保险关系,并将个人账户储存额一次性支付给本人。

因此,根据上述法律法规规定,参加职工基本养老保险的个人达到法定退休年龄后,累计缴费不足十五年的,职工可有三种选择:

第一种选择:继续缴费,缴满十五年,按月领取基本养老金。

第二种选择:职工基本养老保险关系转入新型农村社会养老保险或者城镇居民社会养老保险。

《城乡养老保险制度衔接暂行办法》(人社部发〔2014〕17 号)第六条规定,参保人员从城镇职工养老保险转入城乡居民养老保险的,城镇职工养老保险个人账户全部储存额并入城乡居民养老保险个人账户,参加城镇职工养老保险的缴费年限合并计算为城乡居民养老保险的缴费年限。

第三种选择:个人书面申请终止职工基本养老保险关系,一次性领取个人账户储存额。

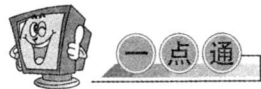

一点通

1. 根据《劳动合同法实施条例》二十一条,员工达到法定退休年龄,单位可以终止劳动关系。所以是否符合领取养老金的条件与单位无关,单位不必再为员工缴纳社会保险,而且不必支付补偿金。

2. 如果单位继续聘用劳动者,也是建立劳务关系而不是劳动关系,没有为劳动者缴纳社保的义务了。

3. 当然,如果单位人性化操作,继续帮劳动者缴纳社保,直到符合领取养老金的条件(缴费满十五年)也是可以的。

十一、退休人员的风险预防

(一)核实人员身份

进行年龄审查,看是否有退休证以及是否享受养老金。

(二)签订书面协议

签订《退休返聘协议》,明确聘用期内的工作内容、报酬、医疗、劳保待遇等权利和义务。

(三)购买商业保险

为了避免工伤的发生,建议单位购买商业保险,比如雇主责任险作为补充。

1996 年 10 月 31 日起施行的《关于实行劳动合同制度若干问题的通知》(劳部发〔1996〕354 号)

13. 已享受养老保险待遇的离退休人员被再次聘用时,用人单位应与其签订书面协议,明确聘用期内的工作内容、报酬、医疗、劳保待遇等权利和义务。

1997 年 9 月 15 日劳动部办公厅对《关于实行劳动合同制度若干问题的请示》的复函(劳办发〔1997〕88 号)

第三条规定:关于离退休人员的再次聘用问题。各地应采取适当的调控措施,优先解决适龄劳动者的就业和再就业问题。对被再次聘用的已享受养老保险待遇的离退休人员,根据劳动部《关于实行劳动合同制度若干问题的通知》(劳部发〔1996〕354 号)第 13 条的规定,其聘用协议可以明确工作内容、报酬、医疗、劳动保护待遇等权利、义务。离退休人员与用人单位应当按照聘用协议的约定履行义务,聘用协议约定提前解除书面协议的,应当按照双方约定办理,未约定的,应当协商解决。离退休人员聘用协议的解除不能依据《劳动法》第 28 条执行。离退休人员与用人单位发生争议,如果属于劳动争议仲裁委员会受案范围的,劳动争议仲裁委员会应予受理。

案例

【案情介绍】

2013年1月，一家工厂与何女士签订了一份《工业废物处理协议》，约定由何女士负责工厂工业废物的清理、运输、填埋，工厂按每月1万元的标准支付费用，人员、时间、工具等一律由何女士自行负责，期限为两年。合同于2015年1月到期后，何女士曾多次要求工厂给付两个月的工资即2万元，作为终止劳动合同的经济补偿。

由于遭到工厂的一再拒绝，何女士最终提起了诉讼。不料，法院经审理后，驳回了何女士的请求。法院的判决是正确的吗？

【案例解析】

法院的判决是正确的。

虽然《劳动合同法》第四十六条、第四十七条规定，劳动合同到期后，单位拒绝续订劳动合同的，应当按劳动者的工作年限，以每年支付一个月工资的标准支付经济补偿金。但应当注意的是，其所指的只是劳动合同。《工业废物处理协议》只是承揽合同，而非劳动合同。

《民法典》第七百七十条规定：承揽合同是承揽人按照定作人的要求完成工作，交付工作成果，定作人支付报酬的合同。承揽包括加工、定作、修理、复制、测试、检验等工作。

何女士自行负责人员、时间、工具，工厂只是在其完成任务的情况下支付报酬的约定，无疑与之吻合。

十二、延迟退休和社保延长缴费一样吗？

有些劳动者到了年龄就是退不了休，还在继续缴社保，是何原因？

超过法定退休年龄，仍在缴纳社保的，叫延长缴费，绝不是延迟退休的概念。延迟退休跟社保延长缴费不一样。

1. 为什么会有延长缴费的情况出现？

职工养老保险待遇领取条件有两个，一是达到法定退休年龄，二是职工养老累计缴费满15年。只符合其中一条，是不能办理退休手续的。

2. 假设劳动者（男士）到了60岁，职工养老累计缴费年限不到15年，办不了退休，想退休怎么办呢？

不是不能办理，而是要让个人延长养老金缴费至15年，就能办理退休，养老金只是晚领几年而已，否则个人一次性补缴至15年的政策只有延长缴费。

延长缴费只能是个人申请缴纳，超过法定退休年龄，则单位不能继续投保。具体情况需参考各个省市的规定。

一点通

1. 如果企业与再聘退休人员之间是劳务雇佣关系的,应当与其签订书面的《退休返聘协议》或者《劳务合同》,明确双方的权利与义务。

2. 若有条件的话,企业再聘退休人员,最好与其采用合作或者承揽之类的方式,签订相关的书面协议。

3. 如果劳动者已达到法定退休年龄,但未享受养老保险待遇或退休金的人员,劳动者个人可以申请延长缴费,单位不能继续为劳动者投保了。

十三、获得《独生子女父母光荣证》可以享受哪些待遇?

获得《独生子女父母光荣证》或者符合国家和省计划生育家庭奖励扶助制度的夫妻,享受以下奖励或者扶助:

1. 从申请当月起至子女年满十八周岁止,每月领取不少于十元的奖励费。

2. 获得《独生子女父母光荣证》的夫妻,独生子女发生意外伤残、死亡的,按照规定获得扶助。

3. 独生子女父母退休时,可以获得独生子女费,独生子女费根据企业性质、劳动者户口、退休手续办理单位不同,其发放标准和渠道也会不同(图8-2)。

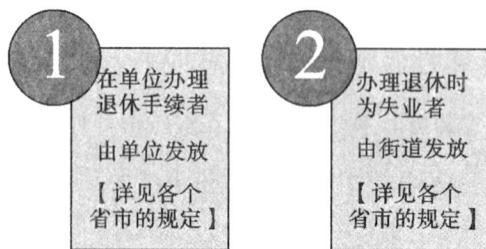

① 在单位办理退休手续者

由单位发放

【详见各个省市的规定】

② 办理退休时为失业者

由街道发放

【详见各个省市的规定】

图8-2　独生子女费的领取渠道

2016年1月1日新修正的《中华人民共和国人口与计划生育法》

第二十七条　在国家提倡一对夫妻生育一个子女期间,自愿终身只生育一个子女的夫妻,国家发给《独生子女父母光荣证》。

获得《独生子女父母光荣证》的夫妻,按照国家和省、自治区、直辖市有关规定享受独生子女父母奖励。

法律、法规或者规章规定给予获得《独生子女父母光荣证》的夫妻奖励的措施中由其所在单位落实的，有关单位应当执行。

获得《独生子女父母光荣证》的夫妻，独生子女发生意外伤残、死亡的，按照规定获得扶助。

在国家提倡一对夫妻生育一个子女期间，按照规定应当享受计划生育家庭老年人奖励扶助的，继续享受相关奖励扶助。

2016年1月22日起施行的《山东省人口与计划生育条例》

第二十六条　在国家提倡一对夫妻生育一个子女期间，自愿终身只生育一个子女的夫妻，发给《独生子女父母光荣证》。获得《独生子女父母光荣证》或者符合国家和省计划生育家庭奖励扶助制度的夫妻，享受以下奖励或者扶助：

（一）从申请当月起至子女年满十八周岁止，每月领取不少于十元的奖励费。奖励费由夫妻双方所在单位各发百分之五十。机关、事业组织工作人员的奖励费由所在单位从行政事业费中列支；企业职工的奖励费由所在单位从企业公益金中列支；其他人员的奖励费由所在街道办事处或者乡镇人民政府负责兑现，确有困难的，由县（市、区）人民政府财政予以适当补助。

（二）独生子女父母为机关、事业组织职工的，退休时按照省有关规定给予本人一次性退休补贴，其经费从原渠道列支。独生子女父母为企业职工的，退休时由所在单位按照设区的市上一年度职工年平均工资的百分之三十发给一次性养老补助。对农村年满六十周岁，符合计划生育家庭奖励扶助条件的夫妻，按照国家和省有关规定给予奖励扶助。独生子女父母为城镇其他居民的，由县（市、区）人民政府参照农村部分计划生育家庭奖励扶助制度给予奖励扶助。

（三）各级人民政府对实行计划生育的夫妻、农村独生子女家庭和生育两个女孩已实施绝育手术的家庭在发展经济中，应当给予信息、资金、技术、培训等方面的支持和优惠；对实行计划生育的贫困家庭，在扶贫贷款、扶贫项目、社会救济、划分宅基地等方面给予优先照顾。

（四）对独生子女残疾、死亡后未再生育并且未收养子女的夫妻以及其他符合特别扶助条件的夫妻，按照国家和省有关规定给予特别扶助。

（五）对独生子女死亡后未再生育并且未收养子女的夫妻，原独生子女父母奖励待遇不变；享受最低生活保障的，给予高出最低生活保障线三分之一的照顾。

案例

【案情介绍】

高院判决76岁老人仍可建立劳动关系

徐某出生于1935年12月24日,系山东莒县农民,2006年10月经人介绍,在恒基公司从事值班保卫工作。2012年1月23日在恒基公司值班期间突发心脏病死亡,死亡时已年满76岁。

家属与公司就劳动关系认定问题打起了官司。

【一审判决】

一审法院认为:劳动关系是用人单位与劳动者之间,依法签订劳动合同,劳动者接受用人单位的管理,从事用人单位安排的工作,从用人单位领取报酬和受劳动法律、法规保护所产生的法律关系。劳动关系的特征在于劳动者与用人单位之间存在人格、经济、身份上的依附性,以及主体上的不平等性,劳动者所提供的劳动具有职业性。

用人单位与劳动者未签订劳动合同,而劳动者在用人单位的管理下从事劳动,用人单位向其支付劳动报酬的,形成事实劳动关系。《劳动和社会保障部关于确立劳动关系有关事项的通知》第一条规定,用人单位招用劳动者未订立书面劳动合同,但同时具备下列情形的,劳动关系成立:(一)用人单位和劳动者符合法律、法规规定的主体资格;(二)用人单位依法制定的各项劳动规章制度适用于劳动者,劳动者受用人单位的劳动管理,从事用人单位安排的有报酬的劳动;(三)劳动者提供的劳动是用人单位业务的组成部分。

本案中,徐某在恒基公司的管理、指挥和监督下从事值班保卫工作,受恒基公司制定的管理制度的约束,由恒基公司支付劳动报酬,且徐某与恒基公司均符合劳动法律、法规规定的主体资格。因此,徐某在恒基公司从事值班保卫期间与恒基公司形成劳动关系。

对于恒基公司辩称徐某达到退休年龄,不具备劳动者主体资格,即使在恒基公司从事值班保卫工作,也只能与用人单位形成劳务关系。一审判决认为,依据《中华人民共和国劳动法》第十五条第一款规定,禁止用人单位招用未满十六周岁的未成年人。但法律、法规对劳动者的年龄上限并未作强制性规定,只要未违反法律、法规禁止性规定的有劳动能力的人员,均可成为劳动关系中的劳动者;而且,徐某作为农民也无所谓何时退休的问题。

《中华人民共和国劳动合同法》第四十四条规定:"劳动者开始依法享受基本养老保险待遇的,劳动合同终止。"《中华人民共和国劳动合同法实施条例》第二十一条规定:"劳动者达到法定退休年龄的,劳动合同终止。"《中华人民共和国劳动合同法实施条例》将劳动合同终止的条件解释为"劳动者达到法定退休年龄"属于下位法对上位法的扩大性解释,理应适用《中华人民共和国劳动合同法》第四十四条的规定。

同时,《最高人民法院〈关于审理劳动争议案件适用法律若干问题的解释〉(三)》第七条规定:"用人单位与其招用的已经依法享受养老保险待遇或领取退休金的人员发生用工争议,向人民法院提起诉讼的,人民法院应当按劳务关系处理。"该条的适用条件是依法享受养老保险待遇或领取退休金,因此,达到法定退休年龄并不是劳务关系存在的前提,而享受养老保险待遇才是劳务关系存在的基本前提。徐某达到退休年龄,但未享受养老保险待遇,并不适用该条的规定。

至于恒基公司辩称中提出的达到退休年龄,而无法缴纳工伤保险的问题。对此,一审判决认为:《工伤保险条例》既未限制超过法定退休年龄的人员与用人单位形成劳动关系,亦未限制用人单位为该部分人员缴纳工伤保险,实践中无法缴纳的问题,只是缴纳工伤保险的技术性、操作性问题,不影响劳动关系的成立。

【公司上诉】

恒基公司不服一审判决,提起上诉,认为对已超过法定退休年龄的人员不应当成为劳动关系的主体,请求:撤销一审判决,并依法确认恒基公司与徐某之间不存在劳动关系。在二审中,恒基公司提交了莒县农村社会养老保险事业管理处证明一份,证明徐某生前已从莒县农村社会养老保险事业管理处领取农村居民养老保险金,认为一审判决以徐某未享受养老保险待遇为由认定双方存在劳动关系是错误的。

【二审判决】

二审法院认为:

一、关于农村居民养老保险问题

徐某生前从莒县农村社会养老保险事业管理处领取的55元的农村居民养老保险金,属于地方政府政策性补贴,并不同于国家法律法规规定的社会养老保险,亦不属于《最高人民法院关于〈审理劳动争议案件适用法律若干问题的解释〉(三)》第七条所指的养老保险待遇范畴,即本案徐某并不属于法律法规规定的已享受养老保险待遇的人员。

二、关于劳动关系问题

确认劳动者与用人单位之间是否存在劳动关系,应对劳动者与用人单位是否存在劳动法上的隶属关系予以考量,即用人单位要对劳动者支付劳动报酬、进行管理、安排工作。

本案徐某自2006年10月起到恒基公司从事值班保卫工作,其劳动报酬由恒基公司支付,并服从恒基公司的管理安排,且徐某与恒基公司均符合劳动法律、法规规定的主体资格,根据原劳动和社会保障部《关于确立劳动关系有关事项的通知》(劳社部发〔2005〕12 号)第一条规定,徐某与恒基公司之间具备事实劳动关系的构成要件。

徐某入职时已年满 60 周岁,对于超过 60 周岁的人与用人单位之间能否建立劳动关系的问题。

首先,《中华人民共和国劳动法》并未限制劳动者的年龄上限,对达到法定退休年龄仍然从事劳动的人员,法律法规并未作出禁止性规定。

其次,劳动部《关于贯彻执行〈中华人民共和国劳动法〉若干问题的意见》第二条亦规定:"中国境内的企业、个体经济组织与劳动者之间,只要形成劳动关系,劳动者事实上已成为企业、个体经济组织的成员,并为其提供有偿劳动,适用劳动法。"

再次,从《工伤保险条例》有关规定及《最高人民法院行政庭关于超过法定退休年龄的进城务工农民因工死亡的,应否适用〈工伤保险条例〉请示的答复》(〔2012〕行他字第 10 号)的精神来看,不仅未将超过法定退休年龄的农民工排除在外,而且明确了对于此类人员在工作时间内因工作原因伤亡的,可以适用《工伤保险条例》进行工伤认定。

故按照上述法律规定及最高人民法院行政庭的个案答复精神,恒基公司与徐某自 2006 年 10 月至 2012 年 1 月 23 日期间存在劳动关系。

【公司申请再审】

公司仍不服,向山东省高级人民法院申请再审,理由如下:

徐某患病死亡时,已年满 76 周岁,劳动法虽未禁止用人单位聘用超过法定退休年龄的劳动者,但仅意味劳动者的劳动权不因超过法定退休年龄而丧失,劳动权的存在并不等同于符合劳动关系成立的主体要件。因此,劳动者达到法定退休年龄后,双方不再存在劳动法律关系,双方之间的劳动不属于劳动法确定的劳动关系,形成的只能是劳务关系,不属于劳动法调整的范围。

徐某于 2011 年 1 月开始领取农村居民养老保险金,根据《中华人民共和国劳动合同法》第四十四条,及该法实施条例第二十一条和《最高人民法院〈关于审理劳动争议案件适用法律若干问题的解释〉》第七条的规定,徐某已超过法定退休年龄,即使在恒基公司工作,与恒基公司形成的是劳务关系,而非劳动关系。原审判决认定徐某与恒基公司之间形成劳动关系错误。

【再审判决】

山东省高级人民法院经过审理,判决认为:

本案焦点是徐某在为恒基公司从事值班保卫工作,双方形成的是劳动关系还是劳务关系。

根据《中华人民共和国劳动合同法》第四十四条、《最高人民法院〈关于审理劳动争议案件适用法律若干问题的解释〉(三)》第七条的规定,已经依法享受养老保险待遇或领取退休金的人员与用人单位发生用工争议,应当按劳务关系处理。

本案,徐某为农业户口人员,徐某领取的农村居民养老保险金是政府补贴,不是上述法律和司法解释规定的养老保险待遇;徐某并未享受上述法律及司法解释规定的养老保险待遇或领取退休金,因此,不能依据上述法律及司法解释的规定,确认徐某与恒基公司为劳务关系。

徐某为恒基公司提供劳动时,虽已年满60周岁,但相关法律、法规并未禁止农业人员60周岁后,不能与用人单位建立劳动关系。徐某为恒基公司从事值班保卫工作数年,接受恒基公司的管理,恒基公司支付徐某劳动报酬,原审据此认定双方形成劳动关系正确,本院予以维持。

一点通

关于录用年龄达到退休的劳动者,用人单位要根据《最高人民法院关于审理劳动争议案件适用法律问题的解释(一)》第三十二条规定,用人单位与其招用的已经依法享受养老保险待遇或者领取退休金的人员发生用工争议而提起诉讼的,人民法院应当按劳务关系处理。

因此面试的时候,我们除了审核身份证外,还要审核其他的资料,比如是否有退休证?是否受养老保险待遇或领取退休金?如果相关资料都有,则可以放心大胆地以"退休返聘"的方式录用。

十四、实习生的法律风险预防

(一)实习生定义及种类

实习生定义及种类如图8-3所示。

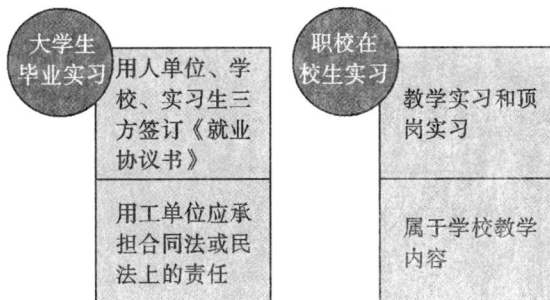

图 8-3　实习生定义及种类

(二)实习生需具备四个要素

实习生需具备的四个要素如图 8-4 所示。

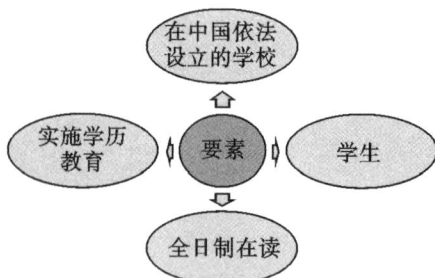

图 8-4　实习生实习需具备的四个要素

(三)实习生的用工风险

1. 被误认为事实劳动关系。

解决方案:身份审查。

要求学生提供就读学校出具的实习证明,并同时出具学生证的原件复印件,以方便用人单位确定该学生的入学时间、毕业时间等,防止未及时解除劳务关系而被认定为劳动关系的用工风险。

在职研究生、函授教育,此时不应界定为实习生,用人单位应依法订立劳动合同,履行劳动法义务。

2. 管理纠纷。

解决方案:签订劳务合同/协议。

不建议提前签订劳动合同。即将毕业的在校大学生毕业前与用人单位提前签订了劳动合同,其劳动关系也只能从其正式毕业上班之日起计算,特殊情况除外。

用人单位最好跟大学生签订劳务合同/协议,在劳务合同中详细约定权利义务关系,尤其是该学生的岗位、职责,重点约定解聘理由及风险规避条款。

例如,大学生未及时通知用人单位其已经毕业的,由此造成的损失由大学生承担,涉及重要岗位的,还应签订保密协议等。

3. 意外伤害——实习期间工伤。

解决方案:购买商业保险。

因在工作过程中容易发生工伤,建议为其购买雇主责任险或者人身意外伤害保险,并在协议中约定。

4. 劳动纠纷。

解决方案:大学生毕业后,马上办理入职手续。

大学生领取毕业证书后,及时办理劳务关系解除手续,应马上签订劳动合同,及时办理入职手续,避免因未签订书面劳动合同而产生二倍工资等劳动纠纷。

若即将毕业的大学生以就业为目的与用人单位签订劳动合同,且接受用人单位管理,按合同约定付出劳动;用人单位在明知求职者系在校学生的情况下,仍与之订立劳动合同并向其发放劳动报酬的,该劳动合同合法有效,应当认定双方之间形成劳动合同关系。

> 2007 年 6 月 22 日起施行的《高等学校学生勤工助学管理办法》
>
> 第二条　本办法所称高等学校是指根据国家有关规定批准设立、实施高等学历教育的全日制普通本科高等学校、高等职业学校和高等专科学校(以下简称学校)。
>
> 第三条　本办法所称学生是指学校招收的本专科(含高职、第二学士学位)学生和研究生。
>
> 第四条　本办法所称勤工助学活动是指学生在学校的组织下利用课余时间,通过劳动取得合法报酬,用于改善学习和生活条件的社会实践活动。勤工助学是学校学生资助工作的重要组成部分,是提高学生综合素质和资助家庭经济困难学生的有效途径。
>
> 1995 年 1 月 1 日劳动部关于贯彻执行《劳动法》若干问题的意见
>
> 12. 在校生利用业余时间勤工助学,不视为就业,未建立劳动关系,可以不签订劳动合同。
>
> 2014 年 5 月 7 日发布的《北京市高级人民法院、北京市劳动争议仲裁委员会关于劳动争议案件法律适用问题研讨会会议纪要(二)》
>
> 23. 在校学生在用人单位进行实习,是否应认定劳动关系?
>
> 在校学生在用人单位进行实习,应当根据具体事实进行判断,对完成学校的社会实习安排或自行从事社会实践活动的实习,不认定劳动关系。但用人单位与在校学生之间名为实习,实为劳动关系的除外。

案例

劳动者诉用人单位劳动争议案
——大专院校在校学生、劳动合同的效力

【裁判摘要】

即将毕业的大专院校在校学生以就业为目的与用人单位签订劳动合同,且接受

用人单位管理,按合同约定付出劳动;用人单位在明知求职者系在校学生的情况下,仍与之订立劳动合同并向其发放劳动报酬的,该劳动合同合法有效,应当认定双方之间形成劳动合同关系。

【案情介绍】

- 原告:郭某。
- 被告:江苏某公司。
- 法定代表人:高某,该公司董事长。

原告郭某因与被告江苏某公司发生劳动争议纠纷,向江苏省南京市白下区人民法院提起诉讼。

原告郭某诉称:原告系南京市某职业高级中学 2008 届毕业生。2007 年 10 月原告至被告处进行求职登记,经被告人力资源部和总经理审核,同意试用。2007 年 10 月 30 日双方签订劳动合同,为期三年,自 2007 年 10 月 30 日起至 2010 年 12 月 30 日止。2008 年 7 月,被告江苏某公司以对原、被告间是否存在劳动关系持有异议为由,向南京市白下区劳动争议仲裁委员会提起仲裁申请,请求确认原、被告之间的劳动关系不成立。南京市白下区劳动争议仲裁委员会于 2008 年 8 月 19 日作出仲裁决定,以原告系在校学生,不符合就业条件,不具有建立劳动关系的主体资格,原、被告间的争议不属于劳动争议处理范围为由,决定终结了仲裁活动。原告对此不服,认为原、被告之间存在劳动关系,双方签订的劳动合同真实、合法、有效,请求法院判决确认原、被告之间的劳动合同有效。

被告江苏某公司辩称:原告郭某与被告签订劳动合同时的身份为在校学生,根据原劳动部《关于贯彻执行若干问题的意见》的规定,在校学生不具备劳动关系的主体资格。《工伤保险条例》也没有将在校学生纳入参保范围,亦充分说明在校学生不属于劳动者的范畴。同时原告也不具备劳动合同约定的录用条件。被告在招聘简章及与原告签订的劳动合同中约定的录用条件是具备中专以上学历,而原告于 2008 年 7 月方毕业,其签约时并不具备被告要求的录用条件。因此,原、被告之间的合同名为劳动合同,实为实习合同,原、被告之间所建立的不是劳动关系,不属于劳动法调整的劳动法律关系。请求依法驳回原告的起诉。

南京市白下区人民法院一审查明:

原告郭某系南京市某中等专业学校药学专业 2008 届毕业生,于 2008 年 7 月毕业。2007 年 10 月 26 日原告郭某向被告江苏某公司进行求职登记,并在被告江苏某公司的求职人员登记表中登记其为南京市某职业高级中学 2008 届毕业生,2007 年是其实习年。2007 年 10 月 30 日原告与被告签订劳动合同书一份,期限三年,从 2007 年 10 月 30 日起至 2010 年 12 月 30 日止;其中试用期 60 天,从 2007 年 10 月

30 日起至 2007 年 12 月 30 日止。合同还约定,录用条件之一为具备中专或中专以上学历;原告从事营业员工作;试用期满后月工资收入不少于 900 元,试用期工资标准不低于同工种同岗位职工工资的 80％等。2008 年 7 月 21 日,被告向南京市白下区劳动争议仲裁委员会提出仲裁申请,请求确认其与原告之间的劳动关系不成立。南京市白下区劳动争议仲裁委员会经审查,依据原劳动部《关于贯彻执行若干问题的意见》,于 2008 年 8 月 19 日作出仲裁决定,以原告系在校学生,不符合就业条件,不具有建立劳动关系的主体资格,在校学生勤工助学或实习与用人单位之间的关系不属于《中华人民共和国劳动法》的调整范围,故被告与原告之间的争议,不属劳动争议处理范围为由,决定终结了被告诉原告的仲裁活动,并于 2008 年 8 月 27 日送达了仲裁决定书。

以上事实有双方当事人陈述、求职人员登记表、劳动合同书、仲裁申诉书、仲裁决定书、招聘简章、南京市某中等专业学校证明、公司准予变更登记通知书等证据予以证实,足以认定。该案一审的争议焦点是:原告郭某与被告江苏某公司签订的劳动合同是否有效。

南京市白下区人民法院一审认为:

第一,判断原告郭某与被告江苏某公司签订的劳动合同是否有效,要看原告郭某是否具备劳动关系的主体资格。原告与被告江苏某公司签订劳动合同时已年满 19 周岁,符合《中华人民共和国劳动法》规定的就业年龄,具备与用工单位建立劳动关系的行为能力和责任能力。原劳动部《关于贯彻执行若干问题的意见》(以下简称意见)第四条仅规定了公务员和比照实行公务员制度的事业组织和社会团体的工作人员,以及农村劳动者、现役军人和家庭保姆不适用劳动法,并未将在校学生排除在外,学生身份并不限制郭某作为普通劳动者加入劳动力群体。意见第十二条规定:"在校生利用业余时间勤工助学,不视为就业,未建立劳动关系,可以不签订劳动合同。"该条规定仅适用于在校生勤工助学的行为,并不能由此否定在校生的劳动权利,推定出在校生不具备劳动关系的主体资格。综上,法律并无明文规定在校生不具备劳动关系的主体资格,故原告能够成为劳动关系的主体。

第二,原告郭某于被告江苏某公司处劳动的行为不属于意见第十二条规定的情形。该条规定针对的是学生仍以在校学习为主,不以就业为目的,利用业余时间在单位进行社会实践打工补贴学费、生活费的情形。勤工助学和实习时,学生与单位未建立劳动关系,可以不签订劳动合同,不需要明确岗位、报酬、福利待遇等。该案中,郭某的情形显然不属于勤工助学或实习。郭某在登记求职时,已完成了全部学习任务,明确向江苏某公司表达了求职就业愿望,双方签订了劳动合同书。郭某在与江苏某公司签订劳动合同后,亦按照规定内容为江苏某公司付出劳动,江苏某公司向郭某支付劳动报酬,并对其进行管理,这完全符合劳动关系的本质特征。故江苏某公司辩称双方系实习关系的理由不能成立。

第三,原告郭某签约时虽不具备被告江苏某公司要求的录用条件,但郭某在填写江苏某公司求职人员登记表时,明确告知了江苏某公司其系2008届毕业生,2007年是学校规定的实习年,自己可以正常上班,但尚未毕业。江苏某公司对此情形完全知晓,双方在此基础上就应聘、录用达成一致意见,签订劳动合同。因此,劳动合同的签订是双方真实意思的表示,不存在欺诈、隐瞒事实或胁迫等情形,并没有违反法律、行政法规的规定,且郭某已于2008年7月取得毕业证书,江苏某公司辩称郭某不符合录用条件的理由亦不能成立。

综上,原告郭某与被告江苏某公司存在劳动关系,双方签订的劳动合同合法、有效,对双方均具有法律约束力。据此,南京市白下区人民法院依照《中华人民共和国劳动法》第十七条、第十八条之规定,于2008年11月18日判决如下:

原告郭某与被告江苏某公司于2007年10月30日签订的劳动合同有效。江苏某公司不服一审判决,向南京市中级人民法院提起上诉,理由是:①被上诉人郭某身份为在校学生,其在实习期不能办理社会保险,该关系也不属于《中华人民共和国劳动法》的调整范围,因此,被上诉人不具备劳动关系的主体资格。②一审判决确认双方存在劳动关系显失公平。因被上诉人为在校学生,劳动保障部门不予办理社会保险,上诉人将承担相关法律责任和巨大风险。

被上诉人郭某辩称:一审判决认定事实清楚,适用法律正确,应予维持。

南京市中级人民法院经二审,确认了一审查明的事实。

南京市中级人民法院二审认为:

实习是以学习为目的,到相关单位参加社会实践,没有工资,不存在由实习生与单位签订劳动合同、明确岗位、报酬、福利待遇等情形。本案中,被上诉人郭某虽于2008年7月毕业,但其在2007年10月26日明确向上诉人江苏某公司表达了求职就业愿望,并进行了求职登记,求职人员登记表中登记其为2008届毕业生,2007年是其实习年。2007年10月30日郭某与江苏某公司自愿签订了劳动合同。江苏某公司对郭某的情况完全知情,双方在此基础上就应聘、录用达成一致意见,签订了劳动合同,而且明确了岗位、报酬。该情形不应视为实习。郭某与江苏某公司签订劳动合同时已年满19周岁,符合《中华人民共和国劳动法》规定的就业年龄,具备与用工单位建立劳动关系的行为能力和责任能力。意见第十二条不能推定出在校生不具备劳动关系的主体资格。故上诉人的上述理由不能成立。

关于上诉人江苏某公司认为确认双方劳动关系有效显失公平的上诉理由,法院认为,江苏某公司与郭某签订劳动合同,是双方真实意思的表示,双方利益也不存在重大失衡,不应视为显失公平。

综上,上诉人江苏某公司与被上诉人郭某双方签订的劳动合同是双方真实意思表示,且不违反法律、行政法规的禁止性规定,该劳动合同合法、有效,对双方均具有法律约束力。

一审判决认定事实清楚,适用法律正确,审判程序合法,应予维持。据此,南京市中级人民法院依照《中华人民共和国民事诉讼法》第一百五十三条第一款第(一)项之规定,于2009年4月7日判决如下:

驳回上诉,维持原判。本判决为终审判决。

十五、常见的实习用工风险有哪些?

常见的实习生用工的风险有五种。

(一)聘用"外籍实习生"构成非法用工的风险

根据2013年9月1日配套实施的《外国人入境出境管理条例》第22条规定,持学习类居留证件的外国人需要在校外勤工助学或者实习的,应当经所在学校同意后,向公安机关出入境管理机构申请居留证件加注勤工助学或者实习地点、期限等信息。持学习类居留证件的外国人所持居留证件未加注前款规定信息的,不得在校外勤工助学或者实习。如不符合上述规定,则均构成"非法用工"。

(二)超期限实习构成"事实劳动关系"的风险

实习生毕业后具备劳动者主体资格,与公司建立劳动关系,并受劳动法的全部约束。在实习期满后应及时签订劳动合同、办理社会保险登记手续,避免产生事实劳动关系及相关的风险。

(三)人身事故伤害导致赔偿风险

虽然在校学生实习,与用工单位不存在劳动关系,用工单位无法缴纳工伤保险,发生事故也无法认定工伤,但并不代表实习生在工作中所受伤害,用工单位无须承担责任。

基于实习生与用工单位之间存在的雇佣关系,如发生事故,则应根据《最高人民法院关于审理人身损害赔偿案件适用法律若干问题的司法解释》第九条规定,雇员在从事雇佣活动中致人损害的,雇主应当承担赔偿责任;雇员因故意或者重大过失致人损害的,应当与雇主承担连带赔偿责任。雇主承担连带赔偿责任的,可以向雇员追偿。

前款所称"从事雇佣活动",是指从事雇主授权或者指示范围内的生产经营活动或者其他劳务活动。雇员的行为超出授权范围,但其表现形式是履行职务或者与履行职务有内在联系的,应当认定为"从事雇佣活动"。

因此,实习生在实习期间发生工伤,用人单位应当承担赔偿责任。

(四)接受中介机构"派遣实习生"的风险

实习生派遣,由于涉及派遣方、用工方和在校学生三者,从某种程度上复杂了在校学生的用工关系,对被派遣的实习学生权益保障不力(如派遣公司在实习生的工资中收取管理费)。虽然目前我国国家层面的劳动法规并未有禁止实习生派遣的规定,但基于传统劳务派遣用工受到《劳动合同法》的特别规制,从简化用工关系角度,实习生派遣应该受到严格限制。

如果实习生在派遣期间产生了事故赔偿争议,法院会认定中介公司和实际用工单位共同承担责任。

(五)"实习结束拒签合同"导致支付二倍工资的风险

实习生作为尚不符合就业主体资格的群体,用工单位在享受实习用工便利的同时无须缴纳社保,也无须签订书面的劳动合同,建议实习期间跟实习生签订《实习协议书》。

实习结束后,签订书面的劳动合同,如果实习生拒签劳动合同,用人单位可以不录用。

十六、如何做好外籍实习生的法律风险防范?

用工单位使用外籍实习生一般仅限于"中国高校在读外国留学生",并且应当确保办理实习签注手续。用人单位聘用外籍人员,需办理就业证及居留许可证,否则视为非法用工。

外国人在中国就业的条件和要求如下。

(一)符合在中国就业的条件

1992 年 1 月 22 日《外国人在中国就业管理规定》第七条规定,外国人在中国就业须具备下列条件:

1. 年满 18 周岁,身体健康;

2. 具有从事其工作所必需的专业技能和相应的工作经历;

3. 无犯罪记录;

4. 有确定的聘用单位;

5. 持有有效护照或能代替护照的其他国际旅行证件(以下简称代替护照的证件)。

(二)需办理就业证及居留许可证

1. 申请就业许可证。

2. 办理通知签证函(邀请确认函)。

3. 办理就业签证。

4. 办理就业证。

5. 办理居留许可证。

(三)就业产生的用工关系为劳动关系

1. 外国人在中国内地就业产生的用工关系应按劳动关系处理。

2. 外国人未依法办理《外国人就业证》的,应认定有关劳动合同为无效劳动合同。

3. 外国企业常驻中国代表机构企业未通过涉外就业服务单位直接招用中国雇员的,应认定有关用工关系为雇佣关系。

(四)外国人办理就业证的注意事项

1. 外国人只能在其就业证上注明的单位就业,不得在其他单位兼职工作。

2. 劳动合同期限:签订固定期限的劳动合同,期限不得超过5年,并且要提前30日续订劳动合同。

3. 劳动关系解除/终止:对于已办理就业许可手续的外国人而言,应适用《劳动合同法》等相关法律规定,大部分地区法院对于解除、终止外国人的劳动合同,与中国人一样,并无特殊做法。但在上海地区的企业需要对外国劳动者的年龄特别注意,如果外国人在职时达到退休年龄但就业证还在有效期内的,应当谨慎操作劳动合同终止事宜。

4. 就业证的年检或变更登记:每满1年,提前30日年检。

2009年8月17日发布的《北京市高级人民法院、北京市劳动争议仲裁委员会关于劳动争议案件法律适用问题研讨会会议纪要(一)》

15. 外国人、港澳台地区居民未依法办理《外国人就业证》《台港澳人员就业证》的,其与用人单位签订的劳动合同应为无效劳动合同。外国人、港澳台地区居民已经付出劳动的,由用人单位参照合同约定支付劳动报酬。

16. 外国企业常驻代表机构未通过涉外就业服务单位直接招用中国雇员的,应认定有关用工关系为雇佣关系。

2021年1月1日起实施的《最高人民法院关于审理劳动争议案件适用法律问题的解释(一)》

> 第三十三条　外国人、无国籍人未依法取得就业证件即与中华人民共和国境内的用人单位签订劳动合同，当事人请求确认与用人单位存在劳动关系的，人民法院不予支持。
>
> 持有《外国专家证》并取得《外国人来华工作许可证》的外国人，与中华人民共和国境内的用人单位建立用工关系的，可以认定为劳动关系。

案例

【案情介绍】

2012 年 6 月 19 日，韩某（系在外国某高校在读的外籍学生）与乙公司签订《实习研修协议》，约定韩某每周实习 3 天，实习期间乙公司每月向韩某支付用于上下班公共交通费用、工作午餐的实习补贴等内容。

2012 年 9 月 21 日乙公司出具《邀请函》，称由于业务需要，邀请韩某来上海进行法律文件日语翻译的指导和培训，时间为 2012 年 9 月 21 日至 2013 年 9 月 20 日。

2012 年 10 月 10 日，乙公司通知韩某停止工作。后韩某起诉要求乙公司支付未订合同的二倍工资、签证费用等 20 余万元。

【法院审理】

法院审理后认为，本案中韩某作为外国人士，其在中国就业应当持有外国人就业证，但韩某不具备该条件；韩某因自身原因导致无法与乙公司签订劳动合同，故其关于乙公司应当支付未签订劳动合同的二倍工资的主张，法院不予支持。

韩某虽主张其至香港办理的商务签证是应乙公司的要求办理的，但商务签证亦不符合办理外国人就业证的要求，赴港办理商务签证与韩某至乙公司工作无必然联系，故其要求乙公司支付其办理签证的费用无依据。

【案例解析】

该案中，虽然因韩某未取得就业资格败诉，但从中我们也可以看出乙公司存在"非法用工"行为。法院认定持商务签证入境"实习"系非法就业行为，那么与此对应，乙公司聘用韩某的行为构成"非法用工"，如根据 2013 年 7 月 1 日实施的《出入境管理法》规定，应对乙公司处于罚款 1 万元并没收违法所得的处罚。

该案涉及外籍实习生可能导致的非法用工风险，目前企业常见的外籍实习生主要分为两种：①中国高校在读外国学生；②外国高校在读的外国学生。

根据相关法律规定，前者在取得学习签证并在学校安排下可从事勤工助学行为，而根据 2013 年 9 月 1 日配套实施的《外国人入境出境管理条例》第 22 条规定：

　　持学习类居留证件的外国人需要在校外勤工助学或者实习的,应当经所在学校同意后,向公安机关出入境管理机构申请居留证件加注勤工助学或者实习地点、期限等信息。持学习类居留证件的外国人所持居留证件未加注前款规定信息的,不得在校外勤工助学或者实习。如不符合上述规定,则均构成"非法用工"。

　　因此,用工单位使用外籍实习生一般仅限于"中国高校在读外国留学生"并且应当确保办理实习签注手续。

　　对于外国高校的外国学生,用人单位不得采取实习用工,因为无论 X1 签证还是 X2 签证均需提供境内招收单位的录取通知书原件,因此在外国高校就读的外国学生,无法办理学习签证。

　　如果此类实习生使用"L""F"签证(如该案)入境,则将牵涉到从事与签证目的不符的行为的问题,同时涉嫌非法就业与非法居留,企业亦承担难以逃脱的行政处罚风险。

2013 年 7 月 1 日起施行的《中华人民共和国出境入境管理法》

　　第三十条　外国人所持签证注明入境后需要办理居留证件的,应当自入境之日起三十日内,向拟居留地县级以上地方人民政府公安机关出入境管理机构申请办理外国人居留证件。

　　申请办理外国人居留证件,应当提交本人的护照或者其他国际旅行证件,以及申请事由的相关材料,并留存指纹等人体生物识别信息。公安机关出入境管理机构应当自收到申请材料之日起十五日内进行审查并作出审查决定,根据居留事由签发相应类别和期限的外国人居留证件。

　　外国人工作类居留证件的有效期最短为九十日,最长为五年;非工作类居留证件的有效期最短为一百八十日,最长为五年。

　　第四十三条　外国人有下列行为之一的,属于非法就业:

　　(一)未按照规定取得工作许可和工作类居留证件在中国境内工作的;

　　(二)超出工作许可限定范围在中国境内工作的;

　　(三)外国留学生违反勤工助学管理规定,超出规定的岗位范围或者时限在中国境内工作的。

　　第七十二条　协助他人非法出境入境的,处二千元以上一万元以下罚款;情节严重的,处十日以上十五日以下拘留,并处五千元以上二万元以下罚款,有违法所得的,没收违法所得。

　　单位有前款行为的,处一万元以上五万元以下罚款,有违法所得的,没收违法所得,并对其直接负责的主管人员和其他直接责任人员依照前款规定予以处罚。

十七、外国人在境内就业，用人单位是否需为其缴纳社会保险和住房公积金？

（一）与我国签订社保互免协定的 10 个国家

如果外国人所在国籍不在下表内的，应当依法参加社会保险，由用人单位和本人按照规定缴纳社会保险费。

1. 社会保险按照《中国境内就业的外国人参加社会保险暂行办法》第九条的规定缴纳，如果该外国人的国籍国与中国签署过社会保险双边或多边协议，招用该外国人可以根据协议免缴社保的一些险种。

截至 2021 年 1 月 31 日，我国与 10 个国家（德国、韩国、丹麦、加拿大、芬兰、瑞士、荷兰、西班牙、卢森堡、日本）签订社保互免协定，相关信息汇总如表 8-3 所示。

表 8-3　签订社保互免协定的 10 个国家

国家	互免险种	生效时间	免缴期限
德国	职工养老、失业	2002.4 2017.12 补充通知	5 年
韩国	职工养老、失业、居民养老	2013.1	5 年
丹麦	职工养老	2014.5	5 年
加拿大	职工养老、居民养老	2017.1	6 年
芬兰	职工养老、失业	2017.2	5 年
瑞士	职工养老、失业、居民养老	2017.6	6 年
荷兰	职工养老、失业	2017.9	5 年
西班牙	职工养老、失业	2018.3	6 年
卢森堡	职工养老	2019.5	5 年
日本	职工养老	2019.9	5 年

上述国家在华人员申请社会保险互免的，需向参保所在地社会保险经办机构提交由上述国家经办机构出具的《参保证明》。

2012 年 12 月 28 日发布的人力资源社会保障部办公厅关于实施中韩社会保险协定和议定书的通知（人社厅发〔2012〕120 号）

各省、自治区、直辖市及新疆生产建设兵团人力资源和社会保障厅（局）：

2011 年 7 月 1 日《中华人民共和国社会保险法》实施以来，为有效解决中韩两国在对方国工作的人员双重缴纳社会保险费的问题,中韩两国政府通过多轮谈判于 2012 年 10 月 29 日正式签署了《中华人民共和国政府和大韩民国政府社会保险协定》(以下简称《协定》)和《中华人民共和国政府和大韩民国政府社会保险协定议定书》(以下简称《议定书》)。2012 年 12 月 26 日,两国有关机构签署了《关于实施中华人民共和国政府和大韩民国政府社会保险协定的行政协议》(以下简称《行政协议》)和《关于实施中华人民共和国政府和大韩民国政府社会保险协定议定书的谅解备忘录》(以下简称《谅解备忘录》)。双方商定,《协定》和《议定书》于 2013 年 1 月 16 日正式生效。为确保《协定》和《议定书》的贯彻执行,现就有关问题通知如下:

一、《协定》主要内容

(一)互免险种范围。

中国为城镇职工基本养老保险、新型农村社会养老保险、城镇居民社会养老保险、失业保险;韩国为国民年金、政府公务员年金、私立学校教职员工年金、雇佣保险。

(二)中方适用免除在韩缴纳相关社会保险费的人员。

1. 派遣人员。指国内企业等单位派遣到该单位在韩国设立的公司或机构(包括该单位的分公司、附属公司或分支机构)的已在国内参保工作人员。

2. 短期就业人员。指中方在韩国被有经营场所的雇主雇佣、雇佣期限不超过 5 年的已在国内参保人员。

3. 自雇人员和投资者。指中方在韩国临时从事自雇活动和依法注册投资外商独资或合资企业并在韩国居住、在该外商独资企业或合资企业中任职的已在国内参保人员。

4. 在航海船舶和航空器上受雇人员。指在悬挂中国船旗的航海船舶上的受雇人员及通常居住在中国领土上,在船旗为韩国的航海船舶上的受雇人员;受雇企业总部在中国的航空器上受雇的管理人员或机组成员。

5. 外交和领事机构人员。指中国驻韩国外交机构及其工作人员雇用的中方人员(简称外交雇员)。

6. 政府或公共机构受雇人员。指受雇于中国中央政府、地方政府或其他公共机构被派到韩国工作的人员。

(三)韩方适用免除在华缴纳社会保险费的人员与中方适用人员的条件类同。

(四)免除缴纳社会保险费的期限。

首次申请为自动免除,但仍需申请并持经办机构出具的证明。

> 第一类人员首次可申请免除缴费期限最长为 60 个日历月。如工作需要,经批准后免除期限可延至 120 个日历月。在特殊情况下,经批准予以最后一次免除期限的延长,最长不得超过 36 个日历月。
>
> 第二类人员免除期限最长为 60 个日历月。

温馨提示:10 个国家的互免协定,可登录中华人民共和国人力资源和社会保障部网站首页"社会保障"专栏"服务园地"中查看。

2. 外国人在领取养老保险待遇前离境的,其社保个人账户默认予以保留,如果该外国人再次来中国就业的,社保缴费年限累计计算。

如果不想保留社保个人账户的,需要由该外国人书面申请终止社会保险关系,可将其社会保险个人账户储存额一次性转出。

> 2011 年 10 月 15 日起施行的《在中国境内就业的外国人参加社会保险暂行办法》
>
> 第五条　参加社会保险的外国人,符合条件的,依法享受社会保险待遇。
>
> 在达到规定的领取养老金年龄前离境的,其社会保险个人账户予以保留,再次来中国就业的,缴费年限累计计算;经本人书面申请终止社会保险关系的,也可以将其社会保险个人账户储存额一次性支付给本人。
>
> 第六条　外国人死亡的,其社会保险个人账户余额可以依法继承。
>
> 第七条　在中国境外享受按月领取社会保险待遇的外国人,应当至少每年向负责支付其待遇的社会保险经办机构提供一次由中国驻外使、领馆出具的生存证明,或者由居住国有关机构公证、认证并经中国驻外使、领馆认证的生存证明。
>
> 外国人合法入境的,可以到社会保险经办机构自行证明其生存状况,不再提供前款规定的生存证明。
>
> 第八条　依法参加社会保险的外国人与用人单位或者境内工作单位因社会保险发生争议的,可以依法申请调解、仲裁、提起诉讼。用人单位或者境内工作单位侵害其社会保险权益的,外国人也可以要求社会保险行政部门或者社会保险费征收机构依法处理。
>
> 第九条　具有与中国签订社会保险双边或者多边协议国家国籍的人员在中国境内就业的,其参加社会保险的办法按照协议规定办理。

(二)企业招用外国人一般不用缴纳住房公积金

根据《关于住房公积金管理几个具体问题的通知》(建金管〔2006〕52 号)第一条的

规定,在职职工的范围不包括外方,因此,企业招用外国人一般不用缴纳住房公积金。

对于在中国获得永久居留权的外国人而言,可以根据《外国人在中国永久居留享有相关待遇的办法》(人社部发〔2012〕53 号)的规定,在工作地缴存和使用住房公积金,离开该地区时,可按规定办理住房公积金的提取或转移手续。

2006 年 3 月 13 日发布的《关于住房公积金管理几个具体问题的通知》(建金管〔2006〕52 号)

一、关于《条例》中"在职职工"的范围

根据《条例》、国家统计局有关统计指标解释和劳动保障部有关规定,《条例》所称在职职工,是指在国家机关、国有企业、城镇集体企业、外商投资企业、城镇私营企业及其他城镇企业、事业单位、民办非企业单位、社会团体(以下统称单位)中工作,并由单位支付工资的各类人员(不包括外方及港、澳、台人员),以及有工作岗位,但由于学习、病伤产假(六个月以内)等原因暂未工作,仍由单位支付工资的人员。包括与单位签订劳动合同或符合劳动保障部门认定的形成事实劳动关系的在岗职工,不包括已离开本单位仍保留劳动关系的离岗职工。

2012 年 9 月 25 日起施行的《外国人在中国永久居留享有相关待遇的办法》(人社部发〔2012〕53 号)

九、可以《外国人永久居留证》作为有效身份证件办理参加社会保险各项手续。在中国境内就业的,按照《中华人民共和国社会保险法》有关规定参加各项社会保险;在中国境内居住但未就业,且符合统筹地区规定的,可参照国内城镇居民参加城镇居民基本医疗保险和城镇居民社会养老保险,享受社会保险待遇。办理社会保险关系转移接续、终止等手续,社会保险经办机构按照有关规定简化流程、提供方便。

十、可按照《住房公积金管理条例》等规定,在工作地缴存和使用住房公积金,离开该地区时,可按规定办理住房公积金的提取或转移手续。

十七、港澳台居民在内地(大陆)工作,如何缴纳社会保险和公积金?

(一)港澳台居民办理社会保险的各项业务流程与内地(大陆)居民一致

外国人在中国工作,必须办理《就业证》,签订劳动合同后,才能缴纳社会保险。以前的规定也是要求港澳台的居民也需要办理《就业证》的,但是自 2020 年国家有新的规定后,部分流程和手续有所简化,无须办理《就业证》了。

用人单位依法聘用、招用港澳台居民的,应当持港澳台居民有效证件,以及劳动合同、聘用合同等证明材料,为其办理社会保险登记。港澳台居民办理社会保险的各项业务流程与内地(大陆)居民一致。

2020年1月1日起实施的《香港澳门台湾居民在内地(大陆)参加社会保险暂行办法》

第一条 为了维护在内地(大陆)就业、居住和就读的香港特别行政区、澳门特别行政区居民中的中国公民和台湾地区居民(以下简称港澳台居民)依法参加社会保险和享受社会保险待遇的合法权益,加强社会保险管理,根据《中华人民共和国社会保险法》(以下简称《社会保险法》)等规定,制定本办法。

第二条 在内地(大陆)依法注册或者登记的企业、事业单位、社会组织、有雇工的个体经济组织等用人单位(以下统称用人单位)依法聘用、招用的港澳台居民,应当依法参加职工基本养老保险、职工基本医疗保险、工伤保险、失业保险和生育保险,由用人单位和本人按照规定缴纳社会保险费。

在内地(大陆)依法从事个体工商经营的港澳台居民,可以按照注册地有关规定参加职工基本养老保险和职工基本医疗保险。

在内地(大陆)灵活就业且办理港澳台居民居住证的港澳台居民,可以按照居住地有关规定参加职工基本养老保险和职工基本医疗保险。

在内地(大陆)居住且办理港澳台居民居住证的未就业港澳台居民,可以在居住地按照规定参加城乡居民基本养老保险和城乡居民基本医疗保险。

在内地(大陆)就读的港澳台大学生,与内地(大陆)大学生执行同等医疗保障政策,按规定参加高等教育机构所在地城乡居民基本医疗保险。

第三条 用人单位依法聘用、招用港澳台居民的,应当持港澳台居民有效证件,以及劳动合同、聘用合同等证明材料,为其办理社会保险登记。

在内地(大陆)依法从事个体工商经营和灵活就业的港澳台居民,按照注册地(居住地)有关规定办理社会保险登记。

已经办理港澳台居民居住证且符合在内地(大陆)参加城乡居民基本养老保险和城乡居民基本医疗保险条件的港澳台居民,持港澳台居民居住证在居住地办理社会保险登记。

第四条 港澳台居民办理社会保险的各项业务流程与内地(大陆)居民一致。

社会保险经办机构或者社会保障卡管理机构应当为港澳台居民建立社会保障号码,并发放社会保障卡。

港澳台居民在办理居住证时取得的公民身份号码作为其社会保障号码；没有公民身份号码的港澳居民的社会保障号码，由社会保险经办机构或者社会保障卡管理机构按照国家统一规定编制。

第五条　参加社会保险的港澳台居民，依法享受社会保险待遇。

(二)港澳台居民办理公积金的各项业务流程与内地(大陆)居民一致

按照《关于在内地(大陆)就业的港澳台同胞享有住房公积金待遇有关问题的意见》(建金〔2017〕237号)规定，在内地(大陆)就业的港澳台同胞，均可按照《住房公积金管理条例》和相关政策的规定缴存住房公积金。缴存基数、缴存比例、办理流程等实行与内地(大陆)缴存职工一致的政策规定。同等享有住房公积金提取、贷款等权利。

2017年11月28日发布的《关于在内地(大陆)就业的港澳台同胞享有住房公积金待遇有关问题的意见》(建金〔2017〕237号)

一、支持港澳台同胞缴存。在内地(大陆)就业的港澳台同胞，均可按照《住房公积金管理条例》和相关政策的规定缴存住房公积金。缴存基数、缴存比例、办理流程等实行与内地(大陆)缴存职工一致的政策规定。

二、同等享有使用权利。已缴存住房公积金的港澳台同胞，与内地(大陆)缴存职工同等享有提取个人住房公积金、申请住房公积金个人住房贷款等权利。在内地(大陆)跨城市就业的，可以办理住房公积金异地转移接续。与用人单位解除或终止劳动(聘用)关系并返回港澳台的，可以按照相关规定提取个人住房公积金账户余额。

一点通

1. 外籍员工。

社会保险：除了与我国签订社保互免协定的10个国家外，其余外籍员工应在中国缴纳社会保险费。

公积金：对于在中国获得永久居留权的外国人，可按规定办理住房公积金。

2. 港澳台居民。

办理社会保险和公积金的各项业务流程与内地(大陆)居民一致。

十七、什么是劳务派遣？

劳务派遣是指劳务派遣单位与接受单位签订劳动者派遣协议，由派遣单位招用雇员并派遣劳动者到接受单位工作，劳动者和派遣机构从中获得收入的经济活动（图 8-5）。

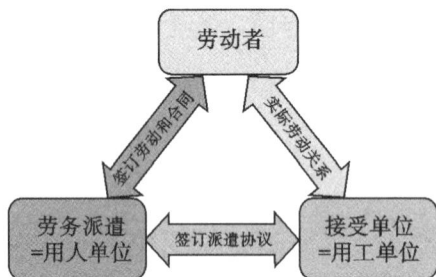

图 8-5　劳动者、劳务派遣、接受单位三者间的关系

十八、劳务派遣的用工形式有哪些？

劳务派遣一般在临时性、辅助性或者替代性的工作岗位上实施。

1. 临时性工作岗位是指存续时间不超过六个月的岗位。

2. 辅助性工作岗位是指为主营业务岗位提供服务的非主营业务岗位。

3. 替代性工作岗位是指用工单位的劳动者因脱产学习、休假等原因无法工作的一定期间内，可以由其他劳动者替代工作的岗位。

采用劳务派遣形式用工的行业主要是：建筑业、制造业和电信、银行、饭店、医院、邮政、家政、电力、铁路运输等服务性行业。

2013 年 7 月 1 日起施行的《劳动合同法》

第六十六条　劳动合同用工是我国的企业基本用工形式。劳务派遣用工是补充形式，只能在临时性、辅助性或者替代性的工作岗位上实施。

前款规定的临时性工作岗位是指存续时间不超过六个月的岗位；辅助性工作岗位是指为主营业务岗位提供服务的非主营业务岗位；替代性工作岗位是指用工单位的劳动者因脱产学习、休假等原因无法工作的一定期间内，可以由其他劳动者替代工作的岗位。

用工单位应当严格控制劳务派遣用工数量，超过其用工总量规定的比例，具体比例由国务院劳动行政部门规定。

十九、劳务派遣单位的注册资金有何要求？

按照《劳动合同法》第二节第五十七条规定："劳务派遣单位应当依照公司法的有关规定设立，注册资本不得少于五十万元。"

劳务派遣的注册资本在 2013 年之前是不少于 50 万元的，但是自 2013 年 7 月 1 日开始，注册资金不得少于人民币 200 万元。

> 2013 年 7 月 1 日起施行的《劳动合同法》
>
> 第五十七条　经营劳务派遣业务应当具备下列条件：
>
> （一）注册资本不得少于人民币二百万元；
>
> （二）有与开展业务相适应的固定的经营场所和设施；
>
> （三）有符合法律、行政法规规定的劳务派遣管理制度；
>
> （四）法律、行政法规规定的其他条件。
>
> 经营劳务派遣业务，应当向劳动行政部门依法申请行政许可；经许可的，依法办理相应的公司登记。未经许可，任何单位和个人不得经营劳务派遣业务。

二十、劳务派遣合同最低签多少年？

根据《劳动合同法》第五十八条规定，劳务派遣单位应当与被派遣劳动者订立二年以上的固定期限劳动合同，按月支付劳动报酬。因此劳务派遣合同最低签两年。

> 2013 年 7 月 1 日起施行的《劳动合同法》
>
> 第五十八条　劳务派遣单位是本法所称用人单位，应当履行用人单位对劳动者的义务。劳务派遣单位与被派遣劳动者订立的劳动合同，除应当载明《劳动合同法》第十七条规定的事项外，还应当载明被派遣劳动者的用工单位以及派遣期限、工作岗位等情况。
>
> 劳务派遣单位应当与被派遣劳动者订立二年以上的固定期限劳动合同，按月支付劳动报酬；被派遣劳动者在无工作期间，劳务派遣单位应当按照所在地人民政府规定的最低工资标准，向其按月支付报酬。

二十一、劳务派遣与劳务中介的区别是什么？

（一）劳务派遣

劳务派遣不同于劳务中介，其根本区别在于劳务派遣组织必须与劳务派遣人员签订劳动合同,建立劳动关系。劳务派遣组织与劳务人员是企业和员工的关系,其相互关系调整适用《劳动法》和《劳动合同法》。

(二)劳务中介组织

劳务中介组织主要是通过向企业和劳动者提供劳务信息服务收取一定的劳务中介费用。劳动者与劳务中介组织不签订劳动合同,所以也不存在劳动关系,其相互间的关系不受《劳动法》及相关法律保护,适用于《民法典》。

二十二、谁该为劳务派遣人员缴纳各项社会保险?

由哪一方为劳务派遣人员缴纳各项社会保险是由劳务派遣公司和实际用工单位协商确定的。双方应在《劳务派遣协议》中约定派遣岗位和人员数量、派遣期限、劳动报酬和社会保险费的数额与支付方式以及违反协议的责任。实操中由劳务派遣公司承担。

但不管如何约定,劳务派遣单位或用工单位都必须为劳务派遣人员缴纳各项社会保险费,不能互相推脱,侵犯劳务派遣人员的权益。

2013年7月1日起施行的《劳动合同法》

第五十九条　劳务派遣单位派遣劳动者应当与接受以劳务派遣形式用工的单位(以下称用工单位)订立劳务派遣协议。劳务派遣协议应当约定派遣岗位和人员数量、派遣期限、劳动报酬和社会保险费的数额与支付方式以及违反协议的责任。

用工单位应当根据工作岗位的实际需要与劳务派遣单位确定派遣期限,不得将连续用工期限分割订立数个短期劳务派遣协议。

一点通

1. 劳务派遣单位作为用人单位与派遣员工之间具有劳动关系,因此应该支付劳动报酬及缴纳社会保险等,这是劳务派遣单位的法定义务。

2. 用工单位在与派遣单位签订《劳务派遣协议》时,一定要把双方的权利和义务明确规定。比如哪方负责社保缴纳、独女子女费等,包括可以约定劳务派遣公司要合法,如跟劳动者签订书面劳动合同等。

二十三、劳务派遣公司能克扣用工单位付给劳务人员的工资吗？

该问题的答案是否定的。

《劳动合同法》第六十条规定,劳务派遣单位应当将劳务派遣协议的内容告知被派遣劳动者。劳务派遣单位不得克扣用工单位按照劳务派遣协议支付给被派遣劳动者的劳动报酬。劳务派遣单位和用工单位不得向被派遣劳动者收取费用。

案例

【案情介绍】

张先生被一家劳务派遣公司派到国外从事技术工作。在劳务派遣公司与国外用人单位签订的派遣协议中,国外用人单位付给他的工资是 16000 元/月,但劳务派遣公司却在隐瞒的情况下只付给他 4000 元/月,劳务派遣公司的做法合法吗？

【案例解析】

张先生公司的这种做法肯定是违法的。这种做法违反了《劳动合同法》第六十条规定,张先生可以到劳务派遣单位所在地的劳动监察部门举报。

二十四、被派遣劳动者享有哪些权利？

根据《劳动合同法》第六十一条规定,被派遣劳动者享有与用工单位的劳动者同工同酬的权利。

2013 年 7 月 1 日起施行的《劳动合同法》

第六十一条 劳务派遣单位跨地区派遣劳动者的,被派遣劳动者享有的劳动报酬和劳动条件,按照用工单位所在地的标准执行。

第六十四条 被派遣劳动者有权在劳务派遣单位或者用工单位依法参加或者组织工会,维护自身的合法权益。

2013 年 7 月 1 日发布的《全国人民代表大会常务委员会关于修改〈中华人民共和国劳动合同法〉的决定》

被派遣劳动者享有与用工单位的劳动者同工同酬的权利。用工单位应当按照同工同酬原则,对被派遣劳动者与本单位同类岗位的劳动者实行相同的劳动报酬分配办法。用工单位无同类岗位劳动者的,参照用工单位所在地相同或者相近岗位劳动者的劳动报酬确定。

二十五、劳务派遣公司转包劳务人员合法吗?

该问题的答案是:不合法。根据《劳动合同法》第六十二条规定,用工单位不得将被派遣劳动者再派遣到其他用人单位。

> 2013年7月1日起施行的《劳动合同法》
>
> 第六十二条　用工单位应当履行下列义务:
>
> (一)执行国家劳动标准,提供相应的劳动条件和劳动保护;
>
> (二)告知被派遣劳动者的工作要求和劳动报酬;
>
> (三)支付加班费、绩效奖金,提供与工作岗位相关的福利待遇;
>
> (四)对在岗被派遣劳动者进行工作岗位所必需的培训;
>
> (五)连续用工的,实行正常的工资调整机制。
>
> 用工单位不得将被派遣劳动者再派遣到其他用人单位。

二十六、何种情形下被派遣劳动者可以解除劳动合同?

被派遣劳动者可以依照《劳动合同法》第三十六条的规定与劳务派遣单位提出协商解除劳动合同,即自己提出离职;也可以当用人单位出现《劳动合同法》第三十八条的规定的情形时,与劳务派遣单位提出解除劳动合同,此条款属于即时解除——单位过失,劳务派遣公司需要支付经济补偿金。

> 2013年7月1日起施行的《劳动合同法》
>
> 第三十六条　用人单位与劳动者协商一致,可以解除劳动合同。
>
> 第三十八条　用人单位有下列情形之一的,劳动者可以解除劳动合同:
>
> (一)未按照劳动合同约定提供劳动保护或者劳动条件的;
>
> (二)未及时足额支付劳动报酬的;
>
> (三)未依法为劳动者缴纳社会保险费的;
>
> (四)用人单位的规章制度违反法律、法规的规定,损害劳动者权益的;
>
> (五)因本法第二十六条第一款规定的情形致使劳动合同无效的;
>
> (六)法律、行政法规规定劳动者可以解除劳动合同的其他情形。
>
> 用人单位以暴力、威胁或者非法限制人身自由的手段强迫劳动者劳动的,或者用人单位违章指挥、强令冒险作业危及劳动者人身安全的,劳动者可以立即解除劳动合同,不需事先告知用人单位。

第五十六条　被派遣劳动者有本法第三十九条和第四十条第一项、第二项规定情形的,用工单位可以将劳动者退回劳务派遣单位,劳务派遣单位依照本法有关规定,可以与劳动者解除劳动合同。

二十七、用工单位能开除被派遣劳动者吗?

用工单位不能开除或者辞退被派遣劳动者,但是可以根据《劳动合同法》第三十九条情形、第四十条第一、二项规定,将劳动者退回派遣公司。

2013年7月1日起施行的《劳动合同法》

第三十九条　劳动者有下列情形之一的,用人单位可以解除劳动合同:

(一)在试用期间被证明不符合录用条件的;

(二)严重违反用人单位的规章制度的;

(三)严重失职,营私舞弊,给用人单位造成重大损害的;

(四)劳动者同时与其他用人单位建立劳动关系,对完成本单位的工作任务造成严重影响,或者经用人单位提出,拒不改正的;

(五)因本法第二十六条第一款第一项规定的情形致使劳动合同无效的;

(六)被依法追究刑事责任的。

(此条属于即时解除,劳动者过失性解除劳动合同,用人单位无须支付经济补偿金。)

第四十条　有下列情形之一的,用人单位提前三十日以书面形式通知劳动者本人或者额外支付劳动者一个月工资后,可以解除劳动合同:

(一)劳动者患病或者非因工负伤,在规定的医疗期满后不能从事原工作,也不能从事由用人单位另行安排的工作的;

(二)劳动者不能胜任工作,经过培训或者调整工作岗位,仍不能胜任工作的;

(三)劳动合同订立时所依据的客观情况发生重大变化,致使劳动合同无法履行,经用人单位与劳动者协商,未能就变更劳动合同内容达成协议的。

二十八、用工单位如何进行劳务派遣的法律风险防范?

《劳动合同法》第六十七条规定,用工单位不得设立劳务派遣单位向本单位或者所属单位派遣劳动者,所以其只能跟外部的劳务派遣公司合作。

因此,用工单位需要注意以下几点。

1. 用工单位一定要审查劳务派遣企业的资质、明确劳务派遣的期限。

2. 用工单位和劳务派遣的派遣协议的条款要设计好,劳务派遣协议应当约定:派遣岗位和人员数量、派遣期限、劳动报酬和社会保险费的数额与支付方式以及违反协议的责任。

3. 用工单位在使用派遣员工前,必须先确认派遣员工与派遣公司是否签订有劳动合同,避免用工单位自身与劳动者形成事实劳动关系。

4. 劳务派遣员工与派遣公司的劳动合同必须交一份至实际用工单位存档备查,每次做好各项资料的交接手续。

5. 用工单位做好派遣员工的用工管理工作,对加班制度的制定和加班费、其他福利待遇的支付要依法进行。

案例

【案情介绍】

刘某由甲公司派遣到乙公司工作,工作期间不幸发生工伤,乙公司将刘某退回甲公司。后甲公司与刘某解除了劳动合同,同时以工伤赔偿应由乙公司承担为由,拒绝支付一次性伤残就业补助金。

无奈,刘某将甲公司、乙公司告上法庭,请求双方承担连带赔偿责任。庭审中,甲公司拿出一份与乙公司签订的劳务派遣协议,该协议明确约定由甲公司派遣员工刘某到乙公司工作,乙公司负责刘某的具体工作安排并对其进行管理,甲公司为刘某缴纳各项社会保险;如果甲公司派遣到乙公司的员工在工作期间发生了工伤,由乙公司承担赔偿责任,甲公司不承担赔偿责任。

甲公司认为按照协议约定,应该由乙公司来承担赔偿责任。

【裁判结果】

甲公司并无劳务派遣资质,虽然其与乙公司签订了劳务派遣协议,但根据合同相对性原则,该协议内容只约束甲公司、乙公司,对劳动者没有约束力。现甲公司将刘某派遣到乙公司工作,在工作期间刘某遭受了事故伤害,被认定为工伤,此时应当由甲公司和乙公司连带承担工伤保险责任。

据此,法院一审判决:被告甲公司、乙公司连带赔偿原告刘某的一次性伤残就业补助金。

【法官点评】

1. 劳务派遣协议是一种特殊的劳动用工形式,是指劳务派遣单位(用人单位)与实际用工单位签订派遣协议,在得到被派遣劳动者同意后,使其在被派企业指挥监督下提供劳动。

2. 劳务派遣的特点是劳动力雇佣与劳动力使用相分离,派遣劳动者不与用工单位签订劳动合同,不建立劳动关系,而是与派遣单位存在劳动关系,但却被派遣至用工单位劳动,形成"有关系没劳动,有劳动没关系"的特殊用工方式。

3. 为了保护劳动者的合法权益,在劳务派遣合同履行期间,如果被派遣劳动者在用工单位因工作遭受事故伤害的,则劳务派遣单位和用工单位须连带承担职工工伤的保险责任。劳务派遣单位以其与用工单位有约定为由主张不应承担工伤保险责任的,法院不予支持。

4. 但在劳务派遣单位向劳动者承担完工伤保险责任后,可按照其与用工单位约定的经济补偿办法向用工单位另行追偿相应费用。

第九章 明确劳动合同的期限

劳动合同期限是指合同的有效时间,它一般始于合同的生效之日,终于合同的终止之时。劳动合同期限由用人单位和劳动者协商确定,是劳动合同的一项重要内容,有着十分重要的作用。

劳动合同期限应该如何确定？首次签订劳动合同多长期限最为适合？连续订立两次固定期限劳动合同,第三次就可签订无固定期合同吗？无固定期限劳动合同是不是"铁饭碗""终身制"？有些用人单位不愿意签订无固定期限劳动合同,认为一旦签了,就要对劳动者长期、终身负责,如果劳动者偷懒,用人单位毫无办法;有的劳动者也认为无固定期限劳动合同就意味着终身捆绑在企业中,丧失了选择的机会,实际上这是一种误解。

因此,合理地确定劳动合同期限,对当事人双方来说,都是至关重要的。

一、劳动合同期限的种类有几种?

劳动合同期限的种类有三种:固定期限、无固定期限、以完成一定任务为期限(图 9-1)。

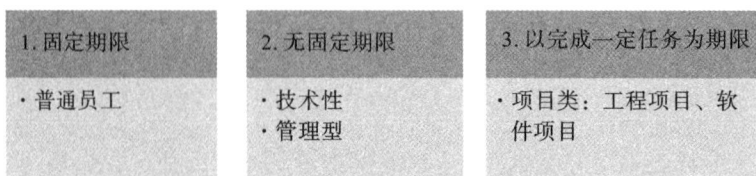

1.固定期限	2.无固定期限	3.以完成一定任务为期限
·普通员工	·技术性 ·管理型	·项目类：工程项目、软件项目

图 9-1 劳动合同期限的种类

【合同期限范本】

第一条 劳动合同期限经双方约定,采取下列第____种形式。

(一)固定期限:自____年____月____日起至____年____月____日止。

(二)无固定期限:自____年____月____日起至法定解除或终止劳动合同条件出现时止。

（三）以完成一定工作任务为期限：自＿＿＿年＿＿＿月＿＿＿日起至＿＿＿＿＿＿工作任务完成止。

其中订立第（一）、（二）项合同的，双方约定的试用期：自＿＿＿年＿＿＿月＿＿＿日起至＿＿＿年＿＿＿月＿＿＿日止。

2013 年 7 月 1 日起施行的《劳动合同法》

第十二条　劳动合同分为固定期限劳动合同、无固定期限劳动合同和以完成一定工作任务为期限的劳动合同。

第十三条　固定期限劳动合同，是指用人单位与劳动者约定合同终止时间的劳动合同。

第十四条　无固定期限劳动合同，是指用人单位与劳动者约定无确定终止时间的劳动合同。

第十五条　以完成一定工作任务为期限的劳动合同，是指用人单位与劳动者约定以某项工作的完成为合同期限的劳动合同。

用人单位与劳动者协商一致，可以订立以完成一定工作任务为期限的劳动合同。

二、首次签订劳动合同多长期限最为适合？

（一）根据行业性质和特点来设计

1. 首次签订劳动合同的期限，最好结合企业性质和岗位特点来设计。从对用人单位和劳动者来说，一般首次签订劳动合同三年最为合适，因为试用期最长可以为六个月。

2. 如果招聘的岗位为基层性的并且流动较大，首次签订合同期限可以为一年，试用期最长为二个月。如果不合适到期可以终止合同，不再续签。比如加油站的加油工人，工作流程和技能比较简单，首次可以签订一年的劳动合同。

（二）切忌首次签订十年劳动合同

用人单位对新进员工约定的劳动合同期限最好是以最低三年，最长不超过九年为最佳，切忌跟新进员工签订十年的劳动合同。

如果新进员工的劳动合同期限直接约定为十年，那么该劳动合同到期后，就构成了"劳动者在该用人单位连续工作满十年"这一无固定期限劳动合同成就的另一个条件。

三、无固定期限劳动合同订立的情形有哪些？

无固定期限劳动合同订立的情形有以下四类，成立的前提条件为：劳动者提出或者同意续订、订立劳动合同的。

(一)协商订立的情形

用人单位与劳动者协商一致，可以订立无固定期限劳动合同。

(二)强制订立的情形有三种

1. 劳动者在该用人单位连续工作满十年的。

【备注：如果经用人单位指派到新单位工作的，工龄连续计算。】

2. 用人单位初次实行劳动合同制度或者国有企业改制重新订立劳动合同时，劳动者在该用人单位连续工作满十年且距法定退休年龄不足十年的。

【备注："双十"规则。】

3. 连续订立二次固定期限劳动合同，且劳动者没有《劳动合同法》第三十九条和第四十条第一项、第二项规定的情形，续订劳动合同的。

【备注：自2008年1月1日之后算起。】

(三)视同订立的情形

用人单位自用工之日起满一年不与劳动者订立书面劳动合同的，视为用人单位与劳动者已订立无固定期限劳动合同。

【备注：《劳动合同法》第八十二条第二款规定："用人单位违反本法规定不与劳动者订立无固定期限劳动合同的，应当向劳动者支付二倍的月工资。"】

(四)特殊规定

这条应遵循当地政府的规定来执行，比如山东省的规定：用人单位与劳动者在解除或者终止固定期限劳动合同之日起三个月内，再次与劳动者订立固定期限劳动合同的，视为连续订立二次固定期限劳动合同。

2013年7月1日起施行的《劳动合同法》

第十四条　无固定期限劳动合同，是指用人单位与劳动者约定无确定终止时间的劳动合同。

用人单位与劳动者协商一致，可以订立无固定期限劳动合同。有下列情形之一，劳动者提出或者同意续订、订立劳动合同的，除劳动者提出订立固定期限劳动合同外，应当订立无固定期限劳动合同：

(一)劳动者在该用人单位连续工作满十年的；

（二）用人单位初次实行劳动合同制度或者国有企业改制重新订立劳动合同时，劳动者在该用人单位连续工作满十年且距法定退休年龄不足十年的；

（三）连续订立二次固定期限劳动合同，且劳动者没有本法第三十九条和第四十条第一项、第二项规定的情形，续订劳动合同的。

用人单位自用工之日起满一年不与劳动者订立书面劳动合同的，视为用人单位与劳动者已订立无固定期限劳动合同。

2013年10月1日起实施的《山东省劳动合同条例（修订草案修改稿）》

第十五条　用人单位与劳动者在解除或者终止固定期限劳动合同之日起三个月内，再次与劳动者订立固定期限劳动合同的，视为连续订立二次固定期限劳动合同。

四、在单位连续工作满十年可签订无固定期限劳动合同吗？

（一）符合下述条件，即可签订无固定期限的劳动合同

同一单位、连续工作、劳动者提出或同意续签无固定期限劳动合同。

（二）同一单位、连续工作包括的情形

1. 用人单位被兼并、合并、分立后。

1）劳动者在原单位工作的时间，视作在同一单位工作时间，与现单位的工作时间合并计算。

2）因用人单位合并、兼并、单位改变性质、法人改变名称或职工成建制调动、组织调动等原因而改变工作单位的，其改变前在原单位的工作时间应计算为在本单位的工作时间。

2. 因工作需要进行工作调动。

1）因组织调动，同一单位连续工作时间计算因工作需要，经组织决定调整工作而转移工作单位的职工，应与原用人单位解除劳动合同，与新的用人单位签订劳动合同，原用人单位不支付经济补偿金。

2）职工在新的用人单位患病或非因工负伤确定医疗期，续订劳动合同时确定劳动合同期限以及解除劳动合同确定经济补偿金时，职工在原用人单位工作时间应计算为现单位的工作时间。

3. 合资、合作企业与合资、合作的中方单位视为同一用人单位。

因《劳动合同法》第二条规定，中华人民共和国境内的企业、个体经济组织、民办

非企业单位等组织(以下称用人单位)与劳动者建立劳动关系,订立、履行、变更、解除或者终止劳动合同,适用本法。所以适用于中外合资经营企业、中外合作经营企业、外资企业、中外股份有限公司及其所属的中方职工。

1)由合资、合作的中方单位安排到合资、合作企业工作的中方职工,其连续工龄按在原单位工作时间和在合资、合作企业工作时间合并计算。

2)职工续签劳动合同时,其在合资、合作的中方单位连续工作的时间应当与在合资、合作企业连续工作的时间合并计算。

4. 2008年前后工龄合并计算。

用人单位实行劳动合同制度前后同一单位工作时间计算劳动者在同一用人单位连续工作,签订劳动合同前的工作时间和签订劳动合同后的工作时间应合并计算。

【备注:劳动者在用人单位设立筹备阶段的工作时间一般不计算为本单位工作年限,但双方另有约定的除外。】

2009年8月17日印发的《北京市高级人民法院、北京市劳动争议仲裁委员会关于劳动争议案件法律适用问题研讨会会议纪要》的通知

39. 劳动者在用人单位设立筹备阶段的工作时间一般不计算为本单位工作年限,但双方另有约定的除外。

劳办发〔1995〕163号劳动部办公厅关于贯彻《外商投资企业劳动管理规定》有关问题的复函

一、关于《外商投资企业劳动管理规定》(以下简称《规定》)的实施范围

《规定》适用于中外合资经营企业、中外合作经营企业、外资企业、中外股份有限公司及其所属的中方职工,以及上述企业中经所在地区劳动行政部门批准招收的外籍员工和台、港、澳员工。

二、关于劳动合同和集体合同(以下简称合同)中的有关问题

1. 企业与职工签订合同,须用中文书写,亦可同时用外文书写,但中外文本必须一致。中文合同文本为正本。合同鉴证机关只鉴证中文文本合同。

2. 劳动合同期满,但职工医疗期未满,或女职工孕期、产期、哺乳期未满,企业不得终止劳动合同,须待医疗期、孕期、产期、哺乳期满后方可终止。

职工患病或非因工负伤的医疗期限,按国家现行规定执行。

3. 劳动合同期满终止合同的,用人单位可以不给予职工经济补偿。

4. 对解除劳动合同的职工,凡符合享受生活补助费和医疗补助费的(即《违

反和解除劳动合同的经济补偿办法》及《违反行政处罚办法》中所指的经济补偿金和医疗补助费,下同),企业应当将其一次性支付给职工本人。此项费用在成本中列支。

5. 被企业终止和解除劳动合同的中方职工,原系中方合资、合作单位安排到合资、合作企业的,按离开中方单位时的协议办理。其余的到其户口所在地的职业介绍机构进行求职登记,也可以自谋职业。

6. 由合资、合作的中方单位安排到合资、合作企业工作的中方职工,其连续工龄按在原单位工作时间和在合资、合作企业工作时间合并计算。

当事人双方同意续延劳动合同时,如果职工连续工龄满十年以上,并提出订立无固定期限劳动合同,企业应与其订立无固定期限劳动合同。

2021年1月1日起施行的《最高人民法院关于审理劳动争议案件适用法律问题的解释(一)》

第四十六条　劳动者非因本人原因从原用人单位被安排到新用人单位工作,原用人单位未支付经济补偿,劳动者依据劳动合同法第三十八条规定与新用人单位解除劳动合同,或者新用人单位向劳动者提出解除、终止劳动合同,在计算支付经济补偿或赔偿金的工作年限时,劳动者请求把在原用人单位的工作年限合并计算为新用人单位工作年限的,人民法院应予支持。

用人单位符合下列情形之一的,应当认定属于"劳动者非因本人原因从原用人单位被安排到新用人单位工作":

(一)劳动者仍在原工作场所、工作岗位工作,劳动合同主体由原用人单位变更为新用人单位;

(二)用人单位以组织委派或任命形式对劳动者进行工作调动;

(三)因用人单位合并、分立等原因导致劳动者工作调动;

(四)用人单位及其关联企业与劳动者轮流订立劳动合同;

(五)其他合理情形。

五、连续订立两次固定期限劳动合同,第三次就可签订无固定期限劳动合同吗?

该问题的答案是肯定的。但是除了已经连续订立两次固定期限劳动合同外,还必须符合一个前提条件:劳动者没有违反《劳动合同法》三十九条、四十条第一、二项的规定。

也就是说,符合上述这两个条件,只要劳动者提出或者同意签订无固定期限劳动合同,第三次就可签订无固定期劳动合同。

2013 年 7 月 1 日起施行的《劳动合同法》

第三十九条　劳动者有下列情形之一的,用人单位可以解除劳动合同:

(一)在试用期间被证明不符合录用条件的;

(二)严重违反用人单位的规章制度的;

(三)严重失职,营私舞弊,给用人单位造成重大损害的;

(四)劳动者同时与其他用人单位建立劳动关系,对完成本单位的工作任务造成严重影响,或者经用人单位提出,拒不改正的;

(五)因本法第二十六条第一款第一项规定的情形致使劳动合同无效的;

(六)被依法追究刑事责任的。

第四十条　有下列情形之一的,用人单位提前三十日以书面形式通知劳动者本人或者额外支付劳动者一个月工资后,可以解除劳动合同:

(一)劳动者患病或者非因工负伤,在规定的医疗期满后不能从事原工作,也不能从事由用人单位另行安排的工作的;

(二)劳动者不能胜任工作,经过培训或者调整工作岗位,仍不能胜任工作的;

(三)劳动合同订立时所依据的客观情况发生重大变化,致使劳动合同无法履行,经用人单位与劳动者协商,未能就变更劳动合同内容达成协议的。

六、第三次签订合同即签订无固定期限合同,是否限制用人单位的自主权?

该问题的答案是否定的。无固定期合同不是"铁饭碗",也不是"终身制"的,在法定情形下是可以解除的。

无固定期限劳动合同,是指用人单位与劳动者约定无确定终止时间的劳动合同。这里所说的无确定终止时间,是指劳动合同没有一个确切的终止时间,劳动合同的期限长短不能确定,但并不是没有终止时间。

(一)协商一致解除可以解除无固定期限劳动合同

协商一致解除属于积极的解除,双方只要协商一致,是可以解除无固定期限劳动合同的。单位提出解除,是要支付经济补偿金的,标准详见《劳动合同法》第四十七条。

(二)当劳动者出现下列情形,无固定期限劳动合同是可以合法解除的

1. 劳动者过错原因的解除。

劳动者如果违反《劳动合同法》第三十九条的规定,用人单位是可以解除无固定期限劳动合同的。这类解除不在《劳动合同法》第四十六条规定的用人单位应当向劳动者支付经济补偿的规定范围内,它是以维护企业正常生产经营秩序的底线为标准,是赋予用人单位享有自主对犯有法定过错的劳动者予以辞退的权利。

2.劳动者不能胜任工作或劳动合同无法履行的解除。

《劳动合同法》第四十条规定,劳动者在劳动合同客观上已经无法履行劳动合同,用人单位可以根据实际情况作决定,只需同时承担经济补偿金和额外"一个月工资"的代价或提前30日书面通知,即N或者N+1经济补偿金。

(三)用人单位违法解除无固定期限劳动合同

用人单位违法解除无固定期限劳动合同属于消极的解除,属于法律规定不得解除劳动合同的条件,这些条件主要体现在《劳动合同法》第四十二条中。这类情况有别于该法第四十条所规列人员,他们或是因工伤病,或是暂时性的原因未能在岗工作,规定对此类人员不得解除劳动合同,是用人单位应尽的社会责任。

若单位要进行违法解除,则必须给予劳动者进行赔偿即经济补偿金的二倍,甚至要面临劳动者起诉要求恢复劳动关系。

2013年7月1日起施行的《劳动合同法》

第四十二条　劳动者有下列情形之一的,用人单位不得依照本法第四十条、第四十一条的规定解除劳动合同:

(一)从事接触职业病危害作业的劳动者未进行离岗前职业健康检查,或者疑似职业病病人在诊断或者医学观察期间的;

(二)在本单位患职业病或者因工负伤并被确认丧失或者部分丧失劳动能力的;

(三)患病或者非因工负伤,在规定的医疗期内的;

(四)女职工在孕期、产期、哺乳期的;

(五)在本单位连续工作满十五年,且距法定退休年龄不足五年的;

(六)法律、行政法规规定的其他情形。

第四十六条　有下列情形之一的,用人单位应当向劳动者支付经济补偿:

(一)劳动者依照本法第三十八条规定解除劳动合同的;

(二)用人单位依照本法第三十六条规定向劳动者提出解除劳动合同并与劳动者协商一致解除劳动合同的;

(三)用人单位依照本法第四十条规定解除劳动合同的;

（四）用人单位依照本法第四十一条第一款规定解除劳动合同的；（五）除用人单位维持或者提高劳动合同约定条件续订劳动合同，劳动者不同意续订的情形外，依照本法第四十四条第一项规定终止固定期限劳动合同的；

（六）依照本法第四十四条第四项、第五项规定终止劳动合同的；

（七）法律、行政法规规定的其他情形。

第四十七条　经济补偿按劳动者在本单位工作的年限，每满一年支付一个月工资的标准向劳动者支付。六个月以上不满一年的，按一年计算；不满六个月的，向劳动者支付半个月工资的经济补偿。

劳动者月工资高于用人单位所在直辖市、设区的市级人民政府公布的本地区上年度职工月平均工资三倍的，向其支付经济补偿的标准按职工月平均工资三倍的数额支付，向其支付经济补偿的年限最高不超过十二年。

本条所称月工资是指劳动者在劳动合同解除或者终止前十二个月的平均工资。

案例

【案情介绍】

2013 年 3 月，张某因在公司服务 10 年，与公司签订了无固定期限合同。2014 年年底，张某出差到武汉，参与组织聚众赌博，打架斗殴，因涉案金额大，严重危害社会秩序，被判处有期徒刑 2 年，缓期 1 年执行。

公司告知张某，依据《劳动合同法》与其解除劳动合同。张某认为自己是老员工，为公司做出了很多贡献。同时，公司与自己签订了无固定期限的劳动合同，缓刑期间可以上班，服刑期满后仍可以到公司上班。因此，张某不同意解除劳动合同。

请结合该案例分析，公司与员工签订的无固定期限合同，是否可以解除？

【案例解析】

无固定期限劳动合同，是指用人单位与劳动者约定无确定终止时间的劳动合同。这里所说的无确定终止时间，是指劳动合同没有一个确切的终止时间，劳动合同的长短不能确定，但并不是没有终止时间。

只要没有出现法律规定的条件或者双方约定的条件，双方当事人就要继续履行劳动合同规定的义务。该案例中，劳资双方即使签订了无固定期限劳动合同，在满足一定条件的情况下，也是可以解除的。

《劳动法》第二十五条规定，如果劳动者被依法追究刑事责任，用人单位可以解除劳动合同。《劳动合同法》第三十九条规定,被依法追究刑事责任的,用人单位可以解除劳动合同。

这里的劳动合同包括劳动合同的所有形式,当然也包括无固定期限的劳动合同。因为无固定期限劳动合同只是在期限方面有别于其他劳动合同,但它具有法律所规定的一切劳动合同的属性。

因此,只要违反《劳动法》的有关规定,无固定期限的劳动合同也可以解除。劳资双方签订无固定期限劳动合同,也可以解除,公司与张某解除劳动合同的法律依据是充分的。

1995 年 1 月 1 日起施行的《劳动法》

第二十五条　劳动者有下列情形之一的,用人单位可以解除劳动合同:

(一)在试用期间被证明不符合录用条件的;

(二)严重违反劳动纪律或者用人单位规章制度的;

(三)严重失职、营私舞弊,对用人单位利益造成重大损害的;

(四)被依法追究刑事责任的。

2013 年 7 月 1 日起施行的《劳动合同法》

第三十九条　劳动者有下列情形之一的,用人单位可以解除劳动合同:

(一)在试用期间被证明不符合录用条件的;

(二)严重违反用人单位的规章制度的;

(三)严重失职,营私舞弊,给用人单位造成重大损害的;

(四)劳动者同时与其他用人单位建立劳动关系,对完成本单位的工作任务造成严重影响,或者经用人单位提出,拒不改正的;

(五)因本法第二十六条第一款第一项规定的情形致使劳动合同无效的;

(六)被依法追究刑事责任的。

七、第二次签订的固定期限劳动合同到期后,用人单位能否终止,不再续签劳动合同?

该问题的答案是不能终止。除非劳动者符合以下条件之一,用人单位可以不再续签劳动合同:

第一,劳动者自己提出不再续签劳动合同。

第二,劳动者违反《劳动合同法》第三十九条和第四十条第一项、第二项规定的情形。

如果连续订立两次固定期限劳动合同以后,劳动者没有本法第三十九条和第四十条第一项、第二项规定的情形,这两条规定的情形就是劳动者没有违规、违纪、违法的情形,没有患病、负伤,不能胜任工作的情况下,劳动者提出要续订劳动合同的时候,用人单位应当签订无固定期限劳动合同。

用人单位要想终止劳动合同,前提是劳动者违法上述规定,才可终止。因此用人单位要注意收集并保存劳动者违规、违纪、违法的相关证据。

案例

【案情介绍】

龚某于2015年1月1日与公司签订了一年期限的劳动合同,自2015年1月1日至2015年12月31日止。合同到期后,公司又与龚某续签了一年期限的劳动合同。

2016年12月31日,双方劳动合同到期,公司提出终止劳动合同,不再续签,龚某提出要求订立无固定期限劳动合同,双方发生劳动争议。

【案例解析】

该案中,龚某与公司已经连续订立两次固定期限劳动合同,且龚某没有违法、违纪以及不能胜任工作的情形,在合同到期后龚某提出签订无固定期限劳动合同符合法律规定,应当得到支持。公司提出终止劳动合同没有法律依据。

用人单位与劳动者连续订立两次固定期限劳动合同,用人单位可以行使的终止权仅在第一次合同到期之时,当用人单位与劳动者签订第二次固定期限劳动合同时,实际上已经等同于订立了无固定期限劳动合同,因为第二次合同到期后,如果劳动者要求订立无固定期限劳动合同,用人单位必须订立。

所以,实践中用人单位在第一次劳动合同到期时,终止劳动合同还是续订劳动合同,用人单位必须做出选择。

八、如何做好无固定期限合同的法律风险防范?

(一)连续工作满十年

劳动者在用人单位连续工作满十年的,应当订立无固定期限劳动合同,因此用人单位需要保留员工入职、离职的相关证据。

(二)用人单位下发《续签劳动合同通知书》

连续订立二次固定期限劳动合同,且劳动者没有《劳动合同法》第三十九条和第四十条第一项、第二项规定的情形,用人单位应当订立无固定期限劳动合同。

如果劳动者不想订立无固定期限，要求签订固定期限劳动合同，一定要求劳动者提出书面申请，以防劳动者要求用人单位改签无固定期限劳动合同或者支付二倍工资。因此，用人单位要下发书面《续签劳动合同通知书》，让劳动者签字。第一次续签和第二次续签的通知书，稍有不同。

(三)根据当地政策来执行

比如广东省辖区内的用人单位要注意省内的相关法律法规有不同规定，须经劳动者提出签订无固定期限劳动合同时，用人单位才有义务签订，需要区别对待。

案例

【案情介绍】

刘某于 2008 年 4 月 14 日进入甲公司工作，担任人力资源部副总监。双方共签订劳动合同四次，最后一次签订劳动合同的期限从 2011 年 4 月 20 日起至 2011 年 10 月 21 日止。

2011 年 10 月 13 日，刘某发邮件询问甲公司劳动合同续订意向。此后，双方邮件往来讨论续签劳动合同及新岗位薪酬事宜。

2011 年 10 月 20 日，甲公司交给刘某为期一年的"协议书"，该协议书明确刘某的岗位、期限及薪酬意向，但刘某对协议书上明确的期限提出异议，并拒绝签署。同日，甲公司发出《劳动合同到期终止通知》，通知刘某由于双方协商未达成一致意见，故劳动合同到期后不再续签。刘某最后工作至 2011 年 10 月 21 日。

为此，刘某于 2011 年 10 月 28 日向上海市浦东新区劳动人事争议仲裁委员会提出申诉，要求甲公司：①恢复劳动关系；②按每月 33000 元的标准支付 2011 年 10 月 22 日至劳动关系恢复之日止的工资；③补缴 2011 年 10 月 22 日至恢复劳动关系之日止的城镇社会保险。

经仲裁，裁决对刘某的请求均不予支持。刘某不服该裁决，遂向原审法院提起诉讼。要求甲公司：①恢复劳动关系；②按每月人民币 33000 元的标准支付 2011 年 10 月 22 日至劳动关系恢复之日止的工资。

【案例解析】

法院认为，根据相关法律规定，劳动者已经与用人单位连续订立二次固定期限劳动合同后，与劳动者第三次续订劳动合同时，劳动者提出签订无固定期限劳动合同，应当订立无固定期限劳动合同。该案中，刘某虽提出签订无固定期限劳动合同，但双方已订立四次固定期限劳动合同，不符合规定的情形。因此，双方未就新劳动合同协商一致，甲公司可以终止劳动合同。

综上，刘某要求与甲公司恢复劳动关系，并要求按每月人民币 33000 元的标准支付 2011 年 10 月 22 日至劳动关系恢复之日止的工资的请求，缺乏法律依据，故本院不予支持。

综上所述，原审法院的判决事实清楚，适用法律正确，本院予以维持。据此，依照《中华人民共和国民事诉讼法》第一百五十三条第一款第（一）项之规定，判决如下：驳回上诉，维持原判。二审案件受理费人民币 10 元，由上诉人刘某负担。本判决为终审判决。

第十章　合法约定试用期

试用期是指包括在劳动合同期限内,用人单位对劳动者是否合格进行考核,劳动者对用人单位是否符合自己要求也进行考核的期限,是一种双方双向选择的表现。

但是很多用人单位滥用试用期,有的试用期口头约定,有的单位签订试用期协议,有的随意延长试用期,有的试用期随便辞退劳动者,有的在试用期期间付给劳动者的薪金待遇低,甚至在试用期期间不给劳动者缴纳社会保险。实践中,以上做法都是错误或不当的。

一、单位只签订一年劳动合同,试用期三个月可以吗?

该做法是错误的。只签订一年期限的劳动合同,试用期是不能超过二个月的,而且试用期包含在劳动合同期限内。

为了方便大家记忆,总结如表 10-1 所示。

表 10-1　劳动合同期限和试用期限的规定

序号	劳动合同种类	劳动合同期限	试用期限
1	以完成一定工作任务为要求	无	0
2	固定期限	A＜3 个月	0
		3 个月≤A＜1 年	≤1 个月
		1 年≤A＜3 年	≤2 个月
		A≥3 年	≤6 个月
3	无固定期限	有开始的日期,法定情形 出现时可终止	≤6 个月
4	劳务派遣	同固定期限的	同固定期限的试用期
5	非全日制用工	可不签订劳动合同	无试用期
6	续签劳动合同	建议 3～5 年	无试用期

> 2013 年 7 月 1 日起施行的《劳动合同法》
>
> 　　第十九条　劳动合同期限三个月以上不满一年的,试用期不得超过一个月;劳动合同期限一年以上不满三年的,试用期不得超过二个月;三年以上固定期限和无固定期限的劳动合同,试用期不得超过六个月。
>
> 　　同一用人单位与同一劳动者只能约定一次试用期。
>
> 　　以完成一定工作任务为期限的劳动合同或者劳动合同期限不满三个月的,不得约定试用期。
>
> 　　试用期包含在劳动合同期限内。劳动合同仅约定试用期的,试用期不成立,该期限为劳动合同期限。

二、可以单独约定试用期吗?

最好不要单独约定试用期。司法实践中,一些用人单位为了避免与劳动者订立劳动合同,往往在招用劳动者时与劳动者签订一个单独的试用合同,期限一般为三个月到六个月,在试用期合同期满后再签订正式劳动合同。

其实,这样做隐藏着极大的法律风险。《劳动合同法》第十九条规定,劳动合同仅约定试用期的,试用期不成立,该期限为劳动合同期限。单独约定试用期,将会出现下列后果:

1. 劳动合同仅约定试用期的,试用期不成立;如果一旦成立,该期限为劳动合同期限。

2. 单独的试用合同会被认定为一份正式劳动合同。

约定单独的试用期,将白白"浪费"了一次固定期限合同,等到签到所谓的"正式的劳动合同"时,已经订立两次劳动合同了,而连续两次订立固定期限劳动合同的,将面临无固定期限劳动合同的问题。

三、能否口头约定试用期?

该问题的答案是否定的。根据《劳动合同法》第十条的规定,用人单位与劳动者建立劳动关系应当签订书面劳动合同。《劳动合同法》第十九条的规定,劳动合同可以约定试用期,但劳动合同仅约定试用期的,试用期不成立,该期限为劳动合同期限。

试用期包含在劳动合同期限内,因而应当书面约定,口头约定无效。且试用期属于可选条款,若未在书面劳动合同中明确约定试用期条款,仅有口头约定,在一方不承认亦无其他证据时,将视为不存在试用期。

所以,口头约定的试用期等于无试用期。

四、是否可超期约定试用期?

不能超期约定试用期。超期试用也会导致二倍工资,这里的"二倍工资"与《劳动合同法》中不签订书面劳动合同的"二倍工资"是有区别的,是一个违法试用的法律后果。

试用期期限必须严格按照法律规定进行约定,超期约定属违法行为,按照法律规定,超期约定的法律后果分为两种情况:

第一种是还没有履行就被劳动者举报或是备案时被劳动行政部门发现了,这种情形劳动行政部门会责令用人单位改正;

第二种是已经履行了,则需要向劳动者支付赔偿金。

违法约定的试用期已经履行的,由用人单位以劳动者试用期满月工资为标准,按已经履行的超过法定试用期的期间向劳动者支付赔偿金。相当于每月要支付二倍工资。

> 2013 年 7 月 1 日起施行的《劳动合同法》
>
> 第八十三条　用人单位违反本法规定与劳动者约定试用期的,由劳动行政部门责令改正;违法约定的试用期已经履行的,由用人单位以劳动者试用期满月工资为标准,按已经履行的超过法定试用期的期间向劳动者支付赔偿金。

五、因超期约定试用期而支付的赔偿金和因违法解除支付的赔偿金是一回事吗?

这两件事情不是一回事。

1. 因超期约定试用期而支付的赔偿金是以劳动者转正后的工资为基数,按已经履行的超出法定试用期的期限来算的。

举例说明:W 企业和劳动者赵五签订了一年的固定期限劳动合同,约定的试用期是三个月,试用期期间工资是 4000 元,转正后工资是 5000 元。

因《劳动合同法》第十九条规定,劳动合同期限一年以上不满三年的,试用期不得超过两个月,而现在赵五在 W 企业工作超过三个月了。如果赵五申请劳动仲裁,则 W 企业应根据《劳动合同法》第八十三条的规定,需要以 5000 元为基数,乘以超期约定的 1 个月试用期计算赔偿金,向赵五劳动者支付赔偿金 5000 元。此外,赵五还可以按照《劳动合同法》第八十五条的规定,要求 W 企业支付超期约定 1 个月试用期的工资差额 1000 元。

因此 W 企业合计支付赵五 5000＋1000＝6000 元。也就是说，W 企业最后需要向赵五支付 6000 元，即转正后的一个月工资 5000 元加上超期约定的那一个月的工资差额 1000 元。

2. 若企业违法解除劳动合同，则需要支付赔偿金。

举例说明：BB 企业跟熊某签订三年的劳动合同，每月平均工资为 8000 元，熊某工作了两年五个月，单位老板认为熊某怀孕了会影响工作，因此辞退熊某。

如果熊某申请劳动仲裁或者起诉单位，可以根据《劳动合同法》第八十七条的规定，要求单位支付违法解除劳动合同的赔偿金，即 2.5 年×8000×2 倍＝40000 元。

2013 年 7 月 1 日起施行的《劳动合同法》

第八十五条　用人单位有下列情形之一的，由劳动行政部门责令限期支付劳动报酬、加班费或者经济补偿；劳动报酬低于当地最低工资标准的，应当支付其差额部分；逾期不支付的，责令用人单位按应付金额百分之五十以上百分之一百以下的标准向劳动者加付赔偿金：

（一）未按照劳动合同的约定或者国家规定及时足额支付劳动者劳动报酬的；

（二）低于当地最低工资标准支付劳动者工资的；

（三）安排加班不支付加班费的；

（四）解除或者终止劳动合同，未依照本法规定向劳动者支付经济补偿的。

第八十七条　用人单位违反本法规定解除或者终止劳动合同的，应当依照本法第四十七条规定的经济补偿标准的二倍向劳动者支付赔偿金。

六、可以随便延长试用期吗？

有的用人单位与劳动者约定的试用期未达到法律规定的上限，比如，用人单位与劳动者签订了三年期限的劳动合同，合同中约定试用期为三个月，未达到六个月的上限，用人单位可否在三个月试用期满后以劳动者不符合要求为由延长试用期至六个月呢？

如果用人单位与劳动者约定的试用期已届满，用人单位延长试用期，属于再次约定试用期的情形，违反了"同一用人单位与同一劳动者只能约定一次试用期"的规定，同样属于违法约定试用期。

在试用期届满前，双方协商将试用期变更为法定最长期限能否可行？理论上似乎可行，但需注意变更的时间节点，必须在试用期届满前协商变更。不过，在司法实践中有可能被认定为第二次试用，用人单位需慎重。

(一)不要随便延长试用期

1. 试用期有最长限制,即六个月,且与劳动合同期限相互结合。再怎么延长都不可能超过六个月,否则违法。

2. 如果约定的试用期履行完毕,再与劳动者约定延长试用期,还可能触犯《劳动合同法》第十九条"同一用人单位与同一劳动者只能约定一次试用期"的强制性规定。

3. 若试用期达到法律规定的上限,在试用期届满前,双方通过协商的方式,可将试用期变更为法定最长期限。

【备注:在司法实践中亦有可能被认定为第二次试用,用人单位需慎重。】

(二)延长试用期的前提条件

试用期限上限是劳动合同法的强制性法律规定,不得违反,如果签订的劳动合同期限没有超过法定强制的试用期规定,则要延长试用期必须符合下述条件:在试用期届满前需要劳动主体双方协商一致,延长或者缩短试用期属于劳动合同条款的变更,未经劳动者同意,用人单位不能单方面随意延长试用期。试用期届满后,任何一方都没有提出延长试用期的权利。

2020年6月1日起施行的青岛市人力资源和社会保障局《关于规范劳动关系有关问题的意见》(青人社规〔2020〕4号)

(十四)有下列情形之一的,不得再次约定试用期:

1. 劳动合同期满续订劳动合同的;

2. 劳动者因病或者非因工负伤,医疗期满后从事用人单位另行安排的工作的;

3. 劳动合同履行期间劳动者工作岗位变更的;

4. 用人单位招用同一劳动者且上次招用时双方约定的试用期已实际履行或者已部分履行的;

5. 法律、法规规定的其他情形。

用人单位与初次就业的军队转业干部、指令性安置的复退军人以及军转干部随调家属等政策性安置人员订立劳动合同的,不得约定试用期。

七、能否重复约定试用期?

(一)一般情形下,不能重复约定试用期

用人单位对新招聘录用的劳动者可以约定试用期。试用期设置的目的主要是为了考察劳动者的工作能力和与用人单位的磨合情况。试用期期限的长短由用人单位根据与劳动者签订劳动合同期限的长短来确定。用人单位在试用期内也可以

以劳动者不符合录用条件为由解除劳动合同(劳动关系)。试用期结束后,劳动者符合录用条件的,用人单位应当继续履行劳动合同。

鉴于试用期是用人单位用来考察劳动者的初始工作能力,因此下列情形用人单位不得与劳动者再次约定试用期:

(1)劳动合同到期后,用人单位与劳动者续签劳动合同的;

(2)劳动合同到期后,用人单位与劳动者形成事实劳动关系的;

(3)用人单位发生改制后,改制企业与用人单位重新签订劳动合同的。

(二)特殊情形可以重复约定

1. 如果劳动合同到期后用人单位与劳动者续签劳动合同,但是劳动者的工作岗位与之前劳动合同完全不同的话,用人单位还是可以与劳动者约定试用期的。比如劳动者原先岗位是前台,后续签的岗位为人力资源主管。这两个岗位的岗位职责完全不同,因此可以设置试用期。

2. 如果劳动者被解除劳动合同后,又被同一用人单位重新招聘录用的,且录用的岗位与之前的岗位性质也是完全不同的话,这种情况下用人单位也是可以与劳动者重新约定试用期的。

3. 劳务派遣中,实际用工单位在将劳动者退回劳务派遣公司后,劳务派遣公司又将该劳动者派遣至其他实际用工单位工作的,新的用工单位可以与该劳动者约定试用期。

总而言之,如果劳动者的岗位性质变化不是很大,用人单位是不能重复约定的,根据《劳动合同法》第十九条的规定,同一用人单位与同一劳动者只能约定一次试用期。因此重复约定试用期属于违法约定,同样面临每月支付"二倍工资"的法律风险。

八、试用期可以不给劳动者缴纳社会社保吗?

用人单位应当为试用期内的劳动者缴纳社会保险。

根据《劳动合同法》第十九条的规定,试用期包含在劳动合同期限内。既然试用期属于劳动合同期限的范围,员工就有权享受各项社会保险,即养老保险、工伤保险、医疗保险、失业保险等。

如果单位没有在职工试用期期间缴纳社会保险,可以在正式签订劳动合同之后或者次月为职工补缴。若不交社会保险,将会产生下述后果。

(一)万一试用期发生工伤事故,或者劳动者患重大疾病,用人单位要承担责任

人身伤害商业保险虽并不能免除用人单位的工伤责任,但是可以降低单位的一些赔偿成本。如果用人单位因为劳动者流动性非常大,来不及给劳动者缴纳社会保

险,可以给劳动者购买商业保险,比如团体意外险或者雇主责任险等,具体可以向保险公司咨询。

(二)一旦被劳动者投诉到劳动稽查时,补交社保时将面临高额的滞纳金和罚款

某单位属于直营连锁店,之前未给员工缴纳社保,采取私了的形式,给员工发放社保补贴。后来又被员工投诉,补交三年的社保,合计 4.8 万元,其中单位承担滞纳金 1.3 万元。而且这名员工鼓动其他五名员工一起投诉单位,结果可想而知。

因此建议用人单位的管理者,该合法的地方就合法,该规范的地方就规范。不要为了节省一点点小钱,被员工起诉,除了补交外还要缴纳滞纳金,最终得不偿失。

2011 年 7 月 1 日起施行的《中华人民共和国社会保险法》

第八十六条　用人单位未按时足额缴纳社会保险费的,由社会保险费征收机构责令限期缴纳或者补足,并自欠缴之日起,按日加收万分之五的滞纳金;逾期仍不缴纳的,由有关行政部门处欠缴数额一倍以上三倍以下的罚款。

九、劳动合同期限可以加多一天吗?

《劳动合同法》第十九条规定,劳动合同期限三个月以上不满一年的,试用期不得超过一个月;劳动合同期限一年以上不满三年的,试用期不得超过二个月;三年以上固定期限和无固定期限的劳动合同,试用期不得超过六个月。

部分用人单位在与员工订立劳动合同时,刻意地在劳动合同期限上加多一天或一个月,如将合同期限设为一年零一天,三年零一天,目的是将试用期订为二个月或六个月,其实多此一举。

《劳动合同法》中的"以上"是包括本数的,一年整期限的劳动合同完全可以订二个月试用期。因为加多了一天,劳动合同终止时将可能多支付半个月工资标准的经济补偿。

十、劳动合同期限可以少一天吗?

《劳动合同法》规定,三年以上固定期限和无固定期限的劳动合同,试用期不得超过六个月。劳动合同期限一年以上不满三年的,试用期不得超过二个月。以上是劳动合同法中试用期的临界点。

如果用人单位与劳动者订立三年期限的劳动合同,试用期可达六个月,但劳动合同期限为二年零三百六十四天时(不到三年),试用期不得超过二个月,一天之差,试用期可相差四个月。

普通员工试用期二个月可以考察其是否合适，但是管理人员一般都需要三到六个月才能考察其是否胜任本岗位。所以合同期限尽量不要少一天。而且即使跟劳动者签订了三年期限的劳动合同，如果其表现优秀，可以提前转正，这样给企业赋予了评估员工的转正灵活性。

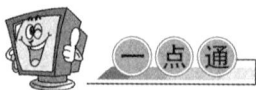

　　1. 试用期的期限根据企业实际运营和岗位的要求来确定，从而倒推劳动合同的期限。

　　2. 试用期合同既不可以口头约定，也不要单独约定。

　　3. 试用期的期限不可以多一天，也最好不要少一天。

　　4. 不能重复约定试用期，也不能超期约定。

　　5. 试用期也要给员工缴纳社会保险和公积金。

十一、试用期的工资有何规定？

《劳动合同法》第二十条规定，劳动者在试用期的工资不得低于本单位相同岗位最低档工资或者劳动合同约定工资的百分之八十，并不得低于用人单位所在地的最低工资标准。

《劳动合同法实施条例》第十五条规定，劳动者在试用期的工资不得低于本单位相同岗位最低档工资的80%或者不得低于劳动合同约定工资的80%，并不得低于用人单位所在地的最低工资标准。

鉴于《劳动合同法》第二十条的规定存在不完善的地方，所以《劳动合同法实施条例》第十五条进行了补充和完善。新法优于旧法。因此试用期的工资必须要符合以上这两个条件。

【案情介绍】

CC公司于2013年与张某签订了二年期限的劳动合同，约定试用期为六个月，试用期工资1600元，转正后的工资为2000元，并已按约定实际履行。

请问：CC公司将要承担什么赔偿责任？

【案例解析】

《劳动合同法》第八十三条规定，用人单位违反本法规定与劳动者约定试用期的,由劳动行政部门责令改正;违法约定的试用期已经履行的,由用人单位以劳动者试用期满月工资为标准,按已经履行的超过法定试用期的期间向劳动者支付赔偿金。赔偿金=2000×(6-2)=8000元。转正后工资差额=2000×4-1600×4=1600元。

十二、试用期可以解除劳动合同吗?

不少公司企业认为员工在试用期内,可以随时以不符合录用条件为由终止试用,解除劳动合同,在试用期内,是可以随意解除劳动合同,但实践中这种做法是错误的。

根据《劳动合同法》第二十一条的规定,在试用期中,除劳动者有本法第三十九条和第四十条第一项、第二项规定的情形外,用人单位不得解除劳动合同。用人单位在试用期解除劳动合同的,应当向劳动者说明理由。

如果要以第三十九条"在试用期间被证明不符合录用条件的"跟劳动者解除劳动合同,那么企业"不符合录用条件"的构成要素必须进行如下设置:

第一,用人单位招聘时明确告知劳动者录用条件;

第二,录用条件明确具体,符合法律规定;

第三,劳动者被证明不符合录用条件。

只有符合以上三个条件,才可以在试用期以"不符合录用条件"解除劳动合同。

2013年7月1日起施行的《劳动合同法》

第三十九条　劳动者有下列情形之一的,用人单位可以解除劳动合同:

(一)在试用期间被证明不符合录用条件的;

(二)严重违反用人单位的规章制度的;

(三)严重失职,营私舞弊,给用人单位造成重大损害的;

(四)劳动者同时与其他用人单位建立劳动关系,对完成本单位的工作任务造成严重影响,或者经用人单位提出,拒不改正的;

(五)因本法第二十六条第一款第一项规定的情形致使劳动合同无效的;

(六)被依法追究刑事责任的。

第四十条　有下列情形之一的,用人单位提前三十日以书面形式通知劳动者本人或者额外支付劳动者一个月工资后,可以解除劳动合同:

(一)劳动者患病或者非因工负伤,在规定的医疗期满后不能从事原工作,也不能从事由用人单位另行安排的工作的;

（二）劳动者不能胜任工作，经过培训或者调整工作岗位，仍不能胜任工作的；

（三）劳动合同订立时所依据的客观情况发生重大变化，致使劳动合同无法履行，经用人单位与劳动者协商，未能就变更劳动合同内容达成协议的。

一点通

《劳动合同法》第三十九条规定，员工在试用期期间被证明不符合录用条件的，用人单位可以解除劳动合同。但是一定要做到严谨，尽量书面约定录用条件。

即使劳动者符合上述情形之一，用人单位需要在试用期与劳动者解除劳动合同的，应当向劳动者说明理由。

案例

劳动者不能胜任工作，单位直接解除劳动合同判付 1.2 万元

【案情介绍】

2014 年 6 月，卫某与某公司建立劳动关系，双方签订了自 2014 年 6 月 1 日至 2017 年 5 月 31 日的书面劳动合同，约定了卫某的工作岗位为生产技术员，月工资 6000 元，该公司为卫某缴纳了社会保险费。

工作了一段时间后，该公司认为卫某不能胜任工作，于 2015 年 3 月 16 日直接向卫某送达了解除劳动合同报告书，解除了与卫某之间的劳动合同关系，未支付给卫某任何经济补偿。

之后卫某申请劳动仲裁，要求该公司支付违法解除劳动合同关系赔偿金。

【裁判结果】

本案经过审理认为，根据《中华人民共和国劳动合同法》第四十条第二项的规定："有下列情形之一的，用人单位提前三十日以书面形式通知劳动者本人或者额外支付劳动者一个月工资后，可以解除劳动合同；劳动者不能胜任工作，经过培训或者调整工作岗位，仍不能胜任工作的……"该公司在认为卫某不能胜任工作的情况下，直接解除了与卫某的劳动合同关系，应属于违法解除劳动合同关系。

根据《中华人民共和国劳动合同法》第八十七条的规定，该公司应按照卫某的工作年限支付违法解除劳动合同关系赔偿金 12000 元。

【法官点评】

《中华人民共和国劳动合同法》对用人单位解除或终止与劳动者的劳动合同关系作出了明确、详细的规定,用人单位应严格按照法律规定来行使自己的权利,违反法律规定解除与劳动者的劳动合同关系,应承担对其不利的法律后果。

本案中即使卫某不能胜任工作,该公司也应按照法律规定,对卫某进行培训或者调整工作岗位,如果经过培训或调整工作岗位后仍不能胜任工作的,该公司需提前三十天或额外支付卫某一个月工资后才可以解除劳动合同。该公司在未履行任何法定程序的情况下,直接解除了与卫某的劳动合同,属于违法解除劳动合同。

在司法实践中,用人单位解除劳动合同的情况并不少见,但往往因为没有按照法律规定的程序来履行自己的权利,而最终承担对其不利的法律后果。因此,用人单位按照法定程序行使解除权利,既有利于维护用人单位的权利行使,也有利保护劳动者的合法权益。

第十一章　工作岗位宜宽泛

　　某金融公司的法务部有很多岗位：督察专员（合同方向）、合规专员（投诉方向）、信息专员（信息收集方向）、外勤专员、法务助理……

　　人力资源工作者在劳动合同上这样填写员工的岗位名称——合规专员或者外勤专员。有一天某督察专员离职了，人力资源部暂时没有找到合适的人选，就让其他同事调岗或者兼任这些工作。那么问题来了，员工肯定不愿意接受以上安排，他们会说我的岗位就是督察专员，其他岗位我不接受；或者劳动合同约定的岗位实际上发生变化，员工没有办理相关手续，员工到新岗位一段时间后，却要求回到原岗位，判决时此请求往往成立，那么企业该如何抗辩？

　　这种情况的抗辩没有书面证明，企业一般会败诉。最好还是和员工协商，了解员工的想法，找到他的需求和企业需求重合的部分，处理此事。如果已经上升到诉讼程序，那就请证人（新岗位的同事、上级领导及当初与他沟通调整岗位的人）出庭，并拿出他在新岗位上工作过的相关证据，证明他同意去新岗位工作，并已有事实工作发生。因此劳动合同中工作岗位的填写非常重要。

一、合同约定的岗位应如何填写？

　　岗位的变更，需要通过协商一致才能调整。当企业因生产经营需要调整员工到其他操作岗位时，因变更岗位条款协商不一致而发生的争议。

　　因此，工作岗位宜宽泛，避免工作岗位过细、约定过死。比如：

　　1. 具体的车工、数控车工等可以设定岗位名称为工人或者操作工。

　　2. 高级技术师、中级技术师、初级技术师等可以设定岗位名称为技术人员。

　　3. 会计、出纳、收银、主管会计等可以设定岗位名称为财务人员。

　　4. 督察专员（合同方向）、合规专员（投诉方向）、信息专员（信息收集方向）等都可以设定岗位名称为法务专员。

二、岗位变更的法律风险防范

(一)坚持平等自愿、协商一致的原则

变更不得违反法律、法规的强制性规定。

(二)岗位变更需取得充分理由

如医疗期满不能从事原工作、不能胜任工作,用人单位可以调整岗位,这些条款应在合同中进行约定,或者入职时签订《岗位说明书》,规范岗位工作标准、考核内容等,避免劳动纠纷。

(三)可在合同中对变更情形做先行约定

用人单位也可以在规章制度中就调岗的条件情形直接做出约定,但是该约定不能违反法律规定和合理性原则。

(四)若员工同意变更,让员工签字确认

必须采用书面形式备注本人同意,服从公司安排,同时让员工签字确认以下书面资料:

1. 单位出具书面的《调岗通知书》,注明调岗地点、部门、岗位、薪资待遇等让员工签收。

2. 让员工填写《异动单》等表单。

一点通

调岗后调薪的法律风险防范:

1. 公司透明公开的薪资体系,并经过职代会表决通过或工代会通报过,向员工进行公示。

2. 双方调岗协议书中明确,调岗后将按照新岗位的薪资体系进行定薪。

3. 企业也需要人性化一点,调薪可以循序渐进、逐步降薪,或者调整后薪资至少不低于同岗位的最低薪酬以及该岗位薪酬范围的底线。

案例

用人单位擅自调岗降薪,员工据理力争获赔经济补偿

【案情介绍】

2007年5月苗某到某咨询公司工作,双方签订期限自2007年5月29日至

2009 年 1 月 31 日的劳动合同,期满后双方续签期限自 2009 年 2 月 1 日至 2012 年 1 月 31 日的劳动合同,合同约定苗某在青岛顾问中心部门总监岗位工作,该公司可根据其业务经营情况和苗某工作表现、职位变化、工作岗位的调整等,经协商一致后,调整苗某的工资水平。

2011 年 11 月 22 日,苗某生育一子。2012 年 5 月,苗某产假期满回到该公司工作。2012 年 6 月,该公司撤销苗某所在的部门青岛顾问中心,免去苗某青岛顾问中心副总经理职位,将苗某职位调整为管理顾问,并将苗某月工资标准由 8900 元调整为 5000 元。此后,苗某多次向该公司提出调薪异议。

2012 年 11 月 2 日,该公司向苗某发出"续签劳动合同意向书",主要内容为:根据苗某的哺乳期双方签署的劳动合同顺延至 2012 年 11 月 21 日期满,若苗某同意续签,该公司将与其续签到 2015 年 12 月 31 日的劳动合同,除职位、薪资按目前级别外,其余按照原合同内容不变。

2012 年 11 月 21 日,苗某通过邮件回复该公司,称"关于续签劳动合同之前即 6 月 30 日之前我就确认过,只要我的工资 8900 元不变,我同意续签。现在公司将我的工资从 8900 元降至 5000 元,我当然不能接受。请先确认我的工资 8900 元不变,并且给我补回来这几个月降低的工资"。次日,该公司通知苗某双方的劳动合同关系于 2012 年 11 月 22 日终止。

后苗某申请劳动仲裁,要求裁决该公司补发 2012 年 7 月至 2012 年 11 月工资、支付经济补偿。仲裁委裁决:驳回苗某的仲裁请求。苗某不服裁决,诉至法院。

【裁判结果】

法院经审理认为,苗某于 2011 年 11 月 22 日生育一子,双方之间的劳动合同应续延至苗某哺乳期满即 2012 年 11 月 21 日终止。

2012 年 6 月,该公司撤销苗某所在的部门青岛顾问中心,免去苗某青岛顾问中心副总经理职位,将苗某职位调整为管理顾问,并将苗某月工资由 8900 元调整为 5000 元,该公司未能提供证据证明其调薪的合法性以及调岗调薪的行为经过双方协商一致,违反了双方签订的劳动合同第六条的约定,应补发苗某 2012 年 7 月至 2012 年 11 月期间工资差额。

该公司虽主张向苗某发出"续签劳动合同意向书",苗某不同意续签,但根据苗某发出的邮件回复内容来看,苗某不同意续签的原因为该公司调薪造成。现该公司调薪缺乏合法性,应认定系该公司原因导致双方未续签劳动合同,故该公司应当支付苗某终止劳动合同经济补偿。

法院一审判决:该公司支付苗某工资 17645 元、终止劳动合同经济补偿 40950 元。一审宣判后,该公司不服,并提起上诉。二审法院经审理维持了一审判决。

【法官点评】

本案审理重点主要在于劳动合同期限届满后,用人单位降低劳动合同约定条件续订劳动合同,劳动者不同意续订的,双方终止劳动合同时用人单位是否应当向劳动者支付经济补偿的理解。

我国《劳动合同法》第十五条规定:"劳动合同期限届满,除用人单位维持或者提高劳动合同约定条件续订劳动合同,劳动者不同意续订的情形外,双方终止固定期限劳动合同的,用人单位应当向劳动者支付经济补偿。"

本案中,根据苗某发出的邮件回复内容来看,苗某不同意续签的原因为该公司将工资由8900元调整至5000元;该公司并非维持或者提高劳动合同约定条件续订劳动合同,构成降低劳动合同约定条件续订劳动合同,应认定系该公司原因致双方未续签劳动合同,故该公司应当支付苗某终止劳动合同经济补偿。

第十二章　特殊岗位特别约定

越来越多的企业出于做大、做强，或进军新领域的需求，会特别引进一批中高层管理人才，这批高水平外来人才一般被称为"职场空降兵"，或者"职业经理人"。企业和职业经理人双方都存在一定的不足，也要经历磨合阶段。如果合适当然留用，不合适则要降职降薪，甚至解除合同。

因此，有关企业和"空降兵"之间以不愉快结束的事情时有发生。如企业和"空降兵"双方责权界限不清，没有提前做好各项重要事项，比如业绩、计划等的约定，必然会引发劳动纠纷。

现在高管起诉用人单位的案例也不胜枚举，标的额高达100多万元。因此"空降兵"与企业主的关系要如何处理？我们可以看一下下面的破解之道。

一、哪些岗位需要再单独进行约定具体条款？

签订期限较长的员工和管理人员等，建议在签订劳动合同的同时，再加上签订短期岗位协议或者聘书作为附件。

通过短期岗位协议或者聘书的约定，即可将员工一定阶段内的工作岗位具体化，也使用人单位获得了在聘书到期前决定是否调整员工岗位的主动权。比如跟员工签订《岗位聘任合同书》《年度目标责任状》。

1. 新入职员工：签订期限较长的劳动合同时，颁发聘书；聘用结束，合适则继续颁发，不合适则调整工作岗位。

2. 在职员工：将三年劳动合同期限分为三个岗位合同期限；岗位合同期满实行竞聘上岗；如果不能竞聘上岗，则重新调换岗位，变更劳动合同。

举例说明：雷某被ML公司录用，职务是公司副总，ML公司可以跟雷某签订三年劳动合同，合同的岗位为管理人员，下发聘书为副总，期限为一年。若期满后符合公司要求，则继续聘任，不符合则调整岗位。

一　点　通

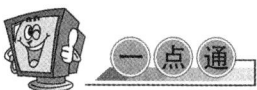

> 1. 签署聘书、签订岗位职责说明书,都是为岗位异动留下空间。
> 2. 岗位合同独立约定需配合公司的绩效、薪酬体系:
> 1)系统性:设定绩效、薪酬制度及工作目标。
> 2)激励性:建立宽带薪酬结构,利用阶梯式的薪资强化激励性。
> 3)可控性:便于单位调整劳动报酬,控制人工成本。

二、如何合法合理对员工进行调岗?

(一)合法调岗操作程序的五个注意事项

完善调岗制度;加强考核;充分准备面谈;重视书面确认;组织新岗位培训。

(二)调岗"合理性"应正确把握四个原则

一是调岗基于企业的生产经营需要或因劳动者个人能力、工作态度等因素导致,即调岗具有必要性。

二是调岗前后工资待遇应当持平。

三是调岗后是否增大了劳动者的劳动成本。这里主要是指工作岗位地理位置的变更不应给劳动者照顾家庭、上下班的工作成本造成更大的负担。

四是不具有侮辱性和惩罚性。

(三)合法调岗的 11 种情形

1. 协商一致调岗。

用人单位与劳动者协商一致,可以调整岗位。根据《劳动合同法》第三十五条的规定,用人单位与劳动者协商一致,可以变更劳动合同约定的内容。变更劳动合同,应当采用书面形式。变更后的劳动合同文本由用人单位和劳动者各执一份。

2. 用工自主权调岗。

因劳动者不能胜任工作而变更、调整职工工作岗位,则属于用人单位的自主权。公司如事先与员工约定好可以变更工作岗位的具体明确且合理的情形,如"员工的父母、配偶、子女、兄弟姐妹在公司工作的,产生利益冲突的,员工同意回避,并接受公司调整岗位"。当类似以上的情形出现的时候,公司就可以依据约定进行调岗,这样的调岗可被认为是合法的,属公司行使用工自主权。

根据《劳动法》第十七条、第二十六条、第三十一条的规定,因劳动合同订立时所依据的客观情况发生重大变化,致使原劳动合同无法履行而变更劳动合同,须经双方当事人协商一致,若不能达成协议,则可按法定程序解除劳动合同;因劳动者不能胜任工作而变更、调整职工工作岗位,则属于用人单位的自主权。对于因劳动者岗位变更引起的争议应依据上述规定精神处理。

3. 医疗期满调岗。

因劳动者患病或者非因工负伤,在规定的医疗期满后不能从事原工作,用人单位可以调岗。

《劳动合同法》第四十条规定,有下列情形之一的,用人单位提前三十日以书面形式通知劳动者本人或者额外支付劳动者一个月工资后,可以解除劳动合同:劳动者患病或者非因工负伤,在规定的医疗期满后不能从事原工作,也不能从事由用人单位另行安排的工作的。

4. 工伤致残后安排适当工作调岗。

职工因工致残被鉴定为五级、六级伤残的,保留与用人单位的劳动关系,由用人单位安排适当工作。

《工伤保险条例》第三十六条规定,职工因工致残被鉴定为五级、六级伤残的,享受以下待遇:①从工伤保险基金按伤残等级支付一次性伤残补助金,标准为五级伤残为 18 个月的本人工资,六级伤残为 16 个月的本人工资;②保留与用人单位的劳动关系,由用人单位安排适当工作。难以安排工作的,由用人单位按月发给伤残津贴,标准为五级伤残为本人工资的 70%,六级伤残为本人工资的 60%,并由用人单位按照规定为其缴纳应缴纳的各项社会保险费。伤残津贴实际金额低于当地最低工资标准的,由用人单位补足差额。

5. 不胜任工作调岗。

劳动者不能胜任工作,由用人单位可以调整工作岗位,前提要有不能胜任工作的证据:

一是要有明确的绩效考核标准或者岗位职责说明,并经员工签字确认;

二是有客观、量化的考核结果,并经员工签字确认;

三是考核不合格,调岗或者进行培训。

《劳动合同法》第四十条规定,劳动者不能胜任工作,经过培训或者调整工作岗位,仍不能胜任工作的。用人单位提前三十日以书面形式通知劳动者本人或者额外支付劳动者一个月工资后,可以解除劳动合同。

6. 女职工"三期"调岗。

1)孕期:又称妊娠期,是怀孕周数。

根据《女职工劳动保护特别规定》,对于不能适应原劳动的孕期女职工,用人单位应当根据医疗机构的证明,予以减轻劳动量或者安排其他能够适应的劳动。对怀孕七个月以上的女职工,用人单位不得延长劳动时间或者安排夜班劳动,并应当在劳动时间内安排一定的休息时间。

2)哺乳期:指女职工给婴儿哺乳的期间。哺乳期的长度为一年,自婴儿出生时起至婴儿满一周岁时止。

根据《女职工劳动保护特别规定》,女职工在哺乳期禁忌从事的劳动范围包括孕期禁忌从事的劳动范围的第一项、第三项、第九项;作业场所空气中锰、氟、溴、甲醇、有机磷化合物、有机氯化合物等有毒物质浓度超过国家职业卫生标准的作业。

7.女职工更年期综合征调岗。

山东省实施《女职工劳动保护特别规定》第十四条规定,女职工因患有更年期综合征,经县(市、区)级以上医疗机构证明不能胜任现劳动的,所在单位应减轻其劳动量或暂时安排其他适宜的劳动。

其他省市也有类似规定,比如山西省、江苏省。

8.职业禁忌及健康损害调岗。

有职业禁忌的劳动者从事其所禁忌的作业,或者在职业健康检查中发现有与所从事的职业相关的健康损害的劳动者,用人单位应当将劳动者调离原工作岗位,并妥善安置。

2002年5月1日起施行的《中华人民共和国职业病防治法》第三十五条规定,对从事接触职业病危害的作业的劳动者,用人单位应当按照国务院安全生产监督管理部门、卫生行政部门的规定组织上岗前、在岗期间和离岗时的职业健康检查,并将检查结果书面告知劳动者。职业健康检查费用由用人单位承担。

用人单位不得安排未经上岗前职业健康检查的劳动者从事接触职业病危害的作业;不得安排有职业禁忌的劳动者从事其所禁忌的作业;对在职业健康检查中发现有与所从事的职业相关的健康损害的劳动者,应当调离原工作岗位,并妥善安置;对未进行离岗前职业健康检查的劳动者不得解除或者终止与其订立的劳动合同。

职业健康检查应当由取得《医疗机构执业许可证》的医疗卫生机构承担。卫生行政部门应当加强对职业健康检查工作的规范管理,具体管理办法由国务院卫生行政部门制定。

9.脱密期调岗。

根据《保密法》第三十八条的规定,涉密人员离岗离职实行脱密期管理。用人单位对于处在脱密期的员工可以进行调岗。《劳动合同法》第二十三条规定,用人单位与劳动者可以在劳动合同中约定保守用人单位的商业秘密和知识产权相关的保密事项。

因此,保密条款的内容当属于双方当事人意思的范畴,如果合同中约定掌握商业秘密的员工提出解除劳动合同前一段时间内,公司有权调整其岗位。这样的约定对合同当事人均有约束力,员工一方须履行。

对负有保守用人单位商业秘密义务的劳动者,劳动合同当事人可以就劳动者要求解除劳动合同的提前通知期在劳动合同或者保密协议中作出约定,但提前通知期通常不得超过六个月。

劳部发〔1996〕355 号《劳动部关于企业职工流动若干问题的通知》规定,用人单位与掌握商业秘密的职工在劳动合同中约定保守商业秘密有关事项时,可以约定在劳动合同终止前或该职工提出解除劳动合同后的一定时间内,不超过六个月,调整其工作岗位,变更劳动合同中相关内容;用人单位也可规定掌握商业秘密的职工在终止或解除劳动合同后的一定期限内(不超过三年),不得到生产同类产品或经营同类业务且有竞争关系的其他用人单位任职,也不得自己生产与原单位有竞争关系的同类产品或经营同类业务,但用人单位应当给予该职工一定数额的经济补偿。

> 2020 年 6 月 1 日起施行的青岛市人力资源和社会保障局《关于规范劳动关系有关问题的意见》(青人社规〔2020〕4 号)
>
> (二十)用人单位与负有保密义务的劳动者在劳动合同中约定保守商业秘密和与知识产权相关的保密事项时,可以约定在劳动合同终止前六个月内,调整其工作岗位,变更劳动合同中相关内容,但用人单位不得降低劳动者的劳动报酬。

10. 经营或组织架构调整情形下的调岗。

2017 年 4 月 24 日北京市高级人民法院、北京市劳动争议仲裁委员会《关于审理劳动争议案件法律适用问题的解答》第五条规定,用人单位与劳动者约定可根据生产经营情况调整劳动者工作岗位的,经审查用人单位证明生产经营情况已经发生变化,调岗属于合理范畴,应支持用人单位调整劳动者工作岗位。

用人单位与劳动者在劳动合同中未约定工作岗位或约定不明的,用人单位有正当理由,根据生产经营需要,合理地调整劳动者工作岗位属于用人单位自主用工行为。判断合理性应参考以下因素:用人单位经营必要性、目的正当性,调整后的岗位为劳动者所能胜任、工资待遇等劳动条件无不利变更。

11. 推定认可调岗。

用人单位与劳动者书面协商一致,可以变更劳动者的工作岗位。

如果用人单位与劳动者虽无书面变更工作岗位的约定,但有确切证据证明劳动者对用人单位调整其工作岗位未明确提出异议且劳动者在变更后的岗位上工作满一个月的,可视为双方协商一致变更了工作岗位。

2021年1月1日起施行的《最高人民法院关于审理劳动争议案件适用法律问题的解释(一)》

第四十三条　用人单位与劳动者协商一致变更劳动合同,虽未采用书面形式,但已经实际履行了口头变更的劳动合同超过一个月,变更后的劳动合同内容不违反法律、行政法规且不违背公序良俗,当事人以未采用书面形式为由主张劳动合同变更无效的,人民法院不予支持。

一 点 通

1. 岗位与薪酬待遇相挂钩:明确薪随岗变的薪酬管理原则。在劳动合同中以"岗位协议"的形式明确双方权利、义务。避免调整工作岗位或变更劳动合同后,因薪、岗有别的问题而引发劳动争议的情形出现。

2. 明确岗位职责:在劳动合同及规章制度中界定不胜任工作的标准。通过对劳动者进行考核的结果认定其胜任工作与否,与其签订《岗位说明书》《绩效合同》等。

3. 完善考核指标:劳动者身体状况、出勤天数等与工作完成情况息息相关的因素,应当按照用人单位客观情况写进岗位职责中,作为考核标准进行考核。

4. 做好绩效沟通:经考核不合格的劳动者,被用人单位界定为不能胜任工作的,应将考核结果向劳动者进行告知、确认,做好沟通工作,及时缓解劳动者可能出现的对立情绪,避免劳动争议的发生。

5. 符合国家法律法规:当劳动合同变更时,还要注意变更的条款及变更理由与程序都应合法。依据《劳动合同法》及相关法律规定,用人单位与劳动者变更劳动合同应当遵循以下步骤:

1)核对是否已与劳动者依法订立了书面劳动合同,这是劳动合同变更的前提。

2)确定变更事项,以书面形式向劳动者提出变更意向,并送达劳动者。

3)坚持平等自愿、协商一致的原则与劳动者就劳动合同变更事宜进行协商。

4)与劳动者达成一致,签订变更协议,办理变更手续。

5)履行书面程序。已生效的变更书(变更后的劳动合同文本)一式两份,由用人单位和劳动者各执一份。

案 例

调整工作岗位的合同变更

【案情介绍】

张女士来到某贸易公司从事财务主管工作多年,期间工作表现良好。随后在续订劳动合同时用人单位与其订立了无固定期限劳动合同。2009年11月,张女士患病,因错过最佳治疗时间,转为慢性疾病,后来时常因其身体状况和病假问题影响工作。该公司领导经讨论认为,张女士目前的身体状况不符合财务主管工作岗位的要求,已经影响了公司的正常经营活动,决定将其由目前的工作岗位调到相对轻松的其他岗位,以方便治疗和休息,相关待遇按照新岗位标准执行。

张女士认为其在公司工作多年,表现良好,用人单位于情应为其保留工作岗位,待其痊愈后继续工作;于理在没有征求她本人意见的前提下,擅自调整她的工作岗位及待遇,属于擅自变更劳动合同的行为,因此拒不执行公司的安排。

在双方经过数次协商仍未达成一致意见的情况下,该公司以张女士不服从工作安排,属严重违纪为由,决定与其解除劳动关系,停发工资,停缴社会保险。张女士不服,将该公司告上劳动争议仲裁委员会,要求恢复劳动关系,继续从事原岗位工作。

【仲裁结果】

劳动争议仲裁庭经调查认为,该公司相关规章制度明确规定,张女士的身体状况无法履行相应的岗位职责情况,视为不能胜任工作。因劳动者不能胜任工作而变更、调整职工工作岗位,则属于用人单位的自主权。因此驳回张女士的申请,裁定该贸易公司的解除决定合法、有效,双方解除劳动关系。

在用人单位的规章制度和日常管理工作中,哪些属于行使管理权,哪些应属于变更劳动合同行为,是许多人力资源工作者容易出现困惑的重点。这也是本案的焦点所在。

【案例点评】

依据劳动部办公厅《关于职工因岗位变更与企业发生争议等有关问题的复函》(下文简称《复函》)之规定:关于用人单位能否变更职工岗位问题,按照《劳动法》第十七条、第二十六条、第三十一条、《劳动合同法》第四十条之规定,因劳动合同订立时所依据的客观情况发生重大变化,致使劳动合同无法履行,经用人单位与劳动者协商,未能就变更劳动合同内容达成协议的;因劳动者不能胜任工作而变更、调整职工工作岗位,则属于用人单位的自主权。对于因劳动者岗位变更引起的争议应依据上述规定精神处理。

　　因此,上述案例中用人单位的做法是没有问题的。因为该单位在规章制度中已将身体状况不符合岗位要求界定为不能胜任工作,依据《劳动合同法》的规定,用人单位因劳动者不能胜任工作而变更、调整职工工作岗位,属于用人单位的自主权。劳动者拒不服从用人单位工作安排的,用人单位在规章制度中明确将其界定为严重违纪的,可以解除劳动合同。

第十三章　工作地点弹性化

工作地点是指劳动者在用人单位从事劳动合同约定工作的地点,也是劳动合同订立前用人单位告知劳动者的内容之一。

《劳动合同法》将工作地点作为劳动合同的必备条款,意味着用人单位不能随意调整劳动者的工作地点,因为工作地点调整,也属于劳动合同变更,根据法律规定,变更劳动合同需要双方协商一致。

随着经济的发展,用人单位注册地与劳动合同履行地不一致的情形越来越多,出现了新型的 soho(small office home office,即"居家办公")办公模式,甚至存在大量企业异地用工的情况。因企业搬迁、办公场所到期、员工外派、出差等多种因素,工作地点容易发生变动。

工作地点的约定与员工社保关系、仲裁管辖、最低工资均有很大关系,如何认定劳动合同履行地愈显重要。我国实行劳动合同履行地优先原则,一般情况下是将工作地点作为劳动合同履行地对待。

当仲裁委员确定劳动者实际工作场所时不仅要看用人单位注册地,还要从劳动者办公地点、劳动者工资发放地、办公地点提供者、场所与岗位职责是否具有密切联系等角度综合考虑,由此作出的裁决才符合事实。

一、什么是劳动合同履行地优先原则?

劳动合同履行地实际是指劳动者实际工作地点,用人单位所在地是指用人单位注册、登记地。

我国实行劳动合同履行地优先原则,一般情况下将工作地点作为劳动合同履行地对待。原则上劳动合同履行地优先,但是也可以选择单位注册地。适用用人单位注册地的有关标准必须同时满足两个条件:

一是用人单位注册地的有关标准高于劳动合同履行地的有关标准;

二是用人单位与劳动者约定按照用人单位注册地的有关规定执行的,从其约定。

根据《劳动合同法》,工作地点是劳动合同的必备条款(第十七条),对工作地点的变更,属于对劳动合同内容的变更,应经用人单位和劳动者协商一致(第三十五条),用人单位单方面变更工作地点,可能被认定为属"用人单位未按照劳动合同约定提供劳动条件",劳动者有权解除劳动合同(第三十八条),并要求用人单位支付经济补偿金(第四十六条)。

2008 年 9 月 18 日起施行的《劳动合同法实施条例》

第十四条 劳动合同履行地与用人单位注册地不一致的,有关劳动者的最低工资标准、劳动保护、劳动条件、职业危害防护和本地区上年度职工月平均工资标准等事项,按照劳动合同履行地的有关规定执行;用人单位注册地的有关标准高于劳动合同履行地的有关标准,且用人单位与劳动者约定按照用人单位注册地的有关规定执行的,从其约定。

2008 年 5 月 1 日起施行的《中华人民共和国劳动争议调解仲裁法》

第二十一条 劳动争议仲裁委员会负责管辖本区域内发生的劳动争议。劳动争议由劳动合同履行地或者用人单位所在地的劳动争议仲裁委员会管辖。双方当事人分别向劳动合同履行地和用人单位所在地的劳动争议仲裁委员会申请仲裁的,由劳动合同履行地的劳动争议仲裁委员会管辖。

2009 年 1 月 1 日起施行的《劳动人事争议仲裁办案规则》

第十二条 劳动合同履行地为劳动者实际工作场所地,用人单位所在地为用人单位注册、登记地。用人单位未经注册、登记的,其出资人、开办单位或主管部门所在地为用人单位所在地。

案件受理后,劳动合同履行地和用人单位所在地发生变化的,不改变争议仲裁的管辖。

多个仲裁委员会都有管辖权的,由先受理的仲裁委员会管辖。

2021 年 1 月 1 日起施行的《最高人民法院关于审理劳动争议案件适用法律问题的解释(一)》

第三条 劳动争议案件由用人单位所在地或者劳动合同履行地的基层人民法院管辖。

劳动合同履行地不明确的,由用人单位所在地的基层人民法院管辖。法律另有规定的,依照其规定。

案例

员工不愿随公司搬迁而离职，是否能要求赔偿？

上个月，刘某所在的工厂因生产原因，从市区搬到相邻的郊县。由于路程太远，刘某不愿前往，想和公司解除劳动合同关系，这种情况，刘某能否要求工厂支付经济补偿或赔偿呢？

劳动合同是劳动者与用人单位确立劳动关系、明确双方权利和义务的协议，工作地点是劳动合同的必备条款。如果劳动合同载明了变更工作地点的可能性，劳动者应当服从。但如果劳动合同中写明了工作地点为原厂址，变更工作地点应属于变更劳动合同内容。

《劳动合同法》第四十条规定："劳动合同订立时所依据的客观情况发生重大变化，致使劳动合同无法履行，经用人单位与劳动者协商，未能就变更劳动合同内容达成协议的。用人单位提前三十日以书面形式通知劳动者本人或者额外支付劳动者一个月工资后，可以解除劳动合同。"第四十六条规定："依据第四十条解除劳动合同用人单位应当向劳动者支付经济补偿。"

因此，在未协商一致的情况下，刘某可以要求单位支付经济补偿金。

二、劳动者不同意变更又不同意调岗的，用人单位怎么办呢？

因用人单位具体情况的不同，包括变更工作地方区域范围、员工受影响的程度、弥补措施的提供、劳动合同以及规定制度的规定等不同，需综合权衡及判断。

1. 若劳动合同及规章制度有明确的规定（规章制度有公示和签收，有召开员工代表大会通过），且工作地点变更造成员工的影响不大的，用人单位对不配合的员工，可基于公司规章制度的规定，对严重违纪员工作出辞退的决定。

2. 但若上述事宜超出合理范围，且公司作出辞退决定的，将面临违法解除的法律后果，即需要向员工支付赔偿金（经济补偿金的双倍）。

为保守起见，建议用人单位按照《劳动合同法》第四十条第（三）项的规定，"劳动合同订立时所依据的客观情况发生重大变化，致使劳动合同无法履行，经用人单位与劳动者协商，未能就变更劳动合同内容达成协议的"，提前一个月向员工告知，并对上述员工作出解除决定，支付相应的经济补偿金，以避免出现批量性违法解除的情形，造成用人单位的损失扩大。

案例

【案情介绍】

力 A 机械因经营需要，跨市搬迁办公场所，张某等 17 名员工因办公地点变更，向力Ａ机械提出辞职,并提起劳动仲裁及诉讼。力Ａ机械认为,诉讼争议劳动关系是由劳动者一方辞职而解除,并非力Ａ机械主动要求与之解除劳动关系,力Ａ机械无须支付经济补偿金。经法院审理,认为力Ａ机械变更办公地址,属于客观情况发生重大变化,劳动者因此提出辞职的,应当支付经济补偿金。

【案例解析】

关于力Ａ机械是否应支付经济补偿金及相关补偿数额计算的问题。根据《劳动合同法》第四十条"有下列情形之一的,用人单位提前三十日以书面形式通知劳动者本人或者额外支付劳动者一个月工资后,可以解除劳动合同……劳动合同订立时所依据的客观情况发生重大变化,致使劳动合同无法履行,经用人单位与劳动者协商,未能就变更劳动合同内容达成协议的"的规定,在双方订立劳动合同时的客观情况发生重大变化,而使原劳动合同的履行难以为继,或无法继续履行,在协商变更原劳动合同无果的情形下,用人单位与劳动者之间可解除劳动合同,并承担相应的补偿金支付义务。

该条法律规定适用的要件为:

(1)劳动合同履行的前提条件发生重大变化;

(2)双方协商变更劳动合同无果。

在本案中,根据二审判决查明事实,张某等17名劳动者提出劳动仲裁申请的原因为力Ａ机械跨市搬迁,变更工作地址,使原劳动合同无法继续履行,双方亦无法协商达成经济补偿协议。

而根据仲裁庭审记录中力Ａ机械"愿意迁入新址的员工可以续签劳动合同,不愿意随迁则不要续签"的陈述,可印证劳动者所言非虚。同时,又由于双方无法就劳动合同变更达成合意,故二审判决认定17名劳动者仲裁请求,有事实与法律依据,《劳动合同法》第四十条第(三)项规定的情形在本案中已经形成,用人单位应支付相应的经济补偿金,并无不当。

三、与工作地点变更相关的法律性文件汇总

(一)《广东省人力资源和社会保障厅关于做好企业转型升级过程中劳资纠纷预防处理工作的意见》(粤人社规〔2013〕3号)

该文件第二条(第三项)涉及劳动合同继续履行问题。根据《劳动合同法》第三十三条的规定,企业变更名称、法定代表人、主要负责人或者投资人(股东)等事项,不影响劳动合同的履行;根据《劳动合同法》第三十四条的规定,企业发生合并或者分立等情况,原劳动合同继续有效,劳动合同由承继其权利和义务的企业继续履行。

"三来一补"企业转型登记为企业法人后,劳动合同由承继权利义务的新企业继

续履行。

企业在本市行政区域内搬迁,职工上下班可乘坐本市公共交通工具,或企业提供交通补贴、免费交通工具接送等便利条件,对职工生活未造成明显影响的,劳动合同继续履行。

原劳动合同继续履行的,企业不需支付经济补偿。企业与职工应当按照劳动合同的约定,全面履行各自的义务,企业不得擅自降低职工薪酬待遇;职工的本企业工作年限连续计算,双方可在劳动合同或以其他书面形式注明职工在本企业的工作年限。

(二)《深圳市中级人民法院关于审理劳动争议案件的裁判指引》,2015 年颁布

该文件第八十条规定,用人单位在深圳市行政区域内搬迁,劳动者要求用人单位支付经济补偿的,不予支持。

用人单位由深圳市行政区域内向深圳市行政区域外搬迁,劳动者要求支付经济补偿的,应予支持。

(三)广东省高级人民法院印发《广东省高级人民法院关于审理劳动争议案件疑难问题的解答》的通知(粤高法〔2017〕147 号),2017 年 8 月 1 日实施

该文件第九条中,因企业搬迁引起的劳动合同履行问题如何处理?

企业因自身发展规划进行的搬迁,属于劳动合同订立时所依据的客观情况发生重大变化,用人单位应与劳动者协商变更劳动合同内容。未能就变更劳动合同内容达成协议的,劳动者要求解除劳动合同以及用人单位支付解除劳动合同的经济补偿金的,予以支持。但如企业搬迁未对劳动者造成明显的影响,且用人单位采取了合理的弥补措施(如提供班车、交通补贴等),劳动者解除劳动合同理由不充分的,用人单位无须支付解除劳动合同的经济补偿金。

(四)《北京市高级人民法院与北京市劳动人事争议仲裁委员会关于审理劳动争议案件法律适用问题的解答》,2017 年 4 月颁布

该文件第六条中,用人单位与劳动者在劳动合同中宽泛地约定工作地点是"全国""北京"等,用人单位在履行劳动合同过程中调整劳动者的工作地点,劳动者不同意,用人单位依据规章制度作出解除劳动合同决定是否支持?

用人单位与劳动者在劳动合同中宽泛地约定工作地点是"全国""北京"等,如无对用人单位经营模式、劳动者工作岗位特性等特别提示,属于对工作地点约定不明。劳动者在签订劳动合同后,已经在实际履行地点工作的,视为双方确定具体的工作地点。用人单位不得仅以工作地点约定为"全国""北京"为由,无正当理由变更劳动者的工作地点。

用人单位与劳动者在劳动合同中明确约定用人单位可以单方变更工作地点的，仍应对工作地点的变更进行合理性审查。具体审查时，除考虑对劳动者的生活影响外，还应考虑用人单位是否采取了合理的弥补措施（如提供交通补助、班车）等。

第七条劳动者按变更后的工作地点实际履行合同，又以未采用书面形式为由主张劳动合同变更无效的是否支持？

劳动者已经按变更后的工作地点实际履行合同，又以未采用书面形式为由主张劳动合同变更无效的，适用《最高人民法院关于审理劳动争议案件适用法律问题的解释（一）》第四十三条的规定处理：用人单位与劳动者协商一致变更劳动合同，虽未采用书面形式，但已经实际履行了口头变更的劳动合同超过一个月，变更后的劳动合同内容不违反法律、行政法规且不违背公序良俗，当事人以未采用书面形式为由主张劳动合同变更无效的，人民法院不予支持。

四、劳动合同中如何约定工作地点？

劳动合同上面工作地点的填写尤为重要，一定要工作地点弹性化，因此单位应从以下几个方面出发来规避法律风险。

(一)宜约定明确，不宜模糊约定

实践中，有些公司为了避免擅自变更工作地点的不利后果，采用模糊约定的方式，如将工作地点约定为"中国""山东省"或者约定为"单位办公场所及其委派的其他工作场所""职工自愿服从公司工作地点的安排"等。

这类约定往往导致工作地点不明，从而使工作地点模糊约定，这都属于约定过宽、约定不明，等于没有约定或者归于无效。

在实际处理中，法院或者仲裁部门也会根据实际履行原则，以员工现有的工作地作为工作地点。

1. 一般性的企业。

劳动者的工作地点可约定到市、县。此工作地点要细化到城市。比如直接写青岛、北京、上海、天津或者写总公司及分子公司所在地。

公司在一个城市内，根据业务的需要变更劳动者的具体工作地点是可行的。比如从青岛市的市南区调整到市北区。

2. 大型企业集团。

对于某些可能进行工作调动的劳动者，可与其约定乙方（劳动者）：工作地点为某省、某市，甲方（集团）因业务需要可以对乙方进行工作调动，乙方同意调往：甲省某市，或乙省×市，或丙省××市。

这样关于工作调动的约定由于明确具体并且事前经双方协商一致，既不存在赋予用人单位随意变更劳动合同的权利,也不存在排除劳动者协商变更劳动合同权利的情形,因而是可行、有效的。

(二)宜面不宜点

一般在劳动合同中最好约定的工作地点具体到门牌号,比如××市××区××号,尤其是有多个公司遍布全国各地的,未来如用人单位想单方面变更会极为被动。同时切勿只写上本公司的名称作为工作地点。

工作地点是一个固定的点,但约定时可以作为一个面约定,如约定为"青岛市",则单位在青岛市内的变动,并未给员工造成不方便,则此种变动属于履行劳动合同的变动,可以由单方自主决定。

(三)与岗位相结合

用人单位可以针对公司的业务和劳动者岗位的特殊性,在劳动合同中同时约定几个工作地点,并要求劳动者在签订劳动合同时予以确认。

(四)多个工作地点

如果劳动合同约定了多个工作地点,每个工作地点都要在劳动合同中具体明确,以免成为无效约定。

用人单位如果确实需要对工作地点进行变更,并且变更超出劳动合同中约定的范围时,必须要与劳动者协商一致,如果协商不一致,单位单方面解除劳动合同,将承担违法解除劳动合同的后果。

一 点 通

示范:劳动合同的工作地点

甲乙双方约定,乙方的工作地点按下列第____项确定:

1. 甲方安排乙方在____工作,乙方为完成其工作而需要临时在青岛之外工作的,乙方须服从工作安排,主动完成工作任务。甲方根据经营及业务的需要可以调整乙方的工作地点。

2. 甲方可以安排乙方在以下(包括但不限于)地点工作:

1)成都、长沙、南宁、贵阳、遵义、沈阳、番禺。

2)大连、青岛、昆明、西安、苏州、宁波。

3)上海、杭州、广州、深圳、武汉、哈尔滨、合肥。

(五)不要对劳动者的生活造成严重影响

是否对劳动者造成明显的影响,是变更工作地点合理性的首要判断因素,也是体现劳动法体系具备"公法"的特色,即劳动合同中就算双方约定同意变更工作地点,亦要在未造成明显影响的前提下。

而对于是否造成明显影响的判断,主要是包括劳动者的生活圈与工作圈是否产生重大改变,即考虑劳动者居住的地方、家庭原有生活模式、上下班路途及时间等各项因素,原司法实践上主要以是否跨市作为参考标准,但现今交通以及市区的发展,即使在本市区内变更工作地点,亦存在严重影响生活的情况。为此,广东省高院在2017年作出的解答更为明晰,即是否造成严重影响是判断的核心,以避免司法实践上单纯以是否跨市作为机械式的判断依据。

若变更工作地点给劳动者造成明显影响,法律亦趋向对劳动者权益的保护,这也是北京市高院对约定"全国""北京"认定为约定不明,深圳市中院对是否跨区作为是否影响劳动者的一项参考指标。另外,即使用人单位作出相应的弥补,亦需获得劳动者的同意。

(六)用人单位在作出变更工作地点决定前,应采取相应的合理措施

1. 用人单位在作出变更决定前,应向受影响的员工进行告知及沟通,形成书面的记录(人数众多时,可以采取召开会议的形式进行)。

2. 用人单位在作出变更决定时,应提供相应的渠道供劳动者选择。用人单位可提供三种渠道:

一是同意变更决定的员工,签订变更协议,并提供相应的弥补措施(如提供班车、交通补贴等),每个地方经济状况不同,各种补贴现无统一标准;

二是不同意变更决定的员工,可调配到公司的其他工作岗位,其应在收到公司变更决定时三日内,向公司作出回复;

三是不同意变更又不同意调岗的员工(限期内未回复),用人单位可根据规章制度或法律、法规的规定进行相应处理。

总之,关于工作地点、岗位、薪酬这些敏感话题,应该在劳动合同中明确规定,公司会根据企业经营业务的需要及员工个人的特长、工作能力及身体状况,调整员工的工作地点、岗位、薪酬。

一点通

1. 认定工作地点的变更，一般以是否对劳动者的工作生活造成了过大的影响为准，如果造成重大影响，建议给予相应的津贴或补贴以弥补因此给劳动者造成的经济损失。

2. 用人单位在市内变更工作地点，最好能给予劳动者交通补贴，有条件的提供免费交通工具，这既是维护劳动者权益的表现，也能使用人单位变更工作地点更具合法性。

3. 如果是因为劳动者订立时的客观情况发生重大变化，致使劳动合同无法履行，用人单位应当及时与劳动者协商变更劳动合同，如果未能就变更劳动合同内容达成协议，则可以按照《劳动合同法》第四十条第三款处理。

4. 虽然目前给大家提供了在合同中约定工作地点的一些方法，但是也要根据各省市的规定，合理合法地运用。

案例

劳动合同履行地如何确定?

【案情介绍】

被申请人"青岛市某医用不锈钢设备有限公司"聘请申请人郭某，作为国内业务部济南市、烟台市、威海市的区域经理，并由申请人郭某担任该区域内产品的销售及售后的服务工作。

"青岛市某医用不锈钢设备有限公司"并未在济南市设立任何分支机构或办事处，郭某系在其济南市家中办公，所有办公设备及费用均由郭某自行承担。郭某的工资系由"青岛市某医用不锈钢设备有限公司"转账至郭某的银行卡上，提成的奖金由郭某到青岛市领取现金。郭某因与"青岛市某医用不锈钢设备有限公司"发生劳动争议向济南市劳动争议仲裁委员会申请仲裁，济南市劳动争议仲裁委员会受理后，被申请人"青岛市某医用不锈钢设备有限公司"提出了管辖权异议申请。

仲裁委员会认为被申请人"青岛市某医用不锈钢设备有限公司"对该案管辖权提出的异议成立，决定将该案移交青岛市劳动争议仲裁委员会处理。争议焦点案涉双方劳动合同履行地点是济南市还是青岛市?

【案例评析】

《中华人民共和国劳动争议调解仲裁法》第二十一条规定，劳动争议仲裁委员会负责管辖本区域内发生的劳动争议。劳动争议由劳动合同履行地或者用人单位所在地的劳动争议仲裁委员会管辖。双方当事人分别向劳动合同履行地和用人单位所在地的劳动争议仲裁委员会申请仲裁的,由劳动合同履行地的劳动争议仲裁委员会管辖。

由此确定,该案中具有管辖权的劳动争议仲裁委员会为被申请人所在地即青岛市的劳动争议仲裁委员会,或申请人与被申请人劳动合同履行地的劳动争议仲裁委员会。该案中关于能否认定济南市为合同履行地,存在两种不同意见:

第一种意见认为:依据《劳动人事争议仲裁办案规则》第十二条规定,劳动合同履行地为劳动者实际工作场所地。该案中申请人实际是在其位于济南市的家中办公,即可认定合同履行地为济南市。

第二种意见认为:虽申请人在位于济南市的家中办公,但该地点并非被申请人的任何分支机构或办事处,且该场所中的所有设备及费用均并非由被申请人承担,故该地点不应视为劳动者的实际工作场所,即不能因此认定合同履行地为济南市。

该案裁决时采纳了第二种意见。

首先,申请人的工资系由被申请人从青岛市转账,提成的奖金也由申请人至青岛市领取,即申请人的工资支付地为青岛市。

其次,虽然申请人主张其在位于济南市的家中办公,但该地点并非被申请人的任何分支机构或办事处,且该场所中的所有设备及费用均并非由被申请人承担,故该地点不应视为劳动者的实际工作场所。

再次,申请人的岗位为"区域经理",工作职责为负责包括济南市、烟台市、威海市区域内产品的销售及售后的服务工作,该工作职责与在济南市家中办公并无实际联系。故济南市不应视为劳动合同的履行地,济南市劳动争议仲裁委员会对该案没有管辖权。

第十四章　工作时间要合法

曾经,中国互联网公司是年轻人的梦想。"996""007"代表着一种工作制度,"996"的工作制度是指每天上午 9 点上班,晚上 9 点下班,一周工作 6 天;而"007"则是每天零点上班零点下班,一周工作 7 天,这种制度意味着每一天都在公司里工作。

马云说:"阿里早年也加班,但是我们加什么班? 加学习的班,我们 8 小时工作以后,最主要晚上是复盘、学习。我们今天做错了什么、什么事情应该修复,我们应该互相怎么学习。我们 8 小时以外的两个小时、三个小时是学习、提升,而不是去加班……"

到底什么是工作时间呢? 工作时间又称劳动时间。是指法律规定的劳动者在一昼夜和一周内从事劳动的时间。工作时间的长度由法律直接规定,或由集体合同或劳动合同直接规定。劳动者或用人单位不遵守工作时间的规定或约定,要承担相应的法律责任。休息时间是在 8 小时以外劳动者自由支配的时间。

一、我国法律法规中有关工时的规定有哪些?

关于工时的规定,国家出台了下列文件:

(1)《中华人民共和国劳动法》(全国人民代表大会常务委员会于 1994 年 7 月 5 日颁布,并于 1995 年 1 月 1 日起施行);

(2)《劳动保障监察条例》(中华人民共和国第 423 号令,2004 年 10 月 26 日国务院第 68 次常务会议通过,自 2004 年 12 月 1 日起施行);

(3)《国务院关于职工工作时间的规定》(1994 年 2 月 3 日国务院令第 146 号发布,1994 年 3 月 1 日起施行,1995 年 3 月 25 日,国务院令第 174 号修订);

(4)劳动部《关于企业实行不定时工作制和综合计算工时工作制的审批办法》(劳动部 1994 年 12 月 14 日发布、1995 年 1 月 1 日起执行,劳部发〔1994〕503 号);

(5)《劳动和社会保障部关于职工全年月平均工作时间和工资折算问题的通知》(劳社部发〔2008〕3 号);

（6）《劳动部关于职工工作时间有关问题的复函》（劳部发〔1997〕271号，劳动部1997年9月10日发布实施）；

（7）《关于贯彻执行〈中华人民共和国劳动法〉若干问题的意见》的通知（劳部发〔1995〕309号，1995年8月4日发布实施）；

（8）劳动部关于印发《〈国务院关于职工工作时间的规定〉问题解答的通知》（劳部发〔1995〕187号）；

（9）《劳动部贯彻〈国务院关于职工工作时间的规定〉的实施办法》（劳动部1995年3月26日发布，1995年5月1日起施行）。

二、关于职工工作时间的现行规定是什么？

1995年1月1日起施行的《劳动法》第三十六条规定，国家实行劳动者每日工作时间不超过8小时、平均每周工作时间不超过44小时的工时制度。

1994年2月3日中华人民共和国国务院令（第146号）《国务院关于职工工作时间的规定》发布，1995年3月25日《国务院关于修改〈国务院关于职工工作时间的规定〉的决定》修订。

第三条修改为："职工每日工作8小时、每周工作40小时。"第五条修改为："因工作性质或者生产特点的限制，不能实行每日工作8小时、每周工作40小时标准工时制度的，按照国家有关规定，可以实行其他工作和休息办法。"

第七条修改为："国家机关、事业单位实行统一的工作时间，星期六和星期日为周休息日。企业和不能实行前款规定的统一工作时间的事业单位，可以根据实际情况灵活安排周休息日。"第九条修改为："本决定自1995年5月1日起施行。1995年5月1日施行有困难的企业、事业单位可以适当延期，但是事业单位最迟应当自1996年1月1日起施行，企业最迟应当自1997年5月1日起施行。"

因此通过上述法律法规，可以得出职工关于工作时间的现行规定。

我国目前实行劳动者每日工作8小时，每周工作40小时这一标准工时制度。用人单位由于生产经营需要，经与工会和劳动者协商后可以延长工作时间，一般每日不得超过1小时；因特殊原因需要延长工作时间的在保障劳动者身体健康的条件下延长工作时间每日不得超过3小时，但是每月不得超过36小时。

三、全日制用工形式下，工时制度分为几种？

工时制度分为以下三种。

（一）标准工时制

1. 标准工时制是劳动者每日工作8小时、每周工作40小时的工时制度。

2. 对于实行标准工时工作制的劳动者,在完成劳动定额或规定的工作任务后在每日 8 小时或者每周 40 小时工作时间以外工作的,都属于加班,用人单位都应该按法律规定安排补休或支付加班工资。

3. 一般适用于比较固定的岗位,比如文员,行政,后勤,财务等。

(二)综合计算工时制

1. 综合计算工时制是以标准工作时间为基础,以一定的期限为周期,综合计算工作时间的工时制度。

2. 实行这种工时制度在综合计算周期内,某一具体日、周的实际工作时间可以超过 8 小时、40 小时,综合计算周期内的总实际工作时间不应超过总法定标准工作时间。

3. 总法定标准工作时间应按以月、季、年等不同周期的计算工时制度分别折算为:

(1)月工作时间为 20.83 天(166.64 小时/月);

(2)季工作日为 62.5 天(500 小时/季);

(3)年工作日为 250 天(2000 小时/年)。

(三)不定时工时制

1. 不定时工时制指因生产特点、工作特殊需要或职责范围,无法按标准工作时间衡量、需机动作业而采取不确定工作时间的一种工时制度,即每一工作日没有固定的上下班时间限制。

2. 一般适用于高管、出租汽车司机等特殊人群。

四、实行标准工时制,如何支付加班费?

(一)日法定标准工作时间以外加班

用人单位依法安排劳动者延长工作时间的,支付不低于工资的150％工资报酬。

(二)休息日加班

依法安排劳动者在休息日工作,又不能安排补休的,按照不低于劳动者本人日或小时工资标准的 200％支付加班工资。

(三)法休加班

安排劳动者在法定休假节日工作的,应支付给劳动者不低于劳动者本人日或小时工资标准 300％的加班工资。

> 1995年1月1日起施行的《劳动法》
>
> 第四十四条　有下列情形之一的,用人单位应当按照下列标准支付高于劳动者正常工作时间工资的工资报酬:
>
> (一)安排劳动者延长时间的,支付不低于工资的百分之一百五十的工资报酬;
>
> (二)休息日安排劳动者工作又不能安排补休的,支付不低于工资的百分之二百的工资报酬;
>
> (三)法定休假日安排劳动者工作的,支付不低于工资的百分之三百的工资报酬。

五、实行综合工时制需要付加班费吗?

综合计算工时工作制是针对因工作性质特殊,需连续作业或受季节及自然条件限制的企业的部分职工,采用的以周、月、季、年等为周期综合计算工作时间的一种工时制度,但其平均日工作时间和平均周工作时间应与法定标准工作时间基本相同。

如果企业实行综合计算工时工作制,在综合计算周期内,劳动者的实际工作时间总数超过该周期的法定标准工作时间总数,超过部分应视为延长工作时间。在综合计算周期内,延长工作时间的小时数平均每月不得超过36小时,否则属于违法安排劳动者加班的情形,劳动行政部门有权进行处理。

在综合工时制下,对超过法定标准时间的部分(超时工作),应该按照正常工作时间工资150%的标准支付工资报酬,其中法定休假日安排劳动者工作的,按不低于工资300%的标准支付工资报酬。

六、哪些企业可以实行综合工时制?

企业对符合下列条件之一的职工,可实行综合计算工时工作制,即分别以周、月、季、年等为周期,综合计算工作时间,但其平均日工作时间和平均周工作时间应与法定标准工作时间基本相同。

1. 交通、铁路、邮电、水运、航空、渔业等行业中因工作性质特殊,需连续作业的职工。

2. 地质及资源勘探、建筑、制盐、制糖、旅游等受季节和自然条件限制的行业的部分职工。

3. 其他适合实行综合计算工时工作制的职工。

1994年12月14日发布的《劳动部关于企业实行不定时工作制和综合计算工时工作制的审批办法》

第三条　企业因生产特点不能实行《中华人民共和国劳动法》第三十六条、第三十八条规定的,可以实行不定时工作制或综合计算工时工作制等其他工作和休息办法。

第五条　企业对符合下列条件之一的职工,可实行综合计算工时工作制,即分别以周、月、季、年等为周期,综合计算工作时间,但其平均日工作时间和平均周工作时间应与法定标准工作时间基本相同。

(一)交通、铁路、邮电、水运、航空、渔业等行业中因工作性质特殊,需连续作业的职工;

(二)地质及资源勘探、建筑、制盐、制糖、旅游等受季节和自然条件限制的行业的部分职工;

(三)其他适合实行综合计算工时工作制的职工。

1995年1月1日起施行的《工资支付暂行规定》

第六条　用人单位应将工资支付给劳动者本人。劳动者本人因故不能领取工资时,可由其亲属或委托他人代领。

用人单位可委托银行代发工资。

用人单位必须书面记录支付劳动者工资的数额、时间、领取者的姓名以及签字,并保存两年以上备查。用人单位在支付工资时应向劳动者提供一份其个人的工资清单。

一点通

综合工时制的法律风险预防

1. 实行综合工时制需要经劳动保障部门的审批。

2. 对于实行综合计算工时工作制的员工,工作日正好是双休日的,属于正常工作,用人单位无须支付加班工资。

3. 在综合计算周期内,劳动者的实际工作时间总数超过该周期的法定标准工作时间总数,超过部分应视为延长工作时间。

4. 延长工作时间的小时数平均每月不得超过36小时,否则属于违法安排劳动者加班的情形,劳动行政部门有权进行处理。

> 5. 实行综合计时工作制的情况下,企业要有规范的公司财务、工作制度、考勤管理。对员工的工作内容、时间、工资的发放等要有一套明确、详细的规定和记录。

案例

【案情介绍】

某购物公司系具有独立法人资格的商业企业。经青岛市劳动和社会保障局审批实行综合计算工时工作制,以月为综合计算周期。

2004 年 6 月 1 日,薛某到某购物公司从事电工工作,双方最后一次签订书面劳动合同的期限至 2011 年 5 月 31 日期满,双方在合同中明确约定执行综合计算工时工作制。

2010 年 9 月 29 日,薛某通过邮寄方式向某购物公司送达了"关于要求支付拖欠加班费及要求解除合同并支付补偿金、赔偿金的通知",并于同年 10 月 8 日,作为申请人向青岛某区劳动争议仲裁委员会递交了仲裁申请书,请求裁决被申请人某购物公司支付 2004 年 6 月 1 日至 2010 年 10 月 8 日期间的加班费 129360.40 元以及拒不支付加班费 25% 的经济补偿金;依法裁定申请人与被申请人解除劳动合同,并支付申请人解除合同的经济补偿金 16660 元。

【案例解析】

青岛某区劳动争议仲裁委员会认为:

1. 被申请人执行以月为计算周期的综合计算工时工作制,在计算周期内被申请人安排申请人在法定节假日以及超出标准工作时间工作,应当足额支付加班工资,申请人要求被申请人支付 2009 年 10 月 8 日后的加班工资的请求,予以支持,此前的加班工资,因超过法定仲裁时效,不予认定。

2. 因被申请人没有足额支付劳动报酬,申请人要求解除与被申请人之间劳动合同,并要求被申请人支付解除劳动合同经济补偿金的仲裁请求,依法予以支持。

3. 因无证据证明被申请人系无故拖欠申请人加班工资,故申请人要求被申请人支付拖欠工资 25% 的经济补偿金的仲裁请求,缺乏依据,不予支持。

原审法院结合薛某所从事的岗位特点,经质证的证据及有关法律规定,作出如下分析判定:

1. 虽然某购物公司实行综合计算工时工作制,但其每月安排薛某工作的时间也不应超出法定工作时间。经过测算,2008 年 10 月 8 日至 2010 年 10 月 8 日期间,薛某共超过法定工作时间工作 176 小时。某购物公司应当向薛某支付上述延长工作时间的加班费 3183.91 元。

2. 某购物公司自认薛某工资单中显示的加班费系以薛某基本工资作为计算基数支付给薛某的法定节假日加班费。某购物公司没有依法按照薛某上月工资减去加班费后所得数额作为计算当月法定节假日加班费的基数，导致发放给薛某的法定节假日加班费不足，差额部分应向薛某补足，共计 3135.04 元。

3. 薛某因某购物公司拖欠加班费而于 2010 年 9 月 29 日向某购物公司发出解除劳动合同的通知，并在同年 10 月 8 日申请仲裁时提出解除劳动合同的仲裁请求，某购物公司在收到载有解除双方之间的劳动合同等裁决主文的仲裁裁决书后却以薛某自动离职为由解除了其与薛某之间的劳动合同。考虑到某购物公司已实际缴纳社会保险至 2010 年 11 月 30 日，薛某在庭审中明确其要求解除劳动合同的日期为 2010 年 11 月 30 日。因某购物公司确未足额向薛某支付劳动报酬，薛某据此要求确认双方之间的劳动合同于 2010 年 11 月 30 日解除的请求，于法有据，法院予以支持。

4. 薛某主张的 2004 年 6 月 1 日至 2010 年 10 月 8 日拖欠加班费的 25% 的经济补偿金，因缺乏依据，法院不予支持。

5. 某购物公司应当依照《劳动合同法》第四十六条和第四十七条的规定向薛某支付经济补偿金 15845.97 元（2263.71 元/月×7 个月），因薛某仅主张 15331.40 元，系对其自身权利的处分，法院依法予以支持。

原审判决：

1. 确认薛某与某购物公司之间的劳动合同于 2010 年 11 月 30 日解除。

2. 某购物公司于判决生效后 10 日内一次性支付薛某 2008 年 10 月 8 日至 2010 年 10 月 8 日期间的延长工作时间的加班费差额 3183.91 元以及法定节假日加班费差额 3135.04 元。

3. 某购物公司于判决生效后 10 日内一次性支付薛某解除劳动合同的经济补偿金 15331.40 元。

宣判后，某购物公司不服，提起上诉。二审法院维持了原判。

七、哪些人员可以实行不定时工时制？

实行不定时工时制也是需要经劳动保障部门审批的。

对于实行不定时工作制的劳动者，企业应当根据标准工时制度合理确定劳动者的劳动定额或其他考核标准，以便安排劳动者休息。其工资由企业按照本单位的工资制度和分配办法，根据劳动者的实际工作时间和完成劳动定额情况计发。

对于符合带薪年休假条件的劳动者，企业可安排其享受带薪年休假。企业对符合下列条件之一的职工，可以实行不定时工作制。

1. 企业中的高级管理人员、外勤人员、推销人员、部分值班人员和其他因工作无法按标准工作时间衡量的职工；

2. 企业中的长途运输人员、出租汽车司机和铁路、港口、仓库的部分装卸人员以及因工作性质特殊，需机动作业的职工；

3. 其他因生产特点、工作特殊需要或职责范围的关系，适合实行不定时工作制的职工。

1995 年 1 月 1 日起施行的《关于企业实行不定时工作制和综合计算工时工作制的审批办法》

第四条　企业对符合下列条件之一的职工，可以实行不定时工作制。

（一）企业中的高级管理人员、外勤人员、推销人员、部分值班人员和其他因工作无法按标准工作时间衡量的职工；

（二）企业中的长途运输人员、出租汽车司机和铁路、港口、仓库的部分装卸人员以及因工作性质特殊，需机动作业的职工；

（三）其他因生产特点、工作特殊需要或职责范围的关系，适合实行不定时工作制的职工。

第六条　对于实行不定时工作制和综合计算工时工作制等其他工作和休息办法的职工，企业应根据《中华人民共和国劳动法》第一章、第四章有关规定，在保障职工身体健康并充分听取职工意见的基础上，采用集中工作、集中休息、轮休调休、弹性工作时间等适当方式，确保职工的休息休假权利和生产、工作任务的完成。

八、实行不定时工时制的员工有没有加班费？

（一）国家规定不支付加班费

劳动部《工资支付暂行规定》（劳部发〔1994〕489 号）第十三条规定，实行不定时工作制的劳动者不执行加班加点工资制度，其工资由用人单位按照本单位的工资制度，根据劳动者的劳动时间和完成劳动定额情况计发。因此，国家规定实行不定时工作制的职工延长工作时间的，不支付加班费。

《山东省企业工资支付规定》第 23 条的规定，实行不定时工作制的企业，不适用本规定有关加班工资的规定。因此，山东省实行不定时工作制的企业职工延长工作时间的，不支付加班费，即使在法定节假日被安排加班的，也不支付加班费。

(二)个别地方性法规需支付加班费

实行不定时工作制的人员,虽然按国家规定可不执行加班工资的规定,但是有的地方性法规有不同规定。

《上海市企业工资支付办法》第十三条规定,经劳动保障行政部门批准实行不定时工时制的劳动者,在法定休假节日安排劳动者工作的,应当按照不低于劳动者本人日或小时工资标准的300%支付工资。

《深圳市员工工资支付条例》第二十条规定,用人单位安排实行不定时工作制的员工在法定休假节日工作的,按照不低于员工本人正常工作时间工资的百分之三百支付员工加班工资。按照深圳市的这一规定说明,企业实行不定时工作制的,不影响其向员工支付法定节假日加班工资。

2016年8月1日起施行的《上海市企业工资支付办法》

十三、企业根据实际需要安排劳动者在法定标准工作时间以外工作的,应按以下标准支付工资:

(一)安排劳动者在日法定标准工作时间以外延长工作时间的,按照不低于劳动者本人小时工资标准的150%支付;

(二)安排劳动者在休息日工作,而又不能安排补休的,按照不低于劳动者本人日或小时工资标准的200%支付;

(三)安排劳动者在法定休假节日工作的,按照不低于劳动者本人日或小时工资标准的300%支付。

企业依法安排实行计件工资制的劳动者完成计件定额任务后,在法定标准工作时间以外工作的,应当根据以上原则相应调整计件单价。

经人力资源社会保障行政部门批准实行综合计算工时工作制的企业,劳动者综合计算工作时间超过法定标准工作时间的,应当视为延长工作时间,并按本条第(一)项的规定支付劳动者延长工作时间的工资;企业在法定休假节日安排劳动者工作的,按本条第(三)项的规定支付工资。

经人力资源社会保障行政部门批准实行不定时工时制的劳动者,在法定休假节日安排劳动者工作的,按本条第(三)项的规定支付加班工资。

2004年12月1日起施行的《深圳市员工工资支付条例》

第十八条　用人单位有下列情形之一的,应当按照下列标准支付员工加班工资:

(一)安排员工在正常工作时间以外工作的,按照不低于员工本人正常工作时间工资的百分之一百五十支付;

（二）安排员工在休息日工作，又不能安排补休的，按照不低于员工本人正常工作时间工资的百分之二百支付；

（三）安排员工在法定休假节日工作的，按照不低于员工本人正常工作时间工资的百分之三百支付。

第十九条　实行综合计算工时工作制的员工，在综合计算工时周期内，员工实际工作时间达到正常工作时间后，用人单位安排员工工作的，视为延长工作时间，按照不低于员工本人正常工作时间工资的百分之一百五十支付员工加班工资。

用人单位安排实行综合计算工时工作制的员工在法定休假节日工作的，按照不低于员工本人正常工作时间工资的百分之三百支付员工加班工资。

第二十条　用人单位安排实行不定时工作制的员工在法定休假节日工作的，按照不低于员工本人正常工作时间工资的百分之三百支付员工加班工资。

一点通

1. 用人单位要严格遵守法律对工时的规定。尽管实行不定时工作制的员工不受日延长工作时间标准和月延长工作时间标准的限制，但用人单位应采用弹性工作时间等适当的工作和休息方式，确保员工的休息休假权利和生产、工作任务的完成。

2. 用人单位须注意，对于不定时工作制按国家规定可不执行支付超时加班、休息日加班、法定节假日加班工资的规定，但地方性法规可能会有不同的规定。

3. 出租车司机如果主张休息日和法定节假日加班费，根据《北京市高级人民法院、北京市劳动争议仲裁委员会关于劳动争议案件法律适用问题研讨会会议纪要（二）》44条，出租车行业实行不定时工作制，休息、休假由出租车司机自行安排，故对出租车司机主张休息日和法定节假日加班费的不予支持。

案例

什么情况下可以适用不定时工作制

【案情介绍】

杨某与某人力资源公司签订劳动合同，约定杨某由某人力资源公司派遣到某液化石油气公司担任送气工,合同期限为2010年3月1日起至2015年2月28日止,工资按用工单位所在地最低工资标准执行,实行不定时工作制。

杨某认为其每天工作时间为早上8时至晚上8时,共12小时,按件计算送气报酬,公司没有支付其超时加班费。杨某遂申请劳动仲裁,要求某人力资源公司支付2006年12月18日至2012年12月11日超时加班费63000元。

仲裁委裁决由某人力资源公司向杨某支付2011年1月15日至2012年4月30日期间工作日加班费。

【案例解析】

虽然人力资源公司与杨某签订的劳动合同约定实行不定时工作制,但根据《劳动法》第三十九条"企业因生产特点不能实行本法第三十六条、第三十八条规定的,经劳动行政部门批准,可以实行其他工作和休息办法"和原广东省劳动和社会保障厅《关于企业实行不定时工作制和综合计算工时工作制的审批管理办法》第二条"企业部分岗位因生产特点或工作性质不能实行标准工时制度的,经企业申请、劳动保障行政部门批准,可以实行不定时工作制或综合计算工时工作制"的规定,单位实行不定时工作制须经过劳动行政部门审批,并非仅依据劳动合同约定。

某人力资源公司提交了经广州市某区和江门市劳动行政部门批准该公司实行不定时工作制及综合计算工时工作制的申请文件作为证据,其中广州市某区劳动行政部门批准的不定时工作制的有效期限为2009年12月1日至2010年11月30日。

根据《劳动合同法》第六十一条规定,劳务派遣单位跨地区派遣劳动者的,被派遣劳动者享有的劳动报酬和劳动条件,按照用工单位所在地的标准执行。

由于广州市某区不属于杨某工作所在地,故广州市某区劳动行政部门批准的不定时工作制不适用于该案。江门市劳动行政部门批准不定时工作制的有效时限从2012年5月1日起至2013年4月30日止,故杨某从2012年5月1日起实行不定时工作制,2012年5月1日前属于标准工时制。

根据《广东省工资支付条例》第二十三条"经劳动保障部门批准实行不定时工作制的,不适用本条例第二十条的规定",杨某要求某人力资源公司支付2012年5月1日之后的工作日加班费的诉请,缺乏法律依据。

第十五章　薪酬体系是合同工资的基石

薪酬是指员工作为劳动关系中的一方，从用人单位——企业所得到的各种回报，包括物质的和精神的、货币的和非货币的。薪酬体系是指薪酬的构成，即一个人的工作报酬由哪几部分构成。一般而言，劳动者的薪酬包括基本薪酬、奖金、津贴、福利四大部分。

劳动报酬条款是企业根据劳动者劳动岗位、技能及工作数量、质量，以货币形式支付给劳动者的工资以及其他货币性福利待遇。在劳动报酬中，工资是其中最为重要的部分，是缴纳社会保险、支付加班费的依据和基础。

那么，工资总额的组成部分有哪些？劳动合同中的工资到底如何填写呢？哪些劳动收入不属于工资范围？

一、什么是工资？

(一)工资的定义

工资，从本质上讲，即用人单位向劳动者就其所付出的劳动而支付的对价。

劳动法中的"工资"是指用人单位依据国家有关规定或劳动合同的约定，以货币形式直接支付给本单位劳动者的劳动报酬，一般包括计时工资、计件工资、奖金、津贴和补贴、延长工作时间的工资报酬以及特殊情况下支付的工资等。

(二)关于工资的规定

工资是劳动者劳动收入的主要组成部分。根据《劳动合同法》第十七条中"劳动报酬"一项，它是劳动合同的必备条款。用人单位必须在劳动合同中明确与劳动者约定劳动报酬。

1. 工资应当以货币形式发放。

用人单位不得以发放实物、有价证券等形式发放劳动报酬。但是，如用人单位违反规定，向劳动者发放实物的，只要该实物在事实上属于劳动报酬，则仍应视为工资。

2. 关于社会保险，个人缴费部分属于工资之一部分，而用人单位缴费部分则不属于工资。

在缴费时分为两部分，一部分为劳动者承担、由用人单位从劳动者的工资中代扣代缴的部分，即个人缴费部分；另一部分为用人单位缴费的部分，由用人单位在工资总额之外另行支付的社会保险费。

3. 企业内部设定的节日补贴、午餐费等不得作为职工福利费。

除符合国家和地方的有关规定外，企业按月按标准固定发放或支付的住房补贴、交通补贴或者车改补贴、通讯补贴，应当纳入职工工资总额，不得纳入职工福利费管理。

企业给职工发放的节日补助、未统一供餐而按月发放的午餐费补贴，应当纳入工资总额管理，不得作为职工福利费。

二、哪些劳动收入属于工资的范围？

工资总额由下列六个部分组成：

(1)计时工资；

(2)计件工资；

(3)奖金；

(4)津贴和补贴；

(5)加班加点工资；

(6)特殊情况下支付的工资。

1990年1月1日发布的《关于工资总额组成的规定》

第三条　工资总额是指各单位在一定时期内直接支付给本单位全部职工的劳动报酬总额。

工资总额的计算应以直接支付给职工的全部劳动报酬为根据。

第四条　工资总额由下列六个部分组成：

(一)计时工资；

(二)计件工资；

(三)奖金；

(四)津贴和补贴；

(五)加班加点工资；

(六)特殊情况下支付的工资。

第五条　计时工资是指按计时工资标准(包括地区生活费补贴)和工作时间支付给个人的劳动报酬。包括：

(一)对已做工作按计时工资标准支付的工资；

（二）实行结构工资制的单位支付给职工的基础工资和职务（岗位）工资；

（三）新参加工作职工的见习工资（学徒的生活费）；

（四）运动员体育津贴。

第六条　计件工资是指对已做工作按计件单价支付的劳动报酬。包括：

（一）实行超额累进计件、直接无限计件、限额计件、超定额计件等工资制，按劳动部门或主管部门批准的定额和计件单价支付给个人的工资；

（二）按工作任务包干方法支付给个人的工资；

（三）按营业额提成或利润提成办法支付给个人的工资。

第七条　奖金是指支付给职工的超额劳动报酬和增收节支的劳动报酬。包括：

（一）生产奖；

（二）节约奖；

（三）劳动竞赛奖；

（四）机关、事业单位的奖励工资；

（五）其他奖金。

第八条　津贴和补贴是指为了补偿职工特殊或额外的劳动消耗和因其他特殊原因支付给职工的津贴，以及为了保证职工工资水平不受物价影响支付给职工的物价补贴。

（一）津贴。包括：补偿职工特殊或额外劳动消耗的津贴，保健性津贴，技术性津贴，年功性津贴及其他津贴。

（二）物价补贴。包括：为保证职工工资水平不受物价上涨或变动影响而支付的各种补贴。

第九条　加班加点工资是指按规定支付的加班工资和加点工资。

第十条　特殊情况下支付的工资。包括：

（一）根据国家法律、法规和政策规定，因病、工伤、产假、计划生育假、婚丧假、事假、探亲假、定期休假、停工学习、执行国家或社会义务等原因按计时工资标准或计时工资标准的一定比例支付的工资；

（二）附加工资、保留工资。

三、哪些劳动收入不属于工资总额？

1. 按规定未列入工资总额的各种劳动报酬及其他劳动收入，如根据国家定发放的创造发明奖、国家星火奖、自然科学奖、科学技术进步奖、合理化建议和技术改进奖、中华技能大奖等，以及稿费、讲课费、翻译费等，以及支付给运动员、教练员的奖金。

　　2. 有关劳动保险和职工福利方面的各项费用。

　　3. 有关离休、退休、退职人员待遇的各项支出。

　　4. 劳动保护方面的费用,如用人单位支付给劳动者的工作服、解毒剂、清凉饮料费用等。

　　5. 稿费、讲课费及其他专门工作报酬。

　　6. 出差伙食补助费、误餐补助、调动工作的旅费和安家费。

　　7. 对自带工具、牲畜来企业工作职工所支付的工具、牲畜等的补偿费用。

　　8. 实行租赁经营单位的承租人的风险性补偿收入。

　　9. 对购买本企业股票和债券的职工所支付的股息(包括股金分红)和利息。

　　10. 劳动合同制职工解除劳动合同时由企业支付的医疗补助费、生活补助费等。

　　11. 因录用临时工而在工资以外向提供劳动力单位支付的手续费或管理费。

　　12. 支付给家庭工人的加工费和按加工订货办法支付给承包单位的发包费用。

　　13. 支付给参加企业劳动的在校学生的补贴。

　　14. 计划生育独生子女补贴。

　　15. 单位支付给劳动者个人的社会保险福利费用,如丧葬抚恤救济费、生活困难补助费、计划生育补贴等。

四、职工福利费属于工资吗?

　　企业职工福利费,是指企业为职工提供的除职工工资、奖金、津贴、纳入工资总额管理的补贴、职工教育经费、社会保险费和补充养老保险费(年金)、补充医疗保险费及住房公积金以外的福利待遇支出,包括发放给职工或为职工支付的各项现金补贴和非货币性集体福利。

　　根据 1990 年 1 月 1 日发布的《关于工资总额组成的规定》第十一条规定,劳动保护支出、职工福利方面的费用、出差伙食补助费等项目不属于工资的组成部分。

　　因此,按照上述的规定,职工福利费不属于工资总额的组成部分,不属于劳动报酬。

　　　2009 年 11 月 12 日起施行的《关于企业加强职工福利费财务管理的通知》(财企〔2009〕242 号)

　　为加强企业职工福利费财务管理,维护正常的收入分配秩序,保护国家、股东、企业和职工的合法权益,根据《公司法》《企业财务通则》(财政部令第 41 号)等有关精神,现通知如下:

　　一、企业职工福利费是指企业为职工提供的除职工工资、奖金、津贴、纳入工资总额管理的补贴、职工教育经费、社会保险费和补充养老保险费（年金）、补充医疗保险费及住房公积金以外的福利待遇支出，包括发放给职工或为职工支付的以下各项现金补贴和非货币性集体福利：

（一）为职工卫生保健、生活等发放或支付的各项现金补贴和非货币性福利，包括职工因公外地就医费用、暂未实行医疗统筹企业职工医疗费用、职工供养直系亲属医疗补贴、职工疗养费用、自办职工食堂经费补贴或未办职工食堂统一供应午餐支出、符合国家有关财务规定的供暖费补贴、防暑降温费等。

（二）企业尚未分离的内设集体福利部门所发生的设备、设施和人员费用，包括职工食堂、职工浴室、理发室、医务所、托儿所、疗养院、集体宿舍等集体福利部门设备、设施的折旧、维修保养费用以及集体福利部门工作人员的工资薪金、社会保险费、住房公积金、劳务费等人工费用。

（三）职工困难补助，或者企业统筹建立和管理的专门用于帮助、救济困难职工的基金支出。

（四）离退休人员统筹外费用，包括离休人员的医疗费及离退休人员其他统筹外费用。企业重组涉及的离退休人员统筹外费用，按照《财政部关于企业重组有关职工安置费用财务管理问题的通知》（财企〔2009〕117号）执行。国家另有规定的，从其规定。

（五）按规定发生的其他职工福利费，包括丧葬补助费、抚恤费、职工异地安家费、独生子女费、探亲假路费，以及符合企业职工福利费定义但没有包括在本通知各条款项目中的其他支出。

二、企业为职工提供的交通、住房、通讯待遇，已经实行货币化改革的，按月按标准发放或支付的住房补贴、交通补贴或者车改补贴、通讯补贴，应当纳入职工工资总额，不再纳入职工福利费管理；尚未实行货币化改革的，企业发生的相关支出作为职工福利费管理，但根据国家有关企业住房制度改革政策的统一规定，不得再为职工购建住房。

企业给职工发放的节日补助、未统一供餐而按月发放的午餐费补贴，应当纳入工资总额管理。

三、职工福利是企业对职工劳动补偿的辅助形式，企业应当参照历史一般水平合理控制职工福利费在职工总收入的比重。按照《企业财务通则》第四十六条规定，应当由个人承担的有关支出，企业不得作为职工福利费开支。

四、企业应当逐步推进内设集体福利部门的分离改革，通过市场化方式解决职工福利待遇问题。同时，结合企业薪酬制度改革，逐步建立完整的人工成本管理制度,将职工福利纳入职工工资总额管理。

对实行年薪制等薪酬制度改革的企业负责人,企业应当将符合国家规定的各项福利性货币补贴纳入薪酬体系统筹管理,发放或支付的福利性货币补贴从其个人应发薪酬中列支。

五、企业职工福利一般应以货币形式为主。对以本企业产品和服务作为职工福利的,企业要严格控制。国家出资的电信、电力、交通、热力、供水、燃气等企业,将本企业产品和服务作为职工福利的,应当按商业化原则实行公平交易,不得直接供职工及其亲属免费或者低价使用。

六、企业职工福利费财务管理应当遵循以下原则和要求:

(一)制度健全。企业应当依法制订职工福利费的管理制度,并经股东会或董事会批准,明确职工福利费开支的项目、标准、审批程序、审计监督。

(二)标准合理。国家对企业职工福利费支出有明确规定的,企业应当严格执行。国家没有明确规定的,企业应当参照当地物价水平、职工收入情况、企业财务状况等要求,按照职工福利项目制订合理标准。

(三)管理科学。企业应当统筹规划职工福利费开支,实行预算控制和管理。职工福利费预算应当经过职工代表大会审议后,纳入企业财务预算,按规定批准执行,并在企业内部向职工公开相关信息。

(四)核算规范。企业发生的职工福利费,应当按规定进行明细核算,准确反映开支项目和金额。

七、企业按照企业内部管理制度,履行内部审批程序后,发生的职工福利费,按照《企业会计准则》等有关规定进行核算,并在年度财务会计报告中按规定予以披露。

在计算应纳税所得额时,企业职工福利费财务管理同税收法律、行政法规的规定不一致的,应当依照税收法律、行政法规的规定计算纳税。

一点通

1. 对于某支付项目是否属于工资的组成部分,不应看用人单位或劳动者采取何种称谓,而应看该支付项目在事实上是否是劳动报酬,是否是劳动者所付出劳动的对价。

2. 用人单位将工资的某一部分,单独分离出来,内部命名为"福利费"的做法,并不改变该部分支付项目作为工资的性质。

五、如何构建劳动报酬的体系化、系统化、合法化?

由于《劳动合同法》规定企业必须在劳动合同中约定工资标准,而一旦约定,企业就不能自行调整。薪酬调整行为属于劳动合同变更,需要与员工协商。如果给员工加薪,容易达成一致;如果下调工资,达成一致意见就很费周折,弄不好还会引起诉讼纠纷。

鉴于此,企业薪酬体系的设计非常重要。企业薪酬体系的设计可以从以下四个方面构建。

(一)薪资结构设计宽带式薪酬

宽带式薪酬,又称薪酬宽带,它是对传统的垂直型薪酬结构的改进或替代,就是指对多个薪酬等级以及薪酬变动范围进行重新组合,从而变成只有相对较少的薪酬等级以及相应的较宽薪酬变动范围。

薪资结构表应单独编制,载明薪酬基数的数额,避免因为薪酬体系制定和公示程序中披露企业最为敏感的薪酬秘密。薪资基数要载于劳动合同中,并将劳动合同中的薪酬条款与薪酬体系制度挂钩,使薪酬体系能够成为劳动合同的一部分直接适用于劳动者。

(二)薪酬体系一定要系统化

职位评估系统、绩效评估系统和薪酬福利系统是人力资源的三驾马车。职位评估系统解决的是责任机制的问题;绩效评估系统解决的是激励机制的问题;薪酬福利系统解决的是分配机制的问题。

这三个系统必须配套使用,形成闭环,才能发挥最大的激励作用。企业一定要把定量评价与定性分析相结合,业绩考核与工资待遇、奖惩相互依存,将公司的管理逐步走向"法制化"轨道,避免"人治"、主观臆测等造成的不良后果。

(三)设计科学合理的薪酬福利制度

企业可以根据马斯洛的需求层次理论和岗位设置的区别,设计科学合理的薪酬福利制度,企业特色的薪酬福利已经逐渐构成企业的核心竞争力和凝聚力的源泉。

薪酬制度的制定应当包括薪酬原则、计算公式、发放方式等。薪酬体系落地需要系统化薪酬体系的设计和实施必须跟职位管理和绩效管理等其他体系相结合,否则无法落地。

福利分为法定保险福利、非工作日福利、员工补充保险福利、员工服务福利和其他福利,具体有:午餐补贴、住房补贴、工龄补贴、交通补贴、通信费补贴、节日慰问金、独生子女费、旅游补贴、基本门诊免费医疗;法定假期、公休假日、春节假期、婚假、产假、哺乳期、丧葬假、工伤假、探亲假、年假；补充商业保险、企业年金；免费工作服、免费体检、高温津贴、取暖费；工龄补贴、大假补贴、员工全勤奖……

(四)薪酬体系一定要合法化

劳动报酬、劳动定额都已被《劳动合同法》第四条明确规定为涉及劳动者切身利益的事项。涉及这些事项的规章制度制定或修改，必须经过民主程序讨论协商确定。

薪酬体系作为企业规章制度的一部分，因为涉及劳动者的报酬、绩效考核等切身利益，属于"涉及劳动者切身利益的规章制度"，所以其设计必须遵守《劳动合同法》等法律法规的相关规定。

薪酬体系没有最好，只有适合；薪酬体系的制定与实施必须坚持系统性、配套性、实用性、合法性；薪酬体系的实施比制定更重要。

六、劳动合同的工资该如何填写？

《劳动合同法》关于劳动报酬条款规定，应明确劳动报酬的种类、金额、支付方式、支付时间以及拖欠劳动报酬的法律后果等相关内容。劳动合同工资的填写有以下方式。

(一)底薪加提成

这种工资填写模式相对结果明确、操作简便。

企业的营业目标虽然制定了，可以根据外部环境、市场竞争力、产品特性等进行调整。但是如果企业受环境影响或者指定的业绩目标有误差，会导致员工其收入的不稳定，有时会非常低，甚至极高。

比如疫情期间口罩卖得非常好，虽然销售额很高，但是原材料上涨得也很厉害，如果提成不变，那么员工可以超额完成任务，提成和奖金很高，企业却没什么利润，也没有了后期发展的资金了。

(二)年薪制

如果采用"年薪制"，合同上写的是年收入20万元，则员工的年度工资发放，不得低于这个数额。即给员工支付的年收入≥20万。

若一定要采用年薪制，最好制定关于年薪制的薪酬制度，确定合理的工资结构，并明确各部分工资的数额及确定方式，不仅可以使得薪酬管理更加灵活，而且能最大限度减少劳动争议，避免法律风险。

(三)仅约定基本工资

如果采用约定基本工资的方式，基本工资一定不要低于当地的最低工资标准，同时建议根据宽带式薪酬进行薪酬结构的拆分，岗位和岗位工资标准分档设计。

如果发生劳动纠纷,假设劳动合同中约定工资为 3500 元,实际平均工资为 8000元,经济补偿金按哪个计算? 经济补偿金的额度取决于劳动者在这个公司的实际工作年限和离职前 12 个月的平均工资,即 8000 元核算。

(四)直接约定一个固定的工资总额

劳动报酬条款不宜固定的工资总额即只签订一个总数,最好采用宽带式薪资结构,工资构成进行拆分,将劳动报酬的部分作为固定工资,另一部分与经营状况、绩效考核挂钩。

当企业效益下滑或者员工业绩不佳时,企业可以调整工资绩效考核部分,而固定部分仍然正常发放。

(五)具体列出基本工资、岗位工资、奖金、津贴、补贴等数额

用人单位与劳动者在劳动合同中约定了工资标准的,以该约定为准。前面讲过劳动合同的变更,需要双方协商一致,如果罗列这么清楚,提高了好说,薪资降低了就要看员工是否同意。

当有一天员工表现不合格,单位要调岗调薪,那么合同上的工资也要重新进行变更,包括加班费的计算基数应包括"基本工资""岗位津贴"等所有工资项目。

你会选择上述哪种方式呢? 每种合同工资填写的方式,各有利弊,应选择适合企业的填写方式,前提是不能违反国家的法律法规。

2013 年 7 月 1 日起施行的《劳动合同法》

第十一条　用人单位未在用工的同时订立书面劳动合同,与劳动者约定的劳动报酬不明确的,新招用的劳动者的劳动报酬按照集体合同规定的标准执行;没有集体合同或者集体合同未规定的,实行同工同酬。

第十七条　劳动合同应当具备以下条款:

(一)用人单位的名称、住所和法定代表人或者主要负责人;

(二)劳动者的姓名、住址和居民身份证或者其他有效身份证件号码;

(三)劳动合同期限;

(四)工作内容和工作地点;

(五)工作时间和休息休假;

(六)劳动报酬;

(七)社会保险;

(八)劳动保护、劳动条件和职业危害防护;

(九)法律、法规规定应当纳入劳动合同的其他事项。

劳动合同除前款规定的必备条款外,用人单位与劳动者可以约定试用期、培训、保守秘密、补充保险和福利待遇等其他事项。

第八十五条　用人单位有下列情形之一的,由劳动行政部门责令限期支付劳动报酬、加班费或者经济补偿;劳动报酬低于当地最低工资标准的,应当支付其差额部分;逾期不支付的,责令用人单位按应付金额百分之五十以上百分之一百以下的标准向劳动者加付赔偿金:

(一)未按照劳动合同的约定或者国家规定及时足额支付劳动者劳动报酬的;

(二)低于当地最低工资标准支付劳动者工资的;

(三)安排加班不支付加班费的;

(四)解除或者终止劳动合同,未依照本法规定向劳动者支付经济补偿的。

七、如何合理合法地调整员工的薪资?

(一)薪资调整的三种情形

1. 协商一致调薪。

2. 法定调薪。

3. 通过民主程序修订薪酬福利制度。

(二)调薪操作的准备工作

1. 做好充分沟通。

2. 明确调薪机制、周期。

3. 根据员工能力、绩效设计薪酬结构。

4. 加强考核。

5. 重视书面确认。

(三)调薪操作的程序要点

1. 三大原则:慎重决定、详细分析、有章可循。

2. 三大前提:调薪首先依制度、业绩能力兼照顾、部门意见要重视。

案例

【案情介绍】

某技术公司高管仇某于 2018 年入职青岛 KK 公司,入职的时候自己带着一份劳动合同要求公司与其签订,合同约定基本工资为 15000 元……康总是 KK 公司的合伙人之一,他对处理这件事情没有经验,因此联系海力诺企业管理的顾问王某进行咨询。

王某给康总的建议如下：一是公司高管、核心业务岗位等一定要做背景调查。二是劳动合同一定要用自己企业的，而且合同中的工资约定最好不要写一个具体数额，如 15000 元，也不要写年薪。三是如果对方不同意用企业的劳动合同，尽量进行协商修改合同内容。四是对应聘者做背景调查，再决定是否录用，否则容易引发劳动纠纷。

但是后来康总没听从王某的建议，原因一是仇某是大股东相认 20 多年的朋友；二是仇某承诺自己可以申请公司所需要的产品专利。

直到 2020 年 5 月的某一天，王某接到一通来电，一看是 KK 公司的康总。康总说他今天收到 EMS 快递员来电话，问他是否在单位，因为有文件让他签收。康总犹豫不决，担心会发生问题所以再次咨询王某。事情经过如下：

2020 年 1 月全国发生疫情，山东省延迟复工期为 2 月 10 日之后，KK 公司受疫情的影响业绩很差，于 4 月份才复工，康总根据青岛市最低社保基数 3269 元给员工发放 2—4 月份的工资，当然也包括高管仇某在内。

结果仇某入职 2 年多，年薪 20 多万元，累计薪资支付了近 60 万元后，不但一个专利也没有研发出来，而且还要起诉单位。仇某认为双方签订的合同工资为 15000 元，单位没有足额发放工资，遂给康总发 EMS，以单位未足额发放工资为由，提出离职并要求单位支付经济补偿金、工资差额等 20 多万元。

直到事发时康总才对仇某做了背景调查。仇某曾经把青岛市某上市公司给起诉了，并且赢了官司。

对于疫情期间的工资发放，国家、山东省、青岛市都是有相关规定的：

1. 企业因受疫情影响停工停产：在一个工资支付周期内，应当按劳动合同中规定的标准支付职工工资。仇某的合同工资约定为 15000 元，因此 2 月 10 日—3 月 9 日的工资应发 15000 元，而不是 3269 元。

2. 超过一个工资支付周期，没有安排职工工作的，应当按照不低于青岛市最低工资标准的 80% 支付职工基本生活费，即不低于 1910×80% 即可。

根据上述条款的规定，康总给员工第一个月发放的工资确实存在不足额的情形，存在违法行为。王某建议康总跟仇某好好沟通……

但仇某执意要求单位支付 20 万元赔偿金，才肯罢休。经过双方沟通，最终没有达成统一意见，仇某起诉 KK 公司。

【案例点评】

用人单位应遵守法律法规、各项政府的规定，做到有法可依，否则会被劳动者违法必究。

员工仇某第一个月的工资为 3269 元,比 15000 元少发了,未足额发放的确是违法,但是第二个月的工资为 3269 元,高于最低工资标准 1910×80％。

用人单位发放工资应该合理合法,根据国家规定和企业的薪酬体系发放就好。这个案例也说明了合同工资填写的重要性。

当 2020 年发生疫情,国家、各省市出台了很多优惠政策,比如疫情期间工资的发放、稳岗补贴、就业补贴等。

第十六章　规章制度为企业的根本法

企业管理过程中,是否遇到过以下情形而与劳动者解除劳动合同呢?

1. 在试用期间被证明不符合录用条件的。

2. 严重违反用人单位的规章制度的。

3. 严重失职,营私舞弊,给用人单位造成重大损害的。

4. 劳动者同时与其他用人单位建立劳动关系,对完成本单位的工作任务造成严重影响,或者经用人单位提出,拒不改正的。

5. 劳动者不能胜任工作。

6. 劳动合同订立时所依据的客观情况发生重大变化。

员工出现上述问题如何解决呢? 这有赖于公司的规章制度,规章制度是企业的"根本大法",但是在仲裁或诉讼时,用人单位常因规章制度存在问题,而导致败诉,具体有下列原因。

1. 制定时未经过民主程序即生效实施,仲裁或诉讼时无法提供经过民主程序的证据。

2. 违反了法律、法规的强制性规定,从而导致无效。

3. 内容不合理、不科学,实际中无法有效实施。

4. 未经过有效的公示或告知程序,仲裁或诉讼时无法提供经过的公示或告知劳动者证据。

5. 劳动者的违纪事实及其他违反规章制度的情形证据不足。

因此依法制定(修订)的公司规章制度才能胜诉,同时对员工才有约束力。那么问题来了,如何制定公司的规章制度? 如何体现员工参与规章制度的民主程序? 公司的规章制度如何告知给员工呢?

一、如何制定公司的制度文件?

制度文档的构成要素分为两方面,一方面是红头文件,国家有专门的公文格式,参照国家的公文格式规范可以制定本公司的公文格式规范;另一方面是非红头文件,公司自己来确定的模板。无论是红头文件还是非红头文件,包含的要素基本是相同的。一般包括以下内容。

(一)企业标识

企业标识也就是所谓红头文件的那个"红头",例如"青岛海力诺企业管理顾问有限公司文件"字样。

(二)发文字号

如海力诺人〔2016〕2 号,代表 2016 年"青岛海力诺企业管理顾问有限公司"人力资源部发布的文件,在单位发文中总序号是第 2。

(三)制度名称

如《入职管理制度》《考勤管理制度》《休假管理制度》。

(四)规范目的

如《考勤管理制度》的目的为规范公司的工作秩序,建立公司良好的考勤、休假体系。

(五)规范范围

如打卡、迟到、早退、旷工等。

(六)事项流程

如人力资源部每月 3 日前做好上月考勤→财务部 8 日前编制工资表→人力资源部 10 日前审核工资→总经理 13 日前审批→财务部 15 日前进行发放。

(七)监控方法

如人力资源部审核考勤真实性。

(八)奖惩规定

如考勤表必须真实,不能弄虚作假,并且编制人、审核人和批准人要签字确认,如果发现弄虚作假,则对相关责任人进行处理。

(九)例外规定

如外出办事未打卡,则填写《补刷卡单》。

二、制定公司规章制度三部曲

规章制度非常重要,《劳动合同法》第四条规定,用人单位应当依法建立和完善规章制度,保障劳动者享有劳动权利和履行劳动义务。可见,对于用人单位来说,建立和完善规章制度既是权利又是义务,不但需要有规章制度,而且需要完善规章制度。只有依法制定(修订)的公司规章制度才能获得胜诉,才对员工有约束力。因此,制定公司的规章制度分为三步。

（一）合理合法

1. 规章制度的规定要具有合理性，但是何谓合理，很难有统一的界定。

案例1：某企业规定，吸烟者一律开除。

对于一般企业来讲，这样的规定过于苛刻，达不到严重违规违纪的程度；对于化工厂、烟花厂、油库等特殊单位，这样的规定非常合适，一点都不为过，是可以辞退或者开除员工的。

案例2：某企业规定，拿单位一张纸就可以解除劳动合同。

普通情况下，员工拿公司一张纸或许无足轻重，大家也不会在意，企业若是将拿纸行为规定为解除合同条件之一，也势必会招来很大反对。但倘若这家企业是印钞厂，而劳动者是印钞单位的一名员工，那么这张纸就不再是一张普通的纸，当然单位在规章制度中将其作为解除条件之一也是合理的，是可以被接受的。

因此，用人单位在依自主权制定的规章制度要符合本单位的实际情况，具有合理性、可操作性，苛刻的规定会损害员工的利益，企业也会受到损害。

2. 这里的"合法"包括以下含义。公司规章制度中"涉及员工切身利益"的规章制度的制定应当经过民主管理程序讨论协商才能合法有效。

（二）民主程序

除规章制度外，涉及员工切身利益的"重大事项"的决定也要经过民主管理程序讨论协商；讨论协商通过的规章制度或重大事项的决定在实施过程中，工会或者职工（职工代表）认为不适当时仍然能够启动民主管理程序要求协商修改。如果企业拒绝协商仍然有可能影响规章制度或重大事项决定的合法有效性。

1. 所谓的民主程序，第一步是讨论程序，与全体职工或职工代表讨论，全体职工（职工代表）或工会可提出意见和方案；第二步是协商确定程序，用人单位与全体职工（职工代表）或工会协商确定。但最终的决定权还是在用人单位手中。

2. 规章制度或重大事项决定中的内容，即使是经过民主管理程序讨论协商通过的，也不能违反法律的强制性规定。

3. 民主程序对规章效力的影响应以《劳动合同法》实施时间为准，在2008年1月1日以前制定的规章制度只要内容合法且经过公示程序，即使缺少制定阶段的民主程序也可以作为用人单位管理、处分劳动者的依据。而在2008年1月1日以后制定的规章制度，只要缺少制定阶段的民主程序，一般就认定无效，不能作为用人单位管理、处分劳动者的依据。

（三）公示程序

经过民主管理程序讨论协商的规章制度及重大事项决定还应当公示或者告知

劳动者,这也是生效的必要条件。

如何公示、公示的方式及形式,法律上均无明文规定。实践中可以通过组织学习、培训、考试、制作员工手册的方式告知劳动者。

无论采取何种方式,对用人单位最安全的方法是让员工签字确认已全部知悉该规章制度并同意遵守。相对而言,网上告知和板报的方式存在风险,如果员工否认的话,单位很难举证。

同时,也不宜采用劳动合同附件的形式送达,原因有二:第一,将来很难修改;第二,如修改,存在新旧版本冲突的问题,劳动者有权选择在劳动合同中约定的、对其有利的版本。

比如,《劳动合同法》的制定也遵循上述三部曲。《劳动合同法》向社会公开征集意见 19 万多条,引起广泛讨论,经过四次审议,最终以"145 票赞成,0 票反对,1 票弃权",于 2007 年 6 月 29 日由第十届全国人民代表大会常务委员会第二十八次会议通过,自 2008 年 1 月 1 日起施行。该法于 2012 年 12 月 28 日修订,2013 年 7 月 1 日起施行。

2013 年 7 月 1 日起施行的《劳动合同法》

第四条　用人单位应当依法建立和完善劳动规章制度,保障劳动者享有劳动权利、履行劳动义务。

用人单位在制定、修改或者决定有关劳动报酬、工作时间、休息休假、劳动安全卫生、保险福利、职工培训、劳动纪律以及劳动定额管理等直接涉及劳动者切身利益的规章制度或者重大事项时,应当经职工代表大会或者全体职工讨论,提出方案和意见,与工会或者职工代表平等协商确定。

在规章制度和重大事项决定实施过程中,工会或者职工认为不适当的,有权向用人单位提出,通过协商予以修改完善。

用人单位应当将直接涉及劳动者切身利益的规章制度和重大事项决定公示,或者告知劳动者。

案例

未佩戴员工卡被解除劳动合同,法院判公司支付赔偿金给员工

【案情介绍】

2008 年 5 月 1 日,某公司与梅某签订了无固定期限劳动合同。2010 年 9 月,该公司对其员工手册进行了修订。

修订后的员工手册中重大违纪一项规定："凡具有以下之重大违纪行为者,公司将立即解除其劳动合同且无任何经济补偿金。给公司造成经济损失的,还须赔偿公司经济损失",其项下第6.1.38条规定："坚决抵制或拒不执行上级主管或其他管理人员的合理工作安排(被证明违法违章指挥除外)。"该员工手册第12章第12.1.1条规定："公司对所有员工配发员工IC卡。基于保安工作和出勤管理的要求,所有员工在进出工厂和在厂区范围内必须佩戴员工IC卡,并按考勤管理要求按时在考勤机上记录个人的上下班时间。如果员工IC卡丢失或损坏应立即通知人力资源部补发或更换,员工IC卡的补发或更换由人力资源部负责。员工IC卡为公司财物,员工离职时应将员工IC卡交回公司人力资源部。"梅某在员工手册签收单上签字确认。

2013年6月18日,该公司发布《通知》,告知员工遵守《员工手册》第12章第12.1.1条规定,随身携带并及时出示员工IC卡,配合保安的工作。该通知在公司的公共显示屏上公开宣传。2014年9月1日,该公司又通过公共显示屏发布《通知》,再次强调请广大员工随身携带并及时出示员工IC卡,并且告知员工从即日起,一经发现,管理人员有权暂扣员工卡,按照公司相应规定予以警告或其他相应处分。

2014年9月2日,该公司外籍管理人员在工作中发现梅某未佩戴员工卡,而双方又语言不通,遂发生争执。该公司即以梅某工作时间未佩戴员工卡,违反了《员工手册》第6.1.38条相关规定,属重大违纪为由,解除了与梅某的劳动合同。梅某以该公司违法解除劳动合同为由提起仲裁,要求公司向其支付违法解除劳动合同经济赔偿金。

【裁判结果】

法院经审理认为,尽管该公司《员工手册》第6.1.38条规定了"坚决抵制或拒不执行上级主管或其他管理人员的合理工作安排"属于重大违纪行为,但对于何谓"合理工作安排",该公司在其《员工手册》中并未做出明确界定。

梅某虽然在厂区范围内被发现未佩戴员工IC卡,但该公司《员工手册》中并未将此行为列为重大违纪行为。且从梅某最后在更衣橱内找到员工IC卡,并向当班经理反馈的情况来看,其并未表现出坚决抵制或拒不执行的态度,该公司亦无证据证明梅某的行为对其公司的管理秩序造成了严重影响。

因此,该公司以梅某坚决抵制、拒不执行公司管理人员合理的管理要求为由解除与梅某的劳动合同属于违法解除劳动合同,依法应当向梅某支付违法解除劳动合同经济赔偿金。

【法官点评】

该公司下发的佩戴员工IC卡的通知仅属于管理行为,如依该公司对其规章制度的解释,员工对其任何管理行为的违反,都可解释为坚决抵制、拒不执行公司管理人员合理工作安排,对于其员工显然是不公平的。因此,管理行为不能等同于公司的规章制度,管理行为的实施应当是在公司规章制度的框架下进行。

在实践中,企业规章制度的制定应当根据本企业的特点尽量做到细化,使之更具有可操作性。此举不仅可以更好地保护职工的合法权益,对于企业自身的良性发展亦是一种助力。

三、规章制度制定中如何设计民主程序的流程?

在规章制度制定时,应当经职工代表大会或者全体职工讨论,与工会或者职工代表平等协商确定。在实施中,工会或者职工认为不适当的,有权向用人单位提出,通过协商予以修改完善。

(一)会议的形式

1. 职工大会:一般是全体职工召开的会议;职工人数<100人,召开职工大会讨论。

2. 职工代表大会:按照《工会法》等法律法规的要求,按照选区、职工比例等选举出的职工代表召开的会议。企事业单位职工人数≥100人,召开职工代表大会讨论。

3. 工会:企业建立了工会的,应与企业工会协商。在充分听取意见,经过民主程序后,由用人单位确定。

如果既未召开职工大会或者职工代表大会,也未设立工会,则应通过适当方式,在制定规章制度的过程中使员工有提出意见、建议的权利,并且员工的建议和意见应充分反映在规章制度的制定过程中。这种程序,可以说是"先民主,后集中"。

(二)履行民主程序的流程

人力资源部制定规章制度草案→职工代表大会或全体职工讨论→提出方案和意见→与工会或职工代表平等协商确定→形成会议决议。

(三)履行规章制度民主程序的参考文件

《中华人民共和国工会法》

《中国工会章程》

《企业工会工作条例(试行)》

《全民所有制工业企业职工代表大会条例》

《企业民主管理规定》

案例

公司规章制度未公示对员工没有约束力

【案情介绍】

2011年3月,梁某与某机械厂签订了劳动合同。2014年7月16日,梁某下了夜班后购买了一些熟食和一小瓶"二锅头",在车间一角自斟自饮起来,被来车间巡视的厂长见到。随后,厂里通知梁某,因其在工作场所饮酒,违反了厂里的纪律,按照厂里的规章制度,厂里决定扣发梁某3个月的奖金。梁某找到厂长说理,反倒激化矛盾,随后厂里对梁某作出了辞退的处理。

梁某不服,将公司诉至法院,要求继续履行合同,并判决公司扣发奖金的决定无效。梁某认为,自己在下夜班后吃些东西是人之常情,虽然饮酒,但既没有影响别人也没有喝醉,公司所说的"禁止在工作场所饮酒"的规定,自己从未见到也从未得知,因此不具有约束力。

【法院判决】

法院经审理认为,机械厂并没有足够证据证明其将相关的"规章制度"对梁某作出过说明或告知,也无法证明梁某是在明知的情况下仍旧在车间内饮酒。因此,机械厂的"规章制度"对梁某没有约束力,不能将此作为处罚梁某的依据。因梁某是在下班时间,且其行为并没有违反相关的法律规定,故法庭判决支持了梁某的诉讼请求。同时,法庭对梁某在工作场所饮酒的行为进行了批评教育。

【案例点评】

《劳动合同法》第四条第四款规定,用人单位应当将直接涉及劳动者切身利益的规章制度和重大事项决定公示,或者告知劳动者。将规章制度公示或明确告知劳动者,是用人单位的法定义务,否则,单位就不能据此约束劳动者的行为,也不能据此对劳动者做出处罚。

四、如何体现员工参与规章制度制定的民主程序?

(一)体现员工参与规章制度的民主程序需要提供的资料

(1)引用的法律法规等规范性文件;

(2)产生职工代表大会的相关文件或者产生工会的相关文件;

(3)职工代表大会或者职工大会会议纪要;

(4)协商会议记录;

(5)职工代表大会或者职工大会决议。

(二)履行民主程序的方式

1. 召开工会的方式征求意见。

召开会议→讨论发言→进行协商(举证资料:会议签到表+会议记录)。

2. 召开全体职工会议的方式征求意见。

召开全体职工会议→会议上分部门发言→记录员工意见→当场协商决定(举证资料:会议签到表+会议记录)。

3. 召开职工代表大会的方式征求意见。

召开职工代表大会→会议上分部门发言→记录员工意见→当场协商决定(举证资料:会议签到表+会议记录)。

4. 分部门讨论、收集意见后交人力资源管理者汇总。

编写《员工手册》→发放《员工手册征集意见表》→各部门组织员工讨论→员工填写《员工手册征集意见表》→回收《员工手册征集意见表》→人力资源部门进行汇总→进行协商(举证资料:《员工手册征集意见表》)。

(三)履行民主程序的注意事项

1. 公司制定或修订规章制度,或作出重大事项的决定,如果内容涉及员工切身利益,事先应经民主协商。但不涉及员工切身利益的,则无须协商。

2. 与员工代表或工会中任何一个机构进行协商,都属于满足了"民主协商"的条件,企业可以视具体情况操作,协商的过程和结果应当进行记录并保存,未来需要时作为证据之用。

3. 合同文本的内容可以添加合理合法的、重要的规章制度的内容,或者劳动合同的最后一页双方约定可以加上"公司规章制度"等字样。

五、常见的公示方法方式及举证方式

公示、公示的方法及形式,法律上均无明文规定。常见的公示方法及举证方式如下。

(一)通过员工手册公示

1. 优点:用人单位通过印发员工手册让劳动者签收,企业容易举证已经公示,便于员工随时查阅和学习。

2. 缺点:印刷成本高,如需修订和更改,容易造成浪费。

3. 重点:员工手册的内容要合理合法,不能朝令夕改,而且向员工发放《员工手册》后一定要员工签字确认。

(二)通过培训公示

1. 优点:用人单位易证明已公示,且节省印刷成本。

2. 缺点:有的用人单位员工人数多,组织开会或培训耽误时间,不便于劳动者随时查阅和学习。

3. 重点:内部培训最好有培训记录,包括培训时间、地点、参会人员、培训内容、与会人员签到。

(三)通过规章制度传阅公示

1. 优点:快捷、节省成本。

2. 缺点:不便于员工随时查阅和学习。

3. 重点:传阅法(主要适用于新制定的制度或修改的制度)可以将规章制度交由每个员工阅读,同时要求员工在阅读后签字确认。

4. 说明:阅读规章制度的签字确认,可以通过制作表格进行登记,也可以制作单页的声明由员工签字,内容包括员工确认"已经阅读"并且承诺"遵守"。

(四)通过网站或电子邮件公示

1. 优点:快捷、节约成本。

2. 缺点:增加举证成本,须有相应的技术支持。比如申请公证＋公司网站。

3. 重点:通过网络、电子邮件公示规章制度,一定要有员工确认收到并知悉文件内容的证据。如《规章制度学习确认书》或《已阅读确认表》。

4. 说明:依据《中华人民共和国民事诉讼法》第六十九条:经过法定程序公证证明的法律事实和文书,人民法院应当作为认定事实的根据,但有相反证据足以推翻公证证明的除外。

(五)通过微信、QQ 电子文档送达告知公示

1. 优点:快捷、节省成本。

2. 缺点:增加举证成本。

3. 重点:需要员工书面的规章制度已接收与已学习确认文件,并签字。

(六)通过公告栏公示

在厂区将规章制度内容公告,并且将公告的现场进行拍照、录像等方式的记录备案,并可由厂区的治安、物业管理等人员见证。

1. 优点:无须召集员工开会学习,节省印刷费、空间,成本低易操作。

2. 缺点:增加举证成本。

3. 难点:如员工辩称用人单位没有公示,用人单位较难举证。

4. 说明:需要企业和员工双方共同认可,否则证据无效。

(七)通过劳动合同附件公示

1. 优点:降低了企业的举证责任,能够有效预防劳动争议的发生。

2. 缺点:耗费一定的人力、物力,其条款必须表述清晰、明确。

3. 重点:尽量不要把规章制度作为合同的附件,但是可以在劳动合同上进行注明:"乙方(员工)已经认真阅读了上述劳动规章制度,并且理解了上述劳动规章制度的含义,而且愿意遵守以上劳动规章制度。"

4. 说明:此方式的前提是规章制度不能朝令夕改,《劳动合同法》明确规定劳动合同的变更需要双方协商一致,如果把规章制度作为劳动合同的附件,一旦规章制度要修改,理论上说,也必须与劳动者达成一致,修改内容才能对某个具体劳动者产生效力。而规章制度,如果不被作为劳动合同附件,本来只需经过民主程序及公示即可对所有劳动者产生效力,并不需要劳动者的个别同意。

(八)通过考试法公示

1. 优点:员工对规章制度理解透彻。

2. 缺点:如果规章制度内容比较多,则耗费员工的时间。

3. 重点:可以采取开卷或闭卷的形式,并保留考试的试卷。

(九)通过填写《入职声明书》或者《规章制度承诺书》公示

1. 优点:每位员工都签订一份书面证据,员工签字确认的书证,其证明效力是最高的。

2. 缺点:耗费一定的人力、物力。

3. 重点:新入职员工可以进行岗前培训,让员工填写《入职声明书》或者《规章制度承诺书》;其条款必须表述清晰、明确,内容为乙方熟知甲方的各项规章制度,包括但不限于……

(十)通过会议宣传法公示

1. 优点:可以在员工大会或者各部门会议、班前会、班后会等进行宣传。

2. 缺点:要仔细检查收集的签收资料,比较浪费精力。

3. 重点:如果召开职工大会公示,并以适当方式保留证据委托工会公示,并保留证据。比如,下发统一模板的《会议纪要签收表》,让员工签字。

总结:每种公示方法都有利弊,应选择适合企业可以操作的,能长期保存的方式。避免采取如下公示告知方法:口头宣布、网站公布、电子邮件告知、公告栏、宣传栏张贴,这些方式举证证明时难以提供有效证据。

实操中一般采取让员工签订《入职声明书》《规章制度承诺书》或者《劳动合同》进行约定的公告方式。

一点通

乙方在签订本合同时，已阅览并同意遵守甲方制定的以下内容：
1. 员工入职、离职的规定或确认书等相关事项。
2. 公司员工手册及各项规章制度、流程等规定。
3. 公司岗位说明书、绩效考核等。
4. 公司其他规定。

案例

【案情介绍】

王某在某公司从事保安工作。一天晚上，公司发生了盗窃事件，这天正赶上王某值班。公司经理认为是保安部门没有尽到职责，于是公司作出决定，解除与王某的劳动合同，理由是王某没有按照规定定时在公司内巡视。

王某称自己从来不知道公司有"定时在公司内巡视"的规定，但是公司不顾王某的辩解，最终还是解除了与王某的劳动合同。王某不服公司解除劳动合同的决定，向当地仲裁委申请仲裁。

【案例解析】

仲裁委经审理认为：虽然在公司的《保安员工手册》中要求，保安人员应定时在公司内巡视，但是《保安员工手册》只是在人力资源部门保存一份，从来没有进行过公示；没有进行规章制度和劳动纪律教育的记录；没有将相关制度的文本发给每名保安人员，并请其签收。

劳动仲裁委因此裁决：王某不知道公司的劳动纪律，因此没有履行的义务，公司无权根据《保安员工手册》认定王某有过失而解除与王某的劳动合同，应继续履行劳动合同。公司不服仲裁委的裁决，向人民法院提出民事诉讼，人民法院支持了仲裁委的裁决。

该案的裁决阐明了这样的观点：企业有将公司制度告知员工的义务；员工对于不知情的制度没有执行的义务；企业履行告知义务应当有证据；企业制度文本存档的行为不属于履行告知义务的行为；员工签收制度文本的记录可以作为企业履行告知义务的证据；员工接受制度培训的记录可以作为企业履行告知义务的证据。

该案中，企业已经制定了《保安员工手册》，并且在人力资源部保存有文本，但并没有证据证明企业已经通过培训、发放文本等方式将手册内容告知了员工，因此员工没有履行的义务。

六、企业基础的规章制度和必备的人力资源规章制度有哪些?

(一)企业基础的规章制度

(1)劳动报酬;

(2)工作时间;

(3)休息休假;

(4)安全卫生;

(5)保险福利;

(6)职工培训;

(7)劳动纪律;

(8)劳动定额;

(9)考勤管理。

(二)必备的人力资源规章制度

(1)招聘与录用;

(2)入职与离职;

(3)薪酬与福利;

(4)考核与培训;

(5)考勤与休假;

(6)晋升通道;

(7)档案管理;

(8)劳动合同管理制度;

(9)保密制度;

(10)劳动保护与安全卫生制度;

(11)奖惩制度;

(12)员工申诉制度。

案例

违反公司规章,情节轻微能被"炒"吗?

【案情介绍】

小丽5个月前应聘到一家外企公司工作,职责是在前台接听电话并接待来访者。小丽在前台经常会收到一些免费赠阅的杂志。一天上午,小丽翻阅一本杂志时被经理看见。

经理批评了她,并指出她上班时间看杂志违反了公司的规章制度。1个月后,公司以小丽上班时间看杂志为由解除了与小丽的劳动合同。

公司这样的做法对吗?

【案例解析】

根据《劳动合同法》第三十九条规定,劳动者只有在严重违反劳动纪律或用人单位规章制度的情况下,用人单位才可以解除劳动合同。

"上班时间看书",从一般生活常识判断,应该不是严重违纪行为。该案中,除非公司在规章制度上明确规定上班时间看书属严重违纪行为,否则公司不能以此为由解除劳动合同。

一点通

如果员工偶尔一次看一些与工作无关的杂志,则不是严重违纪行为。但是经常犯这样的错误,影响了正常的本职工作,则我们可以根据犯错误的次数来判断是否严重违反公司规章制度。

七、企业修改了规章制度,员工合同要修改吗?

(一)当规章制度与合同内容有冲突

劳动合同约定优先于企业内部规章制度规定。劳动者请求优先适用劳动合同的约定,就要尊重劳动者的选择权。

因为劳动合同作为个别员工与用人单位劳动关系的规范,比作为统一调整劳动关系的劳动规章制度效力来得高。

(二)当企业修改了规章制度

如果修改后的"规章制度"与"劳动合同"有不一致的条款,建议企业同时和员工协商变更劳动合同相应条款。

2021年1月1日起施行的《最高人民法院关于审理劳动争议案件适用法律问题的解释(一)》

第五十条　用人单位根据劳动合同法第四条规定,通过民主程序制定的规章制度,不违反国家法律、行政法规及政策规定,并已向劳动者公示的,可以作为确定双方权利义务的依据。

用人单位制定的内部规章制度与集体合同或者劳动合同约定的内容不一致,劳动者请求优先适用合同约定的,人民法院应予支持。

案例

规章制度与劳动合同相冲突时如何处理?

【案情介绍】

2012年2月,某化工有限公司与王某签订了为期5年的劳动合同。合同约定,企业生产处在停产或半停产状态,员工在家待岗期间,公司可按当地最低工资标准70%发放生活费。2014年10月,公司受市场影响,产品无销路,企业生产被迫停产,公司按企业内部规章制度,依据《劳动合同法》第四十一条规定的条件和程序,于2014年11月解除了王某的劳动合同,并支付了其经济补偿金。2014年12月12日,王某向劳动人事仲裁委员会提出申请,要求撤销公司解除劳动合同的决定,按劳动合同约定支付生活费。

【争议焦点】

企业内部规章制度和劳动合同约定的内容均符合法律规定,两者内容不一致,该如何处理。

【焦点评析】

第一种观点认为,该企业内部规章制度是经过全体职工通过制定的,具有法律约束力,其内容包含《劳动合同法》第四十一条规定的解除劳动合同的情形。最高人民法院《关于审理劳动争议案件适用法律若干问题的解释》第十九条规定:用人单位根据《劳动法》第四条之规定,通过民主程序制定的规章制度,不违反国家法律、行政法规及政策规定,并已向劳动者公示的,可以作为人民法院审理劳动争议案件的依据。可见公司按照企业内部规章制度,解除王某的劳动合同符合上述法律规定,故王某的请求不应支持。

第二种观点认为,公司在劳动合同中已经约定企业生产处在停产或半停产状态,员工在家待岗期间,公司可按当地最低工资标准70%发放生活费。此约定符合相关法律和地方法规规定。故应支持王某的请求。

案例中的企业规章制度与劳动合同均符合劳动法律规定,但最高人民法院《关于审理劳动争议案件适用法律若干问题的解释(二)》(法释〔2006〕6号)第十六条规定,用人单位制定的内部规章制度与集体合同或者劳动合同约定的内容不一致,劳动者请求优先适用合同约定的,人民法院应予支持。可见,企业内部规章制度只是一般性规定,劳动合同约定具有特别性规定,当两者的内容相冲突时,劳动合同约定优先于企业内部规章制度规定。

第五十条 用人单位根据劳动合同法第四条规定,通过民主程序制定的规章制度,不违反国家法律、行政法规及政策规定,并已向劳动者公示的,可以作为确定双方权利义务的依据。

用人单位制定的内部规章制度与集体合同或者劳动合同约定的内容不一致,劳动者请求优先适用合同约定的,人民法院应予支持。因此,该案王某要求优先适用劳动合同的约定,仲裁委员会应予以支持。

八、企业能否在规章制度中约定罚款条款?

很多企业对于员工迟到、员工违纪也进行罚款,但是企业是否在规章制度中可以约定罚款条款呢?

(一)企业不能在规章制度中约定罚款条款

我国法律规定,对公民的财产行使经济处罚权的主体只能是法律法规赋予的行政机关、司法机关等有授权的主体,且应严格依照法律法规所规定的程序执行。

1982年国务院发布的《企业职工奖惩条例》,其中第十二条规定:"对职工的行政处分为:警告、记过、记大过、降级、撤职、留用察看、开除。在给予上述行政处分的同时,可以给予一次性罚款。"该条例适用于全民所有制企业和城镇集体所有制企业的全体职工。

2008年1月15日,国务院公布了《关于废止部分行政法规的决定》(国务院令第516号),明确规定《企业职工奖惩条例》已被《中华人民共和国劳动法》《中华人民共和国劳动合同法》代替。

企业规章制度的制定应同时符合程序和内容的要求,一方面要经过民主程序,并向劳动者进行公示;另一方面在内容上不能违反国家法律、行政法规及政策规定。我国现行法律没有赋予企业对员工进行罚款的权利,企业规章制度中的罚款条款没有法律依据。因此,企业不能在规章制度中约定罚款条款。

(二)劳动者应当按照约定向用人单位支付违约金的情形

1. 培训服务期。用人单位为劳动者提供专项培训费用,对其进行专业技术培训的,可以与该劳动者订立协议,约定服务期。劳动者违反服务期约定的,应当按照约定向用人单位支付违约金。

2. 商业秘密。用人单位与劳动者可以在劳动合同中约定保守用人单位的商业秘密和与知识产权相关的保密事项。劳动者违反约定的,应当按照约定向用人单位支付违约金。

3. 竞业限制。劳动者违反竞业限制约定的,应当按照约定向用人单位支付违约金。

除了上三种情形外,用人单位不得与劳动者约定由劳动者承担违约金。

(三)如果劳动者违反规章制度,则可以通过下列方式进行处理

1. 劳动者如有一般性违纪,应主要通过批评教育、口头警告、书面警告、记过等方式来解决。

2. 若严重违反劳动纪律或用人单位规章制度,用人单位可依法解除劳动合同。

3. 用人单位还可以将薪资结构进行拆分,采取复合工资制工资,即多个组成部分的累加,有相对固定的,如岗位、职务、技能工资等,也有相对浮动的,如提成工资、绩效工资、各种奖金等,注重及时考核,强调对员工进行激励,若员工违纪可以通过绩效考评的方式进行扣分。

4. 对迟到的员工有些省市有相关的规定,比如济南市规定:"职工因气象灾害红色预警造成误工的,用人单位不得作迟到、缺勤处理,不得扣减工资福利,不得以法定假日、休息日补偿,不得因此对误工者给予纪律处分或解除劳动关系等。"既然进行罚款是不可以的,但企业可以不发给员工"全勤奖"。

5. 还可以设置"快乐成长基金",员工违纪可以乐捐,放入"基金",取之于民用之于民,将其用于员工聚餐、团建、旅游、非工伤、生病员工慰问金或礼品、直系亲属红白喜丧事、家庭突然遭遇重大变故、生活困难等事项。

因此选择以上方式,也能达到管理的效果。

2013年7月1日起施行的《劳动合同法》

第二十二条　用人单位为劳动者提供专项培训费用,对其进行专业技术培训的,可以与该劳动者订立协议,约定服务期。

劳动者违反服务期约定的,应当按照约定向用人单位支付违约金。违约金的数额不得超过用人单位提供的培训费用。用人单位要求劳动者支付的违约金不得超过服务期尚未履行部分所应分摊的培训费用。

用人单位与劳动者约定服务期的,不影响按照正常的工资调整机制提高劳动者在服务期期间的劳动报酬。

第二十三条　用人单位与劳动者可以在劳动合同中约定保守用人单位的商业秘密和与知识产权相关的保密事项。

对负有保密义务的劳动者,用人单位可以在劳动合同或者保密协议中与劳动者约定竞业限制条款,并约定在解除或者终止劳动合同后,在竞业限制期限内

按月给予劳动者经济补偿。劳动者违反竞业限制约定的,应当按照约定向用人单位支付违约金。

第二十四条　竞业限制的人员限于用人单位的高级管理人员、高级技术人员和其他负有保密义务的人员。竞业限制的范围、地域、期限由用人单位与劳动者约定,竞业限制的约定不得违反法律、法规的规定。

在解除或者终止劳动合同后,前款规定的人员到与本单位生产或者经营同类产品、从事同类业务的有竞争关系的其他用人单位,或者自己开业生产或者经营同类产品、从事同类业务的竞业限制期限,不得超过二年。

第二十五条　除本法第二十二条和第二十三条规定的情形外,用人单位不得与劳动者约定由劳动者承担违约金。

2016年8月16日济南市人民政府办公厅发布的《济南市应对极端天气停课安排和误工处理实施意见》

为进一步强化暴雨、暴雪、道路结冰等气象灾害应急响应措施,避免和减少气象灾害对人民群众生命财产安全造成损失,保障城市运行安全,根据气象、防汛、突发事件应对等法律法规和相关气象灾害应急预案规定,现就应对极端天气停课安排和误工处理提出如下实施意见。

一、适用范围

本市发布暴雨、暴雪、道路结冰等气象灾害黄色、橙色、红色预警信号(图标及标准详见附件)时,适用本实施意见。

二、气象灾害红色预警停课安排和误工处理

(一)停课安排。

1.当日22:00前本市发布气象灾害红色预警信号且在22:00维持的,或当日22:00至次日6:00(含)发布了气象灾害红色预警信号的,各中小学校(含幼托园所、中等职业学校,以下统称学校)应于次日全天停课,并对因不知晓有关情况等到校的学生做好相应安排。6:00以后至上课前发布气象灾害红色预警信号的,学校应灵活安排教学活动,对延误到校(未到校)的学生不作迟到(缺课)处理;为学生上学提供交通工具的学校或服务者,应按规定落实相关措施,切实保障学生交通安全。上课期间发布气象灾害红色预警信号的,学校可继续上课,并做好安全防护工作。

2.学校应根据本实施意见提前制定具体应对方案,细化完善相应措施,健全值班制度,建立与学生及其家长的沟通机制。

3. 驻济高校等参照本实施意见自行制定具体应对方案,明确应对措施,并抓好组织实施。

(二)误工处理。

1. 本市发布气象灾害红色预警信号后,除直接保障城市运行的政府机关和企事业单位外,其他用人单位可采取临时停产、停工、停业等措施。

2. 为保障职工安全,各用人单位应根据本实施意见提前制定具体应对方案,明确应当或无须上班的人员和情形以及复产、复工、复业的情形和相关规定,并告知职工。气象灾害红色预警信号发布后,用人单位和职工应按照本单位具体应对方案及时采取相应措施。应当上班而不能按时到岗的职工应及时与本单位联系。

3. 职工因气象灾害红色预警造成误工的,用人单位不得作迟到、缺勤处理,不得扣减工资福利,不得以法定假日、休息日补偿,不得因此对误工者给予纪律处分或解除劳动关系等。

4. 在工作时间发布气象灾害红色预警信号的,用人单位应按照有关法律法规和其他相关规定,及时停止不适合在该气象条件下实施的户外作业和大型活动。

三、气象灾害黄色或橙色预警误课安排和误工处理

本市发布暴雨、暴雪、道路结冰等气象灾害黄色或橙色预警信号后,学校应灵活安排教学活动,并对延误到校的学生不作迟到(缺课)处理。用人单位应提前制定具体应对方案,职工确因恶劣天气影响不能按时到岗到位的,应及时与本单位联系说明原因,造成误工的,用人单位不得作迟到、缺勤处理,不得扣减工资福利,不得以法定假日、休息日补偿,不得因此对误工者给予纪律处分或解除劳动关系等。

四、其他有关事项

(一)市气象部门负责发布和解除气象灾害预警信号。

(二)本市新闻媒体、政务新媒体、移动电视、12345市民服务热线、政务微博、政府门户网站、通信运营商等管理部门、单位负责落实信息播发工作,及时、有效发出预警及相关信息。12345市民服务热线负责做好气象灾害预警信号发布和解除、政策解读等相关咨询工作,并分析上报相关数据信息。12121天气预报电话自动答讯系统应及时更新气象灾害预警信号发布和解除等相关信息。

(三)交通运输、公安等部门和单位负责加强交通运力调度和交通安全保障。教育、人力资源社会保障、安监等部门负责按照本实施意见对学校、用人单位保障学生和职工安全工作加强指导。直接保障城市运行的政府机关和企事业单位

应加强应急值守,落实应急措施,确保城市安全运行。

(四)社会公众应注意收听、收看和查询最新预警信息,增强自我防范意识和能力,如遇极端天气,应尽量减少不必要的户外活动,注意防范安全风险,避免冒险赶路等行为。学生家长应切实承担未成年人监护责任。

(五)暴雨、暴雪蓝色预警响应措施,以及雷电、冰雹、沙尘暴、大雾、高温、低温等气象灾害预警响应措施,按照相应应急预案执行。

本实施意见自 2016 年 8 月 16 日起施行,有效期至 2021 年 8 月 16 日。

案例

【案情介绍】

王某自 2008 年起在一家公司工作,与公司签订的劳动合同期限到 2010 年 2 月,约定了她的工资是 5000 元。劳动合同同时写明"如果公司的工资制度发生变化或者员工的工作岗位变动,按照新的工资标准确定"。

2009 年 6 月,公司以规范管理薪酬体系为由,实施新的《绩效管理方案》,方案将员工的工资改为基本工资和绩效工资两部分,绩效工资由员工完成的工作数量和质量来折算。王某的月基本工资降为 3000 元,经过三个月的运行,王某的工资逐月降低。王某非常不满,多次提出异议,但公司认为公司有权制定新的规章制度。

于是王某提起了劳动仲裁,要求公司支付差额部分的工资以及解除劳动合同的经济补偿金。

【案例解析】

如果用人单位未与劳动者协商一致,不能通过修改规章制度的方式来排除劳动合同中约定的条款的适用。根据《劳动合同法》第三十五条的规定,用人单位与劳动者协商一致,可以变更劳动合同约定的内容。变更劳动合同,应当采用书面形式。用人单位未经劳动者同意,不能擅自降薪。

按照《最高人民法院关于审理劳动争议案件适用法律若干问题的解释(二)》第十六条的规定,用人单位制定的内部规章制度与集体合同或者劳动合同约定的内容不一致,劳动者请求优先适用合同约定的,人民法院应予支持。因此,规章制度的修改如果与劳动合同不一致,且这种不一致对员工不利时,劳动者可以选择适用合同约定而不适用新的制度。

本例中,修改后的规章制度在实际上降低了王某的劳动报酬,因此王某有权要求适用合同的约定而不适用规章制度的规定。

第十七章　工作交接条款不可少

　　很多企业人力资源管理者反映"80后""90后"群体出现了很多不可思议的现象：不提前打招呼，也没办好工作交接，说走就走，甚至直接失联、连续请假，实则含蓄跳槽、裸辞……

　　不少企业都遇到过员工"一言不合就闪辞"的困扰。正常辞职无可厚非，但有的"闪辞"行为涉及社会契约精神缺失，甚至违反劳动法规定等问题，不仅会给企业带来损失，也不利于个人成长和发展。

　　比如，某公司有一个业务员，对多名客户随意承诺产品不可能达到的效果，拿到销售提成后，直接"闪辞"并失联。等到客户们到企业投诉、要求退款后，公司才知道相关情况，公司只能承担损失。

　　员工与企业签订了劳动合同，就已经形成法律上的契约关系。解除劳动关系时，企业和劳动者双方都要按照协议内容和法律规定的程序进行。

　　让我们来了解一下《劳动合同法》关于离职交接有哪些规定？企业应如何合法、规范管理呢？

一、关于离职交接，劳动合同法有何规定？

　　《劳动合同法》第五十条规定了劳动合同双方的附随义务，即用人单位应当在解除或者终止劳动合同时出具解除或者终止劳动合同的证明，并在十五日内为劳动者办理档案和社会保险关系转移手续。劳动者应当按照双方约定，办理工作交接。

　　因此，用人单位需要做好给员工出具解除或者终止劳动合同的证明和为劳动者办理档案和社会保险关系转移的手续。劳动者也应当提出离职申请，按照约定办理工作交接。

2013年7月1日起施行的《劳动合同法》

　　第五十条　用人单位应当在解除或者终止劳动合同时出具解除或者终止劳动合同的证明，并在十五日内为劳动者办理档案和社会保险关系转移手续。

　　劳动者应当按照双方约定，办理工作交接。用人单位依照本法有关规定应当向劳动者支付经济补偿的,在办结工作交接时支付。

用人单位对已经解除或者终止的劳动合同的文本,至少保存二年备查。

二、如何加强离职员工工作交接?

(一)企业编制规章制度

对于工作交接的内容、离职流程等编制规章制度,有《离职制度》和《工作交接管理制度》。同时可以纳入相关表格,如《离职申请表》《工作交接单》等。

(二)将工作交接内容纳入劳动合同中

工作交接的内容可以纳入劳动合同中,员工应当按照合同约定做好工作交接,若未交接或者不完全交接,给公司造成损失的,员工应该承担赔偿责任。

(三)做好离职沟通

1. 对于主动提出辞职的员工,公司应首先和员工积极沟通,了解离职原因,对于欲挽留员工应进行挽留面谈,若员工同意留下,就正常工作。

2. 对于最终决定同意离职的员工,原则上只要完整地将工作交接完即可,将各项工作明细列清楚,有交接人。

3. 不要强求一个月后才能让其离职的想法,只要交接完,剩余的天数可采取让其请假,到最后一天来正式办理离职手续的方式,最好采用直接办理离职手续的方式解决。笔者建议最好提前让员工离职,避免中间出现其他问题。

(四)进行离职交接

办理离职手续,填写《工作交接单》,交接人、接收人、监交人签字确认。

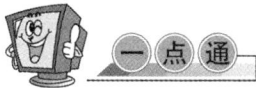

一点通

示范:劳动合同中的制度约定

1. 规定转正的员工需提前一个月书面申请,重在让员工有个离职要提前申请的意识,或者让员工填写《离职申请表》。

2. 若未交接或者未完全交接工作,给公司造成损失的,员工应该承担赔偿责任。

3. 赔偿可以在办理交接时支付,也可以从工资中扣除。

【备注:对该损失赔偿所扣的数额不得超过当月工资的 20%,扣完后工资不得低于最低工资标准。】

案例

劳动者离职,未与单位办理交接造成损失的,应当承担赔偿责任

【案情介绍】

戴某于 2016 年 9 月到某公司工作,工作岗位为出租车驾驶员,最近一期劳动合同的期限为 2017 年 11 月 29 日至 2019 年 11 月 28 日。

2018 年 4 月 7 日,戴某向某公司递交书面辞职申请,载明由于个人原因提出辞职,并将其驾驶的出租车停放在某公司指定的停车场,但未与某公司进行相关物品交接。后某公司经仲裁诉至法院,要求戴某赔偿各项损失费用。

法院认为,劳动者因为个人意愿,可以解除劳动合同,但需要满足一定的时间条件,即提前 30 日或在试用期内提前 3 日通知用人单位。法律之所以如此规定,是考虑到用人单位需要一定时间另行招用其他劳动者以替代原劳动者工作,不至于因为缺员而影响用人单位的正常生产经营。

该案戴某离职未做到提前预告,也未办理工作交接,对用人单位造成的损失依法应当承担赔偿责任。

【案例解析】

在劳动合同履行过程中,用人单位与劳动者理应从维系合同关系和提高合同利益的角度出发,善意地履行合同,用人单位应当进行规范管理,劳动者亦应尽勤勉义务。

该案的裁判提醒广大劳动者离职时应当按照约定,与用人单位办理相关工作交接,如未按照法律规定或者合同约定办理离职手续而给用人单位造成损失的,应当承担赔偿责任。

第十八章　合理约定培训服务期

用人单位对劳动者进行专业技术培训,通常需要投入巨大的资金和物力。法律之所以规定服务期,是因为企业使劳动者接受培训的目的,在于劳动者参加培训回来后为单位提供劳动,劳动者服务期未满离职,使单位期待落空。通过约定服务期,可以平衡双方利益。

用人单位为劳动者提供专项培训费用,对其进行专业技术培训的,可以与该劳动者订立协议,约定服务期。劳动者违反前述协议约定的,应当按照约定向用人单位支付违约金。违约金的数额不得超过用人单位提供的培训费用。

培训服务协议包括哪些内容? 用人单位与劳动者如何依法约定违约金? 培训服务期的年限怎样确定? 企业如何证明为员工出资培训了呢? 给员工解决了户口,可以约定服务期吗? 你对这些知识点的了解有多少? 企业为员工提供培训,员工离职时企业要求留下培训证书合法吗?

一、培训服务协议包括哪些内容?

企业应把《培训协议》作为双方签订劳动合同的附件,同时在《培训服务协议》里面对培训费用、服务期限、违约金等做了详细的约定。

(一)培训费用

1. 专项技术培训。《劳动合同法》第二十二条第二款、《劳动合同法实施条例》第十六条规定了培训费用,包括用人单位为了对劳动者进行专业技术培训而支付的有凭证的培训费用、培训期间的差旅费用以及因培训产生的用于该劳动者的其他直接费用。

2. 培训的形式可以是脱产的、半脱产的,也可以是不脱产的。

3. 企业对劳动者进行必要的职业培训、入职培训、管理培训等,不属于可以要求服务期的培训范围,不可以约定服务期,也就是说专项技术培训不包括职业培训。

(二)服务期限

1. 服务期是指由于用人单位提供专项培训费用,对劳动者进行专业技术培训,而由用人单位与劳动者在劳动合同中或者在服务期协议里约定的劳动者必须为该用人单位提供劳动的期限。

2. 只要用人单位出资培训劳动者,受训劳动者就有义务为用人单位最少服务一定年限。所以,劳动者接受用人单位付费在职培训后,用人单位可以与劳动者约定接受专业技术培训以后的服务期。

3. 约定服务期的条件。

(1)培训的性质是专业技术培训;

(2)用人单位对劳动者进行了专项培训;

(3)用人单位支付了专项的培训费用。

(三)违约金

1. 劳动者违反服务期约定的,应当按照约定向用人单位支付违约金,体现了合同中的权利义务对等原则。

2. 用人单位与劳动者约定违约金时不得违法,约定违反服务期违约金的数额不得超过用人单位提供的培训费用。

3. 用人单位要求劳动者支付的违约金不得超过服务期尚未履行部分所应分摊的培训费用。

4. 用人单位与劳动者约定了服务期,劳动者依照《劳动合同法》第三十八条的规定解除劳动合同的,不属于违反服务期的约定,用人单位不得要求劳动者支付违约金。第三十八条属于单位过失。

企业要明确劳动者受训后的服务期限＋违约责任＋培训费用,避免约定不清给自己带来不必要的损失。

1995 年 1 月 1 日起施行的《劳动法》

第六十八条　用人单位应当建立职业培训制度,按照国家规定提取和使用职业培训经费,根据本单位实际,有计划地对劳动者进行职业培训。

从事技术工种的劳动者,上岗前必须经过培训。

2013 年 7 月 1 日起施行的《劳动合同法》

第二十二条　用人单位为劳动者提供专项培训费用,对其进行专业技术培训的,可以与该劳动者订立协议,约定服务期。

劳动者违反服务期约定的,应当按照约定向用人单位支付违约金。违约金的数额不得超过用人单位提供的培训费用。用人单位要求劳动者支付的违约金不得超过服务期尚未履行部分所应分摊的培训费用。

用人单位与劳动者约定服务期的，不影响按照正常的工资调整机制提高劳动者在服务期期间的劳动报酬。

第三十八条　用人单位有下列情形之一的，劳动者可以解除劳动合同：

（一）未按照劳动合同约定提供劳动保护或者劳动条件的；

（二）未及时足额支付劳动报酬的；

（三）未依法为劳动者缴纳社会保险费的；

（四）用人单位的规章制度违反法律、法规的规定，损害劳动者权益的；

（五）因本法第二十六条第一款规定的情形致使劳动合同无效的；

（六）法律、行政法规规定劳动者可以解除劳动合同的其他情形。

用人单位以暴力、威胁或者非法限制人身自由的手段强迫劳动者劳动的，或者用人单位违章指挥、强令冒险作业危及劳动者人身安全的，劳动者可以立即解除劳动合同，不需事先告知用人单位。

2008 年 9 月 18 日起施行的《劳动合同法实施条例》

第十六条　劳动合同法第二十二条第二款规定的培训费用，包括用人单位为了对劳动者进行专业技术培训而支付的有凭证的培训费用、培训期间的差旅费用以及因培训产生的用于该劳动者的其他直接费用。

第十七条　劳动合同期满，但是用人单位与劳动者依照劳动合同法第二十二条的规定约定的服务期尚未到期的，劳动合同应当续延至服务期满；双方另有约定的，从其约定。

第二十六条　用人单位与劳动者约定了服务期，劳动者依照劳动合同法第三十八条的规定解除劳动合同的，不属于违反服务期的约定，用人单位不得要求劳动者支付违约金。

有下列情形之一，用人单位与劳动者解除约定服务期的劳动合同的，劳动者应当按照劳动合同的约定向用人单位支付违约金：

（一）劳动者严重违反用人单位的规章制度的；

（二）劳动者严重失职，营私舞弊，给用人单位造成重大损害的；

（三）劳动者同时与其他用人单位建立劳动关系，对完成本单位的工作任务造成严重影响，或者经用人单位提出，拒不改正的；

（四）劳动者以欺诈、胁迫的手段或者乘人之危，使用人单位在违背真实意思的情况下订立或者变更劳动合同的；

（五）劳动者被依法追究刑事责任的。

案例

【案情介绍】

李某的公司是一家核工业企业,由于涉及行业的特点,每年新招聘的员工不能独立上岗,要有一名老员工带其工作一年以后,才能独立上岗。

为了鼓励老员工的积极性,公司每月向老员工额外支付500元的补助。另外,公司鼓励员工进行学历教育培训,员工在职或脱产读研或读博的,公司都予以支持。进行在职学历教育的,公司报销80%的学费,另报销差旅、食宿的费用。

脱产培训的,公司报销60%的学费,另报销差旅、食宿等费用,脱产期间支付全额的基本工资以及岗位工资的50%。另外公司每年都要组织一部分员工外出培训考察,一般来讲培训3天,考察3天,往往考察的费用比培训的费用要高很多,但公司都从培训费用中予以报销。

请问:李某的公司为培训所支付的哪些费用可以认定为培训费用?

【案例解析】

对于什么是专项培训费用,一般来讲值得使公司每年从工资总额中划拨的培训经费,即只有对员工提供了培训经费,才能认定为专项培训费用。

实践当中,一些公司存在"师傅带徒弟"的培训方式,即由老员工带新员工的方式手把手教员工。对于这样的培训方式,只能认定为业务培训,而不能认定为专业技术培训。此外,公司对于带徒弟的老员工,一般都是通过津贴或补助的形势给予激励的,而无论津贴还是补助,走的都是公司的工资序列,因此不能认定为培训费用。

对于脱产培训期间的培训费用、食宿、差旅费用,只要是从公司培训经费中予以报销的,都可以认定为培训费用。对于考察的费用,一般也都是从培训费用里出的,也可以认定为培训费用。但是,对员工进行脱产培训也好、考察培训也好,最佳的方式是在培训结束后,对培训所花销的培训经费进行确认,让员工签字。

二、培训服务期的年限怎样确定?

关于培训服务期年限的确定,《劳动合同法》没有具体规定,双方当事人协议确定就可以了。但是企业在与劳动者协议确定服务期年限时要遵守两点:

第一,要体现公平合理的原则,不得滥用权力。

第二,需要注意的是,用人单位与劳动者约定的服务期较长的,用人单位应当按照工资调整机制提高劳动者在服务期间的劳动报酬,不能因为出资培训了,对劳动者的薪酬就不再进行提高。

三、关于支付培训费用有哪些规定？

1. 企业出资派员工参加培训的有以下三种时期，如图 18-1 所示。

试用期内	试用期满 在合同期内	合同期满
·如果在试用期内，则用人单位不得要求劳动者支付该项培训费用 ·建议：转正后提供培训机会，或者提前转正	·为转正员工支付培训费用，根据协议约定进行 ·建议：如果培训协议的服务期限未到，企业与职工在续签劳动合同时应使培训服务期限与劳动合同期限一致	·如果合同期满，职工要求终止合同，则用人单位不得要求劳动者支付该项培训费用 ·建议：培训前跟劳动者续签劳动合同

图 18-1 企业出资派员工参加培训的三种时期

2. 如果试用期满，在合同期内，则用人单位可以要求劳动者支付该项培训费用，具体支付方法如图 18-2 所示。

约定服务期	没约定服务期	没有约定合同期	计算方式 已有约定
·按服务期等分出资金额 ·以职工已履行的服务期限递减支付	·按劳动合同期等分出资金额 ·以职工已履行的合同期限递减支付	·按5年服务期等分出资金额 ·以职工已履行的服务期限递减支付	·双方对递减计算方式已有约定的从其约定

图 18-2 合同期内，用人单位要求劳动者支付培训费的四种方法

> 1995 年 10 月 10 日发布的《劳动部办公厅关于试用期内解除劳动合同处理依据问题的复函》
>
> 用人单位出资（指有支付货币凭证的情况）对职工进行各类技术培训，职工提出与单位解除劳动关系的，如果在试用期内，则用人单位不得要求劳动者支付该项培训费用。

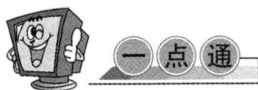

一点通

1. 签订培训协议。

用人单位在出资对劳动者进行专业培训前，应当及时与劳动者签订《培训服务协议》,明确约定劳动者接受培训后应当为企业服务的期限以及违反其约定劳动者应当承担的违约责任。

2.避免试用期。

用人单位出资为劳动者进行专项/专业技术培训时,在不能确定劳动者是否能够按照服务期的约定为企业服务时,应尽量避免在试用期内进行该类培训,以避免受到不必要的损失。如果一定要在试用期内进行专项培训,则可以缩短试用期限。

比如,企业确需对尚处于试用期的员工进行专业技术培训,建议通过协商方式缩短试用期,将其提前转正,再安排培训事宜。

3.合同期满。

若劳动合同期满,服务期尚未届满的,用人单位应及时与劳动者续订劳动合同。如果约定的权利义务与原劳动合同不一致,必须经过与劳动者的协商一致,否则仍按原合同履行。可以在培训协议书内进行约定:"本协议所约定服务工作年限,如超过甲方与乙方所约定劳动合同的年限,以此服务协议服务工作年限所涉及的具体日期为准。"

案例

【案情介绍】

今年6月,黄某被本市一家合资公司录用,双方经过协商签订了3年的劳动合同,其中前6个月为试用期。上班后不久,公司即安排黄某脱产培训业务技术2个月。

培训期间,黄某结识了同行李某,相互之间谈得很投缘,在李某的劝说下,黄某打算与原公司解除劳动合同,到李某所在公司工作。黄某结束培训回公司上班后,提出要求解除劳动合同,公司没有同意黄某的要求,但黄某仍坚持要求解除劳动关系。

公司认为,黄某由公司出资去参加业务技术培训,培训刚结束,还未为公司效力,即提出解除劳动关系,公司的出资培训不是白白地浪费了吗?所以,解除劳动关系是可以的,但要求黄某赔偿培训费用,否则不能离开。

黄某则认为,试用期期间,劳动者可以随时解除劳动合同,也无须承担赔偿培训费,因此不愿赔偿。于是,争议提交到了劳动仲裁委员会。在劳动仲裁调解时,双方当事人各执己见,达不成和解协议。调解不成,劳动仲裁依法作出裁决,没有支持公司的仲裁请求。

【案例解析】

该案的争议焦点是试用期内职工提出与公司解除劳动关系,但公司已经出资培训了职工,职工是否应当赔偿公司的培训费。按照劳动部关于试用期内解除劳动合同处理依据问题的复函意见:"用人单位出资(指有支付货币凭证的情况)对职工进行各类技术培训,职工提出与单位解除劳动关系的,如果在试用期内,则用人单位不得要求劳动者支付该项培训费用。"

黄某进公司后,公司确实专门出资对黄某进行业务技术培训,并且双方还约定了服务期。但黄某是在试用期内提出与公司解除劳动关系,按照劳动部复函的意见,黄某是不需要赔偿公司的培训费用的。

所以,公司要求黄某支付培训费用缺乏法律依据。因此,劳动仲裁委没有支持公司的仲裁请求。

四、企业如何证明为员工出资培训了?

(一)对于专项技术培训,在出资培训前签订培训协议

1. 企业在与员工签订培训协议时要注意写清培训名称、培训费用(多人参加的集体培训注意要均摊)、培训具体起止时间、培训后的服务期限以及起止时间。

2. 在培训协议中,对于因个人原因中途不参加培训的员工要有明确的处罚标准,并且有必要在培训协议中写明。

3. 在培训协议中,明确规定培训后要提交个人培训总结,与企业内部人员分享培训心得等作为参加培训的有力证据。

4. 在培训协议中对于服务期限要进行明确约定,特别是在《公司培训管理制度》中,将多次参加培训的情况,应用有关数学公式将服务期限写明,要注意累加计算问题。

5. 对于违约责任要进行明确规定,注意培训协议与公司有关具体规定是否有相悖之处及如何处理等。

(二)培训结束后让员工在发票或者报销凭证上签字确认

具体包括培训期内单位为员工培训带薪工资(含津贴、补助等)、福利费、学费发票或者盖红章的收据、学杂费、教材费、办理相关证件费用、技术交流费、考察费、往返交通费、住宿费、通讯费、出差费等。

五、给员工解决了户口,就可以约定服务期?

在北上广等一线城市,很多单位以可以解决户口为吸引人才的招聘手段,这确

实受到劳动者的欢迎和青睐。单位为了留住人才,会跟员工约定服务期或违约金。公司如果以员工落户口签订服务协议,约定高额的违约金,这是无法获得法律支持的。因为单位只有为劳动者提供专项培训费用、进行专业技术培训的,才能与劳动者约定服务期。解决户口并不符合上述条件,故不能约定服务期,违约金自然也不能约定。

但是,并不是没有任何救济办法,如果确因劳动者违反了诚实信用原则,给单位造成了损失,是可以要求赔偿的,具体策略如下:

1. 企业可以选择与员工签订《民事合同》,约定一定的服务期限,一旦员工违反诚实信用原则,会需要承担相应的违约责任。

2. 对于办理户口等支出保留证据,对于劳动者给单位造成的损失保留证据,入职前对劳动者进行背景调查。

> 2009 年 8 月 17 日发布的《北京市高级人民法院、北京市劳动争议仲裁委员会关于劳动争议案件法律适用问题研讨会会议纪要(一)》
>
> 32. 用人单位为其招用的劳动者办理了本市户口,双方据此约定了服务期和违约金,用人单位以双方约定为依据要求劳动者支付违约金的,不应予以支持。确因劳动者违反了诚实信用原则,给用人单位造成损失的,劳动者应当予以赔偿。

六、员工如果没有通过培训考试,用人单位是否追究员工赔偿?

《劳动法》第六十八条规定:"用人单位应当建立职业培训制度,按照国家规定提取和使用职业培训经费,根据本单位实际,有计划地对劳动者进行职业培训。从事技术工种的劳动者,上岗前必须经过培训。"从这个意义上讲,培训是用人单位应尽的法定义务也是劳动者享有的法定权利,无论企业付出多大代价,员工考试不通过,企业都不应该追偿。

虽然如此,但毕竟企业付出了很大的成本去培养员工,为了避免企业损失,可以从以下两方面解决企业的"痛点"。

(一)采用变换的方式

既然员工不管是否通过培训机构的考试,公司都应负担员工培训费,因此我们可以采用变换的方式,例如通过绩效考核指标来督促员工的考试,将考试结果和绩效挂钩;也可以让员工取得证书后再报销。

(二)出资为员工提供非专项技术培训

通过民事货币债权的方式变通处理。企业将培训款项借与员工,由员工自行参加培训,同时约定服务满一定年限后公司放弃债权,也能达到服务期限的目的。

七、企业为员工提供培训费,员工离职时企业要求留下培训证书合法吗?

公司出钱的培训属于个人技术水平、专业知识和技能等国家、省市相关机构颁发的正式认证性资质证件,证书是具有人身属性的证明,单位拿着员工的证书并不能发挥其价值,但实际上在一定程度上起到了阻止员工离职的效果。如果提前解除合同,公司有权向该离职员工要求偿还培训费用,但不能扣留证书。

根据《劳动合同法》第九条规定,用人单位招用劳动者,不得扣押劳动者的居民身份证和其他证件。第八十四条规定,用人单位违反本法规定,扣押劳动者居民身份证等证件的,由劳动行政部门责令限期退还劳动者本人,并依照有关法律规定给予处罚。因此,员工离职时企业不能留下员工的培训证书。

> 2013年7月1日起施行的《劳动合同法》
>
> 第九条　用人单位招用劳动者,不得扣押劳动者的居民身份证和其他证件,不得要求劳动者提供担保或者以其他名义向劳动者收取财物。
>
> 第八十四条　用人单位违反本法规定,扣押劳动者居民身份证等证件的,由劳动行政部门责令限期退还劳动者本人,并依照有关法律规定给予处罚。
>
> 用人单位违反本法规定,以担保或者其他名义向劳动者收取财物的,由劳动行政部门责令限期退还劳动者本人,并以每人五百元以上二千元以下的标准处以罚款;给劳动者造成损害的,应当承担赔偿责任。
>
> 劳动者依法解除或者终止劳动合同,用人单位扣押劳动者档案或者其他物品的,依照前款规定处罚。

案例

【案情介绍】

2002年,韩某大学毕业后应聘到新区某国企单位工作。在韩某工作期间,单位派韩某到各地去参加一些专业培训,其间的各项费用由单位承担。韩某也在培训结束后考取了相关的资格证书,但公司将考取的这些资格证书全部代为保管,韩某也没有向公司索取。

2010年4月,韩某因为个人原因向公司提出辞职申请,并同时要求公司将自己取得的相关资格证书还给自己。但公司表示,公司担负了高额的培训费用,同意韩某辞职,但是不同意她带走资格证书。

【法院审理】

人民法院审理认为,人才中介员证书是原告经过自身努力而取得的智力成果,证明原告具有相关的从业资格,具有人身依附性。

尽管原告获得资格证书的培训费用由被告公司支付,但证书所有权并不因此而发生转移。法院判令,被告公司将归属原告的资格证书归还原告。

【案例解析】

根据《劳动合同法》第九条和第八十四条的规定,劳动者依法解除或者终止劳动合同,用人单位扣押劳动者档案或者其他物品的,依照前款规定处罚。因此,该案中,虽然韩某的培训费等均由单位支付,但相关的资格证书应归韩某所有。

八、企业给员工提供特殊福利有哪些攻略?

有的企业员工流失率在30%以上,损失的可能不只是再招人的成本,还有员工离职的业绩流失。因此,建议企业设计长期支付型的福利待遇,避免提供一次性福利待遇。

(一)将有关福利待遇性质改为债权债务

企业可以为员工垫款,约定满一定年限时予以报销。

(二)阶段性支付或阶段性享受形式

企业的福利待遇为分期支付,工作已满一定年限的才享受,离职则无法享受,变事先享受为事后享受。

(三)可以规定年金制度(年薪)

企业采用年薪制时,年薪不能写入劳动合同内。根据员工的工龄、贡献、职务等方面的标准,规定员工享受年金待遇的有关事项。

(四)实行公司股权激励

让员工享受企业的利润分红。

九、如何做好培训服务期的法律风险防范?

(一)设计培训服务协议的条款

企业应该充分留意协议条款的设计,将可能会遇到的各种情况列明,并配置相应的法律义务或责任承担。比如约定:

(1)服务期内员工必须遵守公司的劳动纪律;

(2)不得任意解除劳动合同;

（3）变更劳动合同需要与企业协商一致等。如有违反承担违约责任，企业可以依约主张违约金。

（二）提前签订培训服务协议

服务期协议应当在专项技术培训开始前签订。否则，如果培训已经开始而劳动者不同意签署服务期协议，企业将无法要求劳动者赔偿此前已经支出的培训费用。

（三）结合其他协议使用，效果更好

建议将服务期协议与技术秘密保护协议结合使用，因为服务期协议总是与专项技术培训联系在一起的。

（四）保存好出资的支付凭证

由用人单位出资且有支付货币的凭证，是单位要求劳动者赔偿培训费的前提条件。如果用人单位声称已经出资，但不能提供相应的支付凭证，则因其缺乏证据，因而也不能要求赔偿。

（五）找到员工自身不履行的证据

因员工自身原因导致服务期不能履行或不需要履行的，企业应找出相应的证据，只有这样员工才可以根据约定进行赔偿。

（六）企业也应该遵守相关的法律规定

实际管理操作过程中严格依法办事，不给员工留下把柄，对于员工自身原因导致服务期不能履行或不需要履行的，应找出相应的证据。

企业还不应让员工抓到软肋，如拖欠工资、未依法缴纳社保费等，此时若员工行使法定合同解除权，公司就难以主张违约金。

案例

服务期内用人单位过错在先，劳动者单方解除劳动合同不违约

【案情介绍】

2012年3月1日，刘某与甲公司签订劳动合同，约定刘某在甲公司从事技术员工作，合同期限为2012年3月1日至2017年2月28日。

合同签订后，甲公司于2012年4月安排刘某去外地进行培训，双方签订了培训协议，约定刘某应在甲公司工作满5年，如刘某在接受培训后单方提出解除劳动合同，则构成违约，应向甲公司支付培训费用的两倍作为违约金。后甲公司为刘某参加培训支出了培训费用24000元。

2014年4月份，刘某与甲公司的技术总监在工作中发生矛盾，刘某表示不再参

与某项研发工作,但正常去甲公司上班。甲公司自2014年4月份停发刘某的工资,刘某多次要求甲公司向其支付工资未果后于2014年6月份提出辞职。2014年7月份,甲公司申请劳动仲裁,请求裁决刘某支付其违约金48000元。仲裁委审理后,裁决驳回甲公司的仲裁请求。甲公司不服裁决诉至法院。

【裁判结果】

法院审理后认为,甲公司向刘某主张违约金的前提是刘某存在违约行为。刘某虽不再从事某项研发工作,但正常去甲公司上班,甲公司应依法向刘某支付工资。

因甲公司未及时向刘某支付工资,刘某提出解除双方劳动合同,符合《劳动合同法》第三十八条规定的劳动者可以单方解除劳动合同的情形。根据《劳动合同法实施条例》第二十六条的规定,用人单位与劳动者约定了服务期,劳动者依照《劳动合同法》第三十八条的规定解除劳动合同的,不属于违反服务期的约定,用人单位不得要求劳动者支付违约金。

因此,刘某在甲公司存在过错的情况下提出解除双方劳动合同,不属于违反服务期约定的违约行为,故对于甲公司主张的违约金,法院不予支持。

据此,法院一审判决:驳回甲公司的诉讼请求。一审宣判后,甲公司不服,并提起上诉。二审法院经审理维持了一审判决。

【法官点评】

服务期是劳动者因享受用人单位给予的特殊待遇而与用人单位约定的应当为其工作的年限。法律之所以规定服务期,是因为用人单位对劳动者有投入并导致劳动者获得利益。同时,用人单位使劳动者接受培训的目的,在于劳动者回来后为单位提供约定服务期间的劳动。通过约定服务期,可以大体平衡双方利益。

我国《劳动合同法》规定,用人单位为劳动者提供专项培训费用,对其进行专业技术培训的,可以与该劳动者订立协议,约定服务期。劳动者违反服务期约定的,应当按照约定向用人单位支付违约金。违约金的数额不得超过用人单位提供的培训费用,用人单位要求劳动者支付的违约金不得超过服务期尚未履行部分所应分摊的培训费用。

用人单位要求劳动者支付违约金的前提是用人单位不能存在《劳动合同法》第三十八条规定的有过错情形,如用人单位存在未按照劳动合同约定提供劳动保护或者劳动条件、未及时足额支付劳动报酬、未依法为劳动者缴纳社会保险费、规章制度违法等情形,劳动者据此提出解除劳动合同的,不能认定为劳动者违反了服务期的约定,用人单位无权向劳动者主张违约金。

第十九章　全员可签订保密协议

保密协议是指协议当事人之间就一方告知另一方的书面或口头信息,约定不得向任何第三方披露该信息的协议。负有保密义务的当事人违反协议约定,将保密信息披露给第三方,将要承担民事责任甚至刑事责任。

为避免企业不愿公开的技术信息和经营信息外泄,很多企业会与员工签订保密协议或在劳动合同中增设保密义务条款,特别是在一些涉及核心技术的领域,商业秘密就如同企业的命脉,而一份详细的保密协议就是企业的保护伞。

保密协议的主体为用人单位和劳动者。用人单位根据自身经营管理需要,往往会在劳动合同之外,再与员工签订一份保密协议,约定员工有关保密事项。那么问题来了,签订保密协议,单位是否必须支付保密费? 保密费是否可以算作竞业限制经济补偿? 保密协议是否可以就违反保密义务约定违约金? 保密协议的法律效力是怎样的?

一、《劳动合同法》关于保密商业秘密和与知识产权相关的保密有哪些规定?

《劳动合同法》第二十三条规定,用人单位与劳动者可以在劳动合同中约定保守用人单位的商业秘密和与知识产权相关的保密事项。

对负有保密义务的劳动者,用人单位可以在劳动合同或者保密协议中与劳动者约定竞业限制条款,并约定在解除或者终止劳动合同后,在竞业限制期限内按月给予劳动者经济补偿。劳动者违反竞业限制约定的,应当按照约定向用人单位支付违约金。

案例

合同中私设违约金

【案情介绍】

北京某百货公司与李某在劳动合同中约定:"任何一方违反聘用合同规定的,由违约一方承担违约责任,违约赔偿金额为 1 万元。"

李某在公司下设的某商店任店长,××年 8 月,商店内十几部手机被盗,公司认为李某未尽职履行劳动合同约定的义务、玩忽职守,要求李某按合同约定赔偿公司 1 万元,李某拒绝支付。

公司提起仲裁后,仲裁委对公司的请求不予支持,公司又向法院提起诉讼。法院认为,李某作为店长,对商店财产负有安全管理责任,对商品的被盗存有过失,确定李某赔偿公司损失 500 元。

【案例点评】

在现实生活中,一些用人单位无论何种原因,均在劳动合同中约定了一定数额的违约金来限制劳动者,这种做法是不可取的。

根据《劳动合同法》第二十二条、第二十三条的规定,只有在两种情况下,用人单位才可以在劳动合同中约定违约金:

一是用人单位为劳动者提供专项培训费用,可以与该劳动者约定服务期,劳动者违反服务期约定的,应当支付违约金。

二是对负有保密义务的劳动者,用人单位可以在劳动合同或者保密协议中与劳动者约定竞业限制条款,劳动者违反竞业限制约定的,应当支付违约金。

其实,用人单位即使约定一定数额的违约金,也属无效条款,不具有法律约束力。另外,《工资支付暂行规定》第 16 条规定,因劳动者本人原因给单位造成经济损失的,单位可按照劳动合同的约定要求其赔偿。赔偿可从劳动者本人的工资中扣除。但每月扣除部分不得超过劳动者当月工资的 20%。

二、什么是商业秘密?

(一)商业秘密的定义

根据我国《反不正当竞争法》规定,"商业秘密"是指不为公众所知悉、能为权利人带来经济利益、具有实用性并经权利人采取保密措施的技术信息和经营信息。

(二)商业秘密具备的四个条件

1. 不为公众所知,即秘密性。

2. 具有实用价值。

3. 具有经济价值。

4. 采取了保密措施。

三、如何判定客户名单是否属于商业秘密?

判定客户名单是否属于商业秘密的技巧如下。

(一)客户名单应当具有特定性

受法律保护的客户名单应是具体明确的,区别于可以从公开渠道获得的普通客户的名单。

(二)单独客户名称的列举不构成商业秘密

客户名单的内容包括客户名、客户联系方式、客户需求类型和需求习惯、客户的经营规律、客户对商品价格的承受能力等综合性客户信息。

(三)客户名单应当具有稳定性

受法律保护的客户名单中的客户群,应是权利人经过努力和付出,包括人、财、物和时间的投入,在一定时间段内相对固定的、有独特交易习惯的客户。

(四)客户名单应当具有秘密性

受法律保护的客户名单应是权利人采取了合理的保护措施予以保护的客户信息,他人无法通过公开途径或不经过一定的努力和付出而获得。

> 2007 年 2 月 1 日发布的《最高人民法院关于审理不正当竞争民事案件应用法律若干问题的解释》
>
> 第十三条　商业秘密中的客户名单,一般是指客户的名称、地址、联系方式以及交易的习惯、意向、内容等构成的区别于相关公知信息的特殊客户信息,包括汇集众多客户的客户名册,以及保持长期稳定交易关系的特定客户。
>
> 客户基于对职工个人的信赖而与职工所在单位进行市场交易,该职工离职后,能够证明客户自愿选择与自己或者其新单位进行市场交易的,应当认定没有采用不正当手段,但职工与原单位另有约定的除外。
>
> 第十四条　当事人指称他人侵犯其商业秘密的,应当对其拥有的商业秘密符合法定条件、对方当事人的信息与其商业秘密相同或者实质相同以及对方当事人采取不正当手段的事实负举证责任。其中,商业秘密符合法定条件的证据,包括商业秘密的载体、具体内容、商业价值和对该项商业秘密所采取的具体保密措施等。

四、企业编制了保密协议,还要制定保密制度吗?

保密协议可以以"保密条款"的形式写入劳动合同,也可以单独订立一份《保密协议》与劳动者签订。

(一)没有保密制度,员工也不能泄密

《反不正当竞争法》为企业规定了商业秘密权。员工的保密义务是法定义务,而

非约定义务。即使没有以上提及的任何一种法律文件约定保密义务,公司仍然可以主张员工侵犯了企业的商业秘密权的相应责任。未制定保密制度的公司,员工如果泄密,公司可以根据以下法律文件追究责任:签订的保密协议;劳动合同中约定的保密条款;签订的竞业限制协议;《反不正当竞争法》关于商业秘密保护的规定。

公司与员工之间如果有保密协议(包括劳动合同保密条款)或竞业禁止协议,且协议内容明确有效,公司仍然可以追究员工的泄密责任。

(二)有了保密协议,企业最好也要制定保密制度

保密协议是用人单位与劳动者个人签订的协议,仅仅对签订协议的劳动者有约束力。保密制度是用人单位制定的规章制度,对全体劳动者都有约束力。

签订保密协议与制定保密制度两种措施都是保护商业秘密的有效措施,其功能、效果各有不同,不能相互代替。完善的保密制度,有助于保密协议的履行。

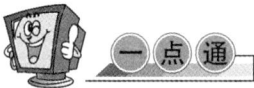

一点通

1. 侵权商业秘密纠纷的核心点在于,保密方是否具有保密义务以及需要保密的范围(也就是哪些秘密需要保密)。更关键的是确定保密协议的内容,最常规最有效的做法是,做一个交接单,甲方交给乙方(保密方)的资料,让保密方签字确定,让保密方确认这些资料已经收到了,且具有保密义务的。

2. 哪些资料是最终需要保密的,哪些内容属于秘密,可以等发生纠纷的时候再进行选择或剔除。

3. 保密责任如何赔偿。即使单独的保密协议没有约定,如果有其他文件的约定,根据《劳动合同法》的规定,只要违反了保密义务就会按照法律规定的承担法律责任,对甲方受到的损失进行赔偿。

五、对负有保密义务的劳动者,用人单位需要按月支付补偿金吗?

(一)工资中无须约定保密费

保密费不属于工资的范围,依据《关于工资总额组成的规定》对工资的定义,保密费不属于工资的范围。因此,劳动合同中约定"工资包含保密费"的做法有害无利。

即使工资中不包含保密费,负有保密义务的劳动者也应该依法依约履行保密义务。将保密费约定在工资中,不能增加企业的利益,却增加了工资的数额,对用人单

位来讲会增加额外的经济支出,如确定社会保险基数、经济补偿标准等。

(二)用人单位无须按月给予劳动者经济补偿

遵守商业秘密是员工的保密义务,让员工保守秘密,并未侵犯员工的合法权益,也不应以企业付出相对价的其他义务为前提,况且遵守保密义务并不影响或者侵犯员工的合法权益。

工资中包含保密费或者按月给予劳动者经济补偿的做法,对企业没有意义。如果企业的意图在于阻止劳动者离职后从事竞争业务,则应在合同中约定竞业限制补偿金数额,并在员工离职后按月及时支付补偿金。

案例

【案情介绍】

2004 年 7 月 22 日,A 公司(甲方)与张某(乙方)签订固定期限的劳动合同,约定乙方在甲方工作的起始时间为 2001 年 6 月 25 日,合同于 2004 年 9 月 30 日终止;乙方同意根据甲方工作的需要,担任技术部门技术岗位工作。同日,双方签订保密协议,该协议中,第二条"保守秘密义务"第 5 项约定,未经甲方允许,乙方在被甲方聘用期间不得在生产同类产品或经营同类业务且有竞争关系或其他利害关系的其他单位内兼职,不得组建、参与组建、参股该类单位,不得为该类单位提供咨询服务,也不得自己生产、经营与甲方有竞争相关的同类产品或业务;第五条"违约责任"第 1 项约定,乙方违反本协议第二条约定,不履行或不恰当履行应承担的保密义务,甲方有权要求乙方支付违约金,同时甲方有权依照有关法律规定和公司相关制度对乙方追究其他责任,乙方应支付的违约金数额不应低于乙方在甲方实际工作期间已获取工资总额的 30%。另 A 公司的主要经营范围为增值电信业务。张某曾在 A 公司从事增值业务事业部软件研发工作,任高级工程师职务。

2004 年 11 月 9 日,A 公司与张某协议解除双方的劳动关系。2001 年 6 月至 2004 年 11 月,张某在 A 公司的收入情况为:实付工资总计 279638.39 元,税前工资总计 260250.36 元,实发工资总计 236812 元。

2004 年 1 月,张某、孟某、李某等 9 名股东共同出资成立 B 公司,其中张某的出资为 60 万元(货币 6 万元和非专利技术 54 万元)。张某在 B 公司担任董事,B 公司企业类型为有限责任公司,主要经营范围为增值电信业务。

【法院审理】

1. 我国《公司法》对公司董事、经理之外的一般劳动者未规定负有法定竞业禁止义务,但如上述劳动者与公司签有在职竞业禁止合同,则一般认为如合同未违反法律禁止性规定,劳动者应如约负有在职竞业禁止义务,因劳动者依契约自由原则与所任职公司作出竞业禁止约定后,应讲究信用、恪守诺言、诚实不欺,在不损害公司利益和社会公共利益的前提下追求自己的利益。

2. 对于在职劳动者而言,在公司为其提供劳动就业机会、场所,支付劳动报酬,并为其积累知识、技能的情况下,其工作权和生存权已有保障,法律不应牺牲公司的合法权益,而去追求劳动者自由劳动权的充分实现,否则有悖公平正义原则;公司与其董事、经理之外的可依职权和信赖关系接触或知悉商业秘密的劳动者签订在职竞业禁止协议,则更具合理性之基础。

3. 张某在 A 公司任职期间,于 2004 年 1 月与他人共同出资成立与 A 公司经营同类业务且有竞争关系的 B 公司,及至 2004 年 7 月,张某明知其已有违在职竞业禁止条款尚与 A 公司签订包含上述条款的保密协议,可见张某对 A 公司合法权益的漠视及其本人诚实信用意识的缺失。

4. A 公司与时任高级工程师的张某签订包含在职竞业禁止条款的保密协议,系双方真实意思表示,且内容不违反法律禁止性规定,应属合法有效,双方均应严格如约履行各自的义务。

5. 张某在 A 公司任职期间与他人共同出资成立 B 公司,已构成违约,张某是否参与 B 公司的具体经营和技术工作以及其是否仍持有 B 公司股份均不能改变其违约之事实。张某应向 A 公司承担违约责任。

6. A 公司要求张某如约承担张某在 A 公司实际工作期间已获取工资总额 30% 的违约金,额度在双方协议约定的违约责任范围之内且尚属合理,本院予以支持。张某以其缺乏经济能力为由抗辩,无事实与法律依据,本院不予采信。

7. 另因 A 公司与张某之间的劳动合同业已协议解除,故张某无须再向 A 公司履行在职竞业禁止义务。法院遂判决张某给付 A 公司违约金 83891.4 元。

【案例解析】

公司制定保密制度不是商业秘密保护构成的必要条件。只要公司采取了有效的保密措施,证明商业秘密的存在,即便没有保密制度,员工也应当承担保密义务。因此没有保密制度时,企业仍可依据保密协议中明确而有效的违约金条款向劳动者索取违约金。

该案中,公司虽未制定保密制度,但与劳动者签订了《保密协议》,详细约定了具体的保密事项与竞业禁止事项,并约定了违约金的具体计算办法,该《保密协议》合法有效,对劳动者具有约束力。当劳动者违反保密义务与竞业禁止义务时,法院判决其承担了违约责任,维护了公司的合法利益。

六、如何建立保密系统的法律风险防范?

(一)建立商业秘密保护制度

1. 建立完善的保密制度,对企业需要保密的信息采取保密措施。这是要求职工履行保密义务的前提条件。

2. 用人单位制定的规章制度以及《员工手册》中关于保密义务的约定,经向劳动者告知后,适用于所有劳动者,员工应当遵守。

3. 公司在制定保密制度、保密规则等制度时,要明确负有保密义务的员工范围。

4. 公司在制定保密制度、保密规则等制度时,要明确保密信息的范围及具体内容。比如,明确客户名单、供货(销售渠道)等商业秘密的具体范围。

5. 公司在制定保密制度、保密规则等制度时,要经过公司职工大会讨论通过并经参会人员签字确认。

6. 公司只有采取了有效的保密措施,证明商业秘密的存在,即便没有保密制度,员工也应当承担保密义务。如果企业不采取保密措施,使企业无密可保,便不能要求员工履行保密义务。所以建立包括保密规章和保密措施在内的保密制度是前提。

(二)约定保密条款及详细的约定

1. 公司除在制定保密制度之外,还应采取与员工签订保密协议,明确、具体的保密条款,或在劳动合同中约定保密条款,加强对公司商业秘密的保护。

2. 也可以在岗位职责或项目任务书中设有保密条款,对开发的软件技术有商业秘密属性标记和访问控制要求,有保密意识和要求培训记录。

3. 用人单位在与劳动者签订保密协议时,不宜明确承担保密义务的具体期限,劳动者承担保密义务没有期限限制,但应当明确劳动者承担保密义务的具体要求,并约定违约责任条款。

(三)需要签署一些辅助资料

除了签署保密协议外,还应让劳动者签署《保密交接单》或者《保密明细表》(比如要保密的商业客户名单)。根据《劳动合同法》的规定,合同的形式有很多,且没有强制性要求合同的形式要非常正规。合同的有效性强调的是双方自愿,真实意思表达,只要双方确定的内容,不管写在哪里都构成有效合同。

用人单位既可以制定单独的《保密协议》,也可以在劳动合同等文件里约定:甲方提供给乙方的资料,乙方负有保密义务。千万不要以为协议签订好了就万事大吉了,其实比协议更核心的还在于如何执行,这才是最关键。

(四)掌握保守商业秘密的技巧是,企业要经常进行检查督导

全员签订保密协议,员工入职时可以跟劳动合同一起签订,也可作为合同附件。要将每一重要的商业秘密分割成多个部分,不同的部分安排不同的人员从事开发、操作、管理,使得企业中尽可能少的员工掌握该商业秘密的整体部分。

企业要对内部的部门和人员进行经常性的保密检查,及时发现泄密隐患,堵塞泄密漏洞;定期或不定期地组织人员外出巡查,以免商业秘密被侵犯后仍一无所知,错过最佳的补救、反击机会使企业遭受难以挽回的损失。

一点通

保密协议执行方式示范

1. 双方签订正式的保密协议。

甲方提供给乙方的所有文件资料上需备注:本文件资料为保密协议资料,让乙方盖章(公司)或签字(个人)签收,即"一张协议＋一张签收条"。

2. 双方没有签订正式的保密协议。

在甲方提供给乙方的所需保密的文件资料时,应在文件资料上写上如下这句话:本文件资料由保密方签收,签收后附有保密义务,签收方盖章(公司)或签字(个人)。本文件资料由保密方签收,签收后附有保密义务,签收方盖章(公司)或签字(个人)。

案例

违反保守商业秘密约定,一名业务员被判赔偿损失20万元

【案情介绍】

刘某在某公司从事外贸业务工作,双方签订劳动合同约定:"刘某不得有以下行为:①将公司的客户透露给其他单位;②将公司平台内容、邮箱、密码泄露给其他单位或个人;③将工作期间接触的订单私自提供给其他单位。若违反上述约定,损害公司的合法权益,刘某要赔偿公司的经济损失。"

2011年9月28日,该公司的法定代表人到公安局经侦大队报案称:"自2008年以来,刘某利用管理公司的客户名单做出口业务之便,违反其与公司签订的保密协议,私自将客户的订单找其他公司完成,从中获利,使公司损失订单约500万元,给公司造成损失约100万余元。"

经侦大队查明:"刘某在使用该公司在阿里巴巴、中国制造网等网站注册的交易平台进行公司出口业务期间,将部分客户订单私自交由其他生产同类产品的企业进行生产,并由国际贸易公司为其代理货物出口获取利益。刘某私自进行了10笔货物出口业务,总价值为140余万元,刘某收益约20万元人民币。"

该公司向劳动人事争议仲裁委员会申请仲裁,请求裁决刘某赔偿经济损失34万元。该委裁决驳回该公司的仲裁请求。该公司对裁决不服,诉至法院。

【裁判结果】

法院经审理认为,根据《劳动合同法》第二十三条规定:"用人单位与劳动者可以在劳动合同中约定保守用人单位的商业秘密和与知识产权相关的保密事项。对负有保密义务的劳动者,用人单位可以在劳动合同或者保密协议中与劳动者约定竞业限制条款,并约定在解除或者终止劳动合同后,在竞业限制期限内按月给予劳动者经济补偿。劳动者违反竞业限制约定的,应当按照约定向用人单位支付违约金。"

本案中,该公司与刘某在劳动合同中关于保密事项的约定,系双方当事人的真实意思表示,未违反我国法律规定,合法有效,双方均应按照约定履行自己的合同义务。刘某在与该公司签订劳动合同时已全面知悉遵守单位的商业秘密及损害单位利益要赔偿经济损失的约定。

经侦大队认定,刘某利用该公司的客户订单私自发生了总价值140万元的10笔货物出口业务,刘某收益20万元。刘某的行为侵害了该公司的利益,该公司要求刘某赔偿经济损失,符合《劳动合同法》的规定及双方的约定,但该公司主张损失34万元,缺乏依据,根据刘某在经侦大队自认的20万元,法院确认刘某应赔偿该公司损失20万元。

据此,法院一审判决:刘某赔偿该公司经济损失20万元。一审宣判后,刘某不服,并提起上诉。二审法院经审理维持了一审判决。

【法官点评】

根据《劳动合同法》第九十条规定:"劳动者违反本法规定解除劳动合同,或者违反劳动合同中约定的保密义务或者竞业限制,给用人单位造成损失的,应当承担赔偿责任。"

本案中,该公司与刘某签订的劳动合同中关于保密事项的约定合法有效。刘某作为公司的外贸业务员,掌握该公司的工作邮箱密码,其主要职责为负责公司出口业务,发展国外客户,接受国外客户订单,将订单交给生产部门组织货物出口。而刘某却将订单交由其他公司组织生产并从中牟利,刘某将订单交由其他公司生产的行为势必会使该公司交易机会减少,从而导致该公司蒙受经济损失。根据刘某在经侦大队自认收益约为 20 万元的事实,该公司的诉讼请求应当得到支持。

实践中,生产经营企业在生产经营过程中掌握的客户来源及相关信息是至关重要的,而保持与客户长期的、稳定的关系也需要单位投入大量的精力及投资,但不少用人单位却忽视与劳动者订立保密协议。有些劳动者受利益驱动,利用工作过程中掌握的单位客户信息,避开本单位与其他公司进行业务往来,从而谋取利益。用人单位要求劳动者赔偿损失,却因没有保密协议而难以主张,企业合法权益受到损害。

因此,作为用人单位应注意签订保密协议或保密条款,对保密事项、内容、责任等进行明确约定,以维护自身的合法权益。依据诚实信用原则,作为劳动者也应履行对用人单位的忠实义务,保守用人单位的商业秘密,尽力避免或减少用人单位的损害。

第二十章　巧签竞业限制协议

对于企业来说,竞业禁止(限制)协议的目的是为了防止不正当竞争,保护自身利益,其中,竞业禁止针对董事及经理级别,而与普通公司人相关的则被称为竞业限制——前者是法定义务,后者是约定义务。而《劳动合同法》确立了竞业限制制度,该项制度对保护用人单位的知识产权和商业秘密具有重要意义。

为增强公司的核心竞争力以及控制掌握公司核心技术或者公司秘密人员,防止其跳槽到同类型公司或者自营同类型业务,公司普遍会与相关人员签署竞业限制协议,如何签订才能达到合规有效呢? 保密协议与竞业禁止有何区别? 签订了保密协议还要签订竞业限制协议吗?

一、什么是竞业限制及竞业限制协议?

(一)竞业限制

所谓竞业限制,亦称"竞业禁止""竞业避止",是指负有特定义务的员工在离开岗位后一定期间内不得自营或为他人经营与其所任职的企业同类的经营项目。劳动者违反竞业限制的,应当按照约定向用人单位支付违约金。

(二)竞业限制协议

根据《劳动合同法》规定,竞业限制的义务主体只能是用人单位的高级管理人员、高级技术人员和其他负有保密义务的人员,用人单位不得与上述人员以外的其他劳动者约定竞业限制,否则该约定就是无效的。

竞业限制的范围、地域、期限由用人单位与劳动者约定。竞业限制协议的期限应连续计算,不得超过二年(表20-1)。

表 20-1　竞业限制协议的有关规定

适用对象	竞业限制的人员限于用人单位的高级管理人员、高级技术人员和其他知悉用人单位商业秘密的人员
限制范围	竞业限制的范围、地域、期限由用人单位与劳动者约定,竞业限制的约定不得违反法律、法规的规定
限制期限	自 2008 年 1 月 1 日起开始,期限不得超过二年
经济补偿	按月给予劳动者原月收入的 20%～60%作为经济补偿(详见各个省市的规定)
违约责任	劳动者违反竞业限制约定的,应当按照约定向用人单位支付违约金。劳动者违反本法规定解除劳动合同,或者违反劳动合同中约定的保密事项或者竞业限制,给用人单位造成损失的,应当承担赔偿责任
处理要点	1. 合同期间乙方工作岗位如不再涉及商业秘密,甲方在乙方办理劳动关系解除或终止手续时书面告知竞业限制义务已免除; 2. 在劳动关系终结之日起一个月后,乙方仍未收到本合同约定的经济补偿,视为竞业限制义务已免除; 3. 在乙方竞业限制期内,甲方以书面形式提前三十天告知乙方免除竞业限制义务

2013 年 7 月 1 日起施行的《劳动合同法》

第二十四条　竞业限制的人员限于用人单位的高级管理人员、高级技术人员和其他负有保密义务的人员。竞业限制的范围、地域、期限由用人单位与劳动者约定,竞业限制的约定不得违反法律、法规的规定。

在解除或者终止劳动合同后,前款规定的人员到与本单位生产或者经营同类产品、从事同类业务的有竞争关系的其他用人单位,或者自己开业生产或者经营同类产品、从事同类业务的竞业限制期限,不得超过二年。

第二十五条　除本法第二十二条和第二十三条规定的情形外,用人单位不得与劳动者约定由劳动者承担违约金。

案例

普通员工亦可成为竞业限制的主体

【案情介绍】

2009 年 7 月,李某到某声学公司工作,双方签订了为期 3 年的劳动合同,同时双方签订有《保密协议》,明确李某在该公司管理技术(部门或者科室)任职,从事声学技术研发工作,李某在任职期间以及自离职之日起2年对其在该公司任职知悉的技术秘密及商业秘密等有保密义务。劳动合同到期后,双方续签为期5年的劳动合同,李某仍从事技术研发工作。

2013年8月6日,李某以个人发展受限为由向公司提交辞职申请,单位予以准许。双方完成交接事项的同时,李某与该声学公司签订《竞业禁止协议》,约定无论李某因何种原因从该声学公司离职,离职后24个月内不得到与该公司有竞争关系的单位就职,包括但不限于某公司、某公司等20家单位;在竞业禁止期间,公司向李某支付竞业禁止补偿金,如果李某违反协议约定,应当承担违约责任。自李某离职之后,该声学公司每月通过银行向李某账户支付竞业禁止补偿金,部分月份有迟延支付的情形。2014年7月,李某到某电声公司工作,该电声公司系双方竞业禁止协议明确约定的20家单位之一。

某声学公司诉讼请求:确认李某违反竞业限制约定,承担违约责任,支付公司违约金。最终处理结果:李某违反竞业限制约定,承担违约责任。

【案例解析】

争议焦点及裁判理由:

该案争议焦点为李某并非公司高管,是否属于竞业限制的主体。《劳动合同法》第二十四条规定,竞业限制的人员限于用人单位的高级管理人员、高级技术人员和其他负有保密义务的人员。竞业限制的主体范围过宽,一方面损害劳动者的劳动权利;另一方面,企业需要支付不必要的经济补偿,增加企业负担。一般员工在工作中不可能也不会接触到企业的商业秘密,通常情况下,普通员工通常不作为竞业限制的主体。

该案中,李某在原单位从事的系技术研发工作,在其入职时单位就与其签订有保密协议,其应当知晓所从事的研发工作涉及该公司商业秘密。在李某离职时,又自愿与公司签订了竞业禁止协议,并接受了公司的竞业限制补偿金。在此情形下,李某属于《劳动合同法》规定的其他负有保密义务的人员。李某应对协议约定内容予以遵守,现李某自该声学公司离职后,未满二年即入职竞业限制明确约定的第三方公司任职,违反了竞业限制约定,应当承担违约责任。

【裁判要点】

虽系普通员工,但因在单位从事的系技术研发工作,且劳动者在离职时自愿与单位签订有竞业禁止协议,并接受了单位竞业禁止补偿金,劳动者应当遵守就业禁止协议。劳动者违反协议,到与原单位有竞争关系的第三方任职,违反了竞业限制约定,应当承担违约责任。

二、用人单位跟劳动者签订竞业限制协议，必须给补偿吗？

该问题的答案是肯定的。

单位与劳动者签订"竞业限制"协议以后，赋予了劳动者在"竞业限制"方面的义务，因此，单位应对签订了"竞业限制"条款的劳动者给予一定的补偿。根据双方约定的数额，用人单位每月支付，若不支付则条款失效。

根据《劳动合同法》第二十三条第二款规定，单位与劳动者签订"竞业限制"条款的同时，要约定在解除或者终止劳动合同后，在竞业限制期限内按月给予劳动者经济补偿。

用人单位在要求劳动者履行竞业限制义务时，最迟应在解除或终止劳动合同时明确告知劳动者。补偿金的数额由双方约定。用人单位未按照约定在劳动合同解除后向劳动者支付竞业限制经济补偿的，竞业限制条款失效。

案例

竞业限制生效条款附期限，限制劳动者权益属无效

【案情介绍】

杨某于 2016 年 11 月 1 日入职青岛某公司，从事技术类工作，双方订立了为期 3 年的劳动合同。在该劳动合同中，双方约定，杨某的月工资为 3 万元；离职后一年内负有竞业限制义务，每月竞业限制经济补偿的数额为 1 万元；如果杨某违反竞业限制义务，则应当按照全部竞业限制经济补偿的三倍向公司支付违约金；是否需要履行竞业限制义务以离职时信息科技公司发出的通知为准。

2018 年 6 月 1 日，杨某辞职，在签署公司印制的《离职交接清单》时，其中有"如本人收到公司发出的《竞业限制补偿金通知》，则本人将严格履行竞业限制义务。如本人未收到公司发出的《竞业限制补偿金通知》，则公司无须向本人支付竞业限制补偿金且本人无须履行竞业限制义务"的规定。

2018 年 8 月 15 日，杨某入职了某公司。2018 年 9 月 1 日，青岛某公司向杨某发出履行竞业限制义务通知，其中列明杨某新入职的公司为竞争对手。同日，青岛某公司向杨某的银行账户转账支付了竞业限制经济补偿 12 万元。2018 年 9 月 15 日，青岛某公司向仲裁委提出仲裁申请，要求杨某返还竞业限制经济补偿 12 万元、支付违约金 36 万元并继续履行竞业限制义务。

仲裁委审理后认为，青岛某公司在杨某离职后 3 个月才告知其需要履行竞业限制义务，这种做法明显限制了劳动者的就业权利，应属无效，故杨某无须履行竞业限制义务，无须支付违约金；公司也无支付竞业限制经济补偿的义务，故杨某须返还该

竞业限制经济补偿。

【案例解析】

在劳动者离职时即应明确告知是否须履行竞业限制义务。

该案中,青岛公司虽然与周某订立了竞业限制条款,但同时约定是否履行竞业限制义务应以公司发出的书面通知为准。依据《劳动合同法》第二十三条第二款的规定,用人单位在负有竞业限制义务的员工解除或终止劳动合同后即应按月向劳动者支付经济补偿。青岛某公司在杨某离职3个月后才发出书面通知,这种将竞业限制义务附期限生效的行为显然让劳动者无所适从,其既担心入职新公司会被原用人单位以违反竞业限制义务被追究违约责任,又担心不工作无经济来源,故这种限制劳动者权利、免除用人单位责任的条款或行为,应属无效。

用人单位在要求劳动者履行竞业限制义务时,最迟应在解除或终止劳动合同时明确告知劳动者。

三、劳动者违反"竞业限制"的约定要支付违约金吗?

《劳动合同法》第二十三条第二款规定,用人单位要与劳动者约定,在解除或者终止劳动合同后,在竞业限制期限内按月给予劳动者经济补偿。

劳动者一旦违反"竞业限制"约定,也应当按照约定向用人单位支付违约金。

> *2013年7月1日起施行的《劳动合同法》*
>
> *第二十三条　用人单位与劳动者可以在劳动合同中约定保守用人单位的商业秘密和与知识产权相关的保密事项。*
>
> *对负有保密义务的劳动者,用人单位可以在劳动合同或者保密协议中与劳动者约定竞业限制条款,并约定在解除或者终止劳动合同后,在竞业限制期限内按月给予劳动者经济补偿。劳动者违反竞业限制约定的,应当按照约定向用人单位支付违约金。*

四、劳动者违反保密条款或者竞业限制条款给单位造成损失,需要承担赔偿责任吗?

(一)《劳动合同法》的规定

《劳动合同法》第九十条规定,劳动者违反本法规定解除劳动合同,或者违反劳动合同中约定的保密义务或者竞业限制,给用人单位造成损失的,应当承担赔偿责任。劳动者承担赔偿责任的情形如图20-1所示。

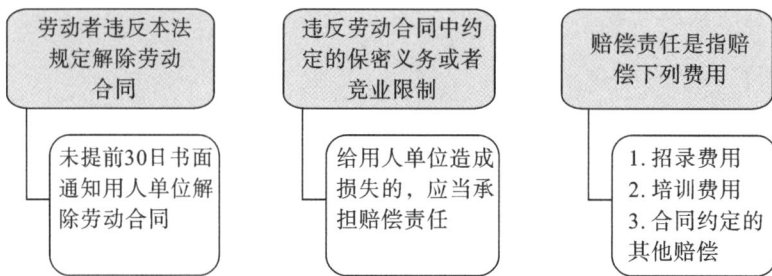

图 20-1　劳动者承担赔偿责任的情形

(二)其他法律法规等规定的赔偿办法

《劳动法》第五条规定,劳动者违反劳动合同中约定的保密事项,对用人单位造成经济损失的,按《反不正当竞争法》第十七条的规定支付用人单位赔偿费用。

> 2019 年 4 月 23 日修订的《中华人民共和国反不正当竞争法》
>
> 第十七条　经营者违反本法规定,给他人造成损害的,应当依法承担民事责任。经营者的合法权益受到不正当竞争行为损害的,可以向人民法院提起诉讼。
>
> 因不正当竞争行为受到损害的经营者的赔偿数额,按照其因被侵权所受到的实际损失确定;实际损失难以计算的,按照侵权人因侵权所获得的利益确定。经营者恶意实施侵犯商业秘密行为,情节严重的,可以在按照上述方法确定数额的一倍以上五倍以下确定赔偿数额。赔偿数额还应当包括经营者为制止侵权行为所支付的合理开支。
>
> 经营者违反本法第六条、第九条规定,权利人因被侵权所受到的实际损失、侵权人因侵权所获得的利益难以确定的,由人民法院根据侵权行为的情节判决给予权利人五百万元以下的赔偿。

案例

京东离职员工违反竞业限制入职菜鸟,被判赔 12 万

【案情介绍】

于某与北京京东世纪贸易有限公司劳动争议案二审日前宣判,北京市第二中级人民法院维持一审判决,于某需返还京东公司提供的竞业限制补偿金 87276 元,以及支付违反竞业限制义务的违约金 122913.7 元。

天眼查 APP 显示,2015 年 4 月于某入职京东,任物流开放业务部相关负责人,双方签订截至 2018 年 6 月 30 日的劳动合同。2017 年 5 月 17 日,于某因个人原因辞职,并在关于要求履行保密及竞业限制义务的通知上签字,要求于某从离职生效

之日起算 12 个月内不得进入与京东从事、经营或投资相同或类似业务,具有竞争关系或冲突的任何企业、组织或其他经济实体及其下属或关联公司。

于某自称随后入职上海某人才服务有限公司,从事化妆品、洗护用品的快销顾问咨询工作。但京东发现其入职阿里巴巴旗下菜鸟网络,遂以违反竞业限制义务为由提起仲裁。2019 年 8 月 30 日,京开劳人仲委作出京开劳人仲字〔2019〕第 599 号裁决书,裁决于某向京东贸易公司返还违反竞业限制义务的违约金 87276 元,返还竞业限制补偿金 87276 元。

于某不服仲裁结果提起诉讼。北京市大兴区人民法院审理认定于某违反京东竞业限制义务,一审判处于某返还京东竞业限制补偿金 87276 元,支付违反竞业限制义务的违约金 122913.7 元。于某不服一审判决结果。2020 年 8 月 28 日,北京市第二中级人民法院维持一审判决。

五、单位违反竞业限制的约定,应支付劳动者的经济补偿标准是什么?

(一)根据双方约定

首先根据双方约定的金额进行支付,一般为工资的 20%～60%,具体详见各个省市的规定。比如上海市规定,劳动者工资按此前正常工资的 20%～50%支付;北京市规定,最后一个年度劳动者工资的 20%～60%支付补偿费。

(二)没有约定可以按照国家或当地正常法规执行

国家规定,按照劳动者在劳动合同解除或者终止前二个月平均工资的 30%按月支付经济补偿,如果月平均工资的 30%低于劳动合同履行地最低工资标准的,按照劳动合同履行地最低工资标准支付。

因此,为了降低赔偿标准,用人单位一定要在劳动合同或者竞业限制协议中,约定解除或者终止劳动合同后给予劳动者经济补金的具体数额。

2021 年 1 月 1 日起施行的《最高人民法院关于审理劳动争议案件适用法律问题的解释(一)》

第三十六条 当事人在劳动合同或者保密协议中约定了竞业限制,但未约定解除或者终止劳动合同后给予劳动者经济补偿,劳动者履行了竞业限制义务,要求用人单位按照劳动者在劳动合同解除或者终止前十二个月平均工资的 30%按月支付经济补偿的,人民法院应予支持。

前款规定的月平均工资的 30%低于劳动合同履行地最低工资标准的,按照劳动合同履行地最低工资标准支付。

第三十七条　当事人在劳动合同或者保密协议中约定了竞业限制和经济补偿,当事人解除劳动合同时,除另有约定外,用人单位要求劳动者履行竞业限制义务,或者劳动者履行了竞业限制义务后要求用人单位支付经济补偿的,人民法院应予支持。

山东:

山东省高级人民法院、山东省劳动争议仲裁委员会、山东省人事争议仲裁委员会关于适用《中华人民共和国劳动争议调解仲裁法》和《中华人民共和国劳动合同法》若干问题的意见

31. 用人单位与劳动者约定竞业限制,用人单位未按照约定支付经济补偿的,劳动者可以要求用人单位履行竞业限制协议,支付经济补偿。自工作交接完成后满一个月,用人单位尚未给予劳动者经济补偿的,劳动者可以不受竞业限制协议的约束。用人单位在竞业限制条款中约定的违约金过分高于劳动者违约造成的损失的,人民法院、仲裁委员会可以依据劳动者的请求对违约金数额予以适当调整。

北京:

《北京市高院关于劳动争议案件法律适用问题研讨会会议纪要》第39条规定,用人单位与劳动者在劳动合同或保密协议中约定了竞业限制条款,但未就补偿费的给付或具体给付标准进行约定,不应据此认定竞业限制条款无效,双方可以通过协商予以补救,经协商不能达成一致的,可按照双方劳动关系终止前最后一个年度劳动者工资的20%～60%支付补偿费。用人单位明确表示不支付补偿费的,竞业限制条款对劳动者不具有约束力。

《中关村科技园条例》第四十四条:知悉或者可能知悉商业秘密的员工应当履行竞业限制合同的约定,在离开企业一定期限内不得自营或者为他人经营与原企业有竞争的业务。企业应当依照竞业限制合同的约定,向负有竞业限制义务的原员工按年度支付一定的补偿费,补偿数额不得少于该员工在企业最后一年年收入的二分之一。

上海:

上海高院关于适用《劳动合同法》若干问题的意见

第十三、当事人对竞业限制条款约定不清的处理劳动合同当事人仅约定劳动者应当履行竞业限制义务,但未约定是否向劳动者支付补偿金,或者虽约定向劳动者支付补偿金但未明确约定具体支付标准的,基于当事人就竞业限制有一致的意思表示,可以认为竞业限制条款对双方仍有约束力。补偿金数额不明的,

双方可以继续就补偿金的标准进行协商;协商不能达成一致的,用人单位应当按照劳动者此前正常工资的 20％～50％ 支付。协商不能达成一致的,限制期最长不得超过两年。

江苏:

《江苏省劳动合同条例》第十七条:用人单位与负有保守商业秘密义务的劳动者,可以在劳动合同或者保密协议中约定竞业限制条款,并应当同时约定在解除或者终止劳动合同后,给予劳动者经济补偿。其中,年经济补偿额不得低于该劳动者离开用人单位前十二个月从该用人单位获得的报酬总额的三分之一。用人单位未按照约定给予劳动者经济补偿的,约定的竞业限制条款对劳动者不具有约束力。

浙江:

《浙江省技术秘密保护办法》第十五条:竞业限制补偿费的标准由权利人与相关人员协商确定。没有确定的,年度补偿费按合同终止前最后一个年度该相关人员从权利人处所获得报酬总额的三分之二计算。

深圳:

《深圳经济特区企业技术秘密保护条例》第十七条:竞业限制协议约定补偿费,按年计算不得少于该员工离开企业前最后一个年度从该企业获得的报酬总额的三分之二。竞业限制协议中没有约定补偿费的,补偿费按照前款规定的最低标准计算。

珠海:

《珠海市企业技术秘密保护条例》第二十二条:企业与员工约定竞业限制的,在竞业限制期间应当按照竞业限制协议中的约定向该员工支付补偿费;没有约定的,年补偿费不得低于该员工离职前 1 年从该企业获得的年报酬总额的二分之一。

宁波:

《宁波市企业技术秘密保护条例》第十七条:在竞业限制期间,企业应当按照竞业限制协议中的约定,向被竞业限制人员支付一定的补偿费。年补偿费不得低于该员工离职前一年从该企业获得的年报酬总额的二分之一。

苏州:

苏州市中级人民法院、苏州市劳动争议仲裁委员会劳动争议研讨会纪要(一)第五、2、用人单位应当在劳动者履行完必要手续前,与劳动者协商经济补偿的标准;协商不成的,用人单位应当按不低于劳动者前十二个月平均工资三分之一的标准按月给予经济补偿。

六、用人单位可随时解除竞业限制协议吗？

该问题的答案是可以的。但是在竞业限制期内，用人单位提出解除竞业限制协议的，劳动者可要求用人单位额外支付三个月的竞业限制补偿金。

> 2021年1月1日起施行的《最高人民法院关于审理劳动争议案件适用法律问题的解释(一)》
>
> 第三十八条 当事人在劳动合同或者保密协议中约定了竞业限制和经济补偿，劳动合同解除或者终止后，因用人单位的原因导致三个月未支付经济补偿，劳动者请求解除竞业限制约定的，人民法院应予支持。
>
> 第三十九条 在竞业限制期限内，用人单位请求解除竞业限制协议的，人民法院应予支持。
>
> 在解除竞业限制协议时，劳动者请求用人单位额外支付劳动者三个月的竞业限制经济补偿的，人民法院应予支持。

案例

【案情介绍】

李某于2005年7月5日入职白云公司，从事数据采集工作，离职前上一年度工资总额为98299.89元。双方签订的最后一份劳动合同期限为2010年3月1日至2015年2月28日，其中第四十四条约定，李某离职后2年内不得入职其他存在竞争企业，白云公司每月向李某支付竞业限制补偿金，竞业限制补偿金的年支付额为刘某离职时上一年度工资总额的50%；同时约定如白云公司不履行本协议承诺的义务，拒绝(延迟)向李某支付竞业限制补偿金达到一个月的，双方竞业限制协议自行终止。双方劳动合同于2015年2月28日到期终止，白云公司未向李某支付竞业限制补偿金。李某通过诉讼程序要求白云公司支付竞业限制补偿金96000元。

在案件审理过程中，白云公司主张李某离职时已口头告知无须履行竞业限制协议，但未就此提交相应证据，亦对此不予认可。李某另主张，如法院认定其与白云公司竞业限制约定解除或终止的情形，则要求白云公司额外支付其3个月竞业限制补偿金。

法院经审理后认为，白云公司主张曾告知李某无须履行竞业限制约定，但未就此提交相应证据，李某对此不予认可，故法院对白云公司的主张未予采信。鉴于双方劳动合同中已明确约定白云公司不履行本协议承诺的义务，拒绝向李某支付竞业限制补偿金达一个月的，协议自行终止，因此确认双方关于竞业限制的约定于

2015 年 3 月 31 日自行终止。白云公司应当向李某支付协议终止前 1 个月的竞业限制补偿金及额外 3 个月竞业限制补偿金共计 16383.32 元。

【案例解析】

《劳动争议司法解释（四）》第九条规定，在竞业限制期限内，用人单位请求解除竞业限制协议时，人民法院应予支持。在解除竞业限制协议时，劳动者请求用人单位额外支付劳动者三个月的竞业限制经济补偿金的，人民法院应予支持。需要指出的是，用人单位在竞业限制期内解除竞业限制协议的，应额外支付劳动者三个月竞业限制经济补偿金。如用人单位与劳动者解除劳动合同之时已告知劳动者无须履行竞业限制义务的，则无须支付劳动者竞业限制补偿金或额外三个月的竞业限制补偿金。

七、工资中包含竞业限制补偿的项目有效吗？

竞业限制补偿金必须是在员工离职之后按月给付。其与劳动报酬二者性质完全不同，支付依据也不同，所以工资福利之中不能包含离职后产生的费用。

如果用人单位与劳动者约定工资报酬之中已经包含竞业限制补偿金，这样的约定将面临很大的无效风险，劳动者离职后无须遵守竞业限制的义务。

有的用人单位约定每月支付给劳动者的工资福利待遇中已经包含竞业限制补偿金，操作方式基本上是将劳动者合法工资收入的一部分划为竞业限制补偿金，目的是为了逃避在劳动合同解除或终止后支付竞业限制补偿金的义务。

八、竞业限制补偿金能否一次性支付？

劳动者履行竞业限制义务以用人单位有效支付竞业限制补偿金为前提。因此，从支付时间来看，支付形式分为以下两种。

（一）劳动者在职期间

用人单位与劳动者约定在职期间一次性支付竞业限制补偿金，其支付的竞业限制补偿金与劳动报酬混同，劳动者就补偿金的性质提出异议的，应当由用人单位承担不利的法律后果，用人单位不得要求劳动者履行竞业限制义务或承担违约责任。

（二）劳动者离职后

《劳动合同法》规定竞业限制经济补偿金应"按月给予劳动者"。按月支付经济补偿在某种程度上说是保护用人单位的利益。

如果用人单位放弃了按月支付这项权益，在法定期间内未按月而是一次性将经济补偿金支付给劳动者，是符合法律规定的。

但是如果一次性支付给员工后，员工未遵循双方的竞业约定，而单位想要讨回补偿金，会浪费时间和精力。因此不建议用人单位一次性将全部经济补偿支付给劳动者。

九、员工违反竞业限制，已付的竞业限制补偿金可以追回吗？

该问题的答案是不一定。具体需要根据发放的竞业限制补偿金是对劳动者待履行的竞业限制义务的补偿还是对已履行竞业限制义务的补偿来决定。企业应尽量通过约定违约金的方式加强对劳动者的约束力，以保护自己的合法利益。

如果企业发放的补偿金是对劳动者已履行的竞业限制期间的补偿，则一般司法实践不支持企业追回。如果企业发放的补偿金是对待履行义务期间的补偿，而劳动者最终未履行该义务，企业是否可以主张追回？司法实践尚未有共识。

案例

【案情介绍】

李某于2008年1月入职某公司任市场部经理，公司与李某签订了一份《保密和竞业限制协议》，协议约定李某应当保守公司商业秘密，且劳动合同解除后的2年内不得到有竞争关系的单位任职，否则承担违约金100000元。公司员工手册对工资构成做了如下规定：工资包括基本工资、加班工资、绩效工资、各项津贴和补贴，以及竞业限制补偿金。根据李某的工资表，李某的月工资为：基本工资1500元、竞业限制补偿金500元、加班工资800元和绩效工资2000元。

2008年7月，李某与公司协商解除劳动合同，公司未再向刘某支付竞业限制补偿金。9月李某入职一家与某公司经营同类业务的公司，某公司申请劳动仲裁，认为公司每月支付了竞业限制补偿金500元，李某应当承担竞业限制义务，要求李某支付违约金100000元，并在二年内不得到有竞争关系的单位任职。

【案例解析】

劳动仲裁庭经审理认为：

虽然某公司与李某签订了《保密和竞业限制协议》，而且在工资组成中包含每月500元的竞业限制补偿金。但是按照法律规定，竞业限制补偿金应该在员工离职后支付。

离职前，包含在工资中的竞业限制补偿金，不具有法定的竞业限制补偿金的性质，应当被认定为工资。而公司因未支付李某竞业限制补偿金，竞业限制条款无效。李某无须向公司支付违约金，已不妨碍其到任何企业求职工作的权利。

十、如何界定竞业限制协议中的竞争对手?

《劳动合同法》中对于竞业限制的适用范围没有明确的界定,只以"有竞争关系或其他利害关系的同类产品或同类业务"来定义,因此具体范围应当由公司和员工进行协商。通常从以下两方面设定竞争对手。

(一)根据营业执照的经营范围设定

合理的竞业限制协议中,对竞争对手的界定必须是在经营范围和经营产品上与本单位有竞争关系的公司,可根据公司营业执照上的经营范围和公司实际生产的产品来判断。

通常来说如果有相似产品存在的话,基本可以被认定为竞争关系。但如果只是营业执照上的范围有重合,但没有类似产品,那么不一定会被认为有竞争关系。

有的公司业务覆盖非常广泛,通常会有一个内部的规定,不根据公司总体的经营范围,而是根据员工具体负责的业务领域进行限制。比如对于做技术研发的员工,就不会在咨询行业上对其做出竞业限制。

(二)企业可以自己决定其适用范围

由于竞争对手的范围可能过于庞大或是比较难以界定,因此有些公司会在制定协议时具体罗列一些竞争对手的名单,写入到协议中进行明确。

竞业禁止的地域、领域应仅限于与商业秘密竞争利益有关的地域、领域范围,而不应扩大至整个行业领域或者专业领域。如果列出的名单范围远远超出这家公司的竞争关系范围,那么未来就可以以"不存在竞争关系"作为不履行的理由。这种情况大部分发生在离职后。双方产生分歧时,就需要员工与公司就这件事先自行协商、沟通和澄清。如果公司坚持认定违反,那么就提交给第三方,即劳动仲裁院和人民法院。

案例

【案情介绍】

某公司的劳动者战某于 2012 年 7 月入职任工程师,劳动合同期限为 3 年(至 2015 年 7 月)。在入职时,公司与他还签订了一份竞业限制协议,约定:在双方劳动关系终止或解除后 12 个月内,如未经公司的事先书面通知,在中国法律允许的最大范围内,劳动者不得直接或间接地设立、经营、参与任何与公司或任何关联公司直接或间接竞争的实体,不为任何实体或个人工作、提供财务支持、担保或任何建议,亦不得从事任何与公司或其任何关联公司业务相类似的活动,公司将在劳动关系解除或终止后 12 个月内逐月向劳动者支付其离职前 2 个月的工资作为竞业限制补偿，如劳动者违反上述竞业限制规定的，应当向公司支付违约金，数额为公司支付给其的竞业限制补偿的 2 倍。

2013 年，该公司经工商行政管理部门批准，更改了公司的经营范围：由原本的"控制器系统和动力系统的零部件……"变更为"关键零部件和关键技术、电子装置的研究开发和技术支持"。

2015 年 6 月，这名劳动者提出离职，当月入职另一家公司，做市场开发工作。公司在其离职后的第二个月开始向他支付竞业限制补偿。2016 年，公司发现这名劳动者入职的新公司与本公司之间业务不仅存在重合关系，且在公司的电子开发方面产生了竞争关系，因此将劳动者告上仲裁庭，主张其违反了协议内容。

在劳动争议冲裁中劳动者认为自己在新公司内所做的工作与公司所经营的范围没有交叉、竞争关系，不存在违反协议，却没有提供任何证据进行佐证。

经过仲裁、法院的举证、质证，两家公司确实存在经营范围重合情况，劳动者应当赔付违反竞业限制违约金。

【案例解析】

在竞业限制的案件中，主要抓住三个要点：

一、竞业限制的主体问题

根据《劳动合同法》第二十三、二十四条的规定，竞业限制协议中劳动者的范围具有限定性，主要是指高级管理人员、高级技术人员以及其他负有保密义务的人员。

实践中，有的企业在劳动合同中设置竞业限制条款，全员签署，全员竞业，这种方式可能会涉及主体不适格，导致竞业限制条款无效，也可能会出现无须竞业限制的人员离职后主张竞业限制经济补偿，导致企业成本增加的情况。

二、竞业限制的经济补偿问题

在裁审实践中，大多数地方认为这并不影响竞业限制协议的效力。在没有约定经济补偿的情况下，劳动者履行竞业限制义务后，用人单位应按照劳动合同解除或者终止前 12 个月平均工资 30% 的标准支付经济补偿。

三、竞业限制的履行问题

如果企业认为该劳动者已无继续竞业的必要，有权单方面解除。需要注意的是，在竞业限制期限内，用人单位单方解除竞业限制协议，需额外支付三个月的竞业限制经济补偿。

如果尚未进入竞业限制期限内，在劳动者离职前，用人单位无须劳动者离职后履行竞业限制义务，则无须支付三个月的经济补偿。

十一、保密协议与竞业限制协议有区别吗?

保密协议与竞业限制协议是有区别的,具体表现如表 20-2 所示。

表 20-2 保密协议与竞业限制协议的区别

不同之处	保密协议	竞业限制协议
主体	适用范围广泛,可以调整所有的劳动者	高级管理人员、高级技术人员以及其他负有保密义务的人员
客体	仅指企业的商业秘密	除了商业秘密之外,还有与企业知识产权相关的保密事项
性质	保密义务则是一种法定义务。保密义务来源于法律的规定,我国《反不正当竞争法》就侵犯商业秘密的情形作出了相应的规定	竞业禁止义务是一种约定义务,来源于劳动者和用人单位在劳动合同中的约定
内容	劳动者的义务在于职务范围内获取单位的商业秘密,且多以消极地不扩散、不泄露的方式,保护其获得的商业秘密	劳动者不得直接或间接地参与到相关重合、竞争关系的企业内(具体情况视协议内容而定)
行为	劳动者离职后自己使用或向第三人泄露、披露其在本单位工作时获得的商业秘密或其他秘密,其并不限制劳动者从事竞业业务或到竞争企业工作的行为	劳动者离职后,既不能到与本单位存在竞争关系的生产或者经营同类产品、从事同类业务其他用人单位工作,也不能自己生产或者经营与本单位的产品、业务相同的产品和业务
期限	期限为长期的,一般是该商业秘密进入公共领域或失去竞争力的时间为止或者秘密不存在了	最长两年
约定	不管当事人之间是否有明示的约定,在职和离职均有义务	离职后,无约定则无义务
补偿	无须支付补偿,保密义务是员工履行劳动合同的附随义务,即使没有保密协议约定,员工也应当保守企业的商业秘密	需要支付经济补偿金
追究途径	在劳动合同中存在保密义务约定的情况下,因违法保密义务发生纠纷的,用人单位可以行使选择权,既可以选择劳动仲裁追究劳动者的违约责任,也可以通过普通的民事诉讼,追究劳动者侵犯商业秘密的侵权责任	因违反竞业禁止义务而发生的纠纷,属于劳动争议纠纷,应首先向劳动仲裁部门申请劳动仲裁,而不能直接向法院提起诉讼

十二、如何做好竞业限制的法律风险防范？

(一)约定竞业限制对象

对于高级管理人员、高级技术人员和其他负有保密义务的人员,可以考虑在劳动合同中订立竞业限制条款,或签订单独的竞业限制协议。

企业随意签订竞业协议还会弄巧成拙,不但没有限制员工的职业选择,还会把自己陷入劳动纠纷中,如果有员工证明自己已经遵守了竞业限制协议的内容,可以向企业追偿经济补偿金。

(二)签订竞业限制时

竞业限制协议不能随便签订,与确实掌握企业核心商业秘密的员工才有必要签订;盲目扩大竞业协议限制的范围,会给企业增加很大的用工成本和经济负担。

(三)注意限制期限

用人单位在与劳动者签订竞业限制条款时,约定的竞业限制期限最长不超过两年,且应对劳动者进行补偿,否则竞业限制条款对劳动者没有约束力。

(四)未支付竞业限制补偿金

企业不履行补偿义务,劳动者没有遵守协议的义务,所签订的竞业限制协议对员工没有约束力。因此要根据合同约定每月支付给劳动者竞业限制补偿金。

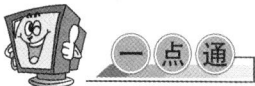

一点通

企业应尽量在竞业限制协议中约定劳动者应履行的条款。

1. 限制范围:在竞业限制协议中,最关键的就是限制的范围。内容包括今后一定时间内不得从事的行业、业务及具体禁止服务的企业名单。

2. 限制期限:从员工离职日算起,企业和员工可以协商具体时间长短,最多不超过两年。

3. 地区限制:不同企业会对地域提出限制,一些大型企业甚至涉及全球范围,也有企业会具体到某个地域或城市。

4. 违约金:设定违约金条款,以员工支付违约金的方式维护自己的合法权益,同时约定在月底发放当月的补偿金。这样如果劳动者当月违约,企业就无须再支付当月补偿金。一定要在竞业限制协议中与劳动者约定明确的违约金计算标准与方式。

案例

竞业限制补偿金的支付与认定

【案情介绍】

重庆索通出国企划有限公司(以下简称索通公司)与吴某签订了一份《劳动合同书》,约定:吴某受聘于索通公司,期限为 2007 年 3 月 5 至 2010 年 6 月 4 日,担任秘书级别工作,工作范围包括前台接待、电脑录入和编辑、电话咨询和面谈咨询、文案企划和代理、外语口笔头翻译、客户联络和服务、办公室辅助事务等,基本月薪 800 元,奖金根据业绩情况另行发放,正式工作每满一年后享受 2160 元的"年度保密津贴",合同期满三年时享受 3600 元的"竞业避止补偿"。合同还约定了吴某应当保守公司商业秘密,违反约定须承担 21600 元的违约金;在合同期限内、合同终止和解除后三年内,不得受聘于与索通公司行业和业务性质相同的其他用人单位,不得自己经营相同性质的业务,如果违反则要承担 36000 元的违约金。

2008 年 6 月,索通公司向吴某发放了年度保密津贴 1926.2 元;2009 年 6 月 24 日,吴某提出辞职,解除合同时索通公司向吴某支付了竞业避止补偿金 2544.06 元和年度保密津贴 2163.55 元,上述款项均对缺勤作了相应扣减。

2009 年 7 月 6 日,吴某与广东启德教育服务有限公司(以下简称启德公司)重庆分公司建立劳动关系,索通公司遂诉至法院,认为吴某违反保密协议约定和竞业限制约定,要求吴某承担违约责任,启德公司与启德分公司承担连带责任。

【法院判决】

重庆市渝中区法院审理认为,索通公司虽然与吴某在《劳动合同书》中对竞业限制及补偿作了约定,但《劳动合同法》实施后,双方并没有对与现行法律相违背的约定进行相应的调整和变更。且索通公司并未在解除劳动合同后按月向吴某支付经济补偿金,故该竞业限制约定对吴某没有法律约束力。索通公司亦无证据证明吴某有将其经营信息、业务渠道、客户资料等泄露给启德公司的事实,故对索通公司主张吴某承担违反保密约定和竞业限制约定违约金的请求不予支持。判决驳回索通公司诉讼请求。

索通公司不服,提起上诉。索通公司认为,按月支付竞业限制补偿金并非法律强制性规定,索通公司已提前一次性支付了补偿金,吴某也实际接受并未提出异议,吴某应当按照约定履行竞业限制义务。即使索通公司还负有按月支付补偿金的义务,其时间最早也是双方解除劳动合同的次月即 2009 年 7 月 24 日,而吴某在离职后短短几天就和启德分公司建立了劳动关系,吴某恶意违约在先,应当承担违约责任。

重庆市第五中级人民法院审理认为,用人单位与劳动者可以约定对劳动者离职后进行竞业限制,但因该约定限制了劳动者的择业权,必须以用人单位支付竞业限制补偿作为对价。本案中,双方将"年度保密津贴"和"竞业避止补偿"约定于《劳动合同书》第六章劳动报酬中,且支付的条件为"每满一年、合同满三年即可享受",且实际是按照吴某的出勤天数予以核发,索通公司支付给吴某的"年度保密津贴"和"竞业避止补偿"实为吴某工作期间的劳动报酬,而并非对吴某在解除或终止劳动合同后受到竞业限制的补偿。因此,吴某不受该约定的限制。索通公司主张吴某泄露其商业秘密亦缺乏事实依据,遂判决驳回上诉,维持原判。

【案例解析】

我国现行法律规定,竞业限制补偿金应当在解除或终止劳动合同后的竞业限制期限内按月支付,竞业限制期限不得超过2年。但对于补偿金的支付标准以及提前支付、一次性支付、未及时支付的法律后果未作出明确界定。于是在实践中,很多用人单位借助其订立劳动合同的优势地位,巧立名目,将劳动报酬中的一部分分割出来作为竞业限制补偿金,故意混淆二者的区别;或者约定低额的补偿金、附加补偿金支付条件、随意克扣等,并披上"提前支付、一次性支付"等看似合理的外衣,企图使其合法化,对劳动者极不公平。因此,司法实践中有必要对当事人约定和支付的竞业限制补偿金进行定性和分析。

一、竞业限制协议的生效要件

法律是否应当允许竞业限制协议的存在,用人单位、劳动者、竞争者以及社会公共利益之间如何进行利益权衡,并非一个简单的法学问题,其中还包含有对经济学、社会学内容的探索。就竞业限制协议的效力问题而言,理论界存有"无效说"和"有限有效说"等观点。"无效说"认为竞业限制协议违反了市场经济的基本法则——自由竞争原则,侵犯了《宪法》斌予劳动者的权利,导致生产力减少因而绝对无效;"有限有效说"则认为竞业限制协议只要符合合理原则,就应当受到法律的保护。大多数国家对竞业限制协议效力的认定均采取了限制原则。日本主要以公序良俗原则对竞业限制协议的效力进行衡量,法院的自由裁量权较大。德国商法则明确规定竞业限制协议应当限于雇主营业上的正当利益,竞业禁止期间,雇主每年应当给付雇员最后年报酬的一半以上,作为竞业禁止给雇员造成损害的补偿,否则竞业禁止协议无约束力。英国和美国则更加注重对公共利益的考虑,而不只考虑雇主和雇员的利益。通常认为,竞业限制条款在保护用人单位竞争优势的同时,限制了劳动者的择业权、生存权,因此竞业限制条款必须符合合理、合法、不违背公共利益等要求,法律得赋予其效力。

二、竞业限制补偿金的约定对竞业限制协议效力的影响

然而法院能否以未约定竞业限制补偿金或竞业限制协议不合理直接宣告协议

无效？如何确定合理的标准？如该案中约定的竞业限制补偿金折算到每个月只有100元，而违约金却是补偿金的10倍，这种约定是否合理？能否就此宣告该竞业限制条款无效？法院判决劳动者不受竞业限制协议约束的理论依据和法律依据是什么？这些问题给司法实践带来了困惑。于是便产生了第二个层次的争议——未约定竞业限制补偿金或者约定的补偿金标准过低是否影响竞业限制协议的效力。学界和司法界亦有有效和无效两种观点。"无效说"认为，补偿金是竞业限制协议的必要生效条件，未约定经济补偿，或者约定经济补偿的数额明显过低、不足以维持劳动者在当地的最低生活标准的，属于《劳动合同法》第二十六条第（二）项规定的"用人单位免除自己的法定责任、排除劳动者权利的"情形，该竞业限制条款或协议无效。而"有效说"则认为，竞业限制协议只要未违反法律、法规强制性规定，即为有效，基于当事人就竞业限制有一致的意思表示，可以认为竞业限制条款对双方仍有约束力；未在竞业限制协议中约定竞业限制补偿金的当事人可以通过补充协议等方式进行补充约定；约定的补偿金标准过低的，劳动者可以显失公平为由申请撤销，不宜直接认定无效。

我国《劳动合同法》第一条规定，本法的立法宗旨是"明确劳动合同双方当事人的权利义务，保护劳动者的合法权益"，体现了倾斜保护劳动者的社会法属性。对于保护劳动者权益而言，"无效说"更加直接明了，但缺乏法律的明确规定，宣告协议无效无法解决劳动者履行竞业限制义务后向用人单位追索补偿金的问题，而且如果司法解释将来对最低补偿金标准作出规定，宣告无效则无实际意义；而"有效说"则会面临很多程序上的障碍和实践中的尴尬，劳动者几乎不太可能在除斥期内起诉撤销显失公平的合同，通常劳动者在签订劳动合同、约定竞业限制协议时就知道或者应当知道其权利受到了侵害，竞业限制期间来临之时往往早已过了除斥期，因此不利于保护劳动者的利益。于是部分地方性指导意见折中采用了"对劳动者不具有约束力"这种单边无效的提法，但这种提法仍值得商榷。综合上述观点，笔者更趋向于"有效说"，在司法实践中，不宜以竞业限制补偿金"未约定""不合理"直接否定竞业限制协议的效力。在此类合同中，劳动者是否应当履行竞业限制义务，是否可以追索补偿金等属于合同履行问题，可以放到合同履行中去进一步界定。

三、竞业限制补偿金的支付与竞业限制义务的履行

无论"有效说"还是"无效说"，均不否认竞业限制须以支付竞业限制补偿金为对价。无补偿金则无竞业限制义务，约定竞业限制补偿金只是一个前提，合法有效的支付才是整个竞业限制协议的核心和实质。还须明确的是，支付竞业限制补偿金与履行竞业限制义务之间不仅仅是"画等号"的关系，支付竞业限制补偿金是先义务，用人单位未支付竞业限制补偿金，即可免除劳动者的竞业限制义务。因此，判定用

人单位竞业限制补偿金的支付是否合法有效就显得尤为重要。判定竞业限制补偿金的支付是否合法有效可从支付方式、支付性质和支付标准等方面进行考量。法律是否应当对竞业限制补偿金的最低标准作出规定,社会各界一直存有争议,部分地方性文件对竞业限制补偿金的最低标准作出了规定,劳动合同法最终未对此问题给出答案。就目前的司法实践而言,则应着重于从支付方式和支付性质两方面对竞业限制补偿金进行考察。

1. 按月支付补偿金的法律规制与灵活运用。《劳动合同法》实施以前,对竞业限制补偿金的支付方式未作统一规定,《劳动合同法》则要求实行按月支付方式。按月支付对用人单位和劳动者双方都能起到有效的督促作用,体现了立法对协议履行过程的关注,再次地说明竞业限制协议不仅仅是诺成合同,更重要的是实践性。

按月支付是否是法律强制性规定,未按月支付补偿金又应当承担什么样的法律后果。实践中,有学者认为每月支付比较麻烦,能否提前支付、按季度支付、一次性支付等。笔者认为,提前支付、一次性支付等支付方式,只要劳动者接受,同样应视为有效的补偿金支付。与此同时,由于支付竞业限制补偿金是先义务,即劳动者履行竞业限制义务以用人单位按时、足额支付竞业限制补偿金为前提,而且补偿金数额应以月为单位计算,如当事人可以约定提前支付6个月的补偿金等。若用人单位中断支付补偿金,后又继续支付,劳动者接受的,劳动者仍应履行相应期间的竞业限制义务。在对竞业限制补偿金有明确约定的情况下,劳动者还可以向用人单位追索补偿金。

2. 对离职前支付补偿金的性质判断。用人单位对于竞业限制条款的订立以及竞业限制补偿金支付占据主动地位,很容易通过企业内部制度设计来达到规避法律的目的。实践中不少用人单位给劳动者的补偿金者很低甚至就是劳动报酬的一部分,因此,应当严格将补偿金与劳动报酬相区分,前者是对劳动合同解除或终止后竞业限制期内的经济补偿,不得附加其他支付条件,其金额应当与劳动者在职时的岗位、工资收入、承担竞业限制的期限、范围等相符,一旦约定不得随意扣减;后者是对劳动者工作期间的报酬,数额根据劳动合同约定和企业用工制度确定。对于约定在职期间发放或是解除合同时一次性支付的"补偿金",用人单位应当说明提前支付的原因,并就"补偿金"性质举证证明,劳动者与用人单位就补偿金性质发生争议时,应当采信对用人单位不利的意见。

第二十一章　员工签名按印必须有

曾经有案例,劳动者在劳动合同上签了字,后来起诉用人单位不与其签订书面劳动合同,公司应支付二倍工资。经笔迹鉴定确实非劳动者本人的签字,人力资源工作者很苦恼,明明亲眼见证了劳动者在劳动合同上签了字,怎么最终不是劳动者本人的签名呢?

日常中,笔者观察到银行在办理业务签名的时候,比之前严格了很多,以前去银行取钱,随便签一下姓名就行,但是现在必须正楷签名。举一反三,用人单位在跟签订劳动合同时,有何注意事项呢?

一、员工在劳动合同上签字有哪些细节要求?

(一)签名时

1. 必须用身份证上的名字,不可用笔名。

名字是公民的符号,是公民意志与人格的形式表现。有人除了身份证上的法定姓名外,可能还有多个供他人称呼的名字,比如小名、乳名、别名、曾用名等,从法律角度考虑,使用法定姓名之外的名字有引发争议的可能,需进一步证明名字与行为人等同等问题。

2. 使用正楷签名。

签名一定要用正楷,不可用草书,否则笔迹鉴定不一定能成功。现在社会流行艺术签名,一个识别不出内容的签名在法律上又如何明确行为人身份? 故清晰可识别的签名是法律的必备要素。

3. 要用黑色中性笔。

签名时不能用铅笔或者圆珠笔。因为中性笔所采用的油墨为颜料型,耐水、耐晒、不褪色。

(二)按指印

1. 虽然《民法典》第四百九十条规定,自然人签字和按指印二选一即可,但是参考最高院的裁判意见,笔者认为《民法典》增加了合同成立的形式要件,即对于法人来说,自然人合同成立的形式要件为签字＋盖章;对于自然人来说,合同成立的形式要件为签字＋按指印。因为每个人的指纹具有绝对唯一性,建议签订重要资料时要按手印。

2. 可以指定右手食指。一是指纹要清晰;二是手指不可旋转,否则无法鉴别。如果劳动者右手食指残缺,可以换其他手指,并进行备注。

二、劳动者在合同上盖章有风险吗?

盖章与签名相比,在法律上的风险是很大的。

一是如果私章没有经过有关部门的备案登记则不具有公信力;

二是私章是与人分离的,不像签名因个人笔迹有别而"字如其人",故盖下的私章是否代表本人的意思难以确定;

三是私章容易伪造,当事人可能因此主张对方所述完全与己无关。

三、同事代签的劳动合同有效吗?

劳动合同最好让劳动者本人签字。

如果劳动者委托别人签字,必须要有委托书,也建议等劳动者回来补上本人的签字并按手印。如果忘记让劳动者签字了,也要在给劳动者合同时,让劳动者在收发记录上签字,证明合同已经领取。

案例

【案情介绍】

2014 年 3 月 6 日,杨某应聘进入某公司从事产品销售工作,入职快满一个月时,公司通知杨某签订劳动合同,但杨某在外出差不能当场签订。公司遂请李某同部门的同事王某代杨某在劳动合同书上签上了李某的名字,合同约定杨某月基本工资为3000 元,合同期限为 2 年。

杨某出差回来后,公司将签订的劳动合同书给了杨某。2015 年 5 月 5 日,杨某向公司提出离职并获得批准,2015 年 6 月 5 日,双方正式解除劳动关系。2015 年 8月 2 日,杨某向当地劳动人事争议仲裁委员会申请劳动仲裁,认为他与公司的劳动合同书无效,要求公司支付其二倍工资。

【案例解析】

对该案中同事代签的劳动合同是否有效存在争议:

第一种意见认为,该案中同事代签的劳动合同无效。劳动合同关系的主体是用人单位和劳动者,劳动合同必须由用人单位和劳动者就合同的主要条款达成一致并签字才能成立和生效。该案中,杨某并未在劳动合同书上签字,也未委托王某签字。因此,该合同无效。

第二种意见认为,上述劳动合同已产生法律效力。该案中,尽管杨某未在劳动合同书上签字,但事后其知晓了劳动合同书的内容,并以实际行动接受并履行了劳动合同。故该合同有效。

有部分人同意第二种意见,理由如下:

劳动合同是劳动者与用人单位之间确立劳动关系,明确双方权利和义务的协议。法律要求用人单位要与劳动者签订劳动合同的主要目的在于明确双方权利和义务,保护劳动者的合法权益,避免或减少劳动争议,构建和谐稳定的劳动关系。为此,《劳动合同法》设立了二倍工资的惩罚制度,用于惩罚用人单位抗拒或怠于与劳动者签订劳动合同的行为。

但从另一个角度讲,如果用人单位积极主动与用人单位签订劳动合同,尽管合同未最终签订或存在瑕疵,也不宜要求用人单位承担二倍工资的惩罚责任。从这一角度上来讲,在劳动合同签订过程中,如果用人单位积极主动,法律应该倾向于保护其合法权益。上述情形,如果合同未最终签订,也不宜追究其二倍工资的责任。举重明其轻,劳动合同存在瑕疵的,也应尽量确认其法律效力。

从民法的角度上来讲,该案中的劳动合同也应认定为有效。该案中,杨某事后不久便知晓了代签劳动合同的事实及劳动合同书的内容,但杨某并未作否认表示,根据《民法通则》第六十六条规定,本人知道他人以本人名义实施民事行为而不作否认表示的,视为同意。因此,同事代签合同的行为有效。

退一步讲,《合同法》第三十六条规定,法律、行政法规规定或者当事人约定采用书面形式订立合同,当事人未采用书面形式但一方已经履行主要义务,对方接受的,该合同成立。该案中,尽管杨某未在劳动合同书上签字,但其事后知晓了劳动合同书的内容,并在公司工作了一年多,应视为以实际行动履行合同主要义务并获得接受,杨某以实际行动确认了劳动合同。综上,应认定该劳动合同具有法律效力。

第二十二章　送达地址要准确

在劳动合同中,应当有送达地址和紧急联系人的约定,这是用人单位保护自身合法权益的一个条款。虽然劳动合同中地址的约定不是合同法中规定的必要条款,但是"送达地址"很重要。

在给劳动者发放各种通知、文件、制度和解除合同的决定时,为了避免法律风险,公司往往都会要求劳动者签收。但在管理实践中,经常会发生劳动者不签收或者无法联系劳动者的情形,为避免给公司带来不必要的麻烦,劳动合同中应当约定送达地址条款,条款里约定劳动者住址一旦发生变化,应当在什么时间内书面通知公司,逾期通知或者错误通知所造成的一切后果,由劳动者本人承担。

这样对于一些无法直接送达劳动者的文书,就可以通过邮寄的方式送达了。

一、劳动者的送达地址,如何进行约定呢?

让劳动者提供送达地址,一方面是为了准确联系到各方当事人,提高办案效率;另一方面是当出现无法联系当事人时,可以依法将诉讼程序进行下去。当依确认的送达地址确认后,申请人或原告不出庭的,按自动撤诉处理;被申请人或被告不出庭的,可进行缺席审判。

我们可以在劳动合同、《入职制度》等相关制度中添加关于"通讯地址、送达地址、联系方式"等约定。

(一)劳动者填写详细的送达地址

让劳动者在《入职登记表》、劳动合同上填写详细的送达地址。

(二)规章制度里面体现相关约定

《入职制度》里可以写明"用人单位对劳动者的送达地址均按该地址进行,如劳动者变更通讯地址的,应及时通知用人单位,未能通知的,用人单位可以按原地址送达。送达后如发生退件或拒收,视为已经送达"等字样。这样,在用人单位没有收到该员工任何更新的变更通知前,可以以其在劳动合同里所提供的地址邮寄。

（三）在劳动合同中约定

在劳动合同中约定紧急联系人，并将处理紧急事务的权限委托给紧急联系人处理。可以约定为："劳动者同意，在其处于联系障碍状态，包括但不限于疾病、发生意外事故、丧失人身自由等情况时，委托紧急状态联系人（姓名、身份证号码、通讯地址、联系电话）作为劳动者的受托人，该受托人享有全权代理处理本合同项下所涉一切问题的权限，包括但不限于与用人单位进行协商谈判、和解、代为收付有关款项及代为收发有关文书等权限。"

一点通

《入职制度》或者《劳动合同》的规定示范：

1. 劳动者的联系方式、通讯地址等信息发生变更的，应在变更后三日内通知公司。

2. 劳动者未及时履行通知义务造成公司不能及时送达相关书面文件的，劳动者应承担由此产生的一切法律后果。

第二十三章　高管和人力资源工作者合同的妥善管理

在劳动争议案件进行分析后发现,虽然涉案劳动者中普通员工占绝大多数,但企业高管和高级技术人员所占的比例,也呈逐年上升趋势,而且涉诉标的额较大。高管的劳动纠纷多数出现在保密违约、竞业限制补偿、加班费、未签订书面的劳动合同等方面。

尽管这些维权较为理性,但纠纷发生后对企业的经营管理,甚至生存发展都带来不小的冲击。如何化解这些危机呢? 让我们来学习一下吧。

一、网上合同备案是否代表已经签订了劳动合同?

(一)网上备案不能代表已经签订书面的劳动合同

因为《劳动合同法》第十条规定,建立劳动关系,应当订立书面劳动合同。已建立劳动关系,未同时订立书面劳动合同的,应当自用工之日起一个月内订立书面劳动合同。

(二)未签订书面劳动合同企业将面临二倍的工资处罚

《劳动合同法》第八十二条规定,用人单位自用工之日起超过一个月不满一年未与劳动者订立书面劳动合同的,应当向劳动者每月支付二倍的工资。

法定代表人只需网上备案就行,无须签订书面的劳动合同。

二、如何对高管和行政人力的合同管理进行风险防范?

公司高管兼具劳动者与"雇主"的属性决定了其适用"二倍工资法则",也应当有别于普通劳动者。公司高管未签订或续签书面劳动合同是否适用"二倍工资法则",应当综合考量以下几个方面的因素:

第一个因素:公司高管的岗位职责与职权范围,是否参与人事管理。

第二个因素:公司高管是否存在过错,是否存在恶意直接影响着其是否适用"二倍工资法则"。

第三个因素:用人单位有无不签订书面劳动合同的过错。

因此,一定要签订书面的劳动合同。行政人力及其他高级管理人员应及时与自己签订劳动合同,一式三份,除人力资源部门保管一份外,可将另外一份留存行政部门及总经理处留存,并将此条写入规章制度中。

同时在公司规章制度里或者岗位职责内明确授权,高管和行政人力工作者,可以代表公司法定代表人与员工签订劳动合同。以此来预防高管恶意行为,避免发生劳动争议。

案例

未签订劳动合同,总经理索要二倍工资

【案情介绍】

2011 年 4 月 27 日,张某到某公司工作,职务为总经理,每月工资 13000 元,双方未签订书面劳动合同。该公司未支付张某 2012 年 5 月份之后的工资,2012 年 8 月 1 日,双方之间的劳动关系解除。后张某申请仲裁,请求裁决:

1. 解除双方之间的劳动关系;

2. 该公司支付张某未签订劳动合同的二倍工资差额 143000 元;

3. 该公司支付张某解除劳动合同经济补偿金 19500 元。

劳动人事争议仲裁委员会审理后裁决:

1. 双方之间的劳动关系于 2012 年 8 月 1 日解除;

2. 该公司支付张某 2011 年 5 月 27 日至 2012 年 4 月 26 日期间未订立书面劳动合同的二倍工资差额 143000 元;

3. 该公司支付张某解除劳动合同的经济补偿 12285 元;

4. 驳回张某的其他仲裁请求。该公司不服裁决,诉至法院。

【裁判结果】

法院审理后认为,张某自 2011 年 4 月 27 日起在该公司担任总经理,每月工资 13000 元,双方未签订书面劳动合同。

根据《劳动合同法》第八十二条第一款"用人单位自用工之日起超过一个月不满一年未与劳动者订立书面劳动合同的,应当向劳动者每月支付两倍的工资"之规定,该公司应支付张某 2011 年 5 月 27 日至 2012 年 4 月 26 日期间未签订劳动合同的二倍工资差额 143000 元(13000 元×11 个月),故对于该公司主张不予支付张某未签订书面劳动合同的二倍工资差 143000 元的诉讼请求,法院不予支持。

根据《劳动合同法》第三十八条、第四十六条之规定,结合庭审查明事实,该公司应支付张某解除劳动关系经济补偿金 12285 元(2730 元×3×1.5 个月)。综上,一

审判决结果与仲裁裁决相同。一审宣判后,该公司不服,并提起上诉。

二审法院认为,该公司提交的《公章使用登记表》表明,张某身为该公司的总经理,代表该公司与员工签订劳动合同是其工作职责之一,其未与该公司签订书面劳动合同,原因在其本人。因此,张某主张该公司支付其因未签订劳动合同的二倍工资差额,依法不应支持。

该公司所称的不应支付张某未签订劳动合同二倍工资差额的上诉理由成立,二审法院予以采信。二审判决同时维持了一审关于解除合同及其支付经济补偿金的请求。

【法官点评】

为解决劳动合同签订率低下的问题,《劳动合同法》第八十二条规定了用人单位无故不与劳动者签订劳动合同的二倍工资罚则。

二倍工资罚则,旨在督促用人单位及时与劳动者签订书面劳动合同,固定双方的劳动权利义务,以保障劳动者的合法权利。其真正的目的不在于惩罚用人单位,而是要借助惩罚的方式来倒逼用人单位切实履行与劳动者订立书面劳动合同的义务。

尽管立法规定了二倍工资罚则,但司法实践中大量未签订劳动合同的情形依然存在,导致劳动者追讨二倍工资的案件层出不穷,在劳动争议案件中占有较大比重。近来,一些用人单位的人事经理等高管以未与用人单位签订劳动合同索要二倍工资的案件频频出现。由于这些高管的工资普遍较高,用人单位是否需要支付二倍工资差额,实务中存在较大争议。

对此,办案法官认为,此种情况下,用人单位无须支付二倍工资。因为人事经理等高管人员不同于普通劳动者,不仅其有别于普通劳动者的弱势地位,其主管劳动合同、人事管理等,从劳动者的招录、劳动合同的签订、试用期考核到培训、晋级直至最后的离职手续的办理等各项工作,均是其职责范围,且高管人员还负有管理职责,对于单位的不规范用工行为负有提醒、督促和管理的职责。

由于高管人员的法律知识或诉讼能力普遍较强,其应该知道用人单位不与劳动者签订劳动合同将承担二倍工资的法律责任。单位高管在自己明知没有签订劳动合同,而不督促用人单位与其签订劳动合同,本身就是一种失职,其应当承担个人过错产生的不利后果,更不用说故意与单位不签订劳动合同了。

不管何种理由,其不与用人单位签订劳动合同的不利法律后果均不能由用人单位来承担。更主要的是不能让其本人从自己的过错中获利,不管这种过错是故意还是过失,否则便有悖于公平正义的法律基本原则。

当然,如果高管人员有证据证明曾向用人单位提出签订劳动合同,但遭到用人单位拒绝,或者用人单位故意拖延签订,此种情况下,未签订劳动合同的过错在于用人单位,用人单位应当承担不签订劳动合同的二倍工资的法律责任。

第二十四章　合同备案存放要规范

　　某美容美发公司的总裁助理黑某偷走了自己个人档案的同时,还恶意诬告企业,诉讼标的额 16 万多元……

　　该公司的全体员工的档案是海力诺企业管理的顾问王某亲自指导企业员工签订和建立的,包括黑某的。黑某是该项目的负责人,却监守自盗。而且黑某还私盖公章,开了在职证明,临走时有几张放在自己的抽屉忘了拿走,因为做贼心虚,忘记了在职证明写的入职是 2017 年,落款时期竟然是 2011 年。

　　合作过一段时间后,王某就提醒企业负责人这位黑某有点不太实诚,多次要求企业负责人把这位总裁助理黑某的档案亲自保管或者转交财务部监管,可惜企业负责人没有选择相信人力顾问王某的建议,一直没有执行。

　　项目结束 1 年后,黑某起诉公司要求支付未签订书面劳动合同的二倍工资、解除劳动关系经济补偿金、2020 年 2—5 月份 4 个月的工资、带薪年休假、高温费等,标的额 163280 元。

　　黑某没有职业道德,加之企业负责人没有警惕之心,让他利用职务之便偷走了自己的档案,只留下了一张《离职声明书》,同时他发给企业负责人的辞职信里竟然说:请假几个月再回来上班的目的,就是为了取证。这位黑某的盗窃行为,亲自断送了自己的职业生涯。

　　2020 年 10 月 15 日,此案开庭审理,令所有人惊愕的是,在庭上黑某声称《离职声明书》不是他本人的字迹,他要求进行笔迹鉴定……

　　后来得知,此《离职声明书》不是黑某当着同事的面写的,而是自己留在抽屉里的,谁也没亲眼看见他填写。《劳动合同法》中对于未签订书面劳动合同的惩罚力度可谓非常严格,鉴于此有个别居心叵测的员工利用这一点想要敲诈企业,尤其是近几年高管起诉公司的情形非常多,有的标的额多达几百万元。对于此企业应当采取什么措施呢?

一、劳动合同的文本要保存多久？如何保管？

(一)文本的保存

员工离职后文本保存至少 2 年。一是根据《劳动合同法》第五十条的规定，二是根据《劳动保障监察条例》第二十条的规定。

(二)合同的保管

1. 用人单位与劳动者协商一致，可以采用电子形式订立书面劳动合同。

采用电子形式订立劳动合同，应当使用符合《中华人民共和国电子签名法》等法律法规规定的可视为书面形式的数据电文和可靠的电子签名。用人单位应保证电子劳动合同的生成、传递、储存等满足《中华人民共和国电子签名法》等法律法规规定的要求，确保其完整、准确、不被篡改。

符合《劳动合同法》规定和上述要求的电子劳动合同一经订立即具有法律效力，用人单位与劳动者应当按照电子劳动合同的约定，全面履行各自的义务。

2. 劳动合同等重要资料，一定妥善保管，最好"上锁"。

高管或者人力资源工作者的档案交由老板本人或者法务部等第三方进行保管，避免监守自盗。

3. 管理档案的劳动关系专员要有职业道德。

个别的人力资源部的员工会把劳动合同或者培训协议等重要资料，偷拿给关系比较好的其他人员，从而引发了劳动纠纷。

2013 年 7 月 1 日起施行的《劳动合同法》

第五十条　用人单位应当在解除或者终止劳动合同时出具解除或者终止劳动合同的证明，并在十五日内为劳动者办理档案和社会保险关系转移手续。

劳动者应当按照双方约定，办理工作交接。用人单位依照本法有关规定应当向劳动者支付经济补偿的，在办结工作交接时支付。

用人单位对已经解除或者终止的劳动合同的文本，至少保存二年备查。

2004 年 12 月 1 日起施行的《劳动保障监察条例》

第二十条　违反劳动保障法律、法规或者规章的行为在 2 年内未被劳动保障行政部门发现，也未被举报、投诉的，劳动保障行政部门不再查处。

前款规定的期限，自违反劳动保障法律、法规或者规章的行为发生之日起计算；违反劳动保障法律、法规或者规章的行为有连续或者继续状态的，自行为终了之日起计算。

案例

人事经理销毁自己的劳动合同，单位是否需要支付二倍工资？

【案情介绍】

2010年1月，李某入职某餐饮公司任人事经理，负责公司全体员工劳动合同的签订、保管等人事管理工作。李某入职1个月内，公司和李某依法签订了劳动合同。包括李某在内的所有员工的劳动合同，均由李某保管。

同年11月底，出于不能胜任工作等原因，李某被单位解雇。离职前，李某利用其保管劳动合同的便利，将公司和自己签订的劳动合同销毁（但用人单位没有证据能证明该事实）。李某和单位办理完离职手续，领取了经济补偿金、结清工资后，向单位所在地的区劳动争议仲裁委员会提起仲裁申请，要求该公司支付2010年2月至2010年11月期间未签订劳动合同的二倍工资10万元人民币。

【案件审理】

仲裁审理时，由于该餐饮公司无法向仲裁庭递交已签订的劳动合同，也无其他证据证明双方曾签订过劳动合同，公司抗辩李某偷窃已签订的劳动合同又缺乏事实依据，该区劳动争议仲裁委员会做出裁决，支持了李某的诉请。

公司不服，向该区人民法院提起诉讼，并向法庭递交了公司其他高级管理人员和李某的QQ聊天记录，该记录中虽然显示出公司向李某提出过签订劳动合同的要求，但无法显示李某已将签订好的劳动合同交付到人事科。因此，区法院判决要求公司支付李某未签订劳动合同的二倍工资10万元。该公司不服一审判决结果，向该市中级人民法院提起上诉，后经中院调解，李某和公司达成和解协议，公司向李某一次性支付未签订劳动合同的第二倍工资5万元，双方无其他争议。

【案例解析】

2013年，浙江省高级人民法院民一庭颁布了相关解答：明确确因不可归责于用人单位的原因导致未签订劳动合同，劳动者不能要求用人单位支付未签订劳动合同的二倍工资。"用人单位有充分证据证明劳动者拒绝签订或者利用主管人事等职权故意不签订劳动合同的；工伤职工在停工留薪期内的，女职工在产假期内或哺乳假内的，职工患病或非因工负伤在病假期内的，因其他客观原因导致用人单位无法及时与劳动者签订劳动合同的，一般可认定为不可归责于用人单位的原因。"

而2008年《劳动合同法》第八十二条第一款只规定了"用人单位自用工之日起超过一个月不满一年未和劳动者订立劳动合同的，应当向劳动者每月支付二倍的工资"。《劳动合同法实施条例》第六条又规定："用人单位自用工之日起超过一个月不满一年未与劳动者订立书面劳动合同的,应当依照《劳动合同法》第八十二条的规定向劳动者每月支付二倍的工资,并与劳动者补订书面劳动合同;劳动者不与用人单位订立书面劳动合同的,用人单位应当书面通知劳动者终止劳动关系,并依照《劳动合同法》第四十七条的规定支付经济补偿。"条例规定,即使劳动者不愿意和单位签订劳动合同,用人单位也必须自用工之日起1个月内,书面通知劳动者终止劳动关系,并支付经济补偿,才可以不支付未签订劳动合同的第二倍工资。但用人单位在劳动者不愿意签订劳动合同时,没有在用工之日起1个月内书面通知该劳动者解除劳动关系的,用人单位仍需要支付未签订劳动合同的第二倍工资。

因此,该案审理时,依据《劳动合同法》第八十二条、《劳动合同法实施条例》第六条的规定,法院即使在认定事实部分确认了用人单位曾要求过劳动者签订劳动合同,但用人单位无法向法庭递交劳动合同原件,也无其他证据证明劳动合同原件被李某窃取,一审法院支持了李某要求二倍工资的诉请。

假设该案发生争议的时间是2021年,判决结果会完全不同。根据现行的规定,用人单位只要有证据能证明不签订劳动合同的责任不是单位,而是劳动者的原因导致不能签订劳动合同的即可。而单位不再需要证明合同已签订并交付及已被偷窃的事实,也无须在建立劳动关系之日起1个月内书面通知劳动者解除劳动合同。依据现行的规定,用人单位是不需要向劳动者支付二倍工资的。

第二十五章　自检劳动合同是否无效

《劳动合同法》规定，用人单位和劳动者应当自用工之日起一个月内订立书面劳动合同。用人单位未及时订立书面劳动合同需要承担支付二倍工资的相应法律责任。因此用人单位不与劳动者订立书面劳动合同的情况越来越少了。但在实践中，用人单位和劳动者订立的劳动合同被认定为无效的情况却时有发生。

所谓无效的劳动合同，是指当事人所订立的劳动合同不符合法律、法规规定，或缺少有效要件，导致全部或部分不具有法律效力的劳动合同。

劳动合同是否无效，应当如何认定？劳动合同被确认无效，劳动者已付出劳动的，用人单位是否应当向劳动者支付劳动报酬呢？无效劳动合同产生的法律后果是什么？

一、录用通知与劳动合同不一致，以何为准？

录用通知，属于用人单位希望和员工建立劳动关系的要约。当劳动合同与录用通知中的内容不相一致或相冲突时，便产生了使用效力的问题。

一种情况是劳动合同产生于录用通知之后，劳动合同约定不同于录用通知的内容，应当视为用人单位与员工就同一问题作了新约定，此时劳动合同条款的效力高于录用通知。

另一种情况是，录用通知中具备的内容没有在劳动合同中出现，这种情况下，不能完全依据协议形成时间来确定谁更有效力，而是要看录用通知在劳动合同签订后是否还有效。如果用人单位并未明确约定录用通知的有效期，该部分内容在劳动合同签订后仍然有效。

相反，如果用人单位在签订劳动合同之时书面说明，自劳动合同签订之日起录用通知自动失效，或者以劳动合同内容为准的，未在劳动合同中体现的内容就不再具有法律效力。

二、劳动合同无效的情形有哪些？

订立劳动合同，应当遵循合法、公平、平等自愿、协商一致、诚实信用的原则。

(一)全部无效和部分无效

1. 劳动合同全部无效是指劳动合同的全部条款不发生法律效力,对双方当事人没有约束力。劳动合同被认定全部无效的情况下,双方当事人之间的劳动关系及相应的权利义务都归于消灭。

2. 劳动合同部分无效是指劳动合同的部分条款虽然被确认无效,但并不影响其他条款的效力。在部分无效的劳动合同中,无效条款如不影响其余部分的效力,则其余部分仍然有效,对双方当事人具有约束力。

(二)劳动合同无效的情形

根据《劳动合同法》第二十六条的规定,劳动合同无效或者部分无效的情形包括以下几方面。

1. 以欺诈、胁迫的手段或者乘人之危,使对方在违背真实意思的情况下订立或者变更劳动合同的。

2. 用人单位免除自己的法定责任、排除劳动者权利的。

3. 违反法律、行政法规强制性规定的。

(三)常见的劳动合同约定的无效条款

1. 约定用人单位无须或者依照最低基数为劳动者缴纳社会保险。

2. 员工(女职工)在合同期内不得结婚生子。

3. 一旦发现劳动者隐婚,公司可以解除劳动合同,无须支付经济补偿金。

4. 企业可随时调整员工工作岗位及劳动报酬,员工不得拒绝。

5. 员工违规操作伤亡自负。

6. 员工试用期离职的不结算工资。

7. 实习期间无工资。

8. 员工须无条件服从企业的加班安排。

9. 工资中已含竞业限制补偿金,员工离职后不再支付。

10. 不允许员工自由离职,否则赔偿公司违约金。

案例

合同期内"不得结婚、不得生育"的约定有效吗?

【案情介绍】

林女士大学毕业后被某公司聘用。公司要求她签订一份为期5年的劳动合同,其中有一条约定,她在合同期内不得生育,否则公司有权解除劳动合同。

当时林女士求职心切,虽然心里不满意,可还是在合同上签字了。后来她在合同期内怀孕了,公司以其违反劳动合同为由将其辞退。

请问:公司的做法对吗?

【案例解析】

该公司的做法显然是错误的。根据《劳动合同法》规定,违反法律的规定无效,《劳动法》第十八条也规定,违反法律、行政法规的劳动合同无效。该公司限制林女士5年内不得生育违反了《婚姻法》的规定,所以是无效的,对合同双方均没有约束力,所以该公司不能以其违反此条约定为由将其辞退。此外,有的单位规定员工在合同期内不能结婚,这也是无效的条款。

> 2013年7月1日起施行的《劳动合同法》
>
> 第三条　订立劳动合同,应当遵循合法、公平、平等自愿、协商一致、诚实信用的原则。
>
> 依法订立的劳动合同具有约束力,用人单位与劳动者应当履行劳动合同约定的义务。
>
> 第二十六条　下列劳动合同无效或者部分无效:
>
> (一)以欺诈、胁迫的手段或者乘人之危,使对方在违背真实意思的情况下订立或者变更劳动合同的;
>
> (二)用人单位免除自己的法定责任、排除劳动者权利的;
>
> (三)违反法律、行政法规强制性规定的。
>
> 对劳动合同的无效或者部分无效有争议的,由劳动争议仲裁机构或者人民法院确认。
>
> 第二十七条　劳动合同部分无效,不影响其他部分效力的,其他部分仍然有效。

三、无效劳动合同产生的法律后果是什么?

(一)无效劳动合同的确认机构

确认劳动合同无效的机构具有法定性。合同效力的确认,事关合同当事人订立合同的目的能否实现,以及当事人合法权益能否得到保护的问题。

因此,法律规定,无效劳动合同的确认归人民法院或劳动争议仲裁机构,其他任何组织和个人均无此项权利。

(二)无效合同的法律后果

1. 支付劳动者工资。

《劳动合同法》第二十八条规定,劳动合同被确认无效,劳动者已付出劳动的,用人单位应当向劳动者支付劳动报酬。劳动报酬的数额,参照本单位相同或者相近岗位劳动者的劳动报酬确定。

《最高人民法院关于审理劳动争议案件适用法律问题的解释(一)》中也有相应的规定,即劳动合同被确认为无效后,用人单位对劳动者付出的劳动,一般可参照本单位同期、同工种、同岗位的工资标准支付劳动报酬。

由此可见,在劳动合同被确认无效的情况下,劳动者付出劳动后,企业应按照用人单位同类岗位劳动者的劳动报酬支付给劳动者报酬,而不按照原来合同的约定支付。这是因为,劳动合同被确认无效的,就自始没有法律效力,如果按照原来劳动合同的约定支付报酬,逻辑上存在矛盾。

2. 赔偿劳动者损失。

《劳动合同法》第八十六条规定,劳动合同依照本法第二十六条规定被确认无效,给对方造成损害的,有过错的一方应当承担赔偿责任。

《最高人民法院关于审理劳动争议案件适用法律问题的解释(一)》第四十一条规定,由于用人单位原因订立无效劳动合同,给劳动者造成损害的,用人单位应当赔偿劳动者因合同无效所造成的经济损失。

1995 年 1 月 1 日起施行的《劳动法》

第九十七条　由于用人单位的原因订立的无效合同,对劳动者造成损害的,应当承担赔偿责任。

2013 年 7 月 1 日起施行的《劳动合同法》

第二十八条　劳动合同被确认无效,劳动者已付出劳动的,用人单位应当向劳动者支付劳动报酬。劳动报酬的数额,参照本单位相同或者相近岗位劳动者的劳动报酬确定。

第八十六条　劳动合同依照本法第二十六条规定被确认无效,给对方造成损害的,有过错的一方应当承担赔偿责任。

2021 年 1 月 1 日起施行的《最高人民法院关于审理劳动争议案件适用法律问题的解释(一)》

第四十一条　劳动合同被确认为无效,劳动者已付出劳动的,用人单位应当按照劳动合同法第二十八条、第四十六条、第四十七条的规定向劳动者支付劳动报酬和经济补偿。

由于用人单位原因订立无效劳动合同,给劳动者造成损害的,用人单位应当赔偿劳动者因合同无效所造成的经济损失。

案例

劳动合同中"霸王条款"无效

【案情介绍】

2002年10月起,胡某在本市一家机械公司打工。1年后,由于胡某工作努力,公司对她较满意,即于2003年12月31日签订了一份劳动合同,期限为1年。合同中有这样的条款:"公司从员工应得工资中每月提留200元,作年终分配;员工受聘期间辞职或辞退,从离职之日起脱离关系,所提留的基本工资与其他应得报酬全部作为自动放弃,不再享受一切福利待遇。"胡某当时对此心存疑虑,但考虑到找份工作不容易,便在合同上签了字。

2004年6月15日,胡某因感到身体不适,工作起来力不从心,便向公司书面提出辞职,并一直工作到7月中旬离开公司。但在工资结算时,公司克扣了当年1月至5月的提留工资1000元及6—7月份的工资1800元。胡某觉得公司的做法没有道理,几次催讨,但公司都以合同为由拒绝支付。无奈之下,胡某向劳动争议仲裁委员会申请仲裁,仲裁委支持了她的请求。于是,公司不服仲裁向法院起诉,要求驳回支付工资的请求。

【法院判决】

法庭上,原告机械公司认为双方在劳动合同中约定"员工辞职,所提留的工资与其他应得报酬全部作自动放弃"的条款,是双方真实意思的表示,且没有违反法律禁止性规定,故对原、被告双方是具有约束力的。而被告胡某则认为双方有关放弃权利的约定违反了《劳动法》的基本原则,属于无效条款,原告应据实支付被告工资报酬。因此,要求法院驳回原告的诉讼请求。

法院认定约定有失公平公正。上海市奉贤区法院审理认为,双方的劳动关系是不争的事实,胡某理应得到相应的劳动报酬。原、被告虽然在劳动合同中约定了被告在辞职或被辞退的情况下,放弃被提留的工资和其他福利待遇,但是该约定有失公正,变相剥夺了劳动者的权利,属无效条款。据此,判决对原告机械公司的诉讼请求不予支持,并支付被告胡某2004年1月至5月的提留工资1000元、6月份工资1360元和7月份工资450元,合计人民币2810元。

判决后,原告不服,上诉至一中院。一中院审理后认为,原判认定事实清楚,适用法律准确,于日前作出了驳回上诉,维持原判的终审判决。

【法官点评】

劳动关系的建立有别于一般民事关系,用人单位与劳动者在订立劳动合同时,双方地位并不完全平等,用人单位往往处于相对的优势地位。因此,有关法律法规对用人单位提供的合同文本,作出了应当遵循公平原则,不得损害劳动者合法权益的相应规定。

　　本案中,公司与胡某之间签订的上述合同条款,内容显然加重了劳动者的责任,违反公平合理的原则,据此应认定为无效条款。

第二十六章　续签劳动合同要协商

劳动合同是用人单位取得自己利益最重要的凭证和保障，用人单位大多数都知道录用劳动者之后需要及时与劳动者签订书面劳动合同，否则需要承担向劳动者支付二倍工资差额的风险，但很多用人单位却不知道劳动合同到期后的续签也存在很多"坑"，一不小心就要承担不必要的法律责任。

大多数用人单位跟劳动者签署的劳动合同是分周期的，在这个周期结束以后需要续签才会起到一定的法律效力，笔者将为各位讲解如何规避续签劳动合同的"坑"。

一、未续签书面的劳动合同，是否有二倍工资呢?

绝大多数的法院支持未续签劳动合同应当支付二倍工资。"二倍工资"罚则制度，从法理的本质上讲，是因为用人单位怠于履行与劳动者签订劳动合同的法定义务，从而应当承担的法律责任。

根据各地已经生效的法院判决来看，绝大多数的法院是支持"未续签劳动合同应当支付二倍工资"这一观点的。比如北京市、上海市、湖南省、广东省。

但是，如果用人单位有足够证据证明其与劳动者未能签订书面劳动合同的原因完全在劳动者，且用人单位无过错的，用人单位无须支付二倍工资。这个原理同未签订书面劳动合同无须支付二倍工资的二十三条情形一样。

> **2001 年 2 月 1 日发布的《北京市劳动合同规定》**
>
> 第四十五条　劳动合同期限届满，因用人单位的原因未办理终止劳动合同手续，劳动者与用人单位仍存在劳动关系的，视为续延劳动合同，用人单位应当与劳动者续订劳动合同。当事人就劳动合同期限协商不一致的，其续订的劳动合同期限从签字之日起不得少于 1 年;劳动者在用人单位连续工作满 10 年以上，劳动者要求续订无固定期限劳动合同的，用人单位应当与其续订无固定期限劳动合同。
>
> 用人单位经与劳动者协商一致，可以解除劳动关系，并向劳动者支付经济补

偿金；劳动者要求解除劳动关系的，劳动关系即行解除，用人单位可以不支付经济补偿金。

2008 年 6 月 23 日广东省高级人民法院、广东省劳动争议仲裁委员会联合发布的《关于适用〈劳动争议仲裁法〉、若干问题的指导意见》

第二十一条　自用工之日起一个月内，劳动者与用人单位就签订劳动合同事项协商不一致，用人单位提出终止劳动关系的，无须支付经济补偿金。

自用工之日起超过一个月不足一年，用人单位有足够证据证明其与劳动者未能签订书面劳动合同的原因完全在劳动者，且用人单位无过错的，用人单位无须支付两倍工资。但用人单位提出终止劳动关系的，须支付经济补偿金。

2009 年 5 月 20 日发布的《湖南省高级人民法院关于审理劳动争议案件若干问题的指导意见》（湘高法发〔2009〕11 号）

第二十二规定　劳动者依据《劳动合同法》第十四条第三款、第八十二条第一款的规定，以用人单位自用工之日起满一年未与其签订书面劳动合同为由，请求确认其与用人单位自用工之日起满一年时已订立无固定期限劳动合同、由用人单位支付二倍工资的，应予支持，但用人单位能举证证明未签订书面劳动合同系劳动者一方原因引起的除外。

二、用人单位未与劳动者及时续签书面的劳动合同，有何风险？

用人单位未及时续签劳动合同的规定跟未签订劳动合同的规定是一样的，因此未及时续签劳动合同的期限有三种情形，风险如下：

1. 自劳动合同期限届满之日起超过 1 个月不满 1 年未续订：用人单位向劳动者每月支付二倍的工资。

策略：用人单位下发《续签合同通知书》，要求员工签字确认。并约定回复期限及处理办法，以避免支付未签订劳动合同的二倍工资差额的风险。续签合同需要采取书面形式。

2. 自劳动合同期限届满之日起 1 个月内未续订：无须向劳动者每月支付二倍的工资。

自劳动合同期限届满之日起一个月内未续订，如经用人单位书面通知后，劳动者无正当理由拒绝与用人单位签订书面劳动合同的，用人单位可以书面通知劳动者终止劳动关系，在此可认为劳动者无意与用人单位续订劳动合同，因此用人单位无须向劳动者支付经济补偿。不过,劳动者要求支付其劳动合同期限届满之日起的实际工作时间的劳动报酬时,用人单位还需支付。

策略:需要采取书面形式,并且需要注意的是,用人单位在通知劳动者续签合同时要求员工签字确认。

3. 自劳动合同期限届满之日起满1年未续订:视为与劳动者已经订立无固定期限劳动合同。

策略:双方需要订立无固定期限的劳动合同,无试用期。

2013 年 7 月 1 日起施行的《劳动合同法》

第八十二条　用人单位自用工之日起超过一个月不满一年未与劳动者订立书面劳动合同的,应当向劳动者每月支付二倍的工资。

用人单位违反本法规定不与劳动者订立无固定期限劳动合同的,自应当订立无固定期限劳动合同之日起向劳动者每月支付二倍的工资。

2008 年 9 月 18 日起施行的《中华人民共和国劳动合同法实施条例》

第五条　自用工之日起一个月内,经用人单位书面通知后,劳动者不与用人单位订立书面劳动合同的,用人单位应当书面通知劳动者终止劳动关系,无须向劳动者支付经济补偿,但是应当依法向劳动者支付其实际工作时间的劳动报酬。

第六条　用人单位自用工之日起超过一个月不满一年未与劳动者订立书面劳动合同的,应当依照劳动合同法第八十二条的规定向劳动者每月支付两倍的工资,并与劳动者补订书面劳动合同;劳动者不与用人单位订立书面劳动合同的,用人单位应当书面通知劳动者终止劳动关系,并依照劳动合同法第四十七条的规定支付经济补偿。

前款规定的用人单位向劳动者每月支付两倍工资的起算时间为用工之日起满一个月的次日,截止时间为补订书面劳动合同的前一日。

2013 年 10 月 1 日起实施的《山东省劳动合同条例(修订草案修改稿)》

第十七条　劳动合同期满,用人单位未与劳动者续订劳动合同,但是劳动者在用人单位安排下继续提供劳动的,用人单位应当自劳动合同期满之日起一个月内与劳动者续订劳动合同。

有前款规定的情形,用人单位自劳动合同期满之日起超过一个月未满一年未与劳动者续订劳动合同的,应当向劳动者每月支付二倍的工资;超过一年不与劳动者续订劳动合同的,视为与劳动者已经订立无固定期限劳动合同。

案 例

未续签劳动合同应支付二倍工资

【案情介绍】

2014 年 9 月,李某应聘进入 A 公司,从事培训工作。同月,李某与 A 公司签订第一份劳动合同,合同期限自 2014 年 9 月 1 日至 2017 年 8 月 31 日。第一份劳动合同期满后,公司未提出不续签劳动合同,李某继续在 A 公司同岗位工作。

2018 年 2 月 1 日,李某因个人原因提出辞职,后李某以未签订劳动合同为由提起劳动仲裁,要求 A 公司支付 2017 年 9 月 1 日至 2018 年 1 月 31 日期间未签订劳动合同的二倍工资。

【案例解析】

《劳动合同法》第十条明确规定:"建立劳动关系,应当订立书面劳动合同。"

《合肥市劳动用工条例》第十九条规定:"劳动合同期满后,劳动者与用人单位双方协商一致,劳动者继续为用人单位提供劳动的,用人单位应当依法与劳动者续订书面劳动合同。续订固定期限劳动合同的,用人单位和劳动者应当在劳动合同期满前一个月协商续订劳动合同;经协商未能达成一致意见的,用人单位或者劳动者可以终止劳动关系。但用人单位依法应当与劳动者订立无固定期限劳动合同的除外。"该案中,A 公司与李某在第一份劳动合同期满后未续签第二份劳动合同,是不符合法律规定的,故裁决 A 公司支付李某未签订劳动合同的二倍工资。

一般情况下,用人单位能够做到在员工入职时与其签订劳动合同,但是往往会忽视劳动合同期满后的续签工作,这也是用工管理的风险点。如果劳动者据此提出未签订劳动合同二倍工资的请求,用人单位将会因疏忽而付出沉重的代价。用人单位应严格按照法律规定,在上一份合同期满后的一个月内与员工续签劳动合同,避免由此产生的法律纠纷。

三、用人单位续签劳动合同的流程有哪些?

(一)明确续签劳动合同的时间

用人单位应当需自劳动合同期满之日起一个月内与劳动者续订劳动合同。续签跟首签劳动合同的规定是一样的。

(二)确定续签劳动合同的流程

1. 整理到期续签员工的信息。

人力资源部要定期梳理员工档案,及时统计该续签劳动合同员工的名单。整理名单的同时,可以收集员工的信息,如员工近一年的培训信息、考勤情况、奖惩情况、绩效情况。这些信息在跟部门经理沟通的过程中可以做参考,出现任何突发状况,也可以提早做准备。

2. 提前2个月决定是否续签及续签条件。

1)明确评估每一份劳动合同是否需要续签。

用人单位在以下情形发生时明确评估每一份劳动合同是否需要续签:

(1)固定期限履行届满的;

(2)连续工作年限可能即将满10年的;

(3)已经连续两次签订过固定期限劳动合同的;

(4)签订过单独试用期协议的;

(5)劳动者去留不定的。

2)用人单位是否续签劳动合同,可以通过内部评估的方式方法来决定。

(1)提前通知用人部门。因为有个别省市规定了用人单位应当自劳动合同期满之日起一个月内与劳动者续订劳动合同,所以人力资源部门至少要提前40~60天通知用人部门,该部门某员工劳动合同到期该续签了。

(2)沟通员工的工作表现。跟部门经理沟通一下员工最近的工作表现,很多时候部门经理并不记得员工的绩效,只是觉得还行或者不行之类的,这个时候之前准备的资料就派上用场了。这些资料可以帮助部门经理很清晰地梳理员工的行为表现,正确判断续签与否。

3. 书面征求劳动者的续签意愿。

1)合同期满后,劳动者离职后,会因补偿金问题发生争议,但是双方都没有有力证据来证明是什么原因导致合同未能续签,司法实践中,应由用人单位对此负举证责任。所以用人单位在劳动合同终止前有通知义务。

2)用人单位要续签劳动合同时,应当在劳动合同期满终止前40天及时向员工发出书面《续签劳动合同通知书》,表明"愿意维持或提高劳动合同约定条件续订劳动合同",并要求员工书面表态同意与否。

3)用人单位决定不再与劳动者续签劳动合同,可通过征求劳动者意见的方式将不再续签劳动合同意思表示变成劳动者的意思表示。

4. 人力资源部根据各部门负责人和劳动者的意见,决定续签或者不续签。

1)若续签:是签订固定还是无固定。书面签订劳动合同,无试用期。

2)若不续签:单位不续签,需要支付经济补偿金。劳动者不续签,单位无须支付经济补偿金。

5. 完成书面签订劳动合同。

1）如果用人单位与劳动者都同意续签劳动合同,应当在原劳动合同届满前1个月,书面完成劳动合同的续签。

2）如果用人单位或劳动者任何一方决定不再续签劳动合同的,则应当劳动合同期限届满前1个月书面告知,之后办妥劳动合同终止手续。

2002年2月1日发布的《北京市劳动合同规定》

第四十条　劳动合同期限届满前,用人单位应当提前30日将终止或者续订劳动合同意向以书面形式通知劳动者,经协商办理终止或者续订劳动合同手续。

第四十七条　用人单位违反本规定第四十条规定,终止劳动合同未提前30日通知劳动者的,以劳动者上月日平均工资为标准,每延迟1日支付劳动者1日工资的赔偿金。

2013年10月1日起施行的《山东省劳动合同条例》

第十七条　劳动合同期满,用人单位未与劳动者续订劳动合同,但是劳动者在用人单位安排下继续提供劳动的,用人单位应当自劳动合同期满之日起一个月内与劳动者续订劳动合同。

一点通

1. 用人单位应当对劳动者的劳动合同进行综合评估后,再决定该劳动合同是否续签以及按照什么劳动条件进行续签。

1）用人单位在评估时应考虑如下因素,比如,劳动者在该用人单位连续工作年限可能即将满十年的;用人单位已经与劳动者连续两次签订过固定期限劳动合同的。

2）通过对上述这些因素的充分考虑后,如果用人单位决定不再与劳动者续签劳动合同的,则用人单位应依据劳动者自新的《劳动合同法》颁布实施后在单位的连续工作年限支付相应的补偿金。但是,如果用人单位保持或提高劳动条件而劳动者不愿意续签劳动合同的,用人单位则无须向劳动者支付经济补偿金。

2. 用人单位以书面方式征求劳动者意见和劳动者以书面方式对是否续签劳动合同进行意思表示都十分重要。

1）在劳动合同续签前必须征求劳动者的意愿,下发《续签劳动合同通知书》。

2）如果劳动者在单位提高劳动条件后仍不愿意续签，甚至是劳动者本意就不愿意续签劳动合同的，用人单位就无须向劳动者支付经济补偿金。

3．用人单位和劳动者都同意续签劳动合同的，应当在原劳动合同届满前1个月完成劳动合同的续签。

如果用人单位或劳动者任何一方决定不再续签劳动合同的，务必要在原劳动合同期限届满前1个月办妥劳动合同的终止手续。因为有的省市有明确的规定。

四、不续签劳动合同的情形有哪些?

(一)合法终止单位不再续签

单位符合《劳动合同法》第四十四条终止合同情形之一的，可不再与劳动者续签劳动合同，但是用人单位需要支付经济补偿金。

(二)劳动者不续签

用人单位维持或者提高劳动合同约定条件续订劳动合同，而劳动者不同意续签劳动合同的，用人单位无须向劳动者支付经济补偿金。

(三)单位故意不续签

用人单位降低劳动合同约定条件续订劳动合同，导致劳动者不愿意续签合同的，则用人单位需要支付经济补偿金。

(四)违法终止劳动合同单位不续签

单位不符合合法终止合同的情形，不再与劳动者续签，则用人单位需要支付赔偿金或者面临劳动者要求续签，恢复劳动关系。

2013年7月1日起施行的《劳动合同法》

第四十四条　有下列情形之一的，劳动合同终止：

（一）劳动合同期满的；

（二）劳动者开始依法享受基本养老保险待遇的；

（三）劳动者死亡，或者被人民法院宣告死亡或者宣告失踪的；

（四）用人单位被依法宣告破产的；

（五）用人单位被吊销营业执照、责令关闭、撤销或者用人单位决定提前解散的；

（六）法律、行政法规规定的其他情形。

第四十五条 劳动合同期满，有本法第四十二条规定情形之一的，劳动合同应当续延至相应的情形消失时终止。但是，本法第四十二条第二项规定丧失或者部分丧失劳动能力劳动者的劳动合同的终止，按照国家有关工伤保险的规定执行。

第四十六条 有下列情形之一的，用人单位应当向劳动者支付经济补偿：

（一）劳动者依照本法第三十八条规定解除劳动合同的；

（二）用人单位依照本法第三十六条规定向劳动者提出解除劳动合同并与劳动者协商一致解除劳动合同的；

（三）用人单位依照本法第四十条规定解除劳动合同的；

（四）用人单位依照本法第四十一条第一款规定解除劳动合同的；

（五）除用人单位维持或者提高劳动合同约定条件续订劳动合同，劳动者不同意续订的情形外，依照本法第四十四条第一项规定【劳动合同期满】终止固定期限劳动合同的；

（六）依照本法第四十四条第四项、第五项规定终止劳动合同的；

（七）法律、行政法规规定的其他情形。

第四十七条 经济补偿按劳动者在本单位工作的年限，每满一年支付一个月工资的标准向劳动者支付。六个月以上不满一年的，按一年计算；不满六个月的，向劳动者支付半个月工资的经济补偿。

劳动者月工资高于用人单位所在直辖市、设区的市级人民政府公布的本地区上年度职工月平均工资三倍的，向其支付经济补偿的标准按职工月平均工资三倍的数额支付，向其支付经济补偿的年限最高不超过十二年。

本条所称月工资是指劳动者在劳动合同解除或者终止前十二个月的平均工资。

案例

合同到期未续签，员工继续工作是否可以索要二倍工资

【案情介绍】

2013 年 10 月 1 日，邓某与大庆乳品厂有限责任公司（以下简称大庆乳品厂）签订自 2013 年 10 月 1 日起至 2014 年 12 月 31 日止的劳动合同，担任销售主管，工作时间为不定时工作制，劳动报酬支付方式按照大庆乳品厂制定的工资分配制度确定。

2015 年劳动合同到期后，邓某继续在大庆乳品厂处工作，双方未签订劳动合同。2015 年 3 月，邓某离开工作岗位，但大庆乳品厂并未支付 2015 年 1 月至 3 月的

工资。

2015年4月8日,原告向大庆高新区劳动人事争议仲裁委员会申请仲裁,该仲裁委裁决大庆乳品厂向邓某支付未订立书面劳动合同的二倍工资,大庆乳品厂不服提起诉讼。

【裁判结果】

本案争议:劳动合同到期后未续签,员工继续工作是否可以索要二倍工资?法院经过审理认为,原、被告存在劳动法律关系。双方签订的劳动合同到期后,原告继续在被告处工作,双方存在事实劳动关系。因双方未签订新的劳动合同,违反法律规定,被告应当依法支付此期间的二倍工资。

【案例解析】

根据《劳动合同法》第八十二条规定:"用人单位自用工之日起超过一个月不满一年未与劳动者签订立书面劳动合同的,应当向劳动者每月支付二倍的工资。用人单位违反本法规定不与劳动者订立无固定期限劳动合同的,自应当订立无固定期限劳动合同之日起向劳动者每月支付双倍工资。"

该案中,邓某在与大庆乳品厂合同到期后,继续在该公司工作,大庆乳品厂对此并未提出异议,构成事实劳动关系。但双方并未重新签订劳动合同,违反法律规定,大庆乳品厂应当依法支付此期间的二倍工资。员工劳动合同到期后,理应及时做出处理,如果有留用的打算就应及时续签合同,按照劳动合同的规定发放工资。如果没有留用打算就应及时通知员工解除劳动合同,避免员工出现在没有签订劳动合同的情况下,实际还在工作。

企业应高度重视员工问题,在处理员工离职或是续期问题时都应该高效妥善,这不仅能使内部员工安心,更能便于以后企业招揽人才,体现企业本身文化,为企业树立正面形象。另一方面,法律不保护被动的人,员工自身应多了解《劳动合同法》相关规定,在职场中做到自我保护。

五、如何规避未续签书面的劳动合同而引发的风险呢?

(一)用人单位可以在合同中加入约定条款

根据《最高人民法院关于审理劳动争议案件适用法律问题的解释(一)》第三十四条和北京市高级人民法院、北京市劳动争议仲裁委员会《关于劳动争议案件法律适用问题研讨会会议纪要(二)》第32条的规定,可以在劳动合同中加入相关约定的条款"本合同到期,甲乙双方无任何异样,乙方继续在甲方工作的,视为双方原签订的劳动合同相应顺延3年,双方的权利义务依照原合同执行"。

(二)特殊规定除外

根据山东省高院、省人社厅《关于审理劳动人事争议案件若干问题会议纪要》第二十四条的规定:"关于用人单位规避重新签订书面劳动合同义务争议的处理问题用人单位与劳动者在劳动合同中约定'合同到期后劳动者继续在用人单位工作的,视为原劳动合同期限的延长'。原劳动合同到期后,劳动者继续在用人单位工作,劳动者以用人单位未与其签订书面劳动合同为由要求支付二倍工资的,应予支持。"

用人单位要根据各个省市的规定,选择是否增加此条款。

2021年1月1日起施行的《最高人民法院关于审理劳动争议案件适用法律问题的解释(一)》

第三十四条　劳动合同期满后,劳动者仍在原用人单位工作,原用人单位未表示异议的,视为双方同意以原条件继续履行劳动合同。一方提出终止劳动关系的,人民法院应予支持。

根据劳动合同法第十四条规定,用人单位应当与劳动者签订无固定期限劳动合同而未签订的,人民法院可以视为双方之间存在无固定期限劳动合同关系,并以原劳动合同确定双方的权利义务关系。

2014年5月7日发布的《北京市高级人民法院、北京市劳动争议仲裁委员会关于劳动争议案件法律适用问题研讨会会议纪要(二)》

32. 用人单位与劳动者约定劳动合同到期续延,在劳动合同到期后劳动者继续工作,并主张未签订劳动合同的二倍工资是否支持?

因用人单位与劳动者在劳动合同中已经约定劳动合同到期续延,但未约定续延期限,在劳动合同到期后,劳动者仍继续工作,双方均未提出解除或终止劳动合同时,属于双方意思表示一致续延劳动合同,可视为双方订立一份与原劳动合同内容和期限相同的合同,故劳动者主张未签订劳动合同的二倍工资不应支持。

2019年6月10日发布的山东高院、省人社厅《关于审理劳动人事争议案件若干问题会议纪要》

二十四、关于用人单位规避重新签订书面劳动合同义务争议的处理问题

用人单位与劳动者在劳动合同中约定"合同到期后劳动者继续在用人单位工作的,视为原劳动合同期限的延长"。原劳动合同到期后,劳动者继续在用人单位工作,劳动者以用人单位未与其签订书面劳动合同为由要求支付二倍工资的,应予支持。

一点通

劳动合同示范

　　为了避免未续签书面的劳动合同,用人单位需要支付双倍的工资,因此用人单位可以在劳动合同中约定如下条款:

　　本合同到期,甲乙双方无任何异样,乙方继续在甲方工作的,视为双方原签订的劳动合同相应顺延 3 年,双方的权利义务依照原合同执行。

　　【备注:此劳动合同的内容应根据不同省市的规定进行设置,比如北京市、上海市、湖南省、广东省是可以采用这个范本的,而山东省是不可以的。】

第二十七章　劳动合同可中止

在《劳动合同法》的规定里未采用劳动合同中止的概念。劳动合同中止，是指劳动合同的双方当事人依据法律法规规定或者双方的约定，中止履行劳动合同的全部或部分内容。

对于劳动合同中止，在《中华人民共和国劳动合同法实施条例〈征求意见稿〉》中曾有规定，该《征求意见稿》第二十四条规定："用人单位与劳动者协商一致，可以中止或者部分中止履行劳动合同。劳动者应征入伍、劳动者被依法限制人身自由或者劳动者失踪但是尚未被人民法院宣告失踪、宣告死亡的，用人单位可以中止或者部分中止履行劳动合同。中止或者部分中止履行劳动合同期间，用人单位和劳动者双方暂停履行劳动合同的有关权利、义务。中止履行劳动合同期间，不计算劳动者在用人单位的工作年限；但是，因劳动者应征入伍中止履行劳动合同的除外。中止履行劳动合同的情形消失，除劳动合同已经无法履行外，劳动合同应当恢复履行。劳动合同中止的期限最长不超过 5 年。"

因该条争议较大，后来正式通过的《劳动合同法实施条例》并未采用该条规定。但这表明政府部门也想对这种特殊的劳动合同状态予以规范，但最后因为种种原因未能实现。

此前在原劳动部 1995 年颁布的《关于贯彻执行〈中华人民共和国劳动法〉若干问题的意见》中采用的是"暂时停止履行劳动合同"的概念。该《意见》第 28 条规定："劳动者涉嫌违法犯罪被有关机关收容审查、拘留或逮捕的，用人单位在劳动者被限制人身自由期间，可与其暂时停止劳动合同的履行。暂时停止履行劳动合同期间，用人单位不承担劳动合同规定的相应义务。劳动者经证明被错误限制人身自由的，暂时停止履行劳动合同期间劳动者的损失，可由其依据《国家赔偿法》要求有关部门赔偿。"此处的暂时停止履行劳动合同与劳动合同中止概念一致。

劳动合同中止制度是劳动合同立法不可或缺的组成部分，该制度在我国国家立法层面尚属空白，地方立法中部分省市业已先行作出相关规定，但各地规定不一，缺乏科学化、系统性。

与劳动合同中止制度在国家立法层面的空白形成对比的是，上海、江苏、山东、湖南、安徽、辽宁、宁夏等部分省市在地方立法中为解决劳动合同履行中的实际问题，已先后对劳动合同中止问题作出规定。

但各地规定不一，例如劳动合同中止的具体情形，上海市规定有三种，江苏省和山东省规定有四种，山西省则仅规定一种；关于中止期间的权利义务、恢复履行等问题也规定各异，由此造成法律适用上的混乱局面。综合各地立法情况，可知目前劳动合同中止制度缺乏科学化、系统性立法。为维护法律的权威性、严肃性和公信力，在立法层面建立全国统一的劳动合同中止制度，已成为急需解决的问题。

一、无法继续履行劳动合同的情形有哪些？

无法继续履行劳动合同的情形有三种：劳动合同的中止、解除、终止。

(一)劳动合同的中止

劳动合同的中止一般是由于特殊的情况，在合同的有效期内，合同无法履行，暂时停止履行。劳动合同中止期间，劳动关系保留。

1. 特殊情况消失：继续履行合同→中止的时间不计入劳动合同期限。

2. 特殊情况没有消失：继续履行合同→劳动者终止无经济补偿金。

(二)劳动合同的解除

劳动合同的解除是指劳动合同订立后，尚未全部履行以前，由于某种原因导致劳动合同一方或双方当事人提前消灭劳动关系的法律行为。

(三)劳动合同的终止

劳动合同的终止一般是指合同到期后自然结束，是可以预见的。一般情况下是不用通知对方的，也不需要给予经济补偿，除非合同有特别的约定。

二、劳动合同可以中止的情形有哪些？

(一)劳动合同中止的情形

1. 用人单位中止。

若具备法定的中止事由，用人单位同劳动者可以中止履行劳动合同。例如，停产息工、放长假、厂内待岗等，都是用人单位由于经营不善，而中止履行劳动合同的情形。

2. 劳动者中止。

劳动者暂时无法履行劳动合同规定的义务，但是仍然有继续履行的条件，造成劳动合同中止。例如，劳动者应征服兵役、涉嫌违法犯罪被暂时拘押、失踪但是尚未被法院宣告失踪或死亡等,都是劳动者无法履行劳动义务而中止履行劳动合同的情形。

3.用人单位和劳动者协商一致中止。

用人单位和劳动者协商一致,可以中止或者部分中止履行劳动合同。例如,协议借用、停薪留职等,都是劳动者和用人单位协商一致,中止履行劳动合同的情形。

(二)中止的具体情形

1.用人单位与劳动者以书面形式协商一致的,可以中止或者部分中止履行劳动合同。

具有以下情形之一的,用人单位与劳动者双方可以协商中止劳动合同:

(1)因用人单位原因停工停产的;

(2)劳动者自愿停薪留职的;

(3)劳动者经用人单位同意脱产接受继续教育的;

(4)劳动者经用人单位同意请长假处理私事的;

(5)用人单位与劳动者协商中止劳动合同的其他情形。

2.劳动者因被依法限制人身自由而不能履行劳动合同约定义务的,劳动合同可以中止或者部分中止履行。

根据《关于贯彻执行(劳动法)若干问题的意见》第二十八条的规定,劳动者涉嫌违法犯罪被有关机关收容审查、拘留或逮捕的,用人单位在劳动者被限制人身自由期间,可与其暂时停止劳动合同的履行。暂时停止履行劳动合同期间,用人单位不承担劳动合同规定的相应义务。

劳动者经证明被错误限制人身自由的,暂时停止履行劳动合同期间的劳动者的损失,可由其依据《国家赔偿法》要求有关部门赔偿。如果劳动者被判犯罪的,用人单位可以与劳动者解除劳动合同,且不支付经济补偿金。

3.用人单位与劳动者中的一方因不可抗力不能履行劳动合同的,另一方可以根据不可抗力的影响,中止或者部分中止履行劳动合同。

如用人单位停产、转产、机构调整、联营,其有关停产、转产、机构调整、联营的期限可以作为劳动合同中止的条件。

再如劳动者意外失踪的,也可以作为劳动合同中止的条件,因为劳动者意外失踪并不必然导致劳动合同的终止,只有当劳动者因下落不明被人民法院宣告死亡后,劳动合同才终止。

4.劳动者应征入伍或者离职履行国家规定的其他义务的,劳动合同应当中止或者部分中止履行。

根据《兵役法》第五十六条和《退伍义务兵安置条例》第十一条的规定,入伍前原是用人单位正式职工的,退伍后原则上回原单位复工复职。

5. 劳动者失踪但是尚未被人民法院宣告失踪、宣告死亡等。当发生这些情况时,用人单位可以选择单方中止劳动合同的全部或部分履行。

2011年10月29日第三次修正的《中华人民共和国兵役法》

第五十五条　现役军人入伍前已被普通高等学校录取或者是正在普通高等学校就学的学生,服役期间保留入学资格或者学籍,退出现役后两年内允许入学或者复学,并按照国家有关规定享受奖学金、助学金和减免学费等优待;入学或者复学后参加国防生选拔、参加国家组织的农村基层服务项目人选选拔,以及毕业后参加军官人选选拔的,优先录取。

义务兵和服现役不满十二年的士官入伍前是机关、团体、企业事业单位工作人员或者职工的,服役期间保留人事关系或者劳动关系;退出现役后可以选择复职复工。

义务兵和士官服现役期间,入伍前依法取得的农村土地承包经营权,应当保留。

1987年12月12日国务院发布的《退伍义务兵安置条例》

第十一条　义务兵入伍前原是国家机关、人民团体、企业、事业单位正式职工,退伍后原则上回原单位复工复职。对于因残,因病不能坚持八小时工作的,原工作单位应当按照对具有同样情况的一般工作人员的安排原则予以妥善安置。退伍义务兵原工作单位已撤销或合并的,由上一级机关或合并后的单位负责安置。

案例

请假照顾生病亲属与劳动合同中止

【案情介绍】

徐某是某企业新招用的大学生。双方签订了二年期劳动合同。徐某在工作中努力学习,积极创新,受到了企业的嘉奖。半年后,徐某收到国外亲属来电,称其在国外患病,希望徐某能去看望,徐某思考再三,决定请假前往,于是向企业请假三个月出国探亲,并表示请假期间不享受工资待遇。

企业对徐某的工作很满意,同意了他的请假要求,并希望其按时返回履行合同。三个月后,徐某在国外致电企业,称其亲属尚未痊愈,希望续假三个月。企业对徐某虽仍存好感,但认为再续假三个月时间太长,所以希望徐某尽快回来。

一个月后,徐某回到企业上班,被告知:企业为正常经营已另用他人顶替徐某工作,请徐某另谋高就,同时交给徐某一张终止劳动合同的通知。徐某认为双方合同期未满,企业不能终止合同,双方于是发生争议。

【案例解析】

争议焦点:徐某请假离职四个月,企业是否可以与其终止劳动合同。

《上海市劳动合同条例》第二十六条规定:"劳动合同期限内,有下列情形之一的,劳动合同中止履行:〈一〉劳动者应征入伍或者履行国家规定的其他法定义务的;〈二〉劳动者暂时无法履行劳动合同的义务,但仍有继续履行条件和可能的;〈三〉法律、法规规定的或者劳动合同约定的其他情形。劳动合同中止情形消失的,劳动合同继续履行,但法律、法规另有规定的除外。"

现实中,当事人因故无法履行劳动合同的情况经常发生,但双方又有继续履行合同的条件和可能,为维护劳动关系的稳定及解决当事人之间的劳动权利义务关系,《上海市劳动合同条例》对劳动合同当事人在履行过程中的非正常履行情况制定了规范。

该案中,徐某因出国探亲而请假四个月,其行为已导致劳动合同无法履行,但其请假获得企业同意,企业也要求徐某尽快回来工作,因此属于"仍有继续履行条件和可能的"情形,根据上述规定,双方劳动合同可予中止履行;徐某应企业要求缩短假期尽快回来并继续上班后,劳动合同中止情形应已消失,双方的劳动合同依法应继续履行,企业不履行原劳动合同反而做出终止合同决定缺乏依据。

三、劳动合同中止后,用人单位是否需要支付劳动者工资?

首先,有约定,从约定。双方达成了劳动合同中止的协议,可以约定该期间的工资支付标准,如果对工资支付有约定,则从约定。

其次,无约定,不支付。因为劳动合同中止是劳动合同的一种特殊状态,劳动者在劳动合同中止期间无须为用人单位提供劳动,既然劳动者未履行劳动法规定的义务,则用人单位也无须支付工资,这样权利和义务的双方就能对等。

用人单位可以不支付劳动报酬,如上海市、江苏省、山东省的相关规定。例如《上海市企业工资支付办法》第十七条规定:"劳动者因涉嫌违法犯罪被拘押或者其他客观原因,使劳动合同中止履行的,用人单位不再支付劳动者工资,但法律、法规规定的或者劳动合同另有约定的除外。"除非法律、法规规定或者劳动合同另有约定的情况下,用人单位才需要支付工资。

2003 年 4 月 1 日起施行的《上海市企业工资支付办法》

十七、劳动者因涉嫌违法犯罪被拘押或者其他客观原因,使劳动合同中止履行的,用人单位不再支付劳动者工资,但法律、法规规定的或者劳动合同另有约定的除外。

四、劳动合同中止后,用人单位是否仍需要为劳动者缴纳社会保险?

关于劳动合同中止后的社会保险问题有两种观点。

第一种观点认为,劳动合同中止属于劳动关系的特殊状态,但是即使劳动合同中止后,双方仍存在劳动关系,劳动合同中止,仅是双方可以不再履行劳动合同约定的内容,而社会保险不属于用人单位和劳动者可以协商约定的事项,社会保险的缴纳具有强制性,而只要双方存在劳动关系,用人单位就应按照《社会保险法》的要求为劳动者缴纳社会保险。

第二种观点认为,劳动合同中止属于劳动关系的特殊状态,该期间,双方无须履行双方劳动合同的内容,而社会保险也属于双方劳动合同的内容,而且该期间劳动者无须履行劳动法上的义务,而用人单位也应无须为劳动者缴纳社会保险,如果该期间用人单位仍需缴纳保险,则对用人单位来说不公平。

1995 年劳动部《关于贯彻执行〈中华人民共和国劳动法〉若干问题的意见》第二十八条也有规定,暂时停止履行劳动合同期间,用人单位不承担劳动合同规定的相应义务。

在部分省市的社会保险政策中也能找到类似的规定。比如《山东省劳动合同条例(修订草案修改稿)》第二十六条规定,劳动合同中止期间,劳动关系保留,劳动合同暂停履行,用人单位可以不支付劳动报酬并停止缴纳社会保险费。

北京市《关于贯彻实施〈北京市基本养老保险规定〉有关问题的通知》(京劳社养发〔2007〕29 号)第四条第(二)项的规定:"经企业批准请长假保留劳动关系,但不支付工资的人员,企业应与其签订书面协议,第一年,以其请假的上一年度本人月平均工资作为缴费工资基数;次年起按协议约定的缴费工资基数以及各自负担的数额,向社会保险经办机构缴纳。"这种"经企业批准请长假保留劳动关系"的情况与劳动合同中止的情形比较相似。

因此劳动合同中止后,用人单位可以不支付劳动报酬,并停止缴纳社会保险费。如果地方性法规或规章对劳动合同中止或者劳动合同暂时履行有规定的,则还需要按照各地的规定执行,以避免相应的法律风险。

1995 年 8 月 4 日劳动部发布的《关于贯彻执行〈中华人民共和国劳动法〉若干问题的意见》

第二十八条　劳动者涉嫌违法犯罪被公安机关收容审查、拘留或逮捕的,用人单位在劳动者被限制人身自由期间,可与其暂时停止劳动合同的履行。暂时停止履行劳动合同期间,用人单位不承担劳动合同规定的相应义务。劳动者经证明被错误限制人身自由的,暂时停止履行劳动合同期间劳动者的损失,可由其依据《国家赔偿法》要求有关部门赔偿。

2002 年 5 月 1 日起施行的《上海市劳动合同条例》

第二十六条　劳动合同期限内,有下列情形之一的,劳动合同中止履行:

(一)劳动者应征入伍或者履行国家规定的其他法定义务的;

(二)劳动者暂时无法履行劳动合同的义务,但仍有继续履行条件和可能的;

(三)法律、法规规定的或者劳动合同约定的其他情形。

劳动合同中止情形消失的,劳动合同继续履行,但法律、法规另有规定的除外。

2003 年 6 月 1 日起施行的《湖南省劳动合同规定》

第二十二条　有下列情形之一的,可以中止或者部分中止履行劳动合同:

(一)劳动者应征入伍的;

(二)发生不可抗力的;

(三)法律、法规规定劳动合同可以暂不履行的其他情形。

中止履行劳动合同的情形结束,仍具备继续履行条件的,应当继续履行。

2004 年 4 月 1 日起施行的《辽宁省劳动合同规定》

第十四条　有下列情形之一的,劳动合同中止履行:

(一)双方协商一致的;

(二)劳动者在义务服兵役期间的;

(三)劳动者涉嫌违法犯罪,被司法机关限制人身自由的;

(四)法律、法规规定的其他情形。

中止履行的情形结束,仍具备继续履行劳动合同条件的,劳动合同应当继续履行。

2004 年 5 月 1 日起施行的《安徽省劳动合同条例》

第二十二条　有下列情形之一的,劳动合同中止履行:

(一)用人单位和劳动者协商一致的;

(二)劳动者被依法限制人身自由的;

(三)因不可抗力致使劳动合同暂时无法履行的;

(四)法律、法规规定的其他情形。

中止履行的情形消失,仍具备履行条件的,劳动合同继续履行,法律、法规另有规定的除外。

2013年5月1日起施行的《江苏省劳动合同条例》

第十五条　试用期包含在劳动合同期限内。

劳动者在试用期内患病或者非因工负伤须停工治疗的,在规定的医疗期内,试用期中止。

第三十条　有下列情形之一的,劳动合同可以中止:

(一)经双方当事人协商一致的;

(二)劳动者因涉嫌违法犯罪被限制人身自由的;

(三)劳动合同因不可抗力暂时不能履行的;

(四)法律、法规规定的其他情形。

劳动合同中止期间,劳动关系保留,劳动合同暂停履行,用人单位可以不支付劳动报酬并停止缴纳社会保险费。劳动合同中止期间不计算为劳动者在用人单位的工作年限。

劳动合同中止情形消失,除已经无法履行的外,应当恢复履行。

2013年10月1日起施行的《山东省劳动合同条例(修订草案修改稿)》

第二十六条　有下列情形之一的,劳动合同可以中止:

(一)用人单位与劳动者以书面形式协商一致的;

(二)劳动者因涉嫌违法犯罪被限制人身自由的;

(三)因不可抗力致使劳动合同暂时不能履行的;

(四)法律、法规规定的其他情形。

劳动合同中止期间,劳动关系保留,劳动合同暂停履行,用人单位可以不支付劳动报酬并停止缴纳社会保险费。劳动合同中止期间不计算为劳动者在用人单位的工作年限。

劳动合同中止履行的情形消失,除已经无法履行的外,应当恢复履行。

五、劳动合同中止后,用人单位是否仍需要为劳动者缴纳公积金?

对于劳动合同中止期间是否缴纳住房公积金的问题,同样存在争议,笔者认为对于劳动合同中止的劳动者,跟缴纳社会保险处理方式一样,用人单位无须为劳动者缴纳住房公积金。但是用人单位与劳动者达成协议,同意继续缴纳的除外。

六、劳动合同中止后的工龄如何计算?

(一)劳动合同中止期间不计算为劳动者在用人单位的工作年限

劳动合同的中止属于劳动合同履行过程中的特殊形态,对于工龄的计算问题,按照《劳动合同法实施条例〈征求意见稿〉》第二十四条的规定:"中止履行劳动合同期间,不计算劳动者在用人单位的工作年限;但是,因劳动者应征入伍中止履行劳动合同的除外。"

根据《山东省劳动合同条例(修订草案修改稿)》第二十六条规定,劳动合同中止期间不计算为劳动者在用人单位的工作年限。

因为劳动合同中止期间,劳动者未按照劳动合同的规定为用人单位提供劳动,而用人单位也无须履行劳动法上规定的义务,所以劳动合同中止期间的工龄应不予计算。

当然,用人单位与劳动者也可协商工龄连续计算,并按照相应的工龄享受相应的工资及福利待遇。

(二)劳动者应征入伍中止履行劳动合同的,可以计算在用人单位的工作年限

对于应征入伍的劳动者,应考虑到应征入伍属于对国家履行义务,属于特殊情形,按照《中华人民共和国兵役法》第五十六条的规定:"义务兵退出现役后,按照从哪里来、回哪里去的原则,由原征集的县、自治县、市、市辖区的人民政府接收安置:(一)家居农村的义务兵退出现役后,由乡、民族乡、镇的人民政府妥善安排他们的生产和生活。机关、团体、企业事业单位在农村招收员工时,在同等条件下,应当优先录用退伍军人。荣获二等功以上奖励的,按照本条第(二)项规定安排工作;(二)家居城镇的义务兵退出现役后,由县、自治县、市、市辖区的人民政府安排工作,也可以由上一级或者省、自治区、直辖市的人民政府在本地区内统筹安排。机关、团体、企业事业单位,不分所有制性质和组织形式,都有按照国家有关规定安置退伍军人的义务。入伍前是机关、团体、企业事业单位正式职工的,允许复工、复职。"

从国家规定的法律法规来看,对于退役的劳动者,如果退役时,一般仍回原单位工作,对于工龄问题,劳动合同中止的期间仍计算为工龄,这也体现了国家对劳动者

的保护。这与《劳动合同法实施条例〈征求意见稿〉》第二十四条的规定也不谋而合。

但是也有一些省市规定劳动者应征入伍不计算为工作年限,比如上海市、江苏省、山东省、山西省、新疆维吾尔自治区。因此用人单位要根据各省市的具体规定去执行。

七、劳动合同中止后,如何恢复履行呢?

劳动合同中止的恢复履行是指劳动合同的当事人依据法律规定或者双方约定,当中止履行的条件消失时,依法或依约继续履行劳动合同的行为。劳动合同暂时停止履行情形消失,劳动合同应当恢复履行,只有特殊情形下双方就变更劳动合同内容无法达成协议的,则用人单位可以解除劳动合同。

比如上面问题中提到的退役的劳动者,如果在服役之前存在用人单位的,则服役期间,需要按照法律的规定中止劳动合同的履行,同时,当服役结束后,在原单位予以复工、复职。

劳动合同中止情形消失后,除了已经无法履行的以外,其余应当恢复履行,如上海市、江苏省、山东省、安徽省、山西省、辽宁省、宁夏回族自治区的相关规定。

个别省市对于因为特殊原因而与劳动者协商中止劳动合同履行的,当劳动者或者用人单位的特殊情况消失时,劳动合同中止应该停止,双方应按照原劳动合同继续履行劳动合同。

2013 年 4 月 16 日起施行的《天津市贯彻落实〈劳动合同法〉若干问题的规定》

第十四条规定　劳动合同暂时停止履行情形消失,劳动合同应当恢复履行。劳动合同订立时所依据的客观情况发生重大变化,致使无法恢复履行的,经用人单位与劳动者协商,未能就变更劳动合同内容达成协议,用人单位可以解除劳动合同,并依照《劳动合同法》四十七条规定向劳动者支付经济补偿。

一点通

1. 选择恰当的中止方式。

1)劳动合同的中止可以协商中止,也可以单方中止。

2)劳动合同中止一般需要双方书面协商一致,在特殊情况下用人单位亦能单方面对劳动合同中止。

3)用人单位与劳动者协商一致,可以签署书面的中止协议,在协议条款中应当明确劳动合同中止、中止事由、中止期间双方权利义务、中止期限、恢复履行等。

2. 恢复履行应约定的条件。

1)劳动合同中止作为劳动合同存续的一种特殊状态,在中止情形消失后,除了已经无法履行的以外,劳动合同应当恢复履行。因此,在协议中应当明确约定恢复履行的具体条件和程序。

2)劳动合同中止后可以依据双方的约定或者特定条件消失后再恢复履行。

3. 工龄计算要明确约定。

江苏省、山东省、安徽省、山西省、新疆维吾尔自治区明确规定劳动合同中止期间的年限不计算为在用人单位的工作年限(应征入伍的劳动者除外)。因此,在无明确地方规定的前提下,中止期间的年限是否计算为用人单位的工作年限双方可以在协议中明确约定。

4. 工资、缴纳社会保险及住房公积金也要明确约定。

1)劳动合同中止期间用人单位无须向劳动者支付工资、缴纳社会保险及住房公积金。

2)需要注意地方性法规或规章、会议纪要等文件对劳动合同中止或者类似概念的特殊规定。

5. 部分地区对劳动合同中止还存在如下特殊规定。

1)劳动者在中止履行劳动合同期间,不得再与其他用人单位建立劳动关系,如上海市、安徽省。

2)劳动合同中止期间合同期满的,劳动合同终止。但是,法律法规、规章对劳动合同中止履行期间的权利义务及合同期限另有规定,以及当事人双方另有约定的除外,如上海市。

3)劳动合同中止期间,不计算为劳动者在用人单位的工作年限,不计入《劳动合同法》第十四条第一项规定的"连续工作满十年"可以签订无固定期限劳动合同的期间,也不计算为支付劳动者经济补偿的年限,如江苏省。

案例

司法裁判的调研

2017 年以来,各地对劳动合同中止的裁判案例总共 138 件,筛选出其中 8 件典型案例,这些案例在地域上以经济发达省份及一线城市为主,法院级别上以高院、中院为主。

根据调研情况看,司法裁判案例主要集中于对劳动合同中止情形的认定,主要包括"双方协商一致的""员工被拘留期间的""双方长期两不找的"等,具体如下。

(一)北京市

北京市高级人民法院认为,对于劳动合同中止的情形,现行法律法规并未禁止。埃森哲公司与彭志惠签署备忘录,写明安排彭志惠带薪休假,其劳动合同包括试用期暂时中止。该约定系双方当事人真实意思表示,且不违反法律规定,应属合法有效。(北京市高级人民法院〔2017〕京民申 4168 号)

北京市第一中级人民法院认为,根据《中华人民共和国劳动部关于贯彻执行〈中华人民共和国劳动法〉若干问题的意见》第 28 条,劳动者涉嫌违法犯罪被有关机关决定收容审查、拘留或逮捕的,用人单位在劳动者被限制人身自由期间,可与其暂时停止劳动合同的履行。(北京市第一中级人民法院〔2017〕京 01 民终 3770 号)

(二)上海市

上海市第一中级人民法院认为,2017 年 3 月 28 日至 2018 的 9 月期间,丁邵俊未向顺丰公司提供劳动,顺丰公司也未向丁邵俊支付过劳动报酬,双方互不履行权利义务,也均未作出解除或终止劳动关系的意思表示,因此在上述期间双方的劳动合同处于中止履行状态。(上海市第一中级人民法院〔2019〕沪 01 民终 9140 号)

上海市第二中级人民法院认为,杨旭平、上海昌盛便民有限公司对于杨旭平在1996 年至 1999 年 7 月间,停薪留职一节均无异议。此间,杨旭平既未上班,企业也未向其发放工资,双方的劳动合同处于中止履行状态,互不承担权利义务。(上海市第二中级人民法院〔2019〕沪 02 民终 7851 号)

(三)天津市

天津市第一中级人民法院认为,自 2016 年 11 月 1 日开始历文学一直未到华悦公司单位工作,华悦公司也未支付给历文学任何工资,双方劳动合同属于中止状态。(天津市第一中级人民法院〔2018〕津 01 民终 2235 号)

(四)广东省

东莞市中级人民法院认为,罗权力在停工留薪期结束后即 2015 年 12 月 15 日之后并未回厂上班,此时双方劳动合同关系处于中止的事实状态,荣正公司不负有

向其发放工资报酬、缴纳社会保险费以及签订书面劳动合同的义务。(广东省东莞市中级人民法院〔2017〕粤19民终966号)

中山市中级人民法院认为,劳动部《关于贯彻执行〈中华人民共和国劳动法〉若干问题的意见》中提及的,劳动者涉嫌违法犯罪被有关机关收容审查、拘留或逮捕的,用人单位在劳动者被限制人身自由期间,可与其暂时停止劳动合同的履行,此条文属于授权性规范,而不属于义务性规范,该规定在于指引用人单位在劳动者被有关机关限制人身自由的情况下,有权单方中止劳动合同的履行,停发工资,当然也有权按请假处理支付假期工资,也有权继续履行劳动合同向劳动者全额发放工资。(广东省中山市中级人民法院〔2018〕粤20民终2953号)

(五)江苏省

江苏省高级人民法院认为,"长期两不找"主要是指劳动者与用人单位几年甚至十几年没有联系,在此期间劳动者未给用人单位提供过任何劳动,用人单位也没给劳动者发放过任何工资及福利待遇,但用人单位一直未正式与劳动者解除劳动关系,或用人单位虽主张已解除劳动关系,但未能证明已将解除劳动关系的书面通知送达劳动者,若干年后劳动者诉至法院,要求与用人单位继续履行或解除劳动合同,由用人单位为其缴纳社会保险费、支付待岗期间的工资或生活费等。

单位与员工形成"长期两不找"的状态,双方劳动合同处于中止履行状态。与客观事实相符,劳动关系要求当事人双方实际履行劳动法规定的权利义务,劳动者事实上成为企业的内部成员并接受管理,遵守内部规章、制度,为用人单位提供有偿劳动。提供劳动是劳动者获得劳动报酬的前提条件。

根据《江苏省劳动合同条例》第三十条的规定,劳动合同中止期间,劳动关系保留,劳动合同暂停履行,用人单位可以不支付劳动报酬并停止缴纳社会保险费。(江苏省高级人民法院〔2017〕苏民申439号)

第二十八章　补签合同要有技巧

补签劳动合同是指用人单位与劳动者在法律规定的订立书面劳动合同期限外补订劳动合同。用人单位在开始时虽然未在法定期限内与劳动者签订或者未及时续签劳动合同,但是过了一段时间后,用人单位与劳动者补签了一份劳动合同。

公司补签劳动合同将日期往前面推,从而逃避以前未签订劳动合同期间的惩罚。补签劳动合同是否有效呢? 是否合法呢? 用人单位与劳动者补签的劳动合同,只要是不存在《劳动合同法》第二十六条规定的情况的,是有效的。

一、用人单位与劳动者补签劳动合同,劳动者主张未订立劳动合同二倍工资可否支持?

《北京市高级人民法院、北京市劳动争议仲裁委员会关于劳动争议案件法律适用问题研讨会会议纪要(二)》第二十九条规定,用人单位与劳动者建立劳动关系后,未依法自用工之日一个月内订立书面劳动合同,在劳动关系存续一定时间后,用人单位与劳动者在签订劳动合同时将日期补签到实际用工之日,视为用人单位与劳动者达成合意,劳动者主张二倍工资可不予支持,但劳动者有证据证明补签劳动合同并非其真实意思表示的除外。

用人单位要补签劳动合同是有效的,但是需要在合同上标注补签的时间。

用人单位与劳动者虽然补签劳动合同,但未补签到实际用工之日的,对实际用工之日与补签之日间相差的时间,依法扣除一个月订立书面劳动合同的宽限期,劳动者对超过一个月时间未签订劳动合同的时间有要求支付二倍工资的权利。

另外,山东省、青岛市也有相关规定。

> 2019年6月10日山东省高级人民法院、山东省人力资源和社会保障厅发布的《关于审理劳动人事争议案件若干问题会议纪要》
>
> 二十三、关于补签劳动合同情况下的二倍工资争议处理问题
>
> 用人单位与劳动者自用工之日起满一个月后未订立书面劳动合同,事后补

签的,如果劳动者没有证据证明补签劳动合同存在欺诈、胁迫、乘人之危的情形,则视为当事人意思自治行为,劳动者以未订立劳动合同为由主张二倍工资的,不予支持。

2020年6月1日起施行的青岛市人力资源和社会保障局《关于规范劳动关系有关问题的意见》(青人社规〔2020〕4号)

(十二)用人单位与劳动者自用工之日起满一个月后未订立书面劳动合同,事后补签的,除以欺诈、胁迫的手段或者乘人之危,使劳动者在违背真实意思的情况下补签劳动合同外,视为当事人意思自治行为,用人单位无须向劳动者支付补签劳动合同所载明的期间内未订立劳动合同二倍工资。

案例

钟某与某商业管理公司关于补签劳动合同争议

【案情介绍】

钟某与公司签订的劳动合同于2016年12月31日到期后,双方虽未及时签订书面劳动合同,但双方于2017年8月23日签订了两份劳动合同。

其中一份合同约定的劳动合同期限为2017年1月1日至2017年6月30日,另一份合同约定的劳动合同期限为2017年7月1日至2018年5月31日,钟某均在补签的两份劳动合同上签字确认。

钟某认为其补签的上述两份劳动合同是被欺骗的,但对其主张未提供合法有效的证据证明。

根据《中华人民共和国民事诉讼法》第六十四条第一款"当事人对自己提出的主张,有责任提供证据"及《最高人民法院关于适用〈中华人民共和国民事诉讼法〉的解释》第九十条"当事人对自己提出的诉讼请求所依据的事实或者反驳对方诉讼请求所依据的事实,应当提供证据加以证明,但法律另有规定的除外。在作出判决前,当事人未能提供证据或者证据不足以证明其事实主张的,由负有举证证明责任的当事人承担不利的后果"的规定,钟某应承担举证不能的法律后果,且钟某亦未提供合法有效的证据证明双方补签的两份劳动合同有《中华人民共和国合同法》第五十二条规定的合同无效情形,故二审认定双方补签的两份劳动合同合法、有效并无不当。

因该案不属于《中华人民共和国劳动合同法实施条例》第六条规定的适用情形,故二审依法判令公司不应再向钟某支付二倍工资,并无不当。

二、补签劳动合同的情形有哪些？

根据补签日期和合同期限的不同,补签劳动合同存在以下情形。

(一)补签日与合同期限起算日一致

补签劳动合同的合同期限自补签之日起计算,合同期限起算日与补签日一致。对于该种情形,仍存在未订立劳动合同的状态,用人单位仍负有支付未订立劳动合同二倍工资的义务。

宫某于 2020 年 1 月 1 日入职,应该在一个月内(2020 年 1 月 31 日前)签订劳动合同,但是人力资源工作者忘记了,未签订劳动合同,到了 2020 年 4 月 1 日发现后,补签了一份 1 年期限的劳动合同。

补签的日期就是 2020 年 4 月 1 日,这种补签仍存在未订立劳动合同的状态,即 1 月 1 日—3 月 31 日,用人单位仍负有支付未订立劳动合同二倍工资的义务。除去一个月的宽限期,需要支付 2 月 1 日—3 月 31 日二倍工资。

(二)补签到事实劳动关系存续的期限日

补签的劳动合同,其合同期限覆盖了未订立合同的事实劳动关系存续期限,但合同签订日期为补签之日。补签劳动合同行为系双方真实意思表示,不违反国家法律法规,对劳动者亦未造成损害,应认定补签劳动合同合法有效,不宜支持二倍工资。

宫某于 2020 年 1 月 1 日入职,应该在一个月内(2020 年 1 月 31 日前)签订劳动合同,但是人力资源工作者忘记了,未签订劳动合同,到了 2020 年 7 月 1 日发现后,补签了一份 1 年期限的劳动合同。

补签的日期(签订的日期)是 2020 年 7 月 1 日,但是,把合同的期限往前,写到入职时,合同期限是 2020 年 1 月 1 日至 2020 年 12 月 31 日。这种补签劳动合同的行为合法有效,不支持二倍工资。

(三)补签合同之日倒签至未订立合同状态的第一日或者入职的三十日以内

倒签的劳动合同,其合同期限覆盖了未订立合同的事实劳动关系存续期限,但将补签合同之日倒签至未订立合同状态的第一日或者入职的三十日以内。此种情形系双方真实意思表示,用人单位不存在欺诈、胁迫或者乘人之危等行为,可以认定为劳动者放弃向用人单位放弃追究相应法律责任,以事后补签方式将双方未订立劳动合同状态合法化。

宫某于 2020 年 1 月 1 日入职,应该在一个月内(2020 年 1 月 31 日前)签订劳动合同,但是人力资源工作者忘记了,未签订劳动合同,到了 2020 年 7 月 1 日发现后,补签了一份1年期限的劳动合同。

倒签劳动合同就是不仅把合同期限写在法定期限内,即合同期限为2020年1月1日至2020年12月31日,签订日期也应写在法定期限内,不写2020年7月1日,而是写2020年1月1日,这种补签劳动合同也是合法有效的,不支持二倍工资。

【案例分享】

北京市石景山人民法院"〔2014〕石民初字第7号判决"

关于马征要求给付未签订劳动合同二倍工资的诉讼请求,马征提交劳动合同载明劳动关系起始日期为2012年5月31日,虽签订日期晚于建立劳动关系时间,但起始日期已表明2012年5月31日,马征亦签字,可以视为双方合意补签,故对马征要求给付未签订劳动合同二倍工资的诉讼请求,本院不予支持。

【案例解析】

补签劳动合同,也就是把合同期限往法定期限内写,法院判决无须支付二倍工资。倒签劳动合同,不光是合同期限在法定期限内,合同的签订日期也是在法定期限内,就更无须二倍工资了。

案例

倒签合同合法吗?

【案情介绍】

某单位对外公开招聘,聘请了30名编外人员分别从事司机、保安、保洁等工作。自从2010年1月1日开始,该单位就与他们开始签订劳动合同,约定每3年一签。

但是2014年1月,该单位招聘的这些工作人员发现,自从2012年12月31日合同到期后,单位并未与他们重新订立新的合同。该单位工作人员向单位咨询,得到的回复是,2014年新签订的劳动合同落款日期改为2013年1月1日,也就是倒签一年的劳动合同。大家对此提出疑问,倒签合同合法吗?

【案例解析】

所谓倒签劳动合同是指劳资双方在劳动合同签订生效之前已经开始实际履行合同内容,而在劳动合同履行过程中或履行完毕后补签劳动合同的现象。尽管在一般情况下,倒签劳动合同不会给双方当事人造成损害,但却与《劳动合同法》的立法本意相悖,不利于保护劳动者利益,特别是一旦双方发生劳动争议,难以举证倒签劳动合同的事实。

根据《劳动合同法》规定,用人单位自用工之日起超过一个月不满一年未与劳动者订立书面劳动合同的,应当向劳动者每月支付二倍的工资。《劳动合同法实施条例》第六条规定,"用人单位自用工之日起超过一个月不满一年未与劳动者订立书面劳动合同的,应向劳动者每月支付两倍的工资,并与劳动者补订书面劳动合同"。

为了惩戒用人单位借不签劳动合同来逃避法定义务的违法行为,《劳动合同法》对用人单位未在法定期限内与劳动者签订书面劳动合同设定了二倍工资的罚则。因此,作为用人单位,除非有证据显示其在应当签订劳动合同的时候已经履行了诚实磋商的义务,否则就要承担支付二倍工资的惩罚责任。另外,由于劳动仲裁的法律时效为一年,若期间不出现时效中止情形,劳动者应当在 2014 年 12 月 31 日前主张二倍工资权利。

三、补签合同有哪些技巧?

1. 双方协商一致:跟劳动者协商一致。

2. 核对相关资料:核对入职日期、薪资等。

3. 检查补签日期:公司与劳动者补签劳动合同,合同应载明劳动合同的期限自双方建立劳动关系之日开始。根据建立事实劳动关系之日(一般指入职日期),填写合同的开始期限。

4. 落款签订日期:最好是合同发生事实劳动关系的第一日或者三十日之内。

5. 续签合同无试用期:初次签订劳动合同可以设置试用期,若属于补签的是续签合同,则无试用期。

6. 查看网上备案信息:尽量跟网上备案一致。

一点通

1. 加强用工管理,依法及时订立书面劳动合同。

2. 用人单位与劳动者协商一致,不要用欺诈、胁迫的手段或者乘人之危,使劳动者在违背真实意思的情况下补签劳动合同。

3. 补签的合同期限如果不包括未签订劳动合同的期间,此时只要满足法定条件且在申诉时效期内的,用人单位应支付二倍工资。因此补签的日期一定要跟发生事实劳动关系要一致。

4. 补签后的期限包括未签订劳动合同的期间,此时能否免除用人单位支付二倍工资的义务,实践中有分歧。

案例

两份劳动合同存异，应采信哪一份合同？

【案情介绍】

陈某于 2013 年 4 月入职某化工公司，双方签订劳动合同。合同约定陈某的工资形式为月薪制，每月月底以现金形式发放上月工资，工资发放需要签收。陈某的工作岗位是销售部，负责跟单和出纳。2014 年 4 月陈某向某化工公司提交《辞职申请书》，翌日正式离职。陈某申请劳动仲裁，要求某化工公司支付合同期满后未续签劳动合同的另一倍工资。

庭审中，双方同时提供了劳动合同的原件，但是两份劳动合同的期限存在差异，陈某的劳动合同期限为 2013 年 4 月 3 日至 2013 年 6 月 30 日，化工公司的劳动合同期限为 2013 年 4 月 3 日至 2015 年 6 月 30 日。最终，仲裁委支持陈某的诉求。

【案例解析】

从合理性来看，陈某的劳动合同期限仅为 2 个多月，时间较短，而化工公司的劳动合同期限为 2 年多，较为合理。双方所提交的两份劳动合同均为六页，只对劳动合同第二页的真实性有异议，对其余内容均无异议。

通过对双方提交的合同原件进行对比，发现化工公司的劳动合同原件有瑕疵，第二页的边上有一条黑边，而第一、第三至六页均没有黑边，且第二页的纸张痕迹与其他纸张痕迹也不同，化工公司也确认其平时在制作劳动合同时，是使用同一台打印机或复印机整份制作的，而使用同一台机器制作的文件唯独中间一份有不同，不符合常理。

虽然化工公司主张陈某的劳动合同是伪造的，但其提供的劳动合同存在明显瑕疵。故仲裁委根据举证责任分配原则，明确告知化工公司需在指定期限内对其所提供的劳动合同进行司法鉴定，逾期不鉴定的，将对其提供的劳动合同不予采信。但化工公司在明知上述风险的情况下，在指定期限内不予明确答复。

最终，仲裁委对陈某所提供的劳动合同予以采信，认定陈某与化工公司签订的劳动合同期限为 2013 年 4 月 3 日至 2013 年 6 月 30 日，裁决化工公司需支付陈某未签订劳动合同的另一倍工资差额。

第二十九章　劳动合同的变更需协商

劳动合同签订后,双方约定的内容以书面形式固定下来,具有相对的稳定性和可预见性。比如,工作岗位,既是员工工作内容的重要体现形式,也是员工决定是否签约的重要依据。

为了防止用人单位滥用优势地位,在签约后随意变更劳动合同,损害劳动者的合法权益,《劳动合同法》对劳动合同的变更提出了严格的要求。

但是有不少用人单位作为管理者有权在劳动关系存续期间行使管理权,随便滥用该权利,随意降低劳动者的劳动报酬、变更工作地点、任意调岗等。那么实践中如何操作才合法呢?

一、劳动合同履行应当遵循哪些原则?

劳动合同履行是指当事人双方按照劳动合同规定的条件,履行自己所应承担义务的行为。应当遵循亲自履行、实际履行、全面履行和协作履行的原则。

(一)亲自履行原则

亲自履行原则是由劳动本身的特点决定的,也是保证劳动关系严肃性和稳定性的需要。劳动合同是特定人之间的合同,即用人单位与劳动者之间签订的劳动合同,它必须由劳动合同明确规定的当事人来履行,劳动合同的双方当事人也有责任履行劳动合同规定的义务,不允许当事人以外的其他人代替履行。

(二)实际履行原则

实际履行原则即除了法律和劳动合同另有规定或者客观上已不能履行的以外,当事人要按照劳动的规定完成义务,不能用完成别的义务来代替劳动合同约定的义务。

(三)全面履行原则

全面履行原则是实际履行原则的补充和发展,即劳动合同生效后,当事人双方除按照劳动合同规定的义务履行外,还要按照劳动合同规定的时间、地点、方式,按质、按量地履行全部义务。

(四)协作履行原则

协作履行原则即劳动合同的双方当事人在履行劳动合同的过程中,有互相协作、共同完成劳动合同规定的义务,任何一方当事人在履行劳动合同遇到困难时,另一方都应该在法律允许的范围内,尽力给予帮助,以便双方尽可能地全面履行劳动合同。

> 2013年7月1日起施行的《劳动合同法》
> 第二十九条　用人单位与劳动者应当按照劳动合同的约定,全面履行各自的义务。

二、变更劳动合同的内容有哪些?

劳动合同的变更必须满足一定的条件和遵守法定的程序。变更劳动合同的具体内容,主要有以下五个方面。

(一)工作内容

工作内容包括工作任务的增减、工作岗位的变动等。

(二)劳动合同的期限

劳动合同的期限包括合同期限的延长或者缩短。

(三)劳动报酬

劳动报酬既可以是数量上的增减,也可以是支付方式和支付时间上的调整等。

(四)劳动条件

劳动条件主要是工作地点的选择、办公场所的环境等。

(五)用工主体

用工主体指用人单位发生合并或者分立等情况。

案例

【案情介绍】

曹某于2015年7月1日进入上海某集团公司处工作,双方签订期限为2015年7月1日至2018年6月30日的劳动合同,曹某担任财务及行政经理,其职责范围涉及财务、营运、行政管理和人事管理。2018年1月12日,曹某收到公司的邮件,邮件载明:为配合全球业务战略部署安排,集团董事会讨论决定调整管理团队架构,以更好支持业务发展需求,取消负责财务、人事、物流和行政工作的财务和行政经理岗位,并将管理结构调整如下:财务经理一名、人事经理一名、物流主管一名、行政专员一名……上述新的管理结构立即生效,请执行。

2018年1月18日,公司向曹某传达了关于组织架构调整的相关决定,并就解除劳动合同提出进行协商,但双方未能就协商解除达成一致。双方于2018年1月25日再次沟通,公司提出将曹某换岗至销售主管一职,双方也未能达成一致。随后,公司发出《劳动关系解除通知》,具明:因经营策略调整,曹某目前任职的财务及行政经理岗位将被撤销,因此双方签订的劳动合同所依据的客观情况已经发生重大变化,无法继续履行,之后公司于2018年1月25日表示愿意给曹某提供销售主管这一新的职位,但曹某并未接受。基于此,公司将于2018年1月26日解除与曹某的劳动合同。曹某向劳动人事争议仲裁委员会申请仲裁要求恢复双方劳动关系。

庭审中,被申请人辩称公司调整组织架构,取消申请人所在的岗位而设置财务经理、人事经理、物流主管和行政专员。虑及申请人工作多年,故先行与申请人协商解除劳动合同,但因申请人要求过高导致双方未协商一致。2018年1月25日,被申请人向申请人提出换至销售主管一职,但其明确拒绝。因组织架构调整,双方劳动合同订立时所据之客观情况发生重大变化,致使合同无法履行,现双方无法协商一致,被申请人因此解除双方劳动合同并无不当。而申请人则称确收到组织架构调整的通知邮件,但被申请人先与本人协商解除劳动合同,在协商未果后提供的销售主管系低阶职位,并无考虑原职位及工作内容的明显差异性,也未言明工作待遇及工作范畴,实无尽到诚实磋商义务,当属违法解除。

【裁判结果】

劳动者的合法权益受法律保护。被申请人调整公司组织架构,撤销了申请人的岗位,因岗位被撤销而导致原劳动合同无法履行,申请人对此并无过失,在此情形下被申请人作为用人单位应当尽到与劳动者诚信协商、妥善安排新工作岗位的义务,但被申请人先行与申请人协商解除劳动合同,并录用其他工作人员补充至新调整的工作岗位,没有真正尽到诚实磋商的义务,该公司解除与申请人的劳动合同确有不当,应恢复双方劳动关系。

【案例解析】

劳动合同的履行是一个长期、动态的过程,在履行过程中,用人单位和劳动者的主客观因素往往会处于不断的变动之中。虽然从形式上看,被申请人调整其管理架构、申请人财务及行政经理岗位被撤销、双方经过协商、协商未成、解除,过程与条文要求相符,但这仅系表象,被申请人仍须举证证明其调整架构、撤销岗位系客观,系为经营所需。

被申请人虽提供了电子邮件及公证书,但仅凭一纸通知尚不足以证明架构调整、撤销岗位系客观或必要,并无证据证明该调整与撤销决定系经集体讨论而定,也没有证据证明财务和行政职责集一身的情况,在数年来的现实经营中实际造成不便或使公司利益受损,相反事实上,一岗拆分成四岗,被申请人需另行招聘人员上岗,一定程度上系增加人力成本。故应认定,关于原劳动合同无法履行系因客观情况发生重大变化所致之主张,被申请人的举证不充分。

按照法律规定,在因客观情况发生重大变化致劳动合同无法履行时,用人单位有与劳动者重新协商变更劳动合同内容的义务,以促成劳动合同通过变更内容后得以继续履行,以维护劳动关系的稳定性。就该案而言,退一步讲,即便出于经营自主权的考虑,认为被申请人架构调整、撤销岗位原则上不应受到过多干预,尚属合理,那么,因岗位被撤销对申请人而言是劳动合同内容的重大变化,且申请人对此并无过失,故在此情形下被申请人作为用人单位应当尽到与申请人诚信协商、妥善安排工作的义务,且此处的协商或安排,应以维持或基本维持原岗水平及待遇、没有不利变更为原则。

协商变更劳动合同的过程中,用人单位应尽诚实磋商义务,由于诚实磋商是一种主观状态,因此需要从用人单位的外部行为来进行判断。对于用人单位的磋商行为是否符合诚实信用原则,一般而言,可以从以下方面把握:

第一,是否实际提供了岗位?

第二,是否提供与原岗位相类似的岗位?

第三,实际提供的岗位与原岗位是否存在较大差异?

第四,用人单位有无回应劳动者提出的合理要求?

该案中,被申请人进行调整组织架构的决定后,并未与劳动者协商变更劳动合同,而是首先与申请人协商解除劳动合同,此举显有悖用人单位之法定义务。从组织架构调整情况来看,被申请人将岗位调整为财务经理、人事经理、物流主管、行政专员,很显然新设置的工作岗位里有与申请人原工作内容相类似的工作岗位,特别是财务和人事经理岗位,但被申请人却为申请人安排了相对内容差距较大的销售岗位,并将该四个岗位录用了其他工作人员。由此可见,被申请人未尽到诚实磋商义务,据此解除双方劳动合同失当,双方应恢复劳动关系。

三、用人单位哪些事项变化时,劳动合同可继续履行?

1. 变更名称。

2. 法定代表人、主要负责人或者投资人等事项变化。

3. 用人单位发生分立、合并。

> 2013 年 7 月 1 日起施行的《劳动合同法》
>
> 第三十三条　用人单位变更名称、法定代表人、主要负责人或者投资人等事项，不影响劳动合同的履行。
>
> 第三十四条　用人单位发生合并或者分立等情况，原劳动合同继续有效，劳动合同由承继其权利和义务的用人单位继续履行。

四、变更劳动合同的条件有哪些?

1. 协商一致变更。

2. 劳动合同订立时所依据的客观情况发生重大变化，具体包括:

(1)订立劳动合同所依据的法律、法规已经修改或废止;

(2)用人单位方面的原因;

(3)劳动者方面的原因;

(4)客观方面的原因。

> 2013 年 7 月 1 日起施行的《劳动合同法》
>
> 第三十五条　用人单位与劳动者协商一致，可以变更劳动合同约定的内容。变更劳动合同，应当采用书面形式。
>
> 变更后的劳动合同文本由用人单位和劳动者各执一份。

案例

用人单位是否有权单方变更劳动合同?

【案情介绍】

旺旺公司与大旺公司均系旺旺集团子公司。2009 年 9 月 26 日，王某入职旺旺公司，岗位为设备维修，双方签订了劳动合同。2016 年 3 月，旺旺集团总部要求旺旺公司将生产线的资产、人员及相关费用转入大旺公司。王某不同意转入大旺公司，因双方未协商一致，旺旺公司安排其在会议室培训，培训内容为学习单位规章制度。培训期间，王某的工资水平较此前大幅下降。

旺旺公司前后两次通知王某回浪味仙生产线工作，工作岗位为封箱，王某未按通知回去工作。旺旺公司以王某不服从公司工作岗位安排与工作岗位调整为由，向王某发出《解除劳动合同通知书》，解除与王某的劳动合同。随后王某向北京市平谷区劳动人事争议仲裁委员会申请仲裁，要求旺旺公司支付违法解除劳动合同赔偿金。2017 年 8 月 8 日,该仲裁委裁决旺旺公司支付王某违法解除劳动合同赔偿金 35442.45 元。旺旺公司不服该仲裁裁决,起诉至法院,请求判令旺旺公司无须支付王某违法解除劳动合同赔偿金。

【争议焦点】

　　1. 旺旺公司是否有权单方变更劳动合同。

　　2. 旺旺公司解除与王某的劳动合同是否合法。

【案例解析】

　　依法签订的劳动合同受法律保护,当事人非因法定情形无权单方变更或者解除。

　　就该案而言,在旺旺公司要求员工与大旺公司重新签订劳动合同不能协商一致的情况下,因客观情况发生了重大变化,双方均可以提出解除劳动合同,并由旺旺公司支付劳动者解除劳动合同经济补偿金。如此处理,对双方都是公平的。然而,旺旺公司为了达到不支付经济补偿金的目的,采用长期"培训"、支付较低工资的方式使劳动者无法从事原岗位工作,变相强迫劳动者辞职。

　　旺旺公司单方变更劳动合同,动机不正当,显然是违法的。为了进一步达到解除劳动合同且不支付经济补偿金的目的,旺旺公司又将王某的工作岗位由多年的设备维修调整为封箱,该行为同样不具有正当性与合理性。在王某拒绝按要求到岗的情况下,旺旺公司认为已经达到了可以运用规章制度解除劳动合同的条件,即以王某不服从工作安排,违反规章制度为由解除劳动合同。旺旺公司的一系列行为动机不正当,单方调岗行为方式不合理,已经侵害了王某的合法权益。在此情况下,旺旺公司以王某不服从工作安排为由,解除劳动合同,属于违法解除劳动合同,应当支付王某违法解除劳动合同赔偿金。

　　法院认定旺旺公司系违法解除劳动合同,旺旺公司应当依法支付王某违法解除劳动合同赔偿金。旺旺公司不服一审判决,提起上诉。北京市第三中级人民法院经审理驳回上诉,维持原判。

五、如何做好劳动合同变更的法律风险防范?

(一)注意变更时间

变更发生的时间必须是在劳动合同依法订立后,合同没有完全履行完毕之前。

(二)满足两个条件

根据《劳动合同法》的规定,劳动合同变更应当满足两个条件:一是必须经过双方协商一致;二是必须采取书面形式,二者缺一不可。

(三)变更要合法

变更不得违反法律、法规的强制性规定。必须坚持平等自愿、协商一致的原则，不得单方擅自变更强迫对方履行违法。变更劳动合同的条件出现，双方无法就变更劳动合同达成一致意见时，应及时解除劳动合同。

(四)实际履行口头变更

调整岗位作为合同变更的重要内容，用人单位若没有经过协商一致而单方调岗，员工有权拒绝，劳动合同应当按原约定继续履行。劳动者如在变更后的新工作地点上班后，又以用人单位单方面变更工作地点为由要求解除劳动合同并主张经济补偿金的，根据《最高人民法院关于审理劳动争议案件适用法律问题的解释(一)》第四十三条的规定，法院不予支持。

《最高人民法院关于审理劳动争议案件适用法律问题的解释(一)》在这方面做了一定的变通，即虽然企业变更劳动合同未采用书面形式，但口头变更后的劳动合同已经实际履行超过一个月，且变更后的劳动合同内容不违反法律、行政法规、国家政策以及公序良俗的，该变更将被认定为有效。

> 2021年1月1日起施行的《最高人民法院关于审理劳动争议案件适用法律问题的解释(一)》
> 第四十三条　用人单位与劳动者协商一致变更劳动合同，虽未采用书面形式，但已经实际履行了口头变更的劳动合同超过一个月，变更后的劳动合同内容不违反法律、行政法规且不违背公序良俗，当事人以未采用书面形式为由主张劳动合同变更无效的，人民法院不予支持。

一点通

> 1.《中华人民共和国劳动合同法》第三十五条规定，用人单位变更劳动合同，应与劳动者协商一致，且必须采用书面形式。
>
> 2.《最高人民法院关于审理劳动争议案件适用法律若干问题的解释(四)》第十一条进一步放宽条件，不再要求必须采用书面形式，允许双方通过实际履行方式变更劳动合同。
>
> 3. 对于用人单位确因生产经营需要，或者因订立合同时所依据的客观情况发生重大变化，双方无法协商一致的情况下：

> 1）如果变更劳动合同内容未对劳动者权益造成实质性影响，或者用人单位采取合理的弥补措施，如调整岗位并辅之以相关培训，且薪酬待遇维持原标准或适当提高，或在调整工作地点后提供班车、提供交通补贴等，可以有效消除对劳动者影响的情况下，应当认定用人单位单方调整的正当性与合理性。
>
> 2）如果变更劳动合同给劳动者权益造成重大影响且无法消除，双方可以提出解除劳动合同，由用人单位支付经济补偿金。对于用人单位动机不正当，滥用用工自主权以达到解除劳动合同的目的，或者变相强迫劳动者辞职的，则应认定用人单位的行为违法。

案例

【案情介绍】

林某自2013年起在一家餐饮公司任职，在粤式餐厅从事后厨工作。2015年初，由于市场调整，餐饮企业的法定代表人及投资人均发生变化，该公司由经营粤菜改为经营川味火锅。林某经过考虑，基于个人发展，辞去了主厨职务，但双方在工资结算时发生纠纷。新任投资人及新任法定代表人表示，工资欠款及2014年的年终奖欠款均是前任经营期间发生，与其无关。

在数次协商未果的情况下，林某依法提起了劳动仲裁，要求餐饮公司支付工资欠款及2014年的年终奖欠款。林某的要求是否会得到支持？

【案例解析】

经过审理，法院依据相关证据材料认定了工资欠款及年终奖欠款的客观存在，并判决餐饮公司向林某支付相应款项。

《劳动合同法》第三十条规定，用人单位应当按照劳动合同约定和国家规定，向劳动者及时足额支付劳动报酬。需要指出的是，该条款中的"用人单位"指的是双方劳动关系中的用人单位一方，而不是指某一任具体的法定代表人或投资人。

依据相关法律规定，法定代表人、投资人的变更仅仅是公司内部结构的调整，并不会导致用人单位"法人"人格在法律层面上的消灭。因此，法定代表人、投资人变更后，劳动者仍有权就"前任"遗留的工资欠款等问题向用人单位提出权益主张。

第三十章　集体合同的签订要备案

《集体合同规定》已于 2003 年 12 月 30 日经劳动和社会保障部第 7 次部务会议通过,自 2004 年 5 月 1 日起施行。后来又于 2008 年被《劳动合同法》进一步进行规范。

签订集体合同或专项集体合同,应当进行集体协商,遵循下列原则:

(1)遵守法律、法规、规章及国家有关规定;

(2)相互尊重,平等协商;

(3)诚实守信,公平合作;

(4)兼顾双方合法权益;

(5)不得采取过激行为。

集体合同的签订流程是什么? 它跟劳动合同有何区别? 集体合同和劳动合同,哪个效力更高? 带着这些问题,笔者将为大家一一揭晓答案。

一、什么是集体合同? 集体合同的种类有哪些?

(一)集体合同

集体合同又称为团体契约、集体协议等,它是经全体员工或者员工代表大会讨论同意后,由工会或者员工委托的其他代表与用人单位为规范劳动关系订立的,以全体劳动者劳动条件和生活条件为主要内容的书面协议。

我国现阶段的集体合同内容主要集中在劳动报酬、工作时间、休息休假、劳动安全卫生、保险福利等事项。

(二)集体合同的种类

1. 专项集体合同。

专项集体合同指为了提高集体合同所约定事项的针对性和实效性,劳动者就某项专门事项与用人单位签订的集体合同。

根据《劳动合同法》规定,劳动者可以就劳动报酬、工作时间、休息休假、劳动安全卫生、保险福利等事项与用人单位签订一个具有较全面内容的集体合同,也可以就如劳动安全卫生、女职工权益保护、工资调整机制等专项内容,分别订立彼此相对独立的"专项集体合同"。

2. 行业性、区域性集体合同。

行业性、区域性集体合同只对当地本行业、本区域的用人单位和劳动者具有约束力。行业性集体合同、区域性集体合同适用的区域仅限于县级以下区域。在县级以下区域内,建筑业、采矿业、餐饮服务业等行业,可以由工会与企业方面的代表订立行业性集体合同,或者订立区域性集体合同。

> 2013年7月1日起施行的《劳动合同法》
>
> 第五十一条　企业职工一方与用人单位通过平等协商,可以就劳动报酬、工作时间、休息休假、劳动安全卫生、保险福利等事项订立集体合同。集体合同草案应当提交职工代表大会或者全体职工讨论通过。
>
> 集体合同由工会代表企业职工一方与用人单位订立;尚未建立工会的用人单位,由上级工会指导劳动者推举的代表与用人单位订立。
>
> 第五十二条　企业职工一方与用人单位可以订立劳动安全卫生、女职工权益保护、工资调整机制等专项集体合同。
>
> 第五十三条　在县级以下区域内,建筑业、采矿业、餐饮服务业等行业可以由工会与企业方面代表订立行业性集体合同,或者订立区域性集体合同。

二、集体合同的签订流程有哪些?

根据《劳动合同法》第五十一条规定,集体合同草案应当提交职工代表大会或者全体职工讨论通过。《工会法》第十九条也规定,法律、法规规定应当提交职工大会或者职工代表大会审议、通过、决定的事项,企业、事业单位应当依法办理。

集体合同是通过集体协商的方式签订的,从职工一方来看,集体协商代表是通过民主程序产生,能够代表本单位全体职工就集体合同的内容做出意思表示。履行报批程序是集体合同生效的前提条件,生效后的集体合同具有普遍的约束力,即使新入职的员工也同样适用。因此,集体合同的签订流程为:

(1)企业职工一方与用人单位通过平等协商,拟定集体合同草案;

(2)集体合同草案提交职工代表大会或者全体职工讨论通过;

(3)将讨论通过的集体合同报送当地劳动行政部门;

(4)劳动行政部门自收到集体合同文本之日起15日内未提出异议的,集体合同即行生效。

基于上述特点和签订方式,集体合同的目的是为全体职工在劳动报酬、劳动条件和福利待遇等方面设置一道保障底线。

> 2013 年 7 月 1 日起施行的《劳动合同法》
>
> 第五十四条　集体合同订立后,应当报送劳动行政部门;劳动行政部门自收到集体合同文本之日起十五日内未提出异议的,集体合同即行生效。
>
> 依法订立的集体合同对用人单位和劳动者具有约束力。行业性、区域性集体合同对当地本行业、本区域的用人单位和劳动者具有约束力。

三、集体合同与劳动合同有何区别?

集体合同与劳动合同作为《劳动法》规定的两种合同形式,存在着一定的联系。从历史角度看,集体合同是在劳动合同的基础上产生和发展起来的,只有在劳动合同确立了雇主和雇员的劳动关系后才有集体合同。

从两者的比较角度看,既有相同之处(如都有关于雇员和雇主的权利义务规定),又各具特色。集体合同与劳动合同的区别具体表现在十个方面,如表 30-1 所示。

表 30-1　集体合同与劳动合同的区别

对比项目	集体合同	劳动合同
目的	维护劳动者整体的合法权益	明确个体劳动者与单位的权利义务
主体	工会(工会代表)与用人单位	劳动者个人与用人单位
适用范围	全体劳动者或特定群体	只适用于个人
产生时间	集体合同产生于劳动关系运行过程中,不以单个劳动者参加劳动为前提	劳动合同作为合同主体一方的单个劳动者,进入用人单位参加劳动为前提是劳动者个人与企业建立劳动关系的依据
合同内容	内容比较灵活,以集体劳动关系中全体劳动者的共同权利和义务为内容,可能涉及劳动关系的各个方面,也可能只涉及劳动关系的某个方面	劳动合同以单个劳动者的权利和义务为内容,一般包括劳动关系的各个方面,具体内容应符合《劳动合同法》所规定的必备条款
签订时间	劳动关系运行中	劳动关系建立前
签订期限	一般为 1~3 年	固定、无固定、以完成一定工作任务
法律效力	对签订合同的用人单位和本单位的全体劳动者都具有法律效力,区域、行业集体合同更是对本区域、本行业的用人单位和职工都有约束力	劳动合同只对签字的单个用人单位和劳动者具有法律效力

（续表）

对比项目	集体合同	劳动合同
发生效力的时间	劳动保障行政部门收到集体合同文本之日起 15 日内未提出异议才生效	一经依法签订即生效
联系	劳动合同关于劳动者权益的规定不得低于集体合同的标准,低于的部分无效;集体合同具有补充劳动合同内容的功能;集体合同效力优于单位内部规章	

一点通

公司虽然与工会签订了集体合同,但不能免除其与劳动者签订书面劳动合同的法定义务。因此,公司应当跟每位劳动者签订书面劳动合同且必须采用书面形式,以避免向劳动者支付未签订书面劳动合同的二倍工资。

案例

集体合同不同于劳动合同

【案情介绍】

2017 年 9 月 4 日,姬某入职某外贸公司时,双方没有签订书面劳动合同。当时公司领导对姬某说,公司已经与工会签订了集体合同,他的劳动报酬、工作时间和社会保险等按集体合同执行。

最近,该公司因经营方向调整,决定解雇一些员工,其中包括姬某。姬某同意,但要求公司支付未签订书面劳动合同的二倍工资。而公司认为,虽然公司没有与姬某签订劳动合同,但公司与工会签订的集体合同是适用于全体职工的,集体合同可以代替劳动合同。因此,姬某无权以公司没有单独与他签劳动合同为由索要二倍工资。

【案例解析】

集体合同,是指工会或职工代表代表全体职工与用人单位之间根据法律、法规的规定,就劳动报酬、工作时间、休息休假、劳动安全卫生、保险福利等事项,在平等协商一致的基础上签订的书面协议。集体合同与劳动合同主要存在以下区别:

一是当事人不同。劳动合同当事人为单个劳动者和用人单位;集体合同当事人为劳动者团体和用人单位或用人单位所在行业协会。

二是目的不同。订立劳动合同的主要目的是确立劳动关系;订立集体合同的主要目的是为确立劳动关系设定具体标准,即在其效力范围内规范劳动关系。

三是内容不同。劳动合同以单个劳动者的权利和义务为内容,一般包括劳动关系的各个方面;集体合同以集体劳动关系中全体劳动者的共同权利和义务为内容。

四是效力不同。劳动合同对单个的用人单位和劳动者有法律效力;集体合同对签订合同的单个或全体用人单位,以及工会和工会所代表的全体劳动者均有法律效力。此外,二者在签订程序和适用范围等方面也有所不同。

更重要的是,我国现行法律规范对于签订劳动合同与集体合同的要求刚性程度不同。《劳动合同法》第十条规定,建立劳动关系,应当订立书面劳动合同。由此可见,订立劳动合同是强制性规范,不能以已订立了集体合同就排除适用。

该案中,该公司与工会签订集体合同,不能免除其与姬某签订劳动合同的法定义务。因此,公司应当向姬某支付未签订书面劳动合同的二倍工资。

四、集体合同和劳动合同,哪个效力更高?

集体合同和劳动合同都是调整劳动关系的重要形式和法律制度,两者有着密切的联系,互为补充,但它们之间又有着明显的区别,不能等同,也不能相互代替。哪个效力更高呢?

集体合同的法律效力高于劳动合同的法律效力,它是企业订立劳动合同的重要依据,劳动者个人与企业订立的劳动合同的条款的标准不得低于集体合同的规定,两者出现不一致时,应以集体合同规定的条款为准。

如果劳动合同中没有规定,则用人单位与职工应当适用集体合同。

案例

集体合同与劳动合同有冲突,怎么办?

【案情介绍】

王某为一农民工,经朋友介绍王某与某公司签订了一份为期2年的固定期限劳动合同,合同期限为2008年1月1日开始到2010年1月1日结束。2008年5月1日,公司经职工代表大会通过签订了为期3年的集体合同,并经当地劳动保障部门的审核后开始生效实施。

随后,王某发现自己与公司签订的合同中约定的工资标准比集体合同中规定的标准低很多。王某到人力资源部门进行咨询,该部门负责人称,集体合同针对的是正式员工,对农民工不发生效力。王某不服,随后,王某向劳动保障监察部门进行了举报。

【案例解析】

集体合同是用人单位与本单位职工根据法律法规、规章的规定,就劳动报酬、工作时间、休息休假、劳动安全卫生、职业培训、保险福利等事项,通过集体协商签订的书面协议。

《劳动合同法》第五十五条规定,集体合同中劳动报酬和劳动条件等标准不得低于当地人民政府规定的最低标准;用人单位与劳动者订立的劳动合同中有关劳动报酬和劳动条件等标准不得低于集体合同规定的标准。根据《劳动合同法》第五十五条的规定,集体合同是最低标准的合同,用人单位与劳动者签订的劳动合同中劳动报酬和劳动条件不能低于集体合同规定的标准。

该案中,用人单位与王某签订劳动合同中约定的工资标准低于集体合同中规定的标准是违法的,用人单位应当按照集体合同的规定补发所欠王某的工资,并在剩余期限内按照集体合同规定的标准为员工发放工资。

五、集体合同中的劳动报酬和劳动条件有最低标准吗?

(一)在劳动者与用人单位之间的劳动关系存续期间,以劳动报酬和劳动条件等标准,两个"不得低于"的标准为原则

第一,不得低于当地人民政府规定的最低标准。

第二,不得低于集体合同规定的标准。

(二)劳动合同工资≥集体合同工资≥当地最低工资标准

劳动合同的工资最好比当地最低工资高一些。比如,2020年青岛市最低工资标准为1910元,劳动合同的工资约定要从1950元起。

2013年7月1日起施行的《劳动合同法》

第五十五条　集体合同中劳动报酬和劳动条件等标准不得低于当地人民政府规定的最低标准;用人单位与劳动者订立的劳动合同中劳动报酬和劳动条件等标准不得低于集体合同规定的标准。

案例

【案情介绍】

张三为某公司员工,双方已签订无固定期限劳动合同。签订合同后,公司与其企业工会签订了《集体合同书》,该合同约定公司每年应当参照"所在市政府公布的员工平均工资和行业工资水平、行业和企业的人工成本水平、工资增长指导线、物价因素及本企业经济效益状况等因素",与工会集体协商确定本年度公司职工工资整体调整的平均幅度。该集体合同的附件中明确约定每年度职工工资平均增长比例。

张三因自己的工资自签订《集体合同书》以来一直没有增长而向劳动仲裁委提出仲裁申请,认为公司没有按照《集体合同书》约定的比例给自己增长工资因而构成拖欠工资,要求公司支付所谓的"拖欠工资"。

经过开庭审理,仲裁委认为该案的争议焦点并非公司是否拖欠工资,而是公司是否应当按照《集体合同书》约定的工资增长比例对张三相应年度工资金额进行增长。

仲裁委认为,依据《劳动法》和《劳动合同法》的规定,用人单位与劳动者签订有集体劳动合同且明确约定有高于法定最低工资金额的劳动报酬标准的,那么用人单位支付给劳动者的劳动报酬不得低于该标准。但该案中,《集体合同书》约定的是员工工资"平均"增长比例,并非每个员工工资增长的最低比例,也即意味着,是否给某个员工增加工资,以及增加工资比例多少,是由公司决定的,只要全部员工的工资增长比例不低于《集体合同书》的约定,即不构成对《集体合同书》的违反。而对于公司是否真的确实履行了《集体合同书》,属于因集体劳动合同履行而发生的争议,依法应当由工会而非劳动者个人申请仲裁、提起诉讼。

综上,仲裁委裁决驳回张三的仲裁请求。目前张三已经向法院提起诉讼,该案仍在审理中。

【案例解析】

1. 该案给劳动者的第一个启示,是要明确集体合同的内容和效力,以及与劳动合同的关系。

《劳动合同法》第五十一条规定:"企业职工一方与用人单位通过平等协商,可以就劳动报酬、工作时间、休息休假、劳动安全卫生、保险福利等事项订立集体合同……集体合同由工会代表企业职工一方与用人单位订立;尚未建立工会的用人单位,由上级工会指导劳动者推举的代表与用人单位订立。"第五十五条规定:"集体合同中劳动报酬和劳动条件等标准不得低于当地人民政府规定的最低标准;用人单位与劳动者订立的劳动合同中劳动报酬和劳动条件等标准不得低于集体合同规定的标准。"可见,集体合同是由工会与企业签订,就劳动报酬、劳动标准及劳动条件等方面达成的约定,对企业及劳动者具有约束力。从效力上看,集体合同具有"最低保障"的性质:劳动合同中约定的劳动报酬等劳动基准不得低于集体合同的约定。因此劳动合同与集体合同的关系,往往是特别规定与一般规定的关系。而该案告诉我们,并不是集体合同中的所有涉及劳动者权利的条款都可以直接适用于个别劳动者,其条款的适用要视条款具体内容而定。

该案的争议源自劳动者认为用人单位违反《集体合同书》中的工资增长比例，没有为其增长工资，从而构成拖欠工资。但正如仲裁委认定的，实际上《集体合同书》中约定的工资增长比例，是用人单位所在区域内所有员工的平均工资增长比例。因此对用人单位而言，该项义务的相对方并非某个具体的劳动者，而是该区域内的所有员工；而当这些员工总体上的工资增长达到约定的平均增长比例时，用人单位即完全履行了《集体合同书》中的义务，并不会构成对集体合同的违反。而所谓"平均"增长比例，就意味着有的员工工资增长将超过这一比例，有的员工工资增长将少于这一比例。至于某个员工的工资是否增长、增长多少，只要不违反当地的最低工资标准和劳动合同的约定，一般认为是用人单位用工自主权的内容，由用人单位依据其内部规章制度和劳动者的工作表现决定。

可见，该案中劳动者之所以败诉，是因为混淆了集体合同中约定的"平均工资增长比例"与其自身的"个别工资增长比例"。进一步说，就是没能明确集体合同与劳动合同在该案中的具体关系。因此集体合同中的约定是否一定能适用于个别劳动者，仍要依据约定的具体内容判断，不宜一概而论。

2. 该案给劳动者的第二个启示是，如果劳动者认为用人单位违反集体合同，损害了自己的权益，应当通过工会进行维权。对于因履行集体合同产生的争议，劳动者并非提起仲裁和诉讼的适格当事人。

首先，从理论上看，订立集体合同的一方主体一般是代表职工集体的工会而非职工个人，约定的内容一般是适用于全体职工的劳动报酬、工作时间、休息休假等方面的最低标准，劳动者个人的劳动基准则适用劳动合同的约定。除非劳动合同违反了集体合同，否则对于单个劳动者的劳动关系，一般不适用集体合同。因此，从合同的相对性原理出发，单个劳动者并非集体合同的当事人；而集体合同约定的内容，亦并非单个劳动者的劳动基准，单个劳动者很难具有足够的诉讼利益。因此，在理论上劳动者很难构成集体合同争议的适格当事人。

其次，从法律规定上看，集体合同争议也明显区别于劳动合同争议。《劳动争议调解仲裁法》第二条界定了五种劳动争议的类型，但其中并没有明确包括因履行集体合同而产生的争议。《集体合同规定》和《劳动合同法》也规定了集体合同争议的诉讼主体为工会而非劳动者。《集体合同规定》第五十五条规定："因履行集体合同发生的争议，当事人协商解决不成的，可以依法向劳动争议仲裁委员会申请仲裁。"而集体合同的当事人则是企业和工会。《劳动合同法》第五十六条更明确规定："用人单位违反集体合同，侵犯职工劳动权益的，工会可以依法要求用人单位承担责任；因履行集体合同发生争议，经协商解决不成的，工会可以依法申请仲裁、提起诉讼。"可见，对于履行集体合同产生的争议，法定的诉讼主体应当是企业和工会。

该案中,仲裁委在明确了《集体合同书》约定的工资增长比例是适用于全体职工的平均数之后,指出虽然公司没有提交证据证明平均工资增长已经达到约定比例,且张三亦在庭审中对公司主张的工资增长的数字提出质疑,但对于该数字是否真实而引起的争议,属于因履行集体劳动合同而发生的争议,因此根据《劳动合同法》第五十六条规定,申请仲裁、提起诉讼的主体应当是企业工会,并非员工。因此,实践中如果劳动者认为企业违反了集体合同,应当通过工会提起仲裁和诉讼。

第三十一章 总 结

二零零八年,一月一,这部法律实施;

完善制度好管理,民主集中要告知;

要用工,双方谈,收取财物要处罚;

签合同,应协商,书面形式来确定;

必备条款有九项,培训保密福利待遇另约定;

试用期,有新规,今后不可再滥用;

违约金,有两条,培训竞业才能用;

想逃避,不签订,一月以后付双薪;

一年后,仍未签,自动视为无固定;

无固定期变化大,符合条件职工提出就签订;

履行合同按约定,足额发薪讲诚信;

如有拖欠或克扣,依法申请支付令;

违章指挥危害大,可以举报和批评;

法人换了无影响,合并分立仍履行;

变更合同要协商,双方签字书面形式做证明;

解除合同莫随意,双方依法来办理;

个人解除是七项,单位解除有九种;

裁减人员有条件,特殊保护记心间;

经济补偿有七类,三种终止也在内;

解除终止按规定,违反法律双倍赔偿来弥补。

正所谓人力资源工作者(HR)不懂法,分分钟"掉坑";管理者不懂法,分分钟为HR"挖坑"。精通劳动法已经成为 HR 最核心的竞争力之一。

从每个员工的招聘、入职、合同签订,到日常社保、制度,再到最后的离职,每一个环节都暗藏法律风险。99%的 HR 都遇到过棘手的"劳动纠纷",劳动纠纷处理最考验 HR 的专业能力,劳动者若申请仲裁,一般的赔偿都是上万元,有的甚至高达上百万元,因此我们要多学习专业知识。

虽然有些问题的答案都在《劳动合同法》里,可是其内容繁杂、关系复杂,想一口气记清楚还是很有难度的。笔者以自己 20 多年的工作经验和阅览、积累的丰富案例为基础,研发出了一套较完整的课程体系并编写成书籍,只要大家认真阅读,就会受益匪浅。

RENLI ZIYUAN SHIZHAN BAODIAN

人力资源实战宝典

员工入职、任职、离职管理及风险防范

王丽丽　著

中国海洋大学出版社

·青岛·

图书在版编目(CIP)数据

人力资源实战宝典 / 王丽丽著. —青岛：中国海
洋大学出版社，2021.9

ISBN 978-7-5670-2900-2

Ⅰ.①人⋯ Ⅱ.①王⋯ Ⅲ.①人力资源管理 Ⅳ.
①F243

中国版本图书馆 CIP 数据核字(2021)第 161687 号

出版发行	中国海洋大学出版社				
社　　址	青岛市香港东路 23 号		**邮政编码**	266071	
出 版 人	杨立敏				
网　　址	http://pub.ouc.edu.cn				
电子信箱	cbsebs@ouc.edu.cn				
订购电话	0532－82032573(传真)				
责任编辑	孙宇菲		**电　　话**	0532－85902469	
印　　制	青岛国彩印刷股份有限公司				
版　　次	2021 年 9 月第 1 版				
印　　次	2021 年 9 月第 1 次印刷				
成品尺寸	185 mm×260 mm				
印　　张	39.25				
字　　数	705 千				
印　　数	1～1600				
定　　价	198.00 元(全二册)				

发现印装质量问题，请致电 0532－58700168，由印刷厂负责调换。

目　录

第一章　入职管理

有些用人单位为了控制劳动成本、管理费用，根本不注重入职工作，企业如果在这一环节疏忽了或存在效率低下的问题，不仅不能给企业招到合适的人员，还可能使企业负担更大的人力成本，甚至会给企业人力资源的管理埋下一颗随时可能爆炸的"炸弹"，进而使企业承担不必要的法律责任。

为了减少入职管理时的法律风险，用人单位应当建立一套行之有效的入职管理制度和工作程序，确保用人单位在入职管理工作中"有法可依"。

本章从招聘管理、入职管理、试用管理方面给人力资源工作者和企业管理者提供了一些规范的工作流程与工作方法。

第一节　招聘管理

人力资源管理的第一个关口是招聘，一般包含人员的招募、甄选与录用等。俗话说："病从口入，祸从口出。"很多"劳动纠纷"的"病"往往也是由于在招聘环节以及入职手续这个"入口"处，忽视了风险防范、管理不规范，从而埋下了隐患。

很多问题容易被忽视，比如招聘启事的撰写存在哪些风险点？向求职者发出录用通知，需求有变，录用通知能随意取消吗？在招聘环节，如何防范员工可能带来的与原单位有关的法律风险？对应聘者进行入职审查，应该审查哪些资料？

正所谓"先讲断、后不乱"，如果企业能尽量将其已有的规章制度在员工入职时讲清楚，之后的管理就会轻松很多。如果在员工入职之后，人力资源工作者再根据需要与其签订各种各样的协议、表格，此时，由于劳动关系已既成事实，员工一旦提出异议、拒绝签收或签订，就会给工作带来麻烦，到那时再举起解除劳动关系这把"尚方宝剑"，就会很被动了。

面对劳动纠纷问题，人力资源工作者经常会变成"夹心层"，承受双方压力，因此招聘管理是做好劳动风险预防的第一道"防火墙"。希望人力资源工作者能提前建好这道"墙"，帮助企业规避用工风险。

一、招聘广告会引起法律风险吗？

该问题的答案是肯定的。

根据《就业服务与就业管理规定》的相关规定，用人单位发布的招用人员简章或招聘广告，不得包含虚假信息、歧视性内容。如有违反则由劳动保障行政部门责令改正，并可处以一千元以下的罚款；对当事人造成损害的，应当承担赔偿责任。

2015年2月1日修订实施的《就业服务与就业管理规定》

第四条　劳动者依法享有平等就业的权利。劳动者就业，不因民族、种族、性别、宗教信仰等不同而受歧视。

第十四条　用人单位招用人员不得有下列行为：

（一）提供虚假招聘信息，发布虚假招聘广告；

（二）扣押被录用人员的居民身份证和其他证件；

（三）以担保或者其他名义向劳动者收取财物；

（四）招用未满16周岁的未成年人以及国家法律、行政法规规定不得招用的其他人员；

（五）招用无合法身份证件的人员；

（六）以招用人员为名牟取不正当利益或进行其他违法活动。

第二十条　用人单位发布的招用人员简章或招聘广告，不得包含歧视性内容。

第六十七条　用人单位违反本规定第十四条第（二）、（三）项规定的，按照劳动合同法第八十四条的规定予以处罚；用人单位违反第十四条第（四）项规定的，按照国家禁止使用童工和其他有关法律、法规的规定予以处罚。用人单位违反第十四条第（一）、（五）、（六）项规定的，由劳动保障行政部门责令改正，并可处以一千元以下的罚款；对当事人造成损害的，应当承担赔偿责任。

2019年2月18日人力资源社会保障部、教育部等九个部门下发的《关于进一步规范招聘行为促进妇女就业的通知》

二、依法禁止招聘环节中的就业性别歧视。各类用人单位、人力资源服务机构在拟定招聘计划、发布招聘信息、招用人员过程中，不得限定性别（国家规定的女职工禁忌劳动范围等情况除外）或性别优先，不得以性别为由限制妇女求职就业、拒绝录用妇女，不得询问妇女婚育情况，不得将妊娠测试作为入职体检项目，不得将限制生育作为录用条件，不得差别化地提高对妇女的录用标准。国有企事业单位、公共就业人才服务机构及各部门所属人力资源服务机构要带头遵法守法,坚决禁止就业性别歧视行为。

　　三、强化人力资源市场监管。监督人力资源服务机构建立健全信息发布审查和投诉处理机制,切实履行招聘信息发布审核义务,及时纠正发布含有性别歧视内容招聘信息的行为,确保发布的信息真实、合法、有效。对用人单位、人力资源服务机构发布含有性别歧视内容招聘信息的,依法责令改正;拒不改正的,处1万元以上5万元以下的罚款;情节严重的人力资源服务机构,吊销人力资源服务许可证。将用人单位、人力资源服务机构因发布含有性别歧视内容的招聘信息接受行政处罚等情况纳入人力资源市场诚信记录,依法实施失信惩戒。

案例

招聘信息惹的祸

【案情介绍】

　　2003年9月12日,蔡某看到了一则招聘信息:上海某信息咨询有限公司招聘劳动合同制员工,月薪1600元,并根据业绩另有提成。蔡某遂前往应聘,并被录用。

　　经过为期一周的培训后,信息咨询公司拿出了一份为期一年的《市场推广代表合作协议》,要求蔡某等同时应聘的员工签字,协议就具体的提成办法进行了约定。

　　蔡某签了字,同时询问了签订劳动合同的事宜,被告知一个月试用期,过了试用期后再签。但是,半年多过去了,公司一直未与其签订劳动合同、缴纳社会保险费,也没有支付工资。

　　交涉无果后,蔡某等来到了上海市劳动监察总队投诉。劳动监察总队与信息咨询公司的人事干部单某作了调查笔录。单某承认当初招聘时说好底薪为1600元,但是,现与他们签订的是市场业务推广协议,没有与他们订立劳动合同,也没有为他们缴纳社会保险费。监察总队核实后限期信息咨询公司整改。

　　2004年4月初,蔡某等人向区劳动争议仲裁委员会申请仲裁。但仲裁庭以双方是委托代理关系而不是劳动关系为由,没有支持他们的申诉请求。2004年6月11日,蔡某等人向法院提起了民事诉讼。2005年6月8日,法院终于作出了一审判决。

　　信息咨询公司人事干部单某在向监察大队作的调查中明确反映原告是被告的员工,在招聘时对工资也作了约定,故法院根据被告的自认行为,结合原告确实付出了劳动的实际情况,认定原告在被告处工作的性质具有人事关系,且双方约定了劳动报酬,所以被告应按约定支付原告在其处工作的工资。信息咨询公司不服一审判决,上诉于上海市第二中级人民法院。二审法院审理后认为,原审认定并无不妥,上诉人所称的双方为委托代理关系,缺乏依据,不予支持。

【案例解析】

　　该案提示了这样一个重点:招聘广告内容并非可以随便编写,企业需要为招聘广告中的内容承担责任。该案中,信息咨询公司本意在于招聘有劳务关系的员工,而非有劳动关系的职员。但可能是为了吸引更多应聘者,因此在广告中写入"劳动合同制员工"的内容。尽管事后双方签订的是市场代理协议,而不是劳动合同,但一、二审法院仍然认定双方具有事实劳动关系。

一点通

　　1. 招聘广告不要提供虚假招聘信息,绝对避免虚报薪酬待遇。

　　2. 用人单位对本企业的地位、规模、业务等肆意夸大其词均存在法律风险。

　　3. 常见招聘广告虚报薪酬待遇,这一做法为日后管理埋下了隐患。

　　比如,如果用人单位在劳动合同中没有写明薪酬数量,劳动仲裁庭或法院很可能将依据广告中所提工资数来判决企业需支付的数额。

　　4. 在招聘广告中列举候选人条件时,避免出现以下情况。

　　1)应绝对避免包含身高歧视、性别歧视、地域歧视、身份歧视以及疾病歧视等内容。比如将血型、星座、属相列入其中。

　　2)不仅对学历有诸多限制,而且对劳动者毕业院校设有门槛。比如要求必须是一本院校毕业,或者是"211"学校毕业等;还有的工作内容与涉外无关,却要求劳动者必须有海外留学经历,理由竟然是公司的负责人喜欢有留学背景的员工。若员工提起诉讼,用人单位会处于被动地位。

　　3)不是特殊工种,用人单位完全没必要设定"歧视条件"。用人单位在招聘条件之中无须穷尽所有要求,比如对于毕业院校的要求等容易引发"歧视"方面的风险。

　　4)对于其他方面的条件,也应尽量选择弹性的表达方式,如使用"优先""择优"等字眼,而不用刚性表达方式。

　　5)招聘广告的岗位职责描述应当与真实职责一致并且明确,一旦与员工发生法律纠纷,则会在一定程度上降低未来举证的难度。

　　6)如果招聘广告中列举岗位职责、劳动纪律等内容,应当添附"披露未尽"声明,即声明详细情况应以公司制度文本、最终签订的劳动合同等为准。

　　7)企业应将招聘广告进行存档备案,并保留刊登的原件,在需要时可以作为证据。

二、用人单位可以拒绝乙肝病毒携带者吗？

关于"乙肝歧视"，除非是餐饮企业、医疗企业、家政服务行业等行业用人单位，或者是用人单位有书面文件能够证明拟招用的劳动者将从事国家法律法规和卫生部命令禁止乙肝患者从事的工作，否则用人单位均不能对乙肝患者进行限制。

> 2015年2月1日修订实施的《就业服务与就业管理规定》
>
> 第十九条　用人单位招用人员，不得以是传染病病原携带者为由拒绝录用。但是，经医学鉴定传染病病原携带者在治愈前或者排除传染嫌疑前，不得从事法律、行政法规和国务院卫生行政部门规定禁止从事的易使传染病扩散的工作。
>
> 用人单位招用人员，除国家法律、行政法规和国务院卫生行政部门规定禁止乙肝病原携带者从事的工作外，不得强行将乙肝病毒血清学指标作为体检标准。

三、面谈时应当告知候选人哪些情况？

《劳动合同法》第八条规定，用人单位有如实告知和劳动者如实陈述义务七方面的内容：工作内容、工作条件、工作地点、职业危害、安全生产状况、劳动报酬、其他情况等。

1. 第一至第五项内容，可以在面试的时候告知应聘者。

2. 第六项劳动报酬，通常并没有预先确定的具体数字，需要企业与候选人在面谈中协商确定，经过这个商定的过程，企业便已履行告知义务。也可以告知一个宽泛的薪酬，比如有的企业是宽带式薪酬，可以告知应聘者薪酬为3000～5000元。

3. 第七项规定了"有问必答"的情形，即员工问就必须答；员工不问，可以主动告知也可以不主动告知。

> 2013年7月1日起施行的《劳动合同法》
>
> 第八条　用人单位招用劳动者时，应当如实告知劳动者工作内容、工作条件、工作地点、职业危害、安全生产状况、劳动报酬，以及劳动者要求了解的其他情况；用人单位有权了解劳动者与劳动合同直接相关的基本情况，劳动者应当如实说明。

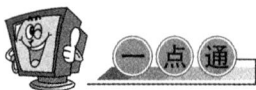

> 　　面谈的法律性质是劳动合同的磋商过程。法律要求合同磋商双方应本着诚实信用的原则进行磋商,而诚实信用必须有证据证明。
>
> 　　1. 在面谈过程中,对关键内容进行书面记录并由双方签署是十分必要的。
>
> 　　2. 如果企业在面谈中发现候选人更适合就任其他职位,应当明确告知候选人,取得后者同意,并应当作出书面记录。比如,让候选人重填带有新岗位名称的申请表等。
>
> 　　3. 如果企业在候选人入职后改变了想法,希望候选人改就其他职位,应当与候选人协商,按照转岗处理,并作出有双方签署的书面记录。比如,与候选人就转岗及转岗程序达成的协商意见。

【案情介绍】

　　某公司发布广告称招聘业务员。李某应聘面试时,经理告知李某说,业务员需要到生产部工作三个月,以了解产品。李某同意。

　　入职时,李某填写了入职表,岗位为业务员。企业拿来生产部的合同让李某签署,但李某未签。双方因此没有签订合同。

　　入职后,李某在车间做了三个月。期间,经理找李某谈过几次话,并曾说有人反映李某做事比较慢。三个月期满,李某找经理要求回到业务部,未得到许可。李某辞职,并投诉到劳动局。

【案例解析】

　　企业在招聘时要遵守诚实信用的原则,并有告知员工真实"工作内容"的义务。该例中,从经理前后行为看,似乎是认为李某不适合做业务员。但无论企业是有意打着招业务员的旗号招聘生产部员工,还是企业在面谈中发现李某更适合做生产部员工,经理都应该在面谈时告知李某入职后的真实"工作内容"。

　　经理在面试阶段便告知候选人入职后需要到生产部工作三个月。但三个月结束后,却不允许李某回业务部。这种做法已经违背面谈时企业对员工的承诺,违背了诚实信用原则和告知义务。在该例中,如果员工申诉,要求企业安排其到业务员岗位,或要求企业赔偿其实际损失,其主张会得到仲裁机构的支持。

四、如何设定录用条件?

《劳动合同法》第三十九条规定,劳动者在试用期间被证明不符合录用条件的,用人单位可以解除劳动合同。因此,设定录用条件就非常重要,可以从以下两方面设定。

(一)设定录用条件的内容

1. 基本素质类。

1)取得相应的学历学位证书、职业技能等级证书、执业资格证书、外语水平证书等。

2)一定年限以上的岗位工作经验或团队、部门管理经验。

3)身体健康,无传染病、慢性病、精神类疾病(注意,不得限制乙肝病毒携带者入职,否则涉及就业歧视)。

2. 入职要求类。

1)与前一用人单位已解除/终止劳动关系,取得书面解除/劳动合同证明书。

2)如为外籍员工,应当具备劳动行政部门颁发的劳动就业资格证书。

3)不属于生效的竞业禁止协议的限制范围以内。

4)能够按用人单位的要求及时签订书面劳动合同。

5)能够及时办理社会保险、人事档案转移手续。

3. 绩效考核类。

1)试用期内不得有违反用人单位颁布的规章制度或操作规程的行为。

2)试用期内迟到、早退、旷工、缺勤等合计,不得超出 3 次/月。

3)试用期满考核不得低于一定的分数或等级。

4)试用期内能够完成约定的工作指标或能够良好地履行岗位职责。

4. 其他类。

1)入职前未被公安机关行政处罚过,未被追究过刑事责任。

2)未被前一用人单位以不能胜任工作或严重违反公司规章制度为由解除劳动合同。

3)未被行业主管部门、行业协会处罚过(如银监会、证监会、保监会、注册会计师协会等)。

4)其他不符合录用条件的行为或事实等。

(二)设定录用条件的技巧

1. 不能用招聘条件替代录用条件。

1)招聘条件是用人单位在招聘时选择劳动者的基本资格要求,是针对不特定的应聘者设计的,属于要约邀请,只是招聘期间考察和筛选应聘者的依据。

2)录用条件则是用人单位确定所要聘用劳动者的最终条件,属于要约,一旦与劳动者达成一致,则成为试用期内进行考核的依据。

2. 录用条件要明确、细致、具体,切忌空泛,录用条件的设定可以包括以下几方面。

1)学历、工作经验、专业技能等。

(1)取得相应的学历学位证书、职业技能等级证书、执业资格证书、外语水平证书等;

(2)一定年限以上的岗位工作经验或团队、部门管理经验。

2)身体方面,没有不适合从事相关工作的疾病等;身体健康,无传染病、慢性病、精神类疾病(注意,不得限制乙肝病毒携带者入职,否则涉及就业歧视)。

3)工作态度方面,如遵守公司规章制度。

4)法律法规,如没有法律规定可以解除劳动合同。

5)特殊条件,用人单位根据自己所需要的人才专门设定的要求。

6)其他法律规定的情形等。

3. 绩效考核的考核项要求可量化。

1)行政岗等对准确度要求高的岗位,可以将差错率作为录用条件。

2)业务岗位,可以将销售业绩作为录用条件。

3)餐厅服务员、售后客服等服务客户的岗位,可以将服务客户的投诉率作为录用条件。这样便于计算是否符合岗位要求,不能泛泛地如"约定公司领导认为不符合录用条件"等主观意愿比较强的考核项。

4. 录用条件应向劳动者公示。

各职位的录用条件应向劳动者公示,并保留相应的公示证据。告知劳动者的方式多种多样:

(1)在招聘启事中明示录用条件,并要求员工签字确认后留存;

(2)在录用通知中向员工明示录用条件,要求签字确认后留存;

(3)在《录用审批表》或者《入职单》中标注录用条件,员工签字确认后留存;

(4)在岗位说明或描述中标明录用条件,员工签字确认后留存;

(5)在绩效考核表中标明录用条件,员工签字确认后留存;

(6)在劳动合同或规章制度中明确约定录用条件或者不符合录用条件的情形,员工签字确认后留存。

五、《岗位说明书》的编制有哪些原则?

根据《劳动合同法》第八条的规定,用人单位在招聘员工时,应当将工作内容如实告知候选人。

职位描述便是描述工作内容的文件,具有法律意义。同时,对于员工的考核,也应当针对员工的岗位职责进行;《岗位说明书》的签字确认也是最好的证据之一。《岗位说明书》的编制有下列原则。

(一)《岗位说明书》的构成要素

《岗位说明书》的构成包括职位编号、职位名称、职位等级、所属部门、编写人、部门审核人、人力资源部审核人、批准人、生效日期、职位关系、职位概述、主要职责、职位权限、考核项目、工作环境、任职资格等。

(二)编制时要把握的原则

1. 职责要明确具体。

《岗位说明书》应当根据具体岗位制定,已经明确预见、能够具体定义的岗位职责,应当在职位描述中列举,避免歧义,这样才可能使《岗位说明书》具体、可执行。

企业的《岗位说明书》应当至少明确列举岗位的主要工作内容、岗位责任和考核办法。同时增加一些原则性的条款,比如在工作内容描述的结尾增加兜底条款"上级主管安排的其他任务"。

2. 明确考评指标。

绩效指标是指从哪些方面、以什么标准去评价该职位工作的效果。绩效可以体现在两方面:一个是工作的结果,另一个是工作过程中的高绩效行为。

《岗位说明书》中的考核指标只需到考核方面即可,在考核制度中将会对考核指标进行标准分级的描述。

3. 可执行性强。

如果职位描述过于讲究原则,就可能导致模糊不清、不可执行的结果,甚至产生不同的理解,从而引起关于工作任务范围的争议,或者引起有关考核范围、方法的争议。

4. 每年更新一次。

企业运营中的情形千变万化,职位描述很难将未来可能要求该岗位承担的工作任务描述穷尽,因此至少每年都应当更新一次。

《岗位说明书》最好在职工签署劳动合同的同时签署。员工已签署的岗位职责描述是有约束力的文件,在劳动争议中会被仲裁、司法机关采信为工作内容安排和绩效考核的依据。岗位描述内容越具体,越具有可执行性。

案例

【案情介绍】

2008年5月初,李某在网上看到某大型公司的招聘启事条件极为优厚,该公司在其销售岗位说明一栏中列明:工作条件:入职时由公司提供笔记本一台、商务手机一部作为办公之用;待遇:工作标准为底薪3000元＋销售提成,入职后工作每满一年底薪比上一年度增加5％;依照个人销售业绩在公司的排名享受季度、年度销售奖金,奖金依照个人销售业绩的1％(季度奖)、0.1％(年度奖)计付……李某遂向该公司提交了应聘申请并通过面试。5月30日,李某到新单位签订了劳动合同并办理了相关手续。

由于当天办理入职的人员较多,且该公司规模较大、条件优厚,李某认为公司的管理肯定正规,因此对签署的材料除了劳动合同外都没有细看,便依要求在相应位置上签了字。

同年10月底,经过几个月的忙碌后,李某的工作渐渐进入正轨,便要求公司提供笔记本及手机,公司却称销售人员无须电脑办公,不予提供。李某又要求公司依照约定支付季度奖金20000元,公司却称依据约定只需支付10000元,并拿出了李某入职时签署的《岗位说明书》作为依据,李某见上面关于季度奖金发放比例为0.5％,比自己当初看到的比例缩水一半。

【案例解析】

经协商不成,李某于11月20日向仲裁委提起了劳动争议仲裁,要求公司依照招聘公告中的岗位说明所列提供工作条件及依据其中比例计付季度奖金。仲裁委以李某签署了公司的《岗位说明书》,应当受其内容约束为由,裁定驳回李某的仲裁请求。李某不服,向法院提起诉讼。法院经审理查明:

李某5月30日入职该公司,双方签订了书面劳动合同,李某并于当天签署了一份《岗位说明书》,说明书内容为:李某为销售专员,月薪为3000元＋销售提成,公司可以依据李某工作能力及表现调整其待遇;依照李某个人销售业绩在公司的排名享受季度、年度销售奖金,奖金依照个人销售业绩的0.5％(季度奖)、0.05％(年度奖)计付;由于李某工作内容为销售,极少在公司办公,且公司办公室有公用电脑,因此,公司不再单独提供电脑等办公用品;李某虽称自己不清楚该说明书内容,且主张公司应当依照招聘岗位说明的内容履约。

但由于其无法提供相关证据,在其所称的网页上也没有找到相关内容,且公司提交的《岗位说明书》上有李某签名,因此,认为公司可以依照其中比例计算季度销售奖金;此外,由于双方认可了销售岗位并不需要专门电脑进行办公,李某需要电脑时可以到办公室使用公用电脑,因此,用人单位不单独提供笔记本电脑并无不妥。法院最终判决驳回李某的诉讼请求。

员工已签署的岗位职责描述是有约束力的文件,在劳动争议中会被仲裁、司法机关采信为工作内容安排和绩效考核的依据;岗位描述内容越具体,越具有可执行性。

该案中,由于用人单位的岗位描述非常具体,对工作内容、工作条件、绩效考核办法都有明确的、可操作的规定,所以仲裁委、法院均支持了企业的主张,认为李某应受其约束。企业因此较好地保护了自己的利益。假如该案中用人单位的岗位描述只是一些原则性的规定,而未对工作条件和绩效考核办法进行具体描述,结果就可能不一样。

六、招募未离职劳动者都有哪些风险?

《劳动合同法》第九十一条规定:"用人单位招用与其他用人单位尚未解除或者终止劳动合同的劳动者,给其他用人单位造成损失的,应当承担连带赔偿责任。"如果员工给原用人单位造成损失的,企业承担连带赔偿责任。因此,单位"挖人"是有风险的,"招兵"要谨慎。招聘劳动者时可以要求对方提供原单位人力资源部电话进行查证或者做"背调"。但是最好有上家单位的《离职证明》或者《劳动合同解除报告书》。

很多公司或者500强企业,都让应聘者提供上家单位的推荐信或《离职证明》,这点非常科学,建议企业都应该学而用之,也算是间接做了尽职调查,同时可以规避很多劳动纠纷的发生。

> 2013年7月1日起施行的《劳动合同法》
> 　第九十一条　用人单位招用与其他用人单位尚未解除或者终止劳动合同的劳动者,给其他用人单位造成损失的,应当承担连带赔偿责任。

七、如何审查劳动者的学历证书?

《劳动合同法》第三十九条第五款规定,劳动者以欺诈、胁迫的手段或者乘人之危,使对方在违背真实意思的情况下订立或者变更劳动合同的,用人单位可以解除劳动合同。因此审查员工的学历证书是一个非常重要的环节。

如果忽视审查,使得劳动者以欺诈手段骗取录用,将导致劳动合同无效,提高用人单位的劳动雇佣成本。审查劳动者学历的真实性的方式有两种:一是将资质证书送至专业机构验证,二是登录教育部网站核实学历证书。

2013年7月1日起施行的《劳动合同法》

第二十六条　下列劳动合同无效或者部分无效：

（一）以欺诈、胁迫的手段或者乘人之危，使对方在违背真实意思的情况下订立或者变更劳动合同的；

（二）用人单位免除自己的法定责任、排除劳动者权利的；

（三）违反法律、行政法规强制性规定的。

对劳动合同的无效或者部分无效有争议的，由劳动争议仲裁机构或者人民法院确认。

第三十九条　劳动者有下列情形之一的，用人单位可以解除劳动合同：

（一）在试用期间被证明不符合录用条件的；

（二）严重违反用人单位的规章制度的；

（三）严重失职，营私舞弊，给用人单位造成重大损害的；

（四）劳动者同时与其他用人单位建立劳动关系，对完成本单位的工作任务造成严重影响，或者经用人单位提出，拒不改正的；

（五）因本法第二十六条第一款第一项规定的情形致使劳动合同无效的；

（六）被依法追究刑事责任的。

一点通

1. 用人单位可以要求劳动者在劳动合同或《入职声明》中写明：本人保证提供的学历证明、资格证明工作经历等资料真实，如有虚假，公司可立即解除劳动合同，并不予支付经济补偿。

2. 在企业的规章制度中，应当把劳动者提供虚假用工信息的情况，当作企业可以解除劳动合同情形之一。

八、如何对劳动者进行背景调查？

背景调查通常是用人单位通过第三者对应聘者的情况进行了解和验证。这里的"第三者"主要是指应聘者原来的雇主、同事以及其他了解应聘者的相关人员，或是能够验证应聘者提供资料准确性的机构和个人。

背景调查的内容通常包括应聘者的教育状况、工作经历、个人品质、工作能力等。背景调查主要采取电话、访谈、要求提供推荐信等方式。背景调查也可以聘请代理机构进行。组织在运用背景调查时须遵循以下原则：

第一，只调查与工作有关的情况，并以书面形式记录，以证明将来的录用或拒绝是有依据的；

第二，重点调查核实客观内容，忽略应聘者性格等方面的主观评价内容；

第三，慎重选择第三者，要求对方尽可能依据公开记录来评价求职者的工作情况，避免偏见的影响；

第四，评估调查材料的可靠程度。一般来说，应聘者的直接上级的评价要比人力资源管理人员的评价更为可信；

第五，利用结构化表格，确保不会遗漏重要问题（表1-1）。

表1-1　对应聘人员审查内容及风险应对一览表

序号	审查内容	可能导致的风险	应对措施
1	学历、工作经历等是否真实	招聘失败	利用学位网站查询确认；向原单位核实
2	是否存在潜在疾病	解除劳动合同受限；支付医疗待遇及医疗补助费	入职健康检查
3	年龄是否达到16周岁	行政处罚甚至刑事责任	查验有效身份证明
4	是否与其他企业有未到期的劳动合同	承担连带赔偿责任	查验与其他单位终结劳动关系的证明
5	是否对其他单位负有竞业限制的义务	承担赔偿责任	签订不负有竞业限制承诺书
6	外国人是否办理就业手续	违法、合同无效	查验就业许可证

九、聘任书是否是劳动合同？

聘任书如果明确了聘用期限、聘用人员的职责、工作内容、待遇等条款，即具备了劳动合同的必备条款，这样的聘书可以视为劳动合同。《劳动合同法》第十七条规定的九项必备条款有：

（1）用人单位的名称、住所和法定代表人或者主要负责人；

（2）劳动者的姓名、住址和居民身份证或者其他有效身份证件号码；

（3）劳动合同期限；

（4）工作内容和工作地点；

（5）工作时间和休息休假；

（6）劳动报酬；

(7)社会保险；

(8)劳动保护、劳动条件和职业危害防护；

(9)法律、法规规定应当纳入劳动合同的其他事项。

2013 年 7 月 1 日起施行的《劳动合同法》

第十七条　劳动合同应当具备以下条款：

(一)用人单位的名称、住所和法定代表人或者主要负责人；

(二)劳动者的姓名、住址和居民身份证或者其他有效身份证件号码；

(三)劳动合同期限；

(四)工作内容和工作地点；

(五)工作时间和休息休假；

(六)劳动报酬；

(七)社会保险；

(八)劳动保护、劳动条件和职业危害防护；

(九)法律、法规规定应当纳入劳动合同的其他事项。

劳动合同除前款规定的必备条款外，用人单位与劳动者可以约定试用期、培训、保守秘密、补充保险和福利待遇等其他事项。

案例

【案情介绍】

方某在一家公司工作已经一年了，来公司的时候，没有签订劳动合同。公司聘任方某为销售部总监，颁发了聘期为两年的聘任书，在聘任书中规定了方某的职责、待遇、期限等。现在，公司领导班子调整，原来的经理调走了，新任的经理让方某回家休息，只发生活费。

方某不服质问公司，公司的答复是聘任书不是合同，方某十分疑惑不知道该怎么办？

【案例解析】

这份聘任书应该视为劳动合同。首先根据我国合同法的规定，合同是双方当事人意思表达一致，即合意，便构成合同，同时依据我国现行《劳动法》和相关法规规定，劳动合同应具备以下 7 项必备条款：①劳动合同期限；②工作内容；③劳动保护和劳动条件；④劳动报酬；⑤劳动纪律；⑥劳动合同终止的条件；⑦违反劳动合同的责任。

此案中聘任书中明确注明了聘用期限、聘用人员的职责、工作内容、待遇等，已基本具备以上各项必备条款，并且已经执行了一年。所以，该聘任书应视为劳动合同。公司让方某回家，是单方面变更合同，未经双方协商同意，属于违法行为，方某不服可以在争议发生之日一年内，向劳动争议仲裁委员会提起申诉，以保护自己的合法权益。

十、录用通知有何法律效力？

录用通知的法律效力在我国劳动法中无明确规定，但它在劳动关系的缔结过程中起着十分重要的作用。

（一）录用通知的性质

企业发放录用通知其实是一种要约行为，对企业和员工双方都有约束力。录用通知的法律性质属于要约的性质，可以比照《劳动合同法》中对要约的规定处理。

对于用人单位来说，其一经发出到达劳动者后即生效，用人单位不得撤销；对于劳动者来说，其收到录用通知书，可以选择承诺或放弃，一旦选择承诺，双方合同即告成立。

（二）录用通知的效力

录用通知一经生效，用人单位就无权撤销，如用人单位单方撤销的话，则视为违约，劳动者可证明其因为企业的违约行为造成的损害，向该用人单位索赔。

如果企业发放录用通知后，虽然双方未签订劳动合同，但该员工已经事实上履行了劳动义务，则双方实际上已经形成了事实劳动关系。在这种情况下用人单位单方撤销的话，就构成了《劳动合同法》中的违法解除劳动合同的情形，该员工可向仲裁委申请仲裁。

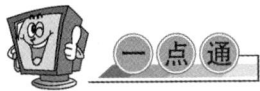

一点通

1. 录用通知一经生效，用人单位就无权撤销，如用人单位单方撤销的话，则视为违约；劳动者可证明其因为企业的违约行为造成的损害，向该用人单位索赔。

2. 录用通知中一定要规定候选人在指定的时间内作出承诺或拒绝的回复。否则候选人拿着录用通知可以随时拒绝或入职，将给企业造成很大的人事安排困扰。

3. 在录用通知中写上"签署后不入职应当赔偿企业损失"的条款。如果录用通知中具备"劳动者承诺后不入职的赔偿条款和具体金额或者招聘费用等",则企业完全可以主张候选人损失赔偿。如果有可能,在录用通知中注明企业会为该候选人入职进行哪些具体准备,这些准备所支出的成本,并注明这些将计入损失赔偿额。

案例

用人单位发出录用通知后又拒绝录用,被判赔偿损失

【案情介绍】

2009年5月9日,上海某技术有限公司向王某发出录用通知,表示技术公司已决定聘用王某。录用通知对试用期、薪资标准等作了说明,并明确技术公司将为王某提供必要的录用资料、做完体检后为其办理相应的聘用手续、签订劳动合同。录用通知规定,如果体格检查不合格,将不能被录用;体检不合格的情况包括传染病、生理缺陷、职业障碍等。

2009年8月9日,王某到医院进行了体检。同日,王某向原工作单位提出辞职,一周后原单位同意王某辞职。医院出具的体检报告表明王某左肾缩小,左肾复发囊肿,左肾复发性结石。技术公司遂以王某体检不合格、不符合体检标准为由,于2010年10月10日正式拒绝录用王某。王某于是提起诉讼,要求技术公司赔偿损失。

【案例解析】

医院的体检结论"王某左肾缩小,左肾复发囊肿,左肾复发性结石"不属于国家法律法规规定不适合工作的病种,并且录用通知中也未明确列明这属于体检不合格的情况,因此,技术公司以此拒绝与王某订立劳动合同存在过错,应承担责任;王某在体检报告未作出时便辞去原职也有失审慎,因此有一定过错,也应承担一定责任。

法院因此判决,技术公司应对王某的合理损失承担70%的赔偿责任。按王某在原工作单位的收入每月5000元的标准,认定王某失业及再就业期间的合理损失总额为12500元,技术公司应承担8750元。

录用通知生效后,对企业具有法律效力,不得撤销;如果企业不执行已生效的录用通知,应当赔偿候选人的实际损失。在该案中,王某收到录用通知后,入职邀请已经生效。王某的体检结论不在录用通知规定的体检不合格的范围之内,应当认定为合格。企业拒绝录用,违背了信用原则。

而王某已经辞去原职,企业违背诚信的行为给王某造成了损失,法院因此判决企业赔偿王某损失。值得注意的是,该案中,法院认为,尽管实际上体检报告的结论是合格的,但王某在体检报告作出之前就辞职不够审慎,本身也有过错。法院这种观点是否正确,值得商榷。

十一、如何做好录用通知的法律风险防范?

录用通知的注意事项见图 1-1。

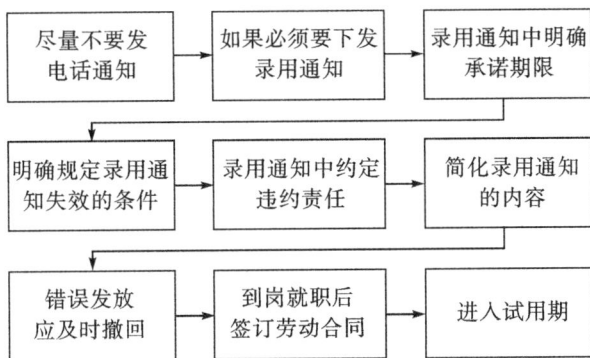

图 1-1　录用通知的注意事项

为了降低企业发出录用通知后,发现候选人有新的不适用情形而形成的风险,企业在准备录用通知过程中应当注意以下方面。

(一)背景调查很重要

对于重要职位,发出录用通知前进行背景调查非常重要及有用,因为这能帮助企业注意到很多未注意到的具体问题,从而在事前澄清。

(二)录用通知要约定有效期,并明确规定

若候选人未在指定时间内书面回复,则邀请函失效。明确约定如果应聘者在录用通知载明的时间未报到,录用通知将失效,用人单位可另招新人。

(三)录用通知生效的条件应当尽量明确

比如携带个人资料、体检结果、满足某些录用条件,否则用人单位将不予录用。如果企业对体格要求较高,应当注明只有在企业书面确认体检合格后,录用通知才生效。

(四)录用通知也可载明违约责任

如果应聘者在录用通知约定的时间内未到,或者报到办理了入职,但是未实际到用人单位工作,用人单位可要求该应聘者承担相应的责任,比如重新应聘该岗位所发生的必要费用、其他支出的成本。

(五)内容必须与即将签订的劳动合同保持一致

录用通知中的内容必须与即将签订的劳动合同保持一致,尤其是薪资待遇及岗位等,或者在录用通知中明示,一旦内容与劳动合同内容相左,以劳动合同为准。

案例

【案情介绍】

石某与某公司签订了录用通知。录用通知中规定,如果石某不入职就得赔付公司2万元;如果公司取消录用通知,也要赔偿石某2万元。

后来石某到另一家公司面试,发现机会更好,便通知某公司拒绝入职。某公司遂要求石某赔偿2万元。

【案例解析】

签了录用通知而不入职的行为,是违反《劳动合同法》中关于"诚实信用"的规定的。这种行为给对方造成实际损失的,应当赔偿损失。

该案中,石某签收了录用通知而不入职,已违背诚实信用原则,应当承担缔约过失责任,企业可以主张赔偿损失。

值得注意的是,根据《劳动合同法》第四十二条,该案中的企业只能主张赔偿实际损失,而实际损失必须根据实际情况计算,并且有证据证明,除实际损失之外的任何约定均属无效。因此该案中某公司要求赔偿2万元的损失是否能得到支持,要看其是否能证明自己有2万元的损失。

在更多的情况下,很多公司的录用通知中约定了不入职的违约金。这一主张能不能得到法院的支持?法律没有明确的规定,目前也尚无这方面的判决可以参考。但根据《劳动合同法》的规定,这一主张很可能不会得到支持。因为,根据《劳动合同法》的规定,企业不得约定员工离职时支付违约金,除非是"特别培训""保密""竞业限制"等特殊情形。而该案中,石某尚未入职,劳动关系尚未建立,不存在这些特别情形。

【日常实操】

1. 录用通知中一定要规定候选人在指定的时间内回复,作出承诺或拒绝。否则候选人拿着录用通知可以随时拒绝或入职,将给企业造成很大的人事安排困扰。

2. 在录用通知中写上"签署后不入职应当赔偿企业损失"的条款。

3. 如果有可能,在录用通知中注明企业会为该候选人的入职进行哪些具体准备,这些准备所支出的成本,并注明这些将计入损失赔偿额。

4. 不推荐企业在录用通知中约定违约金的做法。

第二节　入职管理

招聘管理是避免劳动纠纷的第一道"防火墙"！如何做好招聘,从很多书中、网站上都可以学到很多技巧。用人单位在招聘的时候,都有选拔人才的标准,这样可以构建起第一道"防火墙",可以规避跟企业价值观不一样的员工。入职管理是避免劳动纠纷的第二道"防火墙",包括做岗前培训、签订书面劳动合同、填写入职资料等。

一、劳动者的入职风险来源于哪些方面?

入职风险来源于三方面:劳动者个人问题、劳动者原属单位、人力资源工作者。

(一)劳动者个人问题

劳动者个人带来的风险及应对策略见表 1-2。

表 1-2　劳动者个人带来的风险及应对策略

风险	应对策略
已经办理离职手续?	新入职劳动者需要提供《离职证明》或者《劳动合同解除报告书》等资料,查看解除劳动合同的理由
与原单位有过劳动争议?	填写《入职声明书》,让劳动者标注是否有劳动争议
是否签订竞业限制协议?	填写《入职声明书》,同时进行背景调查,可以防止用人单位成为竞业限制或者培训协议违约的连带责任人,也可以防止用人单位与未解除劳动关系的劳动者建立劳动关系给原单位造成损失而成为被诉人
是否有严重疾病?	可以让劳动者提供体检报告
工作履历、学历证书、证件等是否真实?	审查劳动者的学历证书;对工作履历进行背景调查
已经退休并领取退休金?	提供退休证,并签订《退休返聘协议》
是否已经毕业?	若已毕业,则签订劳动合同。如果未领取毕业证书,则签订《实习协议》,属于劳务关系

（二）劳动者原属单位

劳动者原属单位存在问题带来的风险及应对策略见表1-3。

表 1-3   劳动者原属单位存在问题带来的风险及应对策略

风险	应对策略
单位未办理解聘，导致新单位无法办理就业，无法为劳动者缴纳社保	新入职劳动者需要提供《离职证明》或者《劳动合同解除报告书》等资料
单位未缴纳社会保险，劳动者发生工伤或者疾病时，无法医疗报销或者享受生育津贴	入职前咨询劳动者社保缴纳情况是否中断

（三）人力资源工作者

人力资源工作者入职手续不严格带来的风险及应对策略见表1-4。

表 1-4   人力资源工作者入职手续不严格带来的风险及应对策略

风险	应对策略
没有审核劳动者提供的资料是否真实	可以通过网站、背调等方式进行审核和验证
未办理入职手续	填写入职相关的各种资料，比如《入职登记表》《入职声明书》等
签订各种合同、协议	根据劳动者性质签订各种协议： 1)全日制填写劳动合同； 2)兼职人员填写《兼职协议》； 3)大学生填写《实习协议》； 4)退休人员填写《退休返聘协议》； 5)以上所有劳动者都要签订《保密协议》
重要核心岗位、高管未签订竞业限制协议	企业根据情况选择签订
没有查看和收取劳动者证件复印件	要留存劳动者的身份证复印件、学历证书复印件、职称证书复印件、其他证件复印件，同时要对学历证书、职称证书等进行审查
未对劳动者进行岗前规章制度的培训	需要进行岗前培训，讲解公司重要的规章制度，比如薪资、考勤、请假等
核心岗位等未进行背景调查就录用	进行背景调查，可以防止用人单位成为竞业限制或者培训协议违约的连带责任人，也可以防止用人单位与未解除劳动关系的劳动者建立劳动关系给原单位造成损失而成为被诉人

一点通

1. 劳动者入职前的健康体检是非常有必要的,因此,可以在劳动者入职前,要求其提供正规的体检报告或者要求其到指定的医院参加体检。

2. 在劳动者入职前,应要求求职者提供身份证以及与应聘职位相关的学历证明和各种资格证明,并保存其复印件。而且为了验证真假,对于相关资格证书可以送至专业机构验证,或登录相关网站查询等。

3. 在劳动者入职前,应当审查其是否还存在有效的劳动合同,是否属于企业停薪留职人员、未达到法定退休年龄的内退人员、待岗人员以及企业经营性停产放长假人员等,因此可以要求入职前,劳动者提供一份前用人单位出具的离职证明。

4. 对于知识性、技术性或者从事重要岗位的劳动者,人力资源工作者在必要时要与原单位进行确认,并制作书面确认文件,如果劳动者与原单位签订了竞业限制协议,而且本单位在限制竞争公司范围内,建议对该劳动者不予录用,避免连带责任。

5. 劳动者在入职当天,要及时与其签订劳动合同和岗位确认书以及规章制度的送达声明,如果可以的话,应当将重要制度文本副本发放职工并要求签收。

做到以上这五项措施,就能够有效地避免劳动者因为入职问题跟公司产生不必要的劳动纠纷。

二、如何做好入职风险防范?

(一)做好入职资料的收集和填写

1. 让新入职劳动者提供《离职证明》或者《劳动合同解除报告书》等资料。

2. 签订《入职声明书》、劳动合同等。

3. 进行背景调查,可以防止用人单位成为竞业限制或者培训协议违约的连带责任人,也可以防止用人单位与未解除劳动关系的劳动者建立劳动关系给原单位造成损失而成为被诉人。

(二)严格审核劳动者上交的资料

1. 严格审核劳动者上交的各种资料。

2. 验证劳动者的个人信息:背景年龄、联系方式、地址等。

3. 如果劳动者跟原属单位存在问题,应解决后,再办理录用或者入职手续。

(三)为防止发生劳动者入职连带赔偿的风险,用人单位可采取的补救措施

1. 在劳动合同中约定,如果劳动者与其他用人单位尚有法定或者约定义务的视为不符合录用条件,用人单位可以此为由与其解除劳动关系,试用期过后,可以劳动者存在欺诈为由与其解除劳动合同。

2. 用人单位可以书面与劳动者约定,如果因此而致使企业承担赔偿责任的,用人单位可以向劳动者追偿。

3. 对于劳动者原属单位的风险,要终止在劳动者身上而不是转嫁给企业。

案例

【案情介绍】

宗某于 2005 年到 A 公司上班,后 A 公司在全国成立分支机构上海分公司 B 公司,同时在北京建立总公司 C,同时与 D 公司合作成立 E 公司。

宗某与 2009 年与 A 公司解除劳动关系,到 E 公司工作至 2013 年,后在 E 公司办理离职手续,回 A 公司工作,负责 B 公司的主要业务,受 B 公司的直接管辖,但是保险在 A 公司缴纳,劳动合同也是与 A 公司签订的,工资一部分由 A 公司发放,一部分由 B 公司发放。

2015 年 9 月份,B 公司以宗某不适岗为由,将其辞退,现宗某将 A 公司诉至劳动争议仲裁委员会,要求:赔付解除劳动关系的经济赔偿金、B 公司拖欠的提成等。请问:宗某的工作年限? 劳动关系所属单位? B 公司能否解除劳动关系?

【案例解析】

1. 宗某的工作年限:2005 年 1 月—2015 年 9 月。

2. 劳动关系所属单位:B 公司,因为其工作职责是负责 B 公司的主要业务,受 B 公司的直接管辖。

3. B 公司能否解除劳动关系:可以解除,B 单位授权、A 单位解除。

经济补偿金:宗某于 2009 年与 A 公司解除劳动关系时,如果在 A 公司已经领取过,则 2015 年 9 月份解除劳动合同时,公司无须支付;若未领取,则 2015 年 9 月份合计领取。

三、企业如何建立员工档案?

员工档案也叫职工档案,是指企业劳动、人事部门在招用、调配、培训、考核、奖惩和任用等工作中形成的有关职工个人经历、政治思想、业务技术水平、工作表现以

及工作变动等情况的文件材料,是全面考察职工的依据。职工档案是国家档案的组成部分。

日常实操中,我把员工档案分为两种类型:一是公司内部建立的详细的人事档案,包括员工在本公司的入职、任职、离职等所有资料;二是员工从上小学到现在的社会档案,档案一般由企业代员工存放在有管理资质的单位保管。

> 2008年9月18日起施行的《劳动合同法实施条例》
>
> 第八条　劳动合同法第七条规定的职工名册,应当包括劳动者姓名、性别、公民身份号码、户籍地址及现住址、联系方式、用工形式、用工起始时间、劳动合同期限等内容。

案例

【案情介绍】

某公司生产部吴经理2008年入职,获选为2012年的年度优秀员工。最近,吴经理向分管副总提出离职,他希望有更好的发展平台。分管副总高度重视,希望和吴经理好好沟通一下,要人力资源部提供吴经理的档案。

但人力资源部没有找到吴经理的档案,只找到一份入职时签订的合同。人力资源部了解到,吴经理是熟人介绍的,直接过来上班,没有个人档案。经过内部整理,有的员工没有档案,有的档案不全,还有的档案没有更新。

请结合本案例分析,企业如何建立员工档案?

【案例解析】

(一)档案管理内容

员工档案管理是指对在职员工的入职信息、员工简历、劳动合同、薪酬调整、异动等资料管理的统称。档案管理的内容包括以下几方面。

1. 劳动合同及协议:主要是劳动合同,竞业禁止协议,保密协议等。

2. 履历材料:是指个人经历和基本情况,包括个人简历表、履历表、员工登记表等。

3. 培训材料:内部培训、外部培训、专项研讨会等。

4. 岗位技能和学历材料:包括评定专业技能的考绩,学历、学位、培训结业成绩。

5. 异动资料:包括员工入职、员工离职、员工晋升、薪酬变更等资料。

(二)档案管理制度

公司要建立档案管理制度。由于员工档案记录员工个人在职信息,所以应该进行保密管理,保证档案安全。分管领导调阅应该授权处理。此外,员工档案信息要注意信息变动后的更新。

四、如何防止劳动者兼职给用人单位造成损失?

根据《劳动合同法》第九十一条规定:"用人单位招用与其他用人单位尚未解除或者终止劳动合同的劳动者,给其他用人单位造成损失的,应当承担连带赔偿责任。"

为了避免劳动者在外兼职给企业造成损失,用人单位要提前做好风险预防,通过避免利益冲突条款的约定,限制劳动者的兼职行为。用人单位可以在劳动合同和规章制度中事先做出规定。

1. 将兼职作为严重违反企业规章制度的规定,一经发现就可以解除劳动合同。

2. 员工在外兼职,事先未向企业报告的,企业则可以此为由立即解除劳动合同。

3. 如员工有兼职行为,则企业要收集、提供证据,用人单位对员工提出改正。员工拒不改正或事先未报告,企业可以解除劳动合同。

五、员工登记表能否代替劳动合同?

员工登记表只是一份员工档案,是劳动者在向用人单位求职后,用人单位同意录用后在其进公司时所使用的登记表。员工登记表与劳动合同并非同一概念,员工登记表是劳动者单方登记的,用人单位未在该登记表上签字盖章。

除非员工登记表具备劳动合同必备条款,具备劳动合同中必须约定的九项内容以及双方权利、义务约定明确等内容,才能被视为一份劳动合同。

案例

【案情介绍】

姜某于2008年2月28日进入某公司工作,双方未签订劳动合同,只填写了一份员工登记表。登记表上约定姜某工作期限为一年,即自2008年2月28日起至2009年2月28日止,同时约定姜某工作职务为内销主管,月薪工资为6000元,每日工作时间为8小时,但某公司未按月支付姜某工资,姜某每月借支50%工资作为生活费。

2008年7月28日,姜某因某公司开发室合并而停工,姜某要求结算工资,某公司同意予以结算,姜某2月28日至7月28日工作期间工资总额为30000元,扣除已借支的15000元,剩余工资为15000元,某公司于2008年8月7日出具了该工资结算单,并于当日支付了姜某工作期间的全部剩余工资15000元,姜某也在该工资结算单上签字注明"工资清"字样,姜某领取了该款项后便离开公司。

2008年9月3日,姜某要求某公司支付其2008年2月28日至7月28日工作期间未签订劳动合同二倍工资,共计人民币30000元(60000元扣除已领取30000元)。请问:某公司是否应当支付姜某二倍工资?

【案例解析】

该案是一起用人单位结清劳动者全部工资后,劳动者以未签订劳动合同为由要求支付二倍工资引发的劳动报酬争议案件。

根据《劳动合同法》第十六条的规定,劳动合同由用人单位与劳动者协商一致,并经用人单位与劳动者在劳动合同文本上签字或者盖章生效。劳动合同文本由用人单位与劳动者各执一份。第十七条规定,劳动合同应当具备以下条款:

(1)用人单位的名称、住所和法定代表人或者主要负责人;

(2)劳动者的姓名、住址和居民身份证或者其他有效身份证件号码;

(3)劳动合同期限;

(4)工作内容和工作地点;

(5)工作时间和休息休假;

(6)劳动报酬;

(7)社会保险;

(8)劳动保护、劳动条件和职业危害防护;

(9)法律、法规规定应当纳入劳动合同的其他事项。

用人单位结清劳动者工资后,劳动者是否有权申请支付未签订劳动合同二倍工资?根据《劳动合同法》第八十二条第一款的规定,用人单位自用工之日起超过一个月不满一年未与劳动者订立书面劳动合同的,应当向劳动者每月支付二倍的工资。也就是说,用人单位必须支付一月双倍工资,这是法律对用人单位不签订劳动合同加大的责任,是一种惩罚性的行为,故劳动者同时可以申请支付未签订劳动合同的二倍工资。

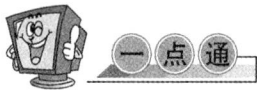

一点通

个别用人单位在劳动者入职时,不签订书面劳动合同,发生劳动争议时又以入职登记表、劳动者信息、花名册等试图替代劳动合同,以避免承担二倍工资的责任,是错误的,除非这些资料具备劳动合同的必备条款。

六、用人单位能否收取劳动者的押金、保证金？

《劳动合同法》第九条规定，用人单位招用劳动者，不得扣押劳动者的居民身份证和其他证件，不得要求劳动者提供担保或者以其他名义向劳动者收取财物。

因此用人单位不能收取劳动者的押金、保证金，违反本法规定，以担保或者其他名义向劳动者收取财物的，劳动行政部门可责令用人单位限期退还劳动者本人，并以每人 500 元以上 2000 元以下的标准处以罚款；给劳动者造成损害的，还应当承担赔偿责任。

2013 年 7 月 1 日起施行的《劳动合同法》

第八十四条　用人单位违反本法规定，扣押劳动者居民身份证等证件的，由劳动行政部门责令限期退还劳动者本人，并依照有关法律规定给予处罚。

用人单位违反本法规定，以担保或者其他名义向劳动者收取财物的，由劳动行政部门责令限期退还劳动者本人，并以每人五百元以上二千元以下的标准处以罚款；给劳动者造成损害的，应当承担赔偿责任。

劳动者依法解除或者终止劳动合同，用人单位扣押劳动者档案或者其他物品的，依照前款规定处罚。

七、哪些入职手续能降低风险？

如果说招聘管理是降低劳动风险的第一道"防火墙"，则入职手续是降低劳动风险的第二道"防火墙"。以下资料入职前或者入职时需要跟劳动者签订或者让劳动者本人填写的，表 1-5 是企业内部员工的人事档案目录，可供参考。

表 1-5　企业内部员工人事档案目录参考表

序号	分类	名称	备注
1	招聘用	职位申请表	面试用
2		性格测试问卷	面试用
3	公司内部存档	新员工入职登记表	入职填写
4		员工入职声明书	入职填写
5		规章制度承诺书	入职填写
6		保密协议	入职填写
7		劳动合同	入职填写

（续表）

序号	分类	名称	备注
8	公司内部存档	兼职/实习协议/退休返聘	兼职人员填写《兼职协议》
9			大学生填写《实习协议》
10			退休人员填写《退休返聘协议》
11		培训服务协议	每次2份
12		竞业限制	根据情况填写（高管、高级技术人员等）
13		签订劳动合同通知书	员工不签订劳动合同的时候出具
14		社保通知函＋自愿放弃社保声明书	员工不缴纳社保的时候出具
15		员工培训明细	签订培训服务协议的需要有明细
16		毕业证、学位证书	人力资源工作者亲自用原件进行复印
17		职称或资格证书	人力资源工作者亲自用原件进行复印
18		身份证复印件/户口本复印件	二选一，人力资源工作者亲自用原件进行复印
		《岗位说明书》	告知员工工作内容
		《绩效考核表》/《绩效合同》	二选一，告知员工考核指标内容
19	外部个人	解除劳动合同通知书/离职证明	二选一，员工入职时上交上家单位的资料
20		其他资料	

第三节　试用管理

试用期是包括在劳动合同期限内，用人单位对劳动者是否合格进行考核，劳动者对用人单位是否符合自己要求也进行考核的期限，是一种双方双向选择的表现。

从公司层面讲，试用期的存在让用人单位有了足够的时间对新人的综合能力素质进行考核，他们可以通过一段时间的工作表现为职场新人进行综合评估。而且，员工的薪水高低也和能力有关，试用期的存在刚好有利于企业给员工定薪。在这段时间内，企业还会安排培训；在转正之后，也会根据情况进行加薪。实际上，试用期内企业所花费的成本并不低，这一切的目的都是激励员工在试用期期间快速成长。

从新员工的角度来说，他们可以利用这段不短的时间，从内部对公司进行审视，公司是不是真的合适、未来是不是真的有前途。因此,这也是自己的一次选择机会。因为试用期内,只要劳动者对企业不满意,劳动者在试用期内提前三日通知用人单位,可以解除劳动合同;而正式的劳动者提前三十日以书面形式通知用人单位,可以解除劳动合同。

一、社会保险的种类有哪些?

为了规范社会保险关系,维护公民参加社会保险和享受社会保险待遇的合法权益,使公民共享发展成果,促进社会和谐稳定,由中华人民共和国第十一届全国人民代表大会常务委员会第十七次会议于 2010 年 10 月 28 日通过了《中华人民共和国社会保险法》,社会保险共有五种类型。

2019 年国务院办公厅印发《关于全面推进生育保险和职工基本医疗保险合并实施的意见》,提出了生育保险和职工基本医疗保险进行合并。因此,社会保险现有四种类型。

(一)养老保险

1. 职工应当参加基本养老保险,由用人单位和职工共同缴纳基本养老保险费。无雇工的个体工商户、未在用人单位参加基本养老保险的非全日制从业人员以及其他灵活就业人员可以参加基本养老保险,由个人缴纳基本养老保险费。

2. 中间可以中断。对于养老保险来说,同城和异地没多大区别,中间都是可以中断的。养老保险到最后是累计年限的,交得越多,养老金也越多。

3. 退休年龄是关键。相关条例规定,个人缴费年限累计满 15 年的,退休后按月发给基本养老金。实际上,不是缴费满 15 年就能够退休,退休年龄才是最重要的一环,不到法定退休年龄,即使已经缴了 30 年的养老保险,也暂不能退休。

(二)工伤保险

1. 社会保险经办机构根据用人单位使用工伤保险基金、工伤发生率和所属行业费率档次等情况,确定用人单位缴费费率。

2. 工伤认定和劳动能力鉴定应当简捷、方便。职工因工作原因受到事故伤害或者患职业病,且经工伤认定的,享受工伤保险待遇。其中,经劳动能力鉴定丧失劳动能力的,享受伤残待遇。

3. 工伤鉴定有期限。员工发生工伤应马上报告单位,把所需出具的证据和事故鉴定书、看病或住院的病历交给单位,让单位拿着这些材料去做工伤鉴定。单位必须在一个月内把有效材料送到工伤鉴定中心,不然就过期了。

4. "48 小时"是个门槛。工伤保险中有一个值得关注的规定,那就是在工作岗位发病,并在 48 小时内死亡的,会被认定为工伤;如果是发病后超过 48 小时死亡的,就不会被认定为工伤。

(三)失业保险

1. 失业人员符合下列条件的,从失业保险基金中领取失业保险金:

(1)失业前用人单位和本人已经缴纳失业保险费满一年的;

(2)非因本人意愿中断就业的;

(3)已经进行失业登记,并有求职要求的。

2. 非因本人意愿中断就业的,包括下列情况:

(1)终止劳动合同的,即合同到期;

(2)被用人单位解除劳动合同的;

(3)被用人单位开除、除名和辞退的。

(四)医疗保险

职工医疗保险(简称"职工医保")覆盖以下人员。

1. 本市行政区域内的机关、社会团体、企业、事业单位、民办非企业单位、其他组织和有雇工的个体工商户等用人单位及其在职职工和退休(职)人员,应当按照规定参加职工医疗保险。

2. 无雇工的个体工商户、非全日制从业人员及其他灵活就业人员可以按照各省市的规定参加职工医疗保险。

3. 未在用人单位参加职工基本医疗保险的非全日制从业人员以及其他灵活就业人员可以参加职工基本医疗保险,由个人按照国家规定缴纳基本医疗保险费。

4. 建议告知员工在街道门诊进行签约,因为常用药品的报销比例非常高,一般在 70%～80%。如果是大病住院,记得提前转档案到所治疗的医院,等出院无须治疗时再转回街道门诊。

2011 年 7 月 1 日起施行的《中华人民共和国社会保险法》(部分)

第二条 国家建立基本养老保险、基本医疗保险、工伤保险、失业保险、生育保险等社会保险制度,保障公民在年老、疾病、工伤、失业、生育等情况下依法从国家和社会获得物质帮助的权利。

第十六条 参加基本养老保险的个人,达到法定退休年龄时累计缴费满十五年的,按月领取基本养老金。

参加基本养老保险的个人,达到法定退休年龄时累计缴费不足十五年的,可以缴费至满十五年,按月领取基本养老金;也可以转入新型农村社会养老保险或者城镇居民社会养老保险,按照国务院规定享受相应的养老保险待遇。

第二十七条　参加职工基本医疗保险的个人，达到法定退休年龄时累计缴费达到国家规定年限的，退休后不再缴纳基本医疗保险费，按照国家规定享受基本医疗保险待遇；未达到国家规定年限的，可以缴费至国家规定年限。

第三十三条　职工应当参加工伤保险，由用人单位缴纳工伤保险费，职工不缴纳工伤保险费。

第三十四条　国家根据不同行业的工伤风险程度确定行业的差别费率，并根据使用工伤保险基金、工伤发生率等情况在每个行业内确定费率档次。行业差别费率和行业内费率档次由国务院社会保险行政部门制定，报国务院批准后公布施行。

社会保险经办机构根据用人单位使用工伤保险基金、工伤发生率和所属行业费率档次等情况，确定用人单位缴费费率。

第四十四条　职工应当参加失业保险，由用人单位和职工按照国家规定共同缴纳失业保险费。

第四十五条　失业人员符合下列条件的，从失业保险基金中领取失业保险金：

（一）失业前用人单位和本人已经缴纳失业保险费满一年的；

（二）非因本人意愿中断就业的；

（三）已经进行失业登记，并有求职要求的。

第四十六条　失业人员失业前用人单位和本人累计缴费满一年不足五年的，领取失业保险金的期限最长为十二个月；累计缴费满五年不足十年的，领取失业保险金的期限最长为十八个月；累计缴费十年以上的，领取失业保险金的期限最长为二十四个月。重新就业后，再次失业的，缴费时间重新计算，领取失业保险金的期限与前次失业应当领取而尚未领取的失业保险金的期限合并计算，最长不超过二十四个月。

第四十七条　失业保险金的标准，由省、自治区、直辖市人民政府确定，不得低于城市居民最低生活保障标准。

一点通

1. 根据《国务院办公厅关于全面推进生育保险和职工基本医疗保险合并实施的意见》（国办发〔2019〕10号），各个省市开始实施生育保险和职工基本医疗保险合并，自此"五险"变成"四险"。比如山东省青岛市从2020年1月1日开始实施合并。

2. 本次合并实施,山东省文件对生育津贴享受条件做了进一步完善,原则上仍然要求连续缴纳医疗保险费满12个月,基本医疗保险基金按规定支付生育津贴,但对缴费不满12个月的情形做了更为人性化的安排:即生育时已参保但连续缴费不满1年的,待用人单位为职工连续足额缴费满1年后,由基本医疗保险基金补支职工生育津贴。这一规定,对于连续缴费不满12个月的生育女职工来讲,是一项重要的政策突破。

3.《女职工劳动保护特别规定》(国务院令第619号)中明确规定,女职工生育享受98天产假;难产的,增加产假15天;生育多胞胎的,每多生育1个婴儿,增加产假15天。女职工怀孕未满4个月流产的,享受15天产假;怀孕满4个月流产的,享受42天产假。《山东省人口与计划生育条例》明确规定,符合计划生育规定的,除国家规定的产假外,增加产假60天。

4. 关于生育津贴各地之间的政策有些许差异,具体的缴费基数以各地政策为准,比如青岛市:

1)2020年1月1日以后,初次参加职工医保的参保人员(包括中断缴费超过3个月后又重新参保的人员),只有连续缴费满6个月后,才可以正常享受生育医疗费待遇。缴费不满6个月期间生育的,生育医疗费不予报销。

2)在明确生育津贴的支付天数和计发标准方面,青岛市"两险"合并实施后,自2020年1月1日起女职工按照《女职工劳动保护特别规定》享受的产假,将由医保基金按照具体天数支付生育津贴。女职工按照《山东省人口与计划生育条例》规定增加的产假60天、护理假,视为出勤,工资由用人单位照发,福利待遇不变。

二、试用期需要缴纳社会保险吗?

很多用人单位为了不给劳动者缴纳社会保险,试用期期间都不签订书面的劳动合同,更不愿意缴纳社保。试用期也要缴纳社会保险,这属于国家强制性缴纳。就跟买车一样,你可以不买商业保险,但是必须购买交强险才可以上路,否则就会被处罚。

1. 用人单位未为劳动者建立社会保险关系、未足额缴纳社会保险或者未按照险种全数缴纳社会保险,既属于用人单位与劳动者之间的纠纷,也属于因社会保险发生的争议,属于劳动争议。但是社会保险补缴不属于劳动争议,由社会保险稽核部门处理。

2. 用人单位如果不参加社会保险、只参加部分险种、不按劳动者工资水平缴纳社保,均属未依法缴纳,将会有两种风险:

（1）被社会保险费征收机构责令其限期缴纳或者补足，还面临着缴纳滞纳金和罚款的风险；

（2）劳动者以此解除劳动合同，用人单位必须支付经济补偿金，并承担由此给劳动者造成的损失。

2013 年 7 月 1 日起施行的《劳动合同法》

第三十八条　用人单位有下列情形之一的，劳动者可以解除劳动合同：

（一）未按照劳动合同约定提供劳动保护或者劳动条件的；

（二）未及时足额支付劳动报酬的；

（三）未依法为劳动者缴纳社会保险费的；

（四）用人单位的规章制度违反法律、法规的规定，损害劳动者权益的；

（五）因本法第二十六条第一款规定的情形致使劳动合同无效的；

（六）法律、行政法规规定劳动者可以解除劳动合同的其他情形。

用人单位以暴力、威胁或者非法限制人身自由的手段强迫劳动者劳动的，或者用人单位违章指挥、强令冒险作业危及劳动者人身安全的，劳动者可以立即解除劳动合同，不需事先告知用人单位。

2008 年 5 月 1 日起施行的《中华人民共和国劳动争议调解仲裁法》

第二条　中华人民共和国境内的用人单位与劳动者发生的下列劳动争议，适用本法：

（一）因确认劳动关系发生的争议；

（二）因订立、履行、变更、解除和终止劳动合同发生的争议；

（三）因除名、辞退和辞职、离职发生的争议；

（四）因工作时间、休息休假、社会保险、福利、培训以及劳动保护发生的争议；

（五）因劳动报酬、工伤医疗费、经济补偿或者赔偿金等发生的争议；

（六）法律、法规规定的其他劳动争议。

2011 年 7 月 1 日实施的《中华人民共和国社会保险法》

第六十三条　用人单位未按时足额缴纳社会保险费的，由社会保险费征收机构责令其限期缴纳或者补足。

用人单位逾期仍未缴纳或者补足社会保险费的，社会保险费征收机构可以向银行和其他金融机构查询其存款账户；并可以申请县级以上有关行政部门作出划拨社会保险费的决定，书面通知其开户银行或者其他金融机构划拨社会保险费。用人单位账户余额少于应当缴纳的社会保险费的,社会保险费征收机构可以要求该用人单位提供担保,签订延期缴费协议。

用人单位未足额缴纳社会保险费且未提供担保的,社会保险费征收机构可以申请人民法院扣押、查封、拍卖其价值相当于应当缴纳社会保险费的财产,以拍卖所得抵缴社会保险费。

第八十六条　用人单位未按时足额缴纳社会保险费的,由社会保险费征收机构责令限期缴纳或者补足,并自欠缴之日起,按日加收万分之五的滞纳金;逾期仍不缴纳的,由有关行政部门处欠缴数额一倍以上三倍以下的罚款。

三、灵活就业人员如何缴纳社会保险?

(一)灵活就业人员的社保缴纳

灵活就业人员是指没有固定的工作、失业或再就业的人员。比如快递、家政、网约车、维修、外卖人员、新媒体主播等。灵活就业人员缴费基数的选择有以下两种:

第一种:在全省全口径职工平均工资的60%～300%之间自行选择缴费基数;

第二种:以全省全口径职工平均工资的60%、80%、100%、200%、300%五档中任一一档作为缴费基数。

1. 养老保险的缴费比例为20%,其中8%入个人账户,12%入社会统筹基金。累计缴费15年,男满60周岁、女满50周岁、女干部满55周岁,可按月领取养老金。

2. 灵活就业人员的医疗保险,缴费比例为10%。灵活就业人员按照个人缴费基数的10%缴纳。比如,青岛市的灵活就业人员自2018年1月1日起可自主选择单独缴纳养老保险或者同时缴纳养老和医疗两险。灵活就业人员本人可到委托代扣代缴社保费的银行去办理社会缴纳,青岛市的委托银行是交通银行。

(二)社保的办理

灵活就业人员凭本人身份证或户口本原件及复印件到交通银行指定网点或参保所在地指定代办机构办理参保缴费。失业人员在领取失业保险金期间应当缴纳的医疗保险费,从失业保险基金中支付。

案例

员工以灵活就业人员参保,单位能否不缴纳社保?

【案情介绍】

黄某是某加工店(个体工商户)员工,双方未签订书面劳动合同。2011年4月至

2013 年 3 月,某加工店每月支付黄某社会保险费 288 元,合计 6912 元;2013 年 4 月至 6 月,某加工店也未支付黄某社保费。2011 年 4 月至 2013 年 6 月,黄某本人以灵活就业人员的形式参加社会保险,个人缴纳基本养老保险及基本医疗保险两个险种。

双方于 2013 年 6 月 7 日解除劳动关系。黄某遂提起仲裁及诉讼,请求某加工店返还自己已垫付的社保费。最终法院判决某加工店应当返还黄某社会保险费差额 2764.63 元。

【案例解析】

社会保险制度是保障公民在年老、疾病、工伤、失业、生育等情况下依法从国家和社会获得物质帮助的权利,属于国家强制性保险。《劳动法》规定,在劳动关系存续期间,用工单位和劳动者必须依法参加社会保险,缴纳社会保险费。

黄某与某加工店之间虽未签订劳动合同,但形成了事实劳动关系,故某加工店应当依法为黄某建立社会保险关系,并缴纳社保费。

虽然某加工店每月发给黄某工资包含社保费 288 元,而黄某也选择以灵活就业人员的身份参加社会保险,缴纳基本养老保险及基本医疗保险,但不能以此推定黄某属于《社会保险法》所规定的"其他灵活就业人员",更不能免除用人单位依法应当承担缴纳社保费的法律义务。

四、劳动者有权放弃社会保险吗?

劳动者是不可以放弃社会保险的。保险缴纳属于国家法律的强制性规定,用人单位与劳动者之间的放弃的约定和合意是违反国家法律强制性规定的,属于无效民事行为,不会得到支持,一旦劳动者起诉仍需为其补缴,单位还要承担滞纳金。

1. 用人单位需承担巨大的潜在风险,如一旦发生劳动者大病医疗或者遭受工伤事故,应由用人单位承担。

2. 对于新入职的劳动者,用人单位应当自用工之日起三十日内为其办理社会保险登记,并按时足额缴纳保险费。缴费基数可以按双方在劳动合同中约定的工资标准或者劳动者社保转移单记载的基数确定。

3. 对于员工拖延提交社保登记所需个人资料的,企业应以书面形式告知其拖延提交的后果,并要求对方在通知上签字确认并承担后果。比如,按日加收万分之五的滞纳金、有关行政部门处欠缴数额一倍以上三倍以下的罚款……

4. 对于外地参保或者其他单位参保的劳动者,用人单位可以要求其提供相应的参保证明或缴费凭据原件或复印件(劳动者本人签字),同时将相应的社会保险费支付给其个人,并签订协议明确权利义务。

一点通

> 1. 用人单位和劳动者必须依法参加社会保险,不建议用人单位给不参保的劳动者每月支付社保补贴。
>
> 2. 若员工因在外地参保或者在其他单位参保,自愿放弃参加社会保险的,单位应下发《参保通知函》,员工填写《自愿放弃社保声明书》,同时要求其提供相应的参保证明或缴费凭据原件或复印件(劳动者本人签字)。
>
> 3. 放弃声明书的操作可以规避单位因违反《劳动合同法》第三十八条中"未依法为劳动者缴纳社会保险费的"所承担的经济补偿金,一旦劳动者要求补上社会保险,用人单位必须补上。

案例

员工以灵活就业人员参保,单位能否不缴纳社保?

【案情介绍】

2011 年 8 月 11 日,王某进入某公司工作,从事针车车包工作(工种),双方签订了书面劳动合同。2015 年 3 月 25 日,王某通过挂号信向公司邮寄一份《解除合同通知书》,称因公司没有为其缴纳社会保险费,提出被迫解除劳动关系。

工作期间,王某自愿签订了一份放弃社保申明书,表示不愿投保并同意公司将应支付的社保份额计入计件薪酬。王某于 2015 年 3 月 20 日向劳动仲裁委申请仲裁,要求公司补缴社保,并要求支付解除合同的经济补偿金 20700 元。仲裁委员会逾期未作出裁决。王某后向法院起诉。

【一审判决】

一审法院认为,依照相关法律的规定,用人单位和劳动者必须依法参加社会保险,缴纳社会保险费。社会保险费的缴纳,由单位和个人共同负担,缴费个人应当缴纳的社会保险费,由所在单位从其本人工资中代扣代缴。

王某作出的放弃社会保险,由公司将其应负担的社会保险费计入工资的声明,不符合法律规定,属无效约定,公司应当为王某补缴社会保险费,王某应当返还公司社会保险补贴。具体以社会保险经办机构核定公司应负担数额为准。

因王某自愿承诺放弃参加社会保险,现又以公司不办理社会保险解除合同为由要求公司支付经济补偿,于法无据,不予支持。

宣判后,王某不服,提出上诉。认为法院主动保护公司利益。按照民事诉讼法的规定,不告不理是审判原则之一。公司没有提出反诉,没有主张社会保险补贴的返还,而法院判决返还社保补贴,无法律依据。

【二审判决】

二审法院认为,根据法律的规定,用人单位和劳动者必须依法参加社会保险。因此,放弃参加社会保险的承诺,虽系自愿但因不符合法律规定,应属无效。

由于公司已将其应负担的社会保险费计入工资报酬中,故原审在判令公司补缴社会保险的同时,结合公司的抗辩判令王某返还公司在该期间根据社会保险机构核定应当支付的社会保险补贴,从而相互抵扣,亦无不当。

结合王某系自愿放弃参加社会保险,故其以此为由解除合同并要求支付经济补偿金,缺乏事实和法律依据,本院不予支持。王某还是不服,向浙江省高级人民法院申请再审。

浙江高院经审查认为,根据现行法律的规定,用人单位和劳动者必须依法参加社会保险。因此,虽然原审认定了《自愿放弃社保申明书》的真实性,但因该申明书不符合法律规定,应认定无效。

鉴于王某自愿签署《自愿放弃社保申明书》,且事实上已经通过领取工资报酬获得了公司本应缴纳的保险费,由此,原审判令公司补缴社保的同时判令王某返还社会保险补贴,及驳回其要求支付经济补偿金的诉请,并无不当。否则有可能导致劳动者一方面要求将社会保险费用计入工资发放,另一方面又主张补缴保险费并支付经济补偿金的道德风险。

最后,浙江高院驳回了王某的再审申请。

五、劳动者自行缴纳社保,离职时怎么办?

我们不建议用人单位给自己不愿投社保的劳动者发放社保补贴,因为一旦在此期间,劳动者没有缴纳社保,可随时去劳动稽查部门要求单位补上社保,这是赔了夫人又折兵,除非过了时效。若发生劳动者自行缴纳社保,单位报销费用,报销时要让其提供凭证,并保留证据,劳动者离职时应签订离职协议或者离职声明,降低单位风险。另外,单位未缴纳社保是有时效性的,过了时效后,劳动者再投诉,劳动监察是不会受理的。

对于劳动者领取了单位社保报销费用,后期又起诉补交社保的情况,如果用人单位补缴社会保险后劳动者在社会保险方面已不存在损失的,用人单位可以要求劳动者返还为代替缴纳社会保险而支付的金钱。

案例

员工要求不缴纳社保,领取社保补贴后又反悔

【案情回顾】

2014 年,某企业因员工柳某提出不缴纳社保,企业因此给员工社保补贴每个月 1000 元,连续 2 年合计 2.4 万元。

2016 年 3 月,这家企业成为海力诺企业管理的顾问王某服务的年度顾问单位。6 月,柳某计划离职,同时以没缴纳社保、被单位辞退等事由,要求企业负责人支付 10 万元经济补偿金。

王某得知此事情后,为了降低企业的损失,辅导企业负责人,让员工亲自填写《离职申请单》;同时在员工办理离职手续时,让员工补填了《参保通知函》《放弃缴纳社保声明书》《收到条》等材料。

果然,员工离职后先去仲裁起诉,仲裁说单位没有任何违法,员工之后又去劳动监察投诉要求单位补上社保,并且用企业负责人帮他出具的买房子的"收入证明 6000 元"要求补交社保。

所幸企业负责人根据王某的要求,在每个月的工资表上让员工签字,最终以工资表的 3500 元工资为标准,给员工补上了 2 年的社保。后来企业好不容易把 2.4 万元追回来,历时半年才解决这件事情。

2004 年 12 月 1 日起施行的《劳动保障监察条例》

第二十条　违反劳动保障法律、法规或者规章的行为在 2 年内未被劳动保障行政部门发现,也未被举报、投诉的,劳动保障行政部门不再查处。

前款规定的期限,自违反劳动保障法律、法规或者规章的行为发生之日起计算;违反劳动保障法律、法规或者规章的行为有连续或者继续状态的,自行为终了之日起计算。

2014 年 5 月 7 日发布的《北京市高级人民法院、北京市劳动争议仲裁委员会关于劳动争议案件法律适用问题研讨会会议纪要(二)》

48. 用人单位以向劳动者支付金钱代替缴纳社会保险的,用人单位在补缴社会保险后能否要求劳动者返还已付金钱?

如果用人单位补缴社会保险后劳动者在社会保险方面已不存在损失的,用人单位可以要求劳动者返还为代替缴纳社会保险而支付的金钱。

50. 用人单位未给劳动者缴纳社会保险费,劳动者通过其他渠道自行缴纳保险费后,要求用人单位据此支付费用是否支持?

劳动者通过其他渠道缴纳保险费包括劳动者自行缴纳和在其他用人单位缴纳两种形式,这两种形式均与劳动关系的真实状态不符,违反社会保险法的规定,对社会保险的登记、核定、缴纳、支付等正常秩序造成影响,因此仲裁委、法院不予支持。

一点通

1. 企业应该与员工充分沟通,让员工理解社保就像个税一样,是法定义务,且是对个人有很多保障的。同时要依法缴纳社保,依法控制社保成本。

2. 现在很多企业招聘难。企业若强制性为员工缴纳社保,可能会遭到个别员工的坚决反对,要求企业给予社保补贴或者社保报销。企业在这种情形下,为了留住人才,只有让员工填写《自愿放弃社保声明书》,声明书上备注"如果出现意外由员工个人承担",如果员工申请仲裁,企业一定会败诉。虽然败诉,但是可以降低企业损失,避免赔了夫人又折兵。

六、社会保险缴纳单位与劳动合同主体,必须一致吗?

该问题的答案是否定的。

如果劳动者办公地点(合同履行地)与劳动合同主体的办公地点(注册地)分离,为了便于管理,经劳动者同意,劳动合同主体可以委托劳动者办公地点所在地的其他机构。建议找社会保险代理服务机构代为缴纳社会保险。

一点通

找社会保险代理服务机构为员工缴纳社会保险的法律风险防范措施:

让员工自己写申请或者签订双方协议书,要求企业在合同履行地缴纳社会保险,避免员工恶意诬告企业。

七、用人单位在公司注册地之外有分公司、子公司或者办事处如何缴纳社保?

该问题的答案是优先适用劳动合同履行地,在劳动合同履行地,即劳动者的办公地为劳动者缴纳社会保险。

与劳动者就社会保险缴纳地达成一致意见,在用人单位住所地或劳动合同履行地二选一,并形成书面协议,以约束双方的行为。比如,劳动者的户口在劳动合同履行地,则由劳动者申请在劳动合同履行地缴纳社会保险的协议书。

2021年1月1日起施行的《最高人民法院关于审理劳动争议案件适用法律问题的解释(一)》

第三条　劳动争议案件由用人单位所在地或者劳动合同履行地的基层人民法院管辖。劳动合同履行地不明确的,由用人单位所在地的基层人民法院管辖。

法律另有规定的,依照其规定。

2008年5月1日起施行的《中华人民共和国劳动争议调解仲裁法》

第二十一条　劳动争议仲裁委员会负责管辖本区域内发生的劳动争议。

劳动争议由劳动合同履行地或者用人单位所在地的劳动争议仲裁委员会管辖。双方当事人分别向劳动合同履行地和用人单位所在地的劳动争议仲裁委员会申请仲裁的,由劳动合同履行地的劳动争议仲裁委员会管辖。

2008年9月18日起施行的《中华人民共和国劳动合同法实施条例》

第十四条　劳动合同履行地与用人单位注册地不一致的,有关劳动者的最低工资标准、劳动保护、劳动条件、职业危害防护和本地区上年度职工月平均工资标准等事项,按照劳动合同履行地的有关规定执行;用人单位注册地的有关标准高于劳动合同履行地的有关标准,且用人单位与劳动者约定按照用人单位注册地的有关规定执行的,从其约定。

八、用人单位招用了就业困难人员可以享受什么优惠政策吗?

1. 用人单位招用就业困难人员可以享受优惠政策,就业困难人员可以享受什么优惠政策,具体要看每个省市的规定,以青岛市为例:

(1)青岛市行政区域内各类用人单位2011年12月1日后,招用本市户籍经认定的就业困难人员和就业困难高校毕业生,签订1年(含)以上期限劳动合同,按规定为招用人员缴纳社会保险费(不含补缴),并办理享受政策招用人员备案的,根据实际招用人数和时间,给予用人单位社会保险补贴和岗位补贴200元;

(2)社会保险补贴标准以上年度当地在岗职工平均工资的60%为基数,按照基

本养老保险、基本医疗保险、失业保险、工伤(4项社保保险补贴不包含个人应缴纳部分)的比例计算;

(3)市内三区岗位补贴标准为每人每月200元,补贴期限最长不超过3年。对距法定退休年龄不足5年的可延长至退休。

2. 就业困难人员。

具有本市户籍,在法定劳动年龄内、有劳动能力和就业愿望,进行了失业登记或协保登记的下列城乡劳动者,均可申请认定为就业困难人员。

(1)城镇大龄失业人员:是指城镇女性年满40周岁、男性年满50周岁的失业人员;

(2)城镇零就业家庭成员中的失业人员:是指家庭成员中无一人就业,且无经营性、投资性收入的城镇家庭中的失业人员;

(3)抚养未成年子女单亲家庭中的失业人员:是指持有离婚或丧偶证明,其抚养的未成年子女年龄在18周岁以下且未实现正规就业的失业人员;

(4)连续失业一年以上的失业人员:是指领取失业金期间,连续登记失业一年以上的人员;

(5)农村大龄失业人员:是指外出就业6个月以上返乡农民工,以及因国家征地失去土地或家庭人均耕地不足0.3亩的人员中,女性年满40周岁、男性年满50周岁的失业人员;

(6)农村零转移就业贫困家庭成员中的失业人员:是指女满16至40周岁、男满16至50周岁,年人均收入在当地平均水平50%以下,且无人在二、三产业就业的农村家庭中的失业人员;

(7)享受最低生活保障的失业人员:是指持有民政部门核发的低保证明的失业人员;

(8)残疾失业人员:是指持有残联部门核发的《中华人民共和国残疾人证》的失业人员;

(9)协保人员:是指持有人力资源社会保障部门核发的协保证明的人员;

(10)建档立卡的农村贫困人员:是指由市扶贫提供的已建档立卡并纳入公共就业一体化信息系统管理的农村贫困人口。

3. 就业困难高校毕业生。

(1)派遣期内本市户籍城镇零就业家庭的高校毕业生、农村零转移就业贫困家庭的高校毕业生、持有《中华人民共和国残疾人证》的高校毕业生、享受最低生活保障家庭的高校毕业生;

(2)本市户籍超出派遣期,一年内仍未实现初次就业且未办理失业登记的高校毕业生。

九、用人单位是否要为劳动者缴纳公积金？

该问题的答案是肯定的。住房公积金就是"四险一金"中的"一金"，是单位及其在职职工缴存的长期住房储金，是住房分配货币化、社会化和法制化的主要形式，是由国家法律规定的重要的住房社会保障制度，具有强制性、互助性和保障性等特点。

公积金不但可以买房，还可以装修房子、租赁房子，将来退休了用不了，还可以申请取出来。

> 2009 年 8 月 17 日发布的《北京市高级人民法院、北京市劳动争议仲裁委员会关于劳动争议案件法律适用问题研讨会会议纪要（一）》
> 3. 劳动者与用人单位因住房公积金的缴纳、办理退休手续发生的争议，不属于劳动争议案件受理范围。

十、用人单位是否要发放高温补贴？

每个省市规定不一样，根据山东省的规定，企业是要发放高温补贴的，而苏州市有不一样的规定。

（一）高温天气

高温天气是指县级以上气象主管机构所属气象台站发布的日最高气温达到 35℃以上的天气，高温下工作是对人身体的一种挑战，国家和各地政府给予每个高温下工作的劳动者一定补贴。

（二）发放标准及发放时间

青岛市执行的高温补贴标准为 2015 年 8 月 1 日下发的《关于调整企业职工防暑降温费标准的通知》，其中企业职工防暑降温费标准为，从事室外作业和高温作业人员每人每月 200 元；非高温作业人员每人每月 140 元。全年按 6 月、7 月、8 月、9 月共 4 个月计发，列入企业成本费用。

用人单位在岗且提供正常劳动的职工列入发放范围。职工未正常出勤的，用人单位可按其实际出勤天数折算发放。

用人单位应当按照规定向在高温天气期间工作或者户外露天作业的劳动者供给足够的符合卫生标准的清凉饮料和含盐饮料；提供的清凉饮料等不能充抵防暑降温费。

（三）用人单位如果不发放会有何后果？

用人单位强迫劳动者在高温天气期间工作的，或者未按规定标准发放防暑降温费的，由县级以上人力资源社会保障部门责令改正；逾期未改正的，处以 2000 元以上 20000 元以下罚款；构成犯罪的，依法追究刑事责任。

2011 年 7 月 28 日起施行的《山东省高温天气劳动保护办法》

第七条　用人单位在下列高温天气期间，应当合理安排工作时间，减轻劳动强度，采取有效措施，保障劳动者身体健康和生命安全：

（一）日最高气温达到 40℃以上，当日应当停止工作；

（二）日最高气温达到 37℃以上至 40℃以下，全天户外露天作业时间不得超过 5 小时，11 时至 16 时应当暂停户外露天作业；

（三）日最高气温达到 35℃以上至 37℃以下，用人单位应当采取换班轮休等方式，缩短连续作业时间，并且不得安排户外露天作业劳动者加班加点。

用人单位采取空调降温等措施，使工作场所温度低于 33℃的，以及因行业特点不能停工或者因生产、人身财产安全和公众利益需要紧急处理的，不适用前款规定。

第八条　用人单位不得强迫劳动者在高温天气期间工作。

因高温停止工作、缩短工作时间，用人单位不得扣除或者降低劳动者工资。

第九条　用人单位应当对劳动者发放夏季防暑降温费，所需费用在成本费用中列支。

防暑降温费标准由省人力资源社会保障部门会同有关部门制定，并根据社会经济发展状况适时调整。

第十条　用人单位应当按照规定向在高温天气期间工作或者户外露天作业的劳动者供给足够的符合卫生标准的清凉饮料和含盐饮料；提供的清凉饮料等不能充抵防暑降温费。

第二十一条　违反本办法，用人单位具有下列行为之一的，由县级以上卫生行政部门责令改正；逾期未改正的，处以 2000 元以上 20000 元以下的罚款；构成犯罪的，依法追究刑事责任：

（一）未进行职业健康检查的；

（二）未建立劳动者健康档案的；

（三）未设立中暑紧急救助场所或者配备中暑救助人员的；

（四）提供的清凉饮料和含盐饮料不符合卫生标准的。

十一、培训期的劳动者可否不支付工资?

培训期的劳动者实际上也属于试用期阶段,很多用人单位以培训为借口不发放工资,这是错误的。"试用期"不是"廉价期",更不是"白用期"。

培训期一定要给劳动者付工资,但是解除劳动关系的补偿金却可以通过制度规定避免支付,比如,可以在规章制度中规定员工入职培训期间缺勤的,属于严重违反公司规章制度的行为或者不符合录用条件的行为,公司可以此为由解除劳动关系并不予支付解除劳动关系的经济补偿金。

建议用人单位设计合理的薪资结构,采取"宽带式薪酬",劳动者在培训期的工资,只要不低于本单位相同岗位最低档工资或者劳动合同约定工资的80%,并且不得低于用人单位所在地的最低工资标准,就可以了。

案例

【案情回顾】

孙某入职一家公司,该公司入职培训为7天,双方签订了《培训协议》,协议约定:如果孙某在培训期间擅自离岗,视为自动离职且放弃领取培训期间的工资,孙某在协议上签字确认。

在入职培训第3天,孙某接到另外一家公司的入职通知,就决定旷工一天到另一家公司查探一下,但此事被公司知晓,公司便以孙某自动离职为由,解除了劳动关系,孙某不服,要求公司支付解除劳动关系的经济赔偿金且支付其3天的工资。

【案例解析】

审理机关经审查认为,虽然孙某与公司达成了一致意见,但是协议本身已经侵害了孙某的权益,违反了法律的规定,属于无效规定。显然,公司据此作出的处理决定属于违法行为,故应该支付孙某解除劳动关系的经济赔偿金及工资。

公司给予员工的培训,是依附于双方劳动合同约定的。培训也不可能脱离双方的劳动关系而存在。因此,即使在培训期间,公司仍然应当支付劳动报酬。试用期内公司给予员工的培训,大多是岗前培训,主要目的是使员工符合上岗条件,员工在接受培训时已经处于履行劳动义务的状态,公司不能拒绝给予工资。

至于海外培训,如果是与工作有关的专项培训,培训后为公司继续服务的,公司应当给予工资。

十二、试用期内辞职可以扣发工资吗?

试用期内辞职是不可以扣发工资的。

(一)试用期是劳动者和用人单位约定的是否符合用工要求和就业条件的试用期间

根据《劳动合同法》第三十七条规定,劳动者在试用期内提前三日通知用人单位,可以解除劳动合同。根据《劳动法》第五十条规定,工资应当以货币形式按月支付给劳动者本人,不得克扣或者无故拖欠劳动者的工资。

(二)《劳动合同法》第三十七条的规定可以从三方面进行理解

第一,试用期内的解除属于正常解除,劳动者解除劳动合同无须说明任何理由。

第二,从解除权行使的形式上看,劳动者在试用期内解除劳动合同没有形式限制,可以书面解除,也可以口头解除。

第三,从解除的性质和后果来看,劳动者在试用期内解除劳动合同不属于违约行为,也无须承担违约责任。

(三)若劳动者违反了《劳动合同法》第九十二条的规定

劳动者违反《劳动合同法》第九十二条的规定解除劳动合同,给用人单位造成经济损失的,应当承担损害赔偿责任。

案例

【案情回顾】

郭某到某网络公司应聘,双方签订了为期两年的劳动合同,并约定试用期为两个月,月薪 2200 元。第二个月月底时,郭某向公司提出辞职,虽然获得了批准,但公司以郭某突然辞职给公司造成经济损失为由,扣发了郭某第二个月的工资。公司能否以试用期内突然辞职为由,扣发郭某的工资?

【案例解析】

该案中,郭某与公司已经建立了劳动关系,这两个月为公司付出了劳动,应当获得相应报酬。

试用期是劳动者和用人单位约定的是否符合用工要求和就业条件的试用期间。在试用期内,劳动合同当事人双方可以对对方所提供的给付以及其他条件是否符合自己的要求进行验证,不仅是用人单位对劳动者是否胜任工作的检验,也是劳动者对用人单位的劳动条件、福利待遇等的检验,劳动者可根据自己的情况随时解除劳动合同。

该案中,郭某在试用期内向公司提出解除劳动关系符合《劳动合同法》的规定,至于公司提出因郭某辞职而造成经济损失,应提供相应证据佐证,否则,应当支付第二个月的工资。

十三、试用期员工能否享受正式员工的福利待遇?

福利分为两种:法定福利、非法定福利。

(一)单位必须给予的是法定福利

法定福利,如社保、公积金、法定假期、公休假日、带薪年休假、婚假、产假、哺乳假、丧葬假、工伤假、探亲假、年假等假期,以及加班费、最低工资标准、高温津贴、独生子女费、同工同酬等。法定福利是试用期的员工必须享受的。

(二)非法定福利根据企业规章制度来决定

非法定福利指的是单位根据企业自身条件设计的,比如,午餐补贴、住房补贴、工龄补贴、交通补贴、通信费补贴、节日慰问金、旅游补贴、免费体检、安家费、随迁费、购房免息贷款、购车免息贷款、汽车费用补贴等。非法定福利,单位自主在规章制度中明确规定即可。

以上福利,如果国家的法律法规中规定试用期内不给的,则单位可以不给,也可以给;如果国家的法律法规中没有提到试用期内是否给,则默认试用期与正式员工一样,单位必须给予。

十四、试用期劳动者的病假应如何管理?

(一)顺延试用期

单位应与试用期休假结束后的劳动者协商确定顺延试用期,但是试用期的顺延不能超过法定试用期的期限。

(二)设置录用条件

可以在录用条件、《岗位说明书》、劳动合同或者规章制度中详细规定:本岗位员工要求身体健康,无慢性疾病或重大疾病,隐瞒重大疾病属于合同欺诈,可导致双方的劳动合同无效。也可以在劳动合同中约定:劳动者身体存在慢性疾病,属于不符合录用条件,用人单位也可以解除劳动关系。

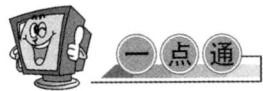

一点通

1. 劳动合同示范。

1)劳动合同条款加上:试用期期间如发生事假、病假等,按实际发生天数相应顺延,乙方拒绝签订试用期通知书的,视为拒绝签订公司文件,表明乙方不符合录用条件。

2）劳动者身体存在慢性疾病，属于不符合录用条件，用人单位也可以解除劳动关系。

2.《岗位说明书》示范。

身体条件：本岗位员工要求身体健康，无慢性疾病或重大疾病，隐瞒重大疾病、慢性疾病属于合同欺诈，可导致双方的劳动合同无效。

十五、解雇试用期劳动者需要理由和证据吗？

该问题的答案是肯定的。劳动者具备了《劳动合同法》第三十九条的规定情形，用人单位可以解除劳动合同，因此用人单位在试用期内辞退员工，除应具备法定辞退劳动者的情形外，还应当向劳动者说明辞退理由，并有证据证明。

2013年7月1日起施行的《劳动合同法》

第三十九条　劳动者有下列情形之一的，用人单位可以解除劳动合同：

（一）在试用期间被证明不符合录用条件的；

（二）严重违反用人单位的规章制度的；

（三）严重失职，营私舞弊，给用人单位造成重大损害的；

（四）劳动者同时与其他用人单位建立劳动关系，对完成本单位的工作任务造成严重影响，或者经用人单位提出，拒不改正的；

（五）因本法第二十六条第一款第一项规定的情形致使劳动合同无效的；

（六）被依法追究刑事责任的。

第四十条　有下列情形之一的，用人单位提前三十日以书面形式通知劳动者本人或者额外支付劳动者一个月工资后，可以解除劳动合同：

（一）劳动者患病或者非因工负伤，在规定的医疗期满后不能从事原工作，也不能从事由用人单位另行安排的工作的；

（二）劳动者不能胜任工作，经过培训或者调整工作岗位，仍不能胜任工作的；

（三）劳动合同订立时所依据的客观情况发生重大变化，致使劳动合同无法履行，经用人单位与劳动者协商，未能就变更劳动合同内容达成协议的。

案例

试用期任意辞退员工

【案情介绍】

某投资公司(甲方)与赵某(乙方)在劳动合同中约定:"乙方在试用期内被证明不符合本岗位要求的,甲方可单方面解除劳动合同,并且不需要向乙方支付经济补偿金。"

该合同期限为2012年6月至2015年6月,试用期为3个月。2014年8月,公司认为赵某没有完成工作任务,遂以"不符合岗位要求"为由将其辞退。此后,赵某提起仲裁,要求公司撤销解除劳动合同的决定。

仲裁委认为,公司未提供具体事实依据,系违法解除,遂依法裁决双方继续履行劳动合同。最终经过调解,公司支付赵某工资和赔偿款共计10万余元,双方解除劳动关系。

【案例点评】

根据《劳动合同法》第三十九条的规定,在试用期间被证明不符合录用条件的,用人单位可以解除劳动合同。但是,在该案中,将"不符合录用条件"扩大解释为"不符合岗位要求"的做法是不对的。

在现实中,用人单位在招用劳动者时,应当将与本岗位有关的录用条件向劳动者进行明示,在劳动者签字确认后,才能将其作为劳动者在试用期内进行考核的标准,以确定其是否符合录用条件。如果用人单位发现劳动者在试用期间确实"不符合录用条件"时,可以与其解除劳动合同,无须向其支付经济补偿金。如果仅仅认为劳动者工作能力不符合要求,用人单位仍需要对劳动者进行培训、调岗,劳动者仍不能胜任工作的,用人单位可以依法解除劳动合同,并向其支付经济补偿金。

十六、试用期内以"考核不合格"为由解除劳动合同,有何法律风险?

在试用期内,以"考核不合格"为由解除劳动合同,实际上就是"不符合录用条件"的情形。以"不符合录用条件"解除劳动合同要具备四个要件:

(1)企业要存在录用条件;

(2)有证据证明不符合录用条件;

(3)解除通知在试用期作出决定;

(4)通知书交由员工签收。

【备注:缺乏上述任何一个要件,都会导致试用期解除劳动合同不生效。】

十七、哪些情形可以跟试用期劳动者解除劳动合同？

试用期可以解除劳动合同的情形有：

（1）劳动者在试用期间被证明不符合录用条件的；

（2）严重违反用人单位的规章制度的；

（3）严重失职、营私舞弊，给用人单位造成重大损害的；

（4）劳动者同时与其他用人单位建立劳动关系，对完成本单位工作任务造成重大影响，或者经用人单位提出，拒不改正的；

（5）以欺诈、胁迫的手段或者乘人之危，使对方在违背真实意思的情况下订立或者变更劳动合同致使劳动合同无效的；

（6）劳动者患病或者非因工负伤，在规定的医疗期满后不能从事原工作，也不能从事由用人单位另行安排的工作的；

（7）劳动者不能胜任工作，经过培训或者调整工作岗位，仍不能胜任工作的；

（8）被依法追究刑事责任的。

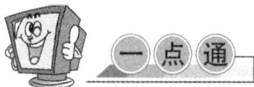

1. 在试用期内，如果存在严重违反用人单位的规章制度等情形，企业也可以依据相关法律规定与劳动者解除劳动合同。从上述8种情况可以看出，试用期解除并非仅有不符合录用条件这一条路径。

2. （1）～（6）条属于《劳动合同法》第三十九条（第1～6款）规定的情形，劳动者一旦违反，用人单位可以随时与劳动者解除劳动关系。

3. （7）～（8）条属于《劳动合同法》第四十条（第1款、第2款）规定的情形。用人单位则应提前30天以书面形式通知劳动者本人或额外支付劳动者一个月工资，才能与劳动者解除劳动关系。

十八、试用期解除劳动关系，用人单位应如何赔偿？

试用期解除劳动关系有三大类：一是合法解除，二是违法解除，三是劳动者提出。

（一）合法解除

用人单位如果要在试用期内解除劳动合同有三种情况：

（1）不符合录用条件（无须支付经济补偿金——《劳动合同法》第三十九条）；

（2）过失性解除（无须支付经济补偿金——《劳动合同法》第三十九条）；

（3）非过失性解除：不适合该工作，提前 30 日通知（支付经济补偿金——《劳动合同法》第四十条）。因此录用条件的设定与应用就显得尤为重要。

（二）违法解除

只要是违法解除，员工都可要求恢复关系；若不要求恢复，则要支付二倍经济补偿金作为赔偿金。赔偿金的前提是员工不要求恢复劳动关系或者客观上无法继续履行合同。

试用期内用人单位一旦违法解除，一般最多以一个月的工资作为赔偿金，除非用人单位的试用期超过国家最高法定期限 6 个月。

（三）劳动者提出离职

劳动者在试用期内只要提前 3 天就可以通知用人单位解除劳动合同，无须解除理由。用人单位则无须支付经济补偿金。

案　例

【案情回顾】

2009 年 5 月，李某（女）应聘到 A 公司，任 A 公司行政经理的助理，合同为期 3 年，试用期 5 个月。试用期间，A 公司认为李某表现时有差错，单位门禁系统显示李某常有迟到早退现象，李某的直接上司也对其表现不满意，A 公司遂在试用期即将届满时，认定李某"不符合录用条件"而解除劳动合同。

李某认为其在试用期表现虽不完美，但整体尚属良好，对 A 公司"不符合录用条件"的说法表示不服，遂申请仲裁，要求恢复履行劳动合同。鉴于 A 公司证据不足，仲裁阶段 A 公司败诉。

之后，A 公司同意支付李某一定金额的补偿，双方和解。

【案例解析】

用人单位对其单方解除劳动合同的行为负有举证责任。

现有司法解释明确规定"因用人单位作出的开除、除名、辞退、解除劳动合同、减少劳动报酬、计算劳动者工作年限等决定而发生的劳动争议，用人单位负举证责任"。

李某作为劳动者，在该案中不需要针对"自己符合录用条件"进行任何的举证。简而言之，在此类案件中劳动者不需要证明自己"如何好"，但用人单位需要举证证明劳动者"如何不好"。

故该案中 A 公司首先需要举证界定李某担任职位的"录用条件"，其次需要证明"李某不符合该录用条件"。

十九、在一个月的"宽限期"内,用人单位可以终止劳动关系?

根据《劳动合同法》第十条规定,建立劳动关系,应当订立书面劳动合同。已建立劳动关系,未同时订立书面劳动合同的,应当自用工之日起一个月内订立书面劳动合同。

用人单位与劳动者在用工前订立劳动合同的,劳动关系自用工之日起建立。但是有些劳动者不愿意跟企业签订劳动合同,这个时候,企业要把握好这一个月的"宽限期",根据《中华人民共和国劳动合同法实施条例》第五条的规定,及时跟不愿意签订劳动合同的劳动者终止劳动关系。

但是如果一个月内与劳动者终止劳动关系,必须符合以下三个条件:

第一,书面通知劳动者签订劳动合同,但是劳动者不与其签订;

第二,书面通知劳动者终止劳动关系;

第三,必须在用工之日起一个月内。

以上三个条件缺一不可。

2008年9月18日起施行的《中华人民共和国劳动合同法实施条例》

第五条　自用工之日起一个月内,经用人单位书面通知后,劳动者不与用人单位订立书面劳动合同的,用人单位应当书面通知劳动者终止劳动关系,无须向劳动者支付经济补偿,但是应当依法向劳动者支付其实际工作时间的劳动报酬。

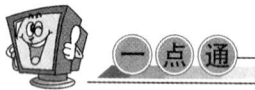

一点通

1. 给企业的建议。

1)留存两次书面通知(《签订劳动合同通知》《终止劳动合同通知书》)及签收回执凭证。

2)留存支付劳动报酬凭证,或者劳动者签字确认已经领取工资的收到条。

3)若无法终止劳动合同,一定要在一个月内及时与劳动者签订劳动合同。

2. 给劳动者的建议。

对于劳动者,在一个月的"宽限期"内,应当注意保护自己。

1)尽量在用工之前或者用工时与用人单位签订书面劳动合同,或者书面的录用信。

2)在一个月的"宽限期"内,注意保留事实劳动关系的相关凭证,如工作证、考勤卡、工资条、工作服等。

3)注意保存用人单位对劳动报酬承诺的相关资料。

案例

【案情回顾】

2013年3月,黄某通过社会招聘进入了上海某公司,担任销售工作,双方签订了一份为期3年的劳动合同,试用期从2013年3月25日至2013年9月24日,为期6个月。2013年7月,通过一段时间的观察和绩效考核,主管告知黄某,由于在试用期内考核不合格,长期无法完成公司下达的指标,公司决定将与他解除劳动合同。

黄某表示自己非常想留在公司,因此多次向公司领导反映情况,希望公司能再给自己一次机会。公司看到黄某非常有诚意,也经不住他反复请求,最终同意黄某暂时留下,但是还是要继续进行试用。于是,双方达成如下协议:双方重新约定试用期从2013年7月25日至2014年1月24日;如黄某在新一轮试用中进行的考核被认定不合格的,公司可据此解除劳动合同……

2013年11月份,公司以黄某在试用期内考核不合格,不符合公司的录用条件为由解除了与黄某的劳动合同。黄某不服,向区劳动争议仲裁委员会提请仲裁,要求与公司恢复劳动关系。

【争议焦点】

该案的争议焦点是双方延长试用期的协议是否有效?

公司认为,由于黄某提出新一轮试用的申请,公司才与其签署了协议。该协议是双方真实意思的表示,并且没有欺诈、暴力威胁等情形,因此该份协议是有法律效力的。黄某认为,《劳动合同法》规定的试用期最长为6个月,该协议因违反法律规定无效,所以公司不能以试用期内不符合录用条件为由解除其劳动关系。

【裁判结果】

劳动争议仲裁委员会经审理后认为,公司的解约行为违反了《劳动合同法》的规定,现劳动者要求继续履行劳动合同,双方应继续履行劳动合同。

【案例解析】

这是一起因试用期约定引发的劳动争议案件。该案中虽然劳动者(黄某)提出申请,双方同意约定新一轮的试用期,但是通过对双方的劳动合同、重新约定试用期协议的内容和履行情况不难发现,公司与黄某之间关于重新约定试用期的协议,其本质上是对试用期进行延长的约定。

《劳动合同法》第十九条规定:"劳动合同期限三个月以上不满一年的,试用期不得超过一个月;劳动合同期限一年以上不满三年的,试用期不得超过二个月;三年以上固定期限和无固定期限的劳动合同,试用期不得超过六个月……"

因此在2013年9月24日以后,双方试用期结束,不再适用试用期解除的情形。公司不能再以试用期的规定解除劳动关系,故劳动仲裁委员会的处理决定是符合法律规定的。

用人单位在此案件中可能觉得比较冤枉,好心办坏事,所以对于用人单位而言,在处理涉及劳动法律事务时,多了解咨询一下法律规定是很有必要的。

二十、劳动合同的解除方式有哪些?

(一)双方协商解除劳动合同

用人单位与劳动者协商一致,可以解除劳动合同。协商解除劳动合同没有规定实体、程序上的限定条件,只要双方达成一致,内容、形式、程序不违反法律禁止性、强制性规定即可。

若是用人单位提出解除劳动合同的,用人单位应向劳动者支付解除劳动合同的经济补偿金。

(二)劳动者单方解除劳动合同

劳动者单方解除劳动合同即具备法律规定的条件时,劳动者享有单方解除权,无须双方协商达成一致意见,也无须征得用人单位的同意。具体又可以分为预告解除和即时解除。预告解除,即劳动者履行预告程序后单方解除劳动合同;即时解除,即《劳动合同法》第三十八条规定的情形。对于第一款规定的几种情形劳动者可以单方解除合同。

(三)用人单位单方解除劳动合同

用人单位单方解除劳动合同即具备法律规定的条件时,用人单位享有单方解除权,无须双方协商达成一致意见。主要包括过错性辞退、非过错性辞退、经济性裁员三种情形。

二十一、如何做好解除试用期员工的风险防范?

对于要解除试用期的员工,可以从以下几个方面做好风险防范。

(一)解雇理由要合法

用人单位可以用《劳动合同法》第三十九条的全部条款来解雇试用期员工,但是不可以用下面两种禁止解除情形作为解雇理由:

(1)不能依据《劳动合同法》第四十条"劳动合同订立时所依据的客观情况发生重大变化,致劳动合同无法履行,经用人单位与劳动者协商,未能就变更劳动合同内容达成协议的"条款解雇试用期员工;

(2)不可依据《劳动合同法》第四十一条规定解除试用期员工,即"经济裁员的情形来解雇试用期员工"。

(二)用人单位解除通知书在试用期内做出

1. 试用期间的确定应当以劳动合同里的约定为准:比如1年固定期限的劳动合同,可以约定2个月试用期。若劳动合同约定的试用期超出法定最长时间,则以法定最长时间为准;比如3年固定期限的合同,试用期可以为6个月,即使约定8个月也无效,应以6个月为最长时间。

2. 若试用期满后仍未办理劳动者转正手续,则不能认为还处在试用期间,用人单位不能以试用期不符合录用条件为由与其解除劳动合同。

如2个月试用期到期了,单位还未给劳动者办理转正手续,但是根据合同的约定,已经视为转正了。对于转正员工的关系解除可以参考上个问题。

(三)录用条件设计要明确、合理、可操作

若要用《劳动合同法》第三十九条"在试用期间被证明不符合录用条件的"这个条款解雇试用期的员工,则录用条件的设计要明确、合理、可操作。前面已经讲过如何设置录用条件的技巧。

(四)用人单位应建立健全试用期考核体系

1. 科学而合理的考核体系,对劳动者进行试用期考察,定期进行考核评定,并可要求员工签署确认书,以便及时固定证据,以免日后发生纷争时空口无凭。

2. 把考核合格作为录用条件写入《员工手册》或者劳动合同当中,否则用人单位有可能承担败诉的风险。

3. 以"考核不合格"为由解除劳动合同,实际上就是"不符合录用条件"的情形。

(五)用人单位负有举证责任

用人单位对不符合录用条件的结论和理由负有举证责任。因此,用人单位对试用期内的劳动者要根据录用标准和其表现进行评估,并有书面证据。

(六)解雇程序要正确

1. 解除通知书要说明理由并在试用期内交由员工签收。比如,劳动者严重违反

用人单位的规章制度,应说明理由和进行举证。

2. 如果建立了工会的用人单位,应当事先将理由通知工会,方可解除劳动关系。

案例

【案情回顾】

某传媒公司跟一名女员工签订了 1 年的固定期限的劳动合同,约定试用期为 2 个月,岗位为行政人员。在办理转正手续时,该员工已经入职了两个半月,公司总经理以该员工负责考勤工作徇私舞弊为由审批转正不通过,原因是女职工经常迟到早退,但是自己给自己做的考勤都是正常的。

女员工去找总经理理论,两人争吵起来,起初女员工口头提出离职,但是未写书面的离职申请,第二天就不辞而别。

2 个月后单位律师给女员工发了一份《解除劳动合同通知书》,理由是女员工经常迟到早退,公司决定在试用期期间解除劳动合同,通知书还体现了女员工的入职日期及应发工资 4000 元……

结果女员工也聘请律师给单位发了一份《通知函》:因为自己怀孕了,要求恢复劳动关系,同时要求补发 2 个月的工资,否则将会申请仲裁。鉴于这家公司要上市,拟上市公司 3 年内不能有一起劳动纠纷。企业最终同意私下调解,用 5 万元才解决了这起案子。

【案例解析】

这家企业犯了好几个致命的错误。

1. 试用期解除的时间问题。

合同约定试用期是 2 个月,即使审批不通过,以此为由解除劳动合同,也已经违反了国家规定,因为该员工已经入职两个半月。若要审批转正必须在 2 个月内进行,建议用人单位根据企业实际的工作流程,可以提前 7～30 天进行转正工作的审批。

2. 员工工资问题。

我了解到,员工的工资扣除社保和公积金后,2 个月试用期的工资在 2000 元左右。合同工资约定月工资也就是 2500 元,何来的应发 4000 元。这说明了人力资源工作者和律师都忽略了这些专业薪酬知识点,给对方提供了更高的薪酬数据。

3. 规章制度的建立。

若以两个半月转正员工,必须用《劳动合同法》第三十九条第 2～6 条的规定,倘若员工真的经常迟到早退,或者旷工,必须要有违纪事实,可惜单位没有相关的规章制度,而且也没有民主程序和公示程序。

4. 通知书的问题。

从通知书的编制内容来看,存在很多漏洞,正好给对方提供了强有力的证据。

二十二、如何操作劳动者的转正流程?

(一)提前 7～30 日进行转正流程的审批

根据每个公司的实际管理幅度、区域、工作流程、员工试用期等情形,可以提前 7～30 日进行流程审批。

比如试用期较长,而且分公司的员工必须由总公司审批等,可以提前 30 日进行操作。如试用期短,而且都是在一个工作地点,加上流程审批手续简单,可以提前 7 日操作。

(二)劳动者本人或部门提出申请

转正申请的对象可以由劳动者本人提出,也可以由其部门负责人提出,填写书面的《员工转正申请表》或者《异动单》;也可以在企业的管理软件里面申请。

(三)考核或者评估

试用期劳动者的转正可以采用绩效考核进行考评,日常行为规范进行评估等方式来操作。

(四)层级审批

要根据用人单位的组织架构和管理权限进行层级审批。

1. 部门负责人填写日常表现和考核数据。

2. 人力资源根据申请表和附件资料等进行审核是否符合转正条件,并上交领导审批。

3. 总经理或者第一负责人批准是否转正。

(五)同意转正则享受相关的薪酬福利待遇

根据转正的岗位及时间,享受相关的薪酬福利待遇。

(六)不同意转正则在试用期内解除劳动合同

具体见上面的"解除试用期员工的风险防范"的实操步骤。

二十三、收入证明可以随便开吗?

用人单位在为劳动者出具收入证明时一定要客观真实,否则面临着巨大的法律风险。具体我们来看下面四个案例。

案例 A：出具虚假收入证明办理房贷，银行将单位告上法庭

【案情回顾】

李某是一家物流公司的职员，半年前购买了一套商品房。为了能顺利办理贷款，李某找到单位要求出具一份大大超出其实际工资数额的收入证明，单位答应了李某的要求。银行依据盖有单位公章的收入证明向李某发放了住房贷款。

后来，因为收入与贷款支出相差太远，李某无力承担月供，遂中断向银行按期还款。银行经调查后发现，单位出具的收入证明严重不实，李某根本没有能力承担高额的还款。银行一纸诉状，将李某和该物流公司告上法庭，要求两被告承担连带还款责任。

【案例解析】

该案从法律上来说，如果单位出具的证明确实夸大了员工的真实收入，或者为非本单位员工出具收入证明的话，的确有违民法的诚信原则。

同时单位出具虚假收入证明的行为，也不排除"恶意串谋"的嫌疑，因为单位出具虚假证明在主观上是明知或者故意的，侵害了银行的利益，有可能构成侵权，而需要承担相应的法律责任。

由于单位的不诚信行为，极有可能被银行列入"黑名单"，对于单位以后的项目贷款和融资都会产生不利的影响。

案例 B：出具虚假收入证明，引发劳动争议

【案情回顾】

张某原来在一家贸易公司工作，但因为收入不高就主动办理了离职。某天，张某在外出途中遭遇交通事故。在交通事故赔偿案件中，张某为了获取误工费，找到原单位，要求开具一份误工和收入证明。原公司的领导出于同情，按照张某的要求给其出具了相应的证明。

后张某以该证明为依据，要求确认与单位在其交通事故误工期间存在劳动关系，并要求单位补足工资差额和补缴社会保险。单位出于好心，为张某出具的误工和收入证明明确记载张某是其公司职工，交通事故期间存在误工和相应的收入减少，法院依此判决肇事方向张某支付相应的误工费。

【案例解析】

在这份证据已被交通事故赔偿案认证后，张某再要求法院确认其在交通事故务工期间与单位存在劳动关系的案件中，用人单位就很难再否定。

虽然公司可以提供与张某签订的劳动合同中的工资约定或者要求张某提供其银行工资卡明细来进行反驳,但大部分劳动合同中要么只约定基本工资数额,要么只是约定工资的构成。

银行工资卡明细也只能反映每月单位给张某实际支付多少工资,并不能说明每月都足额支付了。在这样的情况下,该公司很可能面临败诉的风险。

案例 C:伪造诉讼证据,承担法律责任

【案情回顾】

程某在超市购物摔倒,造成右侧髋骨骨折,花费医疗费 8000 多元,卧床休养了 3 个月。由于有医疗保险,除去报销的部分,程某向法院主张要求超市赔偿其医药费 800 多元、护理误工费 30000 元。

为了能够多获得赔偿,程某向法院起诉称,在他卧床休息的 3 个月里,儿子对他进行了护理,而儿子每月的收入在 1 万元,并提交了儿子公司出具的误工收入证明。超市对这份误工收入证明不予认可。

【案例解析】

后经调查核实,程某儿子的收入仅在 2200 元左右。因为这份误工收入证明是该案的主要证据,直接影响了案件的审理,法院最终对直接责任人员进行了处罚。

根据有关法律规定,诉讼参与人或者其他人伪造、毁灭重要证据,妨碍人民法院审理案件的,人民法院可以根据情节轻重予以罚款、拘留;构成犯罪的,依法追究刑事责任。人民法院对存在上述行为的单位,可以对其主要负责人或者直接责任人员予以罚款、拘留;构成犯罪的,依法追究刑事责任。

案例 D:认定劳动关系,收入证明很关键

【案情回顾】

大学毕业没多久的林某一纸诉状将一家公司告上法庭,要求确认与该公司存在劳动关系、支付未签订劳动合同二倍工资、赔偿社保损失。林某提交的最重要证据就是公司之前给其出具的收入证明。

在庭审中公司否认与林某存在劳动关系,当初林某通过熟人关系要求公司为其出具一张收入证明以办理信用卡,公司相关负责人碍于面子给林某出具了收入证明,但该证明仅是供林某办理贷款手续使用。

【案例解析】

在劳动关系的认定标准上,用人单位给劳动者出具的收入证明等是重要参考

凭证。

　　在该案中,由于该公司出具的收入证明明确记载林某是其公司职工,公司在认可证明真实性的基础上提出其不能作为认定存在劳动关系的辩解,如果没有有效的证据来支持这一辩解,那么收入证明的证据效力难以被否定,由此面临败诉的风险。

一点通

　　1. 出具收入证明的步骤。

　　1)员工写书面申请(用途等)。

　　2)进行背调、内部了解劳动者。

　　3)员工写明《保证书》或者《承诺书》。

　　4)出具收入证明并签收。

　　2. 收入证明范本。

　　兹证明员工_____是我单位职工,岗位为_____,其身份证号码为:_____,其平均月收入为人民币大写_____(￥　　)。

　　特此证明!

　　本证明用途为:_____(比如:本证明仅限办理××同志在××银行办理购房贷款使用。此证明为我公司员工的工作及在我公司的工资收入,不作为我公司对该员工任何形势的担保文件。)

　　本证明涂改无效。本证明自开具之日起(含开具日)30日内有效。

××公司
××××年××月××日

第二章　任职管理

当用人单位录用一名劳动者后,开始进入劳动关系的履行。在这一阶段,预防的成本远远小于争议发生后的解决成本。

劳动者越来越关注自身的合法权益,其维权意识亦明显增强。不少劳动者事前搜集了充分证据,有备而来,防不胜防;用人单位没有全面、系统、深入地了解政策法规,没有完全掌握法律的底线,以致难以预测、判断自身行为的合法性,常常无意中侵犯了劳动者的利益;用人单位中高层风险意识不足、管理责任意识不足、证据保留意识不足;用人单位中高层想当然认为"行业做法、传统做法都是这样,应该没问题",过于相信"行业做法或传统做法"……

因此,对劳动者任职管理也显得尤为重要,单位管理者应了解、理解相关政策法律法规,有效掌握防范用工风险和化解劳动争议的技能技巧,以实现低风险、低成本、高效率、高效益的人力资源管理目标。

第一节　考勤管理

考勤是计算薪酬的重要依据。通过考勤记录,用人单位可以随时了解劳动者的上下班、加班、请假等出勤情况,便于用人单位根据生产经营情况调整劳动力的分配。

考勤管理是用人单位劳动纪律管理和维护最基本的工作,是薪酬管理的前端保障,也是劳动关系管理的日常基础工作,但正是这一最基本的工作却被很多人力资源管理者忽视,围绕考勤而产生的劳动争议居高不下,而用人单位考勤管理的诸多缺陷也直接导致用人单位承担败诉风险,如何让人力资源管理者更好地完善考勤管理制度和操作流程,以最大程度减少风险呢? 那就需要认真学习以下的内容。

一、劳动者在岗时需签署的资料有哪些?

劳动者入职的时候要签订的资料,在上面已经讲解过了。任职时(在岗)需要填写下列资料:考勤表、工资表、请假单、培训记录表、加班申请单、绩效考评表、领取物资登记表、劳动合同续签通知书、劳动合同变更单、调岗调薪通知书等。

很多企业实行无纸化办公,很多资料都不需要员工签字确认,大型的企业可以用"企业文化"管理员工,但针对中小型企业,这些资料必须让员工书面签字或者电子签字确认,否则容易出现劳动纠纷。

二、考勤方式有哪些？各自的优缺点是什么？

很多劳动者对用人单位的规章制度不认可,感觉不舒服,但是我却认为规章制度是用来保护优秀劳动者的。考勤方式的选择体现了用人单位对劳动者的信任,任何制度都不应该惩罚优秀员工,考勤方式也是如此。所以用人单位应该根据自己的实际运营需求,选择合适的考勤方式(表2-1)。

表2-1　考勤的方式及其优缺点

序号	常见方式	优点	缺点	适用范围
1	签字式	真实签字笔迹可行度高	浪费纸张	人数少,必须本人手写,不许他人代写
2	刷卡式	速度快	容易作弊	每月书面确认
3	刷卡拍照	瞬间拍照有记录	需要长期存档	每月书面确认
4	指纹	指纹不可作弊	办公密集,有的员工无法打指纹	每周或每月书面确认
5	人脸识别	不可作弊	会让部分员工感觉不够信任和尊重	
6	网络打卡	办公分散,随时随地可以操作	需对员工的账号进行确认,打卡时间和距离不够精准	要对员工的打卡记录保存两年,发生诉讼时只有进行网页公证,才具有法律效力

对于一个企业而言,大多数员工都是表现良好并且可信赖的,对于考勤喜欢投机取巧并且业绩表现非常差的员工,一旦发现违反,可按照企业规章制度来处理。

三、考勤管理存在哪些缺陷？如何解决这些缺陷？

(一)考勤管理的缺陷

(1)内容有涂改;

(2)无调休/补休记录;

(3)考勤记录疏于保管;

(4)出勤违纪处理不妥当；

(5)无加班申请或加班通知；

(6)考勤表跟工资表记录不符；

(7)考勤规定与实际处理不一致；

(8)未及时申报、续延特殊工时制；

(9)单位无考勤制度或者考勤规定不明确；

(10)考勤记录缺乏签名核对即没有签字；

(11)缺勤记录未记明事由或无职工请假的假条；

(12)考勤表上只记录工作时间或者不记录工作天数。

(二)解决上述问题的方法

1. 制定考勤制度：有完善的考勤制度，对诸如事假、病假、加班有明确和详细的规定。

2. 启用考勤系统：指纹打卡、刷卡、人脸识别、钉钉打卡等软件打卡。

3. 使用签到制度：实行上下班签到制度，注意实际上下班时间，避免加班现象。

4. 可以小时考勤：以工作小时作为考勤单位。

5. 填写工作日报：让员工填写工作日报，统计有效工作小时。

6. 每月汇总考勤：每月汇总考勤表，核对员工的出勤情况。

7. 保存考勤附件：将假条、加班申请、加班通知随考勤表装订或者放入员工档案袋内保存，必须劳动者本人签字，不能代签。

8. 考勤表需签字：每月的考勤表必须让劳动者签字，对考勤进行确认。

9. 工资表要签字：每月的工资表必须让劳动者签字，对工资进行确认。

一点通

1. 如果用人单位各项管理不够完善，建议慎用指纹、刷卡等电子考勤系统，避免引发加班费的劳动纠纷。

2. 若使用这些考勤系统，劳动合同或者规章制度要注明：签到记录或者打卡仅作为进入工作场所的时间记录，不作为工作时间的证明，具体以考勤表为准。

3. 涉及迟到、早退扣发劳动者的工资的，一定要进行书面的对于迟到早退、旷工的确认，以下两种形式皆可：对考勤确认；对扣发工资确认。

但是实操中迟到扣发工资要谨慎，有可能存在风险，因为单位没有行政处罚权，可以通过乐捐或者绩效扣分等方式去操作。

四、什么情况下用人单位能合法扣减劳动者的劳动报酬?

(一)扣款分为克扣和代扣两种情形

1. 克扣:指用人单位无正当理由扣减劳动者应得工资,即在劳动者已提供正常劳动的前提下,用人单位按劳动合同规定的标准应当支付给劳动者的全部劳动报酬。

若要合理地扣减劳动者的工资,则必须遵守 1995 年 1 月 1 日劳动部施行的《工资支付暂行规定》第十六条,即因劳动者本人原因给用人单位造成经济损失的,用人单位可按照劳动合同的约定要求其赔偿经济损失。经济损失的赔偿,可从劳动者本人的工资中扣除。但每月扣除的部分不得超过劳动者当月工资的 20%。若扣除后的剩余工资部分低于当地月最低工资标准,则按最低工资标准支付。

【备注:每个省市都有相关的《工资支付条例》的规定。】

2. 代扣:只有在依据法律规定劳动者具有支付某种费用的义务的前提下,用人单位才可以代扣;只有法律规定劳动者应支付的某项费用可以由用人单位代扣时,用人单位才能代扣,否则为克扣劳动者工资。用人单位可以代扣的法定情形如下:

(1)用人单位代扣代缴的个人所得税;

(2)用人单位代扣代缴的应由劳动者个人负担的各项社会保险费用、公积金费用;

(3)法院判决、裁定中要求代扣的抚养费、赡养费;

(4)法律、法规规定可以从劳动者工资中扣除的其他费用;

(5)合同约定经济损失:因劳动者本人原因给用人单位造成经济损失的,用人单位可按照劳动合同的约定要求其赔偿经济损失;经济损失的赔偿,可从劳动者本人的工资中扣除。

(二)以下扣减情形不构成克扣劳动者工资

(1)依法签订的劳动合同中有明确规定的;

(2)用人单位依法制定并经职代会批准的厂规、厂纪中有明确规定的;

(3)用人单位工资总额与经济效益相联系,经济效益下浮时,工资必须下浮,但前提是支付给劳动者的工资不得低于当地最低工资标准;

(4)因劳动者请事假等相应减发工资等;

(5)国家的法律、法规中有明确规定的。

1995 年 1 月 1 日起施行的《工资支付暂行规定》

第十五条 用人单位不得克扣劳动者工资。有下列情况之一的,用人单位可以代扣劳动者工资:

(一)用人单位代扣代缴的个人所得税;

(二)用人单位代扣代缴的应由劳动者个人负担的各项社会保险费用;

(三)法院判决、裁定中要求代扣的抚养费、赡养费;

(四)法律、法规规定可以从劳动者工资中扣除的其他费用。

第十六条 因劳动者本人原因给用人单位造成经济损失的,用人单位可按照劳动合同的约定要求其赔偿经济损失。经济损失的赔偿,可从劳动者本人的工资中扣除。但每月扣除的部分不得超过劳动者当月工资的 20%。若扣除后的剩余工资部分低于当地月最低工资标准,则按最低工资标准支付。

1995 年 5 月 12 日对《工资支付暂行规定》有关问题的补充规定

《规定》第十五条中所称"克扣"系指用人单位无正当理由扣减劳动者应得工资(即在劳动者已提供正常劳动的前提下用人单位按劳动合同规定的标准应当支付给劳动者的全部劳动报酬)。不包括以下减发工资的情况:

(1)国家的法律、法规中有明确规定的;

(2)依法签订的劳动合同中有明确规定的;

(3)用人单位依法制定并经职代会批准的厂规、厂纪中有明确规定的;

(4)企业工资总额与经济效益相联系,经济效益下浮时,工资必须下浮的(但支付给劳动者工资不得低于当地最低工资标准);

(5)因劳动者请事假等相应减发工资等。

五、哪些劳动报酬不能随意扣除或者扣减?

(一)上班迟到扣工资

1. 用人单位实行扣款要有标准,根据《工资支付暂行规定》第十六条规定,因劳动者本人原因给用人单位造成经济损失的,用人单位可按照劳动合同的约定要求其赔偿经济损失。如果劳动者的一些行为,如迟到,没有造成用人单位经济损失,用人单位是无权扣除劳动者工资的。

2. 暴雨、下雪被困导致上班迟到。大雨、大雾、大雪这样的天气不在国家法律规定的范围之内,只有地震、水灾火灾等才属于不可抗力的范围。劳动者因为下大雨上班迟到是否应受到处罚,主要看单位的规章制度是如何制定的。如果单位是按内部规章制度处罚了，并没有违反法律。不过，建议单位从人性化关怀的角度出发，酌情处理。

　　2016年8月16日济南市人民政府办公厅发布的《济南市应对极端天气停课安排和误工处理实施意见》

　　为进一步强化暴雨、暴雪、道路结冰等气象灾害应急响应措施，避免和减少气象灾害对人民群众生命财产安全造成损失，保障城市运行安全，根据气象、防汛、突发事件应对等法律法规和相关气象灾害应急预案规定，现就应对极端天气停课安排和误工处理提出如下实施意见。

　　一、适用范围

　　本市发布暴雨、暴雪、道路结冰等气象灾害黄色、橙色、红色预警信号（图标及标准详见附件）时，适用本实施意见。

　　二、气象灾害红色预警停课安排和误工处理

　　（一）停课安排。

　　1. 当日22：00前本市发布气象灾害红色预警信号且在22：00维持的，或当日22：00至次日6：00（含）发布了气象灾害红色预警信号的，各中小学校（含幼托园所、中等职业学校，以下统称学校）应于次日全天停课，并对因不知晓有关情况等到校的学生做好相应安排。6：00以后至上课前发布气象灾害红色预警信号的，学校应灵活安排教学活动，对延误到校（未到校）的学生不作迟到（缺课）处理；为学生上学提供交通工具的学校或服务者，应按规定落实相关措施，切实保障学生交通安全。上课期间发布气象灾害红色预警信号的，学校可继续上课，并做好安全防护工作。

　　2. 学校应根据本实施意见提前制定具体应对方案，细化完善相应措施，健全值班制度，建立与学生及其家长的沟通机制。

　　3. 驻济高校等参照本实施意见自行制定具体应对方案，明确应对措施，并抓好组织实施。

　　（二）误工处理。

　　1. 本市发布气象灾害红色预警信号后，除直接保障城市运行的政府机关和企事业单位外，其他用人单位可采取临时停产、停工、停业等措施。

　　2. 为保障职工安全，各用人单位应根据本实施意见提前制定具体应对方案，明确应当或无须上班的人员和情形以及复产、复工、复业的情形和相关规定，并告知职工。气象灾害红色预警信号发布后，用人单位和职工应按照本单位具体应对方案及时采取相应措施。应当上班而不能按时到岗的职工应及时与本单位联系。

3. 职工因气象灾害红色预警造成误工的,用人单位不得作迟到、缺勤处理,不得扣减工资福利,不得以法定假日、休息日补偿,不得因此对误工者给予纪律处分或解除劳动关系等。

4. 在工作时间发布气象灾害红色预警信号的,用人单位应按照有关法律法规和其他相关规定,及时停止不适合在该气象条件下实施的户外作业和大型活动。

三、气象灾害黄色或橙色预警误课安排和误工处理

本市发布暴雨、暴雪、道路结冰等气象灾害黄色或橙色预警信号后,学校应灵活安排教学活动,并对延误到校的学生不作迟到(缺课)处理。用人单位应提前制定具体应对方案,职工确因恶劣天气影响不能按时到岗到位的,应及时与本单位联系说明原因,造成误工的,用人单位不得作迟到、缺勤处理,不得扣减工资福利,不得以法定假日、休息日补偿,不得因此对误工者给予纪律处分或解除劳动关系等。

四、其他有关事项

(一)市气象部门负责发布和解除气象灾害预警信号。

(二)本市新闻媒体、政务新媒体、移动电视、12345市民服务热线、政务微博、政府门户网站、通信运营商等管理部门、单位负责落实信息播发工作,及时、有效发出预警及相关信息。12345市民服务热线负责做好气象灾害预警信号发布和解除、政策解读等相关咨询工作,并分析上报相关数据信息。12121天气预报电话自动答讯系统应及时更新气象灾害预警信号发布和解除等相关信息。

(三)交通运输、公安等部门和单位负责加强交通运力调度和交通安全保障。教育、人力资源社会保障、安监等部门负责按照本实施意见对学校、用人单位保障学生和职工安全工作加强指导。直接保障城市运行的政府机关和企事业单位应加强应急值守,落实应急措施,确保城市安全运行。

(四)社会公众应注意收听、收看和查询最新预警信息,增强自我防范意识和能力,如遇极端天气,应尽量减少不必要的户外活动,注意防范安全风险,避免冒险赶路等行为。学生家长应切实承担未成年人监护责任。

(五)暴雨、暴雪蓝色预警响应措施,以及雷电、冰雹、沙尘暴、大雾、高温、低温等气象灾害预警响应措施,按照相应应急预案执行。

本实施意见自2016年8月16日起施行,有效期至2021年8月16日。

一点通

1.用人单位不能直接对劳动者进行罚款,但用人单位可以通过规章制度等合法手段进行奖勤罚懒,比如积分制、迟到没有全勤奖、绩效扣分等。

2.可以在用人单位规章制度上规定或者在劳动合同里约定:月度或者季度累计迟到 5 次,可以视为严重违反公司规章制度,包括"三期女性"在内,劳动者经常迟到早退,用人单位可以通过严重违反公司规章制度来解除劳动合同。

3.用人单位要慎用此项奖惩制度,并且要注意:

(1)规章制度要内容合法、程序合法,比如用人单位制定涉及职工切身利益的规章制度时,要经职工讨论,要公示或者告知职工;

(2)内容应具有合理性,明显缺乏合理性的奖惩制度也会影响其合法性;

(3)不能违背其他法律法规,比如不能违背最低工资的有关规定,不得实施歧视。

(二)销售任务或者指标未完成

根据《关于贯彻执行〈中华人民共和国劳动法〉若干问题的意见》第五十六条规定,双方当事人约定的劳动者在未完成劳动定额或承包任务的情况下,用人单位可低于最低工资标准支付劳动者工资的条款不具有法律效力。

根据该规定,无论劳动者是否完成了劳动定额或承包任务,也无论用人单位和劳动者怎样约定,只要劳动者提供了正常劳动,就算未完成销售任务或者指标,用人单位也应当向劳动者发放工资,且工资不能低于最低标准。最低工资标准,是指劳动者在法定工作时间或依法签订的劳动合同约定的工作时间内提供了正常劳动的前提下,用人单位依法应支付的最低劳动报酬。

也就是说,只要劳动者在法定工作时间或者约定的工作时间内正常工作,用人单位支付的工资标准都不应低于当地最低工资,而不是以其是否完成任务或者指标为标准。

用人单位可以把薪酬项目进行拆解,如岗位工资+绩效工资(提成)等,这样未完成销售指标,可以不发绩效工资(提成),最终单位支付的工资标准不低于当地最低工资即可。

(三)基本工资不能随意更改

劳动合同中都包含了"劳动报酬"这一条款,基本工资属于劳动报酬。更改基本工资属于劳动合同的变更,需要双方协商一致。

(四)加班工资不能随意降低

1. 如果劳动合同对加班工资基数已作出明确约定的,那就按照双方的约定计算加班工资。

2. 如果劳动合同没有约定加班工资基数,就根据劳动合同上的工资总额来确定加班费。

3. 劳动合同对劳动报酬和劳动条件等标准约定不明确,引发争议的,用人单位与劳动者可以重新协商;协商不成的,适用集体合同规定;没有集体合同或者集体合同未规定劳动报酬的,实行同工同酬;没有集体合同或者集体合同未规定劳动条件等标准的,适用国家有关规定。

4. 依据劳动者本人实际收入来计算。

如果集体合同(工资协商协议)、劳动合同均没有约定工资数额以及加班工资基数,应当以劳动者本人实际工资收入作为加班工资基数。

5. 逾期不支付加付赔偿金。

加班工资不能随意降低,而是要有法有据。根据《劳动合同法》第八十五条规定,用人单位有下列情形之一的,由劳动行政部门责令限期支付劳动报酬、加班费或者经济补偿;劳动报酬低于当地最低工资标准的,应当支付其差额部分;逾期不支付的,责令用人单位按应付金额百分之五十以上百分之一百以下的标准向劳动者加付赔偿金:

(1)未按照劳动合同的约定或者国家规定及时足额支付劳动者劳动报酬的;

(2)低于当地最低工资标准支付劳动者工资的;

(3)安排加班不支付加班费的;

(4)解除或者终止劳动合同,未依照本法规定向劳动者支付经济补偿的。

(五)调岗后不能擅自降薪

首先,单位想要调整劳动者的工作岗位,原则上应与劳动者协商一致。其次,调岗后的工资变动,应该征得劳动者的同意。因为单位与劳动者一旦签订了劳动合同,明确了薪资,是不能随意变动的。如果借由调岗随意降薪,则违反了《劳动合同法》,需要承担法律责任。

(六)工伤期间,原工资福利待遇不能降低

根据《工伤保险条例》第三十三条规定,职工因工作遭受事故伤害或者患职业病需要暂停工作接受工伤医疗的,在停工留薪期内,原工资福利待遇不变,由所在单位按月支付。因此工伤期间,劳动者的原工资福利待遇不能降低。

(七)女性职工怀孕产检,工资不能降低

根据《女职工劳动保护特别规定》,怀孕女职工在劳动时间内进行产前检查,所需时间计入劳动时间,单位不能扣除工资。

另外,用人单位也不得因女职工怀孕、生育、哺乳降低其工资、予以辞退、与其解除劳动或者聘用合同。

(八)试用期工资不能低于最低工资标准

《劳动合同法》第二十条规定,劳动者在试用期的工资不得低于本单位相同岗位最低档工资或者劳动合同约定工资的百分之八十,并不得低于用人单位所在地的最低工资标准。第八十三条规定,用人单位违反本法规定与劳动者约定试用期的,由劳动行政部门责令改正;违法约定的试用期已经履行的,由用人单位以劳动者试用期满月工资为标准,按已经履行的超过法定试用期的期间向劳动者支付赔偿金。

(九)病假期间也应发工资

病假是指劳动者本人因患病或非因工负伤,需要停止工作医疗时,企业应该根据劳动者本人实际参加工作年限和在本单位工作年限,给予一定的医疗假期。病假期间劳动者可照常领取工资,对于病假工资,最低不低于本市最低工资的80%。

(十)辞职未提前三十日通知单位

根据《劳动法》第三条规定,劳动者享有取得劳动报酬的权利。《工资支付暂行规定》第九条规定,劳动关系双方依法解除或终止劳动合同时,用人单位应在解除或终止劳动合同时一次付清劳动者工资。劳动者提供了劳动,用人单位应当支付劳动报酬,解除劳动关系时双方应当结清工资。工资作为正常劳动所得,在无法定情形下,用人单位无权扣除工资。

因此,员工辞职未提前三十日通知单位,用人单位不得扣发工资。但是可以在劳动合同里约定或者规章制度里规定,劳动者转正后提出解除劳动合同时,应提前三十日向甲方提交书面申请,若劳动者未提前三十日通知甲方,工作交接不到位或者未办理离职交接手续,擅自离职给甲方造成损失的,应当赔偿相应的损失:

(1)劳动者对甲方生产、经营和工作造成的直接经济损失;

(2)单位为录用劳动者直接支付的费用;

(3)损失计算方法包括但不限于重新聘用该辞职劳动者所发生的费用,因该劳动者离职造成客户流失或客户投诉所发生的费用,以及单位为主张该权利所花费的律师费、差旅费、诉讼费等费用。

(十一)劳动者辞职单位扣工资

《劳动法》第五十条明确规定,工资应当以货币形式按月支付给劳动者本人。用

人单位不得克扣或者无故拖欠劳动者的工资。

《劳动合同法》第三十七条规定,劳动者提前三十日以书面形式通知用人单位,可以解除劳动合同。劳动者在试用期内提前三日通知用人单位,可以解除劳动合同。第三十八条规定,用人单位有下列情形之一的,劳动者可以解除劳动合同:

(1)未按照劳动合同约定提供劳动保护或者劳动条件的;

(2)未及时足额支付劳动报酬的;

(3)未依法为劳动者缴纳社会保险费的;

(4)用人单位的规章制度违反法律、法规的规定,损害劳动者权益的;

(5)因本法第二十六条第一款规定的情形致使劳动合同无效的;

(6)法律、行政法规规定劳动者可以解除劳动合同的其他情形。

用人单位以暴力、威胁或者非法限制人身自由的手段强迫劳动者劳动的,或者用人单位违章指挥、强令冒险作业危及劳动者人身安全的,劳动者可以立即解除劳动合同,不需事先告知用人单位。

因此根据上述法律规定,劳动者辞职,单位不能随便扣发辞职劳动者的工资。

(十二)用人单位为捐赠强扣工资

《公益事业捐赠法》第四条规定,职工有权自行决定捐款的数额,是否捐款以及如何捐款都必须出于职工的自愿,任何用人单位都不得强行扣除职工的工资。《劳动法》第九十一条的规定,克扣劳动者工资的,由劳动行政部门责令用人单位支付劳动者的工资报酬、经济补偿,并可以责令支付赔偿金。根据上述法律规定,用人单位不得强迫劳动者捐赠,更不能随便强扣劳动者工资进行捐赠。

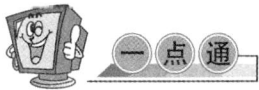

一点通

用人单位在扣减劳动者的劳动报酬前,一定要存在可以扣减劳动者工资的法定情形。不然要负的法律责任是:

用人单位克扣劳动者工资报酬的,由劳动保障行政部门责令限期支付劳动者的工资报酬;逾期不支付的,责令用人单位按照应付金额50%以上1倍以下的标准计算,向劳动者加付赔偿金。

赔偿金具体详见各省市的规定。比如青岛市2004年1月1日起施行的《青岛市企业工资支付规定》:

第三十七条　用人单位克扣或者无故拖欠劳动者工资以及拒不支付劳动者加班工资的,由劳动保障行政部门责令全额支付劳动者的工资报酬,并对企业主要负责人和直接责任人处以1000元以上3000元以下的罚款,对用

人单位按以下规定进行处理:

(1)超过 1 个月的,责令支付相当于工资报酬 25％的经济补偿金;

(2)超过 3 个月的,责令支付相当于工资报酬 25％的经济补偿金,并可以责令按相当于支付劳动者工资报酬和经济补偿金总和的 1 倍支付劳动者赔偿金;

(3)超过 6 个月的,责令支付相当于工资报酬 25％的经济补偿金,并可以责令按相当于支付劳动者工资报酬和经济补偿金总和的 2 至 5 倍支付劳动者赔偿金,同时通过新闻媒体向社会公布。

案例

【案情回顾】

吴某(女)今年 56 岁,退休前是一所重点学校的老师,退休后,应邀到一家教育培训机构教课。拿到第一个月工资时,吴某发现与之前约定的数额不一样,便问原因。

培训机构说,单位是按约定数额支付的,只不过按国家规定代扣代缴了个人所得税,税率标准是 20％,并说,所有职工都要代扣代缴个人所得税,退休后再工作的职工也不例外。培训机构这样做合法吗?

【案例解析】

吴某与培训机构之间为劳务关系,取得的收入为劳务报酬。根据国家税务总局《个人所得税代扣代缴暂行办法》第 2 条规定,凡支付个人应纳税所得的企业(公司)、事业单位、机关、社团组织、军队、驻华机构、个体户等单位或者个人,为个人所得税的扣缴义务人。

第 3 条规定,按照税法规定代扣代缴个人所得税是扣缴义务人的法定义务,必须依法履行。第 4 条第 3 项规定,扣缴义务人向个人支付劳务报酬所得,应代扣代缴个人所得税。

所以培训机构代扣代缴吴某个人所得税的做法符合法律规定。

六、事假期间的劳动报酬有哪些规定?

(一)事假的定义

所谓事假,是指除了国家规定的法定节日、年休假、婚假、丧假、产假等休假以外,员工因个人私事向用人单位申请的假期。

(二)事假的规定

1. 劳动者申请的事假不属于国家规定的应照常享受工资待遇的法定节日。

2. 关于事假期间的工资待遇,我国现行《劳动法》中未作明确规定,个别省市有规定。

3. 劳动者申请事假需经用人单位主管部门或者相关负责人同意。

> 2006年9月1日起施行的《山东省企业工资支付规定》
>
> 第二十四条　劳动者在享受法定年休假、探亲假、婚假、丧假等休假和产假、哺乳假等假期期间,其工资支付按照国家和省有关规定执行。
>
> 劳动者请事假的,企业可以不支付其事假期间的工资。
>
>
> 2004年1月1日起施行的《青岛市企业工资支付规定》
>
> 第十七条　劳动者依法享受年休假、探亲假、婚假、丧假等假期期间,用人单位应当按照劳动合同约定的工资标准支付劳动者工资。没有约定的,按照用人单位正常生产经营情况下,劳动者休假前本人上月正常工资为标准计发。
>
> 劳动者请事假的,用人单位可以不支付事假期间的工资。

七、劳动者能长期请事假吗?

劳动者不能长期请事假。

我国现行《劳动法》和《劳动合同法》中虽然没有事假期间的需要支付工资待遇的规定,但是各省市的《工资支付规定》中明确规定了用人单位可以不向劳动者支付事假工资。

因此,对于是否有带薪事假、申请事假的具体程序、事假的最高天数以及用人单位对劳动者违反规定的处理方式、事假工资的计算等问题,用人单位都应在其规章制度中,或与劳动者的劳动合同中予以明确规定,做到规章制度的合理合法。

一点通

1. 用人单位不要把缺勤超过30天或60天作为违反单位规章制度的情形,因为员工可能因病请假,有法定医疗期的规定等。

2. 用人单位如果要限制员工请假的天数,可以做如下规定。

1)关于病假规定。

(1)病假须填写《请假单》,单上附注医生的姓名和联络方式,同时出示二级以上医院开出的病假证明或就诊证明(必须盖医院章),并经直接主管、部门经理批准,行政人力资源部认可方为有效。

(2)无病情诊断证明的,或者私人诊所出具的病假证明(或就诊证明),一律按照事假处理。若被证实病假申请为虚假的或故意夸大的或存在欺诈行为,属于严重违纪行为,用人单位可以进行相应的惩戒直至解除劳动关系。

2)关于事假规定。

一年内事假累计不能超过 15 天或者一次性不能超过 15 天,并要得到上级批准,未经批准或超过 15 天按旷工进行处理。

3)关于旷工规定。

(1)劳动者有如下行为视为旷工:

①劳动者未经请假,擅自离岗的;

②劳动者请假未经公司批准,擅自离岗的;

③确有特殊情况,但未到公司说明缘由或者未办理相关请假手续,擅自离岗的;

④到岗但是未办理考勤登记的;

⑤到岗但是未向公司提供劳动的;

⑥其他未经公司批准或者未向公司说明,擅自离岗的。

⑦凡弄虚作假,开假证明病休的,一经查实,按旷工处理。

(2)旷工 1 天,扣本人当月日均工资的 1 倍。

连续旷工 3 天以上(含)或者月度、季度累计旷工达到 3 天(含)者或者年度累计旷工达到 5 天(含)者,属于严重违反用人单位规章制度,单位可以解除劳动合同。

八、什么是旷工?旷工需要具备哪些条件?

旷工是劳动者在正常工作日不请假或请假未批准的缺勤行为。

经常有劳动者旷工,因单位处理不当,导致反被劳动者起诉。当劳动者发生不请假而缺勤的行为时,我们就要根据单位的规章制度进行处理。旷工应当具备以下三个要件。

一是未按规定提供劳动。

未到单位上班或者没有考勤记录并不等同于"未按规定劳动"。工作的地点一般是单位的办公场所,但有些劳动者经常需要外出办理业务,或者单位有几个办公地点,或者劳动者经单位同意可以在家办公,也或者有些劳动者实行的是不定时工作制,可以自行安排工作的地点和方式。

虽然考勤是提供劳动的一种重要的依据,但是并非每个单位都采用了考勤制度,实施考勤制度的单位内并非针对每个劳动者进行考勤,比如高级管理人员、销售人员等。而且考勤系统本身也容易引起争议,比如电子考勤系统不可靠,门禁系统并不能够直接替代考勤系统等。考勤是一项比较复杂的管理事务,因此,没有考勤记录并不能简单地等同于没有提供正常劳动。

二是未经主管批准。

劳动者未按规定提供劳动的正当理由有生病、事假、依法参加社会活动、参加工会活动、参加职业培训、单位拒绝提供劳动条件、单位违法调整岗位或者工作地点、单位违法解除合同、法院通知出庭、不可抗力等。

劳动者生病一般需要先就医才会有医生病假证明,而且有些疾病的发病比较快,因此,往往是事后向单位提交病假单。有些单位的人事部门出于种种考虑,或者劳资双方已经存在纠纷,或者单位怀疑员工是否真的需要病假,而拒绝收取病假单,当然也不存在批准的问题,这种情况下,是否属于正当理由会引起争议。

单位调整岗位或者工作地点,一方面是单位的权利,另一方面容易侵害劳动者的利益,成为单位逼迫劳动者辞职的手段。在双方就调整的合法合理性发生争议的情况下,劳动者拒不到岗上班是否正当也是常常发生争议的环节。

单位拒绝提供劳动条件或者工作场所存在安全隐患,劳动者有权拒绝提供劳动。容易引起争议的是单位是否曾经拒绝提供劳动条件。虽然在单位内部,用人单位故意将某个劳动者的电脑没收,或者指使其他劳动者侵占本应当由某个劳动者使用的电脑,属于一定范围内大家都知道的事实,但是一旦涉及劳动争议仲裁或者诉讼,由于劳动者无法获得相应的证据,反而成了难以证明的事实。

关于法院开庭通知是否属于不正常上班的正当理由,虽然没有相关法律规定,一般来说尊重法院和司法权威是每个公民和单位的义务,如果确实因工作原因无法出庭的,根据民事诉讼法的规定,也是可以申请延期审理的。

三是无正当理由。

主管批准有两种情况,一种是批准劳动者一段时间不需要提供劳动或者上班,比如病假、事假、调休等;还有一种是批准劳动者可以变通上班地点和工作方式,比如在家办公、网络办公、电话联络办公等。主管批准又分为两种形式,一种是临时的口头形式,比如口头同意,或者电话同意;另一种是书面批复同意或者电子邮件回复同意。主管批准从时间上来看,有事前批准,也有事后补办批准手续或者事后确认的。

关于"经过批准"要件中比较容易忽视或者混淆的是,由于单位的行为,导致劳动者不需要上班的情形。比如,单位没收电脑或者门禁卡,封闭电子邮件账号,单位单方口头通知解除劳动合同,单位无理由或者理由明显违法的,这些行为因单位拒绝提供劳动条件或者单位明示拒绝劳动者劳动,而等同于认可劳动者不需要提供劳动。

实践中与这一要件相关的争议包括主管事先口头表示同意,或者在劳动者汇报后没有明确表示反对,事后劳动者无法获得有关口头同意的证据;主管口头同意劳动者变更工作地点或者方式,可能主管没有权限或者违反公司规定;单位通过内部请假系统同意员工请假,但是由于相关书面电子记录在单位系统内,发生劳动争议单位否认曾经批准,劳动者又无法获得相关批准证据;单位是否存在拒不提供劳动条件或者故意为劳动者正常劳动设置障碍的情形等。

缺少上述三个中的任何一个要件,均不构成旷工。

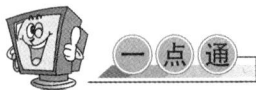

一点通

1. 法律上没有累计事假可以解聘劳动者的规定,但是事假的批准与否权利在用人单位,单位可以根据规章制度的规定,对劳动者不合理的事假申请可以不批准。

2. 在没有得到批准的情况下不上班就是旷工,适用国家和单位对于旷工的处罚规定。

3. 关于旷工多天就可以解除劳动合同,国家也没有明确规定,常规为旷工3天以上可以解除劳动关系。

九、员工发生旷工,如何取证?

经常有劳动者旷工,因单位处理不当,导致反被劳动者起诉,如何取证需要从以下三个方面入手。

(一)符合条件

劳动者旷工事实发生＋未经主管批准＋劳动者无正当理由。具体内容上文已进行详细解读。

(二)单位下发《催告函》

1. 当劳动者旷工时,我们一定要下发书面的《催告函》,同时做好考勤表的编制工作。

2. 还有其他书面证明可以证明劳动者旷工,但是效力不如《催告函》,比如邮件、OA、QQ群、微信等。

3. 视听资料勉强可以作为证据,但是效果不好,比如录音、录像,这些证据里面必须有劳动者承认的事实。

(三)逾期不到岗可解除劳动关系

根据单位规章制度中的旷工规定天数,对劳动者发了书面的《催告函》,劳动者仍旧逾期未上班,可以以严重违法公司规章制度,解除劳动关系。关于规章制度建立的三个过程,前面已有说明。

一点通

催告函

先生/女士(身份证号码：　　　　　　　　)：

你自　　年　　月　　日至今未到公司上班,现将公司规章制度公示于你,请你收到本催告函后,慎重考虑,即日起到公司上班,如果对此有任何异议,请于接到本通知之日到公司说明情况并办理请假手续。否则公司可依照旷工追究你的相关责任。

现将公司的考勤规章制度再次公示如下：

1. 员工有如下行为视为旷工：

(1)员工未经请假,擅自离岗的;

(2)员工请假未经公司批准,擅自离岗的;

(3)确有特殊情况,但未到公司说明缘由或者未办理相关请假手续,擅自离岗的;

(4)到岗但是未办理考勤登记的;

(5)到岗但是未向公司提供劳动的;

(6)其他未经公司批准或者未向公司说明,擅自离岗的。

2. 连续旷工3天以上(含)或者月度累计旷工达到3天(含)者或者年度累计旷工达到5天(含)者,属于严重违反公司规章制度行为,公司将与你解除劳动关系并不支付你经济补偿金。

催告人(盖章)：

年　　月　　日

十、用人单位如何支付劳动者旷工的工资?

(一)旷工的规定

旷工按工作日计算,关于旷工的处罚,《劳动合同法》没有明确规定。但是如果劳动者旷工,根据《劳动合同法》相关的规定是用人单位辞退劳动者的条件之一,即劳动者长期旷工,违反用人单位相关规定的,单位可以与其解除劳动关系。

(二)旷工的工资支付规定

由于1982年的《企业职工奖惩条例》已经被废止,关于工资支付条例等相关部门法律法规里却有明确规定,即用人单位对违反劳动合同以及用人单位内部相关规定的劳动者可以进行经济扣减,但扣减金额不得超过该月工资20%也不得再扣减后低于当地最低工资标准。

建议旷工工资可以跟事假一样核算工资,即用人单位可以不支付其旷工期间的工资,千万不要在规章制度里错误地写入:旷工1天,扣3天工资。这是违法的。

十一、哪些情形下用人单位可以不向劳动者支付工资

以下七种情形用人单位可以不向劳动者支付工资。

(一)用人单位与劳动者协商一致

用人单位和劳动者有权按照自己的意愿处分自己的权利,只要是出于双方真实的意思表示,不违反法律、行政法规的强制性规定,应当合法有效,用人单位可以据此不向劳动者支付工资。但是双方必须签订书面资料。比如本次新冠肺炎疫情期间,很多劳动者提出停产停工期间不需要企业发放工资。

(二)劳动者因涉嫌违法犯罪被限制人身自由

劳动者因为涉嫌违法犯罪可能会被采取强制措施,在此期间无法为用人单位提供劳动,双方的劳动合同暂停履行,用人单位可以不支付该期间的工资。如果法院最终判决劳动者有罪,用人单位依据《劳动合同法》第三十九条,劳动者被依法追究刑事责任解除劳动合同,无须支付经济补偿;如果法院最终判决无罪,双方的劳动合同恢复履行。

劳动者经证明被错误限制人身自由的,暂时停止履行劳动合同期间的劳动者的损失,可依据《国家赔偿法》要求有关部门赔偿。

(三)劳动合同因不可抗力暂时不能履行

不可抗力,是指劳动合同订立时不能预见、不能避免并不能克服的客观情况。

包括自然灾害,如台风、地震、洪水、冰雹;政府行为,如征收、征用;社会异常事件等。出现这些情形,双方都无过错,从公平的角度来说,用人单位可以不用支付工资。

但是也有特殊规定,比如这次新冠肺炎疫情期间,有的省市,例如青岛市规定,因企业无法复工,第一个月支付合同约定的工资,从第二个月开始需要发放不低于最低工资标准的80%。

(四)经用人单位同意的事假期间

事假是因为劳动者个人原因的请假,并不是国家规定的带薪假期。事假期间劳动者未向用人单位提供劳动,自然不需要支付工资。

(五)无正当理由不提供劳动(无故旷工)

在劳动关系中,劳动者提供自己的劳动来换取用人单位的劳动报酬,用人单位以支付劳动报酬的形式换取劳动者的劳动,双方各取所需。原则上来说,没有提供劳动当然不可以要求支付劳动报酬。

(六)由于劳动者本人的原因中止劳动合同

劳动合同暂时停止履行(中止)的原因是多种多样的,如果用人单位提供了劳动条件,而因为劳动者本人的原因导致劳动合同中止的,用人单位可以不支付相应的工资。

(七)解除或终止劳动合同的争议期间

用人单位做出解除或终止劳动合同决定后,劳动者认为是违法解除或终止的,会发生劳动争议。

如果判定为违法解除或终止,劳动者要求撤销解除或终止决定,继续履行劳动合同的,由于是用人单位的原因导致发生劳动争议,在此期间的工资用人单位应当支付;如果判定为合法解除或终止,用人单位不需要支付争议期间的工资。

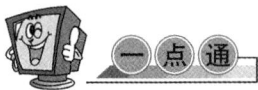

《最高人民法院关于审理劳动争议案件适用法律问题的解释(一)》第四十四条:因用人单位作出的开除、除名、辞退、解除劳动合同、减少劳动报酬、计算劳动者工作年限等决定而发生的劳动争议,用人单位负举证责任。

关于工资支付的举证责任,从规定可以看出,减少或不支付工资的举证责任在用人单位,用人单位要做好证据的保留。

十二、病假和医疗期有何区别?

(一)病假和医疗期的定义

1. 病假是指劳动者非因工患病或非因工负伤,经医疗机构检查、出具证明并获本单位主管部门或领导的批准,停止工作治疗疾病或休息的假期。

2. 医疗期是指用人单位劳动者因患病或非因工负伤期间停止工作治病休息,用人单位不能因此与劳动者解除劳动合同的时限。

(二)病假和医疗期的区别

表 2-2　病假和医疗期的区别

内容	病假	医疗期
性质	生理概念	法律概念
期限	根据病情、伤势而定	根据工作年限而定
内涵	强调劳动关系的存续	强调劳动关系的解除和终止
联系	医疗期以病假为基础; 病假期限<医疗期,不得运用非过错解雇、经济裁员解雇劳动者; 病假期限≥医疗期,可以解雇劳动者	

医疗期是"法定"期间,由法律根据劳动者工作年限规定的"刚性"的时间段,比如工作满一年,医疗期为 3 个月,除非工作年限发生了变化。而病假期则是"事实"期间,事实上发生了多少就算多少,是"弹性"的时间段。譬如劳动者休了 4 个月的病假,医疗期只有 3 个月,病假期间仍然算是 4 个月。

十三、病假期间的劳动报酬有哪些规定?

劳动者在患病治疗期间,不仅可以享受基本医疗保险待遇,而且用人单位要按照法定标准向劳动者支付病假工资,不能因劳动者参加基本医疗保险而不支付工资。根据国家、省市规定,病假工资或疾病救济费可以低于当地最低工资标准支付,但不能低于最低工资标准的 80%。

(一)根据劳动部《关于职工全年月平均工作时间和工资折算问题的通知》的规定

日工资=月工资收入÷月计薪天数;

月计薪天数=(365 天-104 天)÷12 月=21.75 天。

(二)根据相关规定,病假期间应支付的工资

当地月最低工资标准×80%÷21.75×病假天数=病假期间应支付的最低工资。

用人单位向劳动者支付病假期间的工资,是单位应负的责任,对医疗期和病假工资的规定都是底线基准要求。用人单位需特别注意关于病假的劳动报酬计算问题的法律规定,即可以低于当地最低工资标准支付,但不能低于最低工资标准的80％。

1995年8月4日起施行的劳动部《关于贯彻〈劳动法〉若干问题的意见》

第五十九条　职工患病或非因工负伤治疗期间,在规定的医疗期间内由企业按有关规定支付其病假工资或疾病救济费,病假工资或疾病救济费可以低于当地最低工资标准支付,但不能低于最低工资标准的80％。

2006年9月1日起施行的《山东省企业工资支付规定》

第二十六条　劳动者因工负伤或者患职业病的,企业应当按照《工伤保险条例》的规定,支付劳动者停工留薪期间的工资。劳动者患病或者非因工负伤,在国家规定的医疗期内的,企业应当按照国家和省有关规定支付病假工资或者疾病救济费,病假工资或者疾病救济费不得低于当地最低工资标准的80％。

2004年1月1日起施行的《青岛市企业工资支付规定》

第二十条　劳动者因病或者非因工负伤停止工作,用人单位应当按照以下标准支付病假工资或疾病救济费:

(一)在规定的医疗期内,停工医疗累计不超过6个月的,由用人单位发给本人工资70％的病假工资;

(二)在规定的医疗期内,停工医疗累计超过6个月的,发给本人工资60％的疾病救济费;

(三)超过医疗期,用人单位未按规定组织劳动能力鉴定的,按不低于当地最低工资标准的80％支付疾病救济费。

病假工资和疾病救济费最低不得低于当地最低工资标准的80％,最高不超过企业上年度职工月平均工资。

本条所称本人工资,是指劳动者本人患病前12个月的月平均工资。劳动者工作不满12个月的,按实际工作月数的月平均工资计算。

十四、医疗期的期限有哪些规定?

(一)医疗期期限

1. 劳动者患病或非因工负伤,根据本人实际参加工作的年限和本单位工作年限长短,享受3～24个月的医疗期。

2. 对于某些患特殊疾病(如癌症、精神病、瘫痪等)的劳动者,在 24 个月内尚不能痊愈的,经企业和当地劳动部门批准,可以适当延长医疗期。

3. 医疗期的计算过程中,公休、假日、法定节假日包括在内,如果在医疗期内涉及上述节假日的,不再扣除(表 2-3)。

表 2-3　实际工作年限与本单位工作年限的区别

实际工作年限	本单位工作年限	
实际工作年限 10 年以下	在本单位工作年限 5 年以下的为 3 个月	5 年以上的为 6 个月
实际工作年限 10 年以上	在本单位工作年限 5 年以下的为 6 个月	5 年以上 10 年以下的为 9 个月
10 年以上 15 年以下的为 12 个月	/	/
15 年以上 20 年以下的为 18 个月	/	/
20 年以上的为 24 个月	/	/

(二)试用期劳动者的医疗期

合同制工人在试用期内患病或非因工负伤,可以享受医疗待遇,医疗期限为 3 个月。

法律依据《关于合同制工人在试用期内患病医疗问题的复函》(劳办险字〔1989〕3 号)中关于合同制工人在试用期内患病或非因工负伤,应否享受医疗期的问题;《国营企业实行劳动合同制暂行规定》第六条和第二十一条的规定。

(三)累计计算医疗期

劳动者若连续休医疗期,应当连续计算医疗期,直至期满;若间断地休医疗期,则可以累计计算医疗期的时间。

(1)医疗期 3 个月的按 6 个月内累计病休时间计算;

(2)6 个月的按 12 个月内累计病休时间计算;

(3)9 个月的按 15 个月内累计病休时间计算;

(4)12 个月的按 18 个月内累计病休时间计算;

(5)18 个月的按 24 个月内累计病休时间计算;

(6)24 个月的按 30 个月内累计病休时间计算。

医疗期计算应从病休第一天开始,累计计算。例如:

1 名应享受 3 个月医疗期的职工,如果从 2017 年 3 月 15 日起第一次病休,则该职工医疗期应在 3 月 15 日至 9 月 14 日 6 个月内的时间段确定。

假设到 7 月 20 日,该职工已累计病休 3 个月,即视为医疗期满。若该职工在 7

月 21 日至 9 月 14 日之间再次病休,就无法享受医疗期待遇。

(四)医疗期的终止

如果医疗期是连续计算的,那么休假时间与医疗期相等,且医疗期以自然月为计算单位;如果医疗期是累计计算的,累计休假时间与医疗期相等,医疗期以 30 天/月为计算单位。

上述两种休假时间均在等于应休医疗期天数时,医疗期届满。

> 1995 年 8 月 4 日发布的关于贯彻执行《中华人民共和国劳动法》若干问题的意见(劳部发〔1995〕309 号)
>
> 76. 依据劳动部《企业职工患病或非因工负伤医疗期的规定》(劳部发〔1994〕479 号)和劳动部《关于贯彻〈企业职工患病或非因工负伤医疗期的规定〉的通知》(劳部发〔1995〕236 号),职工患病或非因工负伤,根据本人实际参加工作的年限和本企业工作年限长短,享受 3～24 个月的医疗期。对于某些患特殊疾病(如癌症、精神病、瘫痪等)的职工,在 24 个月内尚不能痊愈的,经企业和当地劳动部门批准,可以适当延长医疗期。
>
> 1995 年 1 月 1 日起施行的《企业职工患病或非因工负伤医疗期规定》
>
> 第一条 为了保障企业职工在患病或非因工负伤期间的合法权益,根据《中华人民共和国劳动法》第二十六、二十九条规定,制定本规定。
>
> 第二条 医疗期是指企业职工因患病或非因工负伤停止工作治病休息不得解除劳动合同的时限。
>
> 第三条 企业职工因患病或非因工负伤,需要停止工作医疗时,根据本人实际参加工作年限和在本单位工作年限,给予三个月到二十四个月的医疗期:
>
> (一)实际工作年限十年以下的,在本单位工作年限五年以下的为三个月;五年以上的为六个月。
>
> (二)实际工作年限十年以上的,在本单位工作年限五年以下的为六个月;五年以上十年以下的为九个月;十年以上十五年以下的为十二个月;十五年以上二十年以下的为十八个月;二十年以上的为二十四个月。
>
> 第四条 医疗期三个月的按六个月内累计病休时间计算;六个月的按十二个月内累计病休时间计算;九个月的按十五个月内累计病休时间计算;十二个月的按十八个月内累计病休时间计算;十八个月的按二十四个月内累计病休时间计算;二十四个月的按三十个月内累计病休时间计算。

> 第五条 企业职工在医疗期内,其病假工资、疾病救济费和医疗待遇按照有关规定执行。

十五、医疗期的薪资有哪些规定?

根据 1995 年 8 月 4 日《关于贯彻执行〈中华人民共和国劳动法〉若干问题的意见》第五十九条,职工患病或非因工负伤治疗期间,在规定的医疗期内由企业按有关规定支付其病假工资或疾病救济费,病假工资或疾病救济费可以低于当地最低工资标准支付,但不能低于最低工资标准的 80%。

以上是一个最低限的规定,各个省市往往在此基础上,规定了高于全国统一标准的医疗期和病假工资支付办法。因此,在确定医疗期和病假期间工资支付标准时,应当关注各省市当地的特殊规定。

企业职工因病或非因工负伤,在医疗期内,停工医疗累计不超过 180 天的,由企业发给本人工资 70% 的病假工资;累计超过 180 天,发给本人工资 60% 的疾病救济费。医疗期内的医疗待遇仍按现行规定执行,每个城市都有自己的具体规定。

> 2004 年 1 月 1 日起施行的《青岛市企业工资支付规定》
>
> 第二十条 劳动者因病或者非因工负伤停止工作,用人单位应当按照以下标准支付病假工资或疾病救济费:
>
> (一)在规定的医疗期内,停工医疗累计不超过 6 个月的,由用人单位发给本人工资 70% 的病假工资;
>
> (二)在规定的医疗期内,停工医疗累计超过 6 个月的,发给本人工资 60% 的疾病救济费;
>
> (三)超过医疗期,用人单位未按规定组织劳动能力鉴定的,按不低于当地最低工资标准的 80% 支付疾病救济费。
>
> 病假工资和疾病救济费最低不得低于当地最低工资标准的 80%,最高不超过企业上年度职工月平均工资。
>
> 本条所称本人工资,是指劳动者本人患病前 12 个月的月平均工资。劳动者工作不满 12 个月的,按实际工作月数的月平均工资计算。
>
> 2004 年 12 月 1 日起施行,2009 年修订的《深圳市员工工资支付条例》
>
> 第二十三条 员工患病或者非因工负伤停止工作进行医疗,在国家规定的医疗期内的,用人单位应当按照不低于本人正常工作时间工资的百分之六十支付员工病伤假期工资,但不得低于最低工资的百分之八十。

十六、劳动者医疗期满不能工作，单位解除劳动合同给补偿吗？

该问题的答案是肯定的。

根据《劳动合同法》第四十条规定，有下列情形之一的，用人单位提前三十日以书面形式通知劳动者本人或者额外支付劳动者一个月工资后，可以解除劳动合同：

（1）劳动者患病或者非因工负伤，在规定的医疗期满后不能从事原工作，也不能从事由用人单位另行安排的工作的；

（2）劳动者不能胜任工作，经过培训或者调整工作岗位，仍不能胜任工作的；

（3）劳动合同订立时所依据的客观情况发生重大变化，致使劳动合同无法履行，经用人单位与劳动者协商，未能就变更劳动合同内容达成协议的。

因此，劳动者患病或者非因工负伤，经劳动能力鉴定委员会确认不能从事原工作，也不能从事用人单位另行安排的工作而解除劳动合同的，用人单位应按其在本单位的工作年限，每满一年发给相当于一个月工资的经济补偿金，同时还应发给不低于六个月工资的医疗补助费，患重病的增加部分不低于医疗补助费的百分之五十，患绝症的增加部分不低于医疗补助费的百分之百。原则上医疗补助费计算基数与经济补偿金是一致的，即按劳动者解除或者终止劳动合同前十二个月的平均工资收入计算。

要注意的是，用人单位需充分掌握医疗期有关期限的规定，否则，少算一天都会被认定为违法解除，就得支付经济赔偿金了。

案例

【案情回顾】

龚某于 2011 年 1 月入职某公司任技术操作员，签订了为期 3 年的劳动合同。2013 年 5 月某个周末，龚某自驾车外出游玩不慎发生交通事故，伤及右手，医疗期满后被鉴定为七级伤残。由于龚某右手不便，无法从事原来的技术操作岗位，公司遂决定解除与龚某的劳动关系。

龚某认为公司此举太没人情味，在再三请求无果之后，向劳动争议仲裁委提起仲裁请求，主张恢复与公司的劳动关系。龚某的主张能得到支持吗？

【案例解析】

龚某在医疗期满后，单位能否以其不能从事原工作，直接予以辞退？显然是不行的。

根据《劳动合同法》第四十条的规定，"有下列情形之一的，用人单位提前三十日以书面形式通知劳动者本人或者额外支付劳动者一个月工资后，可以解除劳动合同:劳动者患病或者非因工负伤,在规定的医疗期满后不能从事原工作,也不能从事由用人单位另行安排的工作的"。

因此该案中,该公司在龚某医疗期满后不给龚某另行安排直接解除与龚某的劳动关系是违法解除,龚某要求恢复劳动关系的主张可以得到司法支持。

十七、劳动者在医疗期内和休病假期间享受哪些权益?

根据《劳动合同法》及相关法律规定,医疗期的权益主要表现如下。

(一)医疗期内,用人单位不能进行非过错性解除

《劳动合同法》第四十二条规定,劳动者有下列情形之一的,用人单位不得依照本法第四十条、第四十一条的规定解除劳动合同:

(1)从事接触职业病危害作业的劳动者未进行离岗前职业健康检查,或者疑似职业病病人在诊断或者医学观察期间的;

(2)在本单位患职业病或者因工负伤并被确认丧失或者部分丧失劳动能力的;

(3)患病或者非因工负伤,在规定的医疗期内的;

(4)女职工在孕期、产期、哺乳期的;

(5)在本单位连续工作满十五年,且距法定退休年龄不足五年的;

(6)法律、行政法规规定的其他情形。

(二)劳动合同到期,医疗期未满的,合同期限顺延到医疗期届满为止

《劳动合同法》第四十五条劳动合同期满,有本法第四十二条规定情形之一的,劳动合同应当续延至相应的情形消失时终止。但是,本法第四十二条第二项规定丧失或者部分丧失劳动能力劳动者的劳动合同的终止,按照国家有关工伤保险的规定执行。

(三)劳动合同未到期,劳动者患病或者非因工负伤,在规定的医疗期满后不能从事原工作,也不能从事由用人单位另行安排的工作的,用人单位虽然可以进行非过错性解除,但应当履行提前三十日提前通知的义务或支付代通知金,另外还需支付经济补偿金

《劳动合同法》第四十条有下列情形之一的,用人单位提前三十日以书面形式通知劳动者本人或者额外支付劳动者一个月工资后,可以解除劳动合同:

(1)劳动者患病或者非因工负伤,在规定的医疗期满后不能从事原工作,也不能从事由用人单位另行安排的工作的;

(2)劳动者不能胜任工作,经过培训或者调整工作岗位,仍不能胜任工作的;

(3)劳动合同订立时所依据的客观情况发生重大变化,致使劳动合同无法履行,经用人单位与劳动者协商,未能就变更劳动合同内容达成协议的。

《劳动合同法》第四十六条有下列情形之一的,用人单位应当向劳动者支付经济补偿:

(1)劳动者依照本法第三十八条规定解除劳动合同的;

(2)用人单位依照本法第三十六条规定向劳动者提出解除劳动合同并与劳动者协商一致解除劳动合同的;

(3)用人单位依照本法第四十条规定解除劳动合同的;

(4)用人单位依照本法第四十一条第一款规定解除劳动合同的;

(5)除用人单位维持或者提高劳动合同约定条件续订劳动合同,劳动者不同意续订的情形外,依照本法第四十四条第一项规定(劳动合同期满)终止固定期限劳动合同的;

(6)依照本法第四十四条第四项、第五项规定终止劳动合同的;

(7)法律、行政法规规定的其他情形。

(四)企业职工在医疗期内,其病假工资、疾病救济费和医疗待遇按照有关规定执行

具体详见前面几个问题的分析。

十八、劳动者在医疗期内和休病假期间应当履行哪些义务?

劳动者在医疗期内和休病假期间,依然还是企业的员工,所以仍然需要遵守企业的各项规章制度。伤病休假职工不得从事有收入的活动。

机关、事业单位、社会团体和企业也不得聘用伤病休假职工。对利用伤病假从事有收入活动的职工,要停止其伤病保险待遇,不予报销医疗费,并限期返回单位复工。

对于休病假的劳动者从事其他有收入的活动,可以责令其改正,如果拒不改正的,可以作为严重违纪解除劳动合同。

1992年6月9日起施行的《关于加强企业伤病长休职工管理工作的通知》

二、要坚持和完善企业伤病职工的休假和复工制度。职工因伤病需要休假的,应凭企业医疗机构或指定医院开具的疾病诊断证明,并由企业审核批准。伤病职工需要转入长休的,根据企业医疗机构或指定医院开具的疾病诊断证明,由企业劳动鉴定委员会(小组)作出鉴定,经企业行政批准。要建立定期家访制度,及时了解长休职工的伤、病、残情况变化,及时通知已恢复劳动能力的职工按时复工;根据劳动能力恢复情况,安排一定的试工期或调换适当工作;要加强企业劳动纪律,对逾期不复工或不服从工作安排的,可停发伤病保险待遇,并按旷工处理。

四、伤病休假职工不得从事有收入的活动。机关、事业单位、社会团体和企业不得聘用伤病休假职工。对利用伤病假从事有收入活动的职工,要停止其伤病保险待遇,不予报销医疗费,并限期返回单位复工。经批评教育不改的,可按《企业职工奖惩条例》和辞退违纪职工的规定处理。

案例

【案情回顾】

2010年9月,席某与一家外资企业签订了为期3年的劳动合同,专门从事产品外观设计及广告宣传工作。

2011年2月,席某在逛街时不慎摔了一跤,造成髌骨骨折,住院治疗了两个半月才算基本痊愈。出院后,席某立即上了班。6月份席某怀孕不满3个月便流产了,不得已休了20天的假。20天后,席某刚上班便接到企业人力资源部解除劳动合同的通知,理由是席某半年内累计休病假3个多月,超过了她应享受的3个月的医疗期。该企业的做法对吗?

【案例解析】

该企业的做法是错误的。

医疗期是指企业职工患病或非因工负伤停止工作治病休息不得解除劳动合同的时限。在该案中,医疗期是否届满是争议的关键。如果超过医疗期,且席某符合既不能从事原工作,也不能从事由企业另行安排工作的条件时,企业有权根据《劳动合同法》第四十条第一款的规定依法解除席某的劳动合同。

根据原劳动部《企业职工患病或非因工负伤医疗期规定》第三条的规定,席某的医疗期应为3个月,而医疗期只适用患病或非因工负伤两种情况,对于流产并不适用。按《女职工劳动保护特别规定》第七条的规定,女职工怀孕未满4个月流产的,享受15天产假;怀孕满4个月流产的,享受42天产假。

据此,流产享受的产假自然不能与病假的医疗期混同,因而该案中的企业将席某的病假和流产产假都记为医疗期是不对的。席某实际休的病假并未超过3个月,故该企业解除席某劳动合同的决定于法无据,应当依法予以纠正。

十九、劳动者能长期请病假吗？

劳动者不能长期请病假。

根据《劳动合同法》第四十条的规定，劳动者患病或者非因工负伤，在规定的医疗期满后不能从事原工作，也不能从事由用人单位另行安排的工作的，用人单位提前三十日以书面形式通知劳动者本人或者额外支付劳动者一个月工资后，可以解除劳动合同。所以员工不能长期请病假。

若员工发生工伤，根据伤残等级不同，用人单位可以做如下处理。

1. 在医疗期内医疗终结，不能从事原工作，也不能从事用人单位另行安排的工作的，应当由劳动能力鉴定委员会参照工伤与职业病致残程度鉴定标准进行劳动能力的鉴定。

2. 被鉴定为五至十级的，医疗期内不得解除劳动合同；医疗期满（仍未治愈），应当由劳动能力鉴定委员会按《职工非因工伤残或因病丧失劳动能力程度鉴定标准（试行）》进行劳动能力的鉴定。

3. 劳动者因工致残被鉴定为一级至四级伤残的，保留劳动关系，退出工作岗位。劳动者因工致残被鉴定为五级、六级伤残的，保留与用人单位的劳动关系，由用人单位安排适当工作；经本人提出，该劳动者可以与用人单位解除或者终止劳动关系。

4. 劳动者因工致残被鉴定为七级至十级伤残的，劳动、聘用合同期满终止，或者劳动者本人提出解除劳动、聘用合同的，可以依法解除劳动合同，享受经济补偿金和医疗补助待遇。

5. 合同期满的劳动者终止劳动合同时，医疗期满或者医疗终结被劳动能力鉴定委员会鉴定为五至十级的，用人单位应当支付不低于六个月工资的医疗补助费。鉴定为一至四级的，应当办理退休、退职手续，享受退休、退职待遇。

二十、用人单位如何做好虚假病假的防控工作？

用人单位可以从以下五个方面进行虚假病假的防控工作。

（一）制定关于请假、销假的规定

对于没有履行请假手续或者请假未被批准擅自离岗的行为，均视为擅自缺勤，可依照用人单位的相关制度予以处理，并不发放病假工资。真正患病或者客观情况除外。

对于请假未归，未办理续假的情况，也可视为擅自缺勤，可依照用人单位的相关

制度予以处理,并不发放病假工资。情节严重可视为旷工。

(二)用人单位指定就诊医院

用人单位所指定的医院开的病假单才有效。医疗期主要通过医院开具的病假单(休假单)作为证据形式予以证明,同时可以指定开具病假单的特定医院(比如二级甲等以上)或到医保定点医院看病。

劳动者持适格医院开具的病假单向单位申请休假,单位应当予以批准。特殊情形下的急诊等情形,可以适当宽限,由劳动者事后补齐亦可。

(三)格式化《病假申请单》

严格病假申请的流程,必须提交适格医院医生开具的病假单,并填写格式化的《病假申请单》。在申请单上让员工附注医生的姓名和联络方式,同时病假申请单上面还载有员工声明:如果病假申请是虚假的或故意夸大的,在公司均被认为是严重违纪的行为,公司可以进行相应的惩戒直至解除劳动合同。

(四)虚假病假属于严重违纪

对于虚假病假,在规章制度或劳动合同中要明确,申请虚假病假属于严重违纪情形,并对情节严重、假期天数较长的情形,用人单位可以直接解除劳动合同。当劳动者申请病假存在虚假或欺诈行为的,用人单位可以依据这些规定进行相应处理。

(五)病假建议书仅是医生对伤病职工病休期限提出的建议

病假建议书仅是医生对伤病职工病休期限提出的建议,劳动者实际可休病假的天数,需要由劳动者与用人单位协商确定或由用人单位结合劳动者的病情依法确定。

案例

广东省高级人民法院民事裁定书

【案情回顾】

〔2014〕粤高法民申字第 1569 号

再审申请人(一审被告、二审上诉人):麦某,女。

被申请人(一审原告、二审被上诉人):广州市某公司。

再审申请人麦某因与被申请人广州市某公司劳动合同纠纷一案,不服广东省广州市中级人民法院〔2014〕穗中法民一终字第 648 号民事判决,向本院申请再审。本院依法组成合议庭对本案进行了审查,现已审查终结。

麦某申请再审称:其自从发病之日起直至收到《通知》之后五天都有提交病假证明给广州市某公司,双方一直保持着病况的信息交流,但一、二判决却无视该事实,错误认定其在接收到《通知》后的三天没有联系广州市某公司。根据《企业职工患病或非因工负伤医疗期规定》第三条的规定,其理应可以享受九个月的患病救济时间。又根据《劳动法》第四十条的规定,广州市某公司应提前三十天通知其解除劳动关系而非三天。本案起仅仅患病十五天即遭解雇不合法理,况且广州市某公司还批准了其中五天病假,表明广州市某公司认知其患病情况。综上,原审判决存在认定的基本事实缺乏证据证明及适用法律确有错误的法定再审事由,故依法申请再审。

本院认为,《中华人民共和国劳动合同法》第三十九条规定:"劳动者有下列情形之一的,用人单位可以解除劳动合同:(一)在试用期间被证明不符合录用条件的;(二)严重违反用人单位的规章制度的;(三)严重失职,营私舞弊,给用人单位造成重大损害的;(四)劳动者同时与其他用人单位建立劳动关系,对完成本单位的工作任务造成严重影响,或者经用人单位提出,拒不改正的;(五)因本法第二十六条第一款第一项规定的情形致使劳动合同无效的;(六)被依法追究刑事责任的。"

本案中,麦某因病向广州市某公司请假,并提交了 2013 年 4 月 10 日至 28 日期间的病假建议书。但病假建议书仅是医生对伤病职工病休期限提出的建议,劳动者实际可休病假的天数,需要由劳动者与用人单位协商确定或由用人单位结合劳动者的病情依法确定,因此,麦某依法不能享受 4 月 10 日至 28 日的病假。广州市某公司实际仅批准麦某休假五天,结合麦某患急性上呼吸道炎的实际情况,该休假天数合法合理,而且广州市某公司于 4 月 24 日明确告知麦某 4 月 14 日后的病假并未获得公司批准,并通知麦某到岗。然而,麦某并未按照广州市某公司的要求上班,其行为已经严重违反了广州市某公司的规章制度。在此种情况下,广州市某公司解除双方的劳动合同,符合法律的规定,依法无须向麦某支付经济补偿金或赔偿金。因此,一、二审判决未支持麦某要求广州市某公司支付经济补偿金的相应诉讼请求并无不当。

综上,麦某的申请不符合《中华人民共和国民事诉讼法》第二百条规定的再审情形。依照《中华人民共和国民事诉讼法》第二百零四条第一款的规定,裁定如下:驳回麦某的再审申请。

二十一、办理病退的条件、流程是什么？

(一)根据《劳动合同法》第三十五条的规定,职工因工致残被鉴定为一级至四级伤残的,保留劳动关系,退出工作岗位

那么办理病退的条件是什么呢? 我们结合青岛市的规定了解一下:

(1)经本市劳动能力鉴定机构鉴定为完全丧失劳动能力(一至四级是完全丧失劳动能力,五至六级是大部分丧失劳动能力,七至十级是部分丧失劳动能力);

(2)达到规定年龄(男年满50周岁、女年满45周岁);

(3)参加基本养老保险且缴纳基本养老保险费年限(工龄)满15年。

患病或者非因工负伤的职工,可以向用人单位提出病退申请,由用人单位于每季度第一个月持本人身份证、病历资料向市劳动保障行政部门申请劳动能力鉴定;个人缴费的,应委托社会保险服务公司办理。同时符合病退三个条件的,予以办理病退。符合条件1、条件3但不符合条件2的参保人员,可以办理退职。

(二)办理病退需提交材料

(1)职工身份证;

(2)个人档案;

(3)退休审批表;

(4)职工养老保险手册;

(5)医务技术鉴定结论;

(6)欠费企业职工退休,除提供以上材料外,退休职工本人必须提出书面申请,写明出生年月以及是否同意按实际缴费年限计算待遇。

(三)病退办理程序

(1)材料审核:由企业或劳动保障事务代理机构提供相关材料,经市劳动保障局养老保险科审核符合退休条件的,通知申报单位进行公示;

(2)办理公示:由申报单位在显著位置对拟退休人员的出生年月、参加工作时间、退休类别、工种及待遇情况进行公示,公示期10天;

(3)办理退休审批手续:公示期满无异议,由企业纪检、工会、劳资人事部门联合出具公示证明,并持退休审批表到市劳动保障局养老保险科办理职工退休审批手续。

二十二、如何做好病假管理的风险防范？

(一)用人单位应该建立完善的《病假管理制度》或者《考勤管理制度》

1. 规范申请程序:明确劳动者申请病假的时间、需提交的申请资料、批准权限等程序性要求,从制度和流程上严格控制劳动者的病假申请。

2. 证明资料规定:可以规定劳动者凭医疗机构的休假证明,这样由第三方提供职工患病需要休假的依据。

(二)制定销假流程

对于请假未归,未办理续假的情况,也可视为擅自缺勤,可依照用人单位的相关制度予以处理,并不发放病假工资。情节严重可视为旷工。

(三)建立病假定期报告制度

可以规定劳动者病休期间,其本人或家人每周或每半月,应至少和单位联系一次,汇报资料情况。劳动者如在病休期间病情或者治疗地等发生变化,应及时通知单位。

(四)用人单位不能在其规章制度中规定请病假的最高天数

用人单位可以规定,若病假天数超过医疗期的规定,可以直接解除劳动合同。劳动者患病或者非因工负伤,在规定的医疗期满后不能从事原工作,也不能从事由单位另行安排的工作的,单位可以解除劳动合同。

(五)要解决劳动者长期请病假的问题,用人单位可以用绩效评定的方法予以控制

如规定请病假、事假(缺勤)累计超过 60 天,不发绩效奖等;或者利用医疗期的规定。要特别注意的是累计医疗期的计算。

(六)对于医疗期病假工资的计算问题,用人单位要严格规范劳动合同及劳动报酬的管理,做到前后统一

可以在国家规定的医疗期基准以及病假工资基准之上,规定劳动者的福利医疗期和病假工资,也可以只支付国家规定的医疗期标准和最低工资标准。如果劳动者的劳动报酬有变化,应该及时修订劳动合同。

(七)用人单位的薪酬结构可以增加或者分解一项"全勤奖"

一旦劳动者发生病假、事假或其他休假,用人单位可以不予发放此项工资。

(八)根据《职工带薪年休假条例》第四条,可以不享受当年的年休假

职工有下列情形之一的,不享受当年的年休假:

(1)职工依法享受寒暑假,其休假天数多于年休假天数的;

(2)职工请事假累计 20 天以上且单位按照规定不扣工资的;

(3)累计工作满 1 年不满 10 年的职工,请病假累计 2 个月以上的;

(4)累计工作满 10 年不满 20 年的职工,请病假累计 3 个月以上的;

(5)累计工作满 20 年以上的职工,请病假累计 4 个月以上的。

二十三、未依法支付加班工资有何风险？

加班费指劳动者按照用人单位生产和工作的需要在规定工作时间之外继续生产劳动或者工作所获得的劳动报酬。未依法支付加班工资的风险来源于以下三方面。

（一）劳动者带来的风险

劳动者可以利用《劳动合同法》第三十八条规定，员工可以随时解除劳动合同并获得经济补偿的六种情形中的"未及时足额支付劳动报酬的"这一情形，以工资中未支付加班工资为由要求解除劳动合同，并支付相应的经济补偿金。若用人单位被诉诸法庭或者仲裁庭，基本上都会遭遇败诉。

（二）行政机关处罚风险

根据《劳动合同法》第八十五条的规定，用人单位安排加班不支付加班费的，由劳动行政部门责令限期支付加班费；逾期不支付的，责令用人单位按应付金额百分之50％以上100％以下的标准向劳动者加付赔偿金。

（三）刑事法律风险

如果用人单位是以暴力、威胁或者非法限制人身自由的手段强迫劳动者加班，构成犯罪的，还要依法追究刑事责任。

二十四、加班费的计算方式有何规定？

（一）薪资的计算

根据《全国年节及纪念日放假办法》（国务院令第513号）的规定，全体公民的节日假期由原来的10天增设为11天。据此，职工全年月平均制度工作天数和工资折算办法分别调整如下：

1. 制度工作时间的计算。

年工作日：365天－104天（休息日）－11天（法定节假日）＝250天；

季工作日：250天÷4季＝62.5天/季；

月工作日：250天÷12月≈20.83天/月；

工作小时数的计算：以月、季、年的工作日乘以每日的8小时。

2. 日工资、小时工资的折算。

按照《劳动法》第五十一条的规定，法定节假日用人单位应当依法支付工资，即折算日工资、小时工资时不剔除国家规定的11天法定节假日。据此，日工资、小时工资的折算为：

月计薪天数＝(365 天－104 天)÷12 月＝21.75 天；

日工资:月工资收入÷月计薪天数;

小时工资:月工资收入÷(月计薪天数×8 小时)。

(二)加班费的计算

《工资支付暂行规定》第十三条和《中华人民共和国劳动法》第四十四条规定,有下列情形之一的,用人单位应当按照下列标准支付高于劳动者正常工作时间工资的工资报酬:

(1)安排劳动者延长工作时间的,支付不低于工资的百分之一百五十的工资报酬;

(2)休息日安排劳动者工作又不能安排补休的,支付不低于工资的百分之二百的工资报酬;`

(3)法定休假日安排劳动者工作的,支付不低于工资的百分之三百的工资报酬。

因此,加班工资为月工资收入÷21.75×当月加班天数×系数。11 天法定假日为带薪假日,20.83 天是全年各月平均全勤天数,不直接参与工资核算,承担工作天数的职责。21.75 天承担计薪天数的职责。

1995 年 1 月 1 日起施行的《工资支付暂行规定》(劳部发〔1994〕489 号)

第十三条　用人单位在劳动者完成劳动定额或规定的工作任务后,根据实际需要安排劳动者在法定标准工作时间以外工作的,应按以下标准支付工资:

(一)用人单位依法安排劳动者在日法定标准工作时间以外延长工作时间的,按照不低于劳动合同规定的劳动者本人小时工资标准的 150％支付劳动者工资;

(二)用人单位依法安排劳动者在休息日工作,而又不能安排补休的,按照不低于劳动合同规定的劳动者本人日或小时工资标准的 200％支付劳动者工资;

(三)用人单位依法安排劳动者在法定休假节日工作的,按照不低于劳动合同规定的劳动者本人日或小时工资标准的 300％支付劳动者工资。

案例

考勤表未提交完整,工厂被判赔加班费

【案情回顾】

刘某进入某工艺品厂上班,任操作工。2009 年 12 月 4 日,双方签订书面劳动合同,正常工作时间为每天 8 小时,每周工作 5 天,平均每周工作时间 40 小时,按计时

工资形式支付工资,每月的基本工资为 670 元,加班费以当地最低工资标准为基数进行计算。

刘某于 2011 年 4 月 8 日以该工厂拖欠双休日加班费为由,与工厂解除了劳动合同关系,并申请仲裁及诉讼,请求工厂支付拖欠双休日加班费及被迫解除劳动合同关系的经济补偿金。双方对是否存在拖欠双休日加班费问题存在重大争议。

刘某主张自己在 2009 年 3 月至 2011 年 4 月期间双休日均有加班,提交了部分生产日报表复印件,并认为厂方所提供的工资表原件上劳动者签名栏处是被剪接、删减、另行粘贴上去的,并非工资表原件。

厂方并未依法提供真实有效的证据以证明已经向刘某足额支付了所有劳动报酬,依法应当承担举证不能的不利后果,厂方应当支付加班费。法院经审理查明事实,判决厂方应支付刘某双休日加班工资差额及被迫解除劳动合同关系的经济补偿金。

【案例解析】

该案的焦点是厂方是否存在拖欠刘某双休日加班费的事实问题。虽然工厂提交了 2010 年 3 月至 2011 年 4 月期间的《员工考勤表》,但未提交 2009 年 3 月至 2010 年 2 月期间的《员工考勤表》。

由此,可以认定该工厂掌握了刘某加班事实存在的证据。

二十五、法定休假日如何计算加班费,可以用补休代替加班费吗?

法定休假日(法定休假节日)是指法律、法规规定的劳动者可以带薪休假的时间,包括法定节假日(元旦、春节、清明节、国际劳动节、端午节、中秋节、国庆节及其他节假日)以及其他法定带薪休假(年休假、产假、婚假、丧假等)。

(一)法定节假日加班 3 倍工资不含本数,另外支付 300％的加班工资

根据《工资支付暂行规定》的规定:"安排在法定休假节日工作的,应另外支付给劳动者不低于劳动合同规定的劳动者本人小时或日工资标准 300％的工资。"

(二)法定休假日加班不可用补休代替加班费

用人单位如果安排劳动者在法定节假日工作的,必须按照法定标准支付加班工资。这是因为在法定休假日工作,不仅影响劳动者休息,也影响他们的精神文化生活和其他社会活动,所以不能用安排补休的方式弥补。

日法定标准工作时间以外延长的加班和法定节假日的加班一样,也不能用调休的方式,必须支付加班费。

二十六、休息日加班可以用补休代替加班费吗?

该问题的答案是肯定的。休息日,就是每周有两天的休息时间,一般为周六、周日。如周六、周日不是休息日，企业应当提前告知劳动者。

《劳动部关于职工工作时间有关问题的复函》进一步指出，根据《劳动法》第四十四条的规定，休息日安排劳动者加班工作的，应首先安排补休。不能补休时，则应支付不低于工资 200％的工资报酬。补休时间应当等同于加班时间。

如果该双休日劳动者有证据证明提供了劳动，应该认定为加班，用人单位要么安排补休，要么支付加班费。

1995 年 1 月 1 日起施行的《劳动法》

第四十四条　有下列情形之一的，用人单位应当按照下列标准支付高于劳动者正常工作时间工资的工资报酬：

（一）安排劳动者延长时间的，支付不低于工资的百分之一百五十的工资报酬；

（二）休息日安排劳动者工作又不能安排补休的，支付不低于工资的百分之二百的工资报酬；

（三）法定休假日安排劳动者工作的，支付不低于工资的百分之三百的工资报酬。

1995 年 1 月 1 日起施行的《关于印发〈工资支付暂行规定〉的通知》

第十三条　用人单位在劳动者完成劳动定额或规定的工作任务后，根据实际需要安排劳动者在法定标准工作时间以外工作的，应按以下标准支付工资：

（一）用人单位依法安排劳动者在日法定标准工作时间以外延长工作时间的，按照不低于劳动合同规定的劳动者本人小时工资标准的 150％支付劳动者工资；

（二）用人单位依法安排劳动者在休息日工作，而又不能安排补休的，按照不低于劳动合同规定的劳动者本人日或小时工资标准的 200％支付劳动者工资；

（三）用人单位依法安排劳动者在法定休假节日工作的，按照不低于劳动合同规定的劳动者本人日或小时工资标准的 300％支付劳动者工资。

1997 年 9 月 10 日发布的劳动部《关于职工工作时间有关问题的复函》（劳部发〔1997〕271 号）

四、休息日或法定休假日加班，用人单位可否不支付加班费而给予补休？补休的标准如何确定？

> 依据《劳动法》第四十四条规定,休息日安排劳动者加班工作的,应首先安排补休,不能补休时,则应支付不低于工资的百分之二百的工资报酬。补休时间应等同于加班时间。法定休假日安排劳动者加班工作的,应另外支付不低于工资的百分之三百的工资报酬,一般不安排补休。

一点通

　　1. 休息日加班。

　　1)休息日加班后,企业可以首先安排补休,在无法安排补休时,才支付不低于工资200%的加班费。

　　2)休息日加班后,是安排补休还是支付加班费,决定权在企业,职工没有选择权。当企业能够安排职工补休时,职工应当服从。

　　2. 日法定标准工作时间以外延长的加班和法定节假日。

　　日法定标准工作时间以外延长的加班和法定节假日的加班一样,也不能用调休的方式,必须支付加班费。

　　用人单位在与劳动者签订劳动合同时,应对每月正常的工作时间和工资有明确约定。

案例

【案情回顾】

　　牛某于2010年3月22日到某公司工作,双方自2010年8月17日解除劳动关系。劳动关系存续期间,双方未签订书面劳动合同。

　　牛某在职期间,某公司为其发放2010年3月工资904元、4月工资1500元、5月工资1900元、6月工资1800元、7月工资1912元。牛某2010年8月1日至8月17日应发工资1080元,某公司未予发放。

　　某公司提供的考勤显示,2010年4月5日清明节、6月16日端午节牛某在岗工作。某公司认可牛某自2010年6月19日进入某工地工作,某公司安排牛某每周单休,但未为牛某安排补休,也即牛某在此期间共计9个休息日在岗工作。

　　就双方的劳动争议,牛某向天津市劳动争议仲裁委员会申请劳动争议仲裁,要求某公司支付二倍工资、清明节及端午节节日加班工资、休息日加班费等。天津市劳动争议仲裁委员会于2010年12月13日做出裁决后,双方均不服仲裁裁决,起诉至法院。

【案例解析】

（一）关于 2010 年 3 月至 2010 年 8 月二倍工资问题

牛某在职期间，某公司未与牛某签订书面劳动合同，依照《中华人民共和国劳动合同法》第八十二条之规定，某公司应自 2010 年 4 月 22 日起支付牛某二倍工资，计发至 2010 年 8 月 17 日，某公司应支付牛某二倍工资差额为 1900＋1800＋1912＋1500/21.75×7＋1080＋248＋1574＝8997 元，该二倍工资的计算中包含加班工资亦应计发双倍。

（二）关于清明节、端午节加班工资问题

依据《中华人民共和国劳动法》第四十四条第（三）项，某公司安排牛某休息日加班，应当支付不低于工资 300％的工资报酬。

就加班费基数问题，原劳动部《关于若干条文的说明》第四十四条第二款规定，实行计时工资的用人单位，应以用人单位规定的其本人的基本工资作为计算加班费的基数。《关于贯彻执行若干问题的意见》第五十五条规定，劳动法第四十四条中的"劳动者正常工作时间工资"是指劳动合同规定的劳动者本人所在的工作岗位相对应的工资。《工资支付暂行规定》第十三条规定，应按照不低于劳动合同规定的劳动者本人或小时工资标准计发加班费。另依据《天津市工资支付规定》第十七条，计算加班工资的基数不得低于劳动者所在岗位应得的工资报酬。

综合考量以上规定，在有劳动合同就岗位工资做出约定的情况下，应首先以劳动合同约定的岗位工资计算加班费基数。

在没有劳动合同就岗位工资做出约定的情况下，计算加班工资的基数不得低于劳动者所在岗位应得的工资报酬。本案中，双方均未向法院提供双方争议期间的劳动合同，牛某与某公司提供的证人就双方招聘期间约定的工资表述亦不一致，法院以牛某所在岗位的工资报酬作为计算加班费的基数。某公司应支付牛某清明节及端午节的加班工资共计 1500/21.75×3＋1800/21.75×3＝455 元。

（三）关于 2010 年 6 月 16 日至 8 月 17 日休息日加班工资的问题

依据《中华人民共和国劳动法》第四十四条第（二）项规定，某公司安排牛某休息日加班，应当支付不低于其工资 200％的加班工资报酬。某公司应支付牛某 1800/21.75×2×2＋1912/21.75×2×5＋1080/(12/22×21.75)×2×2＝1574 元加班工资。

综上，依据《中华人民共和国劳动法》第四十四条第（三）项、第（二）项、第五十条第一款，《中华人民共和国劳动合同法》第八十二条等之规定，判决：

1. 某公司于本判决生效之日起十日内给付牛某 2010 年 3 月 22 日至 2010 年 8 月 17 日的未签订书面劳动合同双倍工资差额 8997 元。

2. 某公司给付牛某 2010 年清明节、端午节加班工资 455 元。

3.某公司给付牛某2010年6月16日至8月17日的休息日加班费1574元。双方不服提起上诉。二审法院经审查,驳回上诉,维持原判。

（四）本案主要有4个法律要点

1.用人单位未与劳动者签订书面劳动合同,须支付二倍工资。

2.用人单位安排劳动者在休息日加班的,要么安排补休,要么支付200%的加班费。

3.用人单位安排劳动者在法定节假日加班的,须支付300%的加班费。

4.加班费的计算基数,是劳动合同约定的正常工作时间工资,即劳动者在当月全勤情况下,但没有任何加班时,所应获得的工资数额。

如果劳动合同没有使用"正常工作时间工资"的字样,则一旦有争议,法官或仲裁员将会结合劳动合同的整体内容以及每月工资的实际支付情况,来确定劳动者正常工作时间的真实数额。

二十七、用人单位可以自行约定加班费的计算基数吗？

加班费核算基数的方式有以下三种。

（一）以约定的具体数额为基数

劳动合同明确约定数额的,以约定数额为基数,如劳动合同的工资结构具体分为基本工资2000元、岗位工资1000元、绩效工资2000元等,应以各项工资结构的构成总和5000元为基数核算加班费,而不能以单项或者几项为核算基数。

（二）未约定或约定不明确,应以实发工资的总数为基数

劳动合同未约定或不明确以实发工资为基数,实发工资包括支付给职工的工资、提成、奖金、补贴等,但是劳动保护补贴、报销及其他福利等应当扣除,不能列入计算范围。

（三）未约定或约定不明确,应以工资单项或几项为基数

劳动合同未约定或约定不明确,仅以工资项为基数,比如基本工资,或基本工资＋岗位工资等,不包括提成、奖金、补贴等非固定收入。

2003年4月1日起施行的《上海市企业工资支付办法》

九、劳动者在依法享受婚假、丧假、探亲假等假期期间,用人单位应当按国家规定支付假期工资。假期工资的计算基数按以下原则确定:

（一）劳动合同有约定的,按不低于劳动合同约定的劳动者本人所在岗位（职位）相对应的工资标准确定。集体合同（工资集体协议）确定的标准高于劳动合同约定标准的,按集体合同（工资集体协议）标准确定。

（二）劳动合同、集体合同均未约定的，可由用人单位与职工代表通过工资集体协商确定，协商结果应签订工资集体协议。

（三）用人单位与劳动者无任何约定的，假期工资的计算基数统一按劳动者本人所在岗位（职位）正常出勤的月工资的70%确定。

按以上原则计算的假期工资基数均不得低于本市规定的最低工资标准。法律、法规另有规定的，从其规定。

2004年1月22日起施行的《北京市工资支付规定》（北京市人民政府令第142号）

第四十四条　根据本规定第十四条计算加班工资的日或者小时工资基数、根据第十九条支付劳动者休假期间工资，以及根据第二十三条第一款支付劳动者产假、计划生育手术假期间工资，应当按照下列原则确定：

（一）按照劳动合同约定的劳动者本人工资标准确定；

（二）劳动合同没有约定的，按照集体合同约定的加班工资基数以及休假期间工资标准确定；

（三）劳动合同、集体合同均未约定的，按照劳动者本人正常劳动应得的工资确定。

依照前款确定的加班工资基数以及各种假期工资不得低于本市规定的最低工资标准。

2006年9月1日起施行的《山东省企业工资支付规定》

第十四条　企业应当按照国家和省有关规定，制定工资支付制度。工资支付制度应当包括下列内容：

（一）工资支付项目、标准和形式；

（二）工资支付周期和日期；

（三）加班加点工资的计算标准和支付方式；

（四）患病、假期等特殊情况下的工资计算标准和支付方式；

（五）工资扣除事项；

（六）工资支付的其他事项。

第十五条　企业制定工资分配和工资支付制度，应当征求企业工会和职工代表大会的意见，并向全体劳动者公布。企业工资分配制度和工资支付制度可以按照法定程序进行调整变更。

企业工资分配制度和工资支付制度应当自制定或者变更之日起30日内，向劳动保障行政部门备案。

一点通

一、北京市、广东省——加班费基数

1. 加班费基数首先按照劳动合同约定的劳动者本人工资为标准。

2. 如果双方没有约定工资标准,则按劳动者本人正常劳动应得的工资确定(实发工资)。

二、山东省——加班费基数

1. 如果没有按照法定程序在劳动合同或者规章制度中约定加班费基数,则按照扣除加班费后的工资总额确定。

2. 如果依法约定了加班费基数,只要不低于当地最低工资标准即可。

三、上海市——加班费基数

1. 用人单位和劳动者可以约定加班费的计算基数,但是不应当低于劳动合同约定的劳动者所在岗位相对应的工资标准。

2. 如果双方无约定,计算基数统一按劳动者本人所在岗位正常出勤的月工资的70%确定。

四、加班费基数的风险防范

1. 用人单位有加班费的约定,比没有相关约定要好。但是约定的加班费要根据当地的具体规定来操作。建议在劳动合同中进行关于加班费的计算基数的约定。

2. 在实行结构工资制的用人单位,约定正常工资收入为基本工资＋岗位工资是可行的,以此为计算加班费的基数也是可以的。

二十八、加班工资发放途径有哪些?

加班工资发放途径有两种:一是在发放工资时制作包含加班费的工资表,二是单独制作加班费发放表。

以上文件必须由劳动者签字确认后方可领取,避免劳动者日后再行追索加班费,无论哪种方式发放都要进行工资合并,缴纳个人所得税和如实缴纳社保。

二十九、关于加班费的劳动纠纷,谁有举证责任?

根据《中华人民共和国劳动争议调解仲裁法》第六条的规定,发生劳动争议时,当事人对自己提出的主张,有责任提供证据。与争议事项有关的证据属于用人单位掌握管理的,用人单位应当提供;用人单位不提供的,应当承担不利后果。同时又根据《最高人民法院关于审理劳动争议案件适用法律问题的解释(一)》第四十二条规定,劳动者主张加班费的,应当就加班事实的存在承担举证责任。但劳动者有证据证明用人单位掌握加班事实存在的证据,用人单位不提供的,由用人单位承担不利后果。

因此,在诉讼和仲裁程序中,劳动者就加班事实的存在承担举证责任。劳动者自己不能证明加班事实存在的,用人单位没有义务就劳动者的考勤情况提供任何证据。

一旦劳动者能够提出一些初步证据,证明其确有加班,但有关加班事实的证据掌握在用人单位手里,则法院或仲裁委会责令用人单位提供此类证据;如用人单位不能提供的,则会承担举证不能的不利后果。

2008年5月1日起施行的《中华人民共和国劳动争议调解仲裁法》

第六条 发生劳动争议,当事人对自己提出的主张,有责任提供证据。与争议事项有关的证据属于用人单位掌握管理的,用人单位应当提供;用人单位不提供的,应当承担不利后果。

2021年1月1日起施行的《最高人民法院关于审理劳动争议案件适用法律问题的解释(一)》

第四十二条 劳动者主张加班费的,应当就加班事实的存在承担举证责任。但劳动者有证据证明用人单位掌握加班事实存在的证据,用人单位不提供的,由用人单位承担不利后果。

三十、用人单位关于支付加班费的证据有哪些?

鉴于认定加班有两个要件:工作时间和工作内容。因此,单位关于加班费的证据有以下三种。

(一)考勤记录

考勤记录是支持性、参考性证据,仅凭此类证据很难认定加班时间,仲裁委或法院一般会认为这是劳动者进出门的时间,不完全代表加班时间。因此,要有其他证据加以印证。

(二)加班审批制度和加班审批表

如果加班审批制度经过民主程序的制定和公示,且加班审批制度在实践中被严格执行了,那么此类证据易被认定。

(三)工资明细

如果工资明细中有加班费且该项的工资条经劳动者签字确认,可被视为用人单位已足额支付加班费。

案例

【案情回顾】

王某大学毕业后就职于一家广告公司,与该公司签订三年期的劳动合同,从事市场推广工作。王某工作十分卖力,下班后同事们纷纷离开公司,而王某经常留在办公室继续工作。同事们见王某总"加班"工作,经常劝其注意身体。王某则回应道:"趁年轻身体好,多干点。"

工作满两年后,王某为了谋求更好的发展向公司提出辞职。同时,要求公司支付其两年来的加班工资。公司感到非常不解,公司从未要求王某加班,而是王某经常下班后主动留在办公室不回家。两年来王某也从未向公司提出加班工资,故公司无须支付其加班工资。得知公司不愿支付加班工资后,王某向某区劳动人事争议仲裁委员会申请仲裁,要求公司支付其两年来的加班工资。

【案例解析】

该案的争议焦点是王某下班后继续留在办公室是否属于加班?

加班是指劳动者在法定工作时间以外的超时工作。我国《劳动法》规定了三类加班,即工作日延时加班、双休日加班、法定节假日加班。该案中,王某主张其属于工作日延时加班。公司是否需要支付王某加班工资的关键在于王某的行为是否属于加班。

根据《最高人民法院关于审理劳动争议案件适用法律若干问题的解释(一)》第四十二条规定:劳动者主张加班费的,应当就加班事实的存在承担举证责任。但劳动者有证据证明用人单位掌握加班事实存在的证据,用人单位不提供的,由用人单位承担不利后果。

因此,劳动者是否加班应当由劳动者进行举证。该案中,王某提供了考勤记录证明其每天在公司的时间超过 8 小时,但并未提供证据证明其下班后留在办公室是在处理工作事务的证据。认定加班有两个要件,分别是时间要件和工作要件。劳动者只有证明其延长工作时间是在处理工作事务才能被认定为加班。当然,如果用人单位规定了加班审批制度,只有经审批的延时工作才属于加班。

三十一、企业如何合法规避加班带来的法律风险？

《劳动合同法》第三十一条规定,用人单位应当严格执行劳动定额标准,不得强迫或者变相强迫劳动者加班。用人单位安排加班的,应当按照国家有关规定向劳动者支付加班费。想要规避加班带来的法律风险就要做好以下工作。

(一)规章制度的建设

1. 建立"加班审批制"。

需在公司的规章制度、员工手册,或者在劳动合同中明确规定:本公司实行加班审批制,明确加班规定,员工加班应当填写加班申请单并经主管批准。

2. 加班审批流程。

劳动者申请加班需说明加班事由,经主管批准,或者单位通知劳动者加班,劳动者方可加班。

3. 加班记录确认。

在考勤表中细化出勤时间、加上加班记录。在工资表中明确列明本月的延时加班时间、双休日加班时间、法定节假日的加班时间,并列明应支付的具体对应加班工资。每月须由劳动者本人对申请单或者加班通知单的单据数量进行签字确认,并记录在考勤表或者工资表中,由劳动者签字后再发放工资。

(二)工资结构的调整

1. 对于每周固定加班 1 天的情形,或者经常加班的劳动者,可以将薪资结构进行分解,设计固定加班费。工资总数不变,设置较低正常工作时间来调低加班工资的数额。

2. 薪资结构分解加班费。

1)单休:用人单位实行固定加班制度,即每周上班 6 天(每天 8 小时)。劳动者的工资构成为:正常工作时间工资××元和相关的福利待遇(如奖金、津贴、补贴等共计××元)。

2)双休:劳动者的加班工资以正常工作时间工资××元为计算基数予以计算。劳动者的正常工作时间工资不得低于当地的最低工资标准,否则将有被认定为约定无效的可能。(具体参考前面的加班费基数设定问题)

【举例说明】

贾某月薪 4000 元,单位直接给贾某发放 4000 元的月薪,工资中未支付每周六的二倍加班工资,最终贾某诉诸仲裁庭。单位败诉,支付贾某周六加班的二倍工资进行赔偿。

【解决措施】

改变工资的结构,将正常工作时间工资约定为 3000 元,每周六的 8 小时的二倍加班工资照发,此时月薪结构为:正常工作时间的工资(3000 元)＋8 小时的二倍加班工资(1103 元)＝4103 元。

(三)劳动合同里进行约定

实行固定加班制的用人单位,实际上每周上班 6 天(每天工作 8 小时),建议用人单位在招聘劳动者时就明确告知该固定加班制度。同时将每月工资中已经包含的固定加班时间中相应的加班费明确在劳动合同中列明。

若日后发生争议时,就可以证明用人单位已经支付的工资已经包含了固定加班费,避免因为证据不足而需要重复支付加班费。

(四)合理降低加班工资

根据《劳动法》和《国务院关于职工工作时间的规定》(国务院令第 174 号)的规定,我国目前实行劳动者每日工作 8 小时,每周工作 40 小时这一标准工时制度。所以用人单位最好根据上述规定,执行标准工时制度,同时,灵活使用不定时工时制度和综合计算工时制度。具体需要根据各地政策法规来执行。

深圳市中级人民法院《关于审理劳动争议案件的裁判指引》100 条的规定,用人单位实行每周工作六天,每周工作时间不超过 40 小时的,应予准许。该工作制度属于标准工时制。

南京中级人民法院和市劳动争议仲裁委员会联合颁布的《关于加班工资纠纷审理的若干法律适用意见》第 11 条规定,用人单位每周至少保证劳动者休息一天,每周工作总数不超过 40 小时。如果用人单位安排劳动者每周工作 6 天,每天工作 6 小时的,可以不认定为休息日加班;如劳动者每周工作 7 天,每天工作 6 小时,可以认定为双休日加班 1 天,按 200% 计算 6 小时加班工资;如劳动者每周工作 6 天,每天工作 7 小时,则可酌情认定为休息日加班,按 200% 计算 2 小时延时加班工资。

休息日加班后,用人单位可以首先安排补休,在无法安排补休时,才支付不低于工资 200% 的加班费。休息日加班后,是安排补休还是支付加班费,决定权在单位,劳动者没有选择权。当用人单位能够安排劳动者补休时,劳动者应当服从。因此,建议有条件的单位优先选择安排劳动者补休,以降低加班费,同时还可以降低社保缴纳的基数,包括经济补偿金的基数。

(五)签订委托代理合同,而不是签订劳动合同

用委托代理的方式替代劳动关系。比如,保险公司和员工签的是代理合同而不是劳动合同,是因为保险公司有底薪和工资,没有业绩,是没有底薪的。

现行保险公司对于保险代理人主要存在两种雇佣形式:一是职业保险代理人模式,二是保险公司职工从事保险营销。

职业保险代理人(保险营销员)与保险公司之间的法律关系是一种民事委托代理关系,不是劳动关系。职业保险代理人在保险公司授权范围内从事保险营销活动,一般是按营销成果或者按保险代理合同的约定获得相应的报酬,双方的权利义务可由保险代理合同确定。如果保险代理合同未约定或约定不明的,适用《合同法》《保险法》等相关法律规定。

(六)特殊的个案

有了加班审批制也并非是万无一失,深圳中院在〔2014〕深中法劳终字第 3196 号判决书[3]中,就对加班审批制进行了扩大解释。原因在于员工有证据证明其虽然未能申请到加班审批,但在很长的一段时间内都发生接送其他员工上下班的正常加班事由,这一合情合理的事由,最终也被法院认定为存在合法的加班。

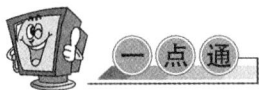

劳动合同实操约定(示范):

　　按本合同约定乙方【劳动者】的工作岗位,甲方【单位】支付乙方的工资标准为＿＿＿＿＿＿元/月。特殊岗位实行固定加班制,每周工作时间为六天,每日工作八小时,故月固定加班费为＿＿＿＿＿＿元/月。绩效(工资)、奖金等根据乙方实际劳动贡献确定,依据公司规章制度进行发放。

三十二、劳动者待岗期间的工资发放标准有何要求?

很多用人单位因订单少、业务量下降等原因,造成停工停产而让劳动者待岗,那么如何确定劳动者待岗期间的工资发放标准呢?

(一)待岗的概述

待岗是相对于在岗而言,却又不同于下岗,待岗是指在劳动合同期限内,非劳动者本人原因,属于用人单位原因造成劳动者无法正常工作而待岗。

劳动部《关于印发〈工资支付暂行规定〉的通知》第十二条规定,非因劳动者原因造成单位停工、停产在一个工资支付周期内的,用人单位应按劳动合同规定的标准支付劳动者工资。超过一个工资支付周期的,若劳动者提供了正常劳动,则支付给劳动者的劳动报酬不得低于当地的最低工资标准;若劳动者没有提供正常劳动,应按国家有关规定办理。

(二)待岗要视情况而定

有些用人单位由于生产开工不足等原因,让劳动者放假回家待岗,这属于一种特殊的"职工不在岗"的状态。这种情况,首先要确定与企业的劳动关系是否还存在,如果劳动关系存在,但是劳动者不在岗的,因为用人单位改变了劳动合同的部分内容,所以应该无条件地向劳动者告知其不能上岗的原因,并告知劳动者待岗的具体时限,待岗工资可以不得低于当地最低工资标准。

另一种情况是用人单位濒临破产进行法定整顿期间,或者由于政策调整等社会原因,使生产经营状况发生严重困难,处于停产半停产状态的。该种情况经本单位工会(职工代表大会)同意(没有建立工会组织的,与劳动者本人达成协议),区/县以上工会认定属实并报经区/县以上劳动行政部门批准,可暂时低于最低工资标准发放工资,但必须高于国家或地方规定的基本生活费标准。待生产恢复正常,应按劳动合同确定的工资标准发放工资。

(三)具体详见每个省市的规定

关于"若劳动者没有提供正常劳动,应按国家有关规定办理"这句话,每个省市都有自己的具体规定,用人单位要根据当地的规定执行,比如青岛市和福建省的规定:

2004年1月1起施行的《青岛市企业工资支付规定》第十二条规定,用人单位应当按劳动合同约定的日期足额支付劳动者工资。如遇节假日或休息日,应当提前在最近的工作日支付。工资至少每月支付一次。用人单位生产经营困难,暂时无法按时支付工资的,经与本单位工会协商一致,可以延期支付劳动者工资,并将延期支付的时间告知全体劳动者,延期时间最长不得超过30日。第十三条规定,用人单位因生产经营困难等原因需要执行最低工资标准的,应当征得本单位工会同意或者职工(代表)大会审议通过,并自执行之日起1个月内,按照工资管理权限报告劳动保障行政部门。第二十一条规定,用人单位因生产经营暂时困难安排职工待岗,未超过一个工资支付周期的,用人单位应当按照劳动合同约定的标准支付劳动者工资;超过一个工资支付周期的,经与劳动者协商一致,可以降低工资支付标准,但是不应低于当地最低工资标准的80%;协商不成的,双方可以解除劳动合同,用人单位按照规定支付经济补偿金。

《福建省最低工资规定》第十七条第二款、第三款规定,非劳动者本人原因,属于用人单位自身原因造成停工,以致劳动者在法定工作时间内无法提供正常劳动的,用人单位必须支付停工津贴,且不低于当地最低工资标准。用人单位濒临破产进行法定整顿期间,或者由于政策调整等社会原因,使生产经营状况发生严重困难,处于停产半停产的,经当地劳动行政主管部门批准,可暂不执行第十六条第一款规定(该款规定是指"用人单位支付给劳动者的工资不得低于当地适用的最低工资标准")。其劳动者的基本生活保障办法由省劳动行政主管部门会同有关部门另行规定。

2006年9月1日起施行的《山东省企业工资支付规定》

第十三条　企业因生产经营困难、经济效益下降,确无正常工资支付能力,需要降低工资标准或者按照当地最低工资标准支付劳动者工资的,应当事先征求企业工会或者职工代表的意见,向全体职工说明理由。需要按照当地最低工资标准支付劳动者工资的,应当报劳动保障行政部门备案。

企业生产经营恢复正常后,应当及时提高工资标准。

2004年1月22日起施行的《北京市工资支付规定》

第27条　非因劳动者本人原因造成用人单位停工、停业的,在一个工资支付周期内,用人单位应当按照提供正常劳动支付劳动者工资;超过一个工资支付周期的,可以根据劳动者提供的劳动,按照双方新约定的标准支付工资,但不得低于本市最低工资标准;用人单位没有安排劳动者工作的,应当按照不低于本市最低工资标准的70%支付劳动者基本生活费。国家或者本市另有规定的从其规定。

2005年5月1日起施行的《广东省工资支付条例》

第35条　非因劳动者原因造成用人单位停工、停产,未超过一个工资支付周期(最长三十日)的,用人单位应当按照正常工作时间支付工资。超过一个工资支付周期的,可以根据劳动者提供的劳动,按照双方新约定的标准支付工资;用人单位没有安排劳动者工作的,应当按照不低于当地最低工资标准的百分之八十支付劳动者生活费,生活费发放至企业复工、复产或者解除劳动关系。

三十三、关于"最低工资标准"有哪些解读呢?

本书中多次提到"最低工资标准"这个名词,对于"最低工资标准"有何规定呢?法定的最低工资标准是用人单位发放工资的下限,即便用人单位与劳动者协议约定,也属无效约定,而无法得到实际履行,关于最低工资标准有以下两种解读。

1. 用人单位不得再扣除社会保险、公积金、个人所得税等任何费用,比如上海市规定:

根据沪人社综发〔2012〕18号《关于调整本市最低工资标准的通知》,2012年4

月1日起，上海市调整最低工资标准。下列项目不作为月最低工资的组成部分，单位应按规定另行支付：①延长法定工作时间的工资；②中班、夜班、高温、低温、井下、有毒有害等特殊工作环境、条件下的津贴；③个人依法缴纳的社会保险费和住房公积金；④伙食补贴（饭贴）、上下班交通费补贴、住房补贴。

2. 用人单位可以扣除个人社会保险、公积金、个人所得税等任何费用。比如山东省规定：

根据《关于最低工资执行中几个具体问题的通知》（鲁劳社函〔2006〕387号），用人单位依法缴纳的社会保险费，以及通过补贴伙食、住房支付或提供给劳动者的非货币收入，不得抵扣最低工资标准。劳动者个人应当缴纳的社会保险费和住房公积金包含在最低工资标准之内。

关于最低工资的标准规定，请参考国家或者各省市的规定。

第二节　假期管理

自从全国实施"单独二胎"政策以来，生育政策开放直接影响企业对"三期"女职工的管理。实践中，一方面，女职工可能会采取"消极怠工""泡病假"等对抗性措施将导致企业的风险成本持续增加；另一方面，对"三期"女职工的处理不当极可能引发公关事件，"美团网孕妇门"以及近期网曝的"阿里巴巴孕妇加班死亡"事件更是将涉事企业推上风口浪尖。

围绕假期（病假与年休假）的各类争议不断攀升，比如病假与所涉及的"医疗期""泡病假"（通过抑郁症、精神病享受医疗期）问题长期困扰着人力资源管理者。因病假工资、医疗期计算标准、带薪年休假等核心问题衍生出来的劳动纠纷，往往是人力资源管理中的难点，如医疗期最长可达24个月，当中所涉的时间成本和人力成本往往让企业不堪重负。

如何有效管理，减少企业成本？如何正确操作，避免劳动纷争？我会通过翔实的素材和生动的案例为大家深刻解析、系统梳理女职工的"三期"、职工病假、带薪年休假等常见争议案例背后的劳动法律问题，解读企业面临的法律风险，为企业提供行之有效的解决方案。

一、法定节假日有哪些？

法定的带薪假期有法定节假日、带薪年休假、婚假、产假、探亲假、丧假。

(一)法定节假日分为三类

第一类是全体公民放假的节日,包括元旦、春节、清明节、端午节、劳动节、中秋节、国庆节,共计11天。上述节日适逢公休假日时,顺延补假。(特别强调:法定节假日不含除夕)

第二类是部分公民放假的节日及纪念日:妇女节、青年节、儿童节、中国人民解放军建军纪念日(现役军人放假半天)。部分公民放假的假日,适逢公休假日时,不补假。

第三类是少数民族节日:少数民族习惯的节日,由各少数民族聚居地区的地方人民政府,按照该民族习惯,规定放假日期。

关于带薪年休假、婚假、产假、探亲假、丧假等假期,后面我会做详细的讲解。

二、企业职工带薪年休假有何规定?

带薪年休假是指职工每年享有的保留工作及工资的连续休假,中华人民共和国境内的企业、民办非企业单位、有雇工的个体工商户等单位应当保证职工享受年休假。职工连续工作年限满一年以上,可以享受年休假。职工在年休假期间享受与正常工作期间相同的工资收入。职工累计工作:

(1)已满1年不满10年的,年休假5天;

(2)已满10年不满20年的,年休假10天;

(3)已满20年的,年休假15天;

(4)国家法定休假日、休息日不计入年休假的假期。

除法律、行政法规或者国务院另有规定外,机关、事业单位、社会团体和与其建立劳动关系的职工,依照《企业职工带薪年休假实施办法》执行。船员的年休假按《中华人民共和国船员条例》执行。

2008年1月1日起施行的《职工带薪年休假条例》

第一条　为了维护职工休息休假权利,调动职工工作积极性,根据劳动法和公务员法,制定本条例。

第二条　机关、团体、企业、事业单位、民办非企业单位、有雇工的个体工商户等单位的职工连续工作1年以上的,享受带薪年休假(以下简称年休假)。单位应当保证职工享受年休假。职工在年休假期间享受与正常工作期间相同的工资收入。

第三条　职工累计工作已满1年不满10年的,年休假5天;已满10年不满20年的,年休假10天;已满20年的,年休假15天。国家法定休假日、休息日不计入年休假的假期。

2008年9月18日起施行的《企业职工带薪年休假实施办法》

第一条　为了维护职工休息休假权利,调动职工工作积极性,根据劳动法和公务员法,制定本条例。

第二条　机关、团体、企业、事业单位、民办非企业单位、有雇工的个体工商户等单位的职工连续工作1年以上的,享受带薪年休假(以下简称年休假)。单位应当保证职工享受年休假。职工在年休假期间享受与正常工作期间相同的工资收入。

第三条　职工连续工作满12个月以上的,享受带薪年休假(以下简称年休假)。

第四条　年休假天数根据职工累计工作时间确定。职工在同一或者不同用人单位工作期间,以及依照法律、行政法规或者国务院规定视同工作期间,应当计为累计工作时间。

案例

劳动者主张年休假工资,是否已过仲裁时效?

【案情回顾】

周某于1993年6月参加工作,2007年7月应聘到烟台某钢管制造有限公司从事轧钢工作,双方签订了劳动合同,最后一次签订的合同期限至2013年12月31日。

因当面辞职被公司拒绝,2013年1月3日,周某通过邮政特快专递形式向该公司提出书面辞职申请,然后于2月份到公司结算工资,同时提出要求支付在单位工作期间从未休的带薪年休假的工资。对周某的要求,公司领导予以拒绝,周某遂向开发区劳动争议仲裁委员会提起了仲裁申诉。

该公司在庭审中答辩称:周某已休了带薪年休假,未休的部分已分解到月工资中一起发放了。另外,周某现在要求支付2012年以前未休的带薪年休假工资已过了仲裁时效。仲裁委审理后认为,该公司未提供证据证明已经安排周某带薪休假和已经支付了未休部分的带薪年休假工资,根据举证责任的相关规定应当承担不利的法律后果。

【案例解析】

根据《职工带薪年休假条例》第五条第二款的规定:"年休假在一个年度内可以集中安排,也可以分段安排,一般不跨年度安排。"由此可见,带薪年休假一般是不跨年度实行的,这也就决定了追索带薪年休假权益具有时效性。而根据《劳动争议调解仲裁法》第二十七条第一款的规定:"劳动争议申请仲裁的时效期间为 1 年。仲裁时效期间从当事人知道或者应当知道其权利被侵害之日起计算。"

据此,周某要求该公司支付 2012 年以前的未休带薪年休假工资按规定已超过仲裁时效,该公司应当按规定支付周某 2012 年未休的带薪年休假工资。根据《职工带薪年休假条例》第三条的相关规定,鉴于周某从 1993 年 6 月参加工作至 2012 年,工作年限已满 15 年不满 20 年,故其 2012 年带薪年休假应当为 10 天。《职工带薪年休假条例》第五条第三款规定:"单位确因工作需要不能安排职工休年休假的,经职工本人同意,可以不安排职工休年休假。对职工应休未休的年休假天数,单位应当按照该职工日工资收入的 300% 支付年休假工资报酬。"由于该公司在案件审理期间未提供周某的工资发放情况,故仲裁委以周某提供的银行对账单为参照,以周某主张的月工资 4000 元为标准计算其带薪年休假工资。

综上,该公司应支付周某 2012 年未休的带薪年休假工资为 $4000 \div 21.75 \times 10 \times 2 = 3678.16$ 元。

三、带薪年假的休假原则是什么?

带薪年假的休假方式以劳动者申请为主,用人单位统一安排为辅的原则;也可以经劳动者申请后,用人单位根据规章制度的相关规定进行审批。

法律并未强制规定,劳动者提出休假,用人单位必须同意,因此用人单位可根据实际情况选择统一安排或者同意劳动者的休假申请,但一定要注意书面证据材料的保存。

2008 年 1 月 1 日起施行的《职工带薪年休假条例》

第五条　单位根据生产、工作的具体情况,并考虑职工本人意愿,统筹安排职工年休假。

年休假在 1 个年度内可以集中安排,也可以分段安排,一般不跨年度安排。单位因生产、工作特点确有必要跨年度安排职工年休假的,可以跨 1 个年度安排。

单位确因工作需要不能安排职工休年休假的,经职工本人同意,可以不安排职工休年休假。对职工应休未休的年休假天数,单位应当按照该职工日工资收入的 300% 支付年休假工资报酬。

2008 年 9 月 18 日起施行的《企业职工带薪年休假实施办法》

第九条　用人单位根据生产、工作的具体情况,并考虑职工本人意愿,统筹安排年休假。用人单位确因工作需要不能安排职工年休假或者跨 1 个年度安排年休假的,应征得职工本人同意。

一点通

1. 有的用人单位在规章制度中明确规定当年的年休假必须在当年休完，截至当年年底尚未休完的年假视为劳动者主动放弃休假，年假天数自动清零。此项规定会因为违反法律规定而无效，如果劳动者有当年未休完的年假的，用人单位应该依照年假天数支付其年假工资。

2. 企业管理要做到位，要安排好劳动者带薪假期。在解除或终止劳动合同前更要仔细检查核实劳动者的各种带薪假期是否已全部休完，并发出书面通知，告知劳动者企业的督促和安排。

3. 如果劳动者自愿不休年假，要由劳动者书面提出，并保留存档。

四、带薪年假工资的计算方法有何规定？

带薪年假的计算跟法定节假日加班费 300% 有区别。用人单位是按照正常月薪支付工资，在核算的时候，已经支付了 100% 的工资，另行支付 200% 的工资即可。计算公式为：年假工资＝（月平均工资÷21.75）×应休假天数×200%（不包括劳动者已得日工资）。月平均工资为劳动者在用人单位连续工作 12 个月的月平均工资。月工资不包括加班工资，但是包括奖金、工资性津贴等。用人单位发放年假工资时，注意工资单上一定要明确未休假天数及年假工资额，由劳动者书面确认后发放，以免劳动者否认收到年假工资，发生不必要的诉讼风险。

2008 年 9 月 18 日起施行的《企业职工带薪年休假实施办法》

第十条　用人单位经职工同意不安排年休假或者安排职工年休假天数少于应休年休假天数，应当在本年度内对职工应休未休年休假天数，按照其日工资收入的 300% 支付未休年休假工资报酬，其中包含用人单位支付职工正常工作期间的工资收入。

用人单位安排职工休年休假，但是职工因本人原因且书面提出不休年休假的，用人单位可以只支付其正常工作期间的工资收入。

五、核算职工带薪年假天数的依据是什么？

年假天数核算基数也就是员工的工作年限（通常称为"工龄"）。在劳动争议案件中,由劳动者证明,审理机关也会依照职权调查取证,劳动者可以选择以下几种方式来证明"工龄":如原单位开具的证明、社会保险缴纳年限、档案记载、劳动合同或者其他具有法律效力的证明材料。

无法证明劳动者"工龄"的用人单位可以依据劳动者新工作时限核算年假天数,当然用人单位也可以依照劳动者提供的其他材料予以佐证,同时用人单位的采纳标准可以规定在规章制度中,以降低风险。

社保缴费记录中如果都是单位缴费,连续工龄和累计工作时间的计算比较简单。如果按"连续工龄"确定年休假,一旦个人缴纳了社会保险,则产生工龄中断,需要重新计算。

六、职工必须在同一用人单位工作满 12 个月,才能享受年假?

该问题的答案是否定的。

根据《企业职工带薪年休假实施办法》第三条的规定,职工连续工作满 12 个月以上的,享受带薪年休假(以下简称年休假);第四条规定,年休假天数根据职工累计工作时间确定。职工在同一或者不同用人单位工作期间,以及依照法律、行政法规或者国务院规定视同工作期间,应当计为累计工作时间。

因此,"职工连续工作满 12 个月以上"既包括职工在同一用人单位连续工作满 12 个月以上的情形,也包括职工在不同用人单位连续工作满 12 个月以上的情形。

七、何谓连续、累计工作时间,两者有何区别?

累计工作年限,是指职工参加工作以来的累计工作年限,而非仅指在本单位的工作年限。这里的"累计工作时间",包括职工在机关、团体、企业、事业单位、民办非企业单位、有雇工的个体工商户等单位从事全日制工作期间,以及依法服兵役和其他按照国家法律、行政法规和国务院规定可以计算为工龄的期间(视同工作期间)。

本单位:工作期间用的是"连续工作",连续是指中间不能中断,一天接一天地工作。若中间有离职,则视为中断,需重新计算。

非本单位:工作期间用的是"累计工作",累计就是时间相加,无须考虑中断。计算依据是在用人单位工作,不包括失业,或者不具备用人单位资格的雇佣或劳务关系。

一点通

1. 2008 年 1 月 1 日,作为《劳动合同法》的配套法规,《职工带薪年休假条例》正式实施。休年休假是用人单位的强制义务,而非必须由劳动者主动提出来,书面申请休年休假才能执行。

2. 在规章制度中明确"连续工作"标准为"一日接一日地不间断",并要求劳动者相关证明工作的连续。

八、职工工作不满 12 个月,如何计算年假的天数?

1. 符合休假资格的新入职员工当年度年休假:(当年度剩余日历天数÷365)×全年应享受天数。

举例说明 1:

南昌的张某在 A 单位工作了 5 年,2018 年 9 月 1 日跳槽到 B 单位,张某今年在 B 单位剩余的"日历天数"为 122 天。按规定,他的年休假天数应为 5 天。

那么今年张某的年休假天数应为(122÷365)×5 天≈1.67 天。由于 0.67 天不足 1 整天,因此张某今年的年休假天数是 1 天。从第二年起,张某在 B 单位的休假天数就按《企业职工带薪年休假实施办法》第四条的规定累计计算。

2. 离职时年休假天数折算公式:(当年度已过日历天数÷365)×全年应享受天数－已休天数。

举例说明 2:

陈某在单位工作了 3 年,可以得到 5 天的年休假。2018 年他和单位解除了合同,解除时陈某在单位工作了 200 天,但陈某只享受到 1 天的年休假,假如他的日工资是 100 元,那么陈某应得的未休假期间的报酬应为:(200÷365)×5－1≈1.74 天＝1 天(0.74 天不足 1 整天,不支付报酬,故取 1 天)。1 天×100 元×3 倍＝300 元(陈某如果当月工资已经发放,则另外支付未休年休假 1 天×100 元×2 倍＝200元)。

3. 单位未安排法定年休假报酬公式:(前 12 个月剔除加班费的月均工资)÷21.75×应休天数×200%。

举例说明 3:

牟某在单位工作了 9 年,2018 年可以得到 5 天的年休假。月平均工资 4000 元,其中加班费 1000 元,若牟某一直未休年假,则其未休法定年休假的报酬应为:[(4000-1000)÷21.75]×5 天×200%=1379.31 元,单位需要另外再支付牟某未休年假的报酬为 1379.31 元。

2008 年 9 月 18 日起施行的《企业职工带薪年休假实施办法》

第五条 职工新进用人单位且符合本办法第三条规定的,当年度年休假天数,按照在本单位剩余日历天数折算确定,折算后不足 1 整天的部分不享受年休假。

前款规定的折算方法为:(当年度在本单位剩余日历天数÷365 天)×职工本人全年应当享受的年休假天数。

第十条 用人单位经职工同意不安排年休假或者安排职工年休假天数少于应休年休假天数,应当在本年度内对职工应休未休年休假天数,按照其日工资收入的 300% 支付未休年休假工资报酬,其中包含用人单位支付职工正常工作期间的工资收入。

用人单位安排职工休年休假,但是职工因本人原因且书面提出不休年休假的,用人单位可以只支付其正常工作期间的工资收入。

第十一条 计算未休年休假工资报酬的日工资收入按照职工本人的月工资除以月计薪天数(21.75 天)进行折算。

前款所称月工资是指职工在用人单位支付其未休年休假工资报酬前 12 个月剔除加班工资后的月平均工资。在本用人单位工作时间不满 12 个月的,按实际月份计算月平均工资。

职工在年休假期间享受与正常工作期间相同的工资收入。实行计件工资、提成工资或者其他绩效工资制的职工,日工资收入的计发办法按照本条第一款、第二款的规定执行。

第十二条 用人单位与职工解除或者终止劳动合同时,当年度未安排职工休满应休年休假的,应当按照职工当年已工作时间折算应休未休年休假天数并支付未休年休假工资报酬,但折算后不足 1 整天的部分不支付未休年休假工资报酬。

前款规定的折算方法为:(当年度在本单位已过日历天数÷365 天)×职工本人全年应当享受的年休假天数-当年度已安排年休假天数。

用人单位当年已安排职工年休假的,多于折算应休年休假的天数不再扣回。

案例

【案情回顾】

董某为安徽人,来上海打拼多年,2012年6月通过应聘进入某销售公司任职。任职期间,该公司与董某签订了两年期限的劳动合同,基本工资2300元。2012年12月3日,董某以回安徽老家为由向公司人事申请5天年休假,但直至12月底仍未获批准。后董某向公司人事问其原因,公司人事称:公司只规定在本公司工作满一年的职工才享受年休假待遇,董某2012年6月才进入公司工作,所以没有年休假。

董某在与公司多次协商未果的情况下,于2013年1月4日向某区劳动仲裁委员会申请仲裁,要求该公司支付未休年休假工资1586元。仲裁委受理立案后,将该案件委托某区总工会人民调解委员会(以下简称"工调委")予以调解。

1. 职工在现工作单位工作未满一年,是否可以享受年休假待遇?

2. 如果享受,年休假工资该如何计算?

【处理结果】

工调委受委托后立即与劳资双方取得联系并安排调解。后经调解,最终该销售公司于2013年1月9日在工调委的主持下与董某等人达成一致协议,并签订了调解协议书,一次性支付董某未休年休假工资634元。

【案例解析】

在调解过程中,该公司态度强硬并以董某无理为由,不愿接受协调,要求其撤回仲裁申请书。同时该公司向调解员出示了规章制度,予以证明公司历来规定,"在本公司连续工作一年以上的员工,享受带薪年休假"。

董某于2012年6月与公司订立劳动合同,不满足休假条件,自然没有带薪年休假。而董某认为,自己与原单位解除劳动关系后的第二天,就到该公司报到上班,社会保险也没有中断,连续工作时间也已超过5年,完全符合法律规定的享受带薪年休假条件。表面看来,双方各有道理,那么法律规定连续工作满12个月以上该如何理解呢?

《企业职工带薪年休假实施办法》对此规定:职工连续工作满12个月以上,可以享受带薪年休假。而人社厅〔2009〕149号文又针对"职工连续工作满12个月以上"做了进一步的解释:既包括职工在同一用人单位连续工作满12个月以上的情形,也包括职工在不同用人单位连续工作满12个月以上的情形。

法律法规并未对"连续工作满12个月"作出任何限制,而该销售公司在休假制度中却对此附加了"同一用人单位"的限制,这样的做法实际上损害了到新单位工作不满一年的职工的权益,是不符合法律规定的。因此,董某应当享有带薪年休假。

那么,董某要求销售公司支付其未休年休假工资1586元,是否合理? 按法律规定,职工累计工作已满1年不满10年的,年休假5天;已满10年不满20年的,年休假10天;满20年以上的,年休假15天。

董某虽然已累计工作满5年,符合应享年休假5天的规定,但其在该公司工作时间仅为6个月,故其当年度年休假天数,应按照在销售公司剩余日历天数折算确定,折算后不足1整天的部分不享受年休假。

具体折算方法为:(当年度在本单位剩余日历天数÷365天)×职工本人全年应当享受的年休假天数。按此公式计算,董某的年休假为(214÷365)×5＝2.93≈2天。因此,董某的未休年休假工资应为:2300÷21.75×2×300％＝634.5元。

九、劳动者多休的年假,单位可以扣回吗?

劳动者多休的年假,单位是不可以扣回的。

根据《企业职工带薪年休假实施办法》第十二条的规定,用人单位当年已安排职工年休假的,多于折算应休年休假的天数不再扣回。

案例

【案情回顾】

2010年1月,王某进入某生物科技有限公司工作,与公司签订了为期3年的劳动合同。王某入职时已年过四十,在其他用人单位已连续工作满14年,根据国家相关法规的规定,每年可以享受10天的带薪年休假。2011年2月,王某因在春节过后与朋友出境旅游,向公司请了10天的年假,公司批准了王某的年假请求。

2011年6月,王某向公司提出辞职,公司在与王某做离职交接时,发现王某2011年度未工作满一整年,但已经休了10天的年假,故在最后进行工资结算时,将其多休的5天年假工资扣回。王某对公司的做法表示不满,认为这是公司无故克扣工资的行为,要求公司补足。公司没有同意王某的要求,王某不服,即在劳动关系解除之后,向劳动争议仲裁委员会提起劳动争议仲裁,要求公司补足其被克扣的工资。

【争议焦点】

本案的争议焦点在于:员工离职时多休的年假,公司可以扣回吗?

公司认为:根据国家带薪年休假的规定,员工在当年度可享受的带薪年休假天数,应根据其该年度实际工作月数进行折算,王某在2011年实际工作只有6个月,故根据折算,其只能享受5天的带薪年休假。而王某实际在2011年2月时,已经享受了10天的年假,故公司根据国家的规定对于其多休的部分,在工资结算时做扣回处理,并无不妥。

王某认为：因其连续工作累计工龄达 14 年，故无论其实际工作多少个月，在公司每年都可以享受 10 天的带薪年休假，而公司却在其离职时无故克扣，实属违法，故要求公司补足其被克扣的工资。

【裁判结果】

《企业职工带薪年休假实施办法》第十二条第三款规定："用人单位当年已安排职工年休假的，多于折算应休年休假的天数不再扣回。"故劳动争议仲裁委员会最终裁决，用人单位补足劳动者王某 5 日的工资。

十、法定节假日遇上各种休假，是否顺延？

顺延是指顺着次序向后延期，其实就是向后延期，并且是按次序地延期。法定节假日遇上各种休假，有的顺延，有的不顺延。下面笔者从以下 8 种情形进行解读。

(一)法定节假日遇到双休日

法定节假日遇到全民公休顺延，部分公民放假不顺延。

全民公休节日如果适逢星期六、星期日，应当在工作日补假。全民公休节日的假期通过调整双休日来集中休假，休假时段每年由国务院发布。

部分公民放假的节日及纪念日，如妇女节（3 月 8 日，妇女放假半天）、青年节（5 月 4 日，14 周岁以上 28 周岁以下的青年放假半天）。如果适逢星期六、星期日，则不补假。

少数民族习惯的节日，如开斋节可放假一天，凡享受开斋节假日的少数民族职工，不影响考勤和工资、奖金等。

(二)法定节假日遇到带薪年休假

《企业职工带薪年休假实施办法》第六条规定，职工依法享受的探亲假、婚丧假、产假等国家规定的假期以及因工伤停工留薪期间不计入年休假假期。因此，法定节假日、探亲假、婚丧假、产假、因工伤假，不计入带薪年休假，可以累计使用。

(三)法定节假日遇到婚假

法定节假日遇到婚假则顺延。

(四)法定节假日遇到产假和生育假

法定节假日遇到产假不顺延，遇到生育假顺延。

产假和生育假是连在一起休的，相关待遇也是一样的，但是产假是女职工的特殊劳动保护，属于劳动基准范畴；而生育假属于计划生育的奖励，享受条件是合法生育,非法生育的女职工是不能享受生育假的。

产前假、产假、哺乳假(包括双休日),遇到法定节假日也不顺延。生育假遇到法定节假日可以顺延,但是生育假期间社保发放的生育生活津贴,不包括顺延的期限。

(五)法定节假日遇到陪产假

配偶陪产假遇到法定节假日顺延,陪产假应当在产妇产假期间使用。

(六)法定节假日遇到丧假

法定节假日遇到丧假不顺延。

根据《关于国营企业职工请婚丧假和路程假问题通知》的规定,职工的直系亲属(父母、配偶和子女)死亡时,可根据具体情况,由本单位行政领导批准,酌情给予一至三天的丧假;职工在外地的直系亲属死亡时需要职工本人去外地料理丧事的,都可以根据路程远近,另给予路程假;在批准的婚丧假和路程假期间,职工的工资照发;途中的车船费等,全部由职工自理。

(七)法定节假日遇到探亲假

法定节假日遇到探亲假不顺延。

探亲假是指与父母或配偶分居两地的职工,每年享有的与父母或配偶团聚的假期。《国务院关于职工探亲待遇的规定》第四条规定探亲假期分为以下几种:

1. 探望配偶,每年给予一方探亲假一次,30 天。

2. 未婚职工探望父母,每年给假一次,20 天;也可根据实际情况,2 年给假一次,45 天。

3. 已婚职工探望父母,每 4 年给假一次,20 天。探亲假期是指职工与配偶、父、母团聚的时间,另外,根据实际需要给予路程假。上述假期均包括公休假日和法定节日在内。

4. 凡实行休假制度的职工(例如学校的教职工),应该在休假期间探亲;如果休假期较短,可由本单位适当安排,补足其探亲假的天数。

(八)法定节假日遇到病假

法定节假日遇到病假不顺延。

病假是一个生理概念,病假的日期由医生根据病情确定,病越重则休假时间越长。用人单位在审核职工病假时,如发现病假日期与法定节假日和双休日重合,病假日期不顺延,即不在法定节假日和双休日天数之外另行增加病假天数。因为病假是用于身体康复的,不能说遇到法定节假日和双休日,身体停止恢复。

十一、职工有哪些情形,不享受当年的年休假?

《职工带薪年休假条例》第四条规定,职工有下列情形之一的,不享受当年的年休假:

(1)职工依法享受寒暑假,其休假天数多于年休假天数的;

(2)职工请事假累计 20 天以上且单位按照规定不扣工资的;

(3)累计工作满 1 年不满 10 年的职工,请病假累计 2 个月以上的;

(4)累计工作满 10 年不满 20 年的职工,请病假累计 3 个月以上的;

(5)累计工作满 20 年以上的职工,请病假累计 4 个月以上的。

如很多公办学校的教师,属于第 1 条的情形,如果已经享受了寒暑假,且假期时间超过当年应休年休假天数的,将不再享受带薪年休假的福利了。

案例

【案情回顾】

瞿某从 2011 年 8 月起在某高中担任英语老师,她主张自己从 2012 年开始就应该享受带薪年休假,每年 5 天,但是直到其 2016 年离职,也从未休过年休假,学校也没有支付过年休假工资。因此瞿某诉至法院,要求学校支付 2012 年至 2016 年未休带薪年休假的工资。

在法院审理过程中,双方都认可瞿某每年有带薪的寒暑假,其中寒假为 4 周,暑假为 7 周,因此法院认为瞿某每年已享受的寒暑假天数已经远超过其主张的未休年假天数,故驳回了瞿某支付未休年休假工资的诉讼请求。

【案例解析】

老师们可以和学生一起放寒暑假,无疑是最受其他行业艳羡的福利了。教师朋友要注意,根据《职工带薪年休假条例》第四条规定,如果已经享受了寒暑假,且假期时间超过当年应休年休假天数的,将不再享受带薪年休假的福利了。

十二、非全日制员工能否享受带薪年休假?

非全日制员工不能享受带薪年休假。

根据《企业职工带薪年休假实施办法》的规定,职工连续工作满 12 个月以上,享受带薪年休假,年休假天数根据职工累计工作时间确定。

带薪年休假制度适用的是全日制用工的劳动者,而非全日制用工关系,这不符合享受带薪年休假的规定。

> 2009 年 4 月 15 日人社部《关于〈企业职工带薪年休假实施办法〉有关问题的复函》(人社厅函〔2009〕149 号)
>
> "累计工作时间"包括职工在单位从事全日制工作期间,以及依法服兵役和其他按照国家法律、行政法规和国务院规定可以计算为工龄的期间(视同工作期间)。
>
> 2020 年 6 月 1 日起施行的《关于规范劳动关系有关问题的意见》(青人社规〔2020〕4 号)
>
> (二十七)非全日制用工不适用带薪年休假、加班、医疗期、防暑降温费等规定。用人单位和劳动者另有约定的除外。

案例

【案情回顾】

2013 年,翁某应聘进入某公司工作,双方签订了非全日制劳动合同,合同期限为 2013 年 1 月 1 日至 2014 年 12 月 31 日。合同约定,翁某的工作岗位为非全日制杂工,工作时间每天不超过 4 小时,每周不超过 24 小时。工作期间,公司为翁某参加了职工养老保险,并每 15 天结算一次工资。

今年 5 月 31 日,翁某以公司未缴纳社会保险费为由提出解除劳动关系,双方劳动关系于该日解除。翁某向劳动争议仲裁院提起劳动争议仲裁,要求公司向其支付带薪年休假工资、失业保险待遇损失。

但公司辩称双方是非全日制劳动合同关系,翁某的请求不符合法律规定。这样,本案争议的焦点就在于非全日制劳动者能否享受带薪年休假工资、失业保险待遇。

【案例解析】

根据《企业职工带薪年休假实施办法》的规定,职工连续工作满 12 个月以上,享受带薪年休假,年休假天数根据职工累计工作时间确定。

人社部《关于〈企业职工带薪年休假实施办法〉有关问题的复函》中明确规定,"累计工作时间"包括职工在单位从事全日制工作期间,以及依法服兵役和其他按照国家法律、行政法规和国务院规定可以计算为工龄的期间(视同工作期间)。

据此,带薪年休假制度适用的是全日制用工的劳动者,而翁某与公司之间是非全日制用工关系,不符合享受带薪年休假的规定。

【案例点评】

《社会保险法》《关于非全日制用工若干问题的意见》等现行法律法规中,都只规定了用人单位为全日制用工的劳动者参加社会保险,并无为非全日制用工的劳动者参加社会保险的强制性规定。

非全日制用工必须符合《劳动合同法》的相关规定。同时,应注意在非全日制用工制度下,劳动者在休息日工作的,不应当按照加班处理。

用人单位应当为从事非全日制用工的劳动者缴纳工伤保险费,从事非全日制工作的劳动者发生工伤,依法享受工伤保险待遇。

十三、劳务派遣员工能否享受年休假?

劳务派遣员工能享受年休假。

根据《劳动合同法》第六十三条的规定,被派遣劳动者享有与用工单位的劳动者同工同酬的权利。《企业职工带薪年休假实施办法》第十四条规定,劳务派遣单位的职工符合本办法第三条规定条件的,享受年休假。

被派遣职工在劳动合同期限内无工作期间由劳务派遣单位依法支付劳动报酬的天数多于其全年应当享受的年休假天数的,不享受当年的年休假;少于其全年应当享受的年休假天数的,劳务派遣单位、用工单位应当协商安排补足被派遣职工年休假天数。

案例

员工工作不满一年解除劳动合同,单位拒付未休年假工资败诉

【案情回顾】

刘某于1991年3月至2013年2月在甲公司工作。2013年4月1日起到乙公司工作。2014年2月20日,双方协商一致解除劳动合同,乙公司支付给刘某一个月的经济补偿金。

刘某主张乙公司应支付其未休带休假工资,该公司认为刘某作为新进员工在本公司工作未满12个月不享受带薪年休假故不同意支付。

2014年5月20日,刘某向劳动人事争议仲裁委员会申请仲裁,请求裁决乙公司支付2013年4月1日至2014年2月20日期间的未休年休假工资5000元。该委审理后裁决:乙公司支付刘某未休年休假工资3016.50元。该公司对裁决不服,诉至法院。

【裁判结果】

法院经审理认为,根据《企业职工带薪年休假实施办法》第三条的规定:"职工连续工作满12个月以上的,享受带薪年休假。"第五条第一款规定:"职工新进用人单位且符合本办法第三条规定的,当年度年休假天数,按照在本单位剩余日历天数折

算确定,折算后不足 1 整天的部分不享受年休假。"

2013 年,刘某虽然在乙公司工作不满一年,但刘某在进入该公司之前已连续工作 20 年,依据《职工带薪年休假条例》第三条"职工累计工作已满 1 年不满 10 年的,年休假 5 天;已满 10 年不满 20 年的,年休假 10 天;已满 20 年的,年休假 15 天"之规定,刘某应享受 15 天的带薪年休假。

故按照刘某 2013 年在乙公司工作的剩余日历天数计算应享受的年休假天数确定为 10 天。

同时按照《企业职工带薪年休假实施办法》第十二条"用人单位与职工解除或者终止劳动合同时,当年度未安排职工休满应休年休假的,应当按照职工当年已工作时间折算应休未休年休假天数并支付未休年休假工资报酬,但折算后不足 1 整天的部分不支付未休年休假工资报酬"之规定,刘某 2014 年度在乙公司依法应享受年休假天数为 2 天。因乙公司未安排刘某年休假亦未支付未休年休假工资,故乙公司依法应支付刘某 2013 年度未休年休假工资报酬为 2455.20 元(2670 元÷21.75 天×10 天×200%),2014 年度未休年休假工资报酬为 561.30 元(3052 元÷21.75 天×2 天×200%),共计 3016.50 元。

据此,法院一审判决:乙公司支付刘某 2013 年 4 月 1 日至 2014 年 2 月 20 日期间的未休年休假工资 3016.50 元。一审宣判后,乙公司不服,并提起上诉。二审法院经审理维持了一审判决。

【案例点评】

根据《企业职工带薪年休假实施办法》第三条规定的"职工连续工作满 12 个月以上",既包括职工在同一用人单位连续工作满 12 个月以上的情形,也包括职工在不同用人单位连续工作满 12 个月以上的情形。即只要职工能够证明自己已连续工作 12 个月以上,就具备带薪年休假的条件,且年休假天数是根据职工累计工作时间确定。累计工作年限,是指职工参加工作以来的累计工作年限,而非仅指在本单位的工作年限。这里的"累计工作时间",包括职工在机关、团体、企业、事业单位、民办非企业单位、有雇工的个体工商户等单位从事全日制工作期间,以及依法服兵役和其他按照国家法律、行政法规和国务院规定可以计算为工龄的期间(视同工作期间)。职工的累计工作时间可以根据档案记载、单位缴纳社保费记录、劳动合同或者其他具有法律效力的证明材料确定。

国家设立带薪年休假制度的初衷,是为了要求用人单位合理安排劳动者的劳逸时间,维护职工休息休假权利,保障职工的身心健康,调动职工工作积极性,构建和谐劳资关系。但实际的执行情况却远没有当初设想得那么顺利。

在此提示劳动者:在入职的时候要向用人单位明确已有工作年限,避免以后发生争议。此外,劳动者应注意收集相关证据,例如考勤记录、工作文件、工资发放记录等材料,以便在诉讼中赢得主动。

对用人单位来说,应依法保障劳动者享受年休假的法定权利,加强相关法律法规的学习培训,积极完善自身的年休假管理制度,统筹安排职工的年休假并保存相关证据,掌握职工年休假的主动权。如用人单位既未安排职工休带薪年休假,也未发放年休假工资,则可能承担支付更高用工成本的法律风险。

十四、国家最新规定的法定婚假有何变化?

根据《婚姻法》以及《计划生育条例》的规定,依法办理结婚登记的公民可享受 3 天法定婚假。

2002 年的《中华人民共和国人口与计划生育法》第二十五条规定,公民晚婚晚育,可以获得延长婚假、生育假的奖励或者其他福利待遇。但是 2015 年 12 月 21 日,全国人民代表大会常务委员会第十八次会议审议《中华人民共和国人口与计划生育法修正案(草案)》,删除了对晚婚晚育夫妻、独生子女父母进行奖励的规定。即第二十五条规定,符合法律、法规规定生育子女的夫妻,可以获得延长生育假的奖励或者其他福利待遇。

(一)最新国家法定婚假规定

1. 按法定结婚年龄(女 20 周岁,男 22 周岁)结婚的,可享受 3 天婚假。

2. 符合晚婚年龄(女 23 周岁,男 25 周岁)的,不再享受晚婚假奖励,只有 3 天法定婚假。

3. 结婚时男女双方不在一地工作的,可视路程远近,另给予路程假。在探亲假(探父母)期间结婚的,不另给假期。

4. 婚假包括公休假和法定假。

5. 再婚的可享受法定婚假。

6. 在婚假和路程假期间,工资照发,也就是说属于带薪休假。

(二)再婚的婚假规定

再婚者与初婚者一样,均应享受婚假待遇。根据我国的相关规定,职工享受 3 天的婚假。

对于再婚者的婚假问题,劳动和社会保障部门曾有明确答复,即"根据《中华人民共和国婚姻法》和国家有关职工婚假的规定精神,再婚者与初婚者的法律地位相同,用人单位对再婚职工应当参照国家有关规定,给予同初婚职工一样的婚假待遇"。

十五、女性"三期"指的是哪三期?

"三期"就是指女性处于怀孕期、产期、哺乳期。

(一)孕期

1. 孕期女职工进行产前检查等生育必需事项算作劳动时间。
2. 孕期女职工休假且经医院开具休假证明的,依照病假工资发放。
3. 孕期无故不上班的,可以依照公司的规章制度扣罚工资。

(二)产期

1. 女职工产假期满,因身体原因仍不能工作的,经过医务部门证明后,其超过产假期间的待遇,按照职工患病的有关规定处理。

2. 产假结束后,如果女职工未到岗上班的,公司一定要发放书面的通知,通知其产假休完需要到岗上班。

(三)哺乳期

哺乳期是指女职工哺乳未满1周岁婴儿的期间,而不是产假结束后一年以内。

十六、"三期"女性有哪些特殊权益呢?

处理"三期"女职工问题一定要严格执行相关法律及规章制度。

人社部等九部门联合发布《关于进一步规范招聘行为促进妇女就业的通知》(以下简称《通知》),其中要求禁止招聘环节中的就业性别歧视,如不得询问妇女婚育情况,不得将妊娠测试作为入职体检项目,不得将限制生育作为录用条件等。如用人单位发布含有性别歧视内容的招聘信息,最高可处以5万元罚款。

同时《劳动法》规定,国家对女职工和未成年工实行特殊劳动保护,未成年工是指年满16周岁未满18周岁的劳动者。《中华人民共和国妇女权益保障法》第二十三条规定,各单位在录用女职工时,应当依法与其签订劳动(聘用)合同或者服务协议,劳动(聘用)合同或者服务协议中不得规定限制女职工结婚、生育的内容。

《女职工劳动保护特别规定》是为了减少和解决女职工在劳动中因生理特点造成的特殊困难,保护女职工健康而制定的特别行政法规。其中规定的用人单位不得因女职工怀孕、生育、哺乳降低其工资、予以辞退、与其解除劳动或者聘用合同。对怀孕7个月以上的女职工,应当在劳动时间内安排一定的休息时间,产前检查所需时间计入劳动时间,产假及哺乳期规定等。

因此用人单位处理问题一定要慎重,合法合规。女职工"三期"期间,因用人单位不当解除或终止劳动合同所引发的劳动争议,在司法实践中较为常见,所以用人单位在解除劳动合同时需要十分慎重,必须在违纪事实、解除依据、解除程序等各方面均完备的情况下才能行使解除权,否则将承担违法解除的法律后果。

处于"三期"中的女职工虽拥有特殊保护的权利,但并不能违反单位的规章制度,否则,达到严重程度,用人单位依然可以与其解除劳动合同。

1995年1月1日起施行的《劳动法》

第六十条　不得安排女职工在经期从事高处、低温、冷水作业和国家规定的第三级体力劳动强度的劳动。

第六十一条　不得安排女职工在怀孕期间从事国家规定的第三级体力劳动强度的劳动和孕期禁忌从事的劳动。对怀孕7个月以上的女职工,不得安排其延长工作时间和夜班劳动。

第六十三条　不得安排女职工在哺乳未满1周岁的婴儿期间从事国家规定的第三级体力劳动强度的劳动和哺乳期禁忌从事的其他劳动,不得安排其延长工作时间和夜班劳动。

2005年8月28日起施行的《中华人民共和国妇女权益保障法》

第二十三条　各单位在录用职工时,除不适合妇女的工种或者岗位外,不得以性别为由拒绝录用妇女或者提高对妇女的录用标准。

各单位在录用女职工时,应当依法与其签订劳动(聘用)合同或者服务协议,劳动(聘用)合同或者服务协议中不得规定限制女职工结婚、生育的内容。

禁止录用未满十六周岁的女性未成年人,国家另有规定的除外。

第二十四条　实行男女同工同酬。妇女在享受福利待遇方面享有与男子平等的权利。

第二十六条　任何单位均应根据妇女的特点,依法保护妇女在工作和劳动时的安全和健康,不得安排不适合妇女从事的工作和劳动。

妇女在经期、孕期、产期、哺乳期受特殊保护。

第二十七条　任何单位不得因结婚、怀孕、产假、哺乳等情形,降低女职工的工资,辞退女职工,单方解除劳动(聘用)合同或者服务协议。但是,女职工要求终止劳动(聘用)合同或者服务协议的除外。

各单位在执行国家退休制度时,不得以性别为由歧视妇女。

2012年4月28日起施行的《女职工劳动保护特别规定》

第四条　用人单位应当遵守女职工禁忌从事的劳动范围的规定。用人单位应当将本单位属于女职工禁忌从事的劳动范围的岗位书面告知女职工。

女职工禁忌从事的劳动范围由本规定附录列示。国务院安全生产监督管理部门会同国务院人力资源社会保障行政部门、国务院卫生行政部门根据经济社会发展情况,对女职工禁忌从事的劳动范围进行调整。

附录:《女职工禁忌从事的劳动范围》

一、女职工禁忌从事的劳动范围:

(一)矿山井下作业;

(二)体力劳动强度分级标准中规定的第四级体力劳动强度的作业;

(三)每小时负重 6 次以上、每次负重超过 20 公斤的作业,或者间断负重、每次负重超过 25 公斤的作业。

二、女职工在经期禁忌从事的劳动范围:

(一)冷水作业分级标准中规定的第二级、第三级、第四级冷水作业;

(二)低温作业分级标准中规定的第二级、第三级、第四级低温作业;

(三)体力劳动强度分级标准中规定的第三级、第四级体力劳动强度的作业;

(四)高处作业分级标准中规定的第三级、第四级高处作业。

三、女职工在孕期禁忌从事的劳动范围:

(一)作业场所空气中铅及其化合物、汞及其化合物、苯、镉、铍、砷、氰化物、氮氧化物、一氧化碳、二硫化碳、氯、己内酰胺、氯丁二烯、氯乙烯、环氧乙烷、苯胺、甲醛等有毒物质浓度超过国家职业卫生标准的作业;

(二)从事抗癌药物、己烯雌酚生产,接触麻醉剂气体等的作业;

(三)非密封源放射性物质的操作,核事故与放射事故的应急处置;

(四)高处作业分级标准中规定的高处作业;

(五)冷水作业分级标准中规定的冷水作业;

(六)低温作业分级标准中规定的低温作业;

(七)高温作业分级标准中规定的第三级、第四级的作业;

(八)噪声作业分级标准中规定的第三级、第四级的作业;

(九)体力劳动强度分级标准中规定的第三级、第四级体力劳动强度的作业;

(十)在密闭空间、高压室作业或者潜水作业,伴有强烈振动的作业,或者需要频繁弯腰、攀高、下蹲的作业。

四、女职工在哺乳期禁忌从事的劳动范围:

(一)孕期禁忌从事的劳动范围的第一项、第三项、第九项;

（二）作业场所空气中锰、氟、溴、甲醇、有机磷化合物、有机氯化合物等有毒物质浓度超过国家职业卫生标准的作业。

第五条　用人单位不得因女职工怀孕、生育、哺乳降低其工资、予以辞退、与其解除劳动或者聘用合同。

十七、女职工怀孕期间应该享受哪些福利待遇？

1. 用人单位应根据情况减少孕妇不能胜任的工作。

2. 不能安排女职工在正常劳动日以后延长工作时间。

3. 孕妇7个月以上（含），不能安排从事夜班劳动。

4. 在劳动时间进行产前检查应算作劳动时间，工资照发。

5. 女职工按计划生育怀孕，经过医师开具证明，需要保胎休息的，其保胎休息的时间，按照本单位实行的疾病待遇（病假）的规定办理。

1982年《国家劳动总局保险福利司关于女职工保胎休息和病假超过六个月后生育时的待遇问题给上海市劳动局的复函》

关于国营企业单位的女职工需要保胎休息，以及保胎休息和病假连续停止工作超过六个月后生育时的待遇问题，经与全国总工会劳动保险部研究，答复如下：

一、女职工按计划生育怀孕，经过医师开具证明，需要保胎休息的，其保胎休息的时间，按照本单位实行的疾病待遇的规定办理。

二、保胎休息和病假超过六个月后领取疾病救济费的女职工，按计划生育时可以从生育之日起停发疾病救济费，改发产假工资，并享受其他生育待遇。产假期满后仍需病休的，从产假期满之日起，继续发给疾病救济费。

三、保胎休息的女职工，产假期满后仍需病休的，其病假时间应与生育前的病假和保胎休息的时间合并计算。

四、不按计划生育怀孕的女职工，其保胎、病假休息和生育时的待遇，仍按省、市现行的有关规定办理。

1991年8月23日起施行的《山东省女职工劳动保护特别规定》

第九条　女职工在怀孕期间，所在单位应遵守以下规定：

（一）不得安排其从事生产和使用危害女职工生理机能的有毒有害物质的作业和超过卫生防护要求的放射性作业以及经常攀高、弯腰、抬举、下蹲等容易引起流产、早产、畸胎的劳动。

对不能适应原劳动的,应根据县(市、区)级以上(含县级,下同)医疗机构的证明,予以减轻其劳动量或安排其他适宜的劳动。

(二)对怀孕7个月以上(含7个月)的女职工不得安排从事夜班和加班劳动,每天给予工间休息1小时,算作劳动时间。有定额考核的工种应扣除相应的劳动定额。上班确有困难且工作许可,经本人申请、单位批准,可休产前假60天,休假期间,其工资不低于基本工资的80%。

(三)怀孕女职工按卫生部门的规定,在劳动时间内进行产前检查的,算作劳动时间。有定额考核的工种应扣除相应的劳动定额。

2012年4月28日起施行的《女职工劳动保护特别规定》

第六条　女职工在孕期不能适应原劳动的,用人单位应当根据医疗机构的证明,予以减轻劳动量或者安排其他能够适应的劳动。

对怀孕7个月以上的女职工,用人单位不得延长劳动时间或者安排夜班劳动,并应当在劳动时间内安排一定的休息时间。

怀孕女职工在劳动时间内进行产前检查,所需时间计入劳动时间。

一点通

1. 怀孕女职工确实因身体原因需要休假保胎,需要提交医院出具的诊断证明,保胎期间的工资依照病假工资发放。

2. 具体工资发放标准根据当地的法律法规关于病假的规定执行,但是不得低于当地最低工资的80%。

十八、女职工流产应该享受哪些福利待遇?

根据《女职工劳动保护规定》,怀孕未满4个月流产的,享受15天产假;怀孕满4个月流产的,享受42天产假。女职工生育或者流产的医疗费用,按照生育保险规定的项目和标准,对已经参加生育保险的,由医疗基金支付;对未参加医疗保险的,由用人单位支付。

> 2012 年 4 月 28 日起施行的《女职工劳动保护特别规定》
>
> 第七条　女职工生育享受 98 天产假,其中产前可以休假 15 天;难产的,增加产假 15 天;生育多胞胎的,每多生育 1 个婴儿,增加产假 15 天。
>
> 女职工怀孕未满 4 个月流产的,享受 15 天产假;怀孕满 4 个月流产的,享受 42 天产假。
>
> 第八条　女职工产假期间的生育津贴,对已经参加生育保险的,按照用人单位上年度职工月平均工资的标准由生育保险基金支付;对未参加生育保险的,按照女职工产假前工资的标准由用人单位支付。
>
> 女职工生育或者流产的医疗费用,按照生育保险规定的项目和标准,对已经参加生育保险的,由生育保险基金支付;对未参加生育保险的,由用人单位支付。

十九、女职工产假假期的规定?

(一)产假假期

怀孕未满 4 个月流产的,享受 15 天产假;怀孕满 4 个月流产的,享受 42 天产假。女职工生育享受 98 天产假,其中产前可以休假 15 天;难产增加产假 15 天;生育多胞胎,每多生育 1 个婴儿,增加产假 15 天。

(二)生育假期

晚育产假,由各省、自治区、直辖市根据本省计划生育条例规定。除享受国家规定的产假外,有些省市增加了生育假期。

北京、天津、上海、重庆、江苏、浙江、湖北等 7 个省市的产假为 128 天,即 98 天＋30 天;河南和海南均在新计生条例中明确了除国家规定的 98 天假期外,产假再增加 3 个月;黑龙江、甘肃则明确了产假总天数为 180 天;"98 天＋60 天"的模式在各省份产假天数中占主流,山东、吉林、河北、四川等 14 个省份的产假均为 158 天;陕西的产假也是 158 天,但参加孕前检查的可增加 10 天产假,剖宫产的增加 15 天,因此陕西女职工最长可休假 183 天;福建的产假天数为 158 天,最多能休 180 天;广东计生条例修订后,女职工产假最多可休 208 天,相比部分省份的 128 天,多出了 80 天。

> 2016 年 1 月 22 日起施行的《山东省人口与计划生育条例》
>
> 　　第二十五条　符合法律和本条例规定生育子女的夫妻,除国家规定的产假外,增加产假六十日,并给予男方护理假七日。增加的产假、护理假,视为出勤,工资照发,福利待遇不变。
>
> 　　2016 年 3 月 24 日起施行的《北京市人口与计划生育条例》
>
> 　　第十八条　机关、企业事业单位、社会团体和其他组织的女职工,按规定生育的,除享受国家规定的产假外,享受生育奖励假三十天,其配偶享受陪产假十五天。女职工及其配偶休假期间,机关、企业事业单位、社会团体和其他组织不得降低其工资、予以辞退、与其解除劳动或者聘用合同。
>
> 　　女职工经所在机关、企业事业单位、社会团体和其他组织同意,可以再增加假期一至三个月。

二十、产假工资有何规定?

用人单位应根据公司所在地所属区域的地方性法规的相关规定来确定产假工资的发放规则。

(一)国家规定

根据 2012 年 4 月 28 日起施行的《女职工劳动保护特别规定》,女职工产假期间的生育津贴,对已经参加生育保险的,按照用人单位上年度职工月平均工资的标准由生育保险基金支付;对未参加生育保险的,按照女职工产假前工资的标准由用人单位支付。

(二)北京市规定

根据 2004 年 1 月 22 日起施行的《北京市工资支付规定》,"三期"女员工的工资依照劳动合同的约定支付,劳动合同没有约定或者约定不明确的,依照集体合同的约定确定,劳动合同、集体合同均未约定或者约定不明确的,依照劳动者正常劳动应得的工资确定。

(三)山东省规定

《山东省人口与计划生育条例》规定:除国家规定的产假外,增加产假 60 日,并给予男方护理假 7 日。增加的产假、护理假,视为出勤,工资照发,福利待遇不变。

如果女职工未参加生育保险,则用人单位按照女职工产假前工资的标准支付,员工的工资构成无论被划分成基本工资、岗位工资或者住房补贴、交通补贴、通讯补贴或者其他任何组成部分,产假期间工资全额发放。

(四)特殊规定

青岛市有特别规定,自从 2020 年 1 月 1 日起执行按照医保部门两险合并实施新政后,在青岛市用人单位工作的女职工生育后享受的产假总天数并没有发生变化,但生育后生育津贴的享受天数发生了变化,即产假期间享受的待遇分成了两部分:一部分国家规定的产假天数所享受的生育津贴仍由职工医保基金拨付;另一部分山东省增加的 60 天产假,需由用人单位补发。产假工资未按正常出勤工资标准支付。

山东省增加 60 天产假期间工资支付标准政策依据为《山东省工资支付规定》第二十四条和第二十五条规定。

2004 年 1 月 22 日起施行的《北京市工资支付规定》

第二十三条　劳动者生育或者施行计划生育手术依法享受休假期间,用人单位应当支付其工资。

第四十四条　根据本规定第十四条计算加班工资的日或者小时工资基数、根据第十九条支付劳动者休假期间工资,以及根据第二十三条第一款支付劳动者产假、计划生育手术假期间工资,应当按照下列原则确定:

(一)按照劳动合同约定的劳动者本人工资标准确定;

(二)劳动合同没有约定的,按照集体合同约定的加班工资基数以及休假期间工资标准确定;

(三)劳动合同、集体合同均未约定的,按照劳动者本人正常劳动应得的工资确定。

依照前款确定的加班工资基数以及各种假期工资不得低于本市规定的最低工资标准。

2006 年 9 月 1 日起施行的《山东省企业工资支付规定》

第二十四条　劳动者在享受法定年休假、探亲假、婚假、丧假等休假和产假、哺乳假等假期期间,其工资支付按照国家和省有关规定执行。

劳动者请事假的,企业可以不支付其事假期间的工资。

第二十五条　根据本规定第二十条计算加班工资的工资基数和第二十四条第一款计算劳动者休假工资基数,应当按照劳动者上一月份提供正常劳动所得实际工资扣除该月加班工资后的数额确定。劳动者上一月份没有提供正常劳动的,按照向前顺推至其提供正常劳动月份所得实际工资扣除该月加班工资后的数额确定。

二十一、女职工违反国家计划生育,产假工资及其他待遇还能享受吗?

虽然现在三胎政策放开了,但是如果女职工真的违反国家计划生育政策,则不享受产假工资福利、医疗服务等生育保险待遇,妊娠、分娩、产褥期的一切费用自理。

但是女职工生育的产假是法定的,只要有怀孕和生育的事实,就应该享受产假,单位是应当无条件批准假期的,但是关于工资,员工只享受病假工资或者事假无薪。总的来说,分为以下两种情形:

一是无薪产假:有的单位给女职工休产假,但不支付报酬,类似于无薪事假的处理。

二是病假工资产假:有的单位从人性化的角度出发,在规章制度设定时,将病假制度与产假制度衔接,规定女职工违反计划生育的,可以用病假去抵充产假时间,在此期间,女职工可享受病假工资待遇。

女职工若违反国家计划生育,无论产假是无薪,还是享受病假工资,用人单位都要正常缴纳社会保险。用人单位和女职工各自承担各自的部分。

2016年3月24日起施行的《北京市人口与计划生育条例》

第三十六条 机关、企业事业单位、社会团体、其他组织的职工违反本条例规定生育的,由其所在单位给予行政处分或者纪律处分;分娩的住院费和医药费自理,产假期间停止其工资福利待遇;三年内不得被评为先进个人、不得提职,并取消一次调级。

2016年3月1日第二次修正的《关于修改〈上海市人口与计划生育条例〉的决定》

第四十一条 对违反本条例规定生育子女的公民,除征收社会抚养费外,给予以下处理:

(一)分娩的住院费和医药费自理,不享受生育保险待遇和产假期间的工资待遇;

(二)持有《光荣证》的,应退回《光荣证》,终止凭证享受的一切待遇,并退回依据本条例第三十五条规定所享受的奖励;

(三)系国家工作人员的,依法给予行政处分;系其他人员的,所在单位可以给予纪律处分;

(四)系农民的,调整自留地和安排宅基地时,不增加自留地和宅基地的分配面积。

二十二、"三期"女职工在产假期间是否有浮动的绩效奖金或者业务提成？

"三期"女职工在产假期间是否有浮动的绩效奖金或者业务提成，具体要看用人单位是否就绩效奖金、业务提成进行了规定，在何种条件下可以发放？在何种条件下可不予发放？

如果用人单位已经通过规章制度或者协议与劳动者约定，对绩效奖金、业务提成规定了限制发放的条件，如绩效考核分数低于某一分值就可扣除绩效奖金或者无业绩的员工无权获得业务提成等规定，这种情形是可以不发放的。

"三期"女职工在产假期间，因女职工未为用人单位提供正常劳动，其绩效考核项的相对分值可能低于发放分值，从而导致没有销售业绩，也就无业务提成。

一点通

女职工产假期间的具体工资发放标准要根据当地的法律法规的规定执行，比如奖励的生育假期，部分省市有特殊规定，由用人单位支付工资。具体详见前面有关产假工资的规定。

二十三、女职工产假期满后，要求延长产假怎么办？

1988 年 9 月 1 日劳动部《关于女职工生育待遇若干问题的通知》第三条规定，女职工产假期满，因身体原因仍不能工作的，经过医务部门证明后，其超过产假期间的待遇，按职工患病的有关规定处理。

因此，如果女职工确因身体原因可以请病假，享受病假待遇。比如有些女性生完孩子患抑郁症或家中无人照顾孩子，可以向单位请事假，是否批准取决于用人单位。倘若女职工身体健康，请假未被批准，应在产假期满后去单位上班同时销假，避免产假擅自延期被用人单位以旷工之名辞退。

一点通

如果没有医务部门的证明，用人单位可以不批准延长产假，提醒女职工产假结束后回来上班。用人单位也可以根据企业的实际运营情况，批准事假，事假是无薪资的，但是事假期间，女职工的社会保险，单位应正常缴纳。

案例

【案情回顾】

王某因身体素质较差,曾经两次怀孕都自然流产。第三次怀孕后,产下一男婴,由于体质虚弱,分娩时曾晕倒。90 天产假休完时,王某刚出院不久,四肢乏力,奶水不足,婴儿也体弱多病。医生建议王某最好暂缓上班劳动,待身体恢复健康后再上岗劳动,并为王某出具了产后身体状况证明。

于是王某持医院证明向单位领导说明情况,请求给予照顾,批准延长产假 30 天,但遭到单位拒绝,王某应该怎么办?

【案例解析】

王某所在单位的做法是合法的,王某应该服从。

2012 年 4 月 28 日国务院《女职工劳动保护特别规定》第七条规定:"女职工生育享受 98 天产假,其中产前可以休假 15 天;难产的,增加产假 15 天;生育多胞胎的,每多生育 1 个婴儿,增加产假 15 天。"这是根据妇女生育后身体恢复的需要而规定的,也就是说,对于多数妇女而言,生育后休息 83 天(产前假为 15 天)足够其恢复身体健康,除多胞胎生育和难产等情况外,一般不得延长产假。王某产假期满后因体弱仍无法上班工作,确属特殊情况。

1988 年 9 月 1 日劳动部《关于女职工生育待遇若干问题的通知》第三条规定,女职工产假期满,因身体原因仍不能工作的,经过医务部门证明后,其超过产假期间的待遇,按职工患病的有关规定处理。王某可根据这一规定享受病假待遇。

王某可以请病假或者事假,而不是请求延长产假,这是两个概念。

二十四、哺乳期的女职工应该享受哪些福利待遇?

2012 年 4 月 28 日国务院《女职工劳动保护特别规定》第九条规定,对哺乳未满 1 周岁婴儿的女职工,用人单位不得延长劳动时间或者安排夜班劳动。用人单位应当在每天的劳动时间内为哺乳期女职工安排 1 小时哺乳时间;女职工生育多胞胎的,每多哺乳 1 个婴儿每天增加 1 小时哺乳时间。

《上海市女职工劳动保护办法》第十五条规定:"女职工生育后,在其婴儿一周岁内应照顾其在每班劳动时间内授乳两次(包括人工喂养)。每次单胎纯授乳时间为三十分钟,亦可将两次授乳时间合并使用。多胞胎生育者,每多生一胎,每次哺乳时间增加三十分钟。"

实操中,女职工每班劳动时间内的两次哺乳时间,每次半个小时,也可以合并使用。哺乳时间和在本单位内哺乳往返途中的时间,算作劳动时间。具体详见各省市的规定。

2012 年 4 月 28 日起施行的《女职工劳动保护特别规定》

第九条　对哺乳未满 1 周岁婴儿的女职工,用人单位不得延长劳动时间或者安排夜班劳动。

用人单位应当在每天的劳动时间内为哺乳期女职工安排 1 小时哺乳时间;女职工生育多胞胎的,每多哺乳 1 个婴儿每天增加 1 小时哺乳时间。

二十五、"三期"女职工出现哪些情形,单位仍可解除劳动合同?

虽然《劳动合同法》第四十二条规定女职工在孕期、产期、哺乳期的,用人单位不得依照本法第四十条、第四十一条的规定解除劳动合同,但是这条规定不包括三十九条。因此女职工如果违反第三十九条的规定,用人单位可以解除劳动合同。

(一)在试用期间被证明不符合录用条件的

如果女职工是在试用期怀孕了,被证明不符合录用条件的,单位可以随时解除劳动关系,而且不用赔偿。

(二)严重违反用人单位的规章制度的

职工经常有迟到、早退或其他严重违反单位规章制度行为的情形,单位也可以解除劳动合同,即使女职工怀孕也不在保护之列。有些单位会把迟到几次算作严重违反单位规章制度,并明确写进员工守则,所以准备怀孕的女职工要特别注意避免"触线"。

(三)严重失职,营私舞弊,给用人单位造成重大损害的

如果怀孕职工在工作中有严重失职行为或者营私舞弊,而且由于这两种行为给用人单位造成了重大损害,单位可以无条件解除劳动合同。

(四)兼职行为

劳动者同时与其他用人单位建立劳动关系,对完成本单位的工作任务造成严重影响,或者经用人单位提出,拒不改正的。

(五)违背真实意思

因《劳动合同法》第二十六条第一款第一项规定的情形(以欺诈、胁迫的手段或者乘人之危,使对方在违背真实意思的情况下订立或者变更劳动合同的)致使劳动合同无效的。

(六)被依法追究刑事责任的

虽然此条款《劳动合同法》中有明确的规定,但是我还是建议用人单位将此条款纳入规章制度或者劳动合同里。

案例

试用期内表现不合格,怀孕白领被辞退

【案情回顾】

刚结婚不久的年轻白领景某,婚后不久为了方便照顾家庭打算应聘一家物流公司仓库主管一职,当时景某和物流公司商定试用期为一个月。进入公司不到半个月,物流公司人事部通知景某说她不适合现在的工作岗位,并说给景某两星期左右的时间,等景某有了新的工作意向后公司将与其解除劳动关系。

可是还没到两周景某就发现自己怀孕了。拿到医院的化验单,景某先是大吃一惊,后来内心窃喜,赶紧找到公司经理说自己已经怀孕了,根据法律规定孕期职工是不可以被辞退的。公司经理表示自己公司辞退景某并不是因为景某怀孕,而是因为景某不适合现在的工作岗位,因此可以辞退。景某不服便向劳动仲裁机构提出仲裁申请。因为物流公司对于员工的录用手续非常完备,试用期内关于员工的考核内容非常详尽且具有可考性,其考核内容证实景某确实不符合物流公司的要求。

最终,仲裁机构依据我国《劳动合同法》第三十九条规定,认定景某与物流公司双方的劳动合同关系解除。景某不服仲裁结果,向法院提起诉讼,法院作出的判决与仲裁结果一致,判决物流公司与景某解除劳动合同。

【案例解析】

我国《劳动合同法》第四十二条规定,女职工在孕期、产期、哺乳期内的,用人单位不得依照本法第四十条、第四十一条的规定解除劳动合同。同时该法第三十九明文规定:劳动者在试用期间被证明不符合录用条件的,可以解除劳动合同。结合本案例,也就是说如果用人单位有比较充分的证据证明员工在试用期内确实不符合录用条件,即使是怀孕女职工,用人单位也可以依据《劳动合同法》第三十九条之规定依法解除劳动合同,并且不需要支付经济补偿金。

《劳动合同法》只规定了用人单位不能依据《劳动合同法》第四十条、第四十一条规定解除处于孕期、产期、哺乳期女职工的劳动合同。

这个案例告诉我们,女职工即使怀孕也需要努力工作,凭借自己的工作能力和态度获得用人单位的认可,这样才能够获得工作,否则用人单位完全可以以"不合格"拒绝录用。

此外,对于用人单位一定要建立完善的用工手续、考核内容,对于试用期职工的考核要尽可能详尽,具有可考性,这样才能维护自身的合法权益。

二十六、"三期"女职工如何调岗、调薪才能被认定合法有效?

要做好"三期"女职工的调薪调岗,首先要思考这四个问题:

"三期"内单位所有的调岗行为都是违法的吗?

"三期"女职工不同意调岗,单位可以解除劳动合同吗?

"三期"女职工不胜任工作岗位,单位也不能给其调整岗位吗?

"三期"内单位可以根据女职工的表现调整其岗位和薪水吗?

(一)国家对"三期"女职工实行特殊劳动保护

"三期"女职工的工作岗位可以调整,但是除非经女职工同意,否则不得调整薪酬。女职工产假结束后,应在原岗位工作,因用人单位原因使得女职工岗位发生变更的,用人单位必须与女职工协商一致。

《劳动法》《妇女权益保障法》《女职工劳动保护规定》《人口与计划生育法》和各地区的法律都规定,国家对女职工实行特殊劳动保护。任何单位不得因结婚、怀孕、产假、哺乳等情形,降低女职工的工资,辞退女职工,单方解除劳动(聘用)合同或者服务协议。但是,女职工要求终止劳动(聘用)合同或者服务协议的除外。

因此女职工的调岗调薪,必须依法操作,不能侵犯女职工的合法权利。

(二)法律规定的可以调岗的情形

1. 孕期:又称妊娠期,是指怀孕周数。

根据《女职工劳动保护特别规定》,对于不能适应原劳动的孕期女职工,用人单位应当根据医疗机构的证明,予以减轻劳动量或者安排其他能够适应的劳动予以减轻劳动量或者安排其他能够适应的劳动。

对怀孕7个月以上的女职工,用人单位不得延长劳动时间或者安排夜班劳动,并应当在劳动时间内安排一定的休息时间。

2. 哺乳期:指女职工给婴儿哺乳的期间。哺乳期的长度为一年,自婴儿出生时起至婴儿满一周岁时止。

根据《女职工劳动保护特别规定》,女职工在哺乳期禁忌从事的劳动范围包括孕期禁忌从事的劳动范围的第一项、第三项、第九项;作业场所空气中锰、氟、溴、甲醇、有机磷化合物、有机氯化合物等有毒物质浓度超过国家职业卫生标准的作业。

若公司合理合法的调岗,女职工仍不同意,并且在规定的时间不去新岗位工作,公司也不能以违反规章制度单方面地解除劳动合同。

(三)哪些调岗、调薪情形被认定为合法有效?

1. 双方协商一致可以调岗。

用人单位与女职工协商一致的意见,且该意见不违反法律的强制性规定。根据《劳动合同法》的相关规定,调岗调薪属于变更劳动合同,需要双方协商一致。

双方协商调整工作岗位,薪资是可以根据岗位变动的,前提是女职工自愿同意。

如女职工原从事市场工作,但怀孕后她本人申请想调入内勤岗位,经公司同意批准可进行调岗,至于调岗之后的薪资,只要双方协商一致即可。

2. 女员工自己提出申请。

经女职工申请,用人单位应将"三期"女职工从禁忌岗位调到非禁忌岗位。对于"三期"女职工的合理调岗申请,用人单位要及时予以批准,以免触犯法律规定。

如在女职工怀孕后因身体不适,提交医疗机构相关证明,向用人单位申请调整工作岗位,用人单位必须同意。

3. 女职工无法胜任工作岗位调岗。

单位有相关证据证明女职工不适合现岗位,无法胜任工作岗位的要求,可以调整工作岗位,比如,绩效考核的结果。

用人单位确需进行岗位调整的,调岗理由应当合理正当,调整后的岗位与前岗位存在关联性,尽量减少工作量使"三期"女职工能够适应该工作,女职工调岗后的薪酬水平也应尽量合理,不得明显降低。

二十七、对"三期"女职工进行调岗、调薪应注意什么?

不论何种形式的调岗,双方都需要签订一个书面的协议,以避免将来可能出现的风险。

对于不适合"三期"女职工从事的工作岗位,用人单位在和女职工订立劳动合同时,可约定对其怀孕后工作岗位的调整,用人单位之后根据该约定作出的调岗决定,即为合法有效的。

除双方协商一致的调岗,其他的调岗行为,都不能随意降低女职工的工资待遇。与工作业绩相挂钩的提成、奖金等,可按单位的薪资制度规定进行发放。与出勤天数相挂钩的全勤奖、餐补等,用人单位可以根据女职工当月的出勤天数予以发放。

用人单位试图利用调岗变相降薪,或者借此逼迫女职工主动辞职的做法,都很有可能导致不利的法律后果。

案例

擅自设立单方调岗解约权

【案情介绍】

某物流公司(甲方)与张某(乙方)在劳动合同中约定:"甲方可以调整乙方岗位,调整岗位后,变更乙方的岗位工资待遇,乙方无正当理由不同意变更的,甲方有权单方面解除本合同。"双方合同还约定,张某的工作岗位为物流经理。

后来,公司成立新的部门,并向张某连续邮寄三份《报到通知书》,通知张某到新的岗位任人事经理。张某收到通知后拒绝返岗,公司遂发出《解除通知书》,以张某不服从公司管理为由,与其解除劳动关系。

此后,张某提起仲裁,要求公司撤销解除决定。仲裁委认为,公司单方作出调岗后,要求张某返岗的通知程序有瑕疵。仲裁委支持了张某的诉求,裁决双方继续履行劳动合同。

【案例点评】

《劳动合同法》第三十五条规定,劳动合同的变更需要用人单位与劳动者协商一致。因此,公司在劳动合同中约定"可以单方调岗、调薪"的做法是错误的。

在劳动者明确表示不同意调岗的情况下,用人单位单方决定调岗,有损劳动者的合法权益;在劳动者未到其安排的新岗位上班时,用人单位单方决定解除劳动合同,对劳动者来说是很不公平的。如果用人单位属于违法解除劳动合同,依法应予撤销。

二十八、合同解除后女职工发现怀孕了,能否要求单位恢复劳动关系?

如果女职工在解除劳动合同或者终止劳动合同前怀孕了,是否可以要求恢复劳动关系?笔者将从以下五种情形来分析。

(一)女职工主动辞职后发现怀孕

依据《劳动合同法》第三十七条规定,劳动者提前三十日以书面形式通知用人单位,可以解除劳动合同。劳动者在试用期内提前三日通知用人单位,可以解除劳动合同。

女职工因个人原因主动向用人单位辞职,并非用人单位对其劳动关系作出处理,除非有确切证据证明女职工受到欺诈、胁迫等使其在违背真实意思的情况下提出辞职,否则应认定单方解除劳动合同的行为合法有效。

即使事后发现是在劳动关系存续期间怀孕,也不影响解除劳动合同的效力。此时,女职工要求与用人单位恢复劳动关系,需与单位协商一致。

(二)合同期内用人单位单方解除劳动合同后女职工发现怀孕

依据《劳动合同法》第四十二条规定,女职工在孕期、产期和哺乳期的,用人单位不得依据劳动者不胜任工作、医疗期届满、客观情况发生重大变化或者经济性裁员为由单方面解除劳动合同。

笔者认为,用人单位因上述原因与女职工解除劳动合同,女职工若能提供充分证据证明其在劳动关系存续期间怀孕,可以适用第四十二条规定,要求恢复劳动关系,裁审机构支持的可能性较大。

(三)因女职工过错用人单位单方解除劳动合同后发现怀孕

虽然立法和司法实践对"三期"女职工实行特殊保护,但并非绝对。《劳动合同法》规定,针对"三期"女职工用人单位不得依据本法第四十条(无过错性辞退)、第四十一条(经济性裁员)单方解除,但并未限制依据第三十九条的情形解除。

只要女职工符合第三十九条相关情形,用人单位有充分证据证明,都可以解除劳动合同,无论劳动者是否怀孕,因此用人单位可以拒绝恢复劳动关系。

(四)双方协商一致解除劳动合同后

女职工怀孕期间,用人单位与劳动者协商一致,可以解除劳动合同。法律上对用人单位与"三期"女职工单方解除劳动合同有严格限制,但对于双方协商解除劳动合同,法律并不禁止。

解除后女职工发现怀孕是对自身客观情况判断有误,但怀孕与其是否同意解除劳动合同没有必然的因果关系,不影响协商解除时真实的意思表示。现实中,女职工因怀孕主动辞职的不在少数。

(五)劳动合同终止前怀孕了应顺延合同

《劳动合同法》第四十二条规定,劳动者有下列情形之一的,用人单位不得依照本法第四十条、第四十一条的规定解除劳动合同:①从事接触职业病危害作业的劳动者未进行离岗前职业健康检查,或者疑似职业病病人在诊断或者医学观察期间的;②在本单位患职业病或者因工负伤并被确认丧失或者部分丧失劳动能力的;③患病或者非因工负伤,在规定的医疗期内的;④女职工在孕期、产期、哺乳期的;⑤在本单位连续工作满十五年,且距法定退休年龄不足五年的;⑥法律、行政法规规定的其他情形。

因此,劳动者在孕期、产期和哺乳期内,劳动合同期限届满时,用人单位不得终止劳动合同。劳动合同的期限应自动延续至孕期、产期、哺乳期期满为止。

> 2014 年 5 月 7 日发布的《北京市高级人民法院、北京市劳动争议仲裁委员会关于劳动争议案件法律适用问题研讨会会议纪要(二)》
>
> 45.女职工在未知自己怀孕的情况下与用人单位协商解除劳动合同后,又要求撤销解除协议或者要求继续履行原合同的,如何处理?
>
> 女职工与用人单位协商解除劳动合同后,发现自己怀孕后又要求撤销协议或者要求继续履行原合同的,一般不予支持。

案例

欲跳槽与单位提前解除合同却发现怀孕,准妈妈后悔"迟了"

【案情回顾】

青春靓丽的叶某大学毕业后进入一家医药公司从事医药代表工作,并与医药公司签订了两年的劳动合同,合同约定双方于 2013 年 11 月 30 日解除劳动合同。

2013 年 8 月中旬,一家比自己所在公司更加有影响力的医药公司向叶某伸出橄榄枝,因为新公司开出的薪资比原来的公司高出很多,叶某非常心动,便和自己的公司协商与 2013 年 10 月解除了劳动合同。还未与新公司签订劳动合同,叶某便被检查出怀孕了,经过推测叶某怀孕在 2013 年 10 月之前。

因为怀孕,叶某不能去新公司,便以孕期公司不能与孕妇解除劳动关系为由要求与原来的用人单位恢复劳动关系,在遭到拒绝后叶某便提起劳动仲裁,在未获得支持的情况下诉至法院要求确认双方解除劳动合同的协议无效,恢复自己与医药公司的劳动关系。

法院经审理认为,叶某与医药公司签订的《解除劳动合同协议书》中明确记载了"经双方协商,叶某同意于 2013 年 10 月 31 日与医药公司解除劳动关系",协议上有叶某的签名;并且叶某与医药公司签订的《解除劳动合同经济补偿协议》也明确记载了双方系协商一致解除劳动合同,叶某领取了解除劳动合同经济补偿金等相关费用。

根据《劳动合同法》第三十六条规定,用人单位与劳动者协商一致,可以解除劳动合同。现叶某以自己签订《解除劳动合同协议书》之时对自己怀孕的事情不知情为由,要求确认该协议书无效,恢复与医药公司的劳动合同关系等诉讼请求,没有法律依据,法院不予支持。

【案例解析】

离职员工能否以怀孕为由要求恢复与用人单位已解除的劳动关系的关键在于双方在协商解除劳动关系时员工是否告知用人单位自己怀孕。

结合本案,叶某与单位协商解除劳动合同,并未告知单位自己已怀孕,因为当时其本人也不知晓,所以在这种情况下双方协商解除合同的程序应该是公正、平等、合理的。如果叶某在与用人单位协商解除劳动合同时告知单位自己的情况,单位仍坚持解除劳动合同,那么用人单位就是违法的。

在这种情况下叶某提出恢复劳动关系的请求就可以得到仲裁机构及法院的支持。现在叶某与用人单位协商解除了劳动关系之后才发现自己怀孕了,这时候再提出一些要求为时已晚。

二十九、探亲假适用于哪些用人单位?

探亲假期是指职工与配偶、父、母团聚的时间,另外,根据实际需要给予路程假。上述假期均包括公休假日和法定节日在内。

根据《国务院关于职工探亲待遇的规定》第二条规定,凡在国家机关,人民团体和全民所有制企业、事业单位工作满一年的固定职工,与配偶不住在一起,又不能在公休假日团聚的,可以享受本规定探望配偶的待遇;与父亲、母亲都不住在一起,又不能在公休假日团聚的,可以享受本规定探望父母待遇。但是,职工与父亲或与母亲一方能够在公休假日团聚的,不能享受本规定探望父母的待遇。

因此,探亲假适用于国家机关、人民团体和全民所有制企业、事业单位工作满一年的固定职工。国家关于探亲假的规定并没有明确适用于外资企业、中外合资企业、民营企业等企业。外资企业、中外合资企业、民营企业等可以自行制定关于探亲假的相关规定。

三十、探亲假的天数如何计算?

《国务院关于职工探亲待遇的规定》第三条规定:

1. 职工探望配偶的,每年给予一方探亲假一次,假期为 30 天。

2. 未婚职工探望父母,原则上每年给假一次,假期为 20 天,如果因为工作需要,本单位当年不能给予假期,或者职工自愿两年探亲一次,可以两年给假一次,假期为 45 天。

3. 已婚职工探望父母的,每 4 年给假一次,假期为 20 天。

1981 年 3 月 14 日起施行的《国务院关于职工探亲待遇的规定》

第一条　为了适当地解决职工同亲属长期远居两地的探亲问题,特制定本规定。

第四条　凡实行休假制度的职工(例如学校的教职工)应该在休假期间探亲;如果休假期较短,可由本单位适当安排,补足其探亲假的天数。

三十一、探亲假期间工资如何计算？

《国务院关于职工探亲待遇的规定》第五条规定,职工在规定的探亲假期和路程假期内,按照本人的标准工资发给工资。

也就是说,休探亲假应当视为正常出勤,按正常出勤工资标准进行工资支付。

三十二、探亲路费能报销吗？

根据《国务院关于职工探亲待遇的规定》第六条规定,职工探望配偶和未婚职工探望父母的往返路费,由所在单位负担。已婚职工探望父母的往返路费,在本人月标准工资百分之三十以内的,由本人自理,超过部分由所在单位负担。

关于职工探亲路费报销问题,财政部(81)财事字第113号《关于职工探亲路费的规定》有明确规定:一、职工探亲路费均按直线计算。二、年满五十周年以上并连续乘火车四十八小时以上,其间需要中转(如从广西到东北,需要在北京中转)并在当天或第二天转走的,可按连续乘车计算,报销硬席卧铺费。三、在自治区内乘轮船,报三等舱位费。四、其他民用交通工具可包括民间船只、自行车、马车等。五、探亲途中在市内雇乘人力三轮车和机动三轮车可凭据报销,乘坐出租汽车的费用不能报销。六、职工探亲期间不发途中伙食补助费和住勤费。

因此,只有职工探望配偶、未婚职工探望父母所休探亲假之往返路费完全由企业承担;而对于已婚职工探望父母的,企业只需要支付职工月标准工资30%以上的部分。同时职工探亲不得报销飞机票。因故乘坐飞机的,可按直线车、船票价报销,多支部分由职工自理。

三十三、探亲公婆或者岳父母可以吗？

根据《国务院关于职工探亲待遇的规定》实施细则的规定,所称的父母,包括自幼抚养职工长大,现在由职工供养的亲属。不包括岳父母、公婆。

也就是说,探亲对象是指职工在十六周岁以前的绝大部分时间内生活的主要抚养者。

三十四、丧假有哪些规定？

(一)丧假天数的规定

1980年2月20日,原国家劳动总局、财政部下发的《关于国营企业职工请婚丧假和路程假问题的通知》规定,一、职工本人结婚或职工的直系亲属(父母、配偶和子女)死亡时,可以根据具体情况,由本单位行政领导批准,酌情给予一至三天的婚丧假。二、职工结婚时双方不在一地工作的,职工在外地的直系亲属死亡时需要职工本人去外地料理丧事的,都可以根据路程远近,另给予路程假。三、在批准的婚丧假和路程假期间,职工的工资照发,途中的车船费等,全部由职工自理。

因此,法律明确赋予了劳动者带薪休丧假的权利。但是国家还没有对非国营企业职工休婚、丧假作出具体规定。非国营企业员工休婚、丧假的具体操作可参考《关于国营企业职工请婚丧假和路程假问题的通知》之法律规定。

(二)劳动法规定的直系亲属

劳动法规定的直系亲属即相互之间有一脉相承的关系的上下各代亲属,是指配偶、父母(公婆、岳父母)、子女及其配偶、祖父母、外祖父母、孙子女(外孙子女)及其配偶、曾祖父母、曾外祖父母。

(三)丧假工资的规定

《中华人民共和国劳动法》第五十一条规定,劳动者在法定休假日和婚丧假期间以及依法参加社会活动期间,用人单位应当依法支付工资。

《工资支付暂行规定》第十一条规定,劳动者依法享受年休假、探亲假、婚假、丧假期间,用人单位应按劳动合同规定的标准支付劳动者工资。

一点通

> 关于丧假,对于企业来说,一定要让员工在申请时出具直系亲属的死亡证书(证明)复印件。但是后来感觉这样不太人性化,本来家人去世,员工就很悲痛了,如果再让他们提供相关证明,怕影响他们的心情。
>
> 也有企业管理者反映,有的员工说爷爷去世了请假,实际上爷爷已经去世好几年了。因此,是否需要提供由企业根据实际运营情况自行设定。

案例

男子因父亲去世请假8天未获批,强行休假被辞退!

【案情回顾】

陆某系上海某物业公司员工。2020年1月6日,陆某因父亲生病向其主管提交请假单后回老家,请假时间为2020年1月6日至1月13日。次日,陆某因公司未准假而返回,途中得知其父亲去世便再次回家处理丧事。2020年1月14日,陆某返回上海,并于次日起开始上班。

公司《考勤管理细则》规定，员工请事假一天由主管领导审批，连续2天由行政事务部（办公室）审批，连续3天以上（含3天）由公司总裁（总经理）审批；累计旷工3天以上（含3天）者，视为严重违反公司规章制度和劳动纪律，公司有权辞退，提前解除劳动合同并依法不予支付经济补偿。陆某签名确认签收并学习了上述文件。

2020年1月31日，公司向陆某出具《解除劳动合同通知书》，通知内容为：陆某同志，你于2020年1月5日向公司提出1月6日—1月13日的事假申请。根据《公司考勤管理细则》的规定，请事假连续三天以上的，需报集团公司领导审批。但你在未经审批同意的情况下，自1月6日起即擅自离职回安徽老家，直至1月15日才返岗，按照公司考勤管理规定应视为旷工。即使扣除3天丧假，你的旷工天数也已达到累计3天以上（含3天）的标准，是严重违反公司规章制度和劳动纪律的行为，公司有权辞退，提前解除劳动合同并依法不予支付经济补偿。有鉴于此，公司现通知你解除劳动合同关系，你在公司的最后工作日为1月30日，双方劳动关系自1月31日起解除。2020年3月27日，陆某申请仲裁，要求公司支付违法解除劳动合同赔偿金104069.06元。仲裁委经审理，裁决公司支付违法解除劳动合同赔偿金75269.04元。公司不服，提起诉讼。

【一审法院】

公司属罔顾事件背景缘由，机械适用规章制度，严苛施行用工管理，显然不当。一审法院认为，劳动关系具有鲜明的人身依附性和从属性。在劳动合同履行过程中，用人单位对劳动者具有管理的权利，对劳动者违反劳动纪律和规章制度的行为有权进行惩戒。但用人单位行使管理权应遵循合理、限度和善意的原则。解除劳动合同系最严厉的惩戒措施，用人单位尤其应当审慎用之。

本案中，陆某因父去世回老家操办丧事，既是处理突发的家庭事务，亦属尽人子孝道，符合中华民族传统的人伦道德和善良风俗。公司作为用人单位，应给予充分的尊重、理解和宽容。陆某主张其父于2020年1月7日去世，于1月12日火化下葬，并提供了村委会出具的证明予以证明，公司虽不予认可，但并无相反证据予以推翻，一审法院对此予以采信。故，陆某所请1月6日至1月13日的事假在1月7日后性质发生改变，转化为事假丧假并存。扣除3天丧假，陆某实际只请了2天事假。考虑到陆某老家在外地，路途时间亦耗费较多，陆某请事假2天，属合理期间范围。在此情形下，公司不予批准，显然不近人情，亦有违事假制度设立之目的。

1月14日不在请假期间范围，陆某未按时返岗，可认定为旷工，但公司以未经批准即休事假2天及1月14日旷工合计旷工达3天为由解除劳动合同，属罔顾事件背景缘由，机械适用规章制度，严苛施行用工管理，显然不当。另，陆某因其父病危于1月6日早上提交了事假申请，已履行完毕请假手续，公司的主管和小区物业经理已在请假单申请上签字,但迟至当日下午才将陆某的请假申请提交集团公司审批,并于次日才告知陆某请假未获批准,故陆某1月6日的缺勤行为,系因公司未及时行使审批权所致,不应认定为无故旷工。陆某缺勤的期间涉及6个应出勤日,扣除3天丧假,陆某实际只旷工2天,也并未达到公司规章制度所规定的可以解除劳动合同的条件。

故无论从何种角度考量,公司均构成违法解除劳动合同,理应支付赔偿金。经核算,陆某解除劳动关系前12个月的平均工资为3197.5元。一审法院据此并结合陆某工作年限计算违法解除劳动合同赔偿金。仲裁裁决的金额在一审法院核算范围内,陆某未提起诉讼,应视为认可,一审法院予以确认。故,公司应支付陆某违法解除劳动合同赔偿金75269.04元。公司不服,提起上诉。

【二审法院】

回老家为父操办丧事,符合中华民族传统人伦道德和善良风俗,无可厚非,公司亦应以普通善良人的宽容心、同理心加以对待。二审法院认为,在劳动合同履行期间,用人单位及劳动者均负有切实、充分、妥善履行合同的义务。劳动者有自觉维护用人单位劳动秩序,遵守用人单位的规章制度的义务;用人单位管理权的边界和行使方式亦应善意、宽容及合理。

本案中,公司以陆某旷工天数累计达到3天以上(含3天)为由解除双方劳动合同,公司是否系违法解除,应审视陆某是否存在公司主张的相应违纪事实。

对此,本院认为,根据在案证据及查明事实,陆某工作做二休一,2020年1月6日至14日期间,其请假日期为1月6日至13日,其应出勤日期分别为6日、8日、9日、11日、12日、14日。

首先,关于2020年1月6日至13日,陆某于1月6日早上提交了请假手续,其上级主管李建和吴辉予以签字同意,然,其领导迟至下午才报集团公司审批,次日才告知陆某未获批准,故一审认定陆某1月6日缺勤系因公司未及时行使审批权所致,不应认定为旷工,并无不当。1月7日陆某因公司未准假,返回上海途中得知父亲去世便再次回家办理丧事,至此,事假性质发生改变,转化为丧假事假并存,扣除3天丧假,陆某实际事假天数为2天,至于此2天事假是否应获批准,纵观本案,陆某请假,事出有因,其回老家为父亲操办丧事,符合中华民族传统人伦道德和善良风俗,无可厚非,公司亦应以普通善良人的宽容心、同理心加以对待。

至于公司对陆某父亲去世及火化下葬时间存有异议,本院认为,包括陆某老家安徽在内的中国广大农村仍有停灵的丧葬习俗,而相关村委会证明显示的陆某父亲从去世到火化下葬所耗时间尚在合理范围内,尊重民俗,体恤员工的具体困难与不幸亦是用人单位应有之义,故本院对公司之主张不予采纳。

其次,至于 2020 年 1 月 14 日,该日不在陆某请假期间范围内,公司认定该日为旷工,并无不当。

综上,陆某并未达到公司规章制度规定的可解除劳动合同的条件,公司系违法解除。关于陆某解除劳动关系前 12 个月的平均工资及工作年限,一审法院认定正确,本院不再赘述。一审认定公司应支付陆某违法解除劳动合同赔偿金 75269.04 元正确,本院予以维持。二审判决如下:驳回上诉,维持原判。

第三节　工伤管理

在工作中,劳动者难免会发生工伤,工伤与每一个用人单位都有着密切联系,工伤事故处理是否妥当,直接关系到用人单位和劳动者的切身利益。加之劳动者的法律意识越来越强,如果用人单位没有完善的工伤管理制度,待劳动者发生工伤事故后,用人单位将面临承担责任的风险,同时劳动者的合法权益也不能够得到有效的保障。

为避免用人单位因工伤问题引发劳动争议纠纷,提示用人单位完善工伤处理流程,从工伤认定、劳动能力鉴定、职工可享受的工伤待遇等方面,对工伤事故的法律风险进行分析和总结。

一、工伤认定的必要条件有哪些?

工伤争议最大的焦点在于是否构成工伤,以及双方是否存在劳动关系,这也是工伤认定的基础条件。对于工伤认定的必要条件如图 2-1 所示。

图 2-1　工伤认定的必要条件

(一)双方主体

受到事故伤害的必须是与用人单位建立劳动关系的劳动者,且用工主体须是依法注册的法人单位。

如果劳动者与用人单位之间不存在劳动关系,如未毕业大学生与用人单位建立的是劳务关系,则不能认定为工伤;或者与劳动者建立用工关系的不是用人单位而是自然人,也不能被认定为工伤,只能通过其他途径主张权利。

实习生不适用工伤并不意味着"伤了白伤",受害人仍可以人身损害赔偿起诉,后面笔者会详细讲解。

(二)事故原因

劳动者受到伤害非因故意、蓄意造成负伤、致残或者死亡会被认定为工伤。

如果造成伤害事故的主要原因是劳动者的故意或者蓄意,那么无论该伤害程度如何,均不能认定为工伤,如自杀、自残等。虽然在工作单位发生,但因劳动者在主观故意,不能被认定为工伤。

如果劳动者仅为过失,无论是过于自信的过失还是疏忽大意的过失,都有可能被认定为工伤。如果在事故中是因他人受伤,比如在上下班途中遭到抢劫受伤,虽然劳动者并不存在蓄意或者主观故意,但因此事故是因第三人故意造成,也不能被认定为工伤。

(三)因果关系

劳动者所受到的伤害必须与事故存在一定的因果关系,如果伤害事故并未造成劳动者受伤,是劳动者内在原因导致伤害的,也不能认定为工伤。比如劳动者因醉酒或者吸毒导致受伤的,虽然也发生在工作过程中,但不能被认定为工伤。

(四)工作职责

劳动者必须在履行工作职责的过程中受到伤害,即受伤必须在工作过程中,不仅限于在办公室工作时,也包括在因公出差、上下班途中等。如果劳动者在家中发生事故或者因病因受伤或者死亡的,不能被认定为工伤。

二、职工有下列情形应当认定为工伤

"三工"是进行工伤认定的基本条件:即工作时间、工作场所、工作原因。

1. 在工作时间和工作场所内,因工作原因受到事故伤害。

2. 工作时间前后在工作场所内,从事与工作有关的预备性或者收尾性工作受到事故伤害的,重点在于为了工作而进行的预备性或工作后的收尾性工作,比如公司现场招聘已经结束,在离开展厅时受伤,可被认定为工伤。

3. 在工作时间和工作场所内,因履行工作职责受到暴力等意外伤害的,此种情况下必须与履行职责相关,如果因第三方蓄意盗窃或者抢劫或者故意伤害受伤,不能被认定为工伤。

4. 患职业病的。

5. 因工外出期间,由于工作原因受到伤害或者发生事故下落不明的。

6. 在上下班途中,受到非本人主要责任的交通事故或者因城市轨道交通轮船渡运等事故伤害的。需要注意的是,如果受伤劳动者在事故中负主要责任的,不能够被认定为工伤。

7. 职工在单位组织或者代表单位参加运动会或者户外旅行中受伤的。

8. 在工作时间和工作岗位,突发疾病死亡或者在 48 小时之内经抢救无效死亡的,也即在上班时间发生猝死的。需注意在家中发生猝死,虽然可能是因工作导致的,一般也不能认定为工伤。在司法实践中,48 小时的起算时间为医疗机构初次诊断时所记录的时间。

9. 在抢险救灾等维护国家利益、公共利益活动中受到伤害的,第一该伤害不受任何时间和地点的限制;第二必须是为了维护国家和社会利益而负伤、致残或者死亡的,才能被认定为工伤。

10. 职工原在军队服役,因战、因公负伤致残,已取得革命伤残军人证明到用人单位后旧伤复发的。

2011 年 1 月 1 日起施行的《工伤保险条例》

第十四条　职工有下列情形之一的,应当认定为工伤:

(一)在工作时间和工作场所内,因工作原因受到事故伤害的;

(二)工作时间前后在工作场所内,从事与工作有关的预备性或者收尾性工作受到事故伤害的;

(三)在工作时间和工作场所内,因履行工作职责受到暴力等意外伤害的;

(四)患职业病的;

(五)因工外出期间,由于工作原因受到伤害或者发生事故下落不明的;

(六)在上下班途中,受到非本人主要责任的交通事故或者城市轨道交通、客运轮渡、火车事故伤害的;

(七)法律、行政法规规定应当认定为工伤的其他情形。

2014 年 9 月 1 日起施行的《最高人民法院关于审理工伤保险行政案件若干问题的规定》

第四条　社会保险行政部门认定下列情形为工伤的,人民法院应予支持:

1. 职工在工作时间和工作场所内受到伤害,用人单位或者社会保险行政部门没有证据证明是非工作原因导致的;

2. 职工参加用人单位组织或者受用人单位指派参加其他单位组织的活动受到伤害的；

3. 在工作时间内，职工来往于多个与其工作职责相关的工作场所之间的合理区域因工受到伤害的；

4. 其他与履行工作职责相关，在工作时间及合理区域内受到伤害的。

案例

【案情回顾】

谢某是一家机械厂技术员。一天，其回厂里拿东西，正赶上厂里的铸造车间在安装一台新设备；见在场人员忙不过来，便自愿帮助调试；登高操作中不慎从3米高机台摔下，导致腰部严重骨折，治疗期间，经鉴定被认定为九级伤残。

事后，谢某向工厂要求申报工伤，工厂认为，谢某是在双休日自愿帮忙受伤，并非法律规定的在工作时间受伤，不应属于工伤。对此，你怎么看？

【案例解析】

《工伤保险条例》第十四条规定的"工作时间"既包括正常情形下的工作时间，也包括8小时之外的加班工作时间。

该案中，谢某虽然是自愿加班，但其所在公司相关人员并没有加以制止，应视为以默许方式允许并接受了谢某加班参加工作。而且，谢某的自愿行为完全是为了公司工作，应当认定谢某是在工作时间受伤。若是对谢某的受伤不予认定工伤，不仅与《工伤保险条例》的规定相违背，更有失于法律的公平原则。因此，应属于工伤，该公司应积极配合谢某进行工伤认定，并依法给予相应工伤待遇。

三、哪些情形视同为工伤？

根据《工伤保险条例》第十五条的规定，视同工伤的情形有：

(1)在工作时间和工作岗位，突发疾病死亡或者在48小时之内经抢救无效死亡的；

(2)在抢险救灾等维护国家利益、公共利益活动中受到伤害的；

(3)职工原在军队服役，因战、因公负伤致残，已取得革命伤残军人证，到用人单位后旧伤复发的。

四、特殊情况下的工伤，如何区分责任主体？

这里的特殊情况是指职工与两个或两个以上单位建立劳动关系、劳务派遣、外派员工、业务转包、个人挂靠等情形。

根据 2014 年 9 月 1 日《最高人民法院关于审理工伤保险行政案件若干问题的规定》第三条之规定,社会保险行政部门认定下列单位为承担工伤保险责任单位的,人民法院应予支持:

(1)职工与两个或两个以上单位建立劳动关系,工伤事故发生时,职工为之工作的单位为承担工伤保险责任的单位;

(2)劳务派遣单位派遣的职工在用工单位工作期间因工伤亡的,派遣单位为承担工伤保险责任的单位;

(3)单位指派到其他单位工作的职工因工伤亡的,指派单位为承担工伤保险责任的单位;

(4)用工单位违反法律、法规规定将承包业务转包给不具备用工主体资格的组织或者自然人,该组织或者自然人聘用的职工从事承包业务时因工伤亡的,用工单位为承担工伤保险责任的单位;

(5)个人挂靠其他单位对外经营,其聘用的人员因工伤亡的,被挂靠单位为承担工伤保险责任的单位。

前款第(4)(5)项明确承担工伤保险责任的单位承担赔偿责任或者社会保险经办机构从工伤保险基金支付工伤保险待遇后,有权向相关组织、单位和个人追偿。

五、职业病应当认定为工伤吗?

该问题的答案是肯定的。

根据《职业病防治法》的规定,职业病是指企业、事业单位和个体经济组织的劳动者在职业活动中,因接触粉尘、放射性物质和其他有毒、有害物质等因素而引起的疾病。

《工伤保险条例》第十四条规定,患职业病的应当认定为工伤。但是必须符合下列两个条件:一是只有《工伤保险条例》覆盖范围内的用人单位的劳动者患职业病的,才能认定为工伤,才能享受工伤待遇;二是职业病必须是《工伤保险条例》覆盖范围内的用人单位的职工在职业活动中引起的疾病。

如果某人患有职业病目录中规定的某种疾病,但该病不是在职业活动中因接触粉尘、放射性物质和其他有毒、有害物质等因素引起的,而是由于其居住环境周围的有毒物品等原因而引起的,那么他的这种疾病就不属于职业病。其所受到的伤害,应通过其他途径加以解决,而不能按工伤保险的有关规定执行。

按照有关的规定,职业病包括以下十类:尘肺、职业性放射性疾病、职业中毒、物理因素所致职业病、生物因素所致职业病、职业性皮肤病、职业性眼病、职业性耳鼻喉口腔疾病、职业性肿瘤和其他职业病。

六、上下班发生交通事故是否为工伤？

并非只要是上下班途中发生的事故都能算作工伤，要认定为工伤需要满足以下条件：

1. 在合理时间内往返于工作地与住所地、经常居住地、单位宿舍的合理路线的上下班途中。

2. 在合理时间内往返于工作地与配偶、父母、子女居住地的合理路线的上下班途中。

3. 从事属于日常工作生活所需要的活动，且在合理时间和合理路线的上下班途中。

4. 在合理时间内其他合理路线的上下班途中。

5. 需受到机动车交通事故伤害。

如果是自己跌倒，或者是骑自行车被自行车撞倒，这些都不算是机动车交通事故，也不能算作工伤。

6. 交通事故中本人非负主要责任。

这就意味着，认定为工伤，申请工伤的劳动者本人应当是在这次交通事故中不负主责、全责的一方。

案例

【案情回顾】

李某系某公司职工，未婚。2007年6月18日晚，李某上夜班，6月19日凌晨3点多钟下班。李某下班后，先回到单位为其安排的宿舍，因其6月19日白班轮休，单位又口头通知端午节放假半日，遂驾驶摩托车回父母家中（李某户籍所在地）。19日凌晨4点多钟，在路途中，李某驾驶的摩托车与一小货车相撞，李某受重伤。经公安交警部门认定，货车驾驶员承担交通事故全责。

【案例解析】

2007年12月，李某向劳动保障部门申请工伤认定，2008年3月，劳动保障部门认定李某系下班途中遭受车祸，根据《工伤保险条例》第十四条第六项之规定认定李某属于工伤。

李某就职的某公司不服，申请行政复议，认为李某已回到单位为其安排的宿舍，其下班行为已经完成，下班后再回父母家，途中受到的伤害不应是在下班途中发生的伤害，不能认定为工伤。

国务院法制办公室对安徽省政府法制办公室《关于〈工伤保险条例〉第十四条第六项适用问题的请示》的复函（国法秘复函〔2008〕375号）认为：职工李某从单位宿舍至其父母家的情形，属于《工伤保险条例》第十四条第六项规定的"在上下班途中"。

七、下班买菜受伤是否为工伤？

根据《工伤保险条例》的规定，在上下班途中，受到非本人主要责任的交通事故或者城市轨道交通、客运轮渡、火车事故伤害的，属工伤。因此，下班买菜若算工伤，要满足以下三个前提条件。

（一）合理时间

合理时间比较宽泛，就是应当具有正当性。上下班有一个时间区域，可能早一点，可能晚一点，比如下了班以后，还要加一会儿班，或者是等交通的高峰时段过了之后再回家，这些都属于合理时间。

（二）合理路线

1. 上下班途中的"合理线路"的"三个要素"。

一是目的要素，即以上下班为目的；二是时间要素，即上下班时间是否合理；三是空间要素，即往返于工作地和居住地的路线是否合理。

2. 中途绕道是否合理？

具体应当视从绕道的必要性和距离长短，并结合其他因素即绕道的原因而定。对于绕道的原因，有因客观原因而绕道，如突发事件、交通堵塞、天气恶劣等；也有因私事而绕道等多种情形。因客观原因绕道的，原则上要认定为"上下班途中"；而因私事而绕道的，也不能"一刀切"。例如，职工在上下班途中从事属于日常工作生活所必需的活动，且在合理时间内未改变以上下班为目的的合理路线的途中，如接送孩子上学、去菜市场买菜等绕道，应当视为"上下班途中"；下班后朋友聚会、前往非单位指派的夜校自发学习等情形，原则上不宜认定为"上下班途中"。

（三）非本人主要责任

非本人主要责任包括次要责任和同等责任。在"上下班途中"受到交通事故伤害应及时报警，分清事故中的责任。申请工伤认定时需提供交通警察部门的交通事故责任认定书，或法院生效裁判文书以明确责任划分。

而在上下班途中，自行摔伤、扭伤或受到暴力伤害等均不符合《工伤保险条例》认定工伤的情形。非本人主要责任的交通事故，必须要有交警部门出具的交通事故责任认定书来确定个人是否要负主要责任。

如因各种原因致使交通事故责任认定书无法出具的,劳动部门一般会依据《工伤保险条例》第二十条"做出工伤认定决定需要以司法机关或者有关行政主管部门的结论为依据的,在司法机关或者有关行政主管部门尚未做出结论期间,做出工伤认定决定的时限中止"之规定,中止该工伤认定申请,直到交警部门出具交通事故责任认定书后,再恢复认定。

　　2014 年 9 月 1 日起施行的《最高人民法院关于审理工伤保险行政案件若干问题的规定》

　　第六条　对社会保险行政部门认定下列情形为"上下班途中"的,人民法院应予支持:

　　(一)在合理时间内往返于工作地与住所地、经常居住地、单位宿舍的合理路线的上下班途中;

　　(二)在合理时间内往返于工作地与配偶、父母、子女居住地的合理路线的上下班途中;

　　(三)从事属于日常工作生活所需要的活动,且在合理时间和合理路线的上下班途中;

　　(四)在合理时间内其他合理路线的上下班途中。

案例

职工违反企业内部规定,在下班途中受到机动车伤害能否认定为工伤?

【案情回顾】

　　某公司规章制度规定:"为保证员工人身安全,夜班员工下班后必须在职工宿舍住宿,待早上 7 点天亮后方可回家。违反者,后果自负。"

　　6 日零时许,员工小胖明知公司有上述规定仍在下夜班后回家,路上被大货车撞死,该案件中员工违反企业内部规定能否认定为工伤?

【案例解析】

　　国务院法制办对《关于职工违反企业内部规定在下班途中受到机动车伤害能否认定为工伤的请示》的复函(国法秘函〔2005〕315 号)中认为:职工所受伤害只要符合《工伤保险条例》第十四条第(六)项规定的"上下班途中,受到机动车事故伤害的"规定,就应当认定为工伤。

八、职工因公外出期间死亡是否为工伤？

(一)职工因公外出期间,发生事故下落不明的

发生事故下落不明是指因遭受安全事故、意外事故或者自然灾害等各种形式的事故而失去任何音讯的情形。

在这种情形下,职工虽处于生死不确定的状态,但本着充分保护职工合法权益的基本精神,《工伤保险条例》规定,只要是在因工外出期间发生事故造成职工下落不明的,就应该认定为工伤,其工伤认定不以宣告失踪为要件。

(二)职工因公外出期间,死因不明的

最高人民法院〔2010〕行他字第 236 号文件规定,职工因公外出期间死因不明,用人单位或者社会保障部门提供的证据不能排除非工作原因导致死亡的,应当依据《工伤保险条例》第十四条第(五)项和第十九条第二款的规定,认定为工伤。

2014 年 9 月 1 日起施行的《最高人民法院关于审理工伤保险行政案件若干问题的规定》

第五条　社会保险行政部门认定下列情形为"因工外出期间"的,人民法院应予支持:

(一)职工受用人单位指派或者因工作需要在工作场所以外从事与工作职责有关的活动期间;

(二)职工受用人单位指派外出学习或者开会期间;

(三)职工因工作需要的其他外出活动期间。

职工因工外出期间从事与工作或者受用人单位指派外出学习、开会无关的个人活动受到伤害,社会保险行政部门不认定为工伤的,人民法院应予支持。

案例

【案情回顾】

双鑫公司文峪矿区采矿四车间 1222 坑口系河南省灵宝市鑫茂矿业有限责任公司(以下简称鑫茂公司)承包的劳务坑口,原告鑫茂公司将该坑口的部分采掘工程发包给案外人王某跃。2008 年 11 月,被告王某章受雇于王某跃,从事井下通风、电工、安全员工作,并与王某跃约定其工资由王某跃支付。

2014 年 6 月 3 日,王某章向河南省灵宝市劳动人事争议仲裁委员会申请仲裁,请求确认其与鑫茂公司之间存在劳动关系,并给予工伤保险待遇。灵宝劳动争议仲

裁委裁决王某章与鑫茂公司之间自 2008 年 11 月起存在劳动关系。鑫茂公司不服该裁决,向河南省灵宝市人民法院提起诉讼,请求确认其与王某章之间不存在劳动关系。

【裁判结果】

灵宝市人民法院经审理后判决原告鑫茂公司与被告王某章之间不存在劳动关系。王某章不服判决,提起上诉。

河南省三门峡市中级人民法院经审理认为:

1. 鑫茂公司将采掘工程发包给案外人王某跃,王某章的招用、报酬发放、劳动管理均不由鑫茂公司决定,鑫茂公司与王某章之间不存在构成劳动关系的实质要件。

2.《最高人民法院关于审理工伤保险行政案件若干问题的规定》(以下简称《规定》)第三条第一款第(四)项规定,用工单位为承担工伤保险责任的单位,主要是从有利于职工的角度出发,不以是否存在真实劳动关系为前提,这是对国务院《工伤保险条例》中将劳动关系作为工伤认定前提的一般规定之外的特殊情形处理,并不能由此认定王某章与鑫茂公司之间存在劳动关系。遂判决驳回上诉,维持原判。

【案例解析】

2013 年 4 月 25 日,人力资源社会保障部《关于执行〈工伤保险条例〉若干问题的意见》(以下简称《人社部意见》)第七条及 2014 年 9 月 1 日生效的《规定》第三条第一款第(四)(五)项规定,存在转包关系和挂靠关系的情况下发生工伤事故时,承担工伤保险责任的单位分别为具备用工主体资格发包单位和被挂靠单位。有意见认为,既然已经规定承担工伤保险责任的单位分别为具备用工主体资格发包单位和被挂靠单位,按照《工伤保险条例》第十八条第一款第(二)项之规定,提出工伤认定申请应当提交与用人单位存在劳动关系(包括事实劳动关系)的证明材料,故应当确认劳动者与发包单位或挂靠单位之间形成事实劳动关系劳动者,以方便劳动者进行工伤认定。

是否存在劳动关系应从双方是否存在劳动关系所具备的实质要件进行分析,由于此类案件不存在构成劳动关系的实质要件,故对确认劳动关系的诉讼请求不予支持。并建议社会保险行政部门不再把确认劳动关系作为此类案件的必要前置条件。理由如下:

1. 在转包关系和挂靠关系下,劳动者的招用、报酬发放、具体工作内容、解雇均不由发包单位或被挂靠单位决定,劳动者与发包单位或被挂靠单位并不存在真实的劳动关系,2011 年最高人民法院《全国民事审判工作会议纪要》第 59 条规定:"建设单位将工程发包给承包人,承包人又非法转包或者违法分包给实际施工人,实际施工人招用的劳动者请求确认与具有用工主体资格的发包人之间存在劳动关系的,不予支持。"民事审判实践中对于此类案件不予确认劳动关系已经形成共识。《人社部意见》第七条、《规定》第三条第一款第(四)(五)项规定发包单位或被挂靠单位为承担工伤保险责任单位,主要是从有利于职工的角度出发,不以是否存在真实劳动关系为前提,这是对工伤保险条例将劳动关系作为工伤认定前提的一般规定之外的特殊情形处理。承担工伤保险责任的单位并非必然与劳动者具有劳动关系,不能将承担工伤保险责任单位推定为劳动关系中的用人单位。

2.《规定》第三条第二款明确了承担工伤保险责任的单位承担赔偿责任或者社会保险经办机构从工伤保险基金支付工伤保险待遇后,有权向相关组织、单位和个人追偿。若确认劳动者与用工单位和挂靠单位存在劳动关系,则排除了劳动者与实际雇主的雇佣关系,追偿权则无从谈起。

3. 劳动关系中劳动者权利包含范围较广,除工伤待遇外,还包括同工同酬、休息权、用工单位为其缴纳各种社会保险等各种权利,而《规定》仅仅规定了用工单位和被挂靠单位承担工伤保险责任,并未规定用工单位和被挂靠单位承担其他责任。若确认用工单位和被挂靠单位与工伤劳动者存在劳动关系,则劳动者提出同工同酬、补交社会保险费用等诉讼请求同样成立。

4. 另根据同案同判的原则,同单位未受工伤的其他劳动者亦有可能要求确认劳动关系并享受同工同酬、补交社会保险费用等权利,由此带来的连锁反应对当前的经济秩序会造成严重冲击。

5. 由于发包方和被挂靠单位对是否存在劳动关系争议较大,将劳动关系作为工伤认定的前置条件,劳动者一般都要经历劳动关系确认之诉和工伤待遇认定之诉,案件基本上都经历了两次从仲裁到二审的长期诉讼过程,给劳动者及用人单位均带来诉累,也浪费了司法资源。

九、职工发生哪些情形,将不享受工伤保险待遇?

(一)职工若发生以下情形之一,不享受工伤保险待遇

(1)职工故意犯罪的;

(2)酗酒或者吸毒的;

(3)自残或者自杀的。

(二)工伤职工有下列情形之一的,停止享受工伤保险待遇

1. 丧失享受待遇条件的:如果工伤职工在享受工伤保险待遇期间情况发生了变化,不再具备享受工伤保险待遇的条件,如劳动能力得以完全恢复而无须工伤保险

制度提供保障时,就应当停止享受工伤保险待遇。

2. 拒不接受劳动能力鉴定的:劳动能力鉴定是工伤保险管理工作中的一个重要环节,是确定工伤保险待遇的基础和前提条件。如果工伤职工没有正当理由拒不接受劳动能力鉴定,一方面工伤保险待遇无法确定;另一方面也表明工伤职工并不愿意接受工伤保险制度提供的帮助,就不应当再享受工伤保险待遇。

3. 拒绝治疗的:职工遭受事故伤害或患职业病后,有享受工伤医疗待遇的权利,也有积极配合医疗救治的义务。职工应当积极配合治疗,尽可能地恢复劳动能力,提高自己的生活质量,而不是一味消极地依靠社会救助。

2011年1月1日起施行的《工伤保险条例》

第十六条　职工符合本条例第十四条、第十五条的规定,但是有下列情形之一的,不得认定为工伤或者视同工伤:

(一)故意犯罪的;

(二)醉酒或者吸毒的;

(三)自残或者自杀的。

第四十二条　工伤职工有下列情形之一的,停止享受工伤保险待遇:

(一)丧失享受待遇条件的;

(二)拒不接受劳动能力鉴定的;

(三)拒绝治疗的。

一点通

无责任补偿是《工伤保险条例》的基本原则之一,当职工发生工伤并且因严重违反用人单位规章制度被解除劳动合同时,是可以享受工伤保险待遇的。

案例

【案情回顾】

某机械加工厂的钳工王某,前几天在上班时自制一枚铁件,想用于修理自家防盗门。在锉削铁件过程中,金属粉末不慎进入右眼,虽经及时住院治疗,但终因眼部感染,右眼视力受损降至0.2左右。

事后王某要求工伤保险待遇,经政府工伤保险部门调查核实,认为王某虽在工作期间受伤,但因为从事与本岗位无关的工作造成损害,不应认定为工伤,驳回了王某的工伤认定申请。王某不服准备提起行政复议维权。

请问,王某是否应被认定为工伤?

【案例解析】

工人在上班期间从事与工作无关的工作而致伤,是否应认定为工伤的问题不能一概而论。

综合我国《工伤保险条例》第十四条、十五条及其他法律规定,可分为如下三种情况:

第一,如果工人在上班期间从事与工作无关的工作,但系单位指派的,其在从事该工作过程中受伤,应该认定为工伤。

第二,虽然工人在上班期间从事与工作无关的工作,若不是单位指派的,但其是为单位利益而工作,单位知道或者应当知道而未予制止的,应认定为工伤。

第三,工人在上班期间从事与工作无关的工作,单位没有指派也无法知道的,不应认定为工伤。因此,王某的工伤认定申请很难得到法律支持。

十、发生工伤后,应如何进行工伤处理?

工伤处理流程包括两个方面:申请工伤认定和劳动能力鉴定。

(一)申请工伤认定的流程

发生事故→单位于 30 日内,员工或其近亲属、工会组织于 1 年内申请工伤认定→社保部门于 15 日内要求补全材料→补全后于 15 日内决定是否受理→于 60 日内(事实清楚权利义务明确的 15 日内)作出工伤认定结论→如不服提出行政复议(或直接诉讼)→对复议结论不服的可提起行政诉讼(图 2-2～图 2-4)。

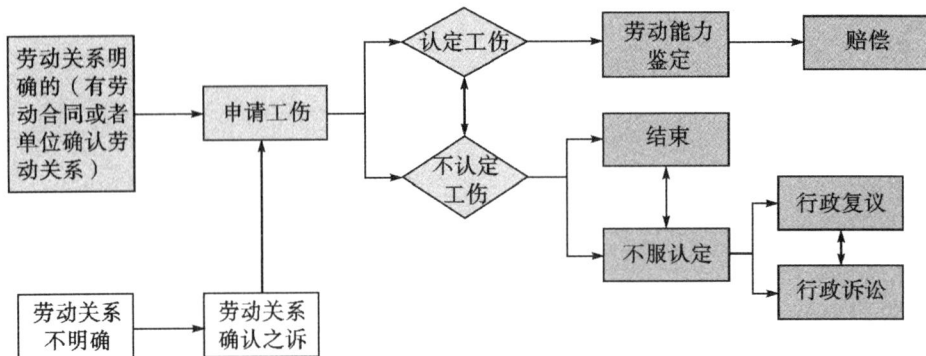

图 2-2　申请工伤认定

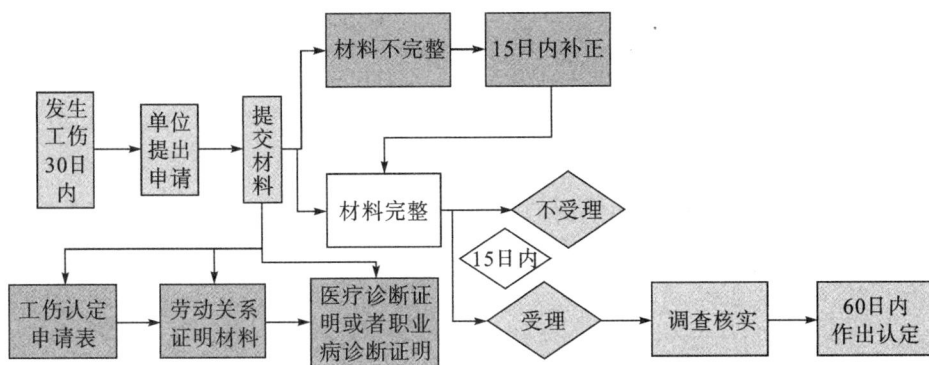

图 2-3　工伤认定程序——用人单位同意申请工伤

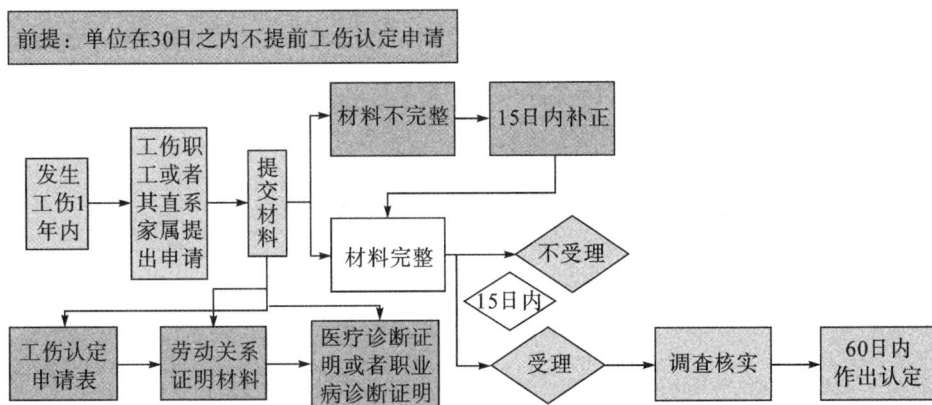

图 2-4　工伤认定程序——用人单位不同意申请

(二)劳动能力鉴定

职工发生工伤,经治疗伤情相对稳定后存在残疾、影响劳动能力的,应当进行劳动能力鉴定。劳动能力鉴定是指劳动功能障碍程度和生活自理障碍程度的等级鉴定。劳动功能障碍分为十个伤残等级,最重的为一级,最轻的为十级。生活自理障碍分为三个等级:生活完全不能自理、生活大部分不能自理和生活部分不能自理。

劳动行政部门接到工伤报告和申请后,一般会在 7 日内,特殊情况下延至 30 日内,作出是否认定工伤的结论,认定工伤以书面形式通知。

劳动能力鉴定标准由国务院社会保险行政部门会同国务院卫生行政部门等部门制定。劳动能力鉴定由用人单位、工伤职工或者其近亲属向设区的市级劳动能力鉴定委员会提出申请,并提供工伤认定决定和职工工伤医疗的有关资料。

调查取证材料要包括职工申请并对有关问题进行核实；医院或医疗机构治疗工伤和职业病的诊断书及有关资料；企业的工伤报告和现场调查情况。社会保险行政部门应当自受理工伤认定申请之日起60日内作出工伤认定的决定，并书面通知申请工伤认定的职工或者其近亲属和该职工所在单位。社会保险行政部门对受理的事实清楚、权利义务明确的工伤认定申请，应当在15日内作出工伤认定的决定。

> **2011年1月1日起施行的《工伤保险条例》**
>
> 第十七条　职工发生事故伤害或者按照职业病防治法规定被诊断、鉴定为职业病，所在单位应当自事故伤害发生之日或者被诊断、鉴定为职业病之日起30日内，向统筹地区社会保险行政部门提出工伤认定申请。遇有特殊情况，经报社会保险行政部门同意，申请时限可以适当延长。
>
> 用人单位未按前款规定提出工伤认定申请的，工伤职工或者其近亲属、工会组织在事故伤害发生之日或者被诊断、鉴定为职业病之日起1年内，可以直接向用人单位所在地统筹地区社会保险行政部门提出工伤认定申请。
>
> 按照本条第一款规定应当由省级社会保险行政部门进行工伤认定的事项，根据属地原则由用人单位所在地的设区的市级社会保险行政部门办理。
>
> 用人单位未在本条第一款规定的时限内提交工伤认定申请，在此期间发生符合本条例规定的工伤待遇等有关费用由该用人单位负担。
>
> 第十八条　提出工伤认定申请应当提交下列材料：
>
> （一）工伤认定申请表；
>
> （二）与用人单位存在劳动关系（包括事实劳动关系）的证明材料；
>
> （三）医疗诊断证明或者职业病诊断证明书（或者职业病诊断鉴定书）。
>
> 工伤认定申请表应当包括事故发生的时间、地点、原因以及职工伤害程度等基本情况。
>
> 工伤认定申请人提供材料不完整的，社会保险行政部门应当一次性书面告知工伤认定申请人需要补正的全部材料。申请人按照书面告知要求补正材料后，社会保险行政部门应当受理。
>
> **2011年1月1日起施行的《工伤认定办法》**
>
> 第五条　用人单位未在规定的时限内提出工伤认定申请的，受伤害职工或者其近亲属、工会组织在事故伤害发生之日或者被诊断、鉴定为职业病之日起1年内，可以直接按照本办法第四条规定提出工伤认定申请。

第六条　提出工伤认定申请应当填写《工伤认定申请表》，并提交下列材料：

（一）劳动、聘用合同文本复印件或者与用人单位存在劳动关系（包括事实劳动关系）、人事关系的其他证明材料；

（二）医疗机构出具的受伤后诊断证明书或者职业病诊断证明书（或者职业病诊断鉴定书）。

第七条　工伤认定申请人提交的申请材料符合要求，属于社会保险行政部门管辖范围且在受理时限内的，社会保险行政部门应当受理。

第八条　社会保险行政部门收到工伤认定申请后，应当在15日内对申请人提交的材料进行审核，材料完整的，作出受理或者不予受理的决定；材料不完整的，应当以书面形式一次性告知申请人需要补正的全部材料。社会保险行政部门收到申请人提交的全部补正材料后，应当在15日内作出受理或者不予受理的决定。

社会保险行政部门决定受理的，应当出具《工伤认定申请受理决定书》；决定不予受理的，应当出具《工伤认定申请不予受理决定书》。

第九条　社会保险行政部门受理工伤认定申请后，可以根据需要对申请人提供的证据进行调查核实。

第十条　社会保险行政部门进行调查核实，应当由两名以上工作人员共同进行，并出示执行公务的证件。

第十一条　社会保险行政部门工作人员在工伤认定中，可以进行以下调查核实工作：

（一）根据工作需要，进入有关单位和事故现场；

（二）依法查阅与工伤认定有关的资料，询问有关人员并作出调查笔录；

（三）记录、录音、录像和复制与工伤认定有关的资料。调查核实工作的证据收集参照行政诉讼证据收集的有关规定执行。

第十七条　职工或者其近亲属认为是工伤，用人单位不认为是工伤的，由该用人单位承担举证责任。用人单位拒不举证的，社会保险行政部门可以根据受伤害职工提供的证据或者调查取得的证据，依法作出工伤认定决定。

第十八条　社会保险行政部门应当自受理工伤认定申请之日起60日内作出工伤认定决定，出具《认定工伤决定书》或者《不予认定工伤决定书》。

第十九条　《认定工伤决定书》应当载明下列事项：

（一）用人单位全称；

（二）职工的姓名、性别、年龄、职业、身份证号码；

（三）受伤害部位、事故时间和诊断时间或职业病名称、受伤害经过和核实情况、医疗救治的基本情况和诊断结论；

（四）认定工伤或者视同工伤的依据；

（五）不服认定决定申请行政复议或者提起行政诉讼的部门和时限；

（六）作出认定工伤或者视同工伤决定的时间。

《不予认定工伤决定书》应当载明下列事项：

（一）用人单位全称；

（二）职工的姓名、性别、年龄、职业、身份证号码；

（三）不予认定工伤或者不视同工伤的依据；

（四）不服认定决定申请行政复议或者提起行政诉讼的部门和时限；

（五）作出不予认定工伤或者不视同工伤决定的时间。

《认定工伤决定书》和《不予认定工伤决定书》应当加盖社会保险行政部门工伤认定专用印章。

2014年9月1日起施行的《最高人民法院关于审理工伤保险行政案件若干问题的规定》

第七条　由于不属于职工或者其近亲属自身原因超过工伤认定申请期限的，被耽误的时间不计算在工伤认定申请期限内。

有下列情形之一耽误申请时间的，应当认定为不属于职工或者其近亲属自身原因：

（一）不可抗力；

（二）人身自由受到限制；

（三）属于用人单位原因；

（四）社会保险行政部门登记制度不完善；

（五）当事人对是否存在劳动关系申请仲裁、提起民事诉讼。

案例

无劳动合同的工伤赔偿案例

【案情回顾】

徐某是某管业公司的职工，其与公司一直没有签订书面劳动合同，某管业公司也没有依法给徐某缴纳工伤保险，但公司按时将每月2700元左右的工资发到他手上。2013年8月25日,徐某在某管业公司铸造车间工作时,被铁水溅入双眼受伤,同日入住中国人民解放军第八十九医院治疗,诊断为角结膜热烧伤,共住院52天;后又于2013年10月16日入住潍坊医学院附属医院治疗,诊断为角膜烧伤、睑球粘连、角膜变性,共住院19天;徐某又于2014年4月30日入住潍坊眼科医院治疗,诊断为睑球粘连(左)、陈旧性热烧伤(左),共住院78天。

2014年7月28日,徐某向潍坊经济开发区劳动人事局提出工伤认定申请。该局受理后,作出潍经劳工伤认字〔2014〕15025号认定工伤决定书,认为徐某受到的事故伤害符合《工伤保险条例》第十四条第(一)项之规定,属于工伤认定范围,予以认定为工伤。2014年12月5日,潍坊市劳动能力鉴定委员会作出潍劳鉴定〔2014〕第14110611号鉴定结论通知书,确认徐某劳动功能障碍程度为柒级,生活自理障碍程度为无生活自理障碍。

【案例解析】

在现实生活中,不少用人单位从节约用工成本角度出发,不给劳动者缴纳工伤保险,导致职工无法享受工伤保险待遇,但这不影响职工的工伤保险权益,工伤职工产生的符合规定的费用由用人单位支付。

在此提醒用人单位,工伤保险属于应由用人单位缴纳的社会保险,可能在一定程度上增加用人单位的用工成本,但同时降低了用人单位的用工风险,进而减少因工伤赔偿责任给企业带来的经济损失,用人单位应按法律规定为劳动者缴纳工伤保险,若未缴纳,一旦劳动者构成工伤,用人单位需按法律规定向劳动者支付工伤保险待遇。

十一、工伤保险待遇有哪些?

工伤保险待遇包括工伤医疗待遇、伤残待遇、工亡待遇这三个方面,至于非法用工的问题,后面会有讲解。

(一)工伤医疗待遇

1. 医疗费用。

根据《工伤保险条例》第三十条规定,职工因工作遭受事故伤害或者患职业病进行治疗,享受工伤医疗待遇。

职工治疗工伤应当在签订服务协议的医疗机构就医,情况紧急时可以先到就近的医疗机构急救。

治疗工伤所需费用符合工伤保险诊疗项目目录、工伤保险药品目录、工伤保险住院服务标准的,从工伤保险基金支付。工伤保险诊疗项目目录、工伤保险药品目录、工伤保险住院服务标准,由国务院社会保险行政部门会同国务院卫生行政部门、食品药品监督管理部门等部门规定。

职工住院治疗工伤的伙食补助费,以及经医疗机构出具证明,报经办机构同意,工伤职工到统筹地区以外就医所需的交通、食宿费用从工伤保险基金支付,基金支付的具体标准由统筹地区人民政府规定。

工伤职工治疗非工伤引发的疾病,不享受工伤医疗待遇,按照基本医疗保险办法处理。工伤职工到签订服务协议的医疗机构进行工伤康复的费用,符合规定的,从工伤保险基金支付。

2. 停工留薪期及待遇支付。

职工因工作遭受事故伤害或者患职业病需要暂停工作接受工伤医疗的,在停工留薪期内,原工资福利待遇不变,由所在单位按月支付。

停工留薪期一般不超过 12 个月。伤情严重或者情况特殊的,经设区的市级劳动能力鉴定委员会确认,可以适当延长,但延长不得超过 12 个月。工伤职工评定伤残等级后,停发原待遇,按照国家的有关规定享受伤残待遇。工伤职工在停工留薪期满后仍需治疗的,继续享受工伤医疗待遇。

生活不能自理的工伤职工在停工留薪期需要护理的,由所在单位负责。

3. 辅助器具费。

必须安装假肢、矫形器、假眼、假牙和配置轮椅等辅助器具的,经市劳动能力鉴定委员会确认,所需费用按照国家规定的标准从工伤保险基金按月支付。

(二)伤残待遇

1. 生活护理费。

工伤职工已经评定伤残等级并经劳动能力鉴定委员会确认需要生活护理的,从工伤保险基金按月支付生活护理费。

生活护理费按照生活完全不能自理、生活大部分不能自理或者生活部分不能自理 3 个不同等级支付,其标准分别为统筹地区上年度职工月平均工资的 50%、40% 或者 30%。

2. 伤残等级。

具体详见国家的《工伤保险条例》和各省市的规定(表 2-4)。

表 2-4　《山东省贯彻〈工伤保险条例〉实施办法》

严重程度	伤残级别	劳动关系	一次性伤残补助金（工伤保险基金）	一次性工伤医疗补助金（工伤保险基金）	一次性伤残就业补助金（单位）	伤残津贴（按月支付）
由高到低	一级	保留劳动关系，退出工作岗位	27 个月			90％（工伤付）
	二级		25 个月			85％（工伤付）
	三级		23 个月			80％（工伤付）
	四级		21 个月			75％（工伤付）
	五级	保留关系，安排适当工作	18 个月	22 个月（解除劳动关系）	36 个月	70％（单位不能安排工作）
	六级					
	七级		16 个月	18 个月（解除劳动关系）	30 个月	60％（单位不能安排工作）
	八级					
	九级	正常工作	13 个月	13 个月	20 个月	
	十级		11 个月	10 个月	16 个月	
			9 个月	7 个月	12 个月	
			7 个月	4 个月	8 个月	

1. 工资是指工伤职工负伤或者患职业病前 12 个月的平均缴费工资。

2. 工伤职工达到退休年龄并办理退休手续后，停发伤残津贴，按照国家有关规定享受基本养老保险待遇

（三）工亡待遇

职工因工死亡，其近亲属按照下列规定从工伤保险基金领取丧葬补助金、供养亲属抚恤金和一次性工亡补助金。

1. 丧葬补助金为 6 个月的统筹地区上年度职工月平均工资。

2. 供养亲属抚恤金按照职工本人工资的一定比例发给由因工死亡职工生前提供主要生活来源、无劳动能力的亲属。其标准为配偶每月 40％，其他亲属每人每月 30％，孤寡老人或者孤儿每人每月在上述标准的基础上增加 10％。核定的各供养亲属的抚恤金之和不应高于因工死亡职工生前的工资。供养亲属的具体范围由国务院社会保险行政部门规定。

3. 一次性工亡补助金标准为上一年度全国城镇居民人均可支配收入的 20 倍。

伤残职工在停工留薪期内因工伤导致死亡的，其近亲属享受本条第一款规定的待遇。一级至四级伤残职工在停工留薪期满后死亡的，其近亲属可以享受本条第一

款第(一)项、第(二)项规定的待遇。

2011年1月1日起施行的《工伤保险条例》

第三十四条　工伤职工已经评定伤残等级并经劳动能力鉴定委员会确认需要生活护理的,从工伤保险基金按月支付生活护理费。

生活护理费按照生活完全不能自理、生活大部分不能自理或者生活部分不能自理3个不同等级支付,其标准分别为统筹地区上年度职工月平均工资的50%、40%或者30%。

第三十五条　职工因工致残被鉴定为一级至四级伤残的,保留劳动关系,退出工作岗位,享受以下待遇:

(一)从工伤保险基金按伤残等级支付一次性伤残补助金,标准为:一级伤残为27个月的本人工资,二级伤残为25个月的本人工资,三级伤残为23个月的本人工资,四级伤残为21个月的本人工资;

(二)从工伤保险基金按月支付伤残津贴,标准为:一级伤残为本人工资的90%,二级伤残为本人工资的85%,三级伤残为本人工资的80%,四级伤残为本人工资的75%。伤残津贴实际金额低于当地最低工资标准的,由工伤保险基金补足差额;

(三)工伤职工达到退休年龄并办理退休手续后,停发伤残津贴,按照国家有关规定享受基本养老保险待遇。基本养老保险待遇低于伤残津贴的,由工伤保险基金补足差额。

职工因工致残被鉴定为一级至四级伤残的,由用人单位和职工个人以伤残津贴为基数,缴纳基本医疗保险费。

第三十六条　职工因工致残被鉴定为五级、六级伤残的,享受以下待遇:

(一)从工伤保险基金按伤残等级支付一次性伤残补助金,标准为:五级伤残为18个月的本人工资,六级伤残为16个月的本人工资;

(二)保留与用人单位的劳动关系,由用人单位安排适当工作。难以安排工作的,由用人单位按月发给伤残津贴,标准为:五级伤残为本人工资的70%,六级伤残为本人工资的60%,并由用人单位按照规定为其缴纳应缴纳的各项社会保险费。伤残津贴实际金额低于当地最低工资标准的,由用人单位补足差额。

经工伤职工本人提出,该职工可以与用人单位解除或者终止劳动关系,由工伤保险基金支付一次性工伤医疗补助金,由用人单位支付一次性伤残就业补助金。一次性工伤医疗补助金和一次性伤残就业补助金的具体标准由省、自治区、直辖市人民政府规定。

第三十七条　职工因工致残被鉴定为七级至十级伤残的,享受以下待遇:

(一)从工伤保险基金按伤残等级支付一次性伤残补助金,标准为:七级伤残为 13 个月的本人工资,八级伤残为 11 个月的本人工资,九级伤残为 9 个月的本人工资,十级伤残为 7 个月的本人工资;

(二)劳动、聘用合同期满终止,或者职工本人提出解除劳动、聘用合同的,由工伤保险基金支付一次性工伤医疗补助金,由用人单位支付一次性伤残就业补助金。一次性工伤医疗补助金和一次性伤残就业补助金的具体标准由省、自治区、直辖市人民政府规定。

十二、如何理解"48 小时生死线"

(一)视同工伤中的 48 小时生死线

根据劳动和社会保障部的解释,"48 小时"的起算时间,以医疗机构的初次诊断时间作为突发疾病的起算时间。

(二)一次性工亡补助金

一次性工亡补助金是指在职工因工死亡的情况下,按照规定的标准,从工伤保险基金中对其直系亲属支付的一次性赔偿;一次性工亡补助金标准为上一年度全国城镇居民人均可支配收入的 20 倍。

2020 年 1 月 17 日上午,国家统计局发布 2019 年居民收入和消费支出情况。居民收入情况方面,2019 年,全国居民人均可支配收入为 30733 元,比上年名义增长 8.9%,扣除价格因素,实际增长 5.8%。其中,城镇居民人均可支配收入为 42359 元,增长(以下如无特别说明,均为同比名义增长)7.9%,扣除价格因素,实际增长 5.0%;农村居民人均可支配收入为 16021 元,增长 9.6%,扣除价格因素,实际增长 6.2%。而这个数据,直接影响工亡待遇。

根据《工伤保险条例》的规定,职工工伤死亡赔偿的标准共有三个:

1. 丧葬补助金:6 个月的上年度本地区职工月平均工资。

2. 供养亲属抚恤金:配偶每月 40%,其他亲属每人每月 30%,孤寡老人或者孤儿每人每月在上述标准的基础上增加 10%。各供养亲属的抚恤金之和不应高于因工死亡职工生前的工资。

3. 一次性工亡补助金:上一年度全国城镇居民人均可支配收入的 20 倍。

因此,根据国家统计局公布的最新数据,2020 年度一次性工亡补助金标准调整为 42359 元×20＝847180 元。

因此,如果超过 48 小时死亡,则属非因工死亡。

2011 年 1 月 1 日起施行的《工伤保险条例》

第十五条   职工有下列情形之一的,视同工伤:

(一)在工作时间和工作岗位,突发疾病死亡或者在 48 小时之内经抢救无效死亡的;

(二)在抢险救灾等维护国家利益、公共利益活动中受到伤害的;

(三)职工原在军队服役,因战、因公负伤致残,已取得革命伤残军人证,到用人单位后旧伤复发的。

职工有前款第(一)项、第(二)项情形的,按照本条例的有关规定享受工伤保险待遇;职工有前款第(三)项情形的,按照本条例的有关规定享受除一次性伤残补助金以外的工伤保险待遇。

案 例

工伤赔偿额过低,"私了"协议无效,职工告单位打赢官司

【案情回顾】

2008 年 9 月 27 日,侯某上班途中在单位某公司门口受伤,后被送往莱西市人民医院住院治疗。2009 年 2 月,侯某向莱西市劳动和社会保障局提出工伤认定申请,2009 年 2 月 28 日,莱西市劳动和社会保障局作出工伤认定决定书,认定侯某之伤为工伤。

2009 年 8 月 4 日,青岛市劳动能力鉴定委员会鉴定侯某之伤构成八级伤残。后该公司对该鉴定结论不服,向山东省劳动能力鉴定委员会提出鉴定申请。2010 年 7 月 28 日,山东省劳动能力鉴定委员会作出鉴定结论,认定侯某之伤构成八级伤残。

2009 年 11 月 30 日,侯某向莱西市劳动人事争议仲裁委员会提出仲裁申请,请求该公司支付停工留薪期工资 21028 元、一次性伤残补助金 23790 元、一次性工伤医疗补助金 33306 元、一次性伤残就业补助金 47580 元、护理费 6060 元、鉴定费 200 元、伙食补助费 3870 元、经济补偿金 14274 元。

仲裁期间,侯某与该公司于 2010 年 3 月 25 日自行达成调解协议,该协议约定,双方于 2008 年 12 月终止劳动关系,该公司于 2010 年 3 月 25 日一次性支付侯某工伤待遇(住院伙食补助费、护理费、停工留薪期工资、一次性伤残补助金、一次性工伤医疗补助金、伤残就业补助金等)赔偿款共计 2 万元,其余权利及请求,侯某予以放弃。后侯某又申请仲裁,要求该公司给付相关工伤待遇。该公司基于上述协议,主

张其不应再承担侯某的工伤待遇。

【裁判结果】

法院经审理认为,工伤保险制度是国家为保障劳动者在因工或职业病或与从事与工作有关的活动及行为时,因人身受到伤害导致暂时或永久失去劳动能力或因工死亡,因此导致本人和家庭收入中断时的基本生活需要和治疗需要以及相应赔偿而设立的社会保障制度,是整个社会保障体系中一个最基本的内容。

该制度的设立,既充分体现了我国社会保障制度的优越性,也为构建和谐社会提供了有力支持。侯某作为工伤职工,其所享受的相关工伤待遇是其本人及其家庭以后生活的重要保障。该公司作为用人单位,及时、足额给付侯某相关工伤待遇系其法定义务,该义务系强制性民事义务,非经法定程序及法定事由不得免除。

据此,法院认为涉案调解协议存在以下不当之处,不能作为该公司免除其法定义务的理由。

1. 该调解协议签订时,因该公司对青岛市劳动能力鉴定委员会作出的鉴定结论不服,向山东省劳动能力鉴定委员会提出重新鉴定申请,侯某的伤残等级鉴定结论尚未最终作出。此时,侯某尚不清楚其伤残等级程度从而无法正确判断其工伤待遇。在此情况下,该公司利用其优势地位,与侯某签订调解协议,故不能认定该协议系侯某本人的真实意思表示。

2. 该公司通过调解仅给付侯某2万元,数额仅为侯某法定应得工伤待遇76742.4元的26%,数额明显过低,故调解协议的内容显失公平。

3. 调解协议约定双方于2008年12月终止劳动关系,此时侯某应享受的停工留薪期尚未结束,故该协议内容显然违反《中华人民共和国劳动合同法》第四十二条及《工伤保险条例》的相关规定。

如上所述,该公司通过所谓调解的形式免除其应承担的绝大部分法定义务的行为,既不符合法律规定,也不符合社会公序良俗,不能得到法律的认可,该公司应依法给付侯某相关工伤待遇。

【案例解析】

用人单位依法给付工伤职工相关工伤待遇,系其法定义务,用人单位无法定事由并经法定程序不得免除或减轻其应承担的法定给付义务。

工伤职工与用人单位因工伤待遇问题发生纠纷后,用工单位往往会利用其强势地位与工伤职工达成所谓的赔付协议,以免除或减轻其应承担的法定责任。此类赔付协议是否有效,法律并无明确规定。而在工伤保险待遇纠纷处理过程中,此种现象往往普遍存在,用人单位能否依据此类赔付协议免除或减轻其应承担的法定给付义务,广受社会关注。因此类赔付协议侵害了工伤职工的合法权利,规避了用人单位的法定义务,明显与我国工伤保险立法中关于保护工伤职工的立法本意相悖,也不符合社会公序良俗。

因此,对用人单位通过所谓赔付协议的形式,免除或减轻其应承担的法定义务的行为,不应得到法律的认可。

十三、非法用工发生工伤,单位如何赔偿受伤的劳动者?

(一)常见非法用工的情形

非法用工是指违反劳动法律法规规定,务工者与用工单位所建立的非法劳动关系。常见情形有以下 4 种。

1. 使用童工:使用 16 岁以下的未成年人。

2. 未经备案登记招用员工:非法用工的主题是无营业执照,或者未依法登记、备案的单位以及被依法吊销营业执照,或者撤销登记、备案的单位。

3. 用人单位与劳动者已经建立劳动关系并有用工的事实存在。

4. 外籍员工未经批准在国内工作等都属于非法用工。

(二)非法用工发生工伤的赔偿

上面所列情形,单位必须按照本办法的规定向伤残职工或者死亡职工的近亲属、伤残童工或者死亡童工的近亲属给予一次性赔偿。一次性赔偿金按照以下标准支付:

一级伤残的为赔偿基数的 16 倍,二级伤残的为赔偿基数的 14 倍,三级伤残的为赔偿基数的 12 倍,四级伤残的为赔偿基数的 10 倍,五级伤残的为赔偿基数的 8 倍,六级伤残的为赔偿基数的 6 倍,七级伤残的为赔偿基数的 4 倍,八级伤残的为赔偿基数的 3 倍,九级伤残的为赔偿基数的 2 倍,十级伤残的为赔偿基数的 1 倍。

这里所称的赔偿基数,是指单位所在工伤保险统筹地区上年度职工年平均工资。

(三)工亡赔偿

受到事故伤害或者患职业病造成死亡的,按照上一年度全国城镇居民人均可支配收入的 20 倍支付一次性赔偿金,并按照上一年度全国城镇居民人均可支配收入的 10 倍一次性支付丧葬补助等其他赔偿金。

2011 年 1 月 1 日起施行的《非法用工单位伤亡人员一次性赔偿办法》

第二条　本办法所称非法用工单位伤亡人员,是指无营业执照或者未经依法登记、备案的单位以及被依法吊销营业执照或者撤销登记、备案的单位受到事故伤害或者患职业病的职工，或者用人单位使用童工造成的伤残、死亡童工。

前款所列单位必须按照本办法的规定向伤残职工或者死亡职工的近亲属、伤残童工或者死亡童工的近亲属给予一次性赔偿。

第三条　一次性赔偿包括受到事故伤害或者患职业病的职工或童工在治疗期间的费用和一次性赔偿金。一次性赔偿金数额应当在受到事故伤害或者患职业病的职工或童工死亡或者经劳动能力鉴定后确定。

劳动能力鉴定按照属地原则由单位所在地设区的市级劳动能力鉴定委员会办理。劳动能力鉴定费用由伤亡职工或童工所在单位支付。

第四条　职工或童工受到事故伤害或者患职业病，在劳动能力鉴定之前进行治疗期间的生活费按照统筹地区上年度职工月平均工资标准确定，医疗费、护理费、住院期间的伙食补助费以及所需的交通费等费用按照《工伤保险条例》规定的标准和范围确定，并全部由伤残职工或童工所在单位支付。

第八条　伤残职工或者死亡职工的近亲属、伤残童工或者死亡童工的近亲属就赔偿数额与单位发生争议的，按照劳动争议处理的有关规定处理。

十四、用人单位未参保致工伤，会有何后果？

用人单位未参保致劳动者遭受工伤保险待遇损失的，应承担赔偿责任。

根据《工伤保险条例》第六十二条第二款规定，单位未为职工购买工伤保险，劳动者发生工伤的，单位应按本条例规定的工伤保险待遇项目和标准支付费用。因此，用人单位一定要为录用的职工购买工伤险。

2011年1月1日起施行的《工伤保险条例》

第六十二条　用人单位依照本条例规定应当参加工伤保险而未参加的，由社会保险行政部门责令限期参加，补缴应当缴纳的工伤保险费，并自欠缴之日起，按日加收万分之五的滞纳金；逾期仍不缴纳的，处欠缴数额1倍以上3倍以下的罚款。

依照本条例规定应当参加工伤保险而未参加工伤保险的用人单位职工发生工伤的，由该用人单位按照本条例规定的工伤保险待遇项目和标准支付费用。

用人单位参加工伤保险并补缴应当缴纳的工伤保险费、滞纳金后，由工伤保险基金和用人单位依照本条例的规定支付新发生的费用。

案例

【案例解析】

　　原告某公路桥梁基建总公司依法取得了企业法人营业执照,其用工主体资格合法。被告梁某于 2009 年 12 月 11 日到原告公司承建的巫奉高速公路 A2 合同段(范家河桥梁工程工地)做 T 型桥梁钢筋工,未签订劳动合同,也未参加工伤保险。

　　同年 12 月 23 日早上 7 点 30 分左右,被告梁某与工友卢某、龙某等 10 余人在施工 T 型桥梁钢模时,梁某被钢筋扎伤右眼。

　　原告某公路桥梁基建总公司的工程队长刘瑜马上安排专车、专人将被告梁某送往巫山县人民医院抢救治疗,该院诊断梁某为右眼破裂伤,右眼失明。梁某住院治疗至 2010 年 1 月 25 日出院,同年 3 月 16 日到重庆大坪医院进行义眼台植入术,现处于康复治疗中。被告梁某在住院期间,原告某公路桥梁基建总公司找人护理了几天后由梁某自己找人护理,医疗费、生活补助费已由原告支付。

　　原告某公路桥梁基建总公司诉称,2009 年 12 月 11 日,被告梁某自己找到原告单位下属施工队要求做临时工。原告下属施工队未具体安排被告具体从事什么职务,也未和被告签订书面的劳动合同。被告只是与原告下属施工队带班人员刘某达成了一个临时用工的口头协议,被告每天工作 9 小时算一个工作日,工资按每天 55 元计算,被告不来上班也不用请假,不受原告单位的规章制度管理,从而肯定被告与原告没有隶属关系。

　　因此,根据我国法律法规的相关规定,被告与原告不具有劳动关系,请求依法确认原告与被告之间的劳动关系不成立。被告梁某辩称,原告的诉讼请求不成立。原告具备用工资格,施工地点在骡坪。

　　被告在原告承建的巫奉高速公路上班,与用人单位的劳动关系成立。原告所说不受原告单位的规章制度管理不是事实。原、被告经劳动仲裁合法有效。请求驳回原告的诉讼请求,要求按仲裁裁决予以支持。

【法院审理】

　　用人单位自用工之日起即与劳动者建立劳动关系。被告梁某在原告某公路桥梁基建总公司承建的巫奉高速公路 A2 合同段(范家河桥梁工程工地)做工受伤,原告没有提供证据证实被告是在其他有用工主体资格的单位做工受伤,原告具有合法的用工主体资格,因此,被告与原告之间的劳动关系成立。

　　根据《中华人民共和国劳动合同法》第七条、《劳动和社会保障部关于确立劳动关系有关事项的通知》第一条的规定,判决如下:被告梁某与原告某公路桥梁基建总公司劳动关系成立。

【本案要点】

用人单位自用工之日起即与劳动者建立劳动关系,只要用人单位用工主体资格合法,即使与劳动者没签订书面劳动合同,只有临时用工的口头协议,一旦出现纠纷,法院一般会确认劳动关系成立。

本案中,某公路桥梁基建总公司以被告梁某只是临时工,未与被告签订书面的劳动合同,以不受公司规章制度管理为由,以达到否定他们之间具有劳动关系的目的,其请求确认劳动关系不成立的诉求被法院否决。

【案例点评】

《最高人民法院关于审理人身损害赔偿案件适用法律若干问题的解释》第十一条规定,雇员在从事雇佣活动中遭受人身损害,雇主应当承担赔偿责任。即使梁某与单位不形成劳动关系,不受《劳动法》《劳动合同法》调整,但是可以形成雇佣的劳务关系,仍然要受到其他民事法律调整。与工伤赔偿标准相比,适用人身损害赔偿标准,用工单位要承担更重的赔偿责任。

第一,工伤保险由社保基金承担,分散了企业的负担,人身损害赔偿金通常情况下由企业承担。

第二,人身损害伤残等级鉴定标准低于工伤伤残鉴定标准。

第三,人身损害中的伤残赔偿金、死亡赔偿金赔偿标准高于工伤同类标准。

第四,人身损害赔偿中有精神损害赔偿,工伤赔偿中没有这项。

一点通

1. 用人单位在实际用工之时,要严格执行《劳动法》的规定,在一个月内与劳动者签订书面劳动合同,不要以"临时工"的形式用工。

2. 如果用人单位使用偷换概念的"临时工"将面临很大的法律风险,不但要承担不签订书面劳动合同、违法解除劳动合同等法律风险,而且,如果"临时工"在工作中受伤,那么会被按照工伤处理,应当进行劳动能力鉴定,并按《工伤保险条例》的规定赔偿。

3. 如果用人单位用的就是真正意义上的"临时工",一定要签订劳务协议,避免被确认为劳动关系,同时为"临时工"购买工伤保险或者商业保险。

十五、利用虚假身份入职的劳动者能否申报工伤?

利用虚假身份入职的劳动者能申请工伤。因为劳动者与用人单位存在事实劳动关系,因此可以申请工伤认定。

但是工伤保险基金不承担工伤待遇的支付,用人单位和劳动者根据过错大小承担相应责任。因以虚假身份证办理保险,所以劳动者真实身份的工伤保险关系不能成立,工伤保险基金不会对此发生工伤的劳动者进行赔付。

劳动者的工伤待遇中本应由用人单位承担的部分(如停工留薪期间的工资、一次性伤残就业补助金等)应由用人单位承担。

本应由工伤保险基金承担的工伤待遇部分,根据双方的过错大小而分担。如果劳动者入职时系成年人,具有完全行为能力,应认识到其行为后果,故应认定劳动者本人使用假身份证有较大过错,应承担较大责任;用人单位审查不严,具有较小过错,应承担较小的责任。

十六、什么情形下用人单位能与工伤的劳动者解除/终止劳动合同?

《劳动合同法》的确有规定,在本单位因工负伤被确认部分丧失劳动能力的,用人单位不得解除合同,但这项规定的适用有一个条件,就是用人单位不得依照《劳动合同法》第四十条、四十一条解除合同,也就是劳动者本身不存在过错的情况下,用人单位不得解除/终止合同。

而在工伤的劳动者存在过错的情况下,比如《劳动合同法》第三十九条第三项,用人单位是可以解除合同的。因此下列情形可以解除劳动合同。

(一)双方协商一致

根据《劳动合同法》第三十六条规定,用人单位与劳动者协商一致,可以解除/终止劳动合同。

(二)严重违法公司规章制度

根据《劳动合同法》第三十九条规定,劳动者有下列情形之一的,用人单位可以解除劳动合同:

(1)在试用期间被证明不符合录用条件的;

(2)严重违反用人单位的规章制度的;

(3)严重失职,营私舞弊,给用人单位造成重大损害的;

(4)劳动者同时与其他用人单位建立劳动关系,对完成本单位的工作任务造成严重影响,或者经用人单位提出,拒不改正的;

(5)因本法第二十六条第一款第一项规定的情形致使劳动合同无效的;

(6)被依法追究刑事责任的。

(三)劳动者因工负伤但未被确认丧失或者部分丧失劳动能力的

1. 享受工伤医疗待遇,并享受 12 个月的停工留薪期。工伤职工在停工留薪期满后仍需治疗的,继续享受工伤医疗待遇。

2.若工伤职工在劳动合同期限届满前工伤康复,用人单位可以依法或依据约定与工伤员工终止合同。

3.若工伤职工在劳动合同期限届满前工伤未康复,劳动合同应延续至工伤员工康复。

(四)劳动者因工负伤部分或者丧失劳动能力

劳动者因工负伤并被确认部分丧失劳动能力或者丧失的,分以下情况处理:

1.职工因工致残被鉴定为一级至四级伤残的,保留劳动关系,退出工作岗位,享受相应工伤医疗待遇,直至工伤职工达到退休年龄并办理退休手续后,享受养老保险待遇,合同终止。

2.职工因工致残被鉴定为五级、六级伤残的,保留与用人单位的劳动关系,由用人单位安排适当工作;难以安排工作的,由用人单位按月发给伤残津贴。经工伤职工本人提出,该职工可以与用人单位解除或者终止劳动关系,由工伤保险基金支付一次性工伤医疗补助金,由用人单位支付一次性伤残就业补助金。

3.职工因工致残被鉴定为七级至十级伤残的劳动、聘用合同期满终止,或者职工本人提出解除劳动、聘用合同的,由工伤保险基金支付一次性工伤医疗补助金,由用人单位支付一次性伤残就业补助金。

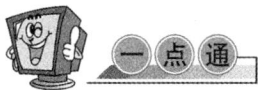

《社会保险法》第三十九条第三款明确规定,终止或者解除劳动合同时,工伤职工应当享受的一次性伤残就业补助金,按照国家规定由用人单位支付。该规定仅将终止或解除劳动合同作为工伤职工享受伤残就业补助金的前提条件,并未将合同解除方式与原因作为支付的前提条件。

因此,即使工伤职工因严重违纪被解除合同,单位也应支付一次性伤残就业补助。

十七、劳动者退休前发生工伤,劳动合同能终止吗?

(一)用人单位与退休前夕发生工伤的劳动者终止合同,应该依法进行

《劳动合同法》第四十四条规定,劳动者开始依法享受基本养老保险待遇的,劳动合同终止。因此,劳动者退休前夕发生工伤,劳动合同应在劳动者达到法定退休年龄,开始依法享受基本养老保险待遇时终止。用人单位不得在此之前与劳动者解

除合同,应在达到法定退休年龄时方可终止。

(二)退休前夕发生工伤并被确认丧失或者部分丧失劳动能力的,分情况处理

1. 职工因工致残被鉴定为一级至四级伤残的,保留劳动关系,退出工作岗位,享受相应工伤医疗待遇,直至工伤职工达到退休年龄并办理退休手续后,享受养老保险待遇,合同终止。

2. 职工因工致残被鉴定为五级、六级伤残的,保留与用人单位的劳动关系,由用人单位安排适当工作。难以安排工作的,由用人单位按月发给伤残津贴。经工伤职工本人提出,该职工可以与用人单位解除或者终止劳动关系。

3. 职工因工致残被鉴定为七级至十级伤残的劳动、聘用合同期满终止,或者职工本人提出解除/终止劳动合同的,由工伤保险基金支付一次性工伤医疗补助金,由用人单位支付一次性伤残就业补助金。

因此,退休前夕发生工伤的劳动者,在达到法定退休年龄、享受养老保险待遇之前,合同不得终止,依法享受工伤医疗待遇。到达法定退休年龄、享受养老保险待遇后,劳动合同终止。

有关退休和距法定退休年龄5年以上的劳动者,领取一次性工伤医疗补助金和一次性伤残就业补助金的参考各省市的具体规定。

2011年7月1日山东省公布的《工伤保险条例》的具体实施办法

第二十五条　工伤职工被鉴定为五级、六级伤残的,经职工本人提出,可以与用人单位解除或终止劳动合同,以其解除或终止劳动合同时统筹地区上年度职工月平均工资为基数,分别支付本人22个月、18个月的一次性工伤医疗补助金和36个月、30个月的一次性伤残就业补助金。

工伤职工被鉴定为七级至十级伤残的,劳动合同期满终止,或者职工本人提出解除劳动合同,以其解除或终止劳动合同时统筹地区上年度职工月平均工资为基数,支付本人一次性工伤医疗补助金和一次性伤残就业补助金。一次性工伤医疗补助金的具体标准为:七级13个月,八级10个月,九级7个月,十级4个月;一次性伤残就业补助金的具体标准为:七级20个月,八级16个月,九级12个月,十级8个月。

职工被确诊为职业病的,一次性工伤医疗补助金在上述标准基础上加发50%。

工伤职工与用人单位解除或者终止劳动合同时,距法定退休年龄5年以上的,一次性工伤医疗补助金和一次性伤残就业补助金全额支付;距法定退休年龄不足5年的,每减少1年一次性伤残就业补助金递减20%。距法定退休年龄不足1年的按一次性伤残就业补助金全额的10%支付;达到法定退休年龄或者按规定办理了退休手续的,不支付一次性工伤医疗补助金和一次性伤残就业补助金。

一次性工伤医疗补助金和一次性伤残就业补助金所需资金,用人单位已经参加工伤保险的,一次性工伤医疗补助金由工伤保险基金支付,一次性伤残就业补助金由用人单位支付;未参加工伤保险的,一次性工伤医疗补助金和一次性伤残就业补助金,由用人单位支付。

十八、退休返聘劳动者发生工伤,用人单位该如何处理?

已经退休的劳动者被用工单位聘用的,不具有法定主体资格,与用人单位不是劳动关系,不受劳动法规调整,不适用《工伤保险条例》,不能申请工伤认定。

参加了工伤保险的,按工伤处理;没有参加工伤保险的,按人身损害赔偿。工作中遭受事故伤害的,由聘用单位按人身损害承担赔偿责任,但本人具有过错的,可以减轻赔偿责任。

与工伤赔偿标准相比,人身损害赔偿标准明显加重了企业的责任。例如,工伤保险由社保基金承担,人身损害赔偿由企业承担;人身损害中的伤残补偿与死亡补偿的标准高于工伤中的标准;人身损害赔偿包括精神损失,而工伤赔偿则不包括精神损失。

2004年5月1日起施行的《最高人民法院关于审理人身损害赔偿案件适用法律若干问题的解释》

第十一条　雇员在从事雇佣活动中遭受人身损害,雇主应当承担赔偿责任。雇佣关系以外的第三人造成雇员人身损害的,赔偿权利人可以请求第三人承担赔偿责任,也可以请求雇主承担赔偿责任。雇主承担赔偿责任后,可以向第三人追偿。

雇员在从事雇佣活动中因安全生产事故遭受人身损害,发包人、分包人知道或者应当知道接受发包或者分包业务的雇主没有相应资质或者安全生产条件的,应当与雇主承担连带赔偿责任。

属于《工伤保险条例》调整的劳动关系和工伤保险范围的,不适用本条规定。

人力资源社会保障部关于执行《工伤保险条例》若干问题的意见(二)(人社部发〔2016〕29号)

二、达到或超过法定退休年龄,但未办理退休手续或者未依法享受城镇职工基本养老保险待遇,继续在原用人单位工作期间受到事故伤害或患职业病的,用人单位依法承担工伤保险责任。

> 用人单位招用已经达到、超过法定退休年龄或已经领取城镇职工基本养老保险待遇的人员，在用工期间因工作原因受到事故伤害或患职业病的，如招用单位已按项目参保等方式为其缴纳工伤保险费的，应适用《工伤保险条例》。
>
> 2021年1月1日起施行的《最高人民法院关于审理劳动争议案件适用法律问题的解释(一)》
> 第三十二条　用人单位与其招用的已经依法享受养老保险待遇或者领取退休金的人员发生用工争议而提起诉讼的，人民法院应当按劳务关系处理。
> 企业停薪留职人员、未达到法定退休年龄的内退人员、下岗待岗人员以及企业经营性停产放长假人员，因与新的用人单位发生用工争议而提起诉讼的，人民法院应当按劳动关系处理。

十九、学生实习期间受伤，可以认定为工伤吗？

学生实习时受伤是否被认定为工伤，要看是属于劳动关系还是劳务关系。

(一)劳务关系

学生在实习期间，用人单位与实习大学生不存在劳动关系，属于劳务关系，不受《劳动合同法》的调整和保护，如果在实习中受伤，不能认定为工伤，所以不享受工伤保险待遇，只能按照一般人身损害赔偿来处理。

有些地方法院也颁布过相关文件，如江苏省高级人民法院《关于审理劳动保障监察、工伤认定行政案件若干问题的意见(试行)》第十六条规定，在校学生到用人单位实习期间发生伤亡事故的，不属于《工伤保险条例》工伤认定的对象。

《最高人民法院关于审理人身损害赔偿案件适用法律若干问题的解释》第九条规定："雇员在从事雇佣活动中遭受人身损害，雇主应当承担赔偿责任。"鉴于学生实习期间，由单位对学生进行现场监督管理，单位是受益人，两者之间的关系实际上形成了雇佣关系，所以受伤的学生应该向单位主张赔偿。如果想解决该纠纷，除了与单位协商处理以外，只能先做司法鉴定，然后通过法院走人身伤害赔偿程序解决。

(二)劳动关系

学生利用业余时间勤工助学，不能视为就业和建立劳动关系。但法律也未禁止没有毕业的大学生不能成为劳动者。

学生马上就要毕业，其实习目的是为以后在实习单位工作做准备，其毕业后会马上到实习单位就业。在这种情形下，学生名义上是实习生，但实际上其提供的劳动与其他在职人员没有本质的区别,这时的实习生实质上已经是一名职工,对这种情况应认定为工伤。所以临近毕业的实习,如果单位已经正式录用,也和正常员工一样管理,一样支付工资,这就不同于正常学习期间的实习,越来越多的法院已经按照劳动关系和工伤来处理了。

综上所述,实习生或勤工助学在校生在实习期间或勤工助学期间发生工伤事故,原则上不宜认定为工伤。实习生在工作中遭到伤害,如果符合工伤认定条件的,同样应当认定为工伤,并应获得赔偿和享受工伤待遇。

1. 实习期间,学生在实习单位发生了意外伤害事故,如果调解不成,只能通过民事诉讼渠道要求索偿。

2. 2009 年教育部等部门印发了《关于在中等职业学校推行学生实习责任保险的通知》(教职成〔2009〕13 号),明确在中等职业学校推行学生实习商业保险制度,保障学生实习期间受到事故伤害后的权益。2012 年教育部办公厅发布了《关于实施全国职业院校学生实责任保险统保示范项目的通知》(以下简称《通知》),"统保示范项目"是根据职业教育特点为保障学生实习安全量身定做的项目,不是单纯的商业保险,而是具有"市场运作、政策引导、政府推动"的公益性保险产品。该项目涵盖了学生实习责任保险和校方责任保险内容,既包括学生实习中工伤事故等常见风险,也包括实习学生对生产规程不熟悉以及往返学校和实习单位途中的特殊风险。

3. 实习学生权益保护可通过购买商业保险等方式解决。学生在校期间到单位实习,学生、学校、公司三方会签订《学生实习协议书》,学校应该给学生购买"学生实习责任保险",单位也应该为实习学生购买意外伤害保险。

第三章　离职管理

离职带来的人才流失对于企业的运营具有直接的负面影响,员工离职的同时还潜藏着很大风险,特别是公司高层、营销人员、财务人员的离职。如何降低员工离职风险,是每个人力资源工作者需要面对的问题。

《劳动合同法》第三十七条规定,劳动者提前三十日以书面形式通知用人单位,可以解除劳动合同。劳动者在试用期内提前三日通知用人单位,可以解除劳动合同。因此劳动者的辞职无须公司批准,书面通知公司后,满三十日,劳动关系解除,工资该正常发放至最后一个工作日。

很多企业都会重视现任员工,却忽视了离职员工的管理,为此本章总结了员工离职的"232"原则,希望人力资源部和企业管理人员都重视员工的离职管理。

(一)"2"是两周

员工进入公司两周之后就辞职不干了,很大的原因是公司在招聘的时候"骗"了他。曾经许诺给他的内容,两周过去了也没兑现,当然就走了。

(二)"3"是三个月试用期

为什么员工在试用期之内就辞职? 肯定是公司在职位上"骗"了他,原来许诺其管理多少人,参加多少培训,有什么福利等,快三个月了却什么都没兑现,自然等不到三个月试用期过了就走人。

(三)最后一个"2"是两年

员工到公司两年,希望升职,要工作轮换,这时候如果公司不能给其提供机会,到了两年这个节骨眼上,老员工也就留不住了。

员工离职后,仍然可以通过言论和评价对企业产生影响。尤其是一些在业内有影响的员工,他们的意见更容易被关注和信任,他们站在企业外部的立场上对企业做出的评价,很容易会影响到在职员工的职业稳定性。我们来看一下,知名企业如何善待离职员工:

惠普公司:握手话别。

麦肯锡公司:建立麦肯锡校友录,将员工离职视为毕业离校。

贝恩咨询公司:真心牵挂,人走心走,设立离职老员工关系管理。

摩托罗拉:不计前嫌,好马回头,有一套科学完备的回聘制度。

阿里巴巴:成立一个互助组织叫"前橙会"。

腾讯:离职员工组织叫"南极圈"。

百度:离职员工组织叫"百老汇"。

新浪:离职人员叫"毕浪"。

网易:离职人员叫"离易"。

因此,我们要像招聘一样管理好离职员工,做好离职员工关系管理。

第一节　解除合同

劳动合同解除是指在劳动合同成立后,因一方或双方当事人的意思表示致使劳动关系归于消灭的制度,主要包括《劳动合同法》规定的协商解除、单方解除、无过失解除、经济性裁员等情形。

实践中,劳动合同纠纷案件大多由劳动合同解除引起,双方对解除的原因、时间、性质等往往存在较大争议,直接影响到劳动合同解除的法律后果。对劳动合同解除效力的认定、解除事实的判断、解除条件的把握是此类案件审理的重点和难点,因此我以典型案件为基础,对该类案件的审理思路与裁判要点进行梳理、提炼和总结。

一、发生哪些情形,可以认定双方劳动合同关系已经解除?

劳动者与用人单位之间存在下列情形之一的,可以作为认定双方劳动合同关系已经解除的依据:

1. 用人单位已作出解除劳动合同报告书,且劳动者不再提供劳动的。如用人单位的《解除/终止劳动合同报告书》。

2. 用人单位已为劳动者办理社会保险费停保手续或档案转移手续,且劳动者不再提供劳动。

3. 劳动者、用人单位均认可双方已解除劳动合同关系的,比如《协商一致解除/终止劳动合同协议书》。

4. 有证据证明劳动者或用人单位一方已实际解除劳动合同关系。如劳动者的辞职信或者用人单位的《辞退/开除员工的通知》。

在认定解除劳动合同原因时,应以用人单位提交给相关经办机构的解除(终止)劳动合同报告书中写明的解除劳动合同(关系)原因为准。

因此,用人单位在出具上述书面资料时,一定要认真研究《劳动合同法》,弄清楚解除或者终止的理由是合法还是违法;理清哪些情形需要支付经济补偿金,哪些无须支付。

青岛中院、青岛劳动人事争议仲裁委员会关于审理劳动争议案件会议纪要(五)(青劳人仲案字〔2014〕2 号)

第六十二条　劳动者与用人单位之间存在下列情形之一的,可以作为认定双方劳动合同关系已经解除的依据:

1. 用人单位已作出解除劳动合同报告书,且劳动者不再提供劳动的;

2. 用人单位已为劳动者办理社会保险费停保手续或档案转移手续,且劳动者不再提供劳动者;

3. 劳动者、用人单位均认可双方已解除劳动合同关系的;

4. 有证据证明劳动者或用人单位一方已实际解除劳动合同关系。

在认定解除劳动合同原因时,应以用人单位提交给相关经办机构的解除(终止)劳动合同报告书中写明的解除劳动合同(关系)原因为准。

二、合法解除劳动合同的形式有哪些?

合法解除劳动合同的形式有四类:协商解除、即时解除、非过失性解除和经济性裁员。

(一)协商解除属于约定解除

协商解除属于不受限制解除,根据《劳动合同法》第三十六条的规定,用人单位与劳动者协商一致,可以解除劳动合同。

即使在协商一致的情况下,当用人单位提出解除劳动合同的,单位应当支付经济补偿金;而由劳动者提出解除劳动合同的,单位则可以不支付经济补偿金。

(二)即时解除分为单位过失和劳动者过失

1. 单位过失。

单位出现违反《劳动合同法》第三十八条规定的情形之一的,劳动者属于被迫解除,用人单位需支付经济补偿金(表 3-1)。

表 3-1　单位过失,劳动者可以解除的条件

解除情形	单位过失,劳动者可以解除的条件
随时通知解除	1. 用人单位未按照劳动合同约定提供劳动保护和劳动条件的
	2. 用人单位未及时足额支付劳动报酬的
	3. 用人单位未依法为劳动者缴纳社会保险费的
	4. 用人单位规章制度违反法律、法规的规定,损害劳动者权益的
	5. 用人单位以欺诈、胁迫或乘人之危,使劳动者在违背其真实意思的情况下订立或变更劳动合同的
	6. 法律、法规规定的其他情形
无须通知立即解除	1. 用人单位以暴力、威胁或者非法限制人身自由的手段强迫劳动者劳动的
	2. 用人单位违章指挥、强令冒险作业危及劳动者人身安全的

2013 年 7 月 1 日起施行的《劳动合同法》

第三十八条　用人单位有下列情形之一的,劳动者可以解除劳动合同:

(一)未按照劳动合同约定提供劳动保护或者劳动条件的;

(二)未及时足额支付劳动报酬的;

(三)未依法为劳动者缴纳社会保险费的;

(四)用人单位的规章制度违反法律、法规的规定,损害劳动者权益的;

(五)因本法第二十六条第一款规定的情形致使劳动合同无效的;

(六)法律、行政法规规定劳动者可以解除劳动合同的其他情形。

用人单位以暴力、威胁或者非法限制人身自由的手段强迫劳动者劳动的,或者用人单位违章指挥、强令冒险作业危及劳动者人身安全的,劳动者可以立即解除劳动合同,不需事先告知用人单位。

2. 劳动者过失。

劳动者违反《劳动合同法》第三十九条的规定情形之一的,用人单位可即时解除,无须支付经济补偿金(表 3-2)。

表 3-2　劳动者过失,单位可以解除的条件

解除原因	劳动者过失,单位可以解除的条件	单位需注意的问题
试用期内	试用期间不符合录用条件	录用条件明确、合法
严重违纪	1. 存在合法有效的规章制度; 2. 劳动者违反规章制度; 3. 达到严重按规定可以辞退的程度	规章制度合法性 严重程度的证明责任

（续表）

解除原因	劳动者过失，单位可以解除的条件	单位需注意的问题
重大损害	1. 严重失职、营私舞弊； 2. 造成重大损害	重大损害的证明责任
兼职	对完成本单位的工作任务造成严重影响或用人单位提出，拒不改正的	证明存在严重影响及用人单位曾提出改正
无效劳动合同	欺诈、胁迫、乘人之危，违反法律法规强制性规定等	证明责任
刑事责任	被追究刑事责任	刑事责任的范围
随时解除≠随便		

(三)非过失性解除

非过失解除也是预告通知解除，劳动者出现《劳动合同法》第四十条的情形之一是可以解除劳动合同的。但是受到四十二条，比如"三期"、医疗期等情形的限制，不能解除。

用人单位可以提前30天书面通知或支付代通知金，同时应支付经济补偿金，也就是说支付 N(提前 30 日书面通知)或者 N＋1(未提前 30 日书面通知)的经济补偿金(表 3-3)。

表 3-3　非过失性解除的条件

解除原因	解除条件	注意问题	限制解除
医疗期满解除	1. 医疗期满； 2. 不能从事原工作也不能从事单位另行安排的工作	1. 提前 30 天书面通知； 2. 支付经济补偿金	《劳动合同法》第四十二条规定的六种情形下不得解除
不能胜任工作	1. 不能胜任工作； 2. 经培训或调整岗位仍不能胜任工作		
客观情况发生重大变化解除	1. 客观情况发生重大变化致使原劳动合同无法履行； 2. 无法就变更劳动合同达成协议		

(四)经济性裁员

用人单位出现《劳动合同法》第四十一条的情形时，可以进行经济性裁员，但是要注意裁员应满足的条件、厘清对象、符合程序、给足补偿、确保两个优先(优先留用与优先录用）。同时受到四十二条,比如"三期"、医疗期等情形的限制,不能解除。

一般合法裁员的经济补偿金为 N（提前 30 日书面通知）或者 N+1（未提前 30 日书面通知）,有的知名企业会支付 N+2 或者 N+3 的经济补偿金。用人单位无故裁员,属于违法解除的情形,应支付双倍的经济补偿金即赔偿金。

三、如何界定"重大损害",是否必须体现为造成直接的经济损失?

重大损害在公司规章制度中进行规定,不一定为直接经济损失,可以为公司无形资产的损失,如品牌侵害等。我们可以通过下面的案例进一步了解。

案 例

【案情介绍】

董某于 2008 年 7 月 11 日入职于某展览公司,任美术指导职务,于 2008 年 12 月 31 日离职。董某每月工资为 4500 元,以现金发放。

2008 年 7 月 11 日,董某与某展览公司签订《劳动聘用合同》,约定合同有效期限为 2008 年 7 月 11 日至 2009 年 7 月 10 日,在此期间担任美术指导职务;某展览公司根据国家法律法规和实际情况制定和健全的各项规章制度,董某在合同期内必须严格遵守执行;该合同附件有:《商业及个人行为规范手册》《员工录用确认书》等。《商业及个人行为规范手册》第五部分第五条规定:员工屡次工作失误给公司造成不良影响的,某展览公司可以辞退该员工。董某的工作职责为:协调项目部与 3D 和平面设计之间的关系,领导创意小组,与项目组制定策划流程,指导编写方案,涉及完稿质量监管,注意客户 VI 使用规范,审核设计效果,同时负责平面设计、主视觉、延展设计等。

2008 年 9 月,董某在作为主设计师代表某展览公司从事北京某商业会项目制作时,将主视觉背板中的"Hand in Hand"错写成"Hard in Hand"。董某在从事该项目时知晓其将用于客户的商业活动。

展板制作后交付定作方投入使用。定作方系一家国际知名医药企业,该展板用于该企业召开某新型药品的发布宣传活动。在宣传活动中,会场背景文字为"携手同心、赢动中国",下方为董某设计制作的"Hard in Hand",该背景置于会场主席台的醒目位置。会后,定作人向某展览公司发出抗议信,并威胁不予支付制作费。

某展览公司向北京某制药有限公司发出致歉信,内容为:关于 2008 年某商业会的原报价是 474243.42 元,因我公司工作中出现错误,将出错的制作项目费用减去 50%,金额为人民币 12065 元,同时减去 2% 的服务费 9022.66 元,即将报价修改为 451928.45 元;由于我公司工作错误给贵司带来不便,更为表明我公司对错误的认知和长期合作的诚意,经与我公司王总协商,特将报价再降至 440000 元,并保证未来合作不再出错,再次为我公司工作错误向贵司道歉。

2008 年 12 月 31 日,某展览公司向董某送达《辞退通知》,内容为:董某作为某商业会项目的主设计师,因个人过错(主视觉背板中的"Hand in Hand"错写成"Hard in Hand")造成意思上的负面表达,其他延展品也全部出现错误,致使来自全国 300 位参会人员产生视觉和感觉上的不良反响,使客户声誉蒙受重大损失,给某展览公司形象带来极坏的影响并造成数万元的经济损失。根据《劳动法》第二十五条和《劳动合同法》第三十九条规定,某展览公司决定对董某做出辞退处理,并保留追究对其个人经济赔偿的权利。

2009 年 1 月 6 日,某展览公司向董某送达《解除劳动关系通知书》,内容为:鉴于董某在工作中的表现已严重违反了某展览公司的规章制度,故通知董某将与其于 2008 年 12 月 31 日正式解除劳动关系,并通知董某进行工作交接。

2009 年 1 月 7 日,董某收到某展览公司邮寄的《工作交接通知》,内容为某展览公司通知董某于 3 日内到某展览公司处办理离职工作交接手续和工资结算事宜。董某离职后,将某展览公司申诉至劳动争议仲裁委员会,认为某展览公司系违法解除劳动合同,应支付解除劳动合同赔偿金。仲裁委未予支持。法院经审理后,判决驳回其诉讼请求。

【案例解析】

根据法律规定,劳动者严重失职,给用人单位造成重大损害的,用人单位有权单方解除劳动合同。实践中,如何认定劳动者失职行为,以及其是否达到"严重"程度,以及如何认定"重大损失",就成为争议的焦点问题。

根据该案查明的事实,董某在工作中,将英文单词拼写错误,看起来是微不足道的失职行为,但其一字之差却造成表达意思截然相反,给客户的公众形象造成较大的负面影响,遭到客户严重抗议;某展览公司作为从事展览策划的法人,其所受负面影响是显而易见的;某展览公司亦举证证明其因此遭受一定经济损失。

故应认定董某的严重失职行为造成某展览公司重大损失,某展览公司据此解除与董某的劳动合同符合法律规定,无须支付赔偿金,故对于董某要求某展览公司支付违法解除劳动合同赔偿金之诉讼请求,法院不予支持。

四、哪些情形属于限制解除劳动合同?

限制解除是指根据《劳动合同法》四十二条的规定,劳动者有下列情形之一的,用人单位不得依照本法第四十条(劳动者非过失)、第四十一条(用人单位裁员)的规定解除劳动合同。具体见表 3-4。

表 3-4　限制解除条件及注意事项

限制解除条件	注意事项
从事接触职业病危害作业的劳动者未进行离岗前职业病健康检查,或者疑似职业病病人在诊断或者医学观察期间的	从事职业病危害作业的,劳动者离职时必须进行健康检查
在本单位患职业病或者因工负伤并被确认丧失或者部分丧失劳动能力的	工伤一到四级的不得解除,劳动关系保留到员工退休;工伤五到十级的非因劳动者提出一般不得解除,解除时由单位支付一次性工伤医疗补助金和伤残就业补助金
患病或者负伤,在规定的医疗期内的	医疗期内不得解除
女职工在孕期、产期、哺乳期的	"三期"内不得解除
单位连续工作满 15 年,且距法定退休年龄不足 5 年的	1. 法定年龄男 60 岁、女工人 50 岁、女干部 55 岁; 2. 从事井下、高温、高空、特别繁重体力劳动或其他有害身体健康工作的,男 55 岁、女 45 岁; 3. 因病或非因工致残,由医疗证明并经劳动鉴定委员会确认完全丧失劳动能力的,退休年龄为男 50 岁、女 45 周岁
法律法规规定的其他情形	1. 担任专职工会主席、副主席、委员的; 2. 担任平等协商代表的; 3. 正处于义务服兵役期间的

2013 年 7 月 1 日起施行的《劳动合同法》

第四十二条　劳动者有下列情形之一的,用人单位不得依照本法第四十条、第四十一条的规定解除劳动合同:

(一)从事接触职业病危害作业的劳动者未进行离岗前职业健康检查,或者疑似职业病病人在诊断或者医学观察期间的;

(二)在本单位患职业病或者因工负伤并被确认丧失或者部分丧失劳动能力的;

(三)患病或者非因工负伤,在规定的医疗期内的;

(四)女职工在孕期、产期、哺乳期的;

(五)在本单位连续工作满十五年,且距法定退休年龄不足五年的;

(六)法律、行政法规规定的其他情形。

案例

【案情回顾】

凌某是本市一家国有企业的老职工,从事驾驶员工作。企业与凌某签订的是无固定期限的劳动合同。2009年底,人事部经理找凌某谈话,告诉其由于企业生产经营发生严重困难,企业已提前30日向工会和全体职工说明了情况,听取了工会和职工的意见,并向劳动行政部门进行了报告,企业准备着手裁减人员。同时企业答应按照凌某的工作年限给予其经济补偿金,凌某同意了。

2010年2月份凌某收到企业书面通知,与其解除劳动合同,同时按照国家和本市有关规定给予其经济补偿金。但是凌某的家属知道此事后,认为企业这种做法与国家现行的规定是相违背的,凌某也觉得企业是不能与自己解除合同的。于是,凌某与家属一起找到人事部,要求企业收回解除劳动合同的决定,企业没有同意,凌某在无奈的情况下,向劳动仲裁委员会申请劳动仲裁,要求撤销企业解除劳动合同的决定,继续履行劳动合同。劳动仲裁委经过审查后予以受理。

【庭审答辩】

凌某在劳动仲裁委开庭审理时认为,尽管企业生产经营状况发生严重困难,并且提前30日向工会和全体职工说明情况,听取了工会和职工的意见,还向劳动行政部门报告过,但是本人在本单位连续工作满15年且离法定退休年龄只有4年,按照《劳动合同法》的规定,企业单方面与劳动者解除劳动合同是违反国家有关规定的。所以要求仲裁委员会撤销企业解除劳动合同的决定,恢复劳动关系,继续履行合同。

企业则认为,企业生产经营状况发生严重困难,并且提前30日向工会和全体职工说明情况,听取工会和职工的意见,向劳动行政部门报告过,是完全符合国家有关规定的,并且征求过凌某本人的意见,当时他也同意的,现在对凌某提出要求恢复劳动关系的请求企业不能同意,再说企业已经为其办理了退工手续。

【仲裁裁决】

劳动仲裁委经过审理后认为,凌某在本单位连续工作满15年,且距法定退休年龄不足5年,根据《中华人民共和国劳动合同法》的有关规定,企业以裁减人员为由与凌某解除劳动合同是缺乏法律依据的,双方应恢复劳动关系,继续履行劳动合同。

劳动仲裁委员会依法作出裁决:撤销企业解除劳动合同的决定,企业应该与凌某恢复劳动关系,继续履行合同。

【案件评析】

该案争议的焦点是劳动者在本单位连续工作满15年,且距法定退休年龄不足5

年的,用人单位是否可以企业生产经营状况发生严重困难,裁减人员为由与其解除劳动合同。

根据《中华人民共和国劳动合同法》第四十二条的规定,"劳动者有下列情形之一的,用人单位不得依据本法第四十条、第四十一条的规定解除劳动合同:(五)本单位连续工作满十五年,且距法定退休年龄不足五年的";而按照本法第四十一条的规定,需要裁减人员二十人以上或者裁减不足二十人但占企业职工总数百分之十以上的,用人单位需提前三十日通知工会或者全体职工说明情况,听取工会或者职工的意见后,裁减人员方案经向劳动保障行政部门报告,可以裁减人员。

但是,即使企业按照第四十一条的规定,可以裁减人员,但对于在本单位连续工作满十五年,且距法定退休年龄不足五年的职工,即使企业愿意支付职工经济补偿金,企业也不得依据第四十一条的规定与其解除劳动关系。

因此,劳动仲裁委员会作出裁决,撤销企业与凌某解除劳动合同的决定,企业应该与凌某恢复劳动关系,继续履行合同。

五、合法解除劳动合同的注意事项有哪些?

(一)协商一致解除劳动合同

用人单位首先提出,劳动者同意后达成协议的,用人单位需要支付经济补偿金;劳动者首先提出来的,用人单位同意后,用人单位没有义务向劳动者支付经济补偿金,除非用人单位自愿支付。因此,实操过程中要注意以下几点操作。

1. 为规避风险,在解除劳动合同协议中,一定要明确是谁提出解除劳动合同的。

2. 用人单位协商解除劳动合同的,解除协议中一定要写明已经告知劳动者相关法律、法规的标准,而不只是写明最终补偿金额,同时做兜底条款,避免劳动者再次起诉用人单位。

3. 用人单位和劳动者协商解除劳动合同时,应当遵守平等、自愿、诚信原则,避免胁迫情况,以免解除协议无效。

(二)即时解除劳动合同

1. 即时解除属于单位过失的情形,用人单位需支付经济补偿金。

2. 即时解除属于劳动者过失的情形,用人单位无须支付经济补偿金,同时不受"三期"、医疗期等限制。

(三)用人单位过失解除劳动合同

1. 用人单位人力资源工作者在日常管理中要特别留意,劳动者提出解除劳动合同也要支付经济补偿金的法定情形。

2. 用人单位与劳动者解除劳动合同的理由要合法,程序要严谨,并做好取证工作。

3. 要依法按照劳动合同的约定为劳动者提供劳动保护或者劳动条件。

(四)单位过失即时解除劳动合同

1. 未及时、足额支付劳动报酬是指拖延一天或少付一元。

2. 未依法为劳动者缴纳社会保险费,是指用人单位不参加社会保险即未给劳动者缴纳社保。劳动者可以以此解除劳动合同,要求用人单位支付经济补偿金,同时还可以邀请用人单位补缴社会保险费,并承担由此给劳动者造成的损失。

3. 只参加部分险种或者不按劳动者工资水平实际缴纳社保,均不属未依法缴纳,不可以以此要求用人单位支付经济补偿金。但是劳动者可以要求用人单位补足差额。

(五)非劳动者过失性解除

1. 用人单位提前 30 天书面通知或支付代通知金。

2. 用人单位应支付经济补偿金,同时受"三期"、医疗期等限制。

案例

劳动者身份证失效,用人单位就可以解除员工劳动合同吗?

【案情回顾】

王某于 2008 年 9 月到一家科技有限公司任职。2008 年 11 月初,该公司为员工统一办理代发工资的银行卡。但在办卡过程中,该公司发现,王某所提供的居民身份证已过期,该证件号码在公安机关的相关网站上查询不到,无法办理银行卡,且王某不能向公司出具居民户口簿。因此,公司认为王某没有合法的户口和身份证,不具备作为劳动者主体的资格,通知王某解除双方劳动合同。

王某对此表示异议,认为本人虽无法向公司提供居民户口簿和有效的居民身份证,但本人户口所在地的派出所为其出具过常住人口登记表,该表加盖了派出所户口专用章,足以证明本人具有中华人民共和国合法公民身份;公司与其解除劳动合同理由不当,于是向当地劳动争议仲裁委员会提出申请,要求科技有限公司支付违法解除劳动合同赔偿金。

【争议焦点】

该案的焦点在于该公司与王某解除劳动合同的理由是否合法。该公司以王某没有合法的户口和身份证,不具备作为劳动者主体的资格为由解除双方劳动合同,那么,应该如何确认一个人是否具有合法的公民身份呢?

有一种观点认为,仅应通过公安部门发放的居民户口簿及处于有效期内的居民身份证来确认。但在实际生活中,我国面积很大,现在人员就业流动范围广,在同一本居民户口簿中登记了多名家庭成员的信息,不可能要求每名成员都随身携带户口簿。

公安机关虽然在发放居民身份证时规定了有效期限,作为公民应当在期限终止时及时办理相关手续,但在现实生活中,人们因工作学习紧张,面临的就业压力大,很可能没有充裕的时间及时办理,或在证件丢失时,不能及时补办。在确认一个人的合法公民身份时,应综合考虑其所能提供的各种相关证明,而不能仅局限于某一证件的有无。

该案中,王某提供的身份证号码在公安网站上查询不到,但查询不到并不等于不存在,可能存在信息漏登等原因。且王某所提供的户口登记表也是其作为中华人民共和国合法公民的证明文件,在没有直接证据证明该户口登记表和身份证为虚假的情形下,该公司仅凭在公安网站上未查询到这一事实,推定王某不具备合法户口和身份证缺乏法律依据,仲裁委对该公司的主张不予采纳。

据此,该科技有限公司解除双方劳动合同缺乏事实及法律依据。

【处理结果】

根据《劳动合同法》第四十八条规定:"用人单位违反本法规定解除或者终止劳动合同,劳动者要求继续履行劳动合同的,用人单位应当继续履行;劳动者不要求继续履行劳动合同或者劳动合同已经不能继续履行的,用人单位应当依照本法第八十七条规定支付赔偿金。"第八十七条规定:"用人单位违反本法规定解除或者终止劳动合同,应当依照本法第四十七条规定的经济补偿标准的二倍向劳动者支付赔偿金。"

因工某的工作年限不满6个月,经济补偿金标准应为半个月工资,故仲裁委裁决,该科技公司支付王某一个月工资数额的违法解除劳动合同赔偿金。

六、劳动者在试用期内可以随时"走人"吗?

根据《劳动合同法》第三十七条规定,劳动者提前三十日以书面形式通知用人单位,可以解除劳动合同。劳动者在试用期内提前三日通知用人单位,可以解除劳动合同。

因此劳动者在试用期内提前三日通知用人单位,可以解除劳动合同。劳动者是否需要合适的理由,是否必须以书面形式提出,法律没有明确规定。

> 2013年7月1日起施行的《劳动合同法》
> 　第三十七条　劳动者提前三十日以书面形式通知用人单位,可以解除劳动合同。劳动者在试用期内提前三日通知用人单位,可以解除劳动合同。

七、劳动者有辞职自主权吗?

劳动者有辞职自主权,离职是劳动者的权利,而提前三十日是义务。

劳动者提前三十日以书面形式通知用人单位,就可以解除劳动合同。至于提出离职后,是否必须再工作三十日,是由劳动者和用人单位协商确定的。按照法律规定,用人单位可以强留的时间也就是三十日,超过就违法了;也可以在劳动者提出离职的当天,就安排其办理离职手续。

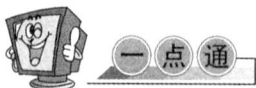

一点通

1. 劳动者根据自身情况或者个人发展需要,需要解除劳动合同的,只要提前三十日以书面形式通知用人单位,即可以解除劳动合同。

2. 劳动者虽然有辞职自主权,但是如果劳动者因个人原因解除劳动合同违反了劳动合同中的相关约定,构成违约,则还应承担相应的违约责任(比如关于服务期的约定)。

3. 劳动者在履行提前通知义务(书面形式)时,一定要保留用人单位签收的证据,以证明确在三十日前曾向用人单位提交过书面辞职的通知。

4. 如果用人单位拒绝签收,最好可以提供其他证据证明已经书面通知了用人单位(如快递详情单等)。

案例

不允许员工自由离职

【案情介绍】

某机械公司(甲方)与孙某(乙方)在劳动合同中约定:"乙方提出解除本合同,应提前 30 天以书面形式通知甲方。乙方未能与甲方协商一致的,乙方应当坚持工作,继续履行本合同。"该合同期限为 2012 年 2 月至 2015 年 1 月。2014 年 1 月,孙某因公司拖欠其工资,遂向公司递交了《解除劳动合同通知书》,并要求公司开具离职证明并办理社保转移手续,而公司以孙某提前解约为由,要求孙某必须赔偿公司违约金 1 万元,才可以为其开具离职证明。孙某不得已而提起仲裁,仲裁委裁决公司在规定时间内为孙某出具离职证明,并协助其办理社保转移手续,并且对公司进行了批评教育。

【案例点评】

劳动者享有自由离职权,劳动合同虽未履行完毕,但只要提前30日以书面形式通知用人单位,就可以解除劳动合同;在试用期内只要提前3日通知,也一样可以解除劳动合同。如果用人单位在劳动合同中约定劳动者不许自由离职,相关条款是无效的。此外,如果用人单位不给劳动者开具离职证明、协助办理社保转移手续,劳动者可以提起仲裁,要求公司办理上述手续并且赔偿对劳动者择业造成的经济损失。

在该案中,孙某是以公司存在拖欠工资的事实为由,可以立即提出解除劳动合同,并不需要提前30天告知用人单位。公司以孙某提前解约为由,要求赔偿违约金是没有法律依据的。

八、劳动者的离职理由是否必须具体?

劳动者的离职理由必须具体,比如"家庭因素""进修"等,否则将会存在风险。

劳动者以"个人原因""因故"等笼统事由申请解除劳动合同后,在案件审理中又主张其系依据《劳动合同法》第三十八条的规定与用人单位解除劳动合同,如用人单位确实存在第三十八条规定情形的,对劳动者的主张予以认定,劳动者可以要求用人单位支付经济补偿金。

劳动者以"个人事业发展""照顾家人""上班不方便"等明确事由申请解除劳动合同后,在案件审理中又主张其系依据《劳动合同法》第三十八条的规定与用人单位解除劳动合同,对劳动者的主张不予认定。

案例

案例1:员工辞职理由不当,赔偿企业损失

【案情回顾】

储某存在违规行为,某公司想解雇,被员工知悉,结果员工先公司一步以"公司存在众多违法行为,如未依法支付加班费、未依法参加社会保险、加班时间超时等"提出辞职,为了保存证据,遂以特快专递的形式,向公司寄发解除劳动合同通知书,公司前台予以签收。

结果,该员工拿着特快专递的收件回执和解除劳动合同通知书及其他证明材料,申请仲裁。结果仲裁和法院均判该员工胜诉。

案例2:企业审批大意,补偿员工

【案情回顾】

计某是某电子公司的厨师,工作3年多,后因为公司人数众多,一个人无法承担

厨房的工作,因此与领导发生争议,遂以"公司长期以来安排工作压力大,未依公司规定配备相应人数的厨师,因要求增加人手,公司领导即要求我辞职"为由提出辞职。结果辞职书拿给行政副总签批时,行政副总根本未审查其辞职理由即签名同意辞职。

几天后,计某申请仲裁,要求支付经济补偿金,仲裁和法院均支持了计某的请求。如果当初行政副总签批时,能够慎重把关,及时发现问题,完全可以避免造成这样的损失。

九、劳动者提供虚假资料,用人单位可以解除劳动合同吗?

该问题的答案是可以的。

根据《劳动合同法》第三十九条规定,以欺诈、胁迫的手段或者乘人之危,使对方在违背真实意思的情况下订立或者变更劳动合同,致使劳动合同无效的,用人单位可以解除劳动合同。

劳动者如通过提供虚假资料(例如假文凭、假证件、假的就业经历等)骗取用人单位信任,与用人单位签订劳动合同,一经用人单位发现,单位则完全可以依据上述规定与之解除劳动合同而不视为违约。

必须注意的是,当用人单位欲以上述理由解除与劳动者的劳动合同时,需要提供相应的证据。

2013年7月1日起施行的《劳动合同法》

第三十九条　劳动者有下列情形之一的,用人单位可以解除劳动合同:

(一)在试用期间被证明不符合录用条件的;

(二)严重违反用人单位的规章制度的;

(三)严重失职,营私舞弊,给用人单位造成重大损害的;

(四)劳动者同时与其他用人单位建立劳动关系,对完成本单位的工作任务造成严重影响,或者经用人单位提出,拒不改正的;

(五)因本法第二十六条第一款第一项规定的情形致使劳动合同无效的;

(六)被依法追究刑事责任的。

案例

员工学历造假,入职7年后还能辞退吗?

【案情回顾】

2009年4月27日,王某入职华广公司,入职时填写的毕业学校为东某县职业技术学校,学历为中专。

2016 年 5 月 24 日,华广公司与其解除劳动合同,解除理由为伪造学历、填写虚假资料。华广公司提供了东某县教育局出具的证明,证明该县境内没有名为"东某县职业技术学校"名称的学校,"吴本华"也非该县教育类学校的校长。

华广公司 2007 年版员工手册和 2015 年版本的员工手册中规定,提供虚假身份证件、学历证件、健康证、离职证明等,欺骗公司者,用人单位可以解除劳动合同。2009 年王某入职培训时公司对规章制度部分内容有所涉及。

2016 年 6 月,王某向劳动争议仲裁委员会申请仲裁,要求华广公司支付违法解除劳动合同赔偿金 82500 元。该委于 2016 年 8 月 25 日作出裁决,驳回王某的申诉请求。王某不服仲裁裁决,提起诉讼。

【一审判决】

一审法院认为,仲裁庭审中王某对华广公司出具的东某县教育局相关证明不予认可,但未能提供合理解释予以反证,故仲裁委对华广公司提供的该证据予以采信,认为王某在入职时提供了虚假的毕业证书,填写了虚假的学历,该认定于法有据,予以确认。

对于解除王某劳动关系事由,华广公司提供了解除劳动合同的处理依据即《员工手册》、2009 年王某入职时新人训练计划表及新人考核试卷,该组证据可以证明王某已了解了《员工手册》的内容,故华广公司以王某违反规章制度为由解除劳动合同并无不当,华广公司无须支付王某解除劳动合同赔偿金。

王某认为其完全胜任华广公司处的工作,华广公司却在王某入职多年后解除劳动合同,但该观点仅系从劳动合同是否存在违背真实意思表示的合同效力角度所考虑。本案中,华广公司系在规章制度中明确载明员工提供虚假学历可以解除劳动合同,并在王某违反该制度的情况下解除了王某劳动合同,故王某的主张,不符合法律规定,不予采信。

【员工上诉】

事实和理由:

1. 华广公司对于应聘岗位的特定学历要求以及提供虚假学历可随时解除劳动合同均未尽告知义务,也未对王某入职学历真实性尽到严格审查的注意义务。

2. 劳动仲裁时效期间为 1 年,华广公司在录用王某 7 年后再以提供虚假学历为由解除劳动合同已超过法定时效。

3. 王某并未因学历真假而使华广公司蒙受损失,也未出现不胜任工作的状况,华广公司录用王某本质上是基于能力而非学历,华广公司解除劳动合同"醉翁之意不在酒"。

4. 华广公司在一审中提供了2007版《员工手册》和试卷,王某未见过该手册,而试卷也未涉及"虚假学历可随时解除劳动合同"这一规定。

【二审判决】

二审法院认为,订立劳动合同应当遵循诚实信用的原则,采用欺诈手段订立的劳动合同应属无效。

王某在入职时提供了虚假的学历证书,其行为已构成欺诈,华广公司解除劳动合同合法有据,不应承担违法解除劳动合同赔偿金。

我国劳动法律在充分保护劳动者合法权利的同时,亦依法保护用人单位正当的用工管理权,用人单位通过企业规章制度对劳动者进行必要的约束是其依法进行管理的重要手段。

华广公司2007版、2015版《员工手册》均规定,劳动者提供虚假学历证件的,公司可解除劳动合同。王某在2009年入职时已对2007版《员工手册》进行了学习,后又对2015版《员工手册》签收确认,王某对华广公司规章制度的相关规定理应明知,王某有关华广公司对于应聘岗位的特定学历要求以及提供虚假学历可随时解除劳动合同均未尽告知义务的上诉理由不能成立。

华广公司在2016年4月人事档案抽查中发现王某学历证件疑点后即行核查,并于当年5月24日解除劳动合同,没有超出法定时效期间。至于王某有关其未出现不胜任工作的状况,华广公司录用王某本质上是基于能力而非学历的上诉理由。学历不代表能力,同样,能力也不代表品行,诚信既是法律对劳动合同关系主体的基本要求,也是企业评价员工的基本尺度,华广公司作为用人单位要求所招录的员工秉持诚信原则并非苛求。

综上,王某提供虚假学历证书的行为违反了法律以及企业规章制度的相关规定,华广公司据此解除劳动合同依法有据,原审法院认定华广公司无须支付王某解除劳动合同赔偿金并无不妥。

十、劳动者被判刑,单位可以解除劳动合同吗?

《劳动合同法》第三十九条规定,劳动者被依法追究刑事责任后,用人单位可以解除劳动合同。我国《刑事诉讼法》规定,任何人非经法院判决,不得认定为有罪。

因此,用人单位欲以上述理由解除与劳动者的劳动合同时,需要有劳动者被追究刑事责任的事实存在,比如,劳动者已被法院作出判决有罪的。

当劳动者被依法追究刑事责任后,用人单位可以解除劳动合同,但并不等于是自动解除或必须解除劳动合同。是否要解除劳动合同,决定权在于用人单位。

十一、女职工在孕期严重违纪，单位可以解除劳动合同吗？

该问题的答案是肯定的。

女职工即使具有《劳动合同法》第四十二条规定的用人单位不能解除劳动合同的情形，但若劳动者符合《劳动合同法》第三十九条规定的用人单位可以即时解除劳动合同的情形，用人单位是可以解除劳动合同。

因此，女职工在孕期严重违反用人单位的规章制度，用人单位是可以解除劳动合同。

案例

员工违纪不实，不得随便解除

【案情回顾】

李某（女）于 2008 年 9 月进入一家物业管理公司工作，双方签订了一份为期 3 年的劳动合同，合同约定李某担任人力资源部经理助理一职，月工资为 5000 元。

2009 年 11 月中旬，李某经诊断确认已怀孕，此后其上班经常迟到数分钟。2009 年 12 月 4 日，公司根据《员工手册》的规定，以李某"当月迟到次数大于 3 次"为由，给予李某书面警告一次，李某解释称系怀孕初期，走路需特别小心所致。

2010 年 4 月 28 日，公司再次以李某累计"当月迟到次数大于 3 次"为由，作出书面警告一次。根据公司《员工手册》的规定，二次及以上书面警告为最后警告。次日 8 时，李某身体感到不适，需到医院就诊，向公司人力源部经理打电话请假，未能联系上，于是发短信告知需请假就医事宜。上午 9 时，李某向直属主管电话请假并进行录音，直属主管称已知晓其请假看病事情，要求其就诊后及时补交病假证明。

当天下午，李某接到公司人事经理电话，被告知因没有履行正常请假手续，属于旷工，并称因其已累计两次书面警告，根据《员工手册》中"严重违反公司规章制度即触犯严重过失行为者，或受到最后警告处分后再次违反公司规章制度者，将作即时辞退而不给予任何补偿"的规定，作出了立即解除与李某劳动合同的决定。

李某得知自己被解除劳动合同，非常委屈，与公司协商未果的情况下，她向劳动争议仲裁委员会提起仲裁申请，要求公司恢复双方的劳动关系，支付其被解除合同之日至劳动关系恢复之日的工资，并补缴此间的社会保险费。

最终，劳动争议仲裁委员会审结此案，仲裁裁决支持了李某的全部请求。

【案例解析】

这是一起用人单位以严重违纪为由解除处于"三期"中女职工劳动合同的典型

案例。实践中,如何有效管理"三期"女职工,是困扰许多用人单位的一个难题。希望通过对此案的分析,能给用人单位规范管理提供一些帮助。"三期"是指女职工的孕期、产期和哺乳期。

一、用人单位可以解除严重违纪的"三期"女职工

《劳动合同法》第四十二条规定,女职工在孕期、产期、哺乳期的,用人单位不得以本法第四十条、第四十一条的规定解除劳动合同。可见,并没有把《劳动合同法》第三十九条纳入其中。

换言之,如果处于"三期"中的女职工,出现《劳动合同法》第三十九条规定的情形之一的,用人单位是可以依法解除其劳动合同的。因此,如果"三期"女职工有严重违纪行为,并不会因为其处于特殊保护时期而免于解除劳动合同。

二、李某已履行请假手续,不应算作旷工

在该案中,李某怀孕后,经常有迟到数分钟的行为,根据公司提供的考勤记录,确实能够认定迟到这一事实,公司依据《员工手册》对其进行二次书面警告,虽然略显苛刻,但并不违法,因为怀孕并非是员工上班可以迟到的法定事由。但是,公司称李某2010年4月29日未履行正常的请假手续,属于旷工这一说法则难以成立。

首先,李某打电话向人事经理请假未果的情况下,通过手机短信请假是合乎情理的;其次,李某在公司上班后打电话再向直属主管请假,并被告知已知晓其请假情况,这些均有短信、电话单记录、录音为证,说明已经履行了正常的请病假手续,只要事后补上病假证明即可。因此,公司认定李某系旷工,属于严重过失行为,与事实相悖。

三、公司依据《员工手册》规定解除合同不成立,属违法解除

公司《员工手册》规定:"严重违反公司规章制度即触犯严重过失行为者,或受到最后警告处分后再次违反公司规章制度者,将作即时辞退而给予任何的补偿",依据这一规定,有两种情形之一的,即可被解除。一是"触犯严重过失行为者",公司将旷工行为定义为"严重过失行为",但李某并没有旷工,不能适用该项规定;二是"受到最后警告处分后再次违反公司规章制度者",李某确实受到最后警告处分,但是并没有再次违反公司规章制度,也不符合。因此,公司解除李某的劳动合同没有依据,属于违法解除。劳动争议仲裁委员会经过审理,支持了李某的全部请求。

需要特别提醒的是,处于"三期"的女职工虽拥有相关权利,但并不能违反单位的规章制度,否则,达到严重的程度,用人单位依然可以解除其劳动合同。同样,用人单位在解除劳动合同时需要十分慎重,必须在违纪事实、解除依据、解除程序等各方面均完备的情况下才能行使解除权,否则,将承担违法解除的法律后果。

十二、劳动者不能胜任工作，用人单位可以解除劳动合同吗？

我国《劳动合同法》明确规定用人单位可以在劳动者"不能胜任工作"的情况下单方与劳动者解除劳动关系。那么，是不是一旦劳动者不能胜任工作，用人单位可以立即以此为由，单方通知劳动者解除劳动合同呢？

该问题的答案是否定的。

(一)不能胜任工作的前提

劳动者不能胜任工作，用人单位就无法达成与劳动者签订劳动合同的目的，是指在用人单位无故意提高工作定额的情况下，劳动者不能按要求完成劳动合同中约定的工作任务或者同工种、同岗位人员的工作量的情形。

(二)以"不能胜任工作而解除劳动合同"应当具备五个条件

1. 制定《岗位说明书》。

对劳动者的岗位职责、工作任务或者工作量等规定清晰明确（比如实际工作成果与岗位职责要求之间的差距、客户投诉的数量），且已为劳动者所知晓。

2. 建立合法有效的考核制度。

"第一次不能胜任"，即经过第一次考核后劳动者被证明未达到考核目标，所以用人单位应当有一套行之有效的考核标准体系；用人单位建立了合法有效的考核制度，且在已依据公平合理的程序和标准对劳动者的工作情况进行考核或评估之后，作出有关劳动者的处理决定。

3. 经过培训或者调整工作岗位。

因为根据《劳动合同法》规定，劳动者不能胜任工作，单位首先要给予培训或者调整工作岗位，劳动者仍不能胜任工作的，单位才可以解除劳动合同，还要给予经济补偿。

这一规定给予了劳动者一个培训和调整工作岗位的过程。重新调岗，需要提供新岗位的劳动者的实际工作状况达不到岗位职责的证据材料。

4. 再次考核。

再次对劳动者进行考核，如果出现"第二次不能胜任"，方可解除劳动合同。"第二次不能胜任"，即劳动者经过培训或调岗后再一次经考核被证明不能胜任工作。

5. 书面告知劳动者。

用人单位已经通过直接送达、邮寄送达或公告送达等有效形式向劳动者送达了处理决定，劳动者需签字或签收。

只有经过上述五个步骤之后，用人单位才获得了单方解除劳动合同的权利，缺少任何一个程序都将导致用人单位解除劳动合同的行为违法。

同时,用人单位依据"不能胜任工作"解除劳动合同的,还应当提前一个月通知劳动者或者选择额外支付一个月的工资作为补偿。

2013年7月1日起施行的《劳动合同法》

第四十条　有下列情形之一的,用人单位提前三十日以书面形式通知劳动者本人或者额外支付劳动者一个月工资后,可以解除劳动合同:

(一)劳动者患病或者非因工负伤,在规定的医疗期满后不能从事原工作,也不能从事由用人单位另行安排的工作的;

(二)劳动者不能胜任工作,经过培训或者调整工作岗位,仍不能胜任工作的;

(三)劳动合同订立时所依据的客观情况发生重大变化,致使劳动合同无法履行,经用人单位与劳动者协商,未能就变更劳动合同内容达成协议的。

案例

【案情回顾】

2012年11月17日,A公司与丁某签订聘用协议书并发放聘任书,协议约定:A公司聘请丁某为该公司总经理,主管公司工作,聘期三年;丁某的待遇为月薪2万元,额外奖金根据营销利润浮动,工资发放日是每月13日;丁某任职期间须确保每月生产机电产品35台以上,并成立独立研发设计科。从2012年12月18日领发第一笔工资至2012年2月,丁某领到工资均不足额,分别为8500元、12550元、9700元,原因是公司认为丁某在任职期间没有完成每月35台机电产品的任务,亦未成立研发设计科,还因不了解公司产品,数次执行董事会决议不及时给公司带来损失。

2013年2月14日,公司派丁某以特级一级主管身份至天津拓展公司业务,丁某知悉后既不参加主管工作会议,也不执行前往天津的安排,在与董事会领导发生碰撞后自动离开公司。2013年2月17日,公司向丁某提出解除劳动合同,丁某认为公司单方解除劳动合同的行为违法,遂仲裁,要求按原合同约定岗位履行劳动合同。

【案例解析】

该案的焦点在于A公司与丁某解除劳动合同是否具备法定理由,这其实涉及以下两个问题。

1. A公司能否以"丁某严重违反用人单位规章制度"为由解除劳动合同?

虽然丁某未履行任何手续，"在与董事会领导发生碰撞后自动离开公司"，但并不必然导致 A 公司可以"丁某严重违反用人单位规章制度"为由解除劳动合同。A 公司行为的合法与否取决于公司在规章制度中是否对"员工擅离岗位属于旷工行为""旷工达到何种程度属'严重违纪'且公司可作'解除劳动合同'处理"等相关内容进行过明确规定。

倘若公司规章制度明确规定"员工连续旷工三天以上属于严重违纪行为，公司可解除劳动合同"，那么 A 公司的单方解除行为合法有据（前提：公司规章制度经过合法的民主和公示程序）；反之，则 A 公司行为违法。但据该案看来，A 公司似乎无此规章制度。

2. A 公司能否以"丁某不能胜任工作，经培训或调整工作岗位后，仍不能胜任工作"为由解除劳动合同？

虽然 A 公司与丁某在劳动合同中约定"丁某任职期间公司每月生产机电产品35 台以上"，而实际履行中，丁某未完成此项任务，A 公司亦随即对丁某作出了调整岗位的处理——调其至天津，这一过程从表面上看基本符合《劳动合同法》规定的解除理由，即"劳动者不能胜任工作，经过培训或者调整工作岗位，仍不能胜任工作，用人单位可以解除劳动合同"，但事实上，最终 A 公司月产品生产数量不足 35 台并非必然由总经理责任所致，其中的联系值得商榷，仅以此作为"丁某不能胜任工作"的证据欠妥。A 公司对丁某的其他几项不满也没有充分证据。总体说来，A 公司在丁某"不能胜任工作"以及"经培训或调整工作岗位仍不能胜任工作"两个事实的证据问题上，都缺乏有效的证明。

由此可见，A 公司解除丁某劳动合同可能依据的两种理由均不能完全成立。在丁某提出仲裁的情况下，A 公司面临败诉的风险。

在该案中，A 公司无合法理由向丁某发放不足额工资属"克扣"工资行为，这一行为可引致四项法律后果：①用人单位补发工资；②由劳动行政部门责令用人单位按应付金额百分之五十以上百分之一百以下的标准向劳动者加付赔偿金；③劳动者可随时要求解除劳动合同；④劳动者可要求用人单位按工作年限支付经济补偿金。该案中，在用人单位先一步提出解除劳动合同的情况下，丁某可先行要求撤销公司解除劳动合同的决定，然后再根据法律规定提出上述四项要求。

如果丁某选择在 A 公司提出解除劳动合同的情况下索要经济补偿而非自己提出解除劳动合同，则除了可以提出上述①②④项要求之外，还可依照依法计算出的经济补偿金的数额的一倍再要一份赔偿金。

企业内部岗位分工及职责等内容要细化，用人单位依据《劳动合同法》规定，解除劳动合同有三步程序需要通过自主完成：

第一步是用证据将"劳动者不能胜任工作"的事实固定化、法律化；

第二步是对劳动者培训或者调整工作岗位；

第三步是用证据将"培训或调岗后，劳动者仍不能胜任工作"的事实固定化、法律化。

能否证明"员工不能胜任工作"是用人单位在遇到本类"无过错"员工时能否顺利解除劳动合同的难点所在。而想要证明"劳动者不能胜任工作"，就必须具备"随时能够对劳动者工作状况加以评估"的能力，要做到这一点，细化企业内部的岗位分工以及各个岗位的岗位职责便是关键，通过量化和有形化的方式，使对"员工不能胜任工作"的证明要求变得具有可操作性和易实现性。此外，建立与用人单位已制定的劳动者所在岗位职责相对应的劳动者胜任力工作模型，才能使对劳动者的评价合法有效。

十三、经济性裁员的实操流程是什么？

(一)经济性裁员的法定理由

1. 依照企业破产规定进行重整的。

按照《破产法》的相关规定，企业破产需要向法院提出破产申请，并由法院裁定企业进行《破产法》规定的重整程序，通过债权人会议及企业破产管理人的相关程序，企业就可以经济性裁员。

2. 生产经营发生严重困难的。

我国目前没有对困难企业的认定标准与程序的统一规定，但各地方政府在对经济性裁员的规定中对企业生产经营发生严重困难的情形做了一些规定。困难企业的认定以企业财务资料为主要依据，一般应符合以下条件：

(1)企业经营发生严重困难并已出现亏损，长期停产或半停产；

(2)确因企业困难已经连续多月降低或欠发职工工资(一般为 6 个月)；

(3)确因企业困难有拖欠职工社会保险的现象；

(4)采取停止招工、停止加班加点等补救性措施且生产经营状况无明显好转等。

3. 企业转产、技术革新、经营方式调整，经变更劳动合同后，仍需裁减人员的。

4. 其他因劳动合同订立时所依据的客观经济情况发生重大变化，致使劳动合同无法履行的。

(二)企业需要准备的证据

1. 财务报表，如年度、季度连续亏损表。从司法实践来看，法院确认企业经营困难的主要依据是企业提供的财务报表。

2. 职工或者工会的处理意见。

3. 当地劳动和社保部门的书面认定意见。除提供完整的财务报表和职工的意见作为支撑外,实施前以取得当地劳动和社会保障部门的书面同意为最佳选择。

(三)经济性裁员的程序

裁员 20 人以上或占职工总数的 10% 以上→提前 30 日向工会或者全体职工说明情况→提出裁减人员方案→征求工会或者全体职工的意见→向当地劳动保障行政部门报告→由用人单位正式公布裁减人员方案。

(四)经济性裁员的其他注意事项

1. 优先保留的人员。

(1)与本单位订立较长期限的固定期限劳动合同的;

(2)订立无固定期限劳动合同的;

(3)家庭无其他就业人员,有需要扶养的老人或者未成年人的。

2. 不得裁减的人员(见第四十二条规定的限制解除条件)。

3. 经济性裁员时企业的义务。

(1)支付经济补偿;

(2)裁员后 6 个月内再招聘新员工时,应通知并在同等条件下优先招用被裁人员。

2013 年 7 月 1 日起施行的《劳动合同法》

第四十一条　有下列情形之一,需要裁减人员二十人以上或者裁减不足二十人但占企业职工总数百分之十以上的,用人单位提前三十日向工会或者全体职工说明情况,听取工会或者职工的意见后,裁减人员方案经向劳动行政部门报告,可以裁减人员:

(一)依照企业破产法规定进行重整的;

(二)生产经营发生严重困难的;

(三)企业转产、重大技术革新或者经营方式调整,经变更劳动合同后,仍需裁减人员的;

(四)其他因劳动合同订立时所依据的客观经济情况发生重大变化,致使劳动合同无法履行的。

裁减人员时,应当优先留用下列人员:

(一)与本单位订立较长期限的固定期限劳动合同的;

(二)与本单位订立无固定期限劳动合同的;

（三）家庭无其他就业人员，有需要扶养的老人或者未成年人的。

用人单位依照本条第一款规定裁减人员，在六个月内重新招用人员的，应当通知被裁减的人员，并在同等条件下优先招用被裁减的人员。

用人单位以暴力、威胁或者非法限制人身自由的手段强迫劳动者劳动的，或者用人单位违章指挥、强令冒险作业危及劳动者人身安全的，劳动者可以立即解除劳动合同，不需事先告知用人单位。在认定解除劳动合同原因时，应以用人单位提交给相关经办机构的解除（终止）劳动合同报告书中写明的解除劳动合同（关系）原因为准。

一点通

1. 企业确因经济性的问题需要裁员时，一定要按照法律规定的步骤进行，裁员对于企业来讲并不是与员工解除劳动合同的优先选择，一旦操作不慎或裁员的理由不成立，将会面临违法解除劳动合同的法律后果，因此建议找专业人士设计裁员方案。

2. 在裁员报备之前或之后，能够与员工协商解除劳动合同的，应当尽量去协商，这也是最佳选择。

十四、用人单位给劳动者办理解聘手续有没有时间的限制？

用人单位给劳动者办理解聘手续是有时间限制的。

《劳动合同法》第五十条规定，用人单位应当在解除或者终止劳动合同时出具解除或者终止劳动合同的证明，并在十五日内为劳动者办理档案和社会保险关系转移手续。《失业保险条例》第十六条规定，用人单位应当将失业人员的名单自终止或解除之日起7日内报社会保险经办机构备案，并在15日内为劳动者办理档案和社会保险关系转移手续。

用人单位逾期不为劳动者办理解除劳动关系相关手续，给劳动者造成经济损失的，应按以下原则处理：

用人单位延迟为劳动者办理解除劳动关系、转移档案等相关手续，致使劳动者无法领取失业金的，用人单位应赔偿劳动者相当于失业金的损失。用人单位拒不为劳动者办理解除劳动合关系、转移档案等相关手续，劳动者可以要求用人单位履行该义务；上述义务履行完毕前，用人单位应赔偿劳动者相当于失业金的损失。

2013 年 7 月 1 日起施行的《劳动合同法》

第五十条　用人单位应当在解除或者终止劳动合同时出具解除或者终止劳动合同的证明，并在十五日内为劳动者办理档案和社会保险关系转移手续。

劳动者应当按照双方约定，办理工作交接。用人单位依照本法有关规定应当向劳动者支付经济补偿的，在办结工作交接时支付。

用人单位对已经解除或者终止的劳动合同的文本，至少保存二年备查。

1999 年 1 月 22 日起施行的《失业保险条例》

第十六条　城镇企业事业单位应当及时为失业人员出具终止或者解除劳动关系的证明，告知其按照规定享受失业保险待遇的权利，并将失业人员的名单自终止或者解除劳动关系之日起 7 日内报社会保险经办机构备案。

城镇企业事业单位职工失业后，应当持本单位为其出具的终止或者解除劳动关系的证明，及时到指定的社会保险经办机构办理失业登记。失业保险金自办理失业登记之日起计算。

青岛中院、青岛劳动人事争议仲裁委员会关于审理劳动争议案件会议纪要（五）（青劳人仲案字〔2014〕2 号）

四、用人单位逾期不为劳动者办理解除劳动关系相关手续，给劳动者造成经济损失的，应按以下原则处理：

1. 用人单位延迟为劳动者办理解除劳动关系、转移档案等相关手续，致使劳动者无法领取失业金的，用人单位应赔偿劳动者相当于失业金的损失。

2. 用人单位拒不为劳动者办理解除劳动关系、转移档案等相关手续，劳动者可以要求用人单位履行该义务；上述义务履行完毕前，用人单位应赔偿劳动者相当于失业金的损失。

一点通

1. 企业在与劳动者解除劳动关系后，应当及时为劳动者出具解除劳动合同关系的证明，并要求劳动者签收，若有不明白之处，应向当地的劳动保障部门咨询需要用人单位办理的相关手续，避免不必要的纠纷。

2. 给劳动者发送解除劳动合同通知单，一定要让劳动者签收，若无法签收最好用 EMS 方式邮寄，并且在文件名上面写清楚文件的名称。

案例

迟延为劳动者办理社保转移手续,单位被判赔偿近万元失业保险金

【案情回顾】

2005年4月20日,梁某与某公司建立劳动关系。2010年11月11日,该公司违法解除与梁某之间的劳动关系。但在双方解除劳动关系后,该公司直到2012年7月18日才为梁某办理失业保险缴费情况的审核手续。

2012年7月25日,梁某从劳动监察部门收到《参加职业指导通知单》及《失业登记通知单》,通知单上注明其不享受失业保险待遇,原因是单位逾期办理解聘。此后,梁某申请劳动仲裁,要求该公司赔偿其未领取的失业金损失。

【裁判结果】

法院经过审理认为,用人单位与劳动者解除或终止劳动关系,应在15日内为劳动者办理社会保险转移手续。

该公司在2010年11月11日与梁某解除劳动关系,却未及时给梁某办理社会保险转移手续,导致梁某无法享受法定的失业保险待遇,作为用人单位的该公司应赔偿梁某不能享受失业保险待遇的损失。

根据《失业保险条例》第十七条规定,累计缴费时间满5年不足10年的,领取失业保险金的期限最长为18个月,2011年7月1日之前,失业保险金为每月536元,该公司应赔偿梁某不能享受失业保险待遇的损失为18个月的失业保险金9648元。

【法官点评】

随着社会经济的发展,劳动力市场的流动越来越频繁,许多劳动者时常会面临失业的风险。失业保险金就是针对劳动者失业期间失去工资收入的一种临时性补偿,目的是为了保障失业人员的基本生活需要。

《劳动合同法》及《失业保险条例》等相关法律法规规定,用人单位应当将失业人员的名单自劳动合同终止或解除之日起7日内报社会保险经办机构备案,并在15日内为劳动者办理档案和社会保险关系转移手续。

如果用人单位未在规定期限内履行报备手续及社会保险转移手续,造成劳动者不能领取失业金的,用人单位应当向劳动者承担赔偿责任。从上述案例可以看出,虽然相关法律法规不断加大对劳动者权益的保护力度,但劳动者通过诉讼的方式来维护自身的权益毕竟是一种事后救济方式。

因此,劳动者在就业时应更加注重对自身权益的保护,在选择用人单位时,应对社会保险的保障功能多做了解,更好地规避就业风险。反观用人单位也应规范用

工,为劳动者及时投缴保险,不要因贪前之利而不顾后害,最终承担更大的赔偿责任。

十五、用人单位解除劳动合同的实战攻略有哪些?

用人单位在管理过程中,是否遇到过下列情形而与劳动者解除劳动合同? 劳动者严重违纪、劳动者严重违反公司规章制度、试用期不符合录用条件、不能胜任工作、客观情况发生重大变化、严重失职……用人单位在解除劳动合同时要做到以下两个方面,方可不会被劳动者起诉。

第一,单位解除劳动合同的程序要合法。

第二,解除劳动合同的理由须合法。

(一)用人单位解除劳动合同的程序要合法

用人单位解除劳动合同的程序见图 3-1。

制作通知书 ➡ 通知工会或跟劳动者沟通 ➡ 书面送达 ➡ 办理离职手续

图 3-1 用人单位解除劳动合同的程序

1. 编制通知书/协议书的技巧。

离职类型、文本及用人单位应注意事项见表 3-5。

表 3-5 离职类型、文本及用人单位应注意事项

离职类型	离职文本	用人单位应注意事项
协商解除	《协商一致解除协议书》	一定要声明双方再无任何劳动争议
单位解除	《解除劳动关系通知书》	一定要等所有程序均没有问题,才发放
员工解除	《辞职信》	必须让劳动者写书面的辞职信,并注明离职原因
合同终止	《劳动合同终止通知书》	必须在劳动期限到期前30日书面通知并让劳动者签收
文本编制的必备要素:①明确谁提出解除;②注明通知时间;③注明解除或终止生效时间;④注明解除或终止理由;⑤经济补偿数额及标准;⑥用词准确:解除劳动合同,非开除、除名、辞退;⑦劳动者签收		

2. 通知工会或者跟劳动者沟通。

根据《劳动合同法》第四十三条规定,用人单位单方解除劳动合同,应当事先将理由通知工会。《最高人民法院关于审理劳动争议案件适用法律问题的解释(一)》第四十七条规定,未按照劳动合同法第四十三条规定事先通知工会,劳动者以用人单位违法解除劳动合同为由请求用人单位支付赔偿金的,人民法院应予支持,但起

诉前用人单位已经补正有关程序的除外。

因此,建立了工会组织的用人单位在解除劳动合同时,应当研究工会的意见,并将处理结果书面通知工会,否则会面临支付经济补偿金的风险。

2013年7月1日起施行的《劳动合同法》

第四十三条　用人单位单方解除劳动合同,应当事先将理由通知工会。用人单位违反法律、行政法规规定或者劳动合同约定的,工会有权要求用人单位纠正。用人单位应当研究工会的意见,并将处理结果书面通知工会。

2021年1月1日起施行的《最高人民法院关于审理劳动争议案件适用法律问题的解释(一)》

第四十七条　建立了工会组织的用人单位解除劳动合同符合劳动合同法第三十九条、第四十条规定,但未按照劳动合同法第四十三条规定事先通知工会,劳动者以用人单位违法解除劳动合同为由请求用人单位支付赔偿金的,人民法院应予支持,但起诉前用人单位已经补正有关程序的除外。

一点通

示范:通知工会函

×××公司工会:

员工_____因_____(此处填写解雇理由),公司决定解除与其订立的劳动合同,如工会认为公司解除劳动合同决定不当的,可在收到本通知之日以书面方式提出意见,公司将研究工会的意见,并将处理结果书面通知工会。

特此告知!

×××有限公司
年　月　日

---

3. 没有工会的用人单位应与劳动者本人进行沟通。

跟劳动者沟通的技巧如下:

(1)明确沟通的主题:是解除劳动合同还是终止劳动合同?

(2)选择合适的地点:会议室、咖啡厅等;

（3）语言婉转：不要去用语言刺激员工，恩威并施；

（4）谈判官的安排：对于管理人员或者"刺头"人员，最好需要 2 名面谈官，一唱一和；

（5）请谨记："请神容易送神难"，好聚好散。

4. 下发书面通知。

根据《民事诉讼法》的规定，书面通知的送达方式有以下 7 种。

1）直接送达：直接送达又称交付送达，是指人民法院派专人将诉讼文书直接交付给受送达人签收的送达方式。直接送达是送达方式中最基本的方式。凡是能够直接送达的，就应当直接送达，以防止拖延诉讼，保证诉讼程序的顺利进行。

2）留置送达：是指受送达人无理拒收诉讼文书时，送达人依法将诉讼文书放置在受送达人的住所并产生送达的法律效力的送达方式。

3）公告送达：是指法院在受送达人下落不明，或者以其他方式无法送达的情况下，发出公告，公告发出后经过一定的时间即视为送达的方式。

4）邮寄送达：是指人民法院将所送达的文书通过邮局并用挂号信寄给受送达人的方式。实践表明，法院采用邮寄送达通常是受送达人住地离法院路途较远，直接送达有困难时所采用的一种送达方式。邮寄要使用官方的 EMS 快递。

5）转交送达：是指人民法院将诉讼文书送交受送达人所在单位代收，然后转交给受送达人的送达方式。

6）电子送达：是指法院利用传真、电子邮件、移动通信等现代化电子手段进行的送达。

7）委托送达：是指负责审理该民事案件的人民法院直接送达诉讼文书有困难时，依法委托其他人民法院代为送达。委托送达与直接送达具有同等法律效力。

在处理劳动关系时，我建议采取第 1）到第 4）种方式，即直接送达、留置送达、公告送达和邮寄送达。

根据劳动部办公厅《关于通过新闻媒介通知职工回单位并对逾期不归者按自动离职或旷工处理问题的复函》（劳办发〔1995〕179 号）规定，用人单位先采用直接送达或邮寄送达，被退回后，再采用公告方式送达。

5. 办理离职手续要严谨细致。

1）签署离职的资料：让劳动者填写《离职单》或者与其签订《解除/终止协议书》。

协议书要注明解除或终止生效时间：因用人单位解除或者终止劳动关系，一定要书面通知劳动者解除或者终止劳动关系的时间，如果用人单位不能证明劳动者收到解除或者终止劳动关系书面通知时间的，劳动者主张权利之日为劳动争议发生之日。

2）进行离职交接，填写《离职交接表》。

（1）工作交接包括工作文档、客户资料、图纸等，工作电脑、U 盘等涉及工作内容

的部分,需要留存;

(2)公司物品归还、清理文件资料、清偿借款、债务;

(3)退还员工有关证件、转移社会保险关系、档案关系、需要在离职后 15 日内办理;

(4)出具离职证明(解除、终止之日出具);

(5)薪资结算、支付经济补偿金(办理工作交接结束后支付)。

(二)解除劳动合同的理由须合法

解除劳动合同的理由须合法,否则面临着劳动者要求恢复劳动关系或者支付赔偿金的风险。合法应做到以下四个方面。

1. 遵守解除劳动合同法定理由。

法律规定可以解除劳动合同的情形为《劳动合同法》第三十六条、三十九条、四十条、四十一条。因此,解除劳动合同的理由,是法律规定的,不是用人单位随意而为的,不可随便找个解除劳动合同的理由,容易被视为违法解除劳动合同,意味着翻番支付赔偿。

2. 必须遵守解除劳动合同的法定程序。

除了依据《劳动合同法》第三十九条规定可以随时解除劳动合同,其他情形均不能直接解除劳动合同。同时如果违反了法定程序也是违法,同样要受到处罚。比如有工会的企业,必须先通知工会,批准后,方可解除。

3. 健全规章制度。

规章制度就是用人单位的"法律",解除劳动合同离不开规章制度。规章制度本身不能与相关法律、法规强制性规定相抵触,还要结合自身实际具有合理性。只有经过民主的程序和公示的规章制度才能具有约束力。

4. 强化证据意识。

用人单位的管理行为需要证据支撑,工作中注意搜集、整理、保留可能作为证据的各种资料,如果在证据不充分的情况下做出决断,必定会给自身埋下祸根。

劳动部办公厅《关于通过新闻媒介通知职工回单位并对逾期不归者按自动离职或旷工处理问题的复函》(劳办发〔1995〕179 号)

按照《企业职工奖惩条例》(国发〔1982〕59 号)第十八条规定精神,企业对有旷工行为的职工做除名处理,必须符合规定的条件并履行相应的程序。因此,企业通知请假、放长假、长期病休职工在规定时间内回单位报到或办理有关手续,应遵循对职工负责的原则,以书面形式直接送达职工本人;本人不在的,交其同住成年亲属签收。直接送达有困难的可以邮寄送达,以挂号查询回执上注明的收件日期为送达日期。只有在受送达职工下落不明,或者用上述送达方式无法送达的情况下,方可公告送达,即张贴公告或通过新闻媒介通知。自发出公告之日起,经过三十日,即视为送达。在此基础上,企业方可对旷工和违反规定的职工按上述法规做除名处理。能用直接送达或邮寄送达而未用,直接采用公告方式送达,视为无效。

　　企业因故通知停薪留职期限未满的职工在规定时间内回单位报到或办理有关手续,也应按照上述规定的方式通知本人,在此基础上,企业方可按照有关规定及停薪留职协议对其做除名或自动离职处理。企业对停薪留职期满后逾期不归的职工,可按照劳动人事部、国家经济委员会《关于企业职工要求"停薪留职"问题的通知》(劳人计〔1983〕61号)第六条和劳动部《关于自动离职与职工除名如何界定的复函》(劳办发〔1994〕48号)的规定做自动离职处理。

一点通

　　1.劳动者提出离职。

　　劳动者本人提出离职,一定让其在《离职申请单》上注明具体的原因,比如,家庭原因、交通不方便、进修上学等。切记不可写"个人原因"这4个字,"个人原因"既可以理解为劳动者自己提出离职,也可以理解为单位有违法的情形,导致劳动者离职。

　　当用人单位存在《劳动合同法》第三十八条规定的法定侵权的情形时,劳动者可以即时解除合同,劳动者离职的同时,单位还需要支付经济补偿金。

　　2.离职手续办理的注意事项。

　　1)用人单位可以根据工作需要,分段要求劳动者办理离职手续。涉及商业秘密的岗位可以约定脱密期。

　　2)员工主动离职的,双方在办理工作交接手续时,用人单位对于员工未及时清算的账务及事项,包括公司配车、笔记本电脑、工作文件、出差报销费用等均需交接完毕后,才能核算离职费用;如果离职员工的户口所在地与用人单位的办公地不在同一城市,必将增加用人单位的诉讼成本。因此,必须将离职员工的书面离职手续办理清楚,避免留下无签字的打印版、邮件版辞职信等。

　　3)注明解除或终止生效时间。

　　因用人单位解除或者终止劳动关系,一定要书面通知劳动者解除或者终止劳动关系的时间,如果用人单位不能证明劳动者收到解除或者终止劳动关系书面通知时间的,劳动者主张权利之日为劳动争议发生之日。

案例

员工的辞职信里多写了一句话，公司赔了6万多元！

【案情回顾】

小龙于2007年9月8日入职某公司，约定月基本工资10000元，另有绩效奖金。双方最后一份劳动合同期限至2012年9月7日止。2012年2月28日，小龙向公司递交书面辞职申请，内容为："由于本人身体原因，现提出辞职申请，望批准。本人现有2011年、2012年年休假20天没有休，另外仅2011年一年的节假日加班时间就超过30天以上，本人申请补发两个月工资。"公司随后批准了该辞职申请，双方工资结算至2012年3月23日。

离职三个月后，小龙向区劳动争议仲裁委员会提起了仲裁，除要求公司支付应休未休年休假折算工资和加班工资外，还有一项请求为"请求公司支付解除劳动合同经济补偿金69000元"。出乎公司意料的是，无论是劳动仲裁，还是一审、二审法院，均支持了小龙的这项请求。

【法院庭审】

法院在庭审中认为，小龙虽系主动辞职，并在辞职申请中明确其是因自身身体原因，但其在辞职申请中明确辞职理由为"由于本人身体原因，现提出辞职申请，望批准。本人现有2011年、2012年年休假20天没有休，另外仅2011年一年的节假日加班时间就超过30天以上，本人申请补发两个月工资"，这表明小龙在辞职原因中所述的"身体原因"，实际与公司经常安排小龙加班而未支付加班工资、未安排小龙年休假和工作劳累等原因是分不开的。

因此，小龙提出辞职符合《劳动合同法》第三十八条关于"用人单位未及时足额支付劳动报酬的，劳动者可以解除劳动合同"的相关规定，公司应当向小龙支付经济补偿金。

【案例解析】

对于企业的人力资源工作者来说，此案是一个警醒。

当接到员工的辞职信后，应当仔细阅读辞职信的内容，判断员工的辞职是属于《劳动合同法》第三十七条"劳动者提前三十日以书面形式通知用人单位，可以解除劳动合同"，还是《劳动合同法》第三十八条，当公司存在法定侵权情形，劳动者可以即时解除合同。

特别是辞职信中出现了"拖欠工资""未缴纳社保"等字眼，则很有可能在将来被仲裁和法院认定为《劳动合同法》第三十八条的情形，此类情况值得公司特别注意。

第二节　终止合同

解除和终止都有结束的意思,在生活中并不会特意加以区分。可是当这两个词放在《劳动法》中,却会产生极大的不同。如果一不小心弄错的话,就会产生不同的法律责任。

终止合同跟解除合同一样,都要合法,否则将面临支付赔偿金的风险。

一、"终止劳动合同"与"解除劳动合同"一样吗?

两者肯定是不一样的。

(一)两者的定义

劳动合同的解除是指劳动合同订立后,尚未全部履行以前,由于某种原因导致劳动合同一方或双方当事人提前消灭劳动关系的法律行为。劳动合同的解除分为法定解除和约定解除两种。

劳动合同的终止,是指劳动合同期限届满或者有其他符合法律规定的情形出现导致劳动合同关系消灭;是指由于《劳动合同法》第四十四条中的法定事由出现,导致的劳动合同关系期满终止或依法终止。劳动合同终止的情形包括劳动合同期满的;劳动者开始依法享受基本养老保险待遇的;劳动者死亡,或者被人民法院宣告死亡或者宣告失踪的;用人单位被依法宣告破产的;用人单位被吊销营业执照、责令关闭、撤销或者用人单位决定提前解散等。

(二)两者的共同点

劳动合同的解除和劳动合同的终止,都是劳动合同所确定的法律关系消灭,用人单位和劳动者的劳动合同关系"随风而逝",双方之间的权利和义务"烟消云散"。所以在现实操作中,很多人把二者混为一谈,区分不开,因而留下了劳动纠纷隐患。

(三)两者的区别

劳动合同的终止与劳动合同的解除,作为劳动关系消灭的两种情形,是两个完全不同的法律概念。劳动合同解除需要一方主动提出,劳动合同终止不需要提出。

劳动合同的解除,是当事人一方或双方的意思表示,要么协商一致解除,要么单方解除,强调主观因素,是劳动关系的提前终结。

劳动合同的终止,是由于某些客观事实的发生,导致的劳动关系终结,更加强调客观因素,是劳动合同的正常终结。按照《劳动合同法》规定,劳动合同的终止只有法定情形的终止,而不能有约定条件下的终止,否则即使约定了,也是无效的。

案例

【案情回顾】

张某 2011 年 12 月进入某物流公司工作,与公司签订了为期 3 年的劳动合同。2014 年 11 月 15 日,该物流公司向张某发出书面通知,告知张某在劳动合同期满后不再与其续签劳动合同。2014 年 12 月 1 日,公司与张某办理了终止劳动合同手续,转移了张某的档案材料,未作任何补偿。

张某遂向当地劳动人事争议仲裁委员会提出仲裁申请,要求该物流公司支付经济补偿。

【案例解析】

根据《劳动合同法》第四十六条等相关法律规定,除用人单位维持或者提高劳动合同约定条件续订劳动合同,劳动者不同意续订的情形外,因劳动合同期满而终止固定期限劳动合同的,用人单位应当向劳动者支付经济补偿。

该物流公司因劳动合同期满而终止与张某的 3 年期限劳动合同,应当向张某支付经济补偿。最终,仲裁委支持了张某的请求。

二、劳动合同的终止有哪些情形?

根据《劳动合同法》和《劳动合同法实施条例》,劳动合同的终止有五大类,具体情形如下。

(一)劳动合同期满而终止

劳动合同到期终止也就是劳动合同期满的。如果是劳动者到期不续签劳动合同,则无经济补偿金;如果是单位不续签劳动合同,则需要支付经济补偿金。

(二)劳动者主体资格丧失终止劳动合同

1. 劳动者开始依法享受基本养老保险待遇或达到法定退休年龄的是可以终止劳动合同。

2. 劳动者死亡,或者被人民法院宣告死亡或者宣告失踪的,是可以终止劳动合同的。

(三)用人单位主体资格丧失终止

1. 用人单位被依法宣告破产而终止。

用人单位被依法宣告破产,若用人单位因未办理注销手续,主体资格尚未丧失,仲裁或者诉讼仍然以用人单位为主体,只不过由破产管理人代为履行用人单位的权

利义务。(法律依据:《破产法》第一百一十三条)

用人单位被依法宣告破产,若已经进入破产清算程序,宣告破产后劳动合同自行终止,职工享有领取终止合同经济补偿金的权利,并与其他赔付项目(如工资、工伤待遇、社会保险待遇)一起纳入破产债权,享受第一顺位清偿。破产企业的董事、监事和高级管理人员的工资按照该企业职工的平均工资核算。

2. 公司提前解散。

根据《工资支付暂行规定》第十二条规定,非因劳动者原因造成单位停工、停产在一个工资支付周期内的,用人单位应按劳动合同规定的标准支付劳动者工资。超过一个工资支付周期的,若劳动者提供了正常劳动,则支付给劳动者的劳动报酬不得低于当地的最低工资标准;若劳动者没有提供正常劳动,应按国家有关规定办理。

3. 分公司提前解散。

分公司解散是用人单位解散中的一种特殊情形。总分公司是企业的一种特殊形态,总公司可以决定撤销分公司,分公司被撤销后,相应的劳动关系终止。

分公司撤销不需要经过清算程序,终止劳动合同的分公司有财产的,可以由分公司财产清偿;分公司无财产或财产不足以清偿的,则可以向总公司主张。

4. 用人单位被吊销营业执照、责令关闭、撤销。

(四)事实劳动关系到期终止

1. 自用工之日起一个月内未订立书面劳动合同。

根据《劳动合同法实施条例》第五条规定,自用工之日起一个月内,经用人单位书面通知后,劳动者不与用人单位订立书面劳动合同的,用人单位应当书面通知劳动者终止劳动关系,无须向劳动者支付经济补偿,但是应当依法向劳动者支付其实际工作时间的劳动报酬。

也就是说,用人单位在1个月内可以终止劳动关系,同时无须支付经济补偿金。

2. 入职满一月至满一年未订立书面劳动合同。

《劳动合同法实施条例》第六条规定,用人单位自用工之日起超过一个月不满一年未与劳动者订立书面劳动合同的,应当依照《劳动合同法》第八十二条的规定向劳动者每月支付二倍的工资,并与劳动者补订书面劳动合同。

劳动者不与用人单位订立书面劳动合同的,用人单位应当书面通知劳动者终止劳动关系,并依照《劳动合同法》第四十七条的规定支付经济补偿。

3. 劳动合同期限届满后未续签书面劳动合同。

《最高人民法院关于审理劳动争议案件适用法律问题的解释(一)》第三十四条规定,劳动合同期满后,劳动者仍在原用人单位工作,原用人单位未表示异议的,视为双方同意以原条件继续履行劳动合同。一方提出终止劳动关系的,人民法院应予支持。

因此,劳动合同期限届满后未订立书面劳动合同的,视为双方同意以原条件继续履行劳动合同,任何一方均有终止劳动合同的权利。此时用人单位是可以终止劳动关系的,但因单位未续签书面的劳动合同,应从次月开始支付劳动者二倍工资,同初次未签订劳动合同的惩罚一样。

值得注意的是,任意一方的终止只能在原劳动合同期限届满至届满一年的期限内行使,原劳动合同期限满一年的视为双方订立无固定期限劳动合同,不存在到期终止。

综上所述,解决事实劳动关系的合同终止问题时,一定要把握好时间节点,即入职一个月内、入职满一个月的次日至未满一年,在这两个时间点,用人单位是可以到期终止劳动合同的。否则事实劳动关系满一年的视为无固定期限劳动合同,不得终止劳动合同。

(五)劳务派遣到期终止劳动合同

对劳务派遣关系可以分为劳务派遣合同和用工合同两份文件,存在以下两种情形。

1. 劳务派遣合同期限≥用工合同期限。

当劳务派遣合同到期了,则由劳务派遣公司与派遣工终止劳动关系。

当劳务派遣合同期限>用工合同期限时,用工单位应续签用工合同或者将劳务派遣工退回到劳务派遣公司。只要劳务派遣合同期限未届满,则派遣工与劳务派遣公司之间的劳动关系未终止。

2. 劳务派遣合同期限≤用工合同期限。

一般实务中不会出现此类情况。如未出现,认定为劳务派遣合同到期终止,派遣工与劳务派遣公司之间无劳动关系,此时派遣工与用工单位之间形成新的事实劳动关系。若出现,建议用工单位应与劳动者签订书面的劳动合同。

2013 年 7 月 1 日起施行的《劳动合同法》

第四十四条　有下列情形之一的,劳动合同终止:

(一)劳动合同期满的;

(二)劳动者开始依法享受基本养老保险待遇的;

(三)劳动者死亡,或者被人民法院宣告死亡或者宣告失踪的;

(四)用人单位被依法宣告破产的;

(五)用人单位被吊销营业执照、责令关闭、撤销或者用人单位决定提前解散的;

（六）法律、行政法规规定的其他情形。

第二十一条 劳动者达到法定退休年龄的，劳动合同终止。

2021年1月1日起施行的《最高人民法院关于审理劳动争议案件适用法律问题的解释（一）》

第三十四条 劳动合同期满后，劳动者仍在原用人单位工作，原用人单位未表示异议的，视为双方同意以原条件继续履行劳动合同。一方提出终止劳动关系的，人民法院应予支持。

根据劳动合同法第十四条规定，用人单位应当与劳动者签订无固定期限劳动合同而未签订的，人民法院可以视为双方之间存在无固定期限劳动合同关系，并以原劳动合同确定双方的权利义务关系。

一点通

与入职满一月至满一年未订立书面劳动合同的劳动者终止合同的技巧

根据劳动者入职的时间分为两种情形进行终止合同：

1. 入职一个月内终止劳动合同。

入职一个月内，单位因劳动者不愿意订立书面劳动合同的，可以书面通知终止，并无须支付经济补偿金。但需要注意的是，单位应提前做好书面催告程序。

2. 入职满一个月的次日至未满一年终止劳动合同。

入职满一个月的次日至入职满一年，经单位书面催告，劳动者不与单位订立书面劳动合同的，单位可以书面通知终止。但单位需要支付二倍工资。

三、劳动合同期满，用人单位一定能终止吗？

也许有人会问："上个问题讲到劳动合同期满，可以终止劳动合同，怎么现在又出现这个问题呢？"

我的回答是：合同期满不一定都能终止。

劳动合同期满时，在劳动合同终止操作的问题上，还存在强制缔约、限制和逾期终止的情形。

(一)连续订立两次固定期限劳动合同的,第二次劳动合同到期时

当用人单位与劳动者连续订立二次固定期限劳动合同的,第二次固定期限劳动合同到期时,用人单位无权选择订立固定期限劳动合同或者终止劳动合同。除非劳动者提出终止或者同意续订、订立固定期限劳动合同,用人单位可以终止劳动合同或者与劳动者订立固定期限劳动合同。否则劳动者提出订立无固定期限劳动合同,则用人单位应当与劳动者订立无固定期限劳动合同。

这种情形下,劳动者有强制缔约权,可以强制要求单位缔结无固定期限劳动合同或者签订固定期限劳动合同,也可以选择到期终止。

(二)劳动者在用人单位连续工作满 10 年的

连续工作满 10 年的,劳动者同样享有强制缔约权。而用人单位对连续工作满 10 年的劳动者不适用劳动合同到期终止。

不过对强制缔约权,各地规定有差异,北京、上海均认可强制缔约权,其他地区以地方性规定为准。

(三)事实劳动关系满一年的视为无固定期限劳动合同

未订立书面劳动合同满一年的,视为劳资双方订立无固定期限劳动合同工,不存在到期终止。

入职满一年的次日起,单位和劳动者之间视为订立无固定期限劳动合同,不存在到期终止。同时单位需要支付入职满一个月的次日至入职满一年的二倍工资,即多支付 11 个月的工资。

(四)劳动合同延期终止

根据《劳动合同法》第四十五条规定,劳动合同期满,有本法第四十二条规定情形之一的,劳动合同应当续延至相应的情形消失时终止。但是,本法第四十二条第二项规定丧失或者部分丧失劳动能力劳动者的劳动合同的终止,按照国家有关工伤保险的规定执行。

也就是说,如果劳动合同期满时,劳动者有下述情形之一的,单位不能终止劳动合同,而要将劳动合同续延至相应的情形消失时方可终止(表 3-6)。

表 3-6　逾期终止的情形及其期限

逾期终止的情形	逾期终止的期限
疑似职业病的	职业健康检查后未发现职业病或诊断后治愈的或观察期满排除职业病的,才可以终止

（续表）

逾期终止的情形	逾期终止的期限
工伤	1. 一至四级的,不能终止; 2. 五至六级的,一般不得终止,但经劳动者提出由单位支付一次性工伤医疗补助金和伤残就业补助金后可以终止; 3. 七至十级的,劳动合同到期单位支付一次性伤残就业补助金和经济补偿金后可以终止
患病或非因工负伤的	医疗期届满后才可以终止
"三期"内的女职工	孕期、产期、哺乳期结束后才可以终止
在本单位连续工作满十五年,且距法定退休年龄不足五年的	劳动关系保留到劳动者退休
担任平等协商代表的	平等协商事项结束后才可以终止
基层工会专职主席、副主席或者委员的	延长的期限等于其工会职务任职的期间
员工服兵役的	可以中止,服兵役结束后,劳动合同继续履行

2013年7月1日起施行的《劳动合同法》

第十四条　无固定期限劳动合同,是指用人单位与劳动者约定无确定终止时间的劳动合同。

用人单位与劳动者协商一致,可以订立无固定期限劳动合同。有下列情形之一,劳动者提出或者同意续订、订立劳动合同的,除劳动者提出订立固定期限劳动合同外,应当订立无固定期限劳动合同:

(一)劳动者在该用人单位连续工作满十年的;

(二)用人单位初次实行劳动合同制度或者国有企业改制重新订立劳动合同时,劳动者在该用人单位连续工作满十年且距法定退休年龄不足十年的;

(三)连续订立二次固定期限劳动合同,且劳动者没有本法第三十九条和第四十条第一项、第二项规定的情形,续订劳动合同的。

用人单位自用工之日起满一年不与劳动者订立书面劳动合同的,视为用人单位与劳动者已订立无固定期限劳动合同。

第四十二条　劳动者有下列情形之一的,用人单位不得依照本法第四十条、第四十一条的规定解除劳动合同:

(一)从事接触职业病危害作业的劳动者未进行离岗前职业健康检查,或者疑似职业病病人在诊断或者医学观察期间的;

（二）在本单位患职业病或者因工负伤并被确认丧失或者部分丧失劳动能力的；

（三）患病或者非因工负伤，在规定的医疗期内的；

（四）女职工在孕期、产期、哺乳期的；

（五）在本单位连续工作满十五年，且距法定退休年龄不足五年的；

（六）法律、行政法规规定的其他情形。

2014年5月7日发布的《北京市高级人民法院、北京市劳动争议仲裁委员会关于劳动争议案件法律适用问题研讨会会议纪要（二）》

34. 用人单位与劳动者连续订立二次固定期限劳动合同的，第二次固定期限劳动合同到期时，用人单位能否终止劳动合同？

根据《劳动合同法》第十四条第二款第三项规定，劳动者有权选择订立固定期限劳动合同或者终止劳动合同，用人单位无权选择订立固定期限劳动合同或者终止劳动合同。上述情形下，劳动者提出或者同意续订、订立无固定期限劳动合同，用人单位应当与劳动者订立无固定期限劳动合同。

35. 用人单位与劳动者连续订立二次固定期限劳动合同后，劳动者与用人单位再次订立固定期限劳动合同的，最后一次固定期限劳动合同到期时，用人单位是否可以终止劳动合同？

在用人单位与劳动者连续订立二次固定期限劳动合同后，劳动者与用人单位再次订立固定期限劳动合同的，适用《劳动合同法》第十四条规定。在最后一次固定期限劳动合同到期时，应认定符合连续订立二次固定期限劳动合同的条件，排除法定情形外，劳动者提出或者同意续订、订立无固定期限劳动合同，用人单位应当与劳动者订立无固定期限劳动合同。

案例

【案情回顾】

2009年3月，王某被上海某塑料制品有限公司录用，在注塑车间担任操作工，劳动合同为2年。2011年3月下旬，王某的劳动合同到期。公司表示不续签，并向王某发出了《劳动合同期满终止通知书》，同时根据其工作年限向其支付了两个月的经济补偿金，但并未对王某进行离岗前的健康体检。王某向公司提出要求为其安排体检，但公司表示其劳动合同期满自然终止，无须进行专门的离岗前健康体检。

王某对公司的决定表示不服，向劳动争议仲裁委提起仲裁。他认为公司未对其进行离岗前健康体检而与其终止劳动合同的行为系违法终止，要求公司按照经济补偿金两倍的标准支付其违法终止的赔偿金。

【争议焦点】

该案的争议焦点在于:有毒有害岗位劳动合同期满终止是否应当进行离岗前健康体检?

王某认为,注塑车间的工作会有粉尘、噪音等职业病危害。公司每年都安排他们进行职业病体检。根据法律规定,凡是涉及有毒有害岗位的,无论是劳动合同解除还是终止,公司均应当安排离岗前的健康体检。

公司则认为,公司每年10月会安排所有职工参加例行的健康体检。现在王某劳动合同期满自然终止,公司已经根据法律规定支付了其经济补偿金,无须再安排王某进行专门的离岗前健康体检,故不同意王某的请求。

【裁判结果】

仲裁委在经过审理后认为,根据法律明确规定,从事职业病危害作业的劳动者,未进行离岗职业健康检查的不能终止劳动合同。在仲裁委的积极调解下,公司最终与员工达成如下调解协议:公司对王某进行离岗前健康体检,体检费用由公司承担。如体检报告为无职业病,双方劳动关系续延至该月终止。其间王某不用上班,公司按王某在职期间的工资待遇发放。

【案例解析】

该案中所涉及的"粉尘、噪音"等属于可能存在职业病危害的作业。所谓从事接触职业病危害作业,是指劳动者所从事的工种存在职业危害因素,会给劳动者的身体健康带来较大危害。职业危害因素主要包括粉尘类、放射性物质类(电离辐射)、物理、化学、生物因素类以及可导致各种职业性疾病的危害因素。

根据《劳动合同法》第四十二条之规定:"劳动者有下列情形之一的,用人单位不得依照本法第四十条、第四十一条的规定解除劳动合同:(一)从事接触职业病危害作业的劳动者未进行离岗前职业健康检查,或者疑似职业病病人在诊断或者医学观察期间的⋯⋯"

从规定中我们可以看到,《劳动合同法》对从事接触职业病危害作业的劳动者劳动合同的解除增加了离岗前职业健康检查的法定义务。而针对劳动合同终止的情形,企业是否亦有该义务,《劳动合同法》虽然并未提及,但《中华人民共和国职业病防治法》却有明文规定。

《职业病防治法》第三十二条规定:"对从事接触职业病危害的作业的劳动者,用人单位应当按照国务院卫生行政部门的规定组织上岗前、在岗期间和离岗时的职业健康检查,并将检查结果如实告知劳动者。职业健康检查费用由用人单位承担。用人单位不得安排未经上岗前职业健康检查的劳动者从事接触职业病危害的作业；不得安排有职业禁忌的劳动者从事其所禁忌的作业；对在职业健康检查中发现有与所从事的职业相关的健康损害的劳动者，应当调离原工作岗位，并妥善安置；对未进行离岗前职业健康检查的劳动者不得解除或者终止与其订立的劳动合同。"

故对于从事接触职业病危害的作业的劳动者，无论是解除或者终止与其订立的劳动合同，企业均应当为其安排离岗前职业健康检查。

在这里需要特别提示的是，根据 2007 年中国卫生部发布的《职业健康监护技术规范》相关规定："劳动者在准备调离或脱离所从事的职业病危害的作业或岗位前，应进行离岗时健康检查；主要目的是确定其在停止接触职业病危害因素时的健康状况。如最后一次在岗期间的健康检查是在离岗前的 90 日内，可视为离岗时检查。"故有些企业对员工有一些每年例行体检的安排，并不能简单地替代离岗前职业健康检查，除非这一次体检正好是发生在离岗前的 90 日内。

四、当出现劳动合同延期终止的情形时，其注意事项是什么？

(一)疑似职业病劳动合同的延期终止

《中华人民共和国职业病防治法》第三十五条规定，对从事接触职业病危害的作业的劳动者，用人单位对未进行离岗前职业健康检查的劳动者不得解除或者终止与其订立的劳动合同；用人单位在疑似职业病病人诊断或者医学观察期间，不得解除或者终止与其订立的劳动合同。

职业健康检查分为上岗前职业健康检查、在岗期间职业健康检查和离岗时的职业健康检查。哪些岗位需要进行离岗前职业病健康检查，以安监部门核定的《职业病危害因素分类目录》为准。

职业病诊断鉴定委员会应当按照国务院卫生行政部门颁布的职业病诊断标准和职业病诊断、鉴定办法进行职业病诊断鉴定，向当事人出具职业病诊断鉴定书。职业病诊断、鉴定费用由用人单位承担。

劳动者在准备调离或脱离所从事的职业病危害作业或岗位前，应进行离岗时健康检查，主要目的是确定其在停止接触职业病危害因素时的健康状况。如最后一次在岗期间的健康检查是在离岗前的 90 日内，可视为离岗时检查。

因此，疑似职业病员工劳动合同期满的，由职业病诊断鉴定委员会按照相关标准和职业病诊断、鉴定办法进行诊断鉴定，并向当事人出具职业病诊断鉴定书。疑似职业病确诊为职业病的，按照相关的等级享受待遇；确认不是职业病的，劳动合同期满是可以终止的。

(二)患病职工劳动合同的延期终止

患病职工涉及医疗期和治疗期两个概念。医疗期是企业职工因患病或非因工负伤停止工作治病休息、法定的不得解除劳动合同的时限,这个时限是相对固定的。而治疗期是不固定的,不是法定的不得解除劳动合同的时限。

劳动者在医疗期内享受终止保护,劳动合同的终止延长至医疗期满。如果劳动者工伤达不到一至四级或者五至六级的情形,劳动者不能从事原工作,也不能从事单位安排的工作的,单位可以依据《劳动合同法》第四十条第一项,"劳动者患病或者非因工负伤,在规定的医疗期满后不能从事原工作,也不能从事由用人单位另行安排的工作"的规定予以解除。同时用人单位需要支付 N 或者 N+1 的经济补偿金。

(三)工伤职工劳动合同的延期终止

根据《劳动合同法》第四十五条规定,劳动合同期满,有本法第四十二条规定情形之一的,劳动合同应当续延至相应的情形消失时终止。但是,本法第四十二条第二项规定丧失或者部分丧失劳动能力劳动者的劳动合同的终止,按照国家有关工伤保险的规定执行。

工伤职工的劳动合同终止具有特殊性。工伤职工处理分为以下三个阶段。

1. 工伤事故发生至停工留薪期满。

这一阶段工伤职工处于停工留薪期间,退出工作岗位接受工伤治疗。此阶段劳动合同到期,则不得终止,顺延至停工留薪期满。

2. 停工留薪期满至劳动功能障碍等级(伤残鉴定)做出之日。

停工留薪期满后,如劳动合同尚未到期,则用人单位应当告知职工返回单位工作。如职工无正当事由,未能返回单位继续工作的,用人单位可以以工伤职工旷工为由,予以解除劳动合同。

需要注意的是,职工停工留薪期满后可能需要一定的恢复期才能返回单位。对此,用人单位可以给予劳动者一定的医疗期,如医疗期内合同期满的,则应顺延至医疗期届满。

3. 劳动功能障碍等级做出的次日至劳动合同期满。

除一至四级工伤职工外,因完全丧失劳动能力,保留劳动关系,退出工作岗位,不适用劳动合同终止。用人单位可为劳动者办理病退手续,享受病退待遇。

五至六级工伤职工,保留与用人单位的劳动关系,由用人单位安排适当工作。经职工本人提出的,可以在支付一次性伤残就业补助金和一次伤残工伤医疗补助金之后终止劳动合同,但职工不提出的不得终止。

七至十级到期终止,但用人单位应支付工伤职工一次性伤残就业补助金和终止劳动合同的经济补偿金这两项赔付。

(四)"三期"女职工劳动合同的延期终止

"三期"女职工的延期终止重点在于掌握"三期"的期限:女职工末次月经的第一天至分娩后婴儿满一周岁(孕期、产期、哺乳期),在此阶段内如劳动合同到期的,则应顺延至分娩后婴儿满一周岁终止。

1. 孕期:法律中并未明确定义,一般作为医学概念来表述,医学上的孕期是指从末次月经的第一天(并不是从同房的那天算起)开始,到分娩结束,通常为四十周。

2. 产期:严格来说,产期并非一段期间,而是对女职工预产即分娩时间的表述。

3. 哺乳期:依据《劳动法》第六十三条,一般认为是从婴儿出生至满一周岁的期间。

女职工在孕期、产期、哺乳期的期间,用人单位需要等到"三期"结束后才可以终止劳动合同。

(五)长龄职工劳动合同的延期终止

长龄职工是指职工在本单位连续工作满十五年,且距法定退休年龄不足五年的职工。

此类职工因在本单位已连续工作超过十年,已经符合订立无固定期限劳动合同的条件,所以实践中不存在固定期限劳动合同到期终止的问题。

(六)服务期劳动合同的延期终止

服务期是一种特殊的延期终止情形,劳动合同期满但服务期尚未届满的,则劳动合同期限顺延至服务期届满而终止。

但需要注意的是,劳资双方有约定的遵其约定,如单位约定劳动合同到期,而服务期未到期的,可以适用到期终止的从其约定。

(七)工会、职工代表等劳动合同的延期终止

《工会法》第十八条规定,基层工会专职主席、副主席或者委员自任职之日起,其劳动合同期限自动延长,延长期限相当于其任职期间;非专职主席、副主席或者委员自任职之日起,其尚未履行的劳动合同期限短于任期的,劳动合同期限自动延长至任期期满。但是,任职期间个人严重过失或者达到法定退休年龄的除外。

劳动保障部等部门《关于进一步推行平等协商和集体合同制度的通知》(劳社部发〔2001〕17号)规定,参与集体协商签订集体合同的职工协商代表在任期内,劳动合同期满的,企业原则上应当与其续签劳动合同至任期届满。职工代表的任期与当期集体合同的期限相同。

(八)员工服兵役期间劳动合同的延期终止

1. 员工入伍后"保持劳动关系"。

原劳动部办公厅《关于职工应征入伍后与企业劳动关系的复函》(劳办发〔1997〕50号)的规定,职工应征入伍后,企业应当与其继续保持劳动关系,但双方可以变更原劳动合同中具体的权利义务条款。

按照《兵役法》《退伍兵安置条例》的有关规定,义务兵入伍前是国家机关、人民团体、企业、事业单位的正式职工,退伍后原则上回原单位复工复职。用人单位在实行劳动合同制度后,仍应执行上述规定。

根据上述规定,员工入伍后如何"保持劳动关系",取决于双方的彼此合意,即双方协商变更劳动合同中的相关内容,主要就是关于工资待遇、社会保险福利的内容。但这种合意取决于员工是否同意,若员工不同意用人单位提出的合意内容,用人单位也不能阻止员工服兵役。服役期间的薪酬福利待遇如何确定,目前的法律法规没有规定。

2. 员工服兵役期间的劳动合同,是可以中止的。

员工服兵役期间不可以终止劳动合同,但是可以中止,待服兵役结束后,劳动合同继续履行。关于中止劳动合同的政策法规具体要参考当地的政策,比如上海市就有相关的规定。

《上海市劳动合同条例》第二十六条规定:"劳动合同期限内,有下列情形之一的,劳动合同中止履行:(一)劳动者应征入伍或者履行国家规定的其他法定义务的;(二)劳动者暂时无法履行劳动合同的义务,但仍有继续履行条件和可能的;(三)法律、法规规定的或者劳动合同约定的其他情形。劳动合同中止情形消失的,劳动合同继续履行,但法律、法规另有规定的除外。"

2014年10月1日起实施的《职业健康监护技术规范》

4.6.1 职业健康检查的种类

职业健康检查分为上岗前职业健康检查、在岗期间职业健康检查和离岗时职业健康检查。

4.6.1.1 上岗前职业健康检查

上岗前健康检查的主要目的是发现有无职业禁忌证,建立接触职业病危害因素人员的基础健康档案。上岗前健康检查均为强制性职业健康检查,应在开始从事有害作业前完成。下列人员应进行上岗前健康检查:

a)拟从事接触职业病危害因素作业的新录用人员,包括转岗到该种作业岗位的人员;

b)拟从事有特殊健康要求作业的人员,如高处作业、电工作业、职业机动车驾驶作业等。

4.6.1.2　在岗期间职业健康检查长期从事规定的需要开展健康监护的职业病危害因素作业的劳动者,应进行在岗期间的定期健康检查。定期健康检查的目的主要是早期发现职业病病人或疑似职业病病人或劳动者的其他健康异常改变;及时发现有职业禁忌的劳动者;通过动态观察劳动者群体健康变化,评价工作场所职业病危害因素的控制效果。定期健康检查的周期应根据不同职业病危害因素的性质、工作场所有害因素的浓度或强度、目标疾病的潜伏期和防护措施等因素决定。

4.6.1.3　离岗时职业健康检查

劳动者在准备调离或脱离所从事的职业病危害作业或岗位前,应进行离岗时健康检查;主要目的是确定其在停止接触职业病危害因素时的健康状况。如最后一次在岗期间的健康检查是在离岗前的90日内,可视为离岗时检查。

4.6.2　离岗后健康检查

下列情况劳动者需进行离岗后的健康检查:

a)劳动者接触的职业病危害因素具有慢性健康影响,所致职业病或职业肿瘤常有较长的潜伏期,故脱离接触后仍有可能发生职业病;

b)离岗后健康检查时间的长短应根据有害因素致病的流行病学及临床特点、劳动者从事该作业的时间长短、工作场所有害因素的浓度等因素综合考虑确定。

4.6.3　应急健康检查

a)当发生急性职业病危害事故时,根据事故处理的要求,对遭受或者可能遭受急性职业病危害的劳动者,应及时组织健康检查。依据检查结果和现场劳动卫生学调查,确定危害因素,为急救和治疗提供依据,控制职业病危害的继续蔓延和发展。应急健康检查应在事故发生后立即开始。

b)从事可能产生职业性传染病作业的劳动者,在疫情流行期或近期密切接触传染源者,应及时开展应急健康检查,随时监测疫情动态。

2017年11月5日起施行的《中华人民共和国职业病防治法》

第三十五条　对从事接触职业病危害的作业的劳动者,用人单位应当按照国务院安全生产监督管理部门、卫生行政部门的规定组织上岗前、在岗期间和离岗时的职业健康检查,并将检查结果书面告知劳动者。职业健康检查费用由用人单位承担。

用人单位不得安排未经上岗前职业健康检查的劳动者从事接触职业病危害的作业;不得安排有职业禁忌的劳动者从事其所禁忌的作业;对在职业健康检查

中发现有与所从事的职业相关的健康损害的劳动者,应当调离原工作岗位,并妥善安置;对未进行离岗前职业健康检查的劳动者不得解除或者终止与其订立的劳动合同。

职业健康检查应当由取得《医疗机构执业许可证》的医疗卫生机构承担。卫生行政部门应当加强对职业健康检查工作的规范管理,具体管理办法由国务院卫生行政部门制定。

第五十五条　医疗卫生机构发现疑似职业病病人时,应当告知劳动者本人并及时通知用人单位。

用人单位应当及时安排对疑似职业病病人进行诊断;在疑似职业病病人诊断或者医学观察期间,不得解除或者终止与其订立的劳动合同。

疑似职业病病人在诊断、医学观察期间的费用,由用人单位承担。

案例

劳动者依法服兵役的劳动合同中止履行

【案情回顾】

陈某2014年1月通过劳务派遣公司到某船厂担任常驻制企业消防员,并与劳务公司订立了期限为五年的劳动合同,由于常驻制消防员值班时间较长,因此值班费及津补贴较多,总体收入还算不错,陈某十分珍惜这个工作岗位,工作认真负责。

2016年6月,陈某应征入伍,即将成为一名消防战士,陈某觉得自己从事的本来就是消防工作,做一名军人也是自己多年的梦想,去当消防兵也可以提升自己的职业技能,同时当兵也是国家规定的义务,陈某没有多想就去了消防部队报到,并向劳务公司及船厂进行了书面说明。

但2016年7月,陈某的家人却收到了劳务公司退回的劳动手册及退工单,陈某家人感觉十分不解,向劳务公司及船厂进行求证,劳务公司告知,由于船厂不能缺人工作,而陈某已经应征入伍,所以应当由劳务公司解除劳动合同,劳务公司另行招录人员顶岗,至于陈某退伍后的工作问题,等其退伍后再说。

陈某及家人经咨询律师后,认为劳务公司及船厂做法欠妥,协商未果后到仲裁委员会申请劳动仲裁,要求撤销退工决定,恢复劳动关系。

【争议焦点】

劳务公司能否与陈某解除劳动关系?应如何处理更为妥当?

【裁决结果】

仲裁庭经审理认为,陈某应征入伍,属于响应国家号召,尽公民应尽义务,劳务公司做出退工决定显然错误,依照相关法律法规规定,双方应当中止履行劳动合同,经调解,劳务公司收回退工决定,双方约定先中止履行劳动合同,待陈某退伍后再恢复履行剩余期限的劳动合同。

【案例解析】

《中华人民共和国兵役法》第十五条规定,在兵役征集期间,应征公民被征集服现役,同时被机关、团体、企业事业单位招收录用或者聘用的,应当优先履行服兵役义务;有关机关、团体、企事业单位应当服从国防和军队建设的需要,支持兵员征集工作。

《上海市劳动合同条例》第二十六条规定,劳动合同期限内,劳动者应征入伍或者履行国家规定的其他法定义务的,劳动合同中止履行。

结合上述规定,显然,该案中陈某应征入伍是履行公民应尽的法定义务,任何一个机关、团体及企事业单位都应予支持,不能简单地将劳动者予以解除劳动合同处理,而应当加强与劳动者的沟通联系,双方办理社会保险费封存手续,暂时中止履行原劳动合同所约定的权利和义务,待劳动者服完兵役后,如果劳动者愿意再回原单位就业的,应当恢复履行原劳动合同。

第三节　经济补偿金

经济补偿金是用人单位解除劳动合同时,给予劳动者的经济补偿。我国法律一般称作"经济补偿",法国《劳动法典》称为"辞退补偿金",俄罗斯《劳动法典》则称为"解职金"。

"经济补偿金"或"赔偿金"是绕不开的话题,如果劳动者能够掌握获得"经济补偿金"或"赔偿金"的适用条件,那么劳动者就能更好地维护自己的合法权益;如果企业负责人能够懂得"经济补偿金"或"赔偿金"的适用情形,那么可以为企业节约人力资源成本。

一、经济补偿金与赔偿金的区别是什么?

(一)经济补偿金

经济补偿金指用人单位按照法律规定在特定条件下向劳动者支付的一种经济补偿。具体可见《劳动合同法》第四十七条规定的内容。

经济补偿金的责任主体为用人单位,具有单一性,是用人单位对劳动者承担的一种责任。法定的经济补偿金包括以下几部分。

1. 单位协商一致解除/终止劳动合同的经济补偿金。

法律依据:《劳动合同法》第四十六条。

2. 未依法为劳动者缴纳社会保险费的。

法律依据:《劳动合同法》第三十八条。

3. 未及时足额支付劳动报酬的。

法律依据:《劳动合同法》第三十八条。

4. 支付工资低于当地最低工资标准的经济补偿金。

法律依据:《劳动合同法》第八十五条规定,用人单位有下列情形之一的,由劳动行政部门责令限期支付劳动报酬、加班费或者经济补偿;劳动报酬低于当地最低工资标准的,应当支付其差额部分;逾期不支付的,责令用人单位按应付金额百分之五十以上百分之一百以下的标准向劳动者加付赔偿金。

(二)赔偿金

赔偿金指用人单位或者劳动者因违反法律规定或者违反合同约定,造成对方经济损失而向对方支付的赔偿。具体可见《劳动合同法》第八十七条规定的内容。

赔偿金的责任主体是双方,用人单位和劳动者都可能成为责任主体。赔偿金的支付主要分两种情况:一是直接根据法律规定的情形和标准支付,也叫法定赔偿金;二是按照实际造成的损害承担赔偿责任。

赔偿金具有惩罚性质,是经济补偿金的两倍。

> 2013年7月1日起施行的《劳动合同法》
>
> 第四十七条　经济补偿按劳动者在本单位工作的年限,每满一年支付一个月工资的标准向劳动者支付。六个月以上不满一年的,按一年计算;不满六个月的,向劳动者支付半个月工资的经济补偿。
>
> 劳动者月工资高于用人单位所在直辖市、设区的市级人民政府公布的本地区上年度职工月平均工资三倍的,向其支付经济补偿的标准按职工月平均工资三倍的数额支付,向其支付经济补偿的年限最高不超过十二年。
>
> 本条所称月工资是指劳动者在劳动合同解除或者终止前十二个月的平均工资。
>
> 第八十七条　用人单位违反本法规定解除或者终止劳动合同的,应当依照本法第四十七条规定的经济补偿标准的二倍向劳动者支付赔偿金。

二、经济补偿金和赔偿金能不能同时适用?

《劳动合同法》第八十七条规定了赔偿金为经济补偿金标准的两倍,其中已经考虑了依法解除或终止劳动合同时支付经济补偿的义务,以及对违法解除或终止劳动合同的惩罚。

因此,根据《中华人民共和国劳动合同法实施条例》第二十五条的规定,用人单位违反劳动合同法的规定解除或者终止劳动合同,依照劳动合同法第八十七条的规定支付了赔偿金的,不再支付经济补偿。赔偿金的计算年限自用工之日起计算。

三、如何计算经济补偿金?

《劳动合同法》第四十七条、第八十五条规定了关于经济补偿金的标准,计算标准分为以下八种情形。

(一)关于工作年限的确定

1. 补偿规定。

经济补偿金按劳动者在本单位工作的年限,以每满 1 年支付 1 个月工资的标准向劳动者支付。6 个月以上不满 1 年的,按 1 年计算;不满 6 个月的,向劳动者支付半个月工资的经济补偿金。这里所称的月工资是指劳动者在劳动合同解除或者终止前 12 个月的平均工资。

2.“工作年限”的确定。

一般来说,计算经济补偿金的“工作年限”仅指劳动者在“本单位工作年限”,即自劳动者与用人单位建立劳动关系之日开始计算在用人单位的工作时间,不包括劳动者在前单位的工作时间。

但是,在以下情形中,计算经济补偿金时的“工作年限”应当包括劳动者在原单位的工作时间,即工作年限累计相加:

(1)劳动合同制度实行以前,原固定工在本单位的工作年限,可以计算为“在本单位的工作时间”;

(2)因用人单位的合并、兼并、合资、单位改变性质、法人改变名称等原因而改变工作单位的,其改变前的工作时间可以计算为“在本单位的工作时间”;

(3)劳动者由部队复转后直接与用人单位建立劳动合同关系的,其军龄应当计入“在本单位的工作时间”;

(4)劳动者非本人原因从原用人单位被安排到新用人单位工作的,劳动者在原用人单位的工作年限合并计算为新用人单位的工作年限。

需要注意的是,如果原用人单位已经向劳动者支付经济补偿的,新的用人单位在依法解除、终止劳动合同计算支付经济补偿的工作年限时,不再计算劳动者在原用人单位的工作年限。

(二)月工资的具体规定

经济补偿金的月工资按照劳动者应得工资计算,包括以货币形式直接支付给本单位劳动者的劳动报酬,一般包括计时工资、计件工资、奖金、津贴和补贴、延长工作时间的工资报酬以及特殊情况下支付的工资等。劳动者个人承担的社会保险费以及个人所得税应当包含在内。

劳动者在劳动合同解除或者终止前 12 个月的平均工资低于当地最低工资标准的,按照当地最低工资标准计算。劳动者工作不满 12 个月的,按照实际工作的月数计算平均工资。

工资一般有基本工资、应发工资、实发工资。经济补偿金通常以应发工资为计算基数。

1. 基本工资:是指用人单位给劳动者设定的底薪,一般不包括加班工资、津贴、补贴、福利待遇等。

2. 应发工资:是指劳动者提供正常劳动按照法律规定应当获得的全部工资,包括基本工资、加班工资、奖金、津贴等。

3. 实发工资:是指劳动者每月实际拿到的工资,通常会被扣减一些费用,比如,代扣代缴社会保险费、所得税等,劳动者实际到手的金额通常会比应发工资少。

需要注意的是,经济补偿金的计算应当以劳动者的应发工资总额作为基数,而不是以基本工资、实发工资为基数。

(三)劳动者的月工资高于社平工资 3 倍时

劳动者月工资高于用人单位所在直辖市、设区的市级人民政府公布的本地区上年度职工月平均工资 3 倍的,向其支付经济补偿的标准按职工月平均工资 3 倍的数额支付(通常所说的社平工资 3 倍封顶),向其支付经济补偿的年限最高不超过 12 年。

也就是说,当劳动者的月工资高于社平工资 3 倍时,用人单位向劳动者支付经济补偿金的金额最高为社平工资的 3 倍,同时年限最高 12 年。

需要注意的是,违法解除或者终止合同的赔偿金不受 12 年的限制。

举例说明:2018 年 12 月,单位跟刘某协商一致解除合同,刘某前 12 个月平均工资为 20000 元,工作年限为 13 年,青岛市 2017 年度全市社平工资为 5309 元。3 倍社平工资为 15927 元,虽然刘某的平均工资为 20000 元,工作年限为 13 年,但是用人单位支付经济补偿金可以按照 15927 元来计算,并且年限为 12 年,即刘某能获得的经济补偿金为 15927 元×12 年＝191124 元。

(四)经济补偿金的分段计算

根据《劳动合同法》第九十七条规定,对于劳动合同的期限跨越 2008 年 1 月 1

目的,经济补偿金的计算遵循的原则是:单一基数、分段计算、合并相加。

1. 对于 2008 年 1 月 1 日之前的部分:按照当时的规定计算经济补偿金,然后把两部分相加,就是应当支付给劳动者的经济补偿金。

2. 对于 2008 年 1 月 1 日之后的部分:按照《劳动合同法》的规定计算经济补偿金。

3. 劳动合同期限跨越 2008 年 1 月 1 日前、后时,经济补偿金的计算根据《劳动合同法》第九十七条规定:

1)2008 年前部分:每工作满一年支付相当于一个月工资的经济补偿金,不足一年部分按一年计算,这里说的月工资按解除劳动关系前 12 个月劳动者的平均工资为基数。

2)2008 年后部分:每工作满一年支付相当于一个月工资的经济补偿金,不足 6 个月部分支付半个月,超过 6 个月不足一年部分按一年计算,这里说的月工资按解除劳动关系前 12 个月劳动者的平均工资为基数;若平均工资高于当地社平工资 3 倍,只以社平工资 3 倍为基数。

需要注意的是,无论上面哪种情形,作为计算基数的月平均工资,均为劳动合同解除前 12 个月劳动者的平均工资。

(五)劳动者解除劳动合同的理由不同

劳动者解除劳动合同的理由不同,经济补偿金计算年限也会有所不同。

1. 如果仅仅社保缴费基数有误时(也就是未如实缴纳社保),不支持经济补偿金。如果以"未依法缴纳社保"为由辞职,支持经济补偿金且从 2008 年后起算。

2. 以"用人单位规章制度违法,且损害劳动者权益"为由辞职的,从 2008 年后起算。

3. 以欺诈、胁迫、乘人之危等合同无效理由辞职的,从 2008 年后起算。

4. 以"拖欠工资"或"拖欠加班工资"为由提出辞职的,从 2008 年前起算。

5. 以未按照劳动合同提供劳动条件辞职的,从 2008 年前起算。

6. 以用人单位有暴力威胁、限制人身自由等手段强迫劳动为由辞职的,从 2008 年前起算。

1 到 3 的理由只从 2008 年后起算,4 到 6 的理由从 2008 年前起算。因此,劳动者解除劳动合同的理由不同,经济补偿金计算年限也会不同。

(六)支付低工资时

这里的"支付低工资"是指以下情形之一:

(1)未按照劳动合同的约定或者国家规定及时足额支付劳动者劳动报酬的;

(2)劳动报酬低于当地最低工资标准的;

(3)安排加班不支付加班费的;

当出现上述情形时,用人单位应当支付其差额部分;逾期不支付的,责令用人单位按应付金额百分之五十以上百分之一百以下的标准向劳动者加付赔偿金。

需要注意的是,在劳动合同存续期间,用人单位应当按照劳动合同约定和国家规定,向劳动者及时足额支付劳动报酬。否则,劳动者有权单方解除劳动合同,并要求用人单位支付解除劳动合同的经济补偿金。

(七)未按规定向劳动者支付经济补偿金

解除或者终止劳动合同,未依照《劳动合同法》规定向劳动者支付经济补偿金的,用人单位应当支付其差额部分;逾期不支付的,责令用人单位按应付金额百分之五十以上百分之一百以下的标准向劳动者加付赔偿金。

(八)克扣或者无故拖欠劳动者工资

用人单位克扣或者无故拖欠劳动者工资的,以及拒不支付劳动者延长工作时间工资报酬的,除在规定的时间内全额支付劳动者工资报酬外,还需加发相当于工资报酬 25% 的经济补偿金。具体详见各个省市的规定。

2004 年 1 月 22 日起施行的《北京工资支付规定》

第三十五条　用人单位违反本规定有下列侵害劳动者合法权益情形之一的,用人单位应当全额支付劳动者应得工资,同时支付所欠工资 25% 的补偿金:

(一)克扣或者无故拖欠劳动者工资的;

(二)拒不支付劳动者加班工资的;

(三)低于本市规定的非全日制从业人员小时最低工资标准和法定休假日小时最低工资标准支付工资的。

有前款情形之一情节严重的,劳动保障行政部门可以责令用人单位向劳动者支付所欠工资数额与 25% 补偿金总和的二倍以内赔偿金。

2004 年 1 月 1 日起施行的《青岛市企业工资支付规定》

第三十七条　用人单位克扣或者无故拖欠劳动者工资以及拒不支付劳动者加班工资的,由劳动保障行政部门责令全额支付劳动者的工资报酬,并对企业主要负责人和直接责任人处以 1000 元以上 3000 元以下的罚款,对用人单位按以下规定进行处理:

(一)超过 1 个月的,责令支付相当于工资报酬 25% 的经济补偿金;

(二)超过 3 个月的,责令支付相当于工资报酬 25% 的经济补偿金,并可以责令按相当于支付劳动者工资报酬和经济补偿金总和的 1 倍支付劳动者赔偿金;

（三）超过 6 个月的，责令支付相当于工资报酬 25％的经济补偿金，并可以责令按相当于支付劳动者工资报酬和经济补偿金总和的 2 至 5 倍支付劳动者赔偿金，同时通过新闻媒体向社会公布。

2013 年 7 月 1 日起施行的《劳动合同法》

第九十七条　本法施行前已依法订立且在本法施行之日存续的劳动合同，继续履行；本法第十四条第二款第三项规定连续订立固定期限劳动合同的次数，自本法施行后续订固定期限劳动合同时开始计算。

本法施行前已建立劳动关系，尚未订立书面劳动合同的，应当自本法施行之日起一个月内订立。本法施行之日存续的劳动合同在本法施行后解除或者终止，依照本法第四十六条规定应当支付经济补偿的，经济补偿年限自本法施行之日起计算；本法施行前按照当时有关规定，用人单位应当向劳动者支付经济补偿的，按照当时有关规定执行。

一点通

用人单位在支付经济补偿金时要留意《劳动合同法》颁布后，跨越 2008 年 1 月 1 日时经济补偿金的问题。用人单位在计算工作年限时，还须关注各地区对"在本单位工作年限"的特殊规定。

中共中央办公厅、国务院办公厅印发了《国税地税征管体制改革方案》，明确自 2019 年 1 月 1 日起社会保险费由税务部门统一征收，自此进入了社保如实缴纳的实质性阶段。因此，为劳动者缴纳各项社会保险费是用人单位的法定义务，如果不缴纳社保或者未如实缴纳，用人单位将面临法律风险。

四、用人单位终止劳动关系而支付经济补偿金的计算时间有何规定？

《劳动合同法》第四十六条规定，固定期限劳动合同期满后，用人单位不再与职工续签而导致劳动合同终止时，用人单位应当向劳动者支付经济补偿。如果用人单位维持或者提高劳动合同约定条件续订劳动合同，劳动者仍然不同意的除外。

劳动合同到期后，只要单位不再续签，就要向劳动者支付经济补偿。这是因为《劳动合同法》首次提出，用人单位提出终止劳动关系，需要支付经济补偿金。而《劳动合同法》是 2008 年 1 月 1 日起施行的。所以计算劳动关系终止的经济补偿金时，是从 2008 年 1 月 1 日开始的。

如果劳动者的入职日期在 2008 年之前的,劳动关系终止的补偿金计算年限将比实际工作年限短。比如劳动者在 2005 年入职与 2008 年 1 月 1 日入职相比,同时终止劳动关系时,双方的终止劳动关系的经济补偿金计算的年限是一样的。

五、劳动者的哪些劳动收入,不列入经济补偿金基数的范围?

(一)工资的定义

劳动法中的"工资"是指用人单位依据国家有关规定或劳动合同的约定,以货币形式直接支付给本单位劳动者的劳动报酬,一般包括计时工资、计件工资、奖金、津贴和补贴、延长工作时间的工资报酬以及特殊情况下支付的工资等。"工资"就是劳动者劳动收入的主要组成部分。

(二)劳动者的哪些劳动收入不属于工资范围?

既然经济补偿金的月工资是指按解除劳动关系前 12 个月劳动者的平均工资为基数,那么不列入经济补偿金基数的范围,其实也就是那些项目不计入工资总额。

根据劳部发〔1995〕309 号关于贯彻执行《中华人民共和国劳动法》若干问题的意见规定,劳动者的以下劳动收入不属于工资范围:

(1)单位支付给劳动者个人的社会保险福利费用,如丧葬抚恤救济费、生活困难补助费、计划生育补贴等;

(2)劳动保护方面的费用,如用人单位支付给劳动者的工作服、解毒剂、清凉饮料费用等;

(3)按规定未列入工资总额的各种劳动报酬及其他劳动收入,如根据国家规定发放的创造发明奖、国家星火奖、自然科学奖、科学技术进步奖、合理化建议和技术改进奖、中华技能大奖等,以及稿费、讲课费、翻译费等。

案例

【案情回顾】

2010 年 3 月 8 日,侯某到乌鲁木齐某公司工作,某公司与侯某未签订劳动合同,侯某的月工资为 2500 元。2010 年 5 月,某公司与侯某因工作事宜产生纠纷,某公司扣发了侯某 2010 年 5 月至同年 7 月的工资。2010 年 7 月 20 日之后,某公司停止了侯某的工作。

2010 年 7 月 19 日,侯某向乌鲁木齐某区劳动争议仲裁委员会申请仲裁,要求某公司补发 2010 年 5 月至同年 7 月的工资 5818.18 元、支付解除劳动关系经济补偿金等费用。该仲裁委员会作出裁决：

1. 某公司补发侯某工资 5818.18 元；

2. 某公司发给侯某经济补偿金 1250 元。某公司对该仲裁裁决不服，诉至法院。

【原审法院】

《中华人民共和国劳动法》规定，工资应当以货币形式按月支付给劳动者本人，不得克扣或者无故拖欠劳动者的工资。《中华人民共和国劳动合同法》规定，用人单位应当按照劳动合同约定和国家规定，向劳动者及时足额支付劳动报酬。某公司诉称因侯某给某公司造成损失，故不应向侯某支付 2010 年 5 月 1 日至 2010 年 7 月 20 日的工资。某公司的该行为有悖上述法律规定，对某公司的该项诉讼请求，应不予支持，某公司应当支付侯某 2010 年 5 月 1 日至 2010 年 7 月 20 日工资。

《中华人民共和国劳动合同法》规定，用人单位未及时足额支付劳动者报酬的，劳动者可以解除劳动合同，用人单位应当向劳动者支付经济补偿。经济补偿金按劳动者在本单位工作的年限，每满一年支付一个月工资的标准向劳动者支付。六个月以上不满一年的，按一年计算；不满六个月的，向劳动者支付半个月工资的经济补偿。本案某公司存在未及时支付侯某工资的情形，故某公司应当向侯某支付解除劳动关系经济补偿金。侯某在某公司工作不满六个月，某公司应当向侯某支付半个月工资的经济补偿金。

【二审法院】

依照《中华人民共和国劳动法》第五十条、《中华人民共和国劳动合同法》第三十条、第三十八条第（二）项、第四十六条第（一）项、第四十七条之规定，原审判决：一、驳回某公司的全部诉讼请求；二、某公司补发侯某 2010 年 5 月 1 日至 2010 年 7 月 20 日的工资 5818.18 元；三、某公司支付侯某经济补偿金 1250 元（2500 元×0.5 个月）。

某公司不服原审判决，提起上诉称：2010 年 4 月 9 日我公司给侯某 50000 元汇票，让其购买油料，但其未予购买，也未将上述款项归还我公司。侯某的行为已给我公司造成重大财产损失，应当予以赔偿，故其要求我公司补发工资，支付经济补偿金于法无据。请求二审法院撤销原审判决，依法改判支持我公司原审诉讼请求。

侯某答辩称：某公司应支付我扣发的工资，以及解除劳动关系的经济偿金，请求二审法院驳回某公司的上诉请求，维持原审判决。

二审法院认为，某公司与侯某之间未签订书面劳动合同，某公司也未提交其应予扣发侯某 2010 年 5 月 1 日至 2010 年 7 月 20 日工资的相关证据。因此，某公司对侯某该期间的工资应予补发。

某公司未及时发放侯某工资，在双方劳动关系解除后，应支付侯某解除劳动关系经济补偿金。某公司与侯某之间因 50000 元是否购买油料引发的争议,已作为另案予以处理,某公司以其遭受该 50000 元损失为由,不予补发侯某工资、支付经济补偿金的上诉意见,本院不予采信。原审判决认定事实清楚,适用法律正确,应予维持。

【案例解析】

该案有三个法律要点:

1. 用人单位扣发劳动者的工资,对其决定要提供相关证据;

2. 用人单位未及时足额支付劳动者报酬的,劳动者可以解除劳动合同,用人单位应当向劳动者支付经济补偿;

3. 经济补偿金按劳动者在本单位工作的年限,每满一年支付一个月工资的标准向劳动者支付。六个月以上不满一年的,按一年计算;不满六个月的,向劳动者支付半个月工资的经济补偿。

该案中:

1. 某公司未能提供其扣发侯某工资的相关证据,其扣发行为属于用人单位未及时足额支付劳动者报酬的情形,劳动者可以解除劳动合同,用人单位应当向劳动者支付经济补偿。

2. 侯某在某公司工作不满六个月,某公司应当向侯某支付半个月工资的经济补偿金。

六、一次性经济补偿金是否需要交个税?

根据《关于个人与用人单位解除劳动关系取得的一次性补偿收入征免个人所得税问题的通知》(财税〔2001〕157 号)文件和国税发〔1999〕178 号的有关规定,个人因与用人单位解除劳动关系而取得的一次性经济补偿收入、退职费、安置费等所得要按照以下方法计算缴纳个人所得税:

1. 个人因与用人单位解除劳动关系而取得的一次性补偿收入(包括用人单位发放的经济补偿金、生活补助费和其他补助费用),其收入在当地上年职工平均工资 3 倍数额以内的部分,免征个人所得税;超过的部分按照《国家税务总局关于个人因解除劳动合同取得经济补偿金征收个人所得税问题的通知》(国税发〔1999〕178 号)的有关规定,计算征收个人所得税。

取得一次性经济补偿金即可视为一次取得数月的工资、薪金收入,允许在一定期限内进行平均。具体平均办法为:以个人取得的一次性经济补偿收入,除以个人在本企业的工作年限数,以其商数作为个人的月工资、薪金收入,按照税法规定计算缴纳个人所得税。个人在本企业的工作年限数按实际工作年限数计算,超过 12 年的按 12 年计算。

2. 个人领取一次性补偿收入时按照国家和地方政府规定的比例实际缴纳的住房公积金、医疗保险费、基本养老保险费、失业保险费,可以在计征其一次性补偿收入的个人所得税时予以扣除。

3. 企业依照国家有关法律规定宣告破产,企业职工从该破产企业取得的一次性安置费收入,免征个人所得税。

4. 个人在解除劳动合同后又再次任职、受雇的,对个人已缴纳个人所得税的一次性经济补偿收入,不再与再次任职、受雇的工资、薪金所得合并计算补缴个人所得税。

七、用人单位破产或倒闭,需支付经济补偿吗?

该问题的答案是肯定的。

用人单位被依法宣告破产的;用人单位被吊销营业执照、责令关闭、撤销或者用人单位决定提前解散的,用人单位应当向劳动者支付经济补偿。

劳动合同无法履行而不得不终止,是基于用人单位方面的原因而非劳动者过错造成的,因此用人单位应当向劳动者支付经济补偿。

八、用人单位违法解除或终止合同,需要向劳动者支付"赔偿金"吗?

《劳动合同法》第八十七条规定,用人单位违反本法规定解除或者终止劳动合同的,应当依照本法第四十七条规定的经济补偿标准的二倍向劳动者支付赔偿金。

用人单位在违反《劳动合同法》规定的情形下,与劳动者解除或者终止劳动合同的,劳动者要求继续履行劳动合同的,用人单位应当继续履行。

劳动者不要求继续履行劳动合同或者劳动合同已经不能继续履行的,应当按照《劳动合同法》第八十七条的规定依法向劳动者支付赔偿金。

九、用人单位需要支付经济补偿金的类型有哪些?

用人单位需要支付经济补偿金有以下六种类型。

(一)单位解约型经济补偿金

在符合《劳动合同法》第四十、四十一条的法定情况下,用人单位根据《劳动合同法》第四十条、四十一条、四十六条的规定,虽然拥有用工自主权,但是单方解除劳动合同仍应当向劳动者支付解除劳动合同经济补偿金。

(二)劳动者解约型经济补偿金

因用人单位违反《劳动合同法》第三十八条、四十六条的规定,有法定过错,劳动者主动解除劳动合同,但用人单位仍应当支付解除劳动合同经济补偿金的情形。

(三)协商解约型经济补偿金

由用人单位根据《劳动合同法》第三十六条、四十六条的规定,主动提出解除劳动合同,虽和劳动者协商一致,但仍需要支付解除劳动合同经济补偿金。

(四)劳动合同终止型经济补偿金

用人单位根据《劳动合同法》第四十四条、四十六条的规定,提出终止劳动合同,不再与劳动者续签,也是需要支付终止劳动合同的经济补偿金。

(五)额外补偿型经济补偿金

用人单位解除劳动合同后,未按规定给予劳动者经济补偿的,除全额发给经济补偿金外,还应根据《劳动合同法》第八十五条的规定,逾期不支付的,用人单位按应付金额百分之五十以上百分之一百以下的标准向劳动者加付赔偿金。

(六)竞业限制型经济补偿金

对负有保密义务的劳动者,用人单位与劳动者约定竞业限制条款,并约定在解除或者终止劳动合同后,在竞业限制期限内按月给予劳动者经济补偿。

需要注意的是,经济补偿金的种类不同,经济补偿金的计算标准也不同。

2013 年 7 月 1 日起施行的《劳动合同法》

第四十四条　有下列情形之一的,劳动合同终止:

(一)劳动合同期满的;

(二)劳动者开始依法享受基本养老保险待遇的;

(三)劳动者死亡,或者被人民法院宣告死亡或者宣告失踪的;

(四)用人单位被依法宣告破产的;

(五)用人单位被吊销营业执照、责令关闭、撤销或者用人单位决定提前解散的;

(六)法律、行政法规规定的其他情形。

第四十六条　有下列情形之一的,用人单位应当向劳动者支付经济补偿:

(一)劳动者依照本法第三十八条规定解除劳动合同的;

(二)用人单位依照本法第三十六条规定向劳动者提出解除劳动合同并与劳动者协商一致解除劳动合同的;

(三)用人单位依照本法第四十条规定解除劳动合同的;

(四)用人单位依照本法第四十一条第一款规定解除劳动合同的;

(五)除用人单位维持或者提高劳动合同约定条件续订劳动合同,劳动者不同意续订的情形外,依照本法第四十四条第一项规定终止固定期限劳动合同的;

(六)依照本法第四十四条第四项、第五项规定终止劳动合同的;

（七）法律、行政法规规定的其他情形。

第四十八条 用人单位违反本法规定解除或者终止劳动合同，劳动者要求继续履行劳动合同的，用人单位应当继续履行；劳动者不要求继续履行劳动合同或者劳动合同已经不能继续履行的，用人单位应当依照本法第八十七条规定支付赔偿金。

案例

【案情回顾】

李某供职于某服务外包企业，从 2005 年开始担任后勤主管工作，2011 年 3 月 31 日劳动合同到期。合同到期前，公司人事经理开始与李某协商续签事宜。因李某年纪较大不太符合公司的要求，故公司提出续签劳动合同的工资将比以前降低 300 元。李某表示不同意，经人事经理反复沟通均无果。3 月 25 日，李某在人事经理向其下发的续签通知中回复不同意降低工资，只同意按照原合同工资标准续签。公司人事经理在当天与李某通过电子邮件沟通，告知李某，因其不同意续签条件，双方劳动关系在合同到期后终止。

在此之后，李某便开始休年假。4 月 1 日劳动合同到期后李某仍然来到公司表示要正常工作。于是，公司在 4 月 2 日向李某发出了书面的《劳动合同终止通知》，并向李某支付了经济补偿金。但李某对公司的这一决定表示不同意，随后将公司诉至劳动仲裁委员会。劳动仲裁委员会认为公司在 4 月 2 日向李某发出《劳动合同终止通知》时，李某的劳动合同早已到期，公司的行为属于单方解除劳动合同而非终止，裁决公司支付李某赔偿金。

【案例解析】

本意只是解除劳动关系，最终却演变成了违法解除。这个案件给企业的警示意义很大，一个简单的终止最终带来如此严重的法律后果？其中哪些步骤使企业产生了风险？合法的终止程序又该如何进行？我们对于此案涉及的违法解除情形暂且不谈，只针对劳动合同到期终止这一情形为大家做详细讲解，以使企业避免出现同样问题，承担不必要的法律风险，人力资源工作者必须熟读在心。

第一，我们来看通常意义的劳动合同到期，企业人力资源工作者应该做哪些工作，步骤如何？

通常来说，在劳动合同即将到期时，对于劳动合同是否续签，以及续签条件如何，双方能否达成一致等都存在着很多不确定因素。因此，当员工劳动合同即将到期时,企业人力资源工作者应该为自己留出充足的时间,使每一步工作都有充分的时间进行准备。

第二,我们分析一下劳动合同终止的每一步的时间应该怎样安排?

按现行法律,对于企业告知劳动者劳动合同到期终止的时间有着明确的要求,即提前 30 日,我们可以采用倒推的方式来看企业应当如何安排每一步骤的时间。

首先,合同到期终止的送达时间。根据法律规定,用人单位应当提前 30 日通知劳动者劳动合同到期终止,所以如果企业不准备与员工续签劳动合同,或者双方无法就续签达成一致,企业应当最晚在合同到期前 30 日告知员工。以上述案例为例,劳动合同 3 月 31 日到期,故单位最晚应在 3 月 1 日送达给员工,同时要保留好相应的送达证据。

其次,与员工协商的时间。在企业希望与员工续签时,企业应当留出合理的时间与员工进行协商。尤其是在变更劳动合同内容的情况下,更应留出充分时间。在上述案例中,企业与员工沟通的时间较多,这样导致员工不同意续签时,企业向员工发出终止通知时已经违反了法律规定的时间,最终造成对企业不利的法律后果。所以企业与员工协商的时间建议留出一周较妥,如员工超过此期限一直不给予明确答复,企业则一定不要再等待下去,要严格把握时间点。以本案来看,企业与员工协商的时间应控制在 2 月 22 日至 2 月 28 日为宜。

再次,确定是否续签的时间。企业人力资源工作者可根据自己的工作习惯以及企业的基本流程来确定。如果企业内部有一些合同到期考核或测评的工作,或者需要与员工所在部门主管沟通,那么时间应更为提前,给后面工作留出合理时间。

十、解除或终止劳动合同时,用人单位无须支付经济补偿金的情形有哪些?

用人单位无须支付经济补偿金的包括三大类 13 种情形。

(一)劳动者提出协商解除

劳动者发生下列情形,双方协商一致解除劳动合同的,用人单位无须支付经济补偿金:

(1)劳动者提出与用人单位协商一致解除劳动合同的;

(2)劳动者提前 30 日以书面形式通知用人单位解除劳动合同。

需要注意的是,用人单位切记应当由劳动者以书面形式提出,否则容易发生劳动纠纷。

(二)劳动者过失性被辞退

劳动者有下列情形之一的,用人单位可解除劳动合同:

（1）在试用期间被证明不符合录用条件的；

（2）严重违反用人单位的规章制度的；

（3）严重失职，营私舞弊，给用人单位造成重大损害的；

（4）劳动者同时与其他用人单位建立劳动关系，对完成本单位的工作任务造成严重影响，或者经用人单位提出，拒不改正的；

（5）劳动者以欺诈、胁迫的手段或乘人之危，使用人单位在违背真实意思的情况下订立或变更劳动合同，用人单位解除劳动合同的；

（6）被依法追究刑事责任的。

（三）特殊情况下的劳动合同的终止

（1）非全日制用工劳动合同的终止；

（2）自用工之日起1个月内经用人单位书面通知后，劳动者仍然不与用人单位订立劳动合同而终止劳动关系的；

（3）劳动者开始依法享受基本养老保险待遇的；

（4）劳动者死亡，或者被人民法院宣告死亡或者宣告失踪的；

（5）固定期限劳动合同到期，用人单位维持或者提高劳动合同约定条件续订劳动合同，劳动者不同意续订而终止劳动合同的。

以上就是三大类共计13种情形，在解除或终止劳动合同时，用人单位无须支付经济补偿金。

十一、当劳动者解除劳动合同，用人单位应当支付经济补偿金有哪些情形？

当劳动者解除劳动合同，用人单位应当支付经济补偿金的有17种情形：

（1）用人单位未按照劳动合同约定提供劳动保护，劳动者解除劳动合同的；

（2）用人单位未按照劳动合同约定提供劳动条件，劳动者解除劳动合同的；

（3）用人单位无故拖欠工资，劳动者解除劳动合同的；

（4）用人单位克扣工资，劳动者解除劳动合同的；

（5）用人单位低于当地最低工资标准支付劳动者工资，劳动者解除劳动合同的；

（6）用人单位未依法为劳动者缴纳社会保险费，劳动者解除劳动合同的；

（7）用人单位的规章制度违反法律、法规的规定，损害劳动者权益，劳动者解除劳动合同的；

（8）用人单位以欺诈手段，使劳动者在违背真实意思的情况下订立或者变更劳动合同，致使劳动合同无效，劳动者解除劳动合同的；

（9）用人单位以胁迫手段，使劳动者在违背真实意思的情况下订立或者变更劳

动合同,致使劳动合同无效,劳动者解除劳动合同的;

(10)用人单位乘人之危,使劳动者在违背真实意思的情况下订立或者变更劳动合同,致使劳动合同无效,劳动者解除劳动合同的;

(11)用人单位免除自己的法定责任、排除劳动者权利,致使劳动合同无效,劳动者解除劳动合同的;

(12)用人单位订立劳动合同违反法律、行政法规强制性规定,致使劳动合同无效,劳动者解除劳动合同的;

(13)用人单位以暴力手段强迫劳动,劳动者解除劳动合同的;

(14)用人单位以威胁手段强迫劳动,劳动者解除劳动合同的;

(15)用人单位以非法限制人身自由的手段强迫劳动,劳动者解除劳动合同的;

(16)用人单位违章指挥危及劳动者人身安全,劳动者解除劳动合同的;

(17)用人单位强令冒险作业危及劳动者人身安全,劳动者解除劳动合同的。

十二、当用人单位解除或终止劳动合同,应当向劳动者支付经济补偿金的情形有哪些?

根据《劳动合同法》第四十六条和《中华人民共和国劳动合同法实施条例》第二十二条的规定,当用人单位解除或终止劳动合同,应当向劳动者支付经济补偿金的有以下15种情形:

(1)用人单位提出,双方协商解除劳动合同的;

(2)劳动者患病或者非因工负伤,在规定的医疗期满后不能从事原工作,也不能从事由用人单位另行安排的工作,用人单位解除劳动合同的;

(3)劳动者不能胜任工作,经过培训或者调整工作岗位,仍不能胜任工作,用人单位解除劳动合同的;

(4)劳动合同订立时所依据的客观情况发生重大变化,致使劳动合同无法履行,经用人单位与劳动者协商,未能就变更劳动合同内容达成协议,用人单位解除劳动合同的;

(5)用人单位依照企业破产法规定进行重整,依法裁减人员的;

(6)用人单位生产经营发生严重困难,依法裁减人员的;

(7)用人单位转产、重大技术革新或者经营方式调整,经变更劳动合同后,仍需裁减人员,用人单位依法定程序裁减人员的;

(8)其他因劳动合同订立时所依据的客观经济情况发生重大变化,致使劳动合同无法履行,用人单位依法定程序裁减人员的;

(9)劳动合同期满,劳动者同意续订劳动合同而用人单位不同意续订劳动合同,由用人单位终止固定期限劳动合同的；

（10）因用人单位被依法宣告破产而终止劳动合同的；

（11）因用人单位被吊销营业执照而终止劳动合同的；

（12）因用人单位被责令关闭而终止劳动合同的；

（13）因用人单位被撤销而终止劳动合同的；

（14）因用人单位决定提前解散而终止劳动合同的；

（15）因用人单位经营期限届满不再继续经营导致劳动合同不能继续履行的；

（16）以完成一定工作任务为期限的劳动合同因任务完成而终止的。

> 2008年9月18日起施行的《中华人民共和国劳动合同法实施条例》
>
> 第二十二条　以完成一定工作任务为期限的劳动合同因任务完成而终止的，用人单位应当依照劳动合同法第四十七条的规定向劳动者支付经济补偿。

十三、劳务派遣单位在解除或者终止劳动合同时，需支付经济补偿的情形有哪些？

被派遣劳动者因以下原因被用工单位退回，劳务派遣单位重新派遣时维持或者提高劳动合同约定条件，被派遣劳动者不同意的，劳务派遣单位提出解除劳动合同或劳务派遣单位重新派遣时降低劳动合同约定条件，导致被派遣劳动者提出解除劳动合同的，劳务派遣单位需支付经济补偿的有以下12种情形：

（1）劳务派遣用工关系建立时所依据的客观情况发生重大变化，致使劳务派遣用工无法履行，用工单位提出退回的；

（2）用工单位依照企业破产法规定进行重整，需退回派遣人员的；

（3）用工单位生产经营发生严重困难，需退回派遣人员的；

（4）用工单位转产、重大技术革新或者经营方式调整，需退回派遣人员的；

（5）其他因劳务派遣用工关系建立时所依据的客观经济情况发生重大变化，致使无法继续劳务派遣用工，用工单位需退回的；

（6）用工单位被依法宣告破产的；

（7）用工单位被吊销营业执照的；

（8）用工单位被责令关闭的；

（9）用工单位被撤销的；

（10）用工单位决定提前解散的；

（11）用人单位经营期限届满不再继续经营的；

(12)劳务派遣协议期满终止的。

十四、用人单位需要支付代通知金的情形有哪些？

代通知金,即代替通知金,就是指用人单位在提出解除劳动合同或终止劳动合同时应该提前一个月通知的情况下,如果用人单位没有依法提前一个月通知的,以给付一个月工资作为代替。用人单位需要支付代通知金的有以下3种情形:

(1)劳动者患病或者非因工负伤,在规定的医疗期满后不能从事原工作,也不能从事由用人单位另行安排的工作,用人单位未提前30天书面通知而解除劳动合同的;

(2)劳动者不能胜任工作,经过培训或者调整工作岗位,仍不能胜任工作,用人单位未提前30天书面通知而解除劳动合同的;

(3)劳动合同订立时所依据的客观情况发生重大变化,致使劳动合同无法履行,经用人单位与劳动者协商,未能就变更劳动合同内容达成协议,用人单位未提前30天书面通知而解除劳动合同的。

发生上述情形,如果用人单位提前30天书面通知劳动者解除劳动合同,且有证据证明劳动者收到此通知,则无须支付代通知金。

十五、用人单位需要支付赔偿金的情形有哪些？

(一)用人单位支付赔偿金的类型

用人单位支付赔偿金的类型有两大类:单位违法解除劳和终止劳动合同,但实务中有多种情形。

这里仅指劳动合同解除和终止的赔偿金的情形,不涉及用工过程中其他违法行为导致的赔偿责任,因为违法解除和终止合同的情形太多了。

(二)用人单位应该加付赔偿金的情形

(1)未按照劳动合同的约定或者国家规定及时足额支付劳动者劳动报酬的;

(2)低于当地最低工资标准支付劳动者工资的;

(3)安排加班不支付加班费的;

(4)解除或者终止劳动合同,未依法向劳动者支付经济补偿的;

> 2013年7月1日起施行的《劳动合同法》
>
> 　第八十五条　用人单位有下列情形之一的,由劳动行政部门责令限期支付劳动报酬、加班费或者经济补偿;劳动报酬低于当地最低工资标准的,应当支付其差额部分;逾期不支付的,责令用人单位按应付金额百分之五十以上百分之一百以下的标准向劳动者加付赔偿金:

（一）未按照劳动合同的约定或者国家规定及时足额支付劳动者劳动报酬的；

（二）低于当地最低工资标准支付劳动者工资的；

（三）安排加班不支付加班费的；

（四）解除或者终止劳动合同，未依照本法规定向劳动者支付经济补偿的。

十六、哪些情形给劳动者造成损害的，用人单位应当承担赔偿责任？

（1）用人单位直接涉及劳动者切身利益的规章制度违反法律、法规规定的（《劳动合同法》第八十条）；

（2）用人单位提供的劳动合同文本未载明本法规定的劳动合同必备条款或者用人单位未将劳动合同文本交付劳动者的（《劳动合同法》第八十一条）；

（3）用人单位违反本法规定与劳动者约定试用期的，由劳动行政部门责令改正；违法约定的试用期已经履行的，由用人单位以劳动者试用期满月工资为标准，按已经履行的超过法定试用期的期间向劳动者支付赔偿金（《劳动合同法》第八十三条）；

（4）用人单位违反本法规定，以担保或者其他名义向劳动者收取财物的（《劳动合同法》第八十四条）；

（5）劳动者依法解除或者终止劳动合同，用人单位扣押劳动者档案或者其他物品的（《劳动合同法》第八十四条）；

（6）劳动合同依照本法第二十六条规定被确认无效的（《劳动合同法》第八十六条）；

（7）以暴力、威胁或者非法限制人身自由的手段强迫劳动的（《劳动合同法》第八十八条）；

（8）违章指挥或者强令冒险作业危及劳动者人身安全的（《劳动合同法》第八十八条）；

（9）侮辱、体罚、殴打、非法搜查或者拘禁劳动者的（《劳动合同法》第八十八条）；

（10）劳动条件恶劣、环境污染严重，给劳动者身心健康造成严重损害的（《劳动合同法》第八十八条）；

（11）用人单位违反本法规定未向劳动者出具解除或者终止劳动合同的书面证明（《劳动合同法》第八十九条）；

（12）劳动者违反本法规定解除劳动合同，或者违反劳动合同中约定的保密义务或者竞业限制的（《劳动合同法》第九十条）；

（13）用人单位招用与其他用人单位尚未解除或者终止劳动合同的劳动者，给其他用人单位造成损失的（《劳动合同法》第九十一条）。

案例

孕期女性被单位违法解除劳动合同

【案情回顾】

某公司的一位女员工岑某 2017 年 8 月入职，与公司签订了 1 年的劳动合同，合同期限为 2017 年 8 月 1 日至 2018 年 7 月 30 日。2018 年 3 月，公司给这位女员工调岗，从客服调到店面销售。2018 年 5 月，在该女员工怀孕 3 个月时，公司以严重违反规章制度开除她，并当月给她办理了停保。

2018 年 5 月，劳动者起诉到当地仲裁，主张公司违法解除劳动合同，要求恢复劳动关系，同时要求公司支付 2017 年 8—9 月份的高温费。

6 月份开庭时，仲裁员进行调解，建议公司给员工缴纳社保，一直到员工领取完"生育津贴"，同时不用支付工资。

虽然算下来也就 1 万多元，可是企业负责人无法接受，只答应将社保交到 7 月 30 日合同到期。因企业负责人心疼 1 万多元，最终同意员工回来上班。

结果岑某在案子被判决后的第 3 天回来上班，可是公司的人力资源经理竟然忘记给员工恢复社保，一直到 8 月份，岑某发现自己的社保还没恢复，而且了解到青岛市 2018 年 2 月份出台了关于补交社保享受生育津贴的新政策："在本市从业 1 年以上，且用人单位按照规定参加生育保险并足额缴费的。连续缴费期间因故中断不超过 2 个月并及时补缴的，可以计入连续缴费期限。"

也就是说青岛市的规定是，补交社保超过 2 个月也是无法享受生育津贴的，那么在产假的这段时间，单位需要支付工资，人工成本费用无形中又增加了 1 万多元。

关于社保补缴的政策法规详见当地的规定。比如青岛市自 2020 年 1 月 1 日起执行按照医保部门两险合并实施新政规定，在用人单位工作的女职工生育，生育后生育津贴的享受天数发生了变化。

一点通

> 解除和终止劳动合同的风险防范：
>
> 1. 用人单位在解除或者终止劳动合同时，一定要有法定事由，用人单位应当采用书面通知的形式，并为劳动者办理解除劳动合同的手续。
>
> 2. 要关注解除或终止劳动合同时，须支付经济补偿金的法定情形。要掌握经济补偿金或者赔偿金的种类，因为种类不同，其计算标准也不同。

3. 如果企业要以劳动者"严重违反用人单位的规章制度"作为理由,来解除与劳动者的劳动合同,那么企业人力资源管理部门首先要把基础工作做好:

1)要通过公司的规章制度来明确界定清楚劳动者的哪些行为是严重违反用人单位规章制度的行为,同时在规章制度中明确规定"劳动者有上述行为,用人单位有权单方面解除劳动合同"。

2)用人单位要有证据证明该规章制度的制定程序是合法的,而且有证据证明该制度已经履行法定的民主及公示程序,同时还要有员工违纪的证据。

人力资源工作者既要严谨细致,又要熟知各项法律法规,才算是合格的。

第四节　劳动争议

经常有人不解,劳动纠纷最后败诉的多是企业,难道说法律只保护劳动者的权益吗?

其实,这种认识是错误的。因为对于大多数中小企业来说,它们把更多的精力都放在生产、研发、销售等环节上了,往往会忽略了对劳动者的管理,才会导致劳动纠纷频出。

任何事物都有两面性,法律虽然成为劳动者维护自身权益的有效武器,但是只要用人单位知法、懂法、守法,也可以利用法律法规保护企业。

一、什么是劳动争议?

(一)劳动争议的概念

劳动争议,亦称劳动纠纷,是劳动关系双方当事人之间因劳动权利和劳动义务的认定与实现所发生的纠纷。

劳动争议实质上是劳动关系当事人利益矛盾、利益冲突的表现。

(二)劳动争议的特征

1. 劳动争议的当事人是特定的:就是劳动关系的当事人。

2. 劳动争议的内容是特定的:劳动争议的标的是劳动权利和劳动义务。

3. 劳动争议有特定的表现形式:重大的集体劳动争议、团体劳动争议除可表现为一般劳动关系纠纷的形式外,有时还会以消极怠工、罢工、示威、请愿等形式出现,涉及面广,影响范围大。

(三)劳动争议的分类

1. 按照劳动争议的主体来划分:

(1)个人劳动争议:是劳动者个人与用人单位发生的劳动争议;

(2)集体劳动争议:是指劳动者一方当事人在 3 人以上,有共同理由的劳动争议。

2. 按照劳动争议的内容来划分:包括因履行劳动合同发生的争议;因履行集体合同发生的争议;因企业开除、除名、辞退职工和职工辞职、自动离职发生的争议;因执行国家有关工作时间和休息休假、工资、保险、福利、培训、劳动保护的规定发生的争议等。

3. 按照当事人国籍的不同来划分:可分为国内劳动争议与涉外劳动争议。

(1)国内劳动争议是指中国的用人单位与具有中国国籍的劳动者之间发生的劳动争议;

(2)涉外劳动争议是指具有涉外因素的劳动争议,包括中国在国(境)外设立的机构与中国派往该机构工作的人员之间发生的劳动争议、外商投资企业的用人单位与劳动者之间发生的劳动争议。

4. 按照劳动争议的客体来划分:可分为履行劳动合同争议、开除争议、辞退争议、辞职争议、工资争议、保险争议、福利争议、培训争议,等等。

二、劳动争议处理的原则和程序是什么?

(一)劳动争议处理的原则

(1)着重调解、及时处理的原则;

(2)在查清事实的基础上依法处理的原则;

(3)当事人在适用法律上一律平等的原则。

(二)劳动争议处理的程序

(1)根据我国劳动立法的有关规定,当发生劳动争议时,争议双方应协商解决;

(2)不愿协商或协商不成,当事人可以申请劳动争议调解委员会调解;

(3)调解不成或不愿调解,当事人可以申请劳动争议仲裁机构仲裁;

(4)当事人一方或双方不服仲裁裁定,则诉至人民法院,由人民法院依法审理并做出最终判决。

三、如何避免劳动争议的发生?

(一)完善用人单位申诉沟通机制

可以在规章制度中建立申诉沟通机制,对于绩效考核、调岗调薪和员工纪律等容易发生争议的事项,通过申诉沟通机制化解矛盾。

(二)建立用人单位内部调解组织

劳动争议调解委员会,是依法设在企业内部的、专门调解本企业劳动争议的群众组织。通过相关矛盾事先化解程序,及时处理以后可能引发的劳动争议案件。

(三)加强仲裁应诉管理流程

对于劳动者已经向仲裁委提起仲裁的情形,应积极与劳动者及时沟通,妥善处理相关事项,根据具体情况决定劝其撤诉,以免相关问题最终通过裁决解决。

四、哪些劳动争议可以申请仲裁?

以下的劳动争议都可以申请仲裁,属于劳动争议的情形有:

(1)因确认劳动关系发生的争议;

(2)因订立、履行、变更、解除和终止劳动合同发生的争议;

(3)因除名、辞退和辞职、离职发生的争议;

(4)因工作时间、休息休假、社会保险、福利、培训以及劳动保护发生的争议;

(5)因劳动报酬、工伤医疗费、经济补偿或者赔偿金等发生的争议;

(6)劳动者与用人单位在履行劳动合同过程中发生的纠纷;

(7)劳动者与用人单位之间没有订立书面劳动合同,但已形成劳动关系后发生的纠纷;

(8)劳动者与用人单位因劳动关系是否已经解除或者终止,以及应否支付解除或者终止劳动关系经济补偿金发生的纠纷;

(9)劳动者与用人单位解除或者终止劳动关系后,请求用人单位返还其收取的劳动合同定金、保证金、抵押金、抵押物发生的纠纷,或者办理劳动者的人事档案、社会保险关系等移转手续发生的纠纷;

(10)劳动者以用人单位未为其办理社会保险手续,且社会保险经办机构不能补办导致其无法享受社会保险待遇为由,要求用人单位赔偿损失发生的纠纷;

(11)劳动者退休后,与尚未参加社会保险统筹的原用人单位因追索养老金、医疗费、工伤保险待遇和其他社会保险待遇而发生的纠纷;

(12)劳动者因为工伤、职业病,请求用人单位依法给予工伤保险待遇发生的纠纷;

(13)劳动者依据《劳动合同法》第八十五条的规定,要求用人单位支付加付赔偿金发生的纠纷;

(14)因用人单位自主进行改制发生的纠纷;

(15)法律、法规规定的其他劳动争议。

2018年5月1日起施行的《中华人民共和国劳动争议调解仲裁法》

第二条　中华人民共和国境内的用人单位与劳动者发生的下列劳动争议，适用本法：

（一）因确认劳动关系发生的争议；

（二）因订立、履行、变更、解除和终止劳动合同发生的争议；

（三）因除名、辞退和辞职、离职发生的争议；

（四）因工作时间、休息休假、社会保险、福利、培训以及劳动保护发生的争议；

（五）因劳动报酬、工伤医疗费、经济补偿或者赔偿金等发生的争议；

（六）法律、法规规定的其他劳动争议。

2021年1月1日起施行的《最高人民法院关于审理劳动争议案件适用法律问题的解释(一)》

第一条　劳动者与用人单位之间发生的下列纠纷，属于劳动争议，当事人不服劳动争议仲裁机构作出的裁决，依法提起诉讼的，人民法院应予受理：

（一）劳动者与用人单位在履行劳动合同过程中发生的纠纷；

（二）劳动者与用人单位之间没有订立书面劳动合同，但已形成劳动关系后发生的纠纷；

（三）劳动者与用人单位因劳动关系是否已经解除或者终止，以及应否支付解除或者终止劳动关系经济补偿金发生的纠纷；

（四）劳动者与用人单位解除或者终止劳动关系后，请求用人单位返还其收取的劳动合同定金、保证金、抵押金、抵押物发生的纠纷，或者办理劳动者的人事档案、社会保险关系等移转手续发生的纠纷；

（五）劳动者以用人单位未为其办理社会保险手续，且社会保险经办机构不能补办导致其无法享受社会保险待遇为由，要求用人单位赔偿损失发生的纠纷；

（六）劳动者退休后，与尚未参加社会保险统筹的原用人单位因追索养老金、医疗费、工伤保险待遇和其他社会保险待遇而发生的纠纷；

（七）劳动者因为工伤、职业病，请求用人单位依法给予工伤保险待遇发生的纠纷；

（八）劳动者依据劳动合同法第八十五条规定，要求用人单位支付加付赔偿金发生的纠纷；

（九）因企业自主进行改制发生的纠纷。

案例

互联网时代背景下外卖配送员与电子商务公司之间劳动关系的认定

【案情回顾】

原告王某于 2017 年 2 月 10 日到被告某电子商务公司面试,经体检和培训合格后,于 2017 年 2 月 17 日开始在电子商务公司洪家楼站上班,职务为送餐员,根据电子商务公司在手机 APP 上派送的订单进行送餐。电子商务公司未与王某订立书面劳动合同,未为王某缴纳社会保险。电子商务公司与王某约定,如果每月送餐订单数超过 570 单,每单按照 6 元计算,且有 3100 元底薪;如果每月送餐订单数不够 570 单,每单按照 5 元计算,且无底薪。

2017 年 3 月 16 日至 2018 年 2 月 12 日,电子商务公司按月向王某发放报酬。电子商务公司向王某发放 2017 年 3 月至 2018 年 2 月的报酬共计 41255 元。除每月休息两天外,王某每天上午 9 点到站点开早会,之后开始送餐至下午 2 点,下午 2 点送餐至下午 5 点,由电子商务公司对王某进行考勤。2018 年 1 月 24 日,王某受伤后就未到电子商务公司上班。2018 年 7 月 12 日,王某以电子商务公司为被申请人,向济南市历下区劳动人事争议仲裁委员会申请仲裁。2018 年 8 月 31 日,济南市历下区劳动人事争议仲裁委员会作出济历下劳人仲案〔2018〕606 号裁决书,驳回王某的全部仲裁请求。王某在法定期限内提起诉讼。一审判决后,电子商务公司提起上诉。

王某向一审法院起诉请求:①确认王某与电子商务公司自 2017 年 2 月 17 日起至今存在事实劳动关系;②判令电子商务公司支付王某未签订书面劳动合同的二倍工资差额 41255 元(2017 年 3 月至 2018 年 2 月);③判令电子商务公司支付王某工资 20628 元(2018 年 2 月至 2018 年 7 月)。电子商务公司上诉请求:依法改判一审判决第一项,即"王某与电子商务公司自 2017 年 2 月 17 日起至今存在事实劳动关系"。

一审判决:①王某与电子商务公司自 2017 年 2 月 17 日起至今存在事实劳动关系;②电子商务公司于判决生效之日起 10 日内支付王某未签订书面劳动合同二倍工资差额 41255 元;③驳回王某的其他诉讼请求。二审判决:驳回上诉,维持原判。

【案例解析】

争议焦点及裁判理由:

该案双方当事人的争议焦点为电子商务公司与王某之间是否系劳动关系。所谓劳动关系,是指用人单位招用劳动者为其成员,劳动者在用人单位的管理下提供由用人单位支付报酬的劳动而产生的权利义务关系。劳动关系是劳动者与用人单位为实现劳动过程而发生的劳动力与生产资料相结合的社会关系。

从劳动者与用人单位关系的角度考虑,劳动关系具有人格从属性、经济从属性、组织从属性的特征。关于人格从属性,劳动者在从事劳动的过程中,受用人单位的指挥、命令、监督,用人单位可指示、决定劳动者的工作时间、地点、数量及强度等,对劳动者有控制权和惩戒权;劳动者须服从用人单位的指示命令,在提供劳动时必须遵从用人单位的工作安排,遵守用人单位的劳动秩序。关于经济从属性,从经济地位而言,劳动者通过向用人单位提供劳动而获得劳动报酬,用人单位一般处于强势地位,劳动者一般处于弱势地位;从生产经营而言,劳动者并非为自己的营业提供劳动,而是从属于用人单位,为用人单位而劳动,经营风险由用人单位承担。关于组织从属性,劳动者的劳动是用人单位经营的组成部分,是用人单位生产组织的一个环节,劳动者须遵守用人单位内部规制或劳动规程。

审判实践中,一般从劳动者提供的劳动是否是用人单位业务的组成部分,劳动者是否实际接受用人单位的管理、指挥或者监督,用人单位是否向劳动者提供基本劳动条件,用人单位向劳动者支付报酬的情况等因素综合认定是否系劳动关系。

该案中,第一,王某提供的劳动是外卖配送,属于电子商务公司的业务组成部分。第二,关于王某的入职情况,电子商务公司主张其公司人员入职分两种情况,第一种情况是由职业中介机构推荐入职者;第二种情况是电子商务公司在互联网上发布招聘信息,有求职意愿的入职者直接到电子商务公司面试,合格者填写登记表。王某主张其在互联网上发布求职信息,电子商务公司的某 APP 专送工作人员电话联系其面试,其填写了入职申请表,面试合格后入职工作。在入职审核时,双方均陈述王某须在手机上下载某专送 APP,王某通过该 APP 上传个人信息,通过审核后由电子商务公司办理健康证。第三,关于王某进行外卖配送工作的劳动工具,王某主张工装、头盔、配送箱子由电子商务公司统一发放,送餐的助力车由电子商务公司提供,但是购置车辆的费用分 4 个月从王某的工资中扣除。电子商务公司主张送餐的助力车由王某自己提供,头盔和配送箱子由王某通过电子商务公司购买或者自己在互联网上购买。第四,关于工作管理,每天早上由电子商务公司各站点的站长对外卖配送人员点名考勤,外卖配送人员每月一般正常出勤天数为 28 天,有事不能工作需向所在站点的站长请假。第五,关于王某的劳动报酬,双方均陈述计薪模式为底薪加提成,每月在固定日期通过银行代发。

上述事实可以证明,王某提供的劳动是电子商务公司业务的组成部分,王某受电子商务公司的劳动管理,从事电子商务公司安排的有报酬的劳动。关于电子商务公司的双方系承揽合同关系的主张,《中华人民共和国合同法》第二百五十一条第一款规定:"承揽合同是承揽人按照定作人的要求完成工作,交付工作成果,定作人给付报酬的合同。"在承揽合同关系中,通常情况下,定作人对承揽人不存在控制、指挥、支配等管理的情形,定作人不提供工作场所、劳动工具设备,承揽人提供的劳动独立于定作人的业务或者经营活动,定作人一次性与承揽人结算劳动报酬。

本案中,电子商务公司对王某进行考勤、批准请假等工作管理,提供了部分劳动工具,在每月固定日期向王某支付劳动报酬。上述事实不符合承揽合同关系的特征,电子商务公司的该项主张无事实依据。综上,电子商务公司与王某之间系劳动关系。

【裁判要点】

在当今互联网时代,出现了许多依托互联网和大数据经营发展的电子商务公司,网上外卖订购业务是其中一种重要的产业形态,而外卖配送员就是在这一背景下产生的新兴职业。外卖配送员的职业特征与传统职业相比有许多不同之处,电子商务公司与外卖配送员的关系似乎不如传统职业紧密,但是在认定电子商务公司与外卖配送员之间是否属于劳动关系上,仍应当依据网上外卖订购业务实际情况,按照劳动关系中人格从属性、经济从属性、组织从属性的特征综合认定。只要符合劳动关系的上述特征,就应当将二者的关系纳入劳动关系予以调整,以维护劳动者的合法权益。

五、关于劳动争议管辖地的优先原则是什么?

劳动仲裁阶段的管辖地有两个:劳动合同履行地、用人单位所在地。

根据《中华人民共和国劳动争议调解仲裁法》第二十一条的规定,劳动合同履行地为劳动仲裁优先管辖权。如果一方申请劳动仲裁,可以选择向劳动合同履行地或用人单位所在地的仲裁委申请劳动仲裁;如果双方分别向劳动合同履行、用人单位所在地仲裁委申请劳动仲裁,由劳动合同履行地的仲裁委优先管辖。

> 2018 年 5 月 1 日起施行的《中华人民共和国劳动争议调解仲裁法》
>
> 第二十一条　劳动争议仲裁委员会负责管辖本区域内发生的劳动争议。
>
> 劳动争议由劳动合同履行地或者用人单位所在地的劳动争议仲裁委员会管辖。双方当事人分别向劳动合同履行地和用人单位所在地的劳动争议仲裁委员会申请仲裁的,由劳动合同履行地的劳动争议仲裁委员会管辖。

六、哪些纠纷不属于劳动争议？

下列纠纷不属于劳动争议：

(1)劳动者请求社会保险经办机构发放社会保险金的纠纷；

(2)劳动者与用人单位因住房制度改革产生的公有住房转让纠纷；

(3)劳动者对劳动能力鉴定委员会的伤残等级鉴定结论或者对职业病诊断鉴定委员会的职业病诊断鉴定结论的异议纠纷；

(4)家庭或者个人与家政服务人员之间的纠纷；

(5)个体工匠与帮工、学徒之间的纠纷；

(6)农村承包经营户与受雇人之间的纠纷。

> 2021年1月1日起施行的《最高人民法院关于审理劳动争议案件适用法律问题的解释(一)》
>
> 第二条　下列纠纷不属于劳动争议：
>
> (一)劳动者请求社会保险经办机构发放社会保险金的纠纷；
>
> (二)劳动者与用人单位因住房制度改革产生的公有住房转让纠纷；
>
> (三)劳动者对劳动能力鉴定委员会的伤残等级鉴定结论或者对职业病诊断鉴定委员会的职业病诊断鉴定结论的异议纠纷；
>
> (四)家庭或者个人与家政服务人员之间的纠纷；
>
> (五)个体工匠与帮工、学徒之间的纠纷；
>
> (六)农村承包经营户与受雇人之间的纠纷。

案例

互助性经济组织与其成员之间的关系不属于劳动法意义上的劳动关系

【案情回顾】

戚某主张自1999年起开始在某居委会任出纳会计,2017年12月,经选举成为新一届党支部委员。2017年2月,某合作社召开股东代表扩大会议,一致同意由戚某牵头,组织股东成立自查自纠小组,因此戚某与某合作社发生纠纷,要求某合作社支付停发的2017年7月至2018年5月工资。

戚某向劳动人事争议仲裁委员会申请仲裁,要求裁决:某合作社支付2017年7月至2018年5月工资46200元。戚某向一审法院起诉请求:某合作社支付2017年7月至2018年5月工资46200元。戚某上诉请求:撤销一审判决,改判某合作社支付戚某 2017 年 7 月至 2018 年 5 月工资 46200 元。戚某不服二审判决,向省高院申请再审。

劳动人事争议仲裁委员会裁决:对戚某的仲裁申请不予受理。一审法院裁定:驳回戚某的起诉。二审法院裁定:驳回上诉,维持原裁定。再审裁定:驳回戚某的再审申请。

【案例解析】

争议焦点及裁判理由:

该案双方当事人的争议焦点为戚某的诉请是否属于人民法院主管范围。戚某一审中请求某合作社支付其工资 46200 元,依据《劳动法》《劳动合同法》的规定,戚某向某合作社主张支付工资报酬的前提是双方间存在一方单纯提供正常劳动,而另一方支付对价的劳动权利义务关系,即劳动力交换关系。

根据原审查明的事实,某合作社虽然与一般的农村专业合作社经济组织,在经营、入股和分配等方式上具有不同,但其本质仍属于互助性质的经济组织,以其组织成员为服务对象,该组织与成员之间系平等主体之间的法律关系,我国现行劳动法、劳动合同法、劳动合同法实施条例等法律法规均未将专业合作社等互助组织纳入劳动法意义上的用人单位的范围,故二审判决认定双方之间的关系不是劳动法意义上的劳动关系于法有据。

戚某不是某合作社对外聘用的劳动者,本身是某合作社的成员之一,其依据《中华人民共和国村民委员会组织法》主张的补贴,性质上亦不属于劳动法规定的劳动者付出劳动后的工资报酬,据此原审认定戚某的诉求不属于人民法院主管的范围并无不当。戚某可以通过其他途径救济自己的权利。

【裁判要点】

现行的《劳动法》《劳动合同法》《劳动合同法实施条例》等法律法规均未将专业合作社等互助组织纳入劳动法意义上的用人单位范围,互助性经济组织与其成员之间的关系不属于劳动法意义上的劳动关系。

七、劳动仲裁时效为多久?

(一)劳动仲裁时效的类型

1. 普通仲裁时效。

《中华人民共和国劳动争议调解仲裁法》第二十七条规定,劳动争议申请仲裁的时效期间为一年。仲裁时效期间从当事人知道或者应当知道其权利被侵害之日起计算。

2. 特殊仲裁时效。

特殊仲裁时效,即劳动关系存续期间因拖欠劳动报酬发生争议的,劳动者申请仲裁不受一年的仲裁时效期间的限制;但是,劳动关系终止的,应当自劳动关系终止之日起一年内提出。

(二)仲裁时效的其他情形

1. 仲裁时效亦可以中断。

因当事人一方向对方当事人主张权利,或者向有关部门请求权利救济,或者对方当事人同意履行义务而中断。从中断时起,仲裁时效期间重新计算。

2. 仲裁时效还可以中止。

因不可抗力或者有其他正当理由,当事人不能在一年的仲裁时效期间申请仲裁的,仲裁时效中止。从中止时效的原因消除之日起,仲裁时效期间继续计算。

2018 年 5 月 1 日起施行的《中华人民共和国劳动争议调解仲裁法》

第二十七条　劳动争议申请仲裁的时效期间为一年。仲裁时效期间从当事人知道或者应当知道其权利被侵害之日起计算。

前款规定的仲裁时效,因当事人一方向对方当事人主张权利,或者向有关部门请求权利救济,或者对方当事人同意履行义务而中断。从中断时起,仲裁时效期间重新计算。

因不可抗力或者有其他正当理由,当事人不能在本条第一款规定的仲裁时效期间申请仲裁的,仲裁时效中止。从中止时效的原因消除之日起,仲裁时效期间继续计算。

劳动关系存续期间因拖欠劳动报酬发生争议的,劳动者申请仲裁不受本条第一款规定的仲裁时效期间的限制;但是,劳动关系终止的,应当自劳动关系终止之日起一年内提出。

案例

劳动关系存续期间因未足额支付劳动报酬发生争议的,劳动者申请仲裁不受一般仲裁时效的限制

【案情回顾】

2004 年 9 月,王某到某管理处工作,岗位为保洁员。2015 年 5 月,某管理处资产被划归某交通公司。2016 年 2 月,某交通公司滨州分公司成立,负责某管理处的业务。2016 年 5 月,某交通公司滨州分公司将保洁业务承包给某绿业公司,

王某的工资由某交通公司滨州分公司发放至 2016 年 5 月 3 日,此后由某绿业公司发放。

王某向劳动人事争议仲裁委员会申请仲裁,要求裁决:某交通公司滨州分公司补发 2004 年 9 月至 2017 年 5 月 17 日的工资 57050 元,支付经济补偿金 12325 元。

某交通公司滨州分公司向一审法院起诉请求:不支付王某最低工资差额 55033 元,诉讼费用由王某承担。某交通公司滨州分公司上诉请求:撤销一审判决,改判不支付王某工资差额,诉讼费用由王某承担。王某再审请求:撤销二审判决,改判某交通公司滨州分公司向王某支付工资差额 55033 元。

劳动人事争议仲裁委员会裁决:①某交通公司滨州分公司支付王某低于最低工资标准差额 55033 元;②驳回王某的其他仲裁请求。

一审法院判决:某交通公司滨州分公司于判决生效之日起十日内支付王某工资差额 55033 元。二审法院判决:变更一审判决为某交通公司滨州分公司于判决生效之日起十日内支付王某工资差额 850 元,驳回王某的其他诉讼请求。再审判决:撤销二审判决,维持一审判决。

【案例解析】

争议焦点及裁判理由:

该案双方当事人的争议焦点为王某关于某交通公司滨州分公司支付工资差额的请求是否适用一般仲裁时效。

虽然《中华人民共和国劳动争议调解仲裁法》第九条和《中华人民共和国劳动合同法》第三十条的规定,将拖欠劳动报酬与未足额支付劳动报酬作为并列情形予以规范,但从文意解释的角度分析,拖欠劳动报酬应既包括拖欠全部劳动报酬,也包括拖欠部分劳动报酬,两者虽存在拖欠数额上的差异但在拖欠的性质上并无差异,并非可截然区分的不同违法情形;从《中华人民共和国劳动争议调解仲裁法》第二十七条第四款"劳动关系存续期间因拖欠劳动报酬发生争议的,劳动者申请仲裁不受本条第一款规定的仲裁时效期间的限制"的立法意旨分析,是为了避免出现劳动者在劳动关系存续期间无法自由、平等地向用人单位主张权利现象的出现,从实质上保护劳动者的权益。而用人单位无论是拖欠全部劳动报酬,还是拖欠部分劳动报酬,对劳动者而言都构成工资的欠付,尤其是用人单位存在低于最低工资标准发放工资的情况下,劳动者在劳动关系存续期间无法自由、平等地向用人单位主张权利。

据此,某交通公司滨州分公司低于当地最低工资标准向王某支付工资的情形也应当适用《中华人民共和国劳动争议调解仲裁法》第二十七条第四款关于特殊仲裁时效的规定,二审判决适用法律错误,再审依法予以纠正。

【裁判要点】

用人单位无论是拖欠劳动者全部劳动报酬还是部分劳动报酬,对劳动者而言都构成工资的欠付,尤其是用人单位以低于最低工资标准发放劳动报酬的情况下,劳动者在劳动关系存续期间无法自由、平等地向用人单位主张权利。劳动者因此向用人单位主张权利的,应当适用《中华人民共和国劳动争议调解仲裁法》第二十七条第四款特殊仲裁时效的规定。

八、劳动仲裁申请受理的期限是多久?

(一)劳动仲裁申请受理的期限

仲裁庭裁决劳动争议案件,应当自劳动争议仲裁委员会受理仲裁申请之日起四十五日内结束。案情复杂需要延期的,经劳动争议仲裁委员会主任批准,可以延期并书面通知当事人,但是延长期限不得超过十五日。

(二)法院起诉的期限

仲裁逾期未作出仲裁裁决的,当事人可以就该劳动争议事项向人民法院提起诉讼。

当事人对仲裁裁决不服的,可以自收到仲裁裁决书之日起十五日内向人民法院提起诉讼;期满不起诉的,裁决书发生法律效力。

2018年5月1日起施行的《中华人民共和国劳动争议调解仲裁法》

四十三条　仲裁庭裁决劳动争议案件,应当自劳动争议仲裁委员会受理仲裁申请之日起四十五日内结束。案情复杂需要延期的,经劳动争议仲裁委员会主任批准,可以延期并书面通知当事人,但是延长期限不得超过十五日。逾期未作出仲裁裁决的,当事人可以就该劳动争议事项向人民法院提起诉讼。

仲裁庭裁决劳动争议案件时,其中一部分事实已经清楚,可以就该部分先行裁决。

第五十条　当事人对本法第四十七条规定以外的其他劳动争议案件的仲裁裁决不服的,可以自收到仲裁裁决书之日起十五日内向人民法院提起诉讼;期满不起诉的,裁决书发生法律效力。

九、属于"一裁终局"的情形有哪些?

"一裁终局"即仲裁裁决为终局裁决,有下列情形:

（1）追索劳动报酬、工伤医疗费、经济补偿或者赔偿金，不超过当地月最低工资标准十二个月金额的争议；

（2）因执行国家的劳动标准在工作时间、休息休假、社会保险等方面发生的争议。

一裁终局的裁决书自作出之日起发生法律效力。若对仲裁裁决不服的，可以自收到仲裁裁决书之日起十五日内向人民法院提起诉讼。

2018年5月1日起施行的《中华人民共和国劳动争议调解仲裁法》

第四十七条　下列劳动争议，除本法另有规定的外，仲裁裁决为终局裁决，裁决书自作出之日起发生法律效力：

（一）追索劳动报酬、工伤医疗费、经济补偿或者赔偿金，不超过当地月最低工资标准十二个月金额的争议；

（二）因执行国家的劳动标准在工作时间、休息休假、社会保险等方面发生的争议。

第四十八条　劳动者对本法第四十七条规定的仲裁裁决不服的，可以自收到仲裁裁决书之日起十五日内向人民法院提起诉讼。

2021年1月1日起施行的《最高人民法院关于审理劳动争议案件适用法律问题的解释（一）》

第十九条　仲裁裁决书未载明该裁决为终局裁决或者非终局裁决，劳动者依据调解仲裁法第四十七条第一项规定，追索劳动报酬、工伤医疗费、经济补偿或者赔偿金，如果仲裁裁决涉及数项，每项确定的数额均不超过当地月最低工资标准十二个月金额的，应当按照终局裁决处理。

十、哪些情形可以申请撤销仲裁裁决？

用人单位有证据证明《劳动争议调解仲裁法》第四十七条规定的仲裁裁决有下列情形之一，可以自收到仲裁裁决书之日起三十日内向劳动争议仲裁委员会所在地的中级人民法院申请撤销裁决：

（1）适用法律、法规确有错误的；

（2）劳动争议仲裁委员会无管辖权的；

（3）违反法定程序的；

（4）裁决所根据的证据是伪造的；

（5）对方当事人隐瞒了足以影响公正裁决的证据的；

（6）仲裁员在仲裁该案时有索贿受贿、徇私舞弊、枉法裁决行为的。

人民法院经组成合议庭审查核实裁决有前款规定情形之一的,应当裁定撤销。仲裁裁决被人民法院裁定撤销的,当事人可以自收到裁定书之日起十五日内就该劳动争议事项向人民法院提起诉讼。

2008 年 5 月 1 日起施行的《中华人民共和国劳动争议调解仲裁法》

第四十九条　用人单位有证据证明本法第四十七条规定的仲裁裁决有下列情形之一,可以自收到仲裁裁决书之日起三十日内向劳动争议仲裁委员会所在地的中级人民法院申请撤销裁决:

(一)适用法律、法规确有错误的;

(二)劳动争议仲裁委员会无管辖权的;

(三)违反法定程序的;

(四)裁决所根据的证据是伪造的;

(五)对方当事人隐瞒了足以影响公正裁决的证据的;

(六)仲裁员在仲裁该案时有索贿受贿、徇私舞弊、枉法裁决行为的。

人民法院经组成合议庭审查核实裁决有前款规定情形之一的,应当裁定撤销。

仲裁裁决被人民法院裁定撤销的,当事人可以自收到裁定书之日起十五日内就该劳动争议事项向人民法院提起诉讼。

第五十条　当事人对本法第四十七条规定以外的其他劳动争议案件的仲裁裁决不服的,可以自收到仲裁裁决书之日起十五日内向人民法院提起诉讼;期满不起诉的,裁决书发生法律效力。

十一、用人单位如何应对劳动仲裁已经受理的劳动争议?

根据《中华人民共和国劳动争议调解仲裁法》第三十条的规定,劳动争议仲裁委员会受理仲裁申请后,应当在五日内将仲裁申请书副本送达被申请人。

被申请人收到仲裁申请书副本后,应当在十日内向劳动争议仲裁委员会提交答辩书。劳动争议仲裁委员会收到答辩书后,应当在五日内将答辩书副本送达申请人。被申请人未提交答辩书的,不影响仲裁程序的进行。因此,应对劳动仲裁已受理的劳动争议的准备工作和流程如下。

(一)应对劳动仲裁的流程

1. 提出管辖权异议:如果对管辖权有异议,则应当在答辩书提交期满前书面提出。

2. 按时提交答辩书:仲裁申请书副本送达被申请人,被申请人应当在收到副本

10 日内提交答辩书。

3. 提出反申请：被申请人需要提出反申请的，需在答辩期内书面提出，是否合并审理。如果在答辩期满后，提出反申请的，将被另案处理。

4. 准备与提交证据：在劳动争议仲裁委员会未及时交换证据，已经超过举证期限未能质证的证据，需到人民法院起诉后，在举证期限届满前提交。

5. 参加庭审：劳动争议仲裁委员会未参加庭审的，需在起诉期限内起诉到法院，启动一审程序，再行参加一审庭审。未参加一审庭审的，需在上诉期内启动二审程序，再行参加二审庭审。

（二）仲裁答辩书的主要组成

1. 首部：主要包括标题和当事人基本情况。

2. 案由：简要写明对何人提出的何种仲裁案件进行答辩。

3. 答辩意见：该部分应对申请人的仲裁请求进行明确答复，清楚地表明自己的态度，写明自己对案件的主张和理由。一般先陈述事实，再提出自己的意见，或承认其请求，或反驳其请求，对仲裁请求的反驳，既可以从实体上进行反驳，也可以从程序上进行反驳，重点是揭示对方法律行为的错误之处，对方陈述的事实和依据的证据中的不足之处；提出相反的证据，说明自己法律行为的合法性；列举有关法律规定，论证自己主张的正确性，以便请求劳动争议仲裁委员会通过仲裁予以法律保护。从程序上反驳主要是说明申请人不能提请仲裁，仲裁庭对案件没有管辖权等方面。

4. 反请求：若申请人有反请求，要具体写明反请求的各项内容及其所依据的事实证据和理由。

5. 尾部：该部分应写明致送的劳动争议仲裁委员会的全称，在右下方写明答辩人的姓名，答辩人是法人或其他组织的，要写出其全称，并另行写出法定代表人或主要负责人的姓名、职务，如委托仲裁代理人，代理人也应签名、盖章，并注明年、月、日。在附项栏中写明附件的份数及名称并按顺序号装订在答辩书正文之后。

需要注意的是，是否需要按时提交答辩书，需根据当地仲裁庭的要求，有的不需要提前提交。

2008 年 5 月 1 日起施行的《中华人民共和国劳动争议调解仲裁法》

第三十条　劳动争议仲裁委员会受理仲裁申请后，应当在五日内将仲裁申请书副本送达被申请人。

被申请人收到仲裁申请书副本后，应当在十日内向劳动争议仲裁委员会提交答辩书。劳动争议仲裁委员会收到答辩书后，应当在五日内将答辩书副本送达申请人。被申请人未提交答辩书的，不影响仲裁程序的进行。

十二、在劳动争议中什么样的证据最有效?

根据《中华人民共和国劳动争议调解仲裁法》第三十九条的规定,当事人提供的证据经查证属实的,仲裁庭应当将其作为认定事实的根据。劳动者无法提供由用人单位掌握管理的与仲裁请求有关的证据,仲裁庭可以要求用人单位在指定期限内提供。用人单位在指定期限内不提供的,应当承担不利后果。证据必须查证属实,才能作为认定事实的根据。所以证据在劳动争议过程中至关重要,而且收据何种证据也是有学问的。

(一)证据的定义

证据是指证明主体提供的用来证明案件事实的材料。证据经查证属实的,才能作为仲裁庭认定事实的根据。

所谓查证属实,是指证据在仲裁庭的主持下,经当事人出示、对方质证和仲裁庭认证,认为证据具有真实性、关联性和合法性。

(二)证据的种类

《中华人民共和国民事诉讼法》第六十三条规定了证据包括以下几方面。

1. 当事人的陈述:劳动争议案件中经常用到的是当事人当庭自认的事实,将被审理机关依法采信。

2. 书证:是指以文字、符号图形所记载或表示的内容、含义来证明案件事实的证据。在劳动争议案件中,入职登记表、培训笔录、签收单、劳动合同、规章制度、劳动合同变更单、劳动合同解除通知书等都是书证。

3. 物证:是指以其外部特征和物质属性,即以其存在、形状、质量等证明案件事实的物品。在劳动争议案件中,该类证据很少出现,如劳动者用于工作的笔记本、能够证明劳动者存在违纪行为的受损的办公工具等。

4. 视听资料:是指利用录音、录像等技术手段反映的声音、图像以及电子计算机储存的数据证明案件事实的证据。劳动争议中常见的视听资料如通话录音、现场录音、现场录像或者存储于光盘、硬盘中的电脑数据等。

5. 电子数据:民事诉讼法司法解释中新增加的证据种类,指通过电子邮件、电子数据交换、网上聊天记录、博客、微博、手机短信、电子签名域名等形成或者存储在电子介质中的信息等。

6. 证人证言:是指证人就其所感知的案件情况向法院所作的陈述,一般情况下,只有与案件双方当事人无利害关系,如亲属关系、朋友关系等以外其他关系的证人所作当庭陈述才能被采信。

7. 鉴定意见：对于当事人有争议的证据材料，如笔迹、声音等鉴定结果，审理机关将依法采信。

8. 勘验笔录：指人民法院指派的勘验人员对案件的诉讼标的物和有关证据，经过现场勘验、调查所作的记录，在劳动争议案件中很少用到。

(三)证据要求

用人单位提供的证据必须具有真实性、关联性和合法性，否则属于无效证据。

1. 真实性。证据是证明待证事实的材料，也是客观存在的材料，而不是任何人主观臆造的产物。因此，它必须是真实可靠的，否则以它为根据认定的案件事实就不可能是客观真实的。

2. 关联性。证据必须与案件事实有内在的联系。这种内在的联系表现在，证据应当能够证明本案的部分或全部事实。缺乏关联性的证据不是本案的证据，对本案没有证明力。

3. 合法性。证据的合法性主要表现在证据的取得必须符合法律规定的程序，不能侵害他人的合法权益。以侵害他人合法权益或者违反法律禁止性规定的方法取得的证据，不能作为认定案件事实的依据。

(四)证据效力

《最高人民法院关于民事诉讼证据的若干规定》第六十八条规定，以侵害他人合法权益或者违反法律禁止性规定的方法取得的证据，不能作为认定案件事实的依据。

1. 书证的效力最高。

有员工签字确认的书证的证明效力是最高的。如果书证没有员工的书面确认，无论事实上是否经过员工的确认，如果员工在庭审过程中不予认可，也无法产生证明效力，因此书面材料需要经过员工的签字确认。

如果书证没有员工的书面确认，无论事实上是否经过员工的确认，如果员工在庭审过程中不予认可，也无法产生证明效力，因此书面材料需要经过员工的签字确认。电子邮件如果经过公证，与书证具同等的效力，如果未经公证，则需经当事人在庭审中认可，否则无法产生预期的效力。

2. 物证的效力其次。

有员工签字确认的书证的证明效力是最高的，其次是物证。实务中劳动者自己提供的身份证复印件、学历证书、体检报告等也可以作为物证。

3. 视听资料效力第三。

视听资料包括录音、录像资料，如果当事人认可或者经过鉴定，审理机关一般也会认为其有效力。

4. 电子证据的真实性和合法性。

判断电子证据的真实性主要通过四种方式：自认方式、证人具结方式、推定方式、鉴定方式。

1）自认方式：当事人双方均认可的通过自认的方式对证据的真实性予以确认的情况，一般予以采纳。

2）证人具结方式：由适格证人通过具结方式证明其为真的电子证据，一般予以采纳。

比如，一份电子证据的产生与运作离不开许许多多的技术人员。有些技术人员是在日常的业务、工作或履职过程中曾经接近过该电子证据，有些则曾经对它进行过监控。由于这些人不仅拥有查明电子证据是否属实的专业知识与经验，而且拥有查明电子证据是否属实的机会，故他们通常是适格的证人，他们做出的具结是充分的佐证。

如在某个案件中，用人单位对其提供的电子考勤系统进行佐证时，请该套设备的技术人员出具证明，让仲裁庭相信其系统未经公司改动。这些证据最终获得了仲裁庭的认可。

3）推定方式：以推定的方式认可电子证据的真实性。这一方式又分为两种情况。

首先，有证据证明计算机系统在关键时刻处于正常状态的，推定电子证据具有真实性，予以采纳。其次，附有电子签名的或附加其他适当安全程序保障的电子书证，推定其具有真实性外，一般予以采纳。

在劳动争议案件中，如果劳动者和用人单位的相关工作人员均是以电子邮件进行工作安排，并且电子邮件均附有电子签名或数据电文，则任何一方以该邮件作为证据使用时，除非另一方有相反证据，否则不得否认该证据的真实性。

4）鉴定方式：由适格专家鉴定未经修改的电子证据，一般予以采纳。需要识别哪些电子证据曾经被篡改或修改过，需要借助计算机法庭科学技术。

除了电子证据的真实性外，其合法性也是非常重要的，对于电子证据而言，凡是其生成、取得等环节不合法，且其不合法程度足以影响证据真实性，或者足以影响某一重大权益的，则会考虑进行排除这份证据。

如果窃录的行为并没有侵害他人的合法权益，也没有违反法律禁止性规定的话，可以作为证据使用；若窃录侵犯了别人的隐私权，违背了合法性原则，则不能作为证据。通过窃录或窃听方式获得的电子证据、通过非法搜查和扣押等方式获得的电子证据且情节严重的，通过非法程序和非法软件得来的证据均不予采纳。

十三、用人单位如何收集常用的证据？

根据证据的有效性和效力，书证的效力最高，因此用人单位收集常用的证据是否有用则至关重要,主要从以下三个方面着手。

(一)员工入职时

员工入职时,需要填写和签订的文件主要有:《职位申请表》《性格测试问卷》《新员工入职登记表》《员工入职声明书》《规章制度承诺书》《劳动合同》《保密协议》《岗位说明书》《绩效考核表》/《绩效合同》《领取物资登记表》等。

(二)员工在岗时

同样,员工在岗时所需要填写和签订的文件有:《考勤表》《工资表》《请假单》《培训记录表》《加班申请单》《绩效考评表》《绩效面谈表》《劳动合同续签通知书》《劳动合同变更单》《调岗调薪通知单》等。如果发生了变更劳动合同、调岗调薪等情形,也要签订这些文件,未发生则无须使用。

(三)员工离职时

员工离职时是企业收集证据的最后一个环节,所需要填写和签订的文件有:《离职申请单》《工作交接表》《离职声明书》《协商解除劳动合同协议》《解除/终止劳动合同通知书》等。根据劳动者离职的情形不同,所填写和签订的文件也有所不同。

十四、双方是否存在劳动关系,谁来举证?

《中华人民共和国劳动争议调解仲裁法》第六条规定,发生劳动争议,当事人对自己提出的主张,有责任提供证据。与争议事项有关的证据属于用人单位掌握管理的,用人单位应当提供;用人单位不提供的,应当承担不利后果。因此,是否存在劳动关系,需由劳动者负举证责任,即由劳动者提供证据证明与被申请人存在劳动关系。

被提交的证据包括工资支付凭证或银行工资发放记录、职工工资发放花名册、社会保险缴纳记录、工作证、胸卡、用人单位的招用记录、与用人单位负责人的交流录音、录像资料、节假日值班表、考勤表等,还有由用人单位出具的收入证明、离职证明、其他同事的证人证言等。

2008 年 5 月 1 日起施行的《中华人民共和国劳动争议调解仲裁法》

第六条　发生劳动争议,当事人对自己提出的主张,有责任提供证据。与争议事项有关的证据属于用人单位掌握管理的,用人单位应当提供;用人单位不提供的,应当承担不利后果。

案例

劳动合同期满后未续签书面劳动合同而继续用工，劳动者请求用人单位支付二倍工资的应予支持

【案情回顾】

2014 年 2 月，常某与某公司签订《用工合同》一份，约定月工资 1760 元，协议期限为 1 年，自 2014 年 2 月 1 日起执行。合同到期后双方未再签订新的合同，但双方均依照原合同内容继续履行。2015 年 9 月底，某公司与常某解除劳动合同。次月，常某向劳动人事争议仲裁委员会申请仲裁。

常某向劳动人事争议仲裁委员会申请仲裁，要求裁决：某公司支付未续订书面劳动合同二倍工资 24640 元。某公司向一审法院起诉请求：不支付工资差额 12320 元。某公司上诉请求：撤销一审判决，改判不支付工资差额 12320 元。某公司不服二审判决，向省高院申请再审。

劳动人事争议仲裁委员会裁决：某公司支付常某未续签书面劳动合同二倍工资差额 12320 元，驳回常某其他仲裁请求。一审法院判决：某公司支付常某未续签书面劳动合同二倍工资差额 12320 元，驳回常某其他诉讼请求。二审法院判决：驳回上诉，维持原判决。再审裁定：驳回某公司的再审申请。

【案例解析】

争议焦点及裁判理由：

该案双方当事人的争议焦点为劳动合同期满后未续签书面劳动合同而继续用工，劳动者请求用人单位支付二倍工资的应否支持。

根据《中华人民共和国劳动合同法》第八十二条第一款的规定，用人单位自用工之日起超过一个月不满一年未与劳动者订立书面劳动合同的，应当向劳动者每月支付二倍的工资。

签订书面劳动合同，是用人单位的法定义务。某公司与常某的书面劳动合同于 2015 年 1 月 31 日期满后，双方均有继续履行劳动合同的意思表示，某公司依法应与常某续签书面劳动合同，其未续签书面劳动合同，又未能举证证明常某存在拒绝签订的情形，应向常某支付未续签劳动合同的二倍工资。因二倍工资的其中一倍为工资，某公司已向常某发放，故原审支持二倍工资差额 12320 元是正确的。

【裁判要点】

签订书面劳动合同是用人单位的法定义务。劳动合同期满后，如双方均有继续履行劳动合同的意思表示，用人单位依法应与劳动者续签书面劳动合同，其未与劳

动者续签书面劳动合同,又未能举证证明存在劳动者拒绝签订情形的,应依法向劳动者支付未续签劳动合同的二倍工资。

十五、关于拖欠加班费的案件,谁来举证?

《最高人民法院关于审理劳动争议案件适用法律问题的解释(一)》规定,劳动者主张加班费的,应当就加班事实的存在承担举证责任。但劳动者有证据证明用人单位掌握加班事实存在的证据,用人单位不提供的,由用人单位承担不利后果。

因此,劳动者主张加班费的,应当由劳动者就加班事实的存在承担举证责任。但劳动者有证据证明用人单位掌握加班事实存在的证据,用人单位不提供的,由用人单位承担不利后果。

> 2021年1月1日起施行的《最高人民法院关于审理劳动争议案件适用法律问题的解释(一)》
>
> 第四十二条　劳动者主张加班费的,应当就加班事实的存在承担举证责任。但劳动者有证据证明用人单位掌握加班事实存在的证据,用人单位不提供的,由用人单位承担不利后果。

十六、关于拖欠工资的案件,谁来举证?

在工资拖欠案件中,劳动者只需举证证明其已履行劳动义务即可,而对用人单位未付工资的事实不应当负举证责任。

根据《工资支付暂行规定》第六条规定,用人单位必须书面记录支付劳动者工资的数额、时间、领取者的姓名以及签字,并保存两年以上备查。这表明,用人单位有义务保存已支付工资的证据,而劳动者一般不可能掌握未支付工资的证据,在劳动者提出已履行劳动义务的证据并提出追索拖欠工资主张的时候,如果用人单位不能举证证明已支付工资,就应当认定未支付工资的事实并支持劳动者的主张。

因此,拖欠工资的案件适用"举证责任倒置"原则,由用人单位举证证明是否足额支付了劳动者的工资。如果存在扣发工资的情形,则由用人单位提交证据证明扣发工资的合理合法性。

还有一种特殊情形是,若劳动者以用人单位的工资欠条为证据直接提起诉讼,诉讼请求不涉及劳动关系其他争议的,视为拖欠劳动报酬争议,人民法院按照普通民事纠纷受理。

1995 年 1 月 1 日起施行的《工资支付暂行规定》

第六条　用人单位应将工资支付给劳动者本人。劳动者本人因故不能领取工资时,可由其亲属或委托他人代领。

用人单位可委托银行代发工资。

用人单位必须书面记录支付劳动者工资的数额、时间、领取者的姓名以及签字,并保存两年以上备查。用人单位在支付工资时应向劳动者提供一份其个人的工资清单。

第七条　工资必须在用人单位与劳动者约定的日期支付。如遇节假日或休息日,则应提前在最近的工作日支付。工资至少每月支付一次,实行周、日、小时工资制的可按周、日、小时支付工资。

2021 年 1 月 1 日起施行的《最高人民法院关于审理劳动争议案件适用法律问题的解释(一)》

第十五条　劳动者以用人单位的工资欠条为证据直接提起诉讼,诉讼请求不涉及劳动关系其他争议的,视为拖欠劳动报酬争议,人民法院按照普通民事纠纷受理。

十七、其他劳动纠纷的案件,谁来举证?

因用人单位作出的开除、除名、辞退、解除劳动合同、减少劳动报酬、计算劳动者工作年限等决定而发生的劳动争议,用人单位负举证责任。

2021 年 1 月 1 日起施行的《最高人民法院关于审理劳动争议案件适用法律问题的解释(一)》

第四十四条　因用人单位作出的开除、除名、辞退、解除劳动合同、减少劳动报酬、计算劳动者工作年限等决定而发生的劳动争议,用人单位负举证责任。

十八、如何编制调解协议书?

调解协议书应该包括以下几方面。

1.用人单位的名称与劳动者的姓名及身份信息。

2.对争议双方的劳动关系情况进行简要的说明。

3.争议双方的劳动关系是否解除及解除的时间,未解除劳动关系的,列明出勤的具体时间、工作地点与工作内容。

4. 列明涉及争议内容及解决办法,需要支付工资、福利或者经济补偿金的,写明具体数额、支付方式及支付时间。

5. 列明双方自劳动关系建立至解除期间的所有争议已经全部解决,一方自愿放弃所有的仲裁申请请求,双方再无任何劳动争议。

6. 列明争议解决的时间。

7. 如果双方达成和解后,有履行义务的一方拒绝履行支付义务的,另一方可以向当地有管辖权的法院申请强制执行。

8. 争议双方盖章签字。

案例

劳动争议经调节后,单位为何再次成为被告?

【案情回顾】

雍某与某公司因为拖欠工资发生劳动争议,在雍某申请劳动仲裁后,某公司与雍某协商,支付雍某工资,让他撤销仲裁申请,并签订了书面调解协议,协议中明确写明双方再无经济纠纷。

但某公司支付雍某工资后一个月,又收到雍某仲裁申请的传票,要求某公司支付其因拖欠工资解除劳动关系的经济补偿金。

【案例解析】

审理机关经审理发现,某公司确实拖欠雍某两个月工资长达半年之久。雍某与某公司确实签订了调解协议,协议中写明双方再无经济纠纷,但是,双方未就劳动关系解除以及解除劳动关系的经济补偿金的内容做任何约定,因此裁定某公司支付雍某解除劳动关系的经济补偿金。

该案的焦点在于,某公司与雍某签订的调解协议是否对第二次的争议有约束力。审理机关已经表示,调解协议中并未涉及解除劳动关系的经济补偿金的内容,可见某公司认可调解协议中关于"双方再无经济纠纷"的效力,因为支持了雍某的主张。

某公司在庭审中,拿出之前与雍某调解时签订的调解协议,称双方认可再无经济纠纷,应驳回雍某的仲裁申请请求。

十九、如何做好风险防范,避免诉讼不利?

提前风险防范,避免诉讼不利,就要做好"四个强化"工作。

(一)强化证据意识

强化证据意识,防范潜在的法律风险。依据《劳动争议调解仲裁法》的规定,由用人单位掌握的与仲裁请求的证据，如果用人单位不能举证，则承担举证不能的后果。

(二)强化程序意识

强化程序意识，保障处理程序的规范。用人单位在处理劳动者事务时必须遵循法律强制性规定的程序，不能随意而为。

(三)强化书面操作

强化书面操作，依法存留备案材料。虽然现在很多用人单位都提倡无纸化办公，但是劳动者的离职申请、劳动合同的变更与解除等，都应通过书面方式进行确认和备案，以防范可能发生的潜在风险。

(四)强化预防原则

强化预防原则，防患于未然。在日常劳动人事管理中，要对程序操作、证据存留进行经常性的检查，并及时归档相应的人事档案，以预防劳动人事管理的风险。

引用《韩非子·喻老》中的一句话来形容这些细小的工作再合适不过："千丈之堤，溃于蚁穴，以蝼蚁之穴溃；百尺之室，以突隙之烟焚。"

附　录

中华人民共和国劳动合同法

《中华人民共和国劳动合同法》已由中华人民共和国第十届全国人民代表大会常务委员会第二十八次会议于 2007 年 6 月 29 日通过,现予公布,自 2008 年 1 月 1 日起施行。

中华人民共和国主席　胡锦涛

2007 年 6 月 29 日

目　录

第一章　总　则

第一条　为了完善劳动合同制度,明确劳动合同双方当事人的权利和义务,保护劳动者的合法权益,构建和发展和谐稳定的劳动关系,制定本法。

第二条　中华人民共和国境内的企业、个体经济组织、民办非企业单位等组织（以下称用人单位），与劳动者建立劳动关系，订立、履行、变更、解除或者终止劳动合同，适用本法。

国家机关、事业单位、社会团体和与其建立劳动关系的劳动者，订立、履行、变更、解除或者终止劳动合同，依照本法执行。

第三条　订立劳动合同，应当遵循合法、公平、平等自愿、协商一致、诚实信用的原则。

劳动合同依法订立即具有法律效力，用人单位与劳动者应当履行劳动合同约定的义务。

第四条　用人单位应当依法建立和完善劳动规章制度，保障劳动者享有劳动权利、履行劳动义务。

用人单位在制定、修改或者决定直接涉及劳动者切身利益的劳动报酬、工作时间、休息休假、劳动安全卫生、保险福利、职工培训、劳动纪律以及劳动定额管理等规章制度或者重大事项时，应当经职工代表大会或者全体职工讨论，提出方案和意见，与工会或者职工代表平等协商确定。

在规章制度实施过程中，工会或者职工认为用人单位的规章制度不适当的，有权向用人单位提出，通过协商作出修改完善。

直接涉及劳动者切身利益的规章制度应当公示，或者告知劳动者。

第五条　县级以上人民政府劳动行政部门会同工会和企业方面代表，建立健全协调劳动关系三方机制，共同研究解决劳动关系方面的重大问题。

第六条　工会应当帮助、指导劳动者与用人单位依法订立和履行劳动合同，并与用人单位建立集体协商机制，维护劳动者的合法权益。

第二章　劳动合同的订立

第七条　用人单位自用工之日起即与劳动者建立劳动关系。用人单位应当建立职工名册备查。

第八条　用人单位招用劳动者时，应当如实告知劳动者工作内容、工作条件、工作地点、职业危害、安全生产状况、劳动报酬，以及劳动者要求了解的其他情况；用人单位有权了解劳动者与劳动合同直接相关的基本情况，劳动者应当如实说明。

第九条　用人单位招用劳动者，不得要求劳动者提供担保或者以其他名义向劳动者收取财物，不得扣押劳动者的居民身份证或者其他证件。

第十条　建立劳动关系，应当订立书面劳动合同。

已建立劳动关系,未同时订立书面劳动合同的,应当自用工之日起一个月内订立书面劳动合同。

用人单位与劳动者在用工前订立劳动合同的,劳动关系自用工之日起建立。

第十一条　用人单位未在用工的同时订立书面劳动合同,与劳动者约定的劳动报酬不明确的,新招用的劳动者的劳动报酬应当按照集体合同规定的标准执行;没有集体合同或者集体合同未作规定的,用人单位应当对劳动者实行同工同酬。

第十二条　劳动合同期限分为固定期限、无固定期限和以完成一定工作任务为期限三种。

第十三条　固定期限劳动合同,是指用人单位与劳动者约定合同终止时间的劳动合同。

用人单位与劳动者协商一致,可以订立固定期限劳动合同。

第十四条　无固定期限劳动合同,是指用人单位与劳动者约定无确定终止时间的劳动合同。

用人单位与劳动者协商一致,可以订立无固定期限劳动合同。有下列情形之一,劳动者提出或者同意续订劳动合同的,应当订立无固定期限劳动合同:

(一)劳动者已在该用人单位连续工作满十年的;

(二)用人单位初次实行劳动合同制度或者国有企业改制重新订立劳动合同时,劳动者在该用人单位连续工作满十年且距法定退休年龄不足十年的;

(三)连续订立二次固定期限劳动合同且劳动者没有本法第三十九条规定的情形续订劳动合同的。

用人单位自用工之日起满一年不与劳动者订立书面劳动合同的,视为用人单位与劳动者已订立无固定期限劳动合同。

第十五条　以完成一定工作任务为期限的劳动合同,是指用人单位与劳动者约定以某项工作的完成为合同期限的劳动合同。

用人单位与劳动者协商一致,可以订立以完成一定工作任务为期限的劳动合同。

第十六条　劳动合同由用人单位与劳动者协商一致,并经用人单位与劳动者在劳动合同文本上签字或者盖章生效。

劳动合同文本应当由用人单位和劳动者各执一份。

第十七条　劳动合同应当具备以下条款:

(一)用人单位的名称、住所和法定代表人或者主要负责人;

(二)劳动者的姓名、住址和居民身份证或者其他有效身份证件号码;

(三)劳动合同期限;

(四)工作内容和工作地点;

（五）工作时间和休息休假；

（六）劳动报酬；

（七）社会保险；

（八）劳动保护、劳动条件和职业危害防护；

（九）法律、法规规定应当纳入劳动合同的其他事项。

劳动合同除前款规定的必备条款外，用人单位与劳动者可以协商约定试用期、培训、保守商业秘密、补充保险和福利待遇等其他事项。

第十八条　劳动合同对劳动报酬和劳动条件等标准约定不明确，引发争议的，用人单位与劳动者可以重新协商。协商不成的，适用集体合同规定；没有集体合同或者集体合同未规定劳动报酬的，用人单位应当对劳动者实行同工同酬；没有集体合同或者集体合同未规定劳动条件等标准的，适用国家有关规定。

第十九条　劳动合同期限三个月以上不满一年的，试用期不得超过一个月；

劳动合同期限一年以上三年以下的，试用期不得超过二个月；

三年以上固定期限和无固定期限的劳动合同试用期不得超过六个月。

同一用人单位与同一劳动者只能约定一次试用期。

以完成一定工作任务为期限的劳动合同或者劳动合同期限不满三个月的，不得约定试用期。

劳动合同仅约定试用期或者劳动合同期限与试用期相同的，试用期不成立，该期限为劳动合同期限。

第二十条　劳动者在试用期的工资不得低于本单位同岗位最低档工资或者劳动合同约定工资的百分之八十，并不得低于用人单位所在地的最低工资标准。

第二十一条　在试用期中，除有证据证明劳动者不符合录用条件外，用人单位不得解除劳动合同。用人单位在试用期解除劳动合同的，应当向劳动者说明理由。

第二十二条　用人单位为劳动者提供专项培训费用，对其进行专业技术培训的，可以与该劳动者订立协议，约定服务期。

劳动者违反服务期约定的，应当按照约定向用人单位支付违约金。约定违反服务期违约金的数额不得超过用人单位提供的培训费用。违约时，劳动者所支付的违约金不得超过服务期尚未履行部分所应分摊的培训费用。

用人单位与劳动者约定的服务期较长的，用人单位应当按照工资调整机制提高劳动者在服务期间的劳动报酬。

第二十三条　用人单位与劳动者可以在劳动合同中约定保守用人单位的商业秘密和与知识产权相关的事项。

对负有保密义务的劳动者，用人单位可以在劳动合同或者保密协议中与劳动者约定竞业限制条款,并约定在解除或者终止劳动合同后,在竞业限制期限内按月给予劳动者经济补偿。劳动者违反竞业限制约定的,应当按照约定向用人单位支付违约金。

第二十四条   竞业限制的人员限于用人单位的高级管理人员、高级技术人员和其他知悉用人单位商业秘密的人员。竞业限制的范围、地域、期限由用人单位与劳动者约定,竞业限制的约定不得违反法律、法规的规定。

在解除或者终止劳动合同后,限制前款规定的人员到与本单位生产或者经营同类产品、业务的有竞争关系的其他用人单位,或者自己开业生产或者经营与本单位有竞争关系的同类产品、业务的期限不得超过二年。

第二十五条   除本法第二十二条和第二十三条规定的情形外,用人单位不得与劳动者约定由劳动者承担的违约金。

第二十六条   下列劳动合同无效或者部分无效:

(一)以欺诈、胁迫的手段或者乘人之危,使对方在违背真实意思的情况下订立劳动合同的;

(二)用人单位免除自己的法定责任、排除劳动者的权利的;

(三)违反法律、行政法规强制性规定的。

劳动合同的无效或者部分无效,由劳动行政部门、劳动争议仲裁机构或者人民法院确认。

第二十七条   劳动合同部分无效,不影响其他部分效力的,其他部分仍然有效。

第二十八条   劳动合同被确认无效,劳动者已付出劳动的,用人单位应当向劳动者支付劳动报酬。劳动报酬的数额,按照同工同酬的原则确定。

第三章   劳动合同的履行和变更

第二十九条   用人单位与劳动者应当按照劳动合同的约定,全面履行各自的义务。

第三十条   用人单位应当按照劳动合同约定和国家规定及时足额发放劳动报酬。

用人单位拖欠或者未足额发放劳动报酬的,劳动者可以依法向当地人民法院申请支付令,人民法院应当依法发出支付令。

第三十一条   用人单位应当严格执行劳动定额标准,不得强迫或者变相强迫劳动者加班。用人单位安排加班的,应当按照国家有关规定向劳动者支付加班费。

第三十二条   劳动者拒绝用人单位管理人员违章指挥、强令冒险作业的,不视为违反劳动合同;对危害生命安全和身体健康的劳动条件,有权提出批评、检举和控告。

第三十三条   用人单位变更名称、法定代表人、主要负责人或者投资人等事项,不影响劳动合同的履行。

第三十四条　用人单位发生合并或者分立等情况,原劳动合同继续有效,劳动合同由承继其权利义务的用人单位继续履行。

第三十五条　用人单位与劳动者协商一致,可以变更劳动合同约定的内容。变更劳动合同,应当采用书面形式。

变更后的劳动合同文本由用人单位和劳动者各执一份。

第四章　劳动合同的解除和终止

第三十六条　用人单位与劳动者协商一致,可以解除劳动合同。

第三十七条　劳动者提前三十日以书面形式通知用人单位,可以解除劳动合同。劳动者在试用期内可以随时通知用人单位解除劳动合同。

第三十八条　有下列情形之一的,劳动者可以随时通知用人单位解除劳动合同:

(一)用人单位未按照劳动合同的约定提供劳动保护或者劳动条件的;

(二)用人单位未及时足额支付劳动报酬的;

(三)用人单位未依法为劳动者缴纳社会保险费的;

(四)用人单位的规章制度违反法律、法规的规定,损害劳动者权益的;

(五)因本法第二十六条规定的情形致使劳动合同无效的;

(六)法律、行政法规规定的其他情形。

用人单位以暴力、威胁或者非法限制人身自由的手段强迫劳动者劳动的,或者用人单位违章指挥、强令冒险作业危及劳动者人身安全的,劳动者可以立即解除劳动合同,无需事先告知用人单位。

第三十九条　劳动者有下列情形之一的,用人单位可以解除劳动合同:

(一)在试用期间被证明不符合录用条件的;

(二)严重违反用人单位的规章制度的;

(三)严重失职,营私舞弊,给用人单位的利益造成重大损害的;

(四)劳动者同时与其他用人单位建立劳动关系,对完成本单位的工作任务造成严重影响,或者经用人单位提出,拒不改正的;

(五)因本法第二十六条第一项规定的情形致使劳动合同无效的;

(六)被依法追究刑事责任的。

第四十条　有下列情形之一的,用人单位在提前三十日以书面形式通知劳动者本人或者额外支付劳动者一个月工资后,可以解除劳动合同:

(一)劳动者患病或者非因工负伤,在规定的医疗期满后不能从事原工作也不能从事由用人单位另行安排的工作的；

（二）劳动者不能胜任工作，经过培训或者调整工作岗位，仍不能胜任工作的；

（三）劳动合同订立时所依据的客观情况发生重大变化，致使劳动合同无法履行，经用人单位与劳动者协商，未能就变更劳动合同内容达成协议的。

第四十一条　有下列情形之一，需要裁减人员二十人以上或者裁减不足二十人但占企业职工总数百分之十以上的，用人单位应当提前三十日向工会或者全体职工说明情况，听取工会或者职工的意见后，裁减人员方案经向劳动行政部门报告，可以裁减人员：

（一）依照企业破产法规定进行重整的；

（二）生产经营发生严重困难的；

（三）企业转产、重大技术革新或者经营方式调整，经变更劳动合同后，仍需裁减人员的；

（四）其他因劳动合同订立时所依据的客观经济情况发生重大变化，致使劳动合同无法履行的。

裁减人员时，应当优先留用下列劳动者：

（一）与本单位订立较长期限的固定期限劳动合同的；

（二）订立无固定期限劳动合同的；

（三）家庭无其他就业人员，有需要扶养的老人或者未成年人的。

用人单位在六个月内重新招用人员的，应当通知被裁减的人员，并在同等条件下优先招用被裁减的人员。

第四十二条　劳动者有下列情形之一的，用人单位不得依照本法第四十条、第四十一条的规定解除劳动合同：

（一）从事接触职业病危害作业的劳动者未进行离岗前职业病健康检查，或者疑似职业病病人在诊断或者医学观察期间的；

（二）在本单位患职业病或者因工负伤并被确认丧失或者部分丧失劳动能力的；

（三）患病或者非因工负伤，在规定的医疗期内的；

（四）女职工在孕期、产期、哺乳期的；

（五）在本单位连续工作满十五年，且距法定退休年龄不足五年的；

（六）法律、行政法规规定的其他情形。

第四十三条　用人单位单方解除劳动合同，应当事先将理由通知工会。用人单位违反法律、行政法规规定或者劳动合同约定的，工会有权要求用人单位纠正。用人单位应当研究工会的意见，并将处理结果书面通知工会。

第四十四条　有下列情形之一的，劳动合同终止：

（一）劳动合同期满的；

（二）劳动者已开始依法享受基本养老保险待遇的；

（三）劳动者死亡，或者被人民法院宣告死亡或者宣告失踪的；

（四）用人单位被依法宣告破产的；

（五）用人单位被吊销营业执照、责令关闭、撤销或者用人单位决定提前解散的；

（六）法律、行政法规规定的其他情形。

第四十五条　劳动合同期满，有本法第四十二条规定情形之一的，劳动合同应当延缓至相应的情形消失时终止。但是，本法第四十二条第二项规定部分丧失劳动能力劳动者的劳动合同的终止，按照工伤保险的有关规定执行。

第四十六条　有下列情形之一的，用人单位应当向劳动者支付经济补偿：

（一）劳动者依照本法第三十八条规定解除劳动合同的；

（二）用人单位依照本法第三十六条规定向劳动者提出解除劳动合同动议并与劳动者协商一致解除劳动合同的；

（三）用人单位依照本法第四十条规定解除劳动合同的；

（四）用人单位依照本法第四十一条第一款规定解除劳动合同的；

（五）依照本法第四十四条第四项、第五项规定终止劳动合同的；

（六）法律、行政法规规定的其他情形。

第四十七条　经济补偿按照劳动者在本单位工作的年限，每满一年支付一个月工资的标准向劳动者支付。六个月以上不满一年的，按一年计算；不满六个月的，向劳动者支付半个月工资的经济补偿。

劳动者月工资高于用人单位所在直辖市、设区的市级人民政府公布的上年度职工月平均工资的三倍的，向其支付经济补偿的标准按职工月平均工资三倍的数额支付，向其支付经济补偿的年限最高不超过十二年。

本条所称月工资是指劳动者解除或者终止劳动合同前十二个月的平均工资。

第四十八条　用人单位违反本法规定解除或者终止劳动合同，劳动者要求继续履行劳动合同的，用人单位应当继续履行；劳动者不要求继续履行劳动合同或者劳动合同已经不能继续履行的，用人单位支付赔偿金后，劳动合同解除或者终止。

第四十九条　国家采取措施，建立健全劳动者社会保险关系跨地区转移接续制度。

第五十条　用人单位应当在解除或者终止劳动合同时出具解除或者终止劳动合同的证明，并在三十日内为劳动者办理档案和社会保险关系转移手续。

劳动者应当按照双方约定，遵循诚实信用的原则办理工作交接。用人单位须支付经济补偿的，应当在办结工作交接手续时向劳动者支付。

用人单位对已经解除或者终止的劳动合同文本，应当保存二年以上备查。

第五章 特别规定

第一节 集体合同

第五十一条 企业职工一方与用人单位通过平等协商，可以就劳动报酬、工作时间、休息休假、劳动安全卫生、保险福利等事项订立集体合同。集体合同草案应当提交职工代表大会或者全体职工讨论通过。

集体合同由工会代表企业职工一方与用人单位订立；尚未建立工会的用人单位，由上级工会指导劳动者推举的代表与用人单位订立。

第五十二条 集体合同订立后应当报送劳动行政部门；劳动行政部门自收到集体合同文本之日起十五日内未提出异议的，集体合同即行生效。

依法订立的集体合同对用人单位和劳动者具有约束力。

第五十三条 在县级以下区域内，建筑业、采矿业、餐饮服务业等行业可以由工会与企业方面代表订立行业性集体合同，或者订立区域性集体合同。行业性、区域性集体合同对当地本行业、本区域的用人单位和劳动者具有约束力。

第五十四条 企业职工一方与用人单位可以订立劳动安全卫生、女职工权益保护、工资调整机制等专项集体合同。

第五十五条 集体合同中劳动条件和劳动报酬等标准不得低于当地人民政府规定的最低标准；用人单位与劳动者订立的劳动合同中劳动条件和劳动报酬等标准不得低于集体合同规定的标准。

第五十六条 用人单位违反集体合同，侵犯职工劳动权益的，工会可以依法要求用人单位承担责任；因履行集体合同发生争议，经协商解决不成的，工会可以依法申请仲裁或者提起诉讼。

第二节 劳务派遣

第五十七条 劳务派遣单位应当依照公司法的有关规定设立，注册资本不得少于五十万元。

第五十八条 劳务派遣单位是本法所称用人单位，应当履行用人单位对劳动者的全部义务。劳务派遣单位与被派遣劳动者订立的劳动合同，除应当载明本法第十七条规定的事项外，还应当载明被派遣劳动者的用工单位以及派遣期限、工作岗位等情况。

劳务派遣单位应当与被派遣劳动者订立二年以上的固定期限劳动合同，按月支付劳动报酬,在无工作期间不得低于劳动派遣单位所在地人民政府规定的最低工资标准支付劳动报酬。

第五十九条　劳务派遣单位派遣劳动者应当与接受以劳务派遣形式用工的单位(以下称用工单位)订立劳务派遣协议。劳务派遣协议应当明确派遣岗位和人员数量、派遣期限、劳动报酬和社会保险费的数额与支付方式以及违反协议的责任。

用工单位应当根据工作岗位的实际需要与劳务派遣单位确定派遣期限,不得将连续用工期限分割订立数个短期劳务派遣协议。

第六十条　劳务派遣单位有义务将劳务派遣协议的内容告知被派遣劳动者。

劳务派遣单位不得克扣用工单位按照劳务派遣协议支付给被派遣劳动者的劳动报酬。

劳务派遣单位和用工单位不得向被派遣劳动者收取费用。

第六十一条　劳务派遣单位跨地区派遣劳动者的,被派遣劳动者享有的劳动条件和劳动报酬,应当按照用工单位所在地区的标准执行。

第六十二条　用工单位应当履行下列义务:

(一)执行国家劳动标准,提供相应的劳动条件和劳动保护;

(二)告知被派遣劳动者的工作要求和劳动报酬;

(三)支付加班费、绩效奖金,提供与工作岗位相关的福利待遇;

(四)对在岗被派遣劳动者进行工作岗位所必需的培训;

(五)连续用工的,实行正常的工资调整机制。

用工单位应当按照劳务派遣协议使用被派遣劳动者,不得将被派遣劳动者再派遣到其他用人单位。

第六十三条　被派遣劳动者享有与用工单位的劳动者同工同酬的权利。用工单位无同类岗位其他劳动者的,参照用工单位所在直辖市、设区的市人民政府公布的职工平均工资确定劳动报酬。

第六十四条　被派遣劳动者有权在劳务派遣单位或者用工单位依法参加或者组织工会,维护自身的合法权益。

第六十五条　被派遣劳动者可以依照本法第三十六条、第三十八条的规定与劳务派遣单位解除劳动合同。

被派遣劳动者有本法第三十九条规定情形的,用工单位可以将劳动者退回劳务派遣单位,劳务派遣单位依照本法有关规定,可以与劳动者解除劳动合同。

第六十六条　劳务派遣一般在临时性、辅助性或者替代性的工作岗位上实施。具体工作岗位由国务院劳动行政部门规定。

第六十七条　用人单位不得设立劳务派遣单位向本单位或者所属单位派遣劳

动者。

第三节　非全日制用工

第六十八条　非全日制用工,是指以小时计酬为主,劳动者在同一用人单位一般平均每日工作时间不超过四小时,每周工作时间累计不超过二十四小时的用工形式。

第六十九条　非全日制用工可以订立口头协议。

从事非全日制用工的劳动者可以与一个或者一个以上用人单位订立劳动合同;但是,后订立的劳动合同不得影响先订立劳动合同的履行。

第七十条　非全日制用工不得约定试用期。

第七十一条　双方当事人任何一方均可随时通知对方终止用工。终止用工不支付经济补偿。

第七十二条　非全日制用工不得低于用人单位所在地人民政府规定的最低小时工资标准。

非全日制用工劳动报酬结算周期最长不得超过十五日。

第六章　监督检查

第七十三条　国务院劳动行政部门负责劳动合同制度实施的监督管理。

县级以上地方人民政府劳动行政部门负责本行政区域内劳动合同制度实施的监督管理。

县级以上各级人民政府劳动行政部门在劳动合同制度实施的监督管理工作中,应当听取工会、企业方面代表以及有关行政主管部门的意见。

第七十四条　县级以上地方人民政府劳动行政部门依法对下列实施劳动合同制度的情况进行监督检查:

(一)用人单位制定直接涉及劳动者切身利益的规章制度的情况;

(二)用人单位与劳动者订立和解除劳动合同的情况;

(三)劳务派遣单位和用工单位遵守劳务派遣有关规定的情况;

(四)用人单位遵守工作时间和休息休假规定的情况;

(五)用人单位支付劳动合同约定的劳动报酬和执行最低工资标准的情况;

(六)用人单位参加各项社会保险和缴纳社会保险费的情况;

(七)法律、法规规定的其他劳动监察事项。

第七十五条　县级以上地方人民政府劳动行政部门实施监督检查时,有权查阅与劳动合同、集体合同有关的材料,有权对劳动场所进行实地检查,用人单位和劳动者都应当如实提供有关情况和材料。

劳动行政部门的人员进行监督检查，应当出示证件，依法执法，文明执法。

第七十六条　县级以上人民政府建设、卫生、安全生产监督管理等有关主管部门在各自职责范围内，对用人单位执行劳动合同制度的情况进行监督管理。

第七十七条　劳动者的合法权益受到侵害，有权要求有关部门依法处理，或者依法向仲裁机构申请仲裁，向人民法院提起诉讼。

第七十八条　工会依法维护劳动者的合法权益，对用人单位履行劳动合同、集体合同的情况进行监督。用人单位违反劳动法律、法规和劳动合同、集体合同的，工会有权提出意见或者要求重新处理；劳动者申请仲裁或者提起诉讼的，工会依法给予支持和帮助。

第七十九条　任何组织或者个人对于违反本法的行为都有权举报，县级以上人民政府劳动行政部门应当及时核实、处理，并对举报有功人员给予奖励。

第七章　法律责任

第八十条　用人单位制定的直接涉及劳动者切身利益的规章制度违反法律、法规规定的，由劳动行政部门责令改正，给予警告；对劳动者造成损害的，用人单位应当承担赔偿责任。

第八十一条　用人单位提供的劳动合同文本未载明本法规定的劳动合同必备条款或者用人单位未将劳动合同文本交付劳动者的，由劳动行政部门责令改正；对劳动者造成损害的，用人单位应当承担赔偿责任。

第八十二条　用人单位自用工之日起超过一个月但不满一年未与劳动者订立书面劳动合同的，应当向劳动者每月支付二倍的月工资。

用人单位违反本法规定不与劳动者订立无固定期限劳动合同的，自应当订立无固定期限劳动合同之日起向劳动者每月支付二倍的工资。

第八十三条　用人单位违反本法规定与劳动者约定试用期的，由劳动行政部门责令改正，违法约定的试用期已经履行的，由用人单位以劳动者试用期满月工资为标准，按已经履行的试用期的期限向劳动者支付赔偿金。

第八十四条　用人单位违反本法规定，扣押劳动者身份证等证件的，由劳动行政部门责令限期退还劳动者本人；依照有关法律规定给予处罚。

用人单位违反本法规定，要求劳动者提供担保，向劳动者收取财物的，由劳动行政部门责令限期退还劳动者本人，按每一名劳动者五百元以上二千元以下的标准处以罚款；对劳动者造成损害的，用人单位应当承担赔偿责任。

劳动者依法解除或者终止劳动合同,用人单位扣押劳动者档案或者其他物品的,依照前款规定处罚。

第八十五条   用人单位有下列情形之一的,由劳动行政部门责令限期支付劳动报酬、加班费或者经济补偿;劳动报酬低于当地最低工资标准的,应当支付其差额部分;逾期不支付的,责令用人单位按应付金额百分之五十以上百分之一百以下的标准向劳动者加付赔偿金:

(一)未依照劳动合同的约定或者国家规定及时足额支付劳动者劳动报酬的;

(二)低于当地最低工资标准支付劳动者工资的;

(三)安排加班不支付加班费的;

(四)解除或者终止劳动合同,未依照本法规定向劳动者支付经济补偿的。

第八十六条   订立的劳动合同依照本法第二十六条规定被确认无效,给对方造成损害的,有过错的一方应当承担赔偿责任。

第八十七条   用人单位违反本法规定解除或者终止劳动合同的,应当按照本法第四十七条规定的经济补偿标准的二倍向劳动者支付赔偿金;但是,劳动者要求继续履行劳动合同,用人单位继续履行的除外。

第八十八条   用人单位有下列行为之一,构成犯罪的,依法追究刑事责任;有违反治安管理行为的,依法给予行政处罚;给劳动者造成损害的,用人单位应当承担赔偿责任:

(一)以暴力、威胁或者非法限制人身自由的手段强迫劳动的;

(二)违章指挥或者强令冒险作业危及劳动者人身安全的;

(三)侮辱、体罚、殴打、非法搜查或者拘禁劳动者的;

(四)劳动条件恶劣、环境污染严重,对劳动者身心健康造成严重损害的。

第八十九条   用人单位违反本法规定未向劳动者出具解除或者终止劳动合同的书面证明,由劳动行政部门责令改正;给劳动者造成损害的,用人单位应当承担赔偿责任。

第九十条   用人单位招用与其他用人单位尚未解除或者终止劳动合同的劳动者,对原用人单位造成损失的,该用人单位与劳动者承担连带赔偿责任。

第九十一条   劳动者违反本法规定解除劳动合同,或者违反劳动合同中约定的保密事项或者竞业限制,给用人单位造成损失的,应当承担赔偿责任。

第九十二条   劳务派遣单位违反本法规定的,由主管部门责令改正;情节严重的,按每一名劳动者一千元以上五千元以下的标准处以罚款,并由工商行政管理部门吊销营业执照。给被派遣劳动者权益受到损害的,劳务派遣单位和与用工单位承担连带赔偿责任。

第九十三条 无营业执照经营的单位被依法处理的,该单位的劳动者已经付出劳动的,由被处理的单位或者其出资人向劳动者支付劳动报酬;给劳动者造成损害的,应当承担赔偿责任。

第九十四条 个人承包经营者招用劳动者违反本法规定给劳动者造成损害的,发包的组织与个人承包经营者承担连带赔偿责任。

第九十五条 劳动行政部门和其他有关主管部门及其工作人员玩忽职守,不履行法定职责,或者违法行使职权的,对直接负责的主管人员和其他直接责任人员,依法给予行政处分;给用人单位或者劳动者造成损害的,应当承担赔偿责任;构成犯罪的,依法追究刑事责任。

第八章 附 则

第九十六条 事业单位与实行聘用制的工作人员订立、履行、变更、解除或者终止劳动合同,法律、行政法规以及国务院另有规定的,依照其规定;未作规定的,依照本法有关规定执行。

第九十七条 本法施行前已依法订立且在本法施行之日存续的劳动合同,继续履行;本法第十四条第二款第三项规定连续订立固定期限劳动合同的次数,自本法施行后再次续订固定期限劳动合同时开始计算。

本法施行前已建立劳动关系,尚未订立书面劳动合同的,应当自本法施行之日起一个月内订立。

本法施行之日存续的劳动合同在本法施行后解除或者终止,依照本法第四十六条规定应当支付经济补偿的,经济补偿年限自本法施行之日起计算;本法施行前按照当时有关规定,用人单位应当向其支付经济补偿的,按当时的规定执行。

第九十八条 本法自 2008 年 1 月 1 日起施行。

《全国人民代表大会常务委员会关于修改〈中华人民共和国劳动合同法〉的决定》已由中华人民共和国第十一届全国人民代表大会常务委员会第三十次会议于 2012 年 12 月 28 日通过,自 2013 年 7 月 1 日起施行。

修改如下:

一、将第五十七条修改为:

经营劳务派遣业务应当具备下列条件:

(一)注册资本不得少于人民币二百万元;

(二)有与开展业务相适应的固定的经营场所和设施;

（三）有符合法律、行政法规规定的劳务派遣管理制度；

（四）法律、行政法规规定的其他条件。

经营劳务派遣业务，应当向劳动行政部门依法申请行政许可；经许可的，依法办理相应的公司登记。未经许可，任何单位和个人不得经营劳务派遣业务。

二、将第六十三条修改为：被派遣劳动者享有与用工单位的劳动者同工同酬的权利。用工单位应当按照同工同酬原则，对被派遣劳动者与本单位同类岗位的劳动者实行相同的劳动报酬分配办法。用工单位无同类岗位劳动者的，参照用工单位所在地相同或者相近岗位劳动者的劳动报酬确定。

劳务派遣单位与被派遣劳动者订立的劳动合同和与用工单位订立的劳务派遣协议，载明或者约定的向被派遣劳动者支付的劳动报酬应当符合前款规定。

三、将第六十六条修改为：劳动合同用工是我国的企业基本用工形式。劳务派遣用工是补充形式，只能在临时性、辅助性或者替代性的工作岗位上实施。

前款规定的临时性工作岗位是指存续时间不超过六个月的岗位；辅助性工作岗位是指为主营业务岗位提供服务的非主营业务岗位；替代性工作岗位是指用工单位的劳动者因脱产学习、休假等原因无法工作的一定期间内，可以由其他劳动者替代工作的岗位。

用工单位应当严格控制劳务派遣用工数量，超过其用工总量规定的比例，具体比例由国务院劳动行政部门规定。

四、将第九十二条修改为：违反本法规定，未经许可，擅自经营劳务派遣业务的，由劳动行政部门责令停止违法行为，没收违法所得，并处违法所得一倍以上五倍以下的罚款；没有违法所得的，可以处五万元以下的罚款。

劳务派遣单位、用工单位违反本法有关劳务派遣规定的，由劳动行政部门责令限期改正；逾期不改正的，以每人五千元到一万元的标准处以罚款，对劳务派遣单位，吊销其劳务派遣业务经营许可证。用工单位给被派遣劳动者造成损害的，劳务派遣单位与用工单位承担连带赔偿责任。

本决定公布前已依法订立的劳动合同和劳务派遣协议继续履行至期限届满，但是劳动合同和劳务派遣协议的内容不符合本决定关于按照同工同酬原则实行相同的劳动报酬分配办法的规定的，应当依照本决定进行调整；本决定施行前经营劳务派遣业务的单位，应当在本决定施行之日起一年内依法取得行政许可并办理公司变更登记，方可经营新的劳务派遣业务。具体办法由国务院劳动行政部门会同国务院有关部门规定。

《中华人民共和国劳动合同法》根据本决定作相应修改，重新公布。